西陵年鉴

XILING NIAN JIAN 2024

宜昌市西陵区史志研究中心 编

图书在版编目（CIP）数据

西陵年鉴. 2024 / 宜昌市西陵区史志研究中心编.
武汉 : 长江出版社, 2024. 8. -- ISBN 978-7-5492-9628-6
Ⅰ. Z526.34
中国国家版本馆 CIP 数据核字第 2024P1K631 号

西陵年鉴. 2024
XILINGNIANJIAN.2024
宜昌市西陵区史志研究中心　编

责任编辑：梁琰
出版发行：长江出版社
地　　址：武汉市江岸区解放大道 1863 号
邮　　编：430010
网　　址：http://www.cjpress.com.cn
电　　话：027-82926557（总编室）
　　　　　027-82926806（市场营销部）
经　　销：各地新华书店
印　　刷：宜昌雅江印务股份有限公司
规　　格：787mm×1092mm
开　　本：16
印　　张：20.75
彩　　页：32
拉　　页：1
字　　数：705 千字
版　　次：2024 年 8 月第 1 版
印　　次：2025 年 1 月第 1 次
书　　号：ISBN 978-7-5492-9628-6
定　　价：198.00 元

《西陵年鉴(2024)》编纂委员会

主　　任:梅卫民　区委书记
第一副主任:吴光明　区委副书记、区政府代区长
副　主　任:黄　明　区委常委、区委办公室主任、区委直属机关工委书记
朱　敏　区人大常委会副主任
涂　超　区政府副区长
黄　华　区政协副主席
查永力　区人武部部长
委　　员:郭从京　区委办公室常务副主任
张　正　区政府办公室主任
黄庭新　区人大常委会办公室(研究室)主任
杨　林　区政协办公室主任
徐圣勇　区纪委副书记、区监委副主任
郑玲玲　区委组织部常务副部长
骆薇琳　区委宣传部副部长
陈　超　区委政法委常务副书记
熊仁举　区委统战部常务副部长、台办主任
张　苏　区委直属机关工委常务副书记
刘贤成　区委编办主任兼区委组织部副部长
宋怀青　区档案馆馆长、区史志研究中心主任
杜　严　区发展和改革局党组书记、局长
田俊生　区教育局党组书记、局长
李宁致　区科学技术和科技信息化局局长
李　衡　区委统战部副部长、区民族和宗教事务局局长
王　毅　区民政局党组书记、局长
李　兵　区司法局党组书记、局长
郭　静　区财政局党组书记、局长
张　云　区人力资源和社会保障局党组书记、局长

《西陵年鉴(2024)》编纂委员会

董丽婷　区住房和城乡建设局党组成员、副局长
张海峰　区城市管理执法局党组书记、局长
顾远顺　区水利局局长
别里曼　区商务局党组书记、局长
钟　娟　区文化和旅游局党组书记、局长
夏　楠　区卫生健康局局长
陈　林　区退役军人事务局党组书记、局长
谭　端　区应急管理局党委书记、局长
张泽涛　区审计局党组书记、局长
曾庆胜　区市场监督管理局党组书记、局长
宋　菊　区统计局党组书记、局长
陈　菲　区医疗保障局党组书记、局长
吴　桐　区政数局党组书记、局长
王晓聪　区招商局党组书记、局长
张　鹏　区机关事务服务中心党组书记、主任
陈　芳　区公共资源交易中心党组副书记、主任
黄正兵　区住房保障服务中心党组书记、主任
韩莉娟　西陵经济开发区党工委委员、管委会副主任
王　红　区葛洲坝片区工作委员会副主任
高小卒　学院街道党工委副书记、办事处主任
李晓春　云集街道党工委副书记、办事处主任
黄　飞　西陵街道党工委副书记、办事处主任
梁　徽　西坝街道党工委副书记、办事处主任
贾　璞　葛洲坝街道党工委副书记、办事处主任
卓　念　夜明珠街道党工委副书记、办事处主任
孙新星　窑湾街道党工委副书记、办事处主任

《西陵年鉴(2024)》编辑部

主　　编：宋怀青
执行主编：张红钢
责任编辑：余文静
图文供稿：（按姓氏笔画为序）

王　红　王　昊　王思源　王琳琳　尹丽娟　田　原
吕扬帆　向宇辰　向拯翔　刘　毅　关博林　江晶晶
阮昱宁　尚　可　马军威　杜仕奇　李玉敏　李明琳
杨治吉　杨　峰　杨　颂　杨　浩　吴　丽　吴　侨
吴洪宇　吴睿睿　何　晓　田　梦　杨春荣　余文静
余　芬　汪　敏　张明泽　张　笑　陈文闻　陈双艳
陈肖冰　林宙飞　林雅洁　易海浪　屈小玲　孟　婷
张　燕　向铖炜　郝小燕　胡　青　胡青苗　胡　璇
谢轩虎　孔令丽　贺　敏　袁　波　袁　野　夏　青
黄　婷　揭媛媛　彭丰羚　韩　雪　程心草　鲁　蕊
谢晓龙　雷庆萍　蔡小雨　谭子桂　谭　升　戴　竞

文图排版：孙　琴
保密审查：王彦峰
统计审查：陈文闻

编辑说明

一、《西陵年鉴》是由中共西陵区委、西陵区人民政府主办，西陵区史志研究中心承编的年度资料性文献，旨在记载西陵区自然、政治、经济、文化、社会概貌和发展情况，为党政机关和社会各界了解西陵、研究西陵提供权威、系统、准确的信息资料，并为西陵区积累史料。《西陵年鉴》于2000年创刊，从2013年开始每年编纂一卷。《西陵年鉴(2024)》系第16卷。

二、《西陵年鉴》坚持以马克思列宁主义、毛泽东思想、邓小平理论、“三个代表”重要思想、科学发展观、习近平新时代中国特色社会主义思想为指导，客观反映全区经济建设、政治建设、文化建设、社会建设、生态文明建设进程。

三、本卷年鉴采用分类编辑法，以“类目”为单元，下设“分目”后再“条目”。不同层次的标题和正文用不同字体加以区别。全书的条目标题采用黑体字并加“【】”表示。书眉奇数页码标出类目标题。

四、本卷年鉴设25个类目，依次为特载、专文、专记、大事记、西陵概览、中共宜昌市西陵区委员会、宜昌市西陵区人民代表大会、宜昌市西陵区人民政府、政协宜昌市西陵区委员会、中国共产党宜昌市西陵区纪律检查委员会宜昌市西陵区监察委员会、民主党派·工商联、群众团体、法治·军事、城乡建设与管理、农业·水利·工业、商贸服务业、财政·税收·金融、经济综合管理、教育·科技·卫生、文化·旅游·体育、社会生活、街道、人物·荣誉、附录、索引。

五、本卷年鉴收录内容以2023年1月1日至2023年12月31日为限，部分稿件超过此时间限制。稿件大部分由区直各部门、街道、开发区及省市驻西陵区有关单位提供，稿件均经各供稿单位专人撰写，主要领导审阅，具有权威性。

六、本卷年鉴所用数据均使用法定计量单位，因统计口径不同等原因，个别数据在不同稿件中可能不尽一致，使用时请注意出处。

七、《西陵年鉴》编辑部秉持以存史资政、服务社会为编鉴宗旨，以集权威性、存史性、信息性为一体，全面展现西陵区社会、经济、文化状况为办鉴目标，努力提高年鉴质量。因时间较紧、水平所限，纰漏与不足在所难免，敬请广大读者批评指正。

改造升级后的宜昌市儿童公园　　（区委宣传部　提供）

一江碧水东流　　（区委宣传部　提供）

蓝天白云下的葛洲坝水利枢纽工程（区委宣传部 提供）

远眺西陵（区委宣传部 提供）

规划建设中的西坝（区委宣传部 提供）

西陵夜景　　　　　　（区委宣传部　提供）

东山公园连心湖 （朱灵 摄）

改造后云集路鸟瞰 （区委宣传部 提供）

2023年1月30日，西陵区召开奋进“全国百强城区”项目建设大会　　（区委宣传部 提供）

2023年2月10日，航天宏图公司正式在西陵区揭牌落地　　（区委宣传部 提供）

2023年2月18日，西陵区政府与北珂新能源（北京）有限公司举行战略合作框架协议签约仪式

（区委宣传部　提供）

2023年3月1日，宜昌市“金融早春行”西陵专场活动暨西陵“金融送暖”融资对接座谈会在西陵区双创中心举行

（区委宣传部　提供）

2023年3月12日，2023年全国消费促进月宜昌启动仪式暨西陵区“3·15”首届开“企”新发展Fun利嗨购节启动仪式在解放路步行街举行 （区委宣传部 提供）

2023年3月15日，湖北省首届精细化工过程安全技术研讨会暨连续流技术联合实验室揭牌仪式举行 （区委宣传部 提供）

2023年3月28日，西陵区2023年经济高质量发展暨优化营商环境会议召开，并为2022年度高质量发展争先进位先进集体代表颁奖

（区委宣传部 提供）

2023年4月3日，区委书记任蔚向来西陵区考察的北京宜昌企业商会代表介绍西陵区重点项目

（区委宣传部 提供）

2023年3月28日，十六化建总部大楼项目竣工 （区发改局 提供）

2023年4月，三峡大道—西陵二路实现互通 （区委宣传部 提供）

2023年12月20日，宜昌市档案产业园在西陵区经济开发区正式揭牌　　（区档案馆 提供）

2023年9月22日，宜昌市2023年三季度重大项目集中开工西陵区分会场活动现场（区委宣传部 提供）

2023年7月13日，湖北省“中华诗词示范区”授牌仪式暨“西陵诗会”新闻发布会在西陵区屈原书城举行（朱灵 摄）

2023年10月6日，西陵区政府向获得杭州第19届亚运会田径女子跳远冠军的宜昌西陵籍运动员熊诗麒颁发奖励（区委宣传部 提供）

2023年3月26日，云集街道在二马路历史文化街区举办音乐美食周活动　　（云集街办 提供）

2023年3月31日，宜昌三峡青年音乐节在西坝举办　　（团区委 提供）

2023年1月7日，第十五届西陵庙会在解放路步行街拉开序幕 （区委宣传部 提供）

2023年4月2日，省十六运会宜昌市主城区火炬传递起跑仪式在西陵区滨江公园举行（区委宣传部 提供）

2023年4月20日，全国首家屈原文化主题书店——宜昌新华书店"屈原书城"首次向读者开放（区委宣传部 提供）

2023年6月16日，西陵区在西坝庙咀区域开展2023年安全生产月综合应急演练活动（区应急局 提供）

2023年10月23日，西陵区社会福利院正式揭牌运营　　（区民政局　提供）

清波路社区幸福食堂　　（葛洲坝街办　提供）

社区群众包粽子欢度端午节　　（西坝街办 提供）

西陵区端午之夜　　（区委宣传部 提供）

江豚一家亲 （杨治吉 摄）

在葛洲坝三江航道护岸栖息的白鹭 （杨治吉 摄）

2023年1月19日，千名志愿者在滨江公园江滩清理垃圾迎新年　　（区委宣传部 提供）

2023年6月2日，西陵区第7个“生态市民日”主题活动在葛洲坝枢纽工程黄草坝拉开帷幕。本次活动以“践行低碳生活，守护长江生态”为主题 （区委宣传部 提供）

西陵校园因地制宜实施“增花添彩”行动计划　　（区委宣传部 提供）

2023年4月，建成开放的宜昌生态体育公园　　（区委宣传部 提供）

2023年1月7日，宜昌市西陵区第九届人民代表大会第三次会议隆重开幕　　（区委宣传部 提供）

2023年4月18日，西陵区参加二季度宜昌市重大招商引资项目签约活动　　（区委宣传部 提供）

2023年7月28日，宜昌市西陵片区城市更新项目在西陵区沙河公园正式启动　　（区发改局 提供）

2023年10月3日，区政府在三峡大学举行“百年三大　筑梦西陵”双集中高质量项目签约仪式

（区委宣传部 提供）

2023年5月4日，西陵区青年联合会在十六化建组织开展“百名优秀青年进央企”活动　（团区委　提供）

2023年5月10日，2023年西陵区文联（炎黄文化）工作会在屈原书城召开　（区文联　提供）

2023年西陵区“119”消防宣传月启动仪式现场　　（区委宣传部 提供）

国家宪法日宣传活动现场　　（区司法局 提供）

数字西陵

2024

户籍人口:39.17万

土地面积:58.97平方千米

地区生产总值:882.73亿元(含水力发电和东山园区)

三次产业比重:0.03:48.55:51.42

一般公共预算收入:31.32亿元

农林牧渔业总产值:1922万元

建筑业总产值:933.23亿元

规模以上工业增加值增速:10.4%

高新技术产业增加值:150.36亿元

固定资产投资增速:9.2%

社会消费品零售总额:449.18亿元

进出口贸易总额:27.34亿元

实际利用外资:92.13万美元

旅游总收入:197.68亿元

金融机构:71家

普通中学:9所

普通小学:19所

幼儿园:40所

九年一贯制学校:1所

省级自然保护区:1个

医疗卫生机构:199个

卫生机构床位:4797张

各类市场主体:66307户

城镇常住居民人均可支配收入:51479元

目录

Contents

特　载

专　文

专　记

大事记

西陵概览

中共宜昌市西陵区委员会

宜昌市西陵区人民代表大会

宜昌市西陵区人民政府

政协宜昌市西陵区委员会

中国共产党宜昌市西陵区纪律检查委员会 宜昌市西陵区监察委员会

民主党派·工商联

群众团体

法治·军事

城乡建设与管理

农业·水利·工业

商贸服务业

财政·税务·金融

经济综合管理

教育·科技·卫生

文化·旅游·体育

社会生活

街　道

人物·荣誉

附　录

索 引

特　载

在区委九届六次全体会议暨区委经济工作会议上的讲话

（2024年1月9日）

中共西陵区委副书记、区政府区长　梅卫民

同志们：

在岁末年初的重要时刻、全市“两会”胜利闭幕之际，区委决定召开九届六次全会暨区委经济工作会议，主要目的是：总结2023年经济工作，分析当前经济形势，部署2024年经济工作，动员全区上下当先锋、打头阵、作贡献、争一流，在全力提升主城功能，奋进全国百强城区，争当长江大保护典范城市核心标杆，打造世界级宜昌核心主城的新征程中作出新的更大贡献。

一、踔厉奋发、顶压前行，交出一份难中求成、殊为不易的奋进答卷

2023年是全面贯彻党的二十大精神的开局之年，是三年新冠疫情防控转段后经济恢复发展的一年，在全区上下齐心协力、勠力同心，负重拼搏、克难奋进下，我们聚焦“双集中”、落实“四个重大”、实施“三百”行动，全力以赴强信心、稳预期、促发展，在波浪式发展、曲折式前进中，走出了一条持续攀升、稳中有进、加力向好的复苏曲线。

一是经济指标稳定向好。前三季度，GDP增速连续两个季度位居城区第1。预计全年完成GDP（不含电力生产和供电）580亿元、增速8%，固定资产投资117亿元、增速10%，规上工业增加值增速10%，社会消费品零售总额347.8亿元、增速9.5%，一般公共预算收入14.65亿元、增速12.5%，进出口总额19.33亿元、增速16%。税收同比增长19.4%，全口径税收创近十年新高。1至11月，固定资产投资、社会消费品零售总额、进出口总额、规上工业总产值分别达到2022年同期的108.7%、109.3%、117.2%、108.7 %，规上工业增加值、社会消费品零售总额增速排名分别在全市前进6位、8位，在城区前进1位、3位。

二是产业能级稳固提质。生活性服务业恢复向好。20余场次节庆促销活动带动重点商圈消费增长近2亿元，“双11”购物节网络零售额全市第一，占比33.8%。1至11月，限上零售业销售额与住宿业、餐饮业营业额分别同比增长12.9%、27.4%、29.4%，规上服务业企业、规上旅游企业营收分别同比增长26.3%、115.8%，铁路坝小吃街、西坝不夜城获评省级夜间消费集聚区、旅游休闲街区、特色商业街。生产性服务业增势强劲。规上人力资源、检验检测、软件和信息技术服务企业营收分别同比增长22.9%、19.3%、25.8%。服务业增加值占GDP比重70.4%，增速7.6%。抖乐科技、艾肯文化上榜全市“新业态”，总量全市最多。工业生产保持稳定增长。工业投资同比增长44.2%，医药、电气机械和器材制造业产值分别同比增长69.7%、61.8%。建筑业产值同比增长8%，占全市52%，即将首次迈入千亿台阶。

三是项目投资稳中有进。新签约亿元以上项目44个，完成全年目标任务的137.5%，协议总投资额

240.8亿元,完成全年目标任务的120.7%,其中:50亿元以上项目1个,外向型项目17个,全口径招商引资到位资金54.3亿元,完成全年目标任务的102.5%。新开工亿元以上项目36个,完成全年目标任务的120%,排名城区第一。新竣工亿元以上项目31个,完成全年目标任务的119%。7个省、市重点项目投资完成全年目标任务的199%。工业经济"赛马制"综合评价考核城区第一。服务业发展获省级通报表扬。

四是城市更新稳步突破。实施城区高质量发展十大行动三年攻坚项目41个,年度计划总投资40.9亿元。6个市政工程开工、3个市政工程完工。成功申报防水排涝国债项目,争取资金8400万元。总投资过百亿的葛洲坝片区城市更新启动实施,探索原拆原建、入社集资、市场运作、融资平衡危旧改模式,首开区望洲岗10号签约率达到94%,肖家巷23、25号危旧改合作联合社入社率达到100%,腾空筒子楼69栋。启动葛洲坝水利枢纽工程文博区建设。入选全省首批18个城镇老旧小区改造融资试点城市。三峡药厂、民康药厂整体拆除,下西坝岛轻装起航。打造全区首个云集路"城市客厅",城市综合管理考评实现大幅进位。

五是市场主体稳健发展。以控制成本为核心优化营商环境,净增市场主体1.2万户、规上工业企业4家、规上服务业企业20家、限上商贸企业51家、资质等级建筑业企业3家,分别同比增长29.1 %、17.4 %、16.1 %、15.8 %、5.3%,"四上"企业总量突破560家。三峡新兴管网科技、三峡数智科技落户,三峡建工入选第五届中国质量奖建议名单。16家街道孵化载体"研孵协同"试点挂牌。高新技术企业、科技型中小企业分别同比增长27.9%、77.2%。新增发明专利授权量、有效注册商标总量均居全市第一。税收过千万企业达到49家,同比增长19.5%。争取无偿资金、债券14.87亿元,同比增长53%。

在稳增长的同时,我们聚焦人民群众急难愁盼问题,坚持以系统思维统筹抓好民生、安全、稳定等各项工作,人民群众的获得感、幸福感、安全感持续提升。"双减"改革成效显著,教联体建设、基础教育教研工作评估全市第一,省级基础教育优秀改革实验项目数量全省第一。疾病防控、养老服务体系持续完善,适龄妇女"两癌"免费筛查惠及4.19万人。建成全市首家"省级残疾人文创基地",基本公共卫生服务项目绩效评价城区第一。安全生产形势持续向好,房地产、金融等重点领域风险总体可控,社会大局平安稳定。

这些成绩的取得,根本在于习近平总书记的掌舵领航,根本在于习近平新时代中国特色社会主义思想的科学指引,是全区上下团结奋斗、砥砺奋进的结果。实践中,我们深刻体会到:

一是必须全面对标对表,切实扛牢高质量发展政治责任。聚焦"典范城核心标杆、世界级核心主城",优化迭代发展理念、发展定位、发展方式、发展动力、发展路径,始终在思想上政治上行动上同以习近平同志为核心的党中央保持高度一致。二是必须保持战略定力,深刻把握高质量发展首要任务。紧紧扭住经济建设这一中心工作和高质量发展这一首要任务,聚力"1456"战略部署,推动经济量级跨越、城市能级提升、发展层级突破。三是必须改革创新引领,破解制约高质量发展困难瓶颈。面对影响西陵发展全局的深层次矛盾和问题,用好改革开放关键一招,深挖发展潜力、增强内生动力、激发市场活力。四是必须绿色低碳转型,持续厚植高质量发展显著优势。坚持共抓大保护、不搞大开发,走好生态优先、绿色发展之路,在"一江清水东流"中彰显西陵担当,让高水平保护和高质量发展相得益彰。五是必须共建共治共享,凝聚永续高质量发展源源动力。坚持以人民为中心,大力弘扬"四下基层"优良传统,以美好环境与幸福生活共同缔造为载体深化下基层实践活动,让高质量发展成果更多更好惠及民生。

二、坚定信心、保持定力,始终激昂顺势而为、乘势而上的顽强斗志

习近平总书记在中央经济工作会上指出"当前发展面临的有利条件强于不利因素,经济回升向好、长期向好的基本趋势没有改变"。我们必须科学研判时与势、把握稳与进、统筹立与破,站位全局谋一域、着眼未来干当前。

从发展态势看,我们面临"不进则退、慢进亦退"的压力挑战。一是经济恢复基础不牢固。去年1至11月,固定资产投资增速较2022年同期低4个百分点。房地产市场投资同比下降22.6%。外贸出口增速放缓,财政收支平衡压力大。二是产业项目支撑力度弱。固定资产投资增速低于全市平均水平1.4个百分点。新开工入库36个项目中,用地类项目仅10余个,140个在库项目中,剩余可报投资项目仅76个,投资后劲不足。新兴产业体量偏小,新能源及高端装备、新材料、文化旅游等领域招大引强尚未取得重大突破。三是重点行业增长压力大。23家规上工业企业中,仅8家企业总产值同比增长,增长面34.8%,涉及的15个行业中,仅4个行业增加值速度同比增长,增长面26.7%。四是抓经济发展能力有欠缺。少数干部对经济发展规律认识不清、把握不准、运用不够,抓产业研究、抓项目谋划、抓招商洽谈、抓城市管理的专业知识和能力素养亟待提升。

从发展大势看，我们拥有“政策叠加、红利释放”的难得机遇。当前，西陵正迎来更高含金量的政策窗口期。去年下半年，省、市相继出台了推动大数据与算力经济、新型储能、新材料、旅游业、建筑业、生命健康等新一轮产业高质量发展实施意见和行动方案，在财政支持、金融扶持、税收优惠、资金奖补等方面给予了大力支持，这与我区发展需求高度契合。比如：省级层面设立了100亿元旅游产业基金、不低于50亿元的新材料产业基金群。市级服务业发展奖励补贴办法、加快城区人口集聚等政策“组合拳”也将有效激发投资潜力和企业动力。今年，中央将多出有利于稳预期、稳增长、稳就业政策，强化宏观政策逆周期和跨周期调节，积极的财政政策和稳健的货币政策相互叠加，将有力提振发展信心，提供强力支撑。去年四季度新增1万亿特别国债，今年还将结转使用5000亿元。我们必须把这些政策用好用足、用到位、用出成效，带来更多“真金白银”。

从发展趋势看，我们具备“多点支撑、多维协同”的潜在优势。一是重大战略实施带来的巨大势能。当前，三峡工程由建设期转向运营期，市委市政府继续深化与三峡集团多维合作，打造多个试点示范。省委大力推动三峡库区绿色低碳示范区上升为国家战略，谋划已久的葛洲坝航运扩能工程即将启动，西陵的战略地位、枢纽优势、发展潜力将更加突显，有利于提升城市影响力和投资吸引力。二是城市有机更新带来的强劲动能。今年，城市更新进入全面提速期，将为建筑建材、设计咨询、评估论证、人力资源、房地产等多个行业带来巨大的发展机遇和市场空间。宜昌大剧院、城市中央绿心、引水润城工程等一批投资过百亿的先导性、地标性项目启动建设，将促进西陵城市结构优化、功能完善、品质提升、形象彰显。三是资源要素汇集带来的发展潜能。从全国看，东部沿海产业、企业、人员向中西部转移和流动趋势更加明显。从全市看，三峡水运新通道、沿江高铁、呼南高铁、引江补汉及沿线输水等重大工程加快推进，在宜总投资超过1840亿元。从全区看，已建、在建、待建的三峡企业总部基地、联东U谷·西陵智能制造港、东湖高新·宜昌创智园等园区厂房资源超220万平方米，可用于居住、商服、工业领域招商开发土地近333公顷。由此可见，西陵资源并不少、机会并不小、空间并不缺，只要我们把这些不可多得的要素资源开发挖潜好、合理配置好、统筹使用好，就能实现存量资源变增量价值。

三、再接再厉、竞进提质，奋力书写主城引领、奋进百强的精彩篇章

习近平总书记在中央经济工作会议上，深刻总结了新时代做好经济工作“五个必须”的规律性认识，提出了“稳中求进、以进促稳、先立后破”12字总要求，为我们做好今年经济工作提供了根本遵循。新年首个工作日，李强总理首次外出考察调研宜昌，首站到葛洲坝水利枢纽工程，提出了“打造现代城市版‘富春山居图’”的目标，更加坚定了我们的发展信心，为我们开好局、起好步注入了强劲动力。王蒙徽书记和王忠林省长在省委十二届五次全会上提出的“五个统筹”工作要求，熊征宇书记和马泽江市长在市委七届六次全会上强调的“三稳三进”关系，为我们做好今年经济工作指明了方法路径。

今年是中华人民共和国成立75周年，是实施“十四五”规划的关键一年，做好今年经济工作至关重要。总体要求是：以习近平新时代中国特色社会主义思想为指导，全面贯彻落实党的二十大、二十届二中全会、中央经济工作会议和省委十二届五次全会、市委七届六次全会精神，坚持稳中求进、以进促稳、先立后破，完整、准确、全面贯彻新发展理念，深入推进以流域综合治理为基础的四化同步发展，统筹扩大内需和深化供给侧结构性改革，统筹新型城镇化和乡村全面振兴，统筹高质量发展和高水平安全，深入实施“双碳引领、枢纽赋能、强产兴城”发展战略，加快城市和产业集中高质量发展，巩固和增强经济回升向好态势，持续推动经济实现质的有效提升和量的合理增长，增进民生福祉，保持社会稳定，全力提升主城功能，奋进全国百强城区，争当长江大保护典范城市核心标杆，打造世界级宜昌核心主城。

经区委、区政府综合考虑，今年经济社会主要预期目标是：地区生产总值（不含电力生产和供电）增长7.5%、力争8%，固定资产投资增长12%、力争15%，规上工业增加值增长10%、力争12%，社会消费品零售总额增长10%，力争11%，进出口总额增长9%，居民收入增长与经济增长同步，全面完成市下达的节能减排和环境保护任务。

确定上述目标，兼顾了需要和可能、当前和长远、速度和质量，是一个支撑有力、稳健务实的目标，也是一个迎难而上、聚力攻坚的目标，我们必须聚焦经济建设和高质量发展，按照熊征宇书记参加市七届人大三次会议西陵代表团审议时提出的“当先锋、打头阵、作贡献、争一流”要求，全力以赴转方式、调结构、提质量、增效益，推动功能品质实现新提升、产业发展实现新突破、基层治理展现新作为、民生改善取得新成效，持续巩固和增强经济回升向好态势，全面提升与中心城区定位相匹配的集聚力、承载力和辐射力，以更高质量的“进”促更全面的“稳”。

（一）坚持强链固基，奋力在打造现代产业体系上攻坚突破

聚焦全市“3+2”主导产业布局，着力构建高端化、数智化、绿色化现代产业体系，加快形成新质生产力。

提高数字经济集聚度。坚持把数字经济作为西陵转型发展的最大增量，推动数字产业化、产业数字化，打造数字经济新高地。聚焦存力、算力、运力协同发展，加强与三峡集团、长江电力公司衔接，加快营盘山国际智慧长江水电能源产学研中心方案设计、专项评价和内部决策进度。支持三峡星未来、航天宏图等数字企业建设新平台、新场景。按照“市场换项目、场景换企业”思路，围绕三峡数智产业园、三峡企业总部基地等平台，招引一批人工智能、大数据、区块链、云计算、元宇宙等领军企业以及第三方数字服务企业，延伸数字经济产业链。抢抓数字公共基础设施建设试点，推动经济、社会、政府数字化转型，培育数字应用新生态，打造智能建造、智慧康养等数字化应用新场景。

扩大文旅经济影响力。用好“两坝一峡”世界级文旅资源，招引一批具有标志性、引爆性的文旅项目，建设世界级旅游目的地功能承载区。跟踪洽谈葛洲坝文旅公司、西安曲江文化旅游公司，加快成立合资公司，推动葛洲坝水利枢纽工程文博区项目开发策划、规划设计、加快建设。争取省级层面支持，确保葛洲坝水利枢纽工程文博区纳入国家文化传承发展“专精特新”工程储备库。提速推进镇镜山公园建设，打造一批周末休闲精品路线。坚持以文塑旅、以旅彰文，引进承办一批高品质演唱会、音乐节、动漫节、电竞赛，支持文旅企业开发一批“旅游+”“+旅游”产品，推出一批首秀首演首创文旅新品，吸引人气、聚集流量。

做强工业经济硬支撑。走好新型工业化道路，持续推动先进制造业和现代服务业深度融合发展。以“工业上楼”打造智造空间，推动新能源、新材料及高端装备等行业领域要素向园区倾斜、企业向园区集聚。聚焦五大专业园区，持续推动生产性服务业向高端化、品质化、集约化转型升级。争取市直部门支持，谋划建设大树湾都市工业园和宜昌氢能产业园。实施技改“蝶变”行动，推进企业设备换芯、生产换线、产品换代、机器换人，打造一批数字工厂，确保工业新增长点稳定出力。积极布局未来产业，力争在引进新型储能、新材料、高端医疗、新一代通信技术等行业领域头部企业上实现新突破。

（二）坚持扩量提质，奋力在加快新旧动能转换上攻坚突破

坚持从两端协同发力，能早则早、能多则多、能快则快，推动形成消费和投资相互促进的良性循环。

扩大有效益的投资。树牢“项目为王，大项目、好项目是王中王”的理念，坚持数量和质量“两手抓”，落地和达效“两手硬”。围绕习近平总书记提出的“城市地下管网建设、高质量教育供给、农民工市民化、优质医疗服务供给、养老服务”等五大领域，谋划实施一批既拉动消费又促进投资的战略性和牵引性重大项目。坚持挂图作战、打表推进，谋深做实项目目录库、储备库、实施库“三库”流转，压紧压实行业主管部门责任，推动30个亿元以上在建项目加快建设，确保新开工亿元以上项目50个，竣工投产亿元以上项目30个以上，形成更多的投资量和实物量。加强对签而未落、批而未供、供而未用、用而未尽、用而未投、投而未达等6类项目的问题梳理、分析研判和跟踪推进，争取项目早开工、早建设、早见效。

激发有潜能的消费。坚持以高品质、多样化生活性服务业供给持续激发消费活力，提档升级宜昌核心商圈。培育壮大新型消费，大力发展国货“潮品”、趣味市集、潮流运动等新业态，打造数实融合消费新场景，丰富新型消费供给，稳定和扩大传统消费。引进一批MCN机构，新增省级电子商务示范企业3家以上。抢抓市级支持夜经济发展政策，改造升级特色街区3条以上，打造Citywalk慢生活地标，力争创建市级以上特色街区5条以上，争创国家夜间文化和旅游消费集聚区。培育壮大保健食品、时尚中药、医学美容、康养服务等绿色消费、健康消费，有效释放养老、育幼等服务消费需求。高标准创建示范性农贸市场，确保学院、葛洲坝、云集3个一刻钟便民生活圈试点通过国家验收。

招引有支撑的项目。据悉，今年市委一号文将首次聚焦招商引资，由市委、市政府主要负责同志任“双组长”，并带头认领百亿项目，释放了“大招商、招优商、招好商”的强烈信号。要优化调整产业链专班和考核办法，健全项目研判机制，分类建立项目研判“智库名单”，提高“五个一”产业链招商质效。建强驻点招商队伍，构建驻点招商大格局。围绕现有商务楼宇、特色街区开展靶向招商，引进一批星级酒店、连锁

品牌店、联名专营店。聚焦全市“3+2”主导产业，开展以商招商、中介招商、校友招商、园区招商，强化领导干部带头招商，探索资本招商新路径，力争全年招引亿元以上项目50个以上，其中：50亿元以上项目2个、30亿元以上项目4个、10亿元以上项目10个、5亿元以上项目20个，新增纳税3000万元税源型企业2家以上。

提供有质效的服务。加强项目全生命周期管理，做实重大项目工作专班，确保每个项目都有专人负责、跟进调度，提高项目服务颗粒度、专业度。结合市场意向和政策导向，加强全区可用开发地块性质、规划指标分析研究，优化完善供地计划。提高用地项目征迁速度，尽早达到净地标准，宁让土地等项目、不让项目等土地。聚焦城市空间结构和城市能级提升，启动工业、居住、商服等低效用地摸排调查，合理划定空间单元，加快低效用地再开发，提高城市承载能力。全面推进金融业由“要素化”向“产业化”转型，在推动金融机构加大中小微企业信贷投放力度的同时，积极争取省、市产业基金投放重大产业项目。综合运用好专项债券、金融工具、政府基金等资源，保障重大项目建设。

（三）坚持蓄势增能，奋力在共同缔造美好城市上攻坚突破

坚持“优化、集约、聚集、融合”原则，把城市更新作为最大发展机遇，加快补齐短板、锻造长板、提升能级。

更大力度推进城市更新。坚持以布局集中、功能集成、产业集聚、要素集约为路径促进城市紧凑发展、精明增长。全力服务葛洲坝航运扩能工程，细化完善配套工作方案，推动市级尽快完成公共基础设施还建规划编制等相关工作。积极对接葛洲坝集团，加快城市更新项目方案通过中能建集团内部决策。实体化运营城市更新项目公司，推动危旧房改造联合社组建全覆盖。清单化推进304栋危旧房改造，加快铁路大院小区、夹湾路与望洲路片区等地块危旧改方案审批、房屋拆除、土地挂牌和项目建设。完成望洲岗12号、樵湖一路12号、镇镜山101号等筒子楼拆除。高质量实施108个老旧小区改造。加大葛洲坝宾馆、唐家湾、望洲等地块房地产开发力度，确保房地产开发投资和房地产销售面积增速不低于全市平均水平。

更大力度畅通交通循环。谋划实施、统筹推进68个、年度计划总投资87.2亿元的城建项目，服务推动引水润城工程一期、儿童公园升级改造工程完工，大学路及西陵变电站出线通道、夷陵长江大桥延伸段快速化改造等一批市级续建项目加快建设。推进环城北路、渭河路（黄河路—渭河一路）等道路改造工程开工建设，确保夹湾路（夜明珠—葛洲坝旅游学校）、二马路延伸段、石溪路市政工程（峡洲大道—江河路）、马兰路综合改造工程（夜明珠路—马兰路）、唐家湾路延伸段等5个续建项目完工通车，进一步打通城市交通“内循环”，完善城市路网体系。

更大力度扩大对外开放。围绕三峡水运新通道和葛洲坝航运扩能工程，深度研究枢纽经济。加快建设智慧物流产业园、宜昌供应链产业园，推动中化学供应链产业园开工建设，建设区域性商贸枢纽，将枢纽优势转变为发展优势。加强与长三角、大湾区等区域跨国公司和贸易投资机构合作，强化项目推介招引，推动数字引力等跨境电商产业园落地。探索返程投资模式，新注册外资企业2家以上，全年完成利用外资400万美元以上。提升区外贸综合服务中心服务水平，确保新增新开口外贸企业、新备案外贸企业5家以上，进出口总额过亿外贸企业4家以上。

（四）坚持降本增效，奋力在打造近悦远来环境上攻坚突破

营商环境好不好，市场主体最有发言权。要让一流营商环境成为西陵高质量发展的“强磁场”、企业家的“好口碑”。

激发经营主体活力。健全区级领导联系服务中省在宜企业和优质龙头民营企业机制，支持国企和民企做大做强。不折不扣落实中央“民营经济31条”、省“优化营商环境47条”，认真落实好结构性减税降费政策，一体推进直达快享、免申即享、应享尽享，让企业家真切感受到政策春风。严格落实首席服务官制度，深入开展“解难题、稳增长、促发展”企业帮扶活动，提升问题化解率和企业满意率。高质量完成第五次全国经济普查现场登记，确保统计数据全面客观、真实准确。继续实施区级领导领衔“四上”企业招引培育，强化深度挖掘、定向筛选、分类指导，力争规上服务业达到160家以上、限上商贸企业达到500家以上、规上工业企业达到30家以上、资质等级建筑企业达到60家以上，实现总量、质量、体量“三量”齐增。

提高科创引领效力。抢抓新一轮科技革命重大契机，大胆试、大胆闯，以科技创新推动产业创新。深化环三峡大学创新生态圈建设，加强与三峡大学等校地企合作、产教学融合，借助水利水电、电气新能源等学科优势，新建一批具有影响力的创新研发平台，推动科研成果就地产业化，实现技术合同登记额增长10%以上。常态化开展创新创业大赛项目路演活动，

促进科技含量高、产业化水平高的创业项目落地。推动西峡泵业、特锐德、远景智控等规上工业企业建立研发机构。支持企业构建“新技术突破—新场景应用—新物种涌现—新赛道爆发”的正反馈循环，确保高新技术企业总量突破130家、科技型中小企总量突破310家。加强高校人才工作联络站建设，持续推动周边人口向中心城区聚集，确保新增人才人口数量、质量保持全市前列。

挖掘优质资源潜力。沟通与不沟通效果不一样，当面沟通与电话沟通效果也不一样。全区上下要持续开展争政策、争指标、争资金、争试点“比、拼、亮、晒”活动，抢抓政策窗口期，主动钻研国家政策、跑市进厅衔接资源、加强谋划包装项目，最大限度提高项目申报质量和申请债券、无偿资金成功率，争取更多项目试点落地、更多政策资金倾斜。精心组织行业领域企业参加各类会展，常态化开展产销对接、银企对接、人才招聘等活动，巩固传统市场、拓展新兴市场。深入开展稳保规上工业企业专项行动，帮助企业稳预期、增信心、添活力。

（五）坚持统筹聚力，奋力在守牢安全发展底线上攻坚突破

强化底线思维、极限思维，坚持尽力而为、量力而行，兜住、兜准、兜牢“三保”底线，确保社会大局稳定。守牢生态环保底线。深入实施流域综合治理和统筹发展规划纲要，持续提升水环境质量。高质量完成第二轮省级环保督察反馈问题整改，健全油烟异味、噪音扰民、污水外溢等生态环境问题多方联动处理机制，以高品质生态环境支撑高质量发展。守牢重点领域底线。坚持化存量、遏增量，扎实推进政府债务化解。稳妥处置房地产项目风险，全面完成“保交楼”住房交付，确保房地产市场平稳健康发展。坚持把意识形态工作与中心工作深度融合，筑牢意识形态安全防线。守牢民生保障底线。坚持以人民至上，办好民生实事项目，加快补齐就业、教育、社保、医疗、养老、托幼等民生短板，特别要为“一老一小”提供更高品质生活，让发展实绩更有温度。紧盯当前年末岁初关键节点，认真做好困难群众救助帮扶、农民工工资清欠、市场保供稳价、重点传染病防控等工作，让群众温暖过冬、安心过年。守牢安全生产底线。统筹做好安全隐患排查整治和防灾减灾救灾，提高城市本质安全水平。当前，低温雨雪灾害、火灾隐患风险高，要做好宣传教育、预报预警、物资储备、救援处置等工作，切实保障人民群众生命财产安全和身体健康。

四、忠诚担当、实干笃行，全面提升驾驭经济、掌握主动的本领能力

坚持和加强党的全面领导是做好经济工作的根本保证，也是高质量发展的必然要求。我们要认真落实习近平总书记在中央经济工作会议上提出的“不折不扣抓落实、雷厉风行抓落实、求真务实抓落实、敢作善为抓落实”要求，一步一个脚印把美好蓝图细化为施工图、转化为实景图。

一是扛牢抓经济工作的政治责任。深刻领会、准确把握中央、省委、市委对当前经济形势的分析判断和对今年经济工作的部署要求，切实增强做好经济工作的责任感和使命感。树牢正确价值观，善于从政治和全局的高度上把握和分析问题，从厚植党的执政根基上谋划和推进经济工作，以实际行动坚定拥护“两个确立”、坚决做到“两个维护”。坚持落实区级领导联系服务重点企业和重大项目制度，把党领导经济工作的制度优势更加充分地发挥出来，努力以自身工作的确定性应对形势变化的不确定性。

二是提升抓经济工作的能力水平。深化新时代做好经济工作的规律性认识，全面提升高质量发展本领、服务群众本领、防范化解风险本领，努力成为经济专家、城市管家、西陵工匠。要对标先进地区、抬高工作标杆，借力专业机构、强化策划谋划，加强资源挖潜、明晰结构质量，清单化、节点化、闭环化统筹推进，专人专责专班实施，确保经济工作符合发展规律。要当好行动派和实干家，抢抓一切有利时机，调动一切积极因素，用好一切有利条件，一件一件抓落实，少搞看着热闹、没有实效的表面文章，用大抓经济的“辛苦指数”换来高质量发展的“经济指数”。

三是凝聚抓经济工作的强大合力。经济工作“牵一发而动全身”，只有同心同向、凝聚合力，才能向效率要效益。要切实把握团结奋斗的时代要求，最大限度地把市场主体、商协会、社团组织、行业联盟等各方面的智慧和力量凝聚起来，最大限度地把人民群众的积极性、主动性、创造性发挥出来，切实让干部敢为、地方敢闯、企业敢干、群众敢首创。要树牢“干多干少不一样、干好干坏不一样、干与不干不一样”的鲜明考核导向，敢为务实干事者担当、为改革创新者鼓劲、为无私奉献者撑腰，让首抓发展、大抓经济、狠抓落实成为西陵最强音。

全年稳不稳，一季度很关键，既关系全局、又决定后势。要锚定全年既定目标，细化任务措施，加快工作节奏，全面紧起来、动起来、拼起来，早谋划、早行动、早推动，形成开局即加力、起步即提速的发展态势，以冲刺“开门红”决胜“全年红”。

同志们，2024年是甲辰龙年，龙象征着勇敢顽强、拼搏进取。新的一年，让我们更加紧密地团结在以习近平同志为核心的党中央周围，在市委、市政府的坚强领导下，昂扬龙行龘龘的龙马精神，主动作为、担当善为、奋发有为，全面完成各项目标任务，为提升主城功能，奋进百强城区，争当长江大保护典范城市核心标杆，打造世界级宜昌核心主城而努力奋斗！

宜昌市西陵区人民代表大会常务委员会工作报告

——2024年1月20日在宜昌市西陵区第九届人民代表大会第四次会议上

宜昌市西陵区人大常委会主任 张祖铭

各位代表：

我受区人大常委会委托，向大会报告工作，请予审议。

2023年工作回顾

过去的一年，区人大常委会坚持以习近平新时代中国特色社会主义思想为指导，深入学习宣传贯彻党的二十大精神，坚持党的领导、人民当家作主、依法治国有机统一，坚持人民主体地位，围绕中心，服务大局，突出重点，抓住要点，切实履行法定职责、充分发挥代表作用、着力建设“四个机关”①，丰富和拓展全过程人民民主的西陵实践，人大各项工作取得新进展新成效，圆满完成了区九届人大三次会议确定的各项任务。

一年来，共召集人民代表大会会议1次，召开常委会会议7次，召开主任会议10次，听取和审议“一府一委两院”专项工作报告25个，作出决议决定10项，组织开展各项视察调研15次，开展执法检查1次，规范性文件备案审查9份，任免地方国家机关工作人员35人次。

一、坚持党的全面领导，牢牢把握人大工作正确政治方向

区人大常委会提高政治站位，坚守初心和使命，始终把政治建设摆在首要位置，坚持党对人大工作的全面领导，确保人大工作正确的政治方向。

（一）提高政治站位，始终把政治建设摆在首位。始终在政治立场、政治方向、政治原则、政治道路上自觉同以习近平同志为核心的党中央保持高度一致，持续深化政治建设，不断提高政治判断力、政治领悟力、政治执行力。深刻领会“两个确立”的决定性意义，增强“四个意识”，坚定“四个自信”，做到“两个维护”，为推动人大工作创新发展提供强大思想动力。

（二）强化政治意识，自觉接受区委的领导。始终把人大工作放在全区工作大局中来谋划和推动，自觉在区委领导下开展工作，对区委部署安排的任务，全力以赴高质量完成。坚持重要会议、重要工作、重大事项等及时向区委请示报告，一年来，先后就区人代会筹备、常委会工作要点、全过程人民民主基层实践站建设等事项向区委报告10次，争取区委支持。充分发挥常委会党组把方向、管大局、保落实的领导作用，认真落实区委意见，严格执行民主集中制，确保人大工作与全区大局同向同步。

（三）抓好主题教育，注重深学细照笃行。按照全区的统一部署，扎实开展主题教育。精研细读，开展理论学习。依托“学习强国”等平台，通过“线上+线下”相结合，做到理论学习全覆盖，常委会党组读书班集中学习12次、集中研讨5次。立足职能，突出重点，深入开展调查研究。常委会领导班子成员确定调研课题6个，坚持每周下基层访实情，在调研中解决实际问题15个。把检视整改贯穿始终，抓好突出问题整治，扎实开展了学习成果和典型案例剖析交流会，以党的创新理论统揽和指导人大工作。

二、抓住重点，切实增强监督的针对性和实效性

常委会坚持依法监督、正确监督、有效监督，依照法定职责、遵守法定程序，紧扣事关发展的全局性长远性问题和民生改善的难点痛点堵点问题开展监督，提高监督的针对性和实效性。

（一）突出重点领域，监督内容力求精准

一是聚焦依法治区开展监督。积极开展宪法学习宣传和实施监督，弘扬宪法精神，维护宪法权威。严格执行宪法宣誓制度，依法组织常委会任命的国家工作人员进行宪法宣誓计18人次，对“一府一委两院”

任命的国家机关工作人员组织宪法宣誓情况开展督查。规范备案审查工作机制，对2023年全区规范性文件进行了备案审查，没有不合法文件。围绕司法体制改革纵深推进，积极开展司法监督，听取和审议了区法院、区检察院关于涉企司法工作的报告。落实监察法规定，听取和审议了区监委关于对工程建设领域突出问题专项整治情况的报告，并提出了审议意见。

二是聚焦预决算审查监督和国有资产管理情况的监督。加强对预决算和审计工作及审计查出突出问题整改跟踪监督。听取和审议计划、预算、决算、审计及审计查出突出问题整改情况等报告，作出了批准2022年区级决算和2023年度预算调整方案的决议。加快推进预算联网监督工作，全面落实中央关于预算审查监督重点向支出预算和政策拓展的重要任务。加强对国有资产管理情况和财政资金使用绩效的监督，听取和审议了区政府关于2022年行政事业性国有资产管理情况的报告，推动国有资产保值增值；听取和审议了2022年度中央和省直达资金使用绩效情况的报告，有效地促进了政府财政资金使用的绩效。

三是聚焦发展大局和民生改善开展监督。加强对区委中心工作落实情况的监督，听取和审议区政府关于"十四五"规划纲要实施情况中期评估情况的报告，督促"十四五"规划中滞后工作加快推进；听取和审议了区政府关于创建全省优化营商环境先行试点改革事项工作情况的报告，助推营商环境持续优化向好；加强对影响群众健康突出问题"323"②攻坚行动工作情况的监督，不断提升群众健康幸福指数；立足医保三级便民服务目标，督促区政府着力搭建区、街道、社区三级经办服务网络，为实现14万参保居民就医和困难群体实施医疗救助的目标落实提供有力支持监督；紧盯城市建设进程，督促区政府做实林长制，推进增花添彩、串园连山等项目建设。

（二）用好监督组合方式，监督合力不断提升

一是视察调研和审议报告相结合。坚持视察调研先行，一年来，先后对乡村建设行动、招商引资和项目建设、金融工作等开展视察，全面了解情况，为常委会会议高效审议报告、提出合理的审议意见和建议奠定良好基础，实现对重点工作实施情况的全程监督。

二是扎实开展执法检查。对贯彻实施《中华人民共和国旅游法》《湖北省旅游条例》（以下简称"一法一条例"）的情况开展执法检查。成立了常委会主任为组长的执法检查组，执法检查组先后深入二马路历史文化街区、顺达国际旅行社、均瑶国际酒店等多个场所实地开展执法检查。全面了解辖区宣传及贯彻"一法一条例"情况，行业管理部门履行监管责任及落实旅游主体责任情况，针对存在的主要问题，提出了工作建议6条，推动了我区旅游发展环境的优化和旅游业转型升级。

三是深化工作评议。由代表网上投票确定了区人力资源和社会保障局、区民政局、区卫生健康局、区市场监督管理局、区文化和旅游局为2023年度工作评议对象，做到"代表和群众关注什么我们就评议什么"。由常委会组成人员和人大代表32人组成的5个评议工作组深入到被评议单位，采取走访座谈、个别交谈、查阅资料、实地察看等方式，全面掌握被评议单位年度重点工作、特色工作、创新工作、经济工作完成情况，查找整改事项18项，提出工作建议12条，提升了被评议单位的整体工作实效。被评议单位向常委会会议报告了接受工作评议情况，满意度测评均为满意。

（三）注重持续跟踪，监督实效不断增强。

一是抓住热点难点问题持续监督。对法治政府建设、环境状况和环境保护目标完成情况、长江大保护生态修复工作和区政府重点办理的十件惠民实事办理情况等，连续三年作为常委会固定议题纳入年度工作要点开展持续监督。半年视察进度，年终开展测评，确保惠民实事真正惠民。

二是对决议决定落实情况跟踪监督。对"一府一委两院"报告强化审议环节，要求相关单位对审议意见反馈落实情况进行再报告。连续两年将《西陵区开展第八个五年法治宣传教育的决议》执行情况，纳入工作评议对象"1+4"③履职清单，推动各部门各单位普法宣传常态化，有力推动了法治建设进程。

三、积极探索机制，丰富全过程人民民主的基层实践

常委会深入学习贯彻习近平总书记关于全过程人民民主的重要论述，聚焦全过程人民民主"全链条""全方位""全覆盖"的实践主线，以"民主协商""民主决策"为突破口，以机制建设为抓手，以解决居民群众的"急难愁盼"事为着力点，积极探索全过程人民民主基层实践的路径。

（一）以立法联系点建设为载体，开展人大立法协商。

市人大将锦绣社区作为"基层立法联系点"，我们以此为契机，探索基层立法民意收集工作机制，打造立法民意收集工作品牌，开展"立法民意直通车"系列活动。

一是探索"人大基层立法联系点+人大代表联络

站”融合建设。建立了人大代表联络站、接待选民工作室、“法官工作室”等阵地，为实现“人大代表与选民零距离心贴心”创造了良好条件。

二是完善全覆盖的民情收集网。建立了覆盖全辖区的“1+6+N”民意征集网络，即：“1个”锦绣社区立法联系点、“6个”社区代表联络站、“N个”立法民意征集联系点，健全“立法联系点工作流程”“立法征集信息员”“立法征集专家顾问团”等制度机制。

三是探索打造“民意和谐号——转·译·听”工作品牌。依托“法官工作室”普法平台，推进将收集民意的“民言民语”转译为立法建议的“法言法语”，待法律法规实施后，又将“法言法语”转译为群众听得懂的“民言民语”进行普法宣传。今年先后开展了5部省级法规、6部市级法规的立法民意征集，共收集上报意见建议82条。人大立法协商的做法先后在《人民代表报》、湖北电视台等媒体进行了报道。

（二）以社区（小区）为立足点，搭建民主民意协商平台。

一是搭建网上民意收集平台。在进一步完善“街道代表之家、社区代表联络站、小区代表联络点”三级架构的基础上，我们还推出“扫码找代表”服务，打造居民联系代表的“掌上联络站”，如学院街道将代表二维码张贴到136个网格，居民通过手机扫码，链接网络平台“人大代表与人民群众互动之窗”，实现选民网上“挂号”和“点单”。代表以此平台多次向居民群众、文化名人、商铺老板征求意见，提交了《对二马路沿街门店进行立面整治的建议》，助推了宜昌市二马路城市更新项目建设。

二是探索各种形式的议事协商平台。通过“廊亭议事”“院坝会”“商圈议事点”等形式，开展有事好商量、大家的事大家商量、事事能商量，找到居民意愿的最大公约数。一年来，开展议事协商会120余场次，收集各类意见和建议90余条。点状治理环境改造、楼栋电梯加装工程等都成为全过程人民民主理念在基层生动实践的写照。如云集街道桃花岭11号12栋3单元，高龄老人多，楼高无电梯的现状亟待解决。“民情监督员”代表通过入户走访收集意见、邀请律师宣传解释相关法律、召开听证会现场论证等一系列措施，最终取得了居民们对加装电梯的一致同意。

三是探索管理与评价平台。小区改造后环境得到了提升，如何管理好，常委会指导街道人大工委培养群众“骨干”，充实到业委会、民主监督员成员中，共同商议小区后续管理，推进“红色业委会+红色物业”建设。发动居民制定居民公约，建立居民公约积分体系。在小区组织开展“最美阳台”“最美楼栋”“最美家庭”评选活动，通过发挥示范效应，不断激发群众主人翁意识，实现了自我服务、自我管理。

（三）以解决群众“急难愁盼”事为着力点，探索民主决策机制。

一是完善群众需求收集机制。我们紧扣“共同缔造”，对接资源、需求、项目三张清单，围绕文明城市创建、清违行动、小区点状治理中的群众急难愁盼问题，实施“三问三联三行动”[④]，有效促进了街道代表小组的活动流程再造、资源整合共享和为民履职创新，切实把好事做好，实事做实。如绵羊山片区出行难一直是片区居民的“头等难题”。我们邀请人大代表、居民及市公交公司在镇平路社区召开座谈会，探讨公交线路优化运行方案，人大代表多方奔走，广大居民积极支持，全市首条“F”型线路公交车B212开进了绵羊山片区，解决了山上4600多户居民的出行难问题。

二是实施民生实事项目代表票决制。各街道人大工委组织代表走访选民和实地考察，将“市民家门口100米实事”项目、“政府十件实事”项目等纳入代表票决制范畴；召开专场投票会，当场公开票决结果；根据票决结果，组织专业对口的代表现场认领项目进行督办，确保每个项目都落实落地，群众满意。如“清波路社区居家养老服务中心项目”在街道民生实事项目代表票决会上得到了全票通过，中心建成后，让辖区近万名老人享受到营养就餐、康复护理、文化娱乐等优质服务。

三是建立人大代表参与街道“三重一大”事项决策会商制度。在街道“三重一大”事项决策前，邀请人大代表进行前期调查。代表通过参与小区党员大会、小区业主代表大会、小区居民大会，让居民畅所欲言，让真实想法说出来、讲出来，然后结合居民意见建议形成有群众基础、有价值的代表建议，带到街道层面，为街道“三重一大”事项会商决策打下了坚实的民意基础。

四、聚力“共同缔造·代表行动”，更好发挥代表作用

常委会坚持以“双联”[⑤]为抓手深化拓展代表工作，完善代表密切联系群众的方式方法，优化服务保障工作，积极为代表行使职权、发挥作用创造良好的条件和环境。

（一）密切联系、在活动中彰显代表作为。

一是紧贴选民，拓展联系渠道。健全接待选民制度，形成一月一次“轮值接待”、一季度一次“回访接待”、半年一次“集中接待”的活动模式，听取民意常态

化,实现联系“零距离”;区人大代表每人每年与5-10名以上选民保持经常性联系,并纳入代表年终述职内容,接受选民监督。

二是集中与分散结合,常态化开展特色活动。按照省市人大常委会的部署和要求,结合我区实际,常态化开展了“聚力共同缔造·代表行动”“三在三争”活动“代表回家”主题活动、“优化营商环境,代表在行动”“在西陵,为西陵”代表献策献力等活动。一年来,各级人大代表参加系列活动734人次,接待选民1147人次,累计入户走访400余户,收集各类社情民意826条,为困难群体解难事、办实事80余件。

三是发挥代表“两个优势”,服务中心工作。常委会注重发挥代表的“特长优势”和“岗位优势”,组建功能性代表小组,服务区委中心工作。如建立健全优化营商环境“信息监督员”制度。推荐23名区人大代表为优化营商环境“信息监督员”,深入辖区市场主体收集企业困难问题96个,提出优化营商环境相关建议78条,督促解决问题47个,为优化营商环境贡献了人大力量。三峡电视台“三主联动持续发力、营商环境向优而行”专栏进行了宣传报道。

(二)导督结合,提高议案建议提出和办理质量。

一是实行“三导”,提高议案建议提出质量。做好“引导”,每年围绕区委中心工作,聚焦主题,组织代表开展视察调研和回选区访选民,收集各方的意见建议。做好“辅导”,以街道代表小组为单位,坚持开展代表集中培训,提高建议撰写水平。做好“指导”,每年表彰一批优秀议案建议,通过选树典型榜样,进一步指导代表提升建议内容质量。在区九届人大三次会议中,代表们提出的《关于加快推进特色商圈建设,打造“宜荆荆都市圈特色消费目的地”的议案》《关于加大后疫情时代对实体零售企业扶持的建议》《关于为民办非机构开通金融产品通道的建议》等14条议案建议被评为优秀议案建议。

二是开展“五督”,提高议案建议办理质量。采取常委会领导领衔督办重点建议、各委室按对口联系原则分工督办、街道人大工委跟踪督办、召开专题会议集中督办、通过人大代表履职服务网络平台公开监督等形式,区九届人大三次会议中代表提出的83条建议中已经解决或基本解决的A类78件、占94%,所提问题正在解决或列入议程逐步解决的B类3件,占3.6%,所提问题因目前条件限制或其他原因需后续解决的C类1件、占比1.2%,所提问题留作参考的D类1件、占比1.2%。所有建议与代表沟通率100%,代表对办理过程满意率100%,代表对办理结果满意率100%。

(三)优化服务,持续做好代表履职保障。

一是加强阵地建设,为代表履职建好平台。常委会认真落实省人大常委会关于《加强全省人大代表联络站建设的意见》,按照“优化布局、完善机制、提升功能、依法运行”的要求,全区建有7个街道代表之家、66个社区代表联络站、44个代表基层联系点。使“家、站、点”成为人大代表履职的主阵地。宜昌高新区代表小组建有1个代表之家、3个代表联络站,为代表履职提供了保障。各街道人大工委高标准建设“代表之家”,添置办公设施,规范标识标牌和各项制度,对代表身份和活动风采进行展示。

二是拓宽代表参与监督渠道。全年共邀请人大代表列席常委会会议听取和审议专项工作报告28人次,参加常委会组织的执法检查和调研视察活动45人次,参加法院旁听旁审活动59人次,提出审议意见和工作建议40余条。

三是支持街道代表小组开展联动活动。西坝、葛洲坝和夜明珠三个街道人大代表小组以“企地融合、片区联动,加快建设‘长江大保护典范城市’⑦”为主题,联合组织开展葛洲坝片区代表小组视察调研活动,共计37名省市区人大代表参加。代表们围绕企地整合及片区发展、长江大保护典范城市建设、优化营商环境、经济社会繁荣发展等方面建言献策,共收集意见、建议17条。

五、提升履职能力,着力建设“四个机关”

(一)全面加强思想建设。落实《西陵区人大常委会党组理论学习中心组学习制度》,开展党组中心组学习12次。就党的二十大精神、习近平总书记关于坚持和完善人民代表大会制度的重要思想、《中国共产党党组工作条例》等党内法规进行专题学习研讨。召开党组会议对政治生态分析研判工作专题部署1次,对意识形态工作专题部署2次,对意识形态领域风险隐患进行排查和研判12次。积极参加区委中心组集中学习,参学率达100%。

(二)持续推进能力建设和作风建设。常委会一班人围绕大局、服务中心。参与建设项目16个、联系重点企业30家、协助22个“四上”培育企业进规入限,较好服务了全区中心工作。选派机关党员参加党校培训和专题业务培训,提高了履职能力。狠抓会风会纪,坚持常委会组成人员参会情况定期通报制度。切实做好省委巡视、区委巡察反馈问题的整改工作,17个问题全部整改销号,并用整改成果推动实际工作。

(三)不断推进街道人大工委建设。常委会通过建机构、探机制、强保障等措施，不断推进基层人大工作规范和完善。建立健全了街道人大工作专题调研制度、街道人大工委向常委会报告工作制度、街道人大工作月例会制度等。加强对街道人大工委委员和工作人员的培训，为基层人大工作顺利开展提供保障。及时总结宣传推介街道人大工作的创新实践，如学院街道人大工委“左邻右舍事，友好协商办”、云集街道人大工委“代表云集、解你所急”、西陵街道人大工委“五民工作法”、西坝街道人大工委“坝坝议事会”、葛洲坝街道人大工委“汇集民生听民声、共同缔造惠民生”、夜明珠街道人大工委“人大代表馨苑直通车”、窑湾街道人大工委“众人事众人议”等经验做法见诸报端，有效激发了基层人大工作的活力。

各位代表！区人大常委会过去一年所取得的成绩，是区委坚强领导的结果，是全体人大代表勤勉履职的结果，是常委会组成人员、各专门委员会组成人员、各工作委员会、各街道人大工委和人大机关工作人员担当尽责、扎实工作的结果，是区政府、区监委、区法院、区检察院大力支持的结果，是全区人民积极参与、充分信任的结果。在此，我代表区人大常委会表示衷心的感谢和崇高的敬意！

回顾过去一年的工作，我们也清醒地认识到，常委会工作还存在一些差距和不足，主要是：监督工作的刚性和实效有待进一步加强；践行全过程人民民主的制度和机制有待进一步探索；密切联系代表、发挥代表作用的方式需要创新拓展；常委会履职能力和基层人大工作水平有待进一步提高。常委会将虚心听取代表和各方面意见建议，切实加以改进。

2024年的主要任务

各位代表！2024年，是中华人民共和国成立75周年，是人民代表大会制度建立70周年，是实施“十四五”规划的关键一年。做好人大工作责任重大，使命光荣。区人大常委会工作的总体思路是：坚持以习近平新时代中国特色社会主义思想为指导，认真贯彻党的二十大精神，坚持党的领导、人民当家作主、依法治国有机统一，紧跟时代发展，紧扣实践要求，紧贴群众期盼，更好地履行法定职责、更好地发挥代表作用、更好地建设“四个机关”，坚持稳中求进，推进人大工作高质量发展，在西陵奋进全国百强城区，争当长江大保护典范城市核心标杆，打造世界级宜昌核心主城征程中贡献人大力量。

一、坚定政治方向、围绕中心，同频共振服务发展大局

持续深入学习贯彻习近平新时代中国特色社会主义思想，深刻领会“坚持和完善人民代表大会制度这一根本政治制度”的要求，充分认识坚持和完善人民代表大会制度的崇高使命和时代责任，落实习近平总书记对地方人大工作作出的重要指示要求。不断强化做好新时代人大工作的历史主动、制度自信和担当使命。紧扣党中央决策部署和省委、市委、区委的安排部署，做到“党委有号召、人大就有行动”，“民有所呼、我有所应”，围绕高质量发展主题，找准人大工作的切入点、结合点、发力点，充分发挥人大职能优势，更好助力全区经济社会发展和改革攻坚任务。

二、坚持依法履职、突出重点，多措并举提升监督实效

强化法律监督和工作监督，在助推全区高质量发展、长江大保护、保障改善民生和法治西陵建设等方面听取和审议专项工作报告，开展视察调研。在聚焦服务经济、改革创新、社会治理、民生改善等方面，综合运用法定职权进行重点监督。运用好执法检查、工作评议、预算联网监督等手段，增强监督工作针对性和实效性。着力推进讨论决定重大事项工作常态化，支持和保障代表更好地行使职权，加强和改进代表议案建议工作。严格依照法定职权和法定程序选举和任免国家机关领导人员、组成人员和有关工作人员。做好宪法宣誓工作，加强对人大选举和任命人员的监督。

三、坚持“共同缔造”、以民为本，拓展全过程人民民主新实践

运用“共同缔造”的理念与方法，“具体地、现实地”推进全过程人民民主的西陵实践，完善基层直接民主制度体系和工作体系，把制度优势转化为“共同缔造”的人民行动。加强平台建设，推动街道代表之家、社区代表联络站、小区议事室、立法民意直通车等建设，让社情民意收集更加常态、便捷、精准。综合运用调研、座谈、论证、咨询、听证等方式，最大限度倾听民声、吸纳民意、汇集民智。支持街道社区实施民生实事项目人大代表票决制，从“为民作主”向“由民作主”转变。发挥好社区挂点联系单位作用，探索形成共谋共建共管共评共享的机制。

四、坚持探索创新、优化服务，不断加强代表工作能力建设

依靠代表、发挥好代表作用是做好人大工作的基础和关键。把不断完善代表联系制度，健全完善代表工作制度和机制，为代表依法履职创造良好环境作为发挥代表作用、激发人大工作活力的着力点来抓实抓

细。扩大人大代表对常委会工作监督的方式和途径，坚持代表列席常委会会议制度，邀请代表参加常委会组织的调研、审议、执法检查和视察活动等制度。运用好信息化平台，提高代表履职服务平台的运用推广水平。继续建好用好代表“家站点”，深化“代表回家”主题系列活动，将代表的职业优势和主体作用充分发挥出来。加大对社情民意转办督办的力度，提高代表议案建议办理质量。支持和保障代表更好地行使职权。宣传优秀代表典型，讲好人大故事，展示好人大代表依法履职的风采。

五、坚持守正创新、改进作风，加强“四个机关”建设

坚持以党的建设为引领，切实发挥人大常委会党组领导作用，认真履行全面从严治党主体责任，严格落实民主集中制和意识形态工作责任制，增强斗争精神，以党建过硬推动工作提标。把制度建设贯穿始终，确保党组会议、常委会会议和主任会议的议定事项形成责任分解、跟踪督办、落实销号的闭环工作流程。积极探索人大协商，丰富人民群众政治参与实践，更好保障人民当家作主。巩固第二轮主题教育成果，激励人大干部锤炼过硬本领和优良作风。高质量完成区委交办的各项工作，全方位讲好人大故事。增强与“一府一委两院”的沟通协调，加强对街道人大工作的联系指导，增强人大工作整体实效。

各位代表！峡尽天开朝日出，奋楫扬帆正当时。让我们更加紧密地团结在以习近平同志为核心的党中央周围，在区委的坚强领导下，踔厉奋发、砥砺前行，为加快建设长江大保护典范城市核心区作出新的更大的贡献！

资料链接

1.“四个机关”：中央人大工作会议提出的，新时代人大工作和建设的新定位、新要求，即：“自觉坚持中国共产党领导的政治机关、保证人民当家作主的国家权力机关、全面担负宪法法律赋予的各项职责的工作机关、始终同人民群众保持密切联系的代表机关。”

2.“323”：心脑血管病、癌症、慢性呼吸系统病3类重大疾病，高血压、糖尿病2种基础疾病，出生缺陷、儿童青少年近视、精神卫生3类突出公共卫生问题。

3.“1+4”：工作评议的两个主要内容：“1”即：被评议单位贯彻执行市、区人民代表大会及其常务委员会决议、决定情况，落实市、区人大常委会审议意见情况，办理市、区人大通过的议案和代表提出的建议、批评、意见情况；“4”即：被评议单位年度重点工作、特色工作、创新工作、经济工作完成情况。

4.“三问三联三行动”：云集街道试点示范探索的基层民主工作经验。即“三问”：健全制度，“问”得经常；拓展渠道，“问”得便捷；活动搭台，“问”得精准。“三联”：对接资源清单，资源联用；对接需求清单，活动联办；对接服务清单，大事联动。“三行动”：举行“大家来谈小事情”院坝会、实施民生实事项目代表票决制、特邀“民情监督员”。

5.“双联”：人大常委会组成人员联系代表，代表联系选民。

6.“三在三争”：市人大常委会开展的代表活动，即：在选区选举单位，争做践行初心的表率；在代表工作平台，争做依法履职的表率；在本职岗位一线，争做建功立业的表率。

7.“长江大保护典范城市”：中共宜昌市委七届三次全体会议，审议通过的《中共宜昌市委、宜昌市人民政府关于建设长江大保护典范城市的意见》中提出，到2025年，生态环境治理、产业绿色转型、城市空间拓展等方面取得重大进展；到2030年，三峡生态屏障更加安全稳固、城市空间格局更加科学合理、城市功能品质全面优化提升、生产生活方式全面绿色转型；到2035年，长江大保护典范城市基本建成，在长江生态保护修复、城与山水和谐相融、产业绿色发展、美好环境与幸福生活共同缔造等方面成为全国典范。

政府工作报告

——2024年1月20日在宜昌市西陵区第九届人民代表大会第四次会议上

宜昌市西陵区人民政府区长 梅卫民

各位代表：

现在，我代表区人民政府向大会报告工作，请予以审议，并请各位政协委员和列席人员提出意见。

2023年工作回顾

刚刚过去的2023年，是全面贯彻落实党的二十大精神的开局之年，是三年新冠疫情防控转段后经济恢复发展的一年，也是西陵攻坚突破、焕新启航的一年。面对多变复杂的环境、交织叠加的压力、艰巨繁重的任务，在市委、市政府和区委的坚强领导下，在区人大、区政协的监督支持下，我们坚持以习近平新时代中国特色社会主义思想为指导，聚力"四个重大"，实施"三百"行动，统筹做好强信心、稳增长、防风险、推改革、惠民生各项工作，较好完成了区九届人大三次会议确定的各项目标任务，在争当长江大保护典范城市核心标杆、打造世界级宜昌核心主城的新征途中迈好第一步、彰显新作为、见到新气象。

一年来，我们以"稳"应变、以"进"固稳，经济发展顶压前行、稳中向好、竞进提质，经济总量持续保持城区前列。预计全年完成地区生产总值（不含电力生产和供电）580亿元、增长8%，固定资产投资增长9.2%，规模以上工业增加值增长10.4%，社会消费品零售总额346.03亿元、增长9%，地方一般公共预算收入增长12.5%，进出口总额增长16%。城镇居民人均可支配收入与经济增长基本同步。连续三年跻身"全国投资竞争力百强区"。

一年来，我们主要抓好以下五个方面的工作：

（一）聚焦拼经济、稳增长，经济运行提速增效

产业链条补强固延。围绕全市"3+2"主导产业延链补链强链，宜昌人力资源服务产业园、三峡数智产业园、十六化建总部大楼建成运营，三峡数智科技、微软小冰、水木青衣等数字企业入驻。高端工业泵智能制造基地开工建设，葛洲坝集团物流公司入选全省"两业"融合试点。百亿级宜昌核心商圈规划落地，全市首家国际五星级酒店喜来登、大洋晶典宜昌中心落户。新引进温德姆、霸王茶姬等首店品牌50余家，盘活闲置商务商业资源5万平方米，5条特色街区全新亮相。打造省级特色街区5条、市级特色街区3条，总量位居全市第一。建筑业总产值达到930亿元。

项目投资支撑有力。坚定不移用"第一力度"抓招商引资"一号工程"，新签约软通动力工业互联网宜昌创新基地、三峡未来城等亿元以上项目44个，全口径招商到位资金62.2亿元。建立"四个重大"推进落实机制，实施项目积分制亮牌管理，三峡果蔬仓储物流冷链配送中心等36个亿元以上项目开工建设，宜昌古今·大南门、CBD三期、城发·首座等项目稳步推进，联东U谷·西陵智能制造港一期、民康医药产业园竣工投用。宜昌船柴铸造中心正式动工。三峡企业总部基地南区和智慧物流产业园入选全省"五个一百"重点项目库。

片区开发稳步推进。黄家湾地块规划编制全面完成。中华橘颂谷、鄂西国际柑橘供应链基地等项目签约落户，东湖高新·宜昌创智园、七巧连云数字循环经济产业园等项目用地成功摘牌，宜昌供应链产业园开工建设。村集体经营性收入增长27.6%。实施大学路改线工程、二马路三期、大树湾片区开发等征收征迁项目20个，腾挪三峡国际游轮中心二期、民康药厂、三峡药厂、望洲二组三组四组等14个地块、1139亩发展空间。处置批而未供和闲置土地1357亩。

（二）聚焦增能级、优品质，城市功能提档升级

城市面貌日益更新。运用共同缔造理念和合作社模式启动葛洲坝片区城市更新，完成项目规划研究和城市设计。成立9个危旧房合作改造联合社，28栋、572户居民入社签约。葛洲坝片区筒子楼、望洲片区自建房解危130栋、1949户。改造老旧小区55个。山城路、江河路等6条道路竣工，唐家湾路延伸段、马兰路综合改造工程、大学路及西陵变电站出线通道工程等道路启动建设，三峡快速路互通立交港窑路节点

互通和夜明珠路综合改造工程建成通车。绵羊山片区公交线路开通。渭河一二路综合改造工程、西坝三路等6个海绵城市项目完工。桃花岭等8个市级“智能小区”和2个省级完整社区试点建成。

城区空间宜居宜业。城市运行管理指挥中心投用,挂牌成立区综合行政执法局和街道综合执法中心,城市综合治理“推磨解难”全域推进。云集路“美丽街区”获评2023MUSE设计奖银奖和IFLA亚太地区景观建筑奖。建成全省首个电梯加装一站式公益服务平台,既有住宅加装电梯109部。新增公共停车泊位603个。建成大件装修垃圾堆放点274个、“五有”标准投放点1148个。新改建公厕5座。完成7条背街小巷整治。拆除积存违建、整治违规广告店招4.6万平方米,清理空中“蜘蛛网”33万米。创建惠民攻坚解难行动解决11个社区、1000余个群众急难愁盼问题。完成全国文明城市考评复审。

生态环境稳定向好。编制碳达峰工作方案。长江葛洲坝库区西陵片区生态修复工程西坝段完工。125个入河排口整治完成,黄柏河段沿线“清四乱”成效显著,地表水水质考核达标率100%。达门船舶迁建工程开工。餐饮油烟净化器安装全覆盖,空气质量优良天数占比达到85.5%。启动儿童公园改造升级,新建口袋公园10个。复绿面积80.7亩。建成围碳可回收综合服务网点15个。打造全省首个长江生态法治广场、长江大保护盒子广场。成功举办第7个“生态市民日”主题活动。率先在城区实现省级生态街道建设全覆盖。

(三)聚焦促改革、谋创新,市场主体提质扩量

政务服务高效便捷。“一事联办”场景化集成套餐服务扩展至115项,100个高频事项“一窗受理、区内通办、结果互认”。设立24小时自助服务区,政务服务一体机进驻银行网点,“首善帮办团”站点全覆盖,实现“就近办理、一次办结”。率先在全省成立22个“年报服务站”,打造“水电气”共享营业厅,“一站式”服务获群众点赞。深入推行“一业一证”“简易注销”等审批制度改革,首次实现工业项目“拿地即开工”五证同发。“办问协同、全程互动”办税缴费服务新模式等4个省优化营商环境改革先行区试点事项在全国、全省推介。

创新驱动势头强劲。挂牌成立宜昌数字经济研究院,打造4个校企研孵协同共建基地,街道孵化载体建设全覆盖。新建省级废金属资源回收利用装备企校联合创新中心,三峡创谷、长樵溪社区分别获评首批省级人才创新服务中心、全市首个社区众创空间。24家高新技术企业与三峡大学开展产学研合作37项。预计净增高新技术企业26家,高新技术产业增加值占GDP比重达到27.7%。湖北力帝、既济数能分别获评国家绿色工厂和省级工业设计中心。新增专利授权1346件。有效注册商标总量位列全市首位。人才引进突破1万人,数量质量均居全市第一。

市场活力欣欣向荣。研究出台服务业、招商引资、科技创新产业扶持办法。兑现奖励扶持资金5450万元。深入开展“新商业大讲堂”100余场次、“百名干部找市场”30余场次,帮助300余家重点企业寻合作、拓市场。投放100万元文旅商消费券,带动消费逾千万元。减税降费及退税缓费4311万元。发放“再担园区贷”1.06亿元。税收过千万企业增加8家。税收增长19.4%。新增入库科技型中小企业122家、省级专精特新中小企业10家、创新型中小企业26家。净增“四上”企业78家。市场主体总量达到6.6万户。

(四)聚焦强治理、兜底线,民生福祉提标补短

民生获得感更加充实。民生支出占比达到82%。率先在全省建设社银合作网点66家。新建社区“零工驿站”、劳动关系公共服务站7个。发放创业担保贷款4.6亿元。城镇新增就业1.1万人。城乡基本医疗参保人数位居城区第一。发放救助资金2022万元。社区退役军人服务站建设全覆盖。26家社区居家养老服务中心(站)、幸福食堂投用。亚行贷款养老综合服务示范项目主体工程完工。区社会福利院暨国药西陵医养结合医院、区残疾人托养中心运营。率先在全市开展家庭养老床位试点,新增养老和托养床位720张。平湖馨苑社区获评全国示范性老年友好型社区。新建1000余套安置房,筹集分配保障性租赁住房928套。

群众幸福感更可持续。营盘路小学迁建工程,五中、九中、东方红小学、桃花岭及卫生幼儿园维修改造工程完工。北辰港湾、见山小区配套幼儿园开园。新增幼儿、托育学位780个。建成13个教联体,率先在全省实现全覆盖。全国基础教育精品课部级优课占比全市第一。获评城区首个全国博爱家园示范点。居民健康素养提前7年达到健康湖北水平,通过国家慢性病综合防控示范区考评复审。在宜昌蝉联国家食品安全示范城市、国家卫生城市考评复审中充分彰显主阵地作用。区文化馆及非遗馆对外开放。全国首家屈原文化主题书店、全市首个24小时城市书房建成营业,获评中华诗词示范区。

社会安全感更有保障。完成22个小区点状治理,全省公安机关坚持和发展新时代"枫桥经验"暨深化公安改革推进会现场观摩,全国市域社会治理现代化试点建设成效显著。新增社会组织14家,锦绣社区获评全市首个全国先进基层群众性自治组织。建立电诈打击整治一体化作战中心,挽回群众损失1.3亿元。"保交楼"住房竣工交付881套。非法集资得到有效遏制。消费者满意度评价全市第一。完成总体应急预案和10个专项、部门预案修订,建立暴雨橙红色预警应急响应机制。扎实开展安全隐患排查整治和强安固盾行动,工矿商贸行业"零事故、零伤亡",社会大局平安和谐稳定。

(五)聚焦锻作风、重实干,自身建设提能固本

始终把政治建设摆在首位,扎实开展学习贯彻习近平新时代中国特色社会主义思想主题教育,下基层、察民情、解民忧、暖民心实践活动走深走实,十件惠民实事全面办结。圆满完成省十六运会、省十一届残运会、三峡大学百年校庆等重大活动服务保障。养老服务、预算偿还当年到期政府债券工作获省政府督查激励。街道全面依法治街委员会建设全覆盖,土城路社区、茶庵村分别获评全国民主法治示范社区、省级清廉村居建设示范村。主动接受区人大及其常委会法律监督、区政协民主监督和社会各界监督,审计监督全覆盖,办理人大代表议案、建议和政协委员提案175件,满意率100%。严格落实全面从严治党主体责任,政府系统党风廉政建设持续加强,政府效能有力提升。"三公"经费支出同比下降14%。与此同时,国防动员、民兵预备役、双拥等工作不断强化,移民、统计、对台、外事、侨务、民族、宗教、保密、信访、档案、新闻出版等工作取得长远进步,工会、共青团、妇联、工商联、老龄、残疾人、红十字会等群团组织作用充分发挥。

各位代表!上下同欲者胜,风雨同舟者兴。我们深知西陵发展历程中的每一次蜕变、每一次突破,所取得的每一份成绩、每一份荣誉,根本在于习近平新时代中国特色社会主义思想的科学指引,得益于市委、市政府和区委的正确领导,凝聚着区人大、区政协和社会各界的监督支持,是全区干部群众一道拼、一块干、一起奋斗出来的!在此,我谨代表区人民政府,向全区人民,向各位人大代表、政协委员,向各民主党派、工商联、人民团体,向中央省属企事业单位、市直各部门、各单位,向驻辖区人民解放军、武警官兵、公安干警、消防救援队伍,向所有关心、支持和参与西陵发展的社会各界朋友,表示衷心的感谢,并致以崇高的敬意!

前行路上,有风有雨是常态,风雨兼程是状态。我们清醒认识到,西陵发展还面临不少困难和问题,主要表现在:经济回升向好的基础仍需巩固,有的指标不及年初预期;新兴产业尚未形成强力支撑,重大产业项目招引储备不足,片区开发推进较为滞后;市场主体和民营经济活力亟待充分释放;城市治理现代化水平和城市能级有待提升;公共服务供给与群众对美好生活的期待还有一定差距;少数干部拼经济、抓落实、争先进的能力作风还需进一步增强。我们将正视问题、切实解决,让人民群众真切感受到实实在在的变化和成效。

2024年工作重点

各位代表!今年是实施"十四五"规划的攻坚之年,也是西陵奋进全国百强、打造核心主城的关键之年,意义非凡、责任重大。当前,我们迎来积极的财政政策和稳健的货币政策等多重利好政策叠加窗口期,中部地区崛起、长江经济带发展等重大战略实施机遇期,三峡水运新通道等国家在宜重大工程建设起步期,新能源、新材料、数字经济等新兴产业聚合裂变黄金期,奋力推动西陵经济社会高质量发展正当其时、适逢其势,必将前景可期、大有可为。特别是新年第一个工作日,李强总理来到宜昌,调研葛洲坝水利枢纽工程,让我们备受鼓舞、倍感振奋,极大地坚定了我们加快发展的信心和决心。

今年政府工作的总体要求是:以习近平新时代中国特色社会主义思想为指导,全面贯彻落实党的二十大、二十届二中全会、中央经济工作会议和省委十二届五次全会、市委七届六次全会、区委九届六次全会精神,坚持稳中求进、以进促稳、先立后破,完整、准确、全面贯彻新发展理念,深入推进以流域综合治理为基础的四化同步发展,统筹扩大内需和深化供给侧结构性改革,统筹新型城镇化和乡村全面振兴,统筹高质量发展和高水平安全,深入实施"双碳引领、枢纽赋能、强产兴城"发展战略,在加快城市和产业集中高质量发展中当先锋、打头阵、作贡献,巩固和增强经济回升向好态势,持续推动经济实现质的有效提升和量的合理增长,增进民生福祉,保持社会稳定,全力提升主城功能,奋进全国百强城区,争当长江大保护典范城市核心标杆,打造世界级宜昌核心主城。

主要预期目标是:地区生产总值(不含电力生产

和供电）增长7.5%，固定资产投资增长10%，规模以上工业增加值增长10%，社会消费品零售总额增长10%，进出口总额增长9%，居民收入增长与经济增长基本同步，全面完成市下达的节能减排和环境保护任务。

围绕上述目标，我们必须按照“三稳三进”要求，扛牢主城担当、砥砺实干争先，以实际行动向党和全区人民交上一份精彩答卷。重点做好以下六个方面的工作。

一、突出产业迭代，聚力赛道升级，打造新质生产力

实施产业建圈强链，立足供应链、重构产业链、提升价值链，打造高端化、智能化、绿色化现代产业体系。

坚持以数字经济引领生产性服务业发展。发挥三峡集团、三峡大学多元绿色算力优势，以算育数、以数育产，引进一批云计算、大数据、区块链、元宇宙等重大项目以及数字孪生、虚拟现实等领军企业，推动营盘山国际智慧长江水电能源产学研中心落地。依托宜昌数字经济研究院，围绕三峡数智产业园等平台，布局智慧水电、人工智能、信息网络产业，招引数据采集、测试、研发、分析、交易等龙头企业，打造数字研发服务基地。加快推动软通动力工业互联网宜昌创新基地、七巧连云数字循环经济产业园等项目开工建设。加大宜昌人力资源服务产业园、三峡检验检测产业园等园区招引力度，推动研发设计、人力资源、检测认证等生产性服务业数智化发展，争创省级服务型制造示范企业和平台。深化经济、社会、政府数字化转型，加快三峡星未来智算中心、航天宏图遥感大模型等人工智能场景和大数据应用平台落地，打造智慧园区、智慧物流、智慧文旅等数字应用全场景。

坚持以新型消费引领生活性服务业发展。围绕打造宜荆荆都市圈区域性消费中心，加快推进CBD三期建设、大洋晶典宜昌中心开工，确保宜昌古今·大南门商业街、二马路历史文化街区建成开街，提升宜昌核心商圈能级。滚动发放惠民消费券，支持国贸、大洋百货、吾悦广场等商业综合体开展系列主题消费活动，提振大宗消费，丰富传统消费，打响西陵消费品牌。做强“6+20+N”特色街区和商圈矩阵，推动解放路步行街集市、CAZ时光里、时代广场开业。繁荣发展首店经济、夜间经济、平台经济，扩容提质个性定制、直播电商、数字娱乐等新型消费，引进一批五星级酒店，建设世界级旅游目的地功能承载区。挖潜演艺经济、粉丝经济、赛事经济，做好“旅游+”“+旅游”文章。支持文旅企业开展“一企一策一品”建设，培育滨江廊道打卡游、夷陵广场亲子游、文体中心研学游等一批精品线路，打造城市体验游目的地。创建示范型农贸市场，提升一刻钟便民生活圈功能品质。

坚持以“两业”融合引领新型都市工业发展。实施先进制造业和现代服务业双轮驱动，推动“总部研发+制造基地”协同发展，构建融合互促的供应链生态。发挥联东U谷·西陵智能制造港、住邦科技园等专业园区集约优势，招引精密仪器、节能环保、生物医药、现代食品等服务型制造业企业，打造工业4.0园区标杆。深入实施工业“赛马制”，确保东湖高新·宜昌创智园、高端工业泵智能制造基地竣工。支持工业企业“智改数转”，实施天美国际数智化改造等工业技改项目10个以上，确保技改投资增长10%以上。引进健康管理、康养服务、医疗器械、医学检验等新业态，力争运怡科创产业园落地开工，打造生命健康产业新蓝海。组建创新建造、精益建造联合体，健全智能绿色建造全产业链，力争建筑业总产值增长8%以上，突破千亿大关。

坚持以平方米效应引领总部楼宇经济发展。发挥三峡企业总部基地、十六化建总部大楼、三峡双创中心等平台集聚优势，围绕商务服务、科技信息、现代商贸、文化创意等领域，引进一批运营结算中心、采购销售中心、物流分销中心等区域型、功能型、链主型总部，形成“引进一个、带动一批、辐射一片”的乘数效应。加大老旧楼宇提档升级、服务管理和二次招商力度，优化功能环境，更新业态结构，提高3E商务大厦、均瑶国际、滨江金融大厦等楼宇入驻率、企业注册率、数据纳统率、税收贡献率。推动沿江大道商务商业大楼、沃东应急救援产业基地、三峡青年创业城加快建设，确保三峡未来城开工，力争葛洲坝集团在宜子公司总部园区、西陵二路企业总部、旅游文创总部大厦落地，加速城市产业垂直生长。发挥宜昌金融街资源集聚优势，招引一批银行、保险、证券、基金、信托等金融分支机构及企业总部。

二、突出投资带动，聚力稳固底盘，增强核心竞争力

坚持把发展经济着力点放在实体经济上，扩大有效益的投资，培育壮大新增长极，提升中心城区首位度和贡献度。

全力推动片区开发破题起势。集中力量服务葛洲坝航运扩能工程，做好征收征迁及公共基础设施还建工程等前期工作，加快建设葛洲坝水利枢纽工程文博区。持续推进“两岛一湾区”开发，服务推动宜昌大剧院(美术馆)、三峡国际游轮中心二期建设。优化提升沙唐片区基础设施功能。完成石板片区规划编制，启动首开区建设，确保中华橘颂谷等项目开工。加大桔颂路片区土地开发和招商运营力度。推动大黑片区配套市政工程启动实施，加快三峡果蔬仓储物流冷链配送中心建设，确保葛洲坝科技产业园、伟翔众翼宜昌新能源动力循环再生示范基地、双碳绿色建材及双碳认证交易中心产业园等项目落地。围绕新能源及高端装备、现代化工新材料等重点领域开展靶向招商，打造宜昌氢能产业园。实施大黑片区、桔颂路片区等20个地块征收，扫尾清零7个遗留结转征迁项目，力争净地交付2890亩。

全力推动招商引资蓄势聚能。科学编制、动态更新产业链图谱，健全政策汇集库、闲置资产库、客商资源库和土地储备台账，提高招商针对性和实效性。做实“五个一”产业链招商，完善招商项目快签快落服务机制，形成“大项目有序接替、好项目梯次跟进、优质项目落地即开”的大格局。坚持招大引强、招新引优、招链引群，聚焦“三类500强”、大型央企、知名国企、上市公司和龙头企业，打好驻点招商、基金招商、园区招商组合拳，招引一批高成长性企业和重大产业项目。围绕东部产业新区上下游产业链开展配套招商和以商招商。新签约超威电池、微纳传感设备生产基地、唐家湾商业综合体等亿元以上项目45个以上。

全力推动项目建设提速加力。围绕中央特别国债以及中央、省预算内投资等政策方向，谋划储备一批前瞻性、引领性和支撑性强的重大项目，确保争取资金增长20%以上。深入开展投资项目绩效评价，加强“三率两量”调度，提高项目目录库、储备库、实施库流转质效。落实落细“四个重大”推进机制，实现鄂西国际柑橘供应链基地开工。服务推动达门船舶迁建工程、宜昌船类铸造中心建设。强化“亩产论英雄”，纵深推进低效用地再开发。探索品质化、多样化、智慧化房地产供给模式，打造低密度城市森林花园住宅。加快葛洲坝宾馆、望洲、唐家湾等地块房地产开发，启动十六化建五期建设，确保云集天成商住综合体开工、城发·首座主体工程竣工。优化重大项目全生命周期管理服务，推动智慧物流产业园一期、宜昌供应链产业园一期等项目主体工程完工，确保100个亿元以上项目完成年度投资130亿元以上。

三、突出集中集约，聚力能级跃升，提高城市承载力

以“成于至臻、止于至善”的标准建设人城景业融合共生的绿色低碳城区，以优质的城市环境引人聚人留人。

加快城市更新改造步伐速度。加强沿江风貌管控，营造“前景限高、中景显美、远景透绿”的滨江人居环境典范，绘就现代城市版“富春山居图”。加快葛洲坝片区城市更新，探索“策、投、规、建、营”于一体的城市发展全生命周期投融资运营体系，推动城市开发建设向集约型内涵式转变。建设完整社区10个以上，完成既有住宅电梯加装100部以上。深入推进青年发展型城区、儿童友好型城区建设，促进人口向中心城区集聚。服务推动城市中央绿心、引水润城工程一期等一批重大先导性项目建设。一体推进城市道路“互通、增密、提质”，服务推动夷陵长江大桥延伸段快速化改造工程、大学路及西陵变电站出线通道工程等道路建设，确保夹湾路、石溪路市政工程等道路建成通车。加快华祥220千伏输变电工程建设，推动保障性安居工程配套燃气及供水设施更新改造工程一期竣工。

加大城市生态环境改善力度。深化流域综合治理，系统推进“四水共治”。坚决打好蓝天、碧水、净土和宁静保卫战，协同推进降碳、减污、扩绿、增长。完成第二轮省级生态环境保护督察反馈问题整改。开展空气质量持续改善行动，积极稳妥推进碳达峰碳中和。规划建设长江流域首个“绿色低碳示范岛”。实施西坝河道整治工程，深化长江入河排口溯源整治，加强平湖半岛环境综合治理，持续巩固长江“十年禁渔”成效。服务推动城区污水厂网、生态水网二期建设，确保建设路、朝阳路等海绵城市项目完工，建设安全韧性城区。加快“无废城市”建设，探索生态环境导向EOD开发模式。推进“增量提质、立体绿化、串园连山、花漾宜昌”工程，完成儿童公园改造升级，建设口袋公园5个，打造“绚丽花城”。高质量办好第8个“生态市民日”活动。

加深城市治理“推磨解难”精度。纵深推进“一标三实”、数字门牌等城市数字公共基础设施建设试点，加快城市综合治理向数智化、专业化转型。做实做细城市综合治理“推磨解难”，健全区街联动综合执法和应急处突快速反应机制，提升城市综合治理系统性、精细化、颗粒度。扎实开展乱搭违建、占道经营、广告店招、渣土扬尘等环境整治提升行动，营造靓丽有序、文明和谐的市容环境，打造“席地而坐”的“美丽街区”。健全大件杂物收运体系，新建一批堆放站点、回收网点。推广生活垃圾数字化治理模式，提高生活垃圾分类质效。按照“五化”标准整治背街小巷5条。新

改建公厕5座。深入开展物业服务提质增效专项行动,健全物业行业信用体系,提高市场化物业服务覆盖率。

四、突出改革赋能,聚力科创策源,汇聚发展引领力

坚定不移向改革要动力、向创新要活力、向市场要潜力,以政府有为推动市场有效,激发引领城区经济高质量发展新动能。

以控制成本为核心优化营商环境。扎实推进"高效办成一件事"改革,拓宽政务服务"全域通办"事项,延伸跨地直办、云窗导办、上门帮办服务,推动属地办理事项"跨地域、无差别"受理。推行市场准营承诺即入制,建立企业开办首席服务制。打造金融服务驿站,实现银行网点市场主体事项"一站办结、多点可办"。深化公共资源交易"一网通投"改革,为企业减负增效。围绕"七大环境"建设,打造省优化营商环境改革先行区试点事项5个以上。支持金融机构发展科技金融、绿色金融、普惠金融、养老金融、数字金融,提升金融服务实体经济和中小企业效能。加强益通建设、既济数能等上市后备企业培育,构建多层次资本市场。坚持"两个毫不动摇",真心爱护善待企业家,推动国企民企融合、供需对接合作,促进民营经济枝繁叶茂,全面构建亲清统一的新型政商关系。

以科技创新为关键壮大市场主体。高标准打造环三峡大学创新生态圈,支持三峡大学与三峡集团共建水利水电世界一流学科品牌、国家科研平台。深化校地企"五个一"合作和"研孵协同"机制,提高科技成果就地转化率,新增市级以上科技创新平台3家以上,力争规上工业企业研发机构覆盖率达到50%。支持求索众创空间、三职创客中心创建国家级孵化器和众创空间。实施初创型科技企业、科技型中小企业、高新技术企业、专精特新企业梯次培育,确保净增入库科技型中小企业30家以上、高新技术企业15家以上。加强"四上"企业招引培育,力争规上工业企业突破30家、规上服务业企业突破160家、限上商贸企业突破500家、资质等级建筑业企业突破60家。高质量完成第五次全国经济普查。优化迭代人才政策体系,新引进人才人口1.2万人以上。

以改革开放为支撑积蓄内生动力。全面落实机构改革任务,优化调整重点领域机构设置和职能配置,深化综合行政执法体制改革,完善街道机构设置和管理体制。实施国有企业改革赋能提升行动,提高西陵城发集团现代化治理水平和国有资本运行效率。健全西陵经济开发区配套设施,提升园区服务功能和承载能力,加快创建省级高新技术产业开发区。聚焦资源盘活、资产增收、多元发展、收益反哺,深化村企联建、产业联合、发展联动,加快优质村集体资产转型增值,培育壮大集体经济。大力发展跨境电商、外贸综合服务等新业态,打造省级电子商务示范园区和跨境电商平台,促进外资外贸提质提量。

五、突出人民至上,聚力共同缔造,提升民生保障力

切实把群众对美好生活的向往作为高质量发展的出发点和落脚点,努力让现代化建设成果更多更公平惠及全体人民群众。

完善社会服务保障体系。坚持就业优先战略,大力开展"五业联动"职业培训行动,促进高校毕业生、退役军人、残疾人等重点群体就业创业,确保城镇新增就业1万人以上。加强医保征缴扩面,实现异地就医直接结算覆盖率达到90%以上。创建星级示范性退役军人服务站点,提升服务保障水平。健全分层分类社会救助体系,打造社区综合服务救助站试点。优化"一老一小"服务,建成区托育服务中心,提高托育服务供给能力。大力发展"银发经济",全面开展老年人助餐服务行动,加快推进社区居家养老服务设施全覆盖,推动亚行贷款养老综合服务示范项目建成运营。完成葛洲坝片区"三供一业"改造收尾。加快三峡花苑二期安置房建设,建成交付大树湾二期、黑虎山二期、沙河四期五期等安置房1700余套。

优化公共服务供给体系。完善教育资源布局,办好人民满意的教育。完成二十五中、明珠中学等校园基础设施建设和维修改造,确保晴川明月小区配套幼儿园移交开园。打造5所体育基地校、体教融合试点示范校。全面推广应用智慧教育平台,建立教联体优质资源库,实现教育资源共建共享,擦亮西陵教育品牌。加快学院、西陵社区卫生服务中心迁建和改造升级,提升社区医务室医疗卫生服务水平。服务推动宜昌市重大疫情救治基地建成投用。提档升级"国医堂",积极创建全国基层中医药工作示范区。拓展一批公共文化活动新空间,建设区史志馆,打造区级非遗传习基地2个以上。广泛开展全民健身活动,丰富群众文化服务供给。加强城市品牌塑造与宣传推广。常态化开展爱国卫生运动,高质量创建全国文明城市。

健全城市基层治理体系。坚持以共同缔造为载体,推动党员干部下基层、察民情、解民忧、暖民心实践活动常态化长效化。统筹推进居住地在职党员干部领衔小区治理和点状治理,织密党建引领基层治理

"三张网"。完善"群众吹哨、宜接就办、未诉先办"机制,高效响应群众诉求。深化"五社联动"工作机制,大力培育公益性社会组织,加快商协会"一会一品牌"建设。深入开展矛盾纠纷大排查大化解专项行动,发展壮大群防群治力量,健全立体化社会治安防控体系。常态化开展扫黑除恶和禁毒工作,高标准建设禁毒宣传教育基地。严厉打击金融违法犯罪行为和电信网络诈骗,巩固提升信访工作成效,坚决守住不发生系统性风险的底线。强化食品药品全链条安全监管,确保中小学、幼儿园"互联网+明厨亮灶"全覆盖。深入推进安全生产隐患大排查大整治,构建安全风险分级管控和事故隐患排查治理双重预防机制,坚决防范和遏制较大及以上事故发生,建设更高水平的平安西陵。

六、突出政治引领,聚力政府效能,放大落实穿透力

各位代表!打铁必须自身硬。我们将不折不扣抓落实、雷厉风行抓落实、求真务实抓落实、敢作善为抓落实,全面提升政府治理能力现代化水平,努力建设人民满意的服务型、效能型政府。

坚决做到忠诚为政。坚持用习近平新时代中国特色社会主义思想凝心铸魂,深入学习贯彻党的二十大精神,大力弘扬"四下基层"优良传统,巩固拓展主题教育成果。坚定不移把拥护"两个确立"、做到"两个维护"贯穿政府工作各领域、全过程,切实增强"四个意识"、坚定"四个自信",始终在思想上行动上同以习近平同志为核心的党中央保持高度一致,不断提升政治判断力、政治领悟力、政治执行力,推动党中央国务院重大决策和省委省政府工作部署、市委市政府和区委具体要求落地落实、见行见效。

坚决做到依法行政。深入践行习近平法治思想,运用法治思维和法治方式深化改革、推动发展、化解矛盾、维护稳定,让人民群众感受到公平正义就在身边。坚持依法治区,严格落实行政执法"三项制度",加强公共法律服务工作站规范化、标准化建设。全面推进政务公开,让权力在阳光下运行。主动接受区人大及其常委会法律监督,区政协民主监督和审计监督、社会各界监督,确保政府工作始终在法治化轨道运行。高质量办好人大议案、建议和政协提案,及时回应社会关切和群众期盼。

坚决做到实干勤政。昂扬敢想敢试敢闯的劲头,发扬"学拼抢"精神,以"时时争一流、事事拼第一、处处创唯一"的胆略气魄干事创业。保持精准精细精致的标准,推动各项工作责任唯一化、单元最小化、流程规范化、工作闭环化,确保从决策到落地每个环节抓得实、盯得紧、落得稳。铆足善谋善作善成的韧劲,坚持谋定后动、掌握工作主动,推动思想"破冰"、能力"破圈"、工作"破局"。锤炼实干实效实绩的作风,坚决破除"躺平"心态、"摆烂"状态、"观望"姿态,健全"能干成事"积分制管理等正面激励、反向督促体系,为敢为者撑腰、让有为者有位。

坚决做到廉洁从政。坚决扛牢全面从严治党政治责任和"一岗双责",严格贯彻落实中央八项规定及其实施细则,力戒形式主义和官僚主义。牢固树立和践行正确政绩观,厉行节约、勤俭持家,习惯于过紧日子,坚决防范和纠治"新形象工程"。坚持一体推进不敢腐、不能腐、不想腐,紧盯项目投资、财政资金、国资监管、民生服务等重要领域、重大工程、重点环节和关键岗位,深化标本兼治、系统施治,纵深推进政府系统党风廉政建设和反腐败工作,让干部清正、政府清廉、政治清明成为西陵的鲜明底色。

各位代表!人民群众的殷殷关切就是我们最深的牵挂。我们将继续办好民生"头等大事""关键小事",让人民群众看得见、摸得着,过上更好的日子。1.新增公办幼儿园学位180个;2.更新升级17所中小学教学多功能设备;3.开工建设西陵智慧医疗综合服务中心;4.启动区残疾人康复中心建设;5.建设380张家庭养老床位,为750户经济困难家庭提供居家养老上门服务;6.筹集保障性租赁住房500套以上;7.实施老旧小区改造108个,惠及居民3.16万户;8.新建1个区级食品快检中心和7个街道食品快检室;9.新建公共停车泊位230个以上、新能源汽车公共充电桩500个以上;10.办理法律援助案件400件以上。

各位代表!使命如炬、初心如磐,征途漫漫、奋斗不息。让我们更加紧密地团结在以习近平同志为核心的党中央周围,在市委、市政府和区委的坚强领导下,矢志不渝、开拓进取,只争朝夕、笃定前行,为全力提升主城功能,奋进全国百强城区,争当长江大保护典范城市核心标杆,打造世界级宜昌核心主城作出新的更大贡献!

资料链接

1.**“四个重大”**:指的是重大决策事项、重大产业项目、重大工程项目、重大节会活动。

2.**“三百”行动**:指的是“百场新商业大讲堂、百亿项目促投资、百名干部找市场”。

3.**全国投资竞争力百强区**:投资竞争力是对区域政务服务水平、基础设施支撑、关键要素保障、生态环境等方面的综合考量。赛迪顾问是工信部下属研究机构。2023年12月6日,赛迪顾问正式发布《赛迪投资竞争力百强区(2023)》,我区排名投资竞争力百强区第97位。

4.**“3+2”主导产业**:指的是现代化工新材料、生命健康、新能源及高端装备、大数据及算力经济、文化旅游。

5.**MUSE设计奖**:指的是由美国博物馆联盟与美国国际奖项协会主办的全球性赛事,是全球创意领域最具影响力的国际奖项之一,旨在表彰具备创新性与前瞻性的设计作品。

6.**IFLA亚太地区景观建筑奖**:指的是由国际景观设计师联合会评选的亚太地区最高水平专业设计类奖项。

7.**“五有”标准**:指的是按照分类容器、分类棚亭、宣传栏、封闭设施、洗手设施等“五有”标准配置生活垃圾分类投放设施。

8.**“三稳三进”**:指的是市委七届六次全会暨市委经济工作会议提出的“稳预期、增强‘进’的信心,稳增长、培育‘进’的动能,稳民生、筑牢‘进’的基础”。

9.**“6+20+N”**:指的是夷陵广场、CBD、解放路步行街、华祥CAZ、吾悦广场、西坝不夜城6大商圈,解放路步行街、陶珠路宵夜街、星火路数码街、东山大道智慧通信街、云集路珠宝摄影婚庆街、CAZ时光里、715文创街、西坝不夜城、三大·青桐荟双创街、致祥路老字号美食街、西陵一路金融街、平和里音像街、桃花岭亲子街区、福绥路过早街、葛洲坝中心商业街、铁路坝小吃一条街、中山路女人街、富裕街、广场古玩街、西苑美食街20条特色街区以及N条特色小街、网红小街。

10.**“五个一”产业链招商**:指的是“一个重点企业、一个产业链条、一个发展片区、一个配套政策、一个评估团队”的“五个一”招商模式。

11.**“三类500强”**:指的是世界财富500强、中国企业500强和民营企业500强。

12.**“三率两量”**:指的是项目开工率、纳统率、竣工率和项目建设用电量、用水量。

13.**“四水共治”**:指的是水资源、水安全、水环境、水生态共治。

14.**EOD开发模式**:指的是以生态保护和环境治理为基础,以特色产业运营为支撑,以区域综合开发为载体,采取产业链延伸、联合经营、组合开发等方式,推动公益性较强、收益性差的生态环境治理项目与收益较好的关联产业有效融合、一体实施,将生态环境治理带来的经济价值内部化。

15.**“一标三实”**:指的是标准地址、实有人口、实有房屋、实有单位。

16.**“五化”标准**:指的是立面净化、环境洁化、通行畅化、场景美化、治理序化。

17.**“七大环境”**:指的是宽松有序的市场环境、廉洁高效的政务环境、和谐包容的社会环境、自由便利的开放环境、公平公正的法治环境、完备优质的要素环境、完善便捷的设施环境。

18.**“两个毫不动摇”**:指的是毫不动摇巩固和发展公有制经济,毫不动摇鼓励、支持、引导非公有制经济发展。

19.**“五个一”合作**:指的是西陵区与三峡大学建立的“一家学院(处室)、一位包保区级领导、一个牵头区直部门、一批重点对接企业、一批重点对接项目”合作模式。

20.**“五业联动”**:指的是产业、行业、企业、职业、专业联动。

21.**“三供一业”**:指的是供水、供电、供气以及物业管理。

22.**党建引领基层治理“三张网”**:指的是“党建主导型小区业委会”服务居民网、“群团组织带动型社会组织”服务社会网、“区街联动型商协会组织”服务市场主体网。

23.**“五社联动”**:指的是社区、社会组织、社会工作者、社区志愿者、社区公益慈善资源“五社联动”。

24.**“四下基层”**:指的是宣传党的路线、方针、政策下基层,调查研究下基层,信访接待下基层,现场办公下基层。

深入贯彻二十大　奋力展现新作为
凝心聚力共促西陵政协事业高质量发展

——2024年1月19日在政协西陵区第九届委员会第四次会议上的报告

政协西陵区委员会主席　岳新梅

各位委员：

我代表政协西陵区第九届委员会常务委员会，向大会报告工作，请予审议，并请列席会议的同志提出意见。

一、2023年工作回顾

2023年，是深入学习贯彻中共二十大精神的开局之年。一年来，区九届政协及其常委会坚持以习近平新时代中国特色社会主义思想为指导，在区委的坚强领导下，以紧之又紧的工作状态、实之又实的工作作风、细之又细的工作举措，推动政协各项工作再谱新篇、再创佳绩、再续精彩。一年来，省市政协来区调研16次，区委常委会听取和研究政协工作5次，区委区政府领导参与政协协商活动18次。“关于将西坝建设成为长江零碳岛”的建议，被充分吸纳进市政府《宜昌清洁能源之都规划》；全市政协“委员工作室”建设推进会，现场学习西陵经验、推介西陵创建成果；深入推进“一线协商”、共同缔造①“美丽西陵”的典型经验，在全省政协“一线协商·共同缔造”行动工作会上交流；“三级委员”下沉平湖馨苑社区推进“一线协商”、巧解民生难事的做法，被人民日报深度报道。

一年来，常委会主要做了以下工作。

（一）拥护“两个确立”，始终保持坚如磐石的政治定力

坚持旗帜鲜明讲政治，引导政协委员在深学细悟笃行中，深刻领悟“两个确立”的决定性意义，不断增强“四个意识”、坚定“四个自信”、做到“两个维护”。

全面加强理论学习。以深入学习贯彻中共二十大精神为主线，通过党组理论学习中心组引领学、常委会会议集体学、专委会功能型党支部联动学、委员培训专题学、书香政协常态学，构建全方位、立体式、多层次理论学习体系。全年共组织开展政治理论学习30多场次，交流讨论15场次，党组书记带头讲党课3次，党组成员讲党课14次。组织全体委员撰写中共二十大学习心得体会，努力做到学明白、悟明白、干明白。

全面推进主题教育。牢牢把握主题教育关于“学思想、强党性、重实践、建新功”的总要求，高标准举办主题教育读书班，先后开展4次集中学习、3次研讨交流。坚持学思践悟，主席会议成员围绕石板片区开发等确定5个调研课题，深入基层、沉到项目和企业一线开展专题调研10余次，形成高质量调研报告5篇；围绕解决1个事关高质量发展的问题，领办5个群众急难愁盼的问题，推动主题教育入脑入心、走深走实、见行见效。

全面接受“政治体检”。坚持党对政协工作的领导，坚决贯彻落实中共中央决策部署、省市区委工作要求，自觉把党的领导贯穿政协工作全过程各方面。区政协党组和区政协机关党支部，分别接受省委巡视组、区委巡察组驻点巡察“政治体检”。坚持以问题为导向，提高政治站位，严肃政治纪律，针对巡视巡察反馈意见深入剖析，及时整改销号，以坚定的政治信念展现过硬的“政治担当”。

（二）胸怀“两个大局”，全面汇聚服务发展的工作合力

注重在大局下思考，在大局下行动，精心选择党政关心、群众关切、委员关注的课题，察实情、建诤言、献良策，助力西陵高质量发展提速提质提效。

协商体系更加完善。坚持和完善以全体会议为龙头，以议政性常委会为重点，以专题协商、对口协商、界别协商、提案办理协商等为常态的协商议政格局。按照区委转发的区政协党组年度工作要点，健全完善“1+6+2+n”履职体系②，全年共开展视察调研25次，协商议事13次，形成调研报告14篇。紧紧围绕“推进制造业高质量发展”“提升基层治理精准化服务水平”“用共同缔造理念助推社区智慧化建设”等课题，开展深度调研，充分协商议政，为区委区政府科学决策、民主决策提供参考借鉴。

协商议题更加聚焦。将“打造长江大保护典范城

市核心标杆”作为本年度议政性常委会课题，围绕“打造长江生态保护修复新样板”“绘就城与山水和谐相融新画卷”“激发产业绿色发展新动能”“建设美好环境与幸福生活共同缔造新家园”等四个子课题开展专题调研，形成“1+4”报告体系，助力西陵在宜昌建设长江大保护典范城市中争当核心标杆、贡献首善担当。邀请下沉西陵的省市政协委员参加课题调研，参与协商议政并提出意见建议。区委主要领导在课题综合报告上批示：“调研报告调查扎实，问题查找符合客观实际，措施考虑超前。”

协商成果更加丰富。加强市区联动，全年与市政协联合开展“推动活态传承，培育‘非遗+’产业”“完善城市运行管理机制，提升市民诉求处置效应”等调研活动8次，为市级层面决策提供参考。面向全体委员征集外地关于城市更新和文旅融合经典案例、建议12篇，为助力宜昌建设世界级旅游目的地发挥政协力量，系列调研材料被区委主要领导评价为“雪中送炭”。“打造乐居之城，为西陵高质量发展凝聚青春力量”“加强商业预付卡管理，助力区域消费中心建设”等多项调研成果，转化为区委区政府决策。区政府主要领导两次召开专题会议，安排部署预付式消费专项整治行动，着力营造安心放心舒心的消费环境。

（三）做好“两个统筹”，着力激发改革创新的不竭动力

积极践行省政协提出的统筹协商内容、协商形式、协商成果“三要素”和统筹履职时间、履职方式、履职力量“三维度”工作理念，推深做实“一线协商·共同缔造”行动，持续擦亮“家话西陵”协商品牌。

优化顶层设计。印发《政协西陵区委员会办公室关于推深做实“一线协商·共同缔造”行动，持续擦亮“家话西陵”工作品牌的通知》等相关文件，梳理完善“一线协商·共同缔造”行动的方法路径、组织体系、工作机制、协商形式、工作要求等内容，编印成《委员履职手册》，指导委员深入开展“一线协商·共同缔造”行动。按照“统筹兼顾、便于活动、精准配置”的要求，组织西陵联组的280名省、市、区三级政协委员，全员下沉、全员编组，实现协商力量的有效整合。构建完善“2+3+2+n”协商工作体系[③]，为各街道、社区、界别开展基层协商活动提供基本遵循。

深化平台建设。精心打造“家站室”委员履职平台，提质升级9个街道“委员之家”、43个社区“委员工作站”和18个界别“委员工作室”，做到组织健全、制度规范、阵地完善、标识齐全、活动经常、成效明显。高标准建设“万双全委员工作室”“王俊委员工作室”等8个“示范委员工作室”，以点带面，全面提升。围绕“亮明委员身份、深入协商议事、广泛凝聚共识、开展民主监督、反映社情民意、倾情服务群众、破解发展难题、共创典范城市”功能定位，将“家话西陵”协商议事平台打造成展示形象的新窗口、双向发力的新平台、共同缔造的新阵地、广结各方的新家园。

转化协商成果。依托“家话西陵”协商平台，全年组织三级委员下沉基层，扎实开展“一线协商·共同缔造”行动72场次，收集民生问题86个，社情民意信息29条，协调助推解决问题65个，收集汇编“协商有果”典型案例29篇。“刘敏委员工作室”积极开展公益活动，致力于保护中华鲟、江豚，为长江大保护贡献委员力量，受到省市政协领导充分肯定，案例被《湖北政协工作简报》推介。下沉窑湾街道峡州社区的区政协人资环专委会工作小分队，积极助力残疾人综合服务基地建设，形成的案例《一线“众筹”解“众愁”》，被市政协《“一线协商·共同缔造”》专刊推介。

（四）围绕“两大主题”，不断凝聚砥砺奋进的磅礴伟力

牢牢把握团结和民主两大主题，推动资政建言和凝聚共识双向发力，在思想交流中增进团结，在合作共事中巩固团结，在共同奋斗中深化团结。

畅通知情明政渠道。精心筹划知情明政常委会，听取区政府关于全区经济社会发展情况通报，听取区纪委监委、区委组织部、区法院、区检察院相关工作情况通报，开展知情明政协商交流，让委员更好地把握履职重点、明确着力方位、提高建言质量。发挥社情民意“直通车”作用，切实把界别群众的意见建议反映上来、表达出来。全年收集社情民意28条，编发15期，获区委区政府主要领导批示3期。“关于加强中小学生健康教育的建议”“关于望洲7组等区域进行市政主排水管网疏通及部分雨、污管网改造的建议”等社情民意信息，被市政协采用。

提升民主监督实效。本年度，区政协办被新增为区委政治生态分析研判联席会议成员单位。坚持补短板、强弱项，围绕“加强商业预付卡管理，助力区域消费中心建设”“提升公共卫生服务能力，保障群众就医就药”及区政府十件惠民实事，开展民主监督10余次，让居民群众获得感更强、幸福感更浓、安全感更足。提请区委区政府领导带头领办《关于提升城市功能品质，打造区域活力中心的建议》《关于进一步优化环境厚植沃土，大力推进宜昌民营经济高质量发展的建议》等16件重点提案，区政协主席会议成员带头督办《关于加快推进平湖半岛整体开发的建议》等5件重点提案，不断提升民主监督的质效。区政协九届三次会议以来，共收到提案114件，立案100件，提案办理的见面率、办复率、满意率均达到100%。

广泛凝聚社会共识。按照“建言成果、思想收获一体设计、一体落实”的要求，做深做实凝聚共识工作。密切与党外知识分子、少数民族人士、宗教界人士、非公有制经济人士、新的社会阶层人士的沟通交流，参加市政协组织赴宁夏开展的“铸牢中华民族共同体意识”调研活动，先后接待江苏、上海、内蒙古、湖南、河南及省内荆州、孝感、秭归、当阳等10多个市县政协，到西陵考察交流。坚持围绕发展凝心聚力，积极引导更多关心西陵、支持西陵、关注西陵的能人志士、社会贤达、创业精英来西陵投资兴业，让首善西陵成为各类人才的“逐梦之地”。

（五）聚焦“两个薄弱”[④]，全力提升担当作为的履职能力

积极争取区委关心支持，将政协自身建设纳入全区总体规划，做到工作上支持、组织上关心、保障上到位，真招实策解决“两个薄弱”问题。

着力夯实“四梁八柱”。贯彻中央及省市有关文件精神，提请区委出台《关于加强和改进新时代基层政协工作的实施意见》，深化区委主要领导听取、研究政协工作机制，健全完善街道、社区政协活动召集人制度等，筑实党对政协工作的领导，破解新时代基层政协“两个薄弱”问题。根据区委安排，区政协党组、区委组织部、区委编办多次举行协商会谈，共同推进市委32号文件在西陵政协落地落实、见行见效。经区委编委会研究批复，成立区政协基层工作委员会，同时设立区政协委员服务中心，机构编制已全部落实到位。

着力建强委员队伍。围绕提升“四种能力”[⑤]，组织53名区政协委员赴厦门大学开展专题培训，让学员们思想和灵魂得到洗礼，达到解惑、“解渴”的显著效果。引导广大政协委员充分发挥自身优势，用心用力用情完成“委员作业”，大力提供医疗义诊、法律咨询等公益服务，捐款捐物100多万元。徐高俊委员带领企业深耕生物医药领域，坚定不移走科技创新之路，入选市委主要领导包保培育工业企业，并发展进规；覃啸洪委员荣获宜昌市第八届“三峡文艺明星奖”；陈静委员荣获“宜昌市服务高质量十佳律师”荣誉称号……他们立足岗位作贡献，以实际行动展现了新时代政协委员新风采。

着力锤炼严实作风。围绕招商引资、企业服务、“四上”企业培育、信访积案化解等全区性中心工作、重点工作精准发力，做到周汇报、月调度、季通报、年考评，确保工作全面落实、作风全面过硬。主席会议成员先后赴恩施、深圳、佛山、青岛等地招商引资，招引落地广盛城市更新建设有限公司、海润隆泰电机有限公司等4个项目；包联宜昌市福汇元环保材料科技有限公司等18家“四上”企业，完成进规进限或资质升级企业8家。包保信访积案，参与信访接待10余次，化解积案6件。机关干部倾情服务企业，帮助解决实际问题10多个，获嘉奖令19份。

着力建设“书香政协”。贯彻落实省政协关于模范机关建设要求，以“书香政协”为载体，打造立场坚定的政治机关、务实重行的效能机关、作风优良的清廉机关。牢牢把握意识形态工作主动权，探索政协宣传的新平台、新方式、新路径，讲好西陵故事、政协故事、委员故事，全年在市级以上媒体发表宣传稿件40多篇，区政协被评为2023年度全市政协新闻宣传工作先进单位。《西陵区政协坚持“五个第一”全面落实党的二十大精神》的典型经验，相继在《宜昌政协》和《湖北政协工作简报》刊发；理论文章《践行“五个第一”不断推动基层政协工作高质量发展》，在《湖北政协》杂志刊载。举办“学思践悟新思想，同心奋进新征程”主题演讲比赛，选送作品《长江的微笑》，在全市政协系统主题演讲比赛中，荣获二等奖佳绩。

各位委员！

时间是伟大的书写者，记录奋进的足迹，写下多彩的华章。一年来，区政协唱响“主旋律”、扣紧“民心弦”、走好“赶考路”，圆满完成各项工作任务，交出“全年精彩”的优异答卷。

一年来政协工作成绩的取得，是区委高度重视、坚强领导的结果，是区人大和区政府鼎力支持的结果，是社会各界热情帮助的结果，是政协各参加单位、广大政协委员、机关工作人员共同努力的结果。在此，我代表区政协常委会，向所有关心、支持政协工作的领导和同志们表示衷心的感谢！向认真履职、默默奉献的全体政协委员表示崇高的敬意！

同时，我们也清醒认识到，对照新时代政协工作的新方位、新使命和新要求，我们的工作还存在一定差距，主要表现在：政治理论学习的深度广度有待进一步拓展；专门协商机构的作用有待进一步发挥；委员履职能力有待进一步提高；对委员的教育管理还有待进一步加强等。我们将在今后的工作中认真加以改进，不断探索完善。

二、2024年工作安排

各位委员！同舟共济创伟业，肝胆相照谱新篇。

2024年,是中华人民共和国成立75周年,也是人民政协成立75周年,还是实施"十四五"规划的关键一年,更是全区政协工作立足新方位、践行新使命、开创新局面的重要一年。今年区政协常委会工作的总体要求是:坚持以习近平新时代中国特色社会主义思想为指导,全面贯彻中共二十大精神,深入贯彻习近平总书记关于加强和改进人民政协工作的重要思想,充分发挥专门协商机构作用,深入调查研究、精准建言献策、务实议政协商、忠实履职为民、广泛凝心聚力,高质量践行全过程人民民主,不断开创全区政协工作新局面,为助力西陵打造世界级宜昌核心主城作出新的更大贡献。

(一)把握"制高点",在思想政治引领上拓展新境界

坚持不懈用习近平新时代中国特色社会主义思想凝心铸魂,不断拓展理论学习的深度、思维视野的广度和思想境界的高度,切实担负起落实下去、凝聚起来的政治责任。

坚定政治立场。把"两个维护"作为最高政治原则、最重要的政治纪律和政治规矩,深刻领悟"两个确立"的决定性意义,增强"四个意识"、坚定"四个自信",更加自觉维护习近平总书记党中央的核心、全党的核心地位,更加自觉维护以习近平同志为核心的党中央权威和集中统一领导,更加自觉在思想上政治上行动上同以习近平同志为核心的党中央保持高度一致。

坚定理想信念。坚持学而信、学而思、学而行,把习近平新时代中国特色社会主义思想和习近平总书记重要讲话、重要指示批示精神,作为"第一议题"学习、"第一遵循"贯彻、"第一政治要件"落实。持续巩固拓展主题教育成果,通过集中学习、交流研讨、专家授课、读书交流等形式,引导广大委员从党的创新理论中汲取思想伟力,着力把学习成果内化为政治上的"主心骨"、思想上的"定盘星"、行动上的"指南针"。

坚持党建引领。加强政协党组自身建设,强化专委会功能型党支部政治功能和组织功能,探索党建与履职工作相融互动的创新举措,切实落实双重组织生活、党员委员联系党外委员等制度,打造具有政协特色的党建工作品牌。引导党员委员带头履职尽责、带头密切联系群众、带头促进多党合作,充分发挥先锋模范作用,以习近平新时代中国特色社会主义思想统一思想、统一意志、统一行动,从思想上、政治上扣好履职的"第一粒扣子"。

(二)找准"结合点",在提升履职质量上开创新局面

坚持区委中心工作推进到哪里,政协履职就跟进到哪里,努力让全区政协每一个履职的脚步,都踏在西陵高质量发展的前进鼓点上。

紧扣高质量发展献良策。区党代会和区委全会确立的目标任务,交给我们的职责和使命就是落实落实再落实,实干实干再实干。要牢记和践行习近平总书记关于"空谈误国、实干兴邦""一分部署、九分落实"等一系列谆谆教导,切实提高干事本领和履职成效。要充分发挥人民政协制度优势,牢牢把握高质量发展这个首要任务,充分聚焦西陵作为宜昌中心区、主城区、核心区的功能定位,深入实施"双碳引领、枢纽赋能、强产兴城"发展战略,助力西陵强产业、优功能、聚人气,持续增强经济动力、激发城市活力、提升治理能力,以"政协之智"展现"政协之为"。

紧扣中心大局建诤言。围绕全区工作大局精心谋划、精准选题、精深调研,努力形成一批高质量的资政建言成果。将"加快城市更新改造,提升西陵城市品质"作为2024年度议政性常委会课题,围绕"加快重点片区开发""加快推动老旧小区和危旧房改造""以文旅融合赋能城市更新""运用'共同缔造'理念打造未来社区"等四个子课题开展专题调研,助推西陵城市结构调整优化和品质提升,不断满足人民群众日益增长的美好生活需要,以"政协之长"贡献"政协之力"。

紧扣重点工作出实招。坚持党政有部署、政协有行动,发展有需要、政协有作为,群众有期盼、政协有回应。围绕"推进二马路历史文化特色街区建设提质增效""优化城市公共空间布局,推进适儿化改造""组建产业园区招商联盟,增强园区经济发展动力""建强特色街区,加快宜荆荆区域性消费中心核心承载区建设""强化校园安全管理,共同缔造平安校园""加快推进葛洲坝片区老旧小区改造"等工作重点开展系列调研活动,形成一批有实情、有见地、有实招、真管用的建言成果,以"政协之能"彰显"政协之责"。

(三)聚焦"关键点",在打造工作品牌上探索新经验

积极践行"五共"工作法[⑥],进一步推深做实"一线协商·共同缔造"行动,不断丰富"家话西陵"品牌的时代内涵。

在一线凝聚共识。"一线协商·共同缔造"行动是发挥政协协商民主优势、加强和改进基层政协工作的重要抓手,是政协履职为民的重要载体,是政协委员联系群众反映社情民意的有效方法。要把"一线协商·共同缔造"行动当作"必答题",不要当作"选择

题”;落实到行动上,不要当作口号;当作“金钥匙”,不要当作负担,更主动、更细致、更务实地推进“一线协商·共同缔造”行动。要把凝聚共识作为“一线协商·共同缔造”行动的中心环节,把协商活动开展的过程,变成凝聚发展共识、推动共同缔造的过程,画出共建共治共享的最大“同心圆”。

在一线推进工作。突出问题导向、目标导向、效果导向,建立健全“一线协商·共同缔造”行动工作机制,不断拓宽委员参与基层治理的渠道。完善委员联系群众机制,重点围绕“联系谁、联系什么、怎么联系”加强实践探索,联系界别群众,服务基层群众,团结影响身边群众。完善协商工作机制,充分发挥街道、社区协商活动召集人作用,制度化推进“2+3+2+n”协商工作体系建设。完善示范带动机制,打造一批基础工作扎实、特色亮点突出的示范委员工作室,由点及面、循序渐进、逐步深入,努力探索可复制、可推广的经验做法,为全区开展“一线协商·共同缔造”行动提供更新思路、更多借鉴,推动“盆景”变成“群景”。

在一线发挥作用。引导委员依托“家话西陵”平台,深入街道、社区、企业开展一线协商活动。注重发挥委员专业特长,调动主观能动性和履职活力,实现由被动“参与者”向主动“组织者”转变。把委员参加“一线协商·共同缔造”行动纳入履职考评,做到全员下沉,真正下沉,真心服务。探索更好引导群众广泛参与,践行群众路线,尊重群众首创精神,围着群众转、带领群众干、解决群众盼,确保共同缔造依靠群众,服务群众,受益群众,助推形成政府、社会、群众多主体参与的工作格局。

(四)明确“落脚点”,在践行初心使命上彰显新作为

坚持人民政协为人民的工作方向和追求目标,切实做到政为民议、言为民建、策为民献、利为民谋、事为民做,始终与人民群众想在一起,干在一起。

“四下基层”[⑦]察民情。深化运用“四下基层”工作制度,将调查研究作为政协履职的重要抓手,坚持带着问题、带着感情、带着责任,深入开展解剖式、沉浸式、立体式调研,真正做到“无调研不建言”“无调研不协商”“无调研不提案”。要精准选题,聚焦党政所需、群众所盼、政协所能的大事要事,增强调查研究的针对性、实效性和前瞻性;要有效破题,提升“一叶知秋”的敏锐性,从群众的家长里短、衣食住行、生活环境的细微之处发现问题、了解实情;要细致解题,以“问题导向”引领“调研导向”,少讲道理、多出办法,不仅要说得对,更要说得精、说得准、说得细、说得透。

凝聚共识暖民心。充分发挥政协人才荟萃、智力密集、联系广泛的优势,汇众智、聚众力、集群策,共唱“协奏曲”,共筑“同心圆”,致力于把政协建成美美与共、和合共生的广阔平台。坚持聚民心、暖人心、筑同心,加强与各阶层、各领域、各方面代表人士的沟通联系,搭建平等融洽的交流合作平台,在重要决策、重点工程、重大活动、重要节点上做好阐释政策、解疑释惑、团结鼓劲的工作。加强政协系统联动,拓展对外友好交流,不断扩大“朋友圈”,为宣传西陵、推介西陵、发展西陵作贡献。

民主监督惠民生。牢牢把握“全过程人民民主”真谛,运用会议监督、视察监督、提案监督、专项监督等形式,推动政协民主监督更好融入党和国家监督体系。将“实行垃圾分类管理收运一体化,进一步改善城市生态环境”“加快推进新能源充电基础设施建设”,作为2024年度政协重点民主监督课题,助推民生政策落实、民生工程实施、民生问题解决。充分发挥政协提案在深化民主监督中的重要作用,更加注重提案质量和办理质量,推动提案办理由“虚功”向“实做”转变,由“答复型”向“落实型”转变,由“文来文往”向“人来人往”转变。持续开展“下基层察民情解民忧暖民心”实践活动,广泛收集社情民意信息,协助党委政府做好问政于民、问需于民、问计于民的工作。

(五)突出“着力点”,在加强自身建设上实现新突破

全区政协组织和广大政协委员,要以归零的心态、赶考的姿态、决战的状态,踔厉奋发,务实重行,不断谱写西陵政协事业发展新篇章。

凝心聚力学思想。深入开展习近平新时代中国特色社会主义思想学习培训,大力实施委员和机关干部能力提升工程,打造“能说会写”“能谋善议”“能干肯为”的政协队伍。围绕“书香政协”建设,广泛开展委员读书活动,以政治之书修养心性,以历史之书涵养智慧,以业务之书滋养才干,以经典之书蕴养内涵,以兴趣之书培养情趣,做到思想纯净、做事干净、内心清静。

强化责任显担当。加强政协常委会建设。常委会组成人员要树立整体观念和全局意识,带头加强学习、带头发扬民主、带头凝聚共识、带头合作共事、带头廉洁奉公。加强专委会与区直部门的对口联系,使专委会工作“专”出质量、“专”出特色、“专”出水平。加强界别组织建设,发挥界别在政协会议、政协提案、集体调研、反映社情民意、协商成果转化中的积极作用,充分彰显界别特色。加强政协机关建设,积极倡

导“能干成事”的实绩导向，深挖干部潜力、激发队伍活力，锤炼过硬本领。

严于律己树形象。政协委员作为界别群众的代表、政协工作的主体，影响大、荣誉高、责任重，一言一行广受关注，担当尽责义不容辞。要勤于修身、严于律己，自觉在思想上筑牢防线，操守上守住底线，行为上不碰红线，将守纪律、讲规矩、重品行的要求切实落到实处。要不负重托，不辱使命，团结一心加油干，以钉钉子的精神抓好各项工作的落实，把手中的“施工图”变成政协工作的实景图，让春天播下的种子转化为西陵高质量发展的累累硕果。

各位委员！

人民政协舞台宽广，政协事业大有可为。让我们更加紧密团结在以习近平同志为核心的党中央周围，在中共西陵区委的坚强领导下，齐众心、汇众力、聚众智，为提升主城功能，奋进百强城区，争当长江大保护典范城市核心标杆，打造世界级宜昌核心主城作出新的更大贡献！

资料链接

①**共同缔造**：指的是以城乡社区为基本单元，以改善群众身边、房前屋后人居环境的实事小事为切入点，以建立和完善全覆盖的基层党组织为核心，以构建“纵向到底、横向到边、共建共治共享”的城乡社会治理体系为目标，发动群众决策共谋、发展共建、建设共管、效果共评、成果共享。

②**“1+6+2+n”履职体系**：即1个议政性常委会计划、6个协商工作计划、2个民主监督计划和n个“家话西陵”基层协商活动。

③**“2+3+2+n”协商工作体系**：指的是街道“委员之家”每年组织开展协商活动不少于2次；社区“委员工作站”每年组织开展协商活动不少于3次；界别“委员工作室”每年组织开展协商活动不少于2次。根据委员下沉实际情况，可围绕小问题及时开展n次微协商。

④**“两个薄弱”**：习近平总书记在中央政协工作会议上发表重要讲话指出，要为政协组织开展工作创造有利条件，选优配强政协领导班子，重点解决市县政协基础工作薄弱、人员力量薄弱的问题。

⑤**“四种能力”**：政治把握能力、调查研究能力、联系群众能力、合作共事能力。

⑥**“五共”工作法**：决策共谋、发展共建、建设共管、效果共评、成果共享。

⑦**“四下基层”**：是指“宣传党的路线、方针、政策下基层，调查研究下基层，信访接待下基层，现场办公下基层”。

专 文

西陵区学习贯彻习近平新时代中国特色社会主义思想主题教育总结报告

（中共宜昌市西陵区委主题教育领导小组 2024年1月）

按照党中央和省委、市委统一部署，我区主题教育于2023年9月启动，到2024年1月基本结束。全区“四大家”领导班子、925个基层党组织，36名区级领导干部、2.3万名党员参加。在市委的坚强领导下，在市委主题教育领导小组及其办公室和市委第一联络组的悉心指导下，区委坚持把开展主题教育作为坚定拥护“两个确立”、坚决做到“两个维护”的具体行动，紧紧围绕学习贯彻习近平新时代中国特色社会主义思想这一主线，以“四下基层”为重要抓手，坚持以上率下带头抓、分层分类精细抓、贯通融合一体抓，有力有序、从严从实落实各项措施，取得了党员干部受教育、人民群众得实惠、改革发展受促进、基层基础更巩固的积极成效。中央第十巡回指导组副组长陈洲、省委第三巡回督导组及市委书记熊征宇等先后5次调研我区主题教育工作并充分肯定，新就业群体主题教育、四下基层等工作先后6次被省市主题教育简报刊发推介。

一、主要做法及特点

紧扣“学思想”首要任务，一体推进理论学习、调查研究、推动发展、检视整改、建章立制等重点措施，做到规定动作不漏项、不走样，自选动作有特色、有亮点。

（一）坚持将理论学习作为首要任务，以习近平新时代中国特色社会主义思想凝心铸魂、筑牢根本。坚持读原著学原文悟原理，坚持多思多想、学深悟透，全面学习领会习近平新时代中国特色社会主义思想的科学体系、精髓要义、实践要求。一是领导干部带头学。坚持“思想引领、学习在先”机制，召开区委常委会会议20次、开展理论学习中心组学习12次，及时跟进学习习近平总书记最新重要讲话精神和重要指示批示精神，准确把握习近平新时代中国特色社会主义思想的世界观和方法论。区委常委会坚持领学带学，举办为期7天的主题教育读书班，认真开展个人自学、专题辅导、研讨交流，带动区“四大家”班子沉下心来思、静下心来悟。扎实开展“一起学、一起讲、一起干”分享交流活动，分4批组织街道党工委书记上讲台“小切口”讲，分党群、经济、民生等6个组团推动59名区直单位主要负责人共学共研共讲。二是基层支部覆盖学。基层党组织通过“三会一课”、支部主题党日、“书记讲给书记听”等方式开展书记领学、问题导学、岗位述学、联学共学“四学”活动1100场次，组织各类宣讲队伍100支深入机关、学校、厂区、商圈、社区等基层一线开展“点单式”宣讲143场次，分层举办书记培训班、党务骨干培训班、党性教育培训班180场次，创作《领航》《二十大精神放光芒》《再见西陵峡》《大三峡》等原创作品10余部，让党的创新理论“飞入寻常百姓家”，推动2.3万名党员学习全覆盖，实现了以党内教育带动群众教育、引导全社会学习。三是特殊群体灵活学。用好27个陵“新”驿站、5大商圈党建工作站和66个社区蜂巢等平台，链接“学习强国”、共产党员网、荆楚旗帜等资源，通过“线上学+线下学”“送学+讲学”等形式，推动1650名新经济组织、新社会组织、新就业群体党员以及400多名老党员、行动不便党员学习全覆盖。利用中秋国庆元旦契机，组织流动党员开展“看项目、献良策、谈体会”活动7场次，推动社区党员与143名流动党员结对互学，确保流动党员“离乡不离党、务工不误学”。

（二）坚持将调查研究作为重要前提，以党的创新理论指导实践、推动工作。坚持将调查研究作为谋事之道、成事之基，持续运用党的创新理论研究新情况、解决新问题、总结新经验、探索新规律。一是围绕中心精准选题。紧扣中央明确的12个方面调研内容，聚焦城市产业集中高质量发展、三峡水运新通道建设、美好环境与幸福生活共同缔造等中心工作，按照群众点题、基层选题、主动领题方式，区委常委同志领衔10个调研课题，带动区“四大家”班子成员领办25个课题。区委将坚持产业用地集中集约高效加快实现城区经济向内涵式增长转型、征迁领域党员干部违纪违法问题分别作为正面、反面典型案例扎实开展解剖式调研，在深刻剖析中扬优势、补短板、强弱项。区委主要负责同志将“创新城市更新模式，打造世界级水利枢纽工程文博区”作为个人课题开展调研，区政府主要负责同志将“高水平打造特色商业街区”作为个人课题开展调研，带动全区各单位、基层党组织广泛开展问需、问难、问策走访调研活动1300场次，收集问题和建议900多条。二是深入一线真调实研。区“四大家”领导班子成员综合运用六种调研方式，认真学习借鉴“千万工程”经验案例，扎实开展问题大梳理、难题大排查，深入企业、项目、车间、社区、小区走访调研315次，组织座谈会37场，收集意见74条，解决问题134件。区委主要负责人围绕调研课题，发放调研问卷一万余份，组织职能部门、设计公司、文旅开发企业等开展实地调研10余次，连续30周调度工作进展。区政府主要负责同志围绕调研课题，组织专班先后3次到重庆贰厂文创街、厦门曾厝垵、广州永庆坊等著名街区考察学习，组织现场调研、座谈研讨、工作拉练等近40场次，做到把情况摸清、把问题找准、把对策提实。区委主题教育办在“调研内容、调研日程、调研人员、调研方式、调研接待”上实行统筹把关，有效防止扎堆调研、多头调研、重复调研。三是扎实推动成果转化。坚持边调研、边深化、边落实，提前谋划调研成果转化工作，推动问题清单、责任清单、任务清单变为成果转化清单，有效提升调查研究的针对性实效性。已推动建立完善《西陵区“四个重大”推进机制》、建强特色街区打造宜荆荆区域性消费中心、核心商圈规划等各类制度机制30个。坚持以调查研究深化理论学习、破解发展瓶颈、化解民生难题，梳理重点问题52个，已解决22个，未解决问题纳入区“两办”重点督办事项定期开展督查回访，实行销号管理。

（三）坚持将推动发展作为关键所在，以实干担当破局开新、奋进百强。强化以学促干、真抓实干，着力疏堵点、破难题、强动力，把主题教育成效体现在发展目标、发展理念、发展方式、发展动力、发展路径的优化完善和转型升级上。一是强产兴城提能级。自觉把西陵发展置身全国、全省、全市大局中思考谋划，全力争当长江大保护典范城市核心标杆、打造世界级宜昌核心主城。强化延链补链强链，宜昌人力资源产业园、三峡智数产业园、十六化建总部建成运营，高端工业泵智能制造基地、东湖高新·宜昌创智园开工建设，建筑业总产值即将首次破千亿。狠抓项目投资支撑，新签约软通动力创新基地、中化学产业园等亿元项目43个，宜昌船柴铸造中心、供应链产业园等35个项目开工建设，三峡企业总部基地南区和智慧物流产业园入选全省“五个一百”重点项目库。稳步推进片区开发，实施大学路改线工程、二马路三期、大树湾片区开发等项目20个，腾挪三峡国际邮轮中心二期、民康药厂等14个地块、1002亩发展空间。二是惠企降本优环境。聚焦市场主体关注的稳政策、降成本、优环境等问题，出台招商引资政策措施9条、科技创新支持措施23条、服务业发展扶持措施60条、建筑业产业奖励措施5条，积极兑现各级奖励扶持政策5384万元。深入开展“新商业大讲堂”100余场次、百名干部找市场30余场次，帮助300家重点企业寻合作、拓市场。768名“首席服务官”走访服务企业1068家，累计收集重要问题建议195件，办结率100%。全区新增入库型中小企业122家、省级专精特新中小企业10家、创新型中小企业26家，净增高新技术企业24家、“四上”企业80家，市场主体总量达到6.6万户。三是为民服务办实事。坚持以共同缔造为载体深化实践活动，新增幼儿、托育学位780个，全省率先实现13个公办中小学教联体全覆盖，26家社区居家养老服务中心、幸福食堂投入使用，亚行贷款养老综合服务PPP示范项目主体工程完工，区福利院、区残疾人托养中心正式运营，新增养老和托养床位720张，新建安置房1000余套，既有住宅加装电梯109部，新增停车泊位603个，让群众在家门口看到了行动、感受到了变化、得到了实惠。区“四大家”班子成员扎实推进30个重要民生实事，完成率100%。广泛开展“立足岗位做贡献”活动，设立党员示范岗2058个、党员责任区7289个、党员突击队968个，让党员干部干在前、当先锋、做表率。持续深化“爱心家访多帮一”“信访接待日”制度，区级领导一线办公86次，包保化解3年以上信访积案52件，力度创近五年之最。

（四）坚持将检视整改作为有力抓手，以真改实改正风肃纪、取信于民。坚持边学习、边对照、边检视、边整改，把检视整改贯穿主题教育始终，让人民群众切实感受到新变化新气象。一是主动排查抓检视。坚持区委常委带头查、党（工）委（党组）全面查、党员干部常态查，对照理论学习、政治素质、能力本领等6个方面突出问题，聚焦影响制约高质量发展、人民群众急难愁盼、全面从严治党等问题系统梳理问题清单。区“四大家”领导班子梳理重点问题31个，已按照“四审”机制销号13个。全区46个单位党（工）委（党组）179名班子成员梳理问题179个，已完成问题整改63个。高质量开好民主生活会，市委书记熊征宇亲临指导并就深化主题教育、推动全区高质量发展提出重要要求。二是靶向发力抓整治。扎实推进“2+2+6”专项整治，统筹整改整治组、专项牵头单位、党委（党组）力量，实现“监督+监管+主管”三力合围，按照“单周报自查台账、双周报问题清单和问题线索”机制要求全面深度排查问题。用好纪检监察、巡视巡察、审计监督、财政监督等职能监督“资源网”，从审查调查案件、督查督办通报、监督检查反馈、政治生态分析研判问题等入手深挖线索，汇集“问题池”。定期汇总分析“宜接就办”12345、12388、阳光信访、小微权力监督“一点通”等群众来信来访情况，掌握苗头性、倾向性问题动向，锁定问题易发多发领域，积极拓展问题线索来源。三是上下联动抓整改。认真落实上下联动整改工作机制，将东山四路雨水箱涵截污工程开工纳入市区联动整改项目，督促整改问题主责单位扛起牵头责任，配合单位积极主动作为，齐心协力抓好整改整治。坚持区街联动抓整改，组织党员干部沉社区、入网格、沉楼栋，综合运用现场勘查、座谈访谈、入户走访等形式，累计梳理“小区停车难、环卫管理难、邻里关系难、电梯管养难”等突出问题264件，由职能部门和属地街道第一时间响应、及时研判处理，目前已解决241件。

（五）坚持将组织领导作为基础保障，以严实作风推动主题教育见行见效、走深走实。坚决扛牢政治责任、主体责任、领导责任，高标准高起点谋划部署，高质量高要求组织实施，确保主题教育扎实有效开展。一是强化组织领导。区委成立以区委主要负责人为组长的领导小组，抽调精干力量组建了区委主题教育领导小组办公室。区委主要负责同志主持区委常委会会议7次研究部署工作，区委主题教育办召开5次主任会议调度工作落实。区“四大家”领导班子认真履行“一岗双责”，模范落实“六联制度”，坚持抓自身、带基层，一线指导312个基层联系点工作。各党（工）委（党组）书记切实履行第一责任人职责，带头学、带头改、带头抓，形成了上下贯通、整体联动、协调运转的工作闭环。二是强化分类指导。细分区直机关、街道、社区（村）、医疗机构、学校、国企和新经济组织、新社会组织、新就业群体等7大领域，按照“1个联络专班、1张任务清单、1场专题培训、1次工作推演”的“四个一”模式，将7大领域逐一抓实抓到底。采取综合调研、座谈交流、随机抽查、实地督导、电话访谈等方式，对829个基层支部开展3轮全覆盖督导，结合发现问题集中培训3次，下发工作提示4期，约谈单位3家。三是强化宣传引导。加强正面宣传，中省媒体刊发我区主题教育报道26条，其中长江大保护、电梯加装、老旧小区改造、新就业群体融入基层治理、楼栋“微治理”等做法被中央电视台、《中国社区报》《湖北日报》、湖北电视台等宣传推介。依托“西陵发布”“西陵组工”等“两微一端”宣传主渠道，开设“深入学习贯彻党的二十大精神”“学思想、强党性、重实践、建新功”等专栏，发布各类信息120余篇，累计阅读量突破5万余人次。坚持关口前移，出台主题教育期间网上突发敏感情况应急处置办法，建立信息发布提级审核机制、舆情快速响应处理机制，有效防止“低级红”“高级黑”等负面舆情。

主题教育开展以来，市委主题教育办第一联络组与我区同学共进、同题共答、同力共促，确保主题教育取得了实效。一是指导精准到位。坚持第一时间传达习近平总书记关于主题教育的重要讲话精神和指示批示精神以及中央、省委、市委部署要求，先后3次听取我区主题教育工作情况，及时指方向、提要求、教方法、促落实。二是督导严格有力。坚持重要活动必到、方案清单必审、发现问题必报、问题整改必查，参加主题教育工作会议、调研成果交流会等重要会议、活动4次，审阅各类方案、清单等34份，确保任务要求不漏项、不走样，从源头防止形式主义和“低级红”“高级黑”现象。三是作风务实高效。深入践行一线工作法，深入区直单位、社区小区、项目园区等一线下沉督导。采取“四不两直”的方式，对我区基层党组织开展随机抽查和暗访调研，及时反馈问题，帮助改进工作，有力推动我区各项工作有效开展。

二、主要成效

总体来看，全区主题教育聚焦主题主线、坚持贯通融合、注重实绩实效，在以学铸魂、以学增智、以学正风、以学促干方面取得了阶段性成效。

（一）在以学铸魂中坚定了理想信念，持续筑牢了对党忠诚的思想根基。广大党员、干部坚持把理论学习贯穿始终，认认真真读原著学原文悟原理，进一步加强了对习近平新时代中国特色社会主义思想的理解把握，进一步增强了对党的创新理论的政治认同、思想认同、理论认同、情感认同，进一步深刻领悟“两个确立”的决定性意义，增强“四个意识”、坚定“四个自信”、做到“两个维护”。全区上下始终牢记习近平总书记考察长江、视察湖北、首站到宜昌的殷殷嘱托，坚决扛牢政治责任，服务全省全市大局，实现了“发展目标、发展理念、发展方式、发展动力、发展路径”五个转变，解决了学用“两张皮”问题。大家普遍反映，习近平新时代中国特色社会主义思想是一座精神“富矿”，是我们做好工作、推进事业发展的“指南针”“定盘星”，越学越有方向，越学越有信心，越学越有力量。

（二）在以学增智中提升了能力本领，持续激发了能干成事的澎湃动力。广大党员干部通过参加学习培训、挂职锻炼、案例交流，投身四个重大、城市更新、驻点招商、信访维稳、征收征迁等区委中心工作和急难险重任务，持续增强了懂城市、会经济、善治理本领，练就了忠诚干净的“硬脊梁”、改革发展的“真本事”、善作善成的“铁肩膀”。围绕落实市委“1+3”政策措施，出台“能干成事”业绩纪实量化管理办法等操作办法13项，通过建立能干成事业绩档案、开展能上能下竞岗双选，让干部干与不干、干多干少、干好干坏“不一样”，对在党的二十大信访维稳安保、项目建设等工作中做出突出贡献的50名个人和50个集体给予嘉奖和记三等功。大家纷纷表示，通过主题教育，进一步悟规律、明方向、学方法、增智慧，进一步掌握了看家本领、兴党本领、强国本领，有效提升了政治能力、思维能力和实践能力。

（三）在以学正风中深化了自我革命，持续营造了清风西陵的良好生态。全区各级党组织对标党风要求找差距、对表党性要求查根源、对照党纪要求明举措，大兴务实之风、弘扬清廉之风、养成俭朴之风。广大党员干部牢固树立和践行正确政绩观，自觉问计于民、问需于民、问效于民，解决了一批群众关心关切的难点问题，办成了一批群众可感可及的民生实事。坚持以刀刃向内的决心勇气深入推进问题查摆、检视整改，深入开展“四风”和形式主义官僚主义整治为基层减负，深挖不担当不作为、基层治理等方面突出问题83个，运用“第一种形态”处理363人次，给予党纪政务处分72人次，党员党性修养、规矩意识、纪律观念进一步增强。大家一致认为，通过主题教育，进一步正风肃纪、激浊扬清、化风成俗，自觉做到了守规矩、知敬畏、明底线、做表率，努力实现了干部清正、政府清廉、政治清明。

（四）在以学促干中推动了事业发展，持续升腾了争先进位的强大气场。广大党员、干部始终把开展主题教育同贯彻落实党中央决策部署和省委市委要求、推动本地本单位中心工作结合起来，自觉在全国全省全市大局中谋划推动西陵发展，切实把主题教育的成果转化为推动经济建设、城市和产业集中高质量发展的成效。一年来，全区经济发展顶压前行、稳中向好，经济总量持续保持城区前列，社会消费品零售总额347.8亿元，增长9.5%，规模以上工业增加值、固定资产投资均增长10%，地方一般公共预算收入、税收分别增长13%、16%，预计全年地区生产总值有望突破580亿元，同比增长8%，连续三年跻身“全国投资竞争力百强区”，入选“中国市辖区旅游综合竞争力百强区”。大家主动表态，要鼓足干事创业的精气神，始终保持锐意进取、敢为人先、迎难而上的奋斗姿态，奋力开创事业发展新局面。

三、收获启示

实践表明，全区主题教育达到了“凝心铸魂筑牢根本、锤炼品格强化忠诚、实干担当促进发展、践行宗旨为民造福、廉洁奉公树立新风”的目标要求，为我们提供了有益启示。

（一）必须始终以习近平新时代中国特色社会主义思想为根本，持之以恒加强理论武装、锤炼忠诚品格。此次主题教育中，广大党员、干部将理论学习成效转化为增强党性修养、厚植为民情怀、做好本职工作的强大动力，筑牢了信仰之基、补足了精神之钙、把稳了思想之舵。实践证明，习近平新时代中国特色社会主义思想是当代中国马克思主义、21世纪马克思主义，是中华文化和中国精神的时代精华，是全党始终保持统一思想、坚定意志、协调行动、强大战斗力的关键所在。新征程上，我们要坚持不懈用习近平新时代中国特色社会主义思想凝心铸魂，全面系统学、及时跟进学、深入思考学、联系实际学，提高运用党的创新理论指导实践、推动工作的能力。

（二）必须始终以高质量发展为落脚点，持之以恒聚焦中心大局、推动改革发展。此次主题教育中，广大党员、干部牢记习近平总书记考察长江、视察湖北、首站到宜昌的重要讲话和重要指示精神，切实肩负起省委、市委赋予西陵的使命任务，找准融入大局的切入点和着力点，高质量发展展现出了新气象、新作为。实践证明，发展是我们党执政兴国的第一要务，只有坚持高质量发展,不断壮大经济实力、科技实力、综合国力,才能不断满足人民日益增长的美好生活需要。新征程上,我们必须紧紧围绕“奋进全国百强城区,争当长江大保护典范城市核心标杆,打造世界级宜昌核心主城”目标,真抓实干、奋勇争先,奋力谱写西陵高质量发展新篇章。

(三)必须始终以大抓基层为导向,持之以恒深化共同缔造、推动固本强基。这次主题教育中,我们统筹推进街道社区、区直机关、新兴领域党建工作,以共同缔造理念深入推进基层善治,基层党组织政治功能和组织功能持续增强,战斗堡垒作用和党员先锋模范作用充分发挥。实践证明,严密的组织体系是党的优势所在、力量所在。只有坚持不懈抓基层、强基础、固基本,才能把基层党组织建设成为宣传党的主张、贯彻党的决定、领导基层治理、团结动员群众、推动改革发展的坚强战斗堡垒。新征程上,我们必须坚持大抓基层鲜明导向,把党员组织起来、把人才凝聚起来、把群众动员起来,让广大人民群众在党的旗帜下团结成“一块坚硬的钢铁”,为中心大局提供坚强组织保证。

(四)必须始终以人民满意为标准,持之以恒厚植为民情怀、增进民生福祉。此次主题教育中,广大党员干部深刻领会“以人民为中心”的丰富内涵与精神实质,践行全心全意为人民服务的宗旨,着力解决人民群众急难愁盼的问题,持续增强人民群众的获得感、幸福感、安全感。实践证明,只有坚持人民至上,站稳人民立场,紧紧依靠广大人民群众,充分激发人民群众的积极性主动性创造性,才能顺利实现强国建设民族复兴的宏伟目标。新征程上,我们要以人民为中心作为工作的出发点和落脚点,走好新时代群众路线,耐心收集群众意见、虚心接受群众监督、热心解决群众难题,真正在办实事、解民忧、顺民意中筑牢“民有所呼、我有所应”的为民担当。

(五)必须始终以自我革命为保证,持之以恒从严管党治党、涵养新风正气。此次主题教育中,广大党员、干部对照理论学习、政治素质、能力本领、担当作为、工作作风、廉洁自律6个方面的突出问题,把自己摆进去、把职责摆进去、把工作摆进去,深挖问题症结,全面纠偏正向,以党风政风清正带动民风淳正。实践证明,党之所以历经百年沧桑依然风华正茂,就是在于从不讳疾忌医,敢于以自我革命推动党始终保持“赶考”的清醒和坚定,敢于刀刃向内破解“自我监督”难题。新征程上,我们必须以永远在路上的执着,纵深推进全面从严治党,不断清除一切损害党的先进性和纯洁性的有害因素,不断清除一切侵蚀党的健康肌体的病原体,以自我革命魄力做对党忠诚的最好诠释者。

四、有关建议

(一)持续深化主题教育。坚持“当下改”与“长久立”相结合,把主题教育探索的好做法好经验及时以制度形式固定下来,建立健全一系列行得通、做得实、长期管用的制度机制。

(二)持续深化理论学习。建立健全理论学习长效机制,推动理论学习往深里走、往实里走、往心里走。创新理论宣传方式,推动党的创新理论“飞入寻常百姓家”。

(三)持续深化共同缔造。认真践行“四下基层”制度,持续以共同缔造为载体深化实践活动,发动群众决策共谋、发展共建、建设共管、效果共评、成果共享。

宜昌市西陵区人民政府关于区九届人大常委会《关于加快推进特色商圈建设打造“宜荆荆都市圈特色消费目的地”的议案》办理情况的报告

——2023年11月28日在宜昌市西陵区第九届人民代表大会常务委员会第十五次会议上

西陵区委常委、区政府常务副区长 胡 明

主任、各位副主任、各位委员:

我受区政府委托,向区人大常委会报告《关于加快推进特色商圈建设打造“宜荆荆都市圈特色消费目的地”的议案》办理情况,请予审议。

为全面贯彻党的二十大精神,贯彻党中央、国务院关于促进消费持续恢复决策部署,进一步扩大消费需求，持续释放城市发展活力，助推宜昌打造区域性消费中心，近年来，西陵区探索以特色街区提档升级工作为抓手，全力做强城市商圈极核，构建城市商业地标，通过打造一批充满烟火气、市井味、文史感的特色街区，增加沉浸式、体验式消费新业态新场景，为提升主城功能、奋进百强城区持续增添新动能。

一、特色街区总体情况

西陵区是全市的商贸大区、消费中心，社会消费品零售总额、商圈街区数量、首店数量均位居全市第一。

2022年7月，西陵区全面启动特色街区提档升级工作。截至目前，全区共有各类特色街区20条，其中：综合类街区4条，专业类街区10条，餐饮类街区6条，总体占地面积约64万平方米，商业面积约90.7万平方米，共有商户2323家，商业部分入驻率84.7%，年均人流量约1300万人次。

自启动特色街区提档升级工作以来，我区先后成功创建1个省级夜间消费集聚区、2个省级特色商业街；央视先后对我区云集路、西坝不夜城等特色街区改造、夜间消费等内容进行了报道；6月16日，央视新闻客户端直播特别节目《一起"楚"来嗨》用22分钟的时间重点推介了西坝不夜城；11月，西坝不夜城作为全省8个代表之一在全省作夜间经济经验现场交流；11月26日，《湖北日报》头版报道我区特色街区提档升级经验成效；《三峡瞭望》《改革动态》专题推介我区特色街区工作；4月和10月，专题向省商务厅汇报特色街区提档升级工作，先后迎接省商务厅专题调研特色街区2次，工作得到省商务厅高度肯定。

二、主要工作开展情况

（一）突出"市场主体"，凝聚街区建设强大合力

1. 强化顶层设计。2022年9月19日，区"两办"印发《西陵区特色街区提档升级工作方案》。2022年12月30日，区委九届四次全会审议通过《区委区政府关于建强特色街区打造宜荆荆区域性消费中心的实施意见》，将特色街区提档升级工作上升为区级重大战略，进一步明确了建强特色街区的目标定位、工作原则、重点任务和组织保障。研究出台《西陵区特色街区提档升级考核管理办法（试行））》，设立区级奖补资金70万元，共走访街长、秘书长等骨干商家代表386家。先后组织现场调研、专题研究、座谈研讨、工作拉练等近30场次。2023年5月，区委深改委会议专题听取特色街区提档升级工作情况汇报。

2. 强化示范创建。坚持以"商业引爆、品牌引领、消费引导、特色引流"为目标，优化完善全区特色街区建设体系。计划利用3年时间，对"20+N"条特色街区进行滚动式提档升级，加快建成一批人气兴旺、火爆出圈的网红打卡特色街区。组织特色街区申报省、市级示范品牌，成功创建省级夜间经济集聚示范区2个，申报省级特色商业街4条、市级特色商业街8条，申报数量全市最多。目前，铁路坝小吃街、西坝不夜城已获评省级特色商业街，为全市唯一获评区。解放路步行街迎接全国工商联法治化营商环境建设检查。

3. 强化共建共享。坚持政府引导、市场运作、专班推动，成立由区委、区政府主要领导挂帅，16名区级领导牵头包保，区直部门和街道共同参与的特色街区提档升级工作领导小组。按照每条街区一个专班推进，共组建工作专班20个，健全完善了周通报、月督办、季拉练、年考评的工作推进机制。设立区级奖补资金70万元，撬动社会资金超过1000万元。充分调动街区商管、物业、企业的积极性，聘请担任街长20人、秘书长20人。组织108名青年干部参加特色街区"金点子"案例交流大会，引导青年干部集思广益，对特色街区提档升级工作提出有效建议，"金点子"成果共采纳运用20余条。

（二）突出"消费促进"，推动街区持续提档升级

1. 实施街区改造提升工程。邀请重庆奥雅可是等优秀设计团队，围绕"立足挖掘历史根脉，树立文化口碑，汇聚特色经济，以提升改造现有街区，培育发展新兴街区，重点创建示范街区"目标，逐条街区制定提档升级方案。累计投入6亿元，分改造升级类、招商盘活类、规范管理类实施提档升级，成功争取葛洲坝集团560万元资金，完成葛洲坝商业街道硬件设施改造；结合老旧小区改造、城市更新、清违攻坚、夜景灯光提升等工程，统筹开展特色街区环境改造。按照一街一景标准打造街区特色文化墙，致祥路戏剧凉虾文化墙成为市民争相打卡的网红点；平和里音像街已改造完成；解放路步行街集市即将开街；三大·青桐荟双创街吸引三峡大学学子创新创业；在云集路城市客厅建设中，争取市级投入1.1亿元，完成了市政、绿化、店招、建筑立面的整体升级，升级店招111块，改造过程中争取社会资金120余万元，按照街区更新理念实施的云集路更新改造工程斩获2023MUSE设计奖银奖。

2. 实施街区业态优化工程。引导街区优化经营业态结构。鼓励商管自持物业或采取统一回租等方式，促进街区业态布局调整和统一招商。组织走访调研，全面摸清了街区范围、商业面积、主要业态、入驻率等街区家底。整合商务、招商、属地街道、商管物业等力量，累计开展闲置资源盘活招商活动107次，开展

街区集中宣传推介90余次。截至目前，累计招商盘活街区闲置资源近5万方，解放路步行街空置5年、近3万方的时代广场即将签约盘活。新引进霸王茶姬、泡泡玛特等首店品牌，集聚了橘子元宇宙、小板凳砂锅、范柒柒夺夺锅、叉叉的小火锅等多家网红打卡店。

3. 实施街区服务提升工程。巩固深化“市场主体服务100%先行区”创建成果，发挥10大骨干行业协会、7个街道商会、66个社区蜂巢作用，深化首席服务，第一时间协调解决特色街区建设的困难问题。强化“共同缔造”意识，引导组建各类街区、商家联盟20个，推动行业自律、抱团发展。服务街区商户、市场主体进限发展，为街区商家解决问题40余个，培育进限企业50余家，引进万达商管团队对CAZ时光里街区进行整体招商和运营，运用成熟的商管团队打造宜昌的“楚河汉街”一站式消费集散地。

（三）突出“典型示范”，创新打造街区特色品牌

1. 创设百场商业大讲堂。围绕提升街区新商业策划营销能力，分街道、分行业部门、分商会，组织商家、物业、干部等，聚焦商业运营、营销策划、特色打造等主题，开展头脑风暴，在每个特色街区举办新商业大讲堂活动5场次以上。通过带出去学习、培训讲座、拉练比拼促交流，助力商户巧妙策划营销活动，提升商铺小店的魅力值、流量度。目前，已开展各类商业大讲堂近90场次。

2. 彰显街区特色文化。实行“一街一特色、一街一方案”提档升级计划，积极组织争创省、市级特色街区，构建特色街区矩阵。每条街区培育3—5家骨干企业、1—3个必到打卡网红点。突出烟火气、市井味，推动云集路珠宝摄影婚庆街、富裕街、铁路坝小吃街等街区文化场景营造。巩固提升陶珠路美食街全省首批旅游名街影响力，组织铁路坝小吃街创建省级旅游名街，致祥路老字号美食街获得外国游客主动推介。申报宜昌老字号品牌10个，支持“我家优选”电商平台创新推出“二十街”文创礼品茶。

3. 做火街区品牌营销。充分发挥新媒体的优势，将新媒体和特色街区资源优势结合起来，通过多种形式，讲述街区新故事、传播街区好声音、展现街区靓风貌。分街区拍摄宣传视频，目前已发布7条，正在审核待发布4条，正在拍摄7条，累计播放量突破100万次。2022年9月26日，举行特色街区消费场景发布仪式，首批14条群众口碑好、文化底蕴足、有一定知名度的特色街区“出圈”；2023年1月23日，云集路珠宝摄影婚庆街楚辞香囊街精彩亮相央视《新闻联播》。举办西陵庙会、楚风市集、溪林草地音乐节、西坝烧烤节、首届宜昌肥鱼节、端午之夜、二马路历史街区音乐美食周等活动，持续营造消费热度；利用“宜马”及“五一”小长假和三峡大学百年校庆，印发特色街区“西陵味道”好吃好玩地图4000余份，邀请本土网红“灵芝”担任福绥路过早街形象大使，全方位推介各特色街区的消费场景。累计举办各类聚人气促消费活动50余场次，直接带动我区消费，1—10月，全区社零总额达到285.8亿元，同比增长9%，总量全市排名第1，增速全市排名第6。

三、下一步重点工作安排

（一）进一步推进街区提档升级。积极争取将特色街区提档升级与全市核心商圈发展规划、城区一刻钟便民生活圈规划、城市更新项目、老旧小区改造、城市客厅建设等有机结合，紧贴民生需求及消费特点，不断优化街区发展方向和特色定位，分类分片滚动推进街区提档升级。锚定特色街区提档升级总体目标，每月制定月度共性任务清单，定期开展“回头看”，推动年度重点任务清单化落实到位。

（二）进一步打造街区品牌亮点。持续实施特色街区示范创建工程，争创省级步行街改造提升试点，持续推动街区争创省、市级特色商业街、全省旅游名街等示范品牌，坚持品牌、示范引领，力争培育一批特色鲜明、人气兴旺、满铺开业的网红打卡特色街区。

（三）进一步策划街区特色活动。根据街区特色，有计划地策划具备实操性的文化活动，通过一街一主题、一节一活动、一季一热度，推动街区引流升温、IP定型，促进街区内生动力，通过沉浸式、体验式活动，不断提升游客转化率和特色街区对象黏性，通过官方线上宣传和线下群众自发宣传，进一步提高“20+N”特色街区知名度和影响力。

（四）进一步盘活街区闲置资源。做好街区闲置资源的动态更新，定期更新闲置资源库。整合“招商+商务+街道+商管+物业+街长”的招商力量，积极开展街区闲置资源招商引资工作。全力推动时代广场盘活开业，CAZ时光里、二马路历史文化街区开街营运。

（五）进一步推进街区项目建设。抢抓宜昌核心商圈建设机遇，持续推进宜昌中心城、大洋二店等街区重点商贸项目建设，推动宜昌古今·大南门、吾悦广场西陵IN巷等特色街区满铺开业。结合一刻钟便民生活圈建设，支持鼓励多元业态发展，鼓励新建街区按照夜经济示范标准完善配套设施，丰富消费内涵，激发消费活力。

专　记

◆湖北西陵经济开发区建设

【概况】2023年，西陵经济开发区园区生产总值155.02亿元，同比增长4.2%。全年完成新签约亿元以上项目11个，总协议投资额104.7亿元，占全区招商引资总额82%。新注册企业482家，同比增长30%，综合实力持续增长。企业服务中心协调全区首席服务官走访企业1068个，累计收集并办结问题建议195件，获嘉奖令1914份。被宜昌市委市政府通报表彰为“2021—2022年度宜昌市文明单位”。在全省1类省级开发区高质量发展考评中排名第12位、全市城区开发区排名第1位，实现持续进位。

【产业规划】2023年，西陵经济开发区梳理片区可开发利用的土地资源，组织协调西陵城发集团、区自然资源规划局、窑湾街道等单位，完成黄家湾地块的规划调整、土地整理、电力线路迁改等工作，新增产业发展用地约14公顷。围绕石板片区、大树湾片区开发，争取市规划、市城发集团支持，邀请中建五局、中国诚通生态有限公司、恩施红星美凯龙等实地考察，推动片区开发提速。通过政府监督转让方式，盘活天奇力帝2.87公顷存量土地资源，协调葛洲坝集团加快葛洲坝科技产业园项目建设。

【招商引资】2023年，西陵经济开发区坚持“走出去、引进来”，区领导、开发区、窑湾街道、京津冀片区驻点招商专班共外出招商50余次，拜访商（协）会12家、企业205家，主动对接项目30余个，接待来区考察企业42家。成立窑湾片区“招商联盟”，定期组织企业家座谈，发挥企业招商的主体作用，以企引企，以商招商，不断扩大企业规模，拉长产业链条。通过入企调研，准确掌握窑湾片区现有产业发展现状及骨干企业基本情况，全面了解企业在经营活动中所涉及的上下游产业链情况，印制窑湾片区招商推介册等宣传资料，更新完善《产业链招商地图》，为开展精准招商夯实基础。

【项目建设】2023年，西陵经济开发区加快项目转化落地，持续推进项目建设。全年推动7个亿元以上项目开工入库，完成固定资产投资31.64亿元，全区占比30.5%。东湖高新、七巧连云等投资20亿以上产业项目先后落地，联东U谷

2023年1月12日，东湖高新·宜昌创智园项目签约仪式现场

（西陵经济开发区　提供）

西陵智能制造港、宜昌人力资源产业园、5G信息科技产业园等重点项目顺利竣工投产，东湖高新宜昌创智园、沃东应急救援等项目加快开工前准备工作。启动并创新推出“项目主推官”制度，西陵经济开发区和窑湾街道9名机关干部担任“项目主推官”，为联系项目负责提供洽谈、经营性用地供地计划、规划选址、环境影响评估、土地预审、征地拆迁、供水供电等一站式服务，解决传统项目管理层次多、工作效率不高的难题，平均压缩项目整体时序20%以上。其中，高端工业泵智能制造项目在全区首次实现“五证齐发”。

【企业服务】2023年，西陵经济开发区持续开展宜昌市“千名干部进千企”和西陵区“首席服务官”活动，组织协调768名区级首席服务官对重点企业提供“一对一”上门服务。联合区人社局围绕企业招人用工，先后举办线上线下招聘活动66场次，1323家企业进场招聘，提供招聘岗位3.1万个。积极组织企业申报科技型中小企业，宜昌市红岸科技有限责任公司、宜昌鹤冲天农业科技有限公司成功申报为科技型中小企业。帮助企业提高融资便利，共举办72家市场主体参加的8场银企对接，累计为企业融资授信9556.5万元。用好“宜才码”“1+4”人才政策，动态掌握企业引才需求，全年累计为企业引才196名。三峡创谷2023年被认定为全省首批20个省级人才创新服务中心之一。

【人力资源服务产业园揭牌】2023年1月7日，宜昌市人力资源服务产业园在西陵区正式揭牌，成为湖北省首个自建民营人力资源服务产业园。产业园位于西陵区发展大道97号，项目总投资3亿元，建筑面积4.7万平方米，建设规模居全国前列。园区以“一园三区”为战略布局，打造5中心1平台运营模式，以人力资源大数据平台为核心，聚合人力资源公共服务中心、人力资源展示交流中心、人力资源培训实训中心、人力资源信息交互中心和小微企业创业孵化中心5大服务模块，助力人力资源服务产业集中化、专业化、信息化和一体化。

【东湖高新智创园项目落户】2023年1月12日，东湖高新集团与区政府在武汉签订项目投资协议，东湖高新·宜昌智创园项目正式落户西陵区。项目选址西陵区窑湾街道桔颂路片区，以智能制造、电子信息、生命健康及其相关周边产业为主导产业，引进先进装备制造、节能环保、医疗器械、新型都市工业等相关高新技术产业。智创园项目的落户，有助于西陵区都市工业的转型提质，推动和加速产城深度融合。

【力帝机床获评国家绿色制造企业】2023年2月16日，工业和信息化部公告了2022年度国家绿色制造企业，开发区园区企业湖北力帝机床股份有限公司榜上有名。公司是工信部国家第一批环保装备制造业19家规范企业之一，业务涵盖废钢加工、汽车拆解、有色金属加工及分选、再生资源、环保节能五大板块，着力发展航天配套、固废环服装备，涉及再生资源10余个品种、上百种产品。公司曾荣获专精特新“小巨人”、知识产权示范企业、绿色工厂等国家级荣誉称号。

【既济数能获评省级工业设计中心】2023年4月12日，湖北省经信厅公布了2023年度省级工业设计中心认定名单，开发区园区企业宜昌既济数能集团榜上有名。该集团成立于2014年，主营业务涉及智慧电力、能源科技、数字科技、文化教育、城市服务等多个板块，曾获评国家高新技术企业、省级专精特新“小巨人”企业、省级瞪羚企业等多项技术荣誉。

【高端工业泵智能制造基地项目开工】2023年5月18日，西陵区举行2023年二季度重大项目暨高端

2023年11月20日，七巧连云数字循环经济产业园项目签约仪式在西陵区政府举行
（区委宣传部 提供）

工业泵智能制造基地项目开工活动。高端工业泵智能制造基地项目由宜昌市西峡泵业有限公司投资建设，建址三峡大道与沙河东路交汇处，计划总投资1.5亿元。规划用地面积1.32公顷，总建筑面积14617平方米，计容面积20627平方米。项目规划建设大型泵产品加工中心、大型矿山泵和化工泵生产线、国家一级泵性能检测中心。

【沃东应急救援产业基地开工】 2023年9月22日，西陵区举行2023年三季度重大项目开工暨沃东应急救援产业基地项目开工活动。沃东应急救援产业基地项目建址于峡州大道和西陵二路延伸段交会处，用地面积约0.75公顷，总建筑面积约2万平方米，项目规划建设自然灾害应急救援技术研发、自然灾害应急救援设施装备展示、自然灾害防灾减灾科普、自然灾害应急救援培训、自然灾害应急救援演练总部基地。

【七巧连云循环产业园落户】 2023年11月20日，湖北七巧连云数据科技有限公司与西陵区政府签订项目投资协议，宜昌七巧连云数字循环经济产业园项目正式落户西陵。项目选址于西陵区窑湾片区桔颂路，分两期开发，计划用地约19.33公顷，总投资10亿元，全部达产后年产值约15亿元。产业园以人工智能、大数据、新材料为核心技术，以网格化管理与服务为基础，构建“AI+网络+网格”社区居民碳中和数字治理和服务体系，建成集“综合性全品类智慧绿色分拣中心”“再生资源循环利用产业园”“绿色智慧工厂”“参与式工业旅游科教基地”于一体的循环经济产业园。

【联东U谷西陵智能制造港开园】 2023年12月，西陵经济开发区园区企业联东U谷西陵智能制造港项目正式开园。项目由北京联东投资(集团)有限公司投资建设，分两期开发建设，项目一期位于桔颂路片区，占地5.2公顷，总建筑面积8万平方米，总投资5亿元。项目以智能制造、精密机械、电子信息为主导产业，规划建设为聚合生产制造、中试成果转化、生产企业总部和生产配套等功能于一体的都市型产业园区。明确入园意向企业10余家，其中域外企业6家。

(杨　峰)

◆西陵区服务葛洲坝片区工作

【概况】 2023年，西陵区服务葛洲坝片区工作委员会(以下称“区葛工委”)贯彻落实国家省市区决策部署，加强服务协调，深化企地共建，推进片区各项工作，服务葛洲坝集团筒子楼解危破30年历史难题。完成西陵片区筒子楼解危安置1529户，完成筒子楼移交50栋。引进浦尔漫酒店于7月建成营业。盘活物业370平方米，招商任务完成率123.3%；引入葛洲坝基地(宜昌)建设发展有限公司、讴印轻奢酒店等税源型企业2户，实现税收470多万元。成功培育“四上”企业1家，宜昌盛维合商贸完成进限目标。接待来信来访近300人次。协调葛洲坝集团宜昌基地各公司招引人才1160人。争取资金3190万元。推动片区居民公共服务社会化、均等化、规范化。

【深化政企“联学联建”机制】 2023年，区葛工委联合中国能建葛洲坝综合管理中心第四党支部开展搭建一个联学平台、建立一套联动协调机制、破解一系列突出难题、办成一组暖心实事、建强一座战斗堡垒、培育一批先进典型的“六个一”联学联建主题活动3次。7月，被中国能建股份有限公司党委评为联学联建·融通融合“六个一”主题行动先进结对党支部(全国表彰7个)。

2023年4月23日，葛工委机关党支部联合中国能建葛洲坝综合管理中心部分党支部开展“联学联建·融通融合”主题学习活动　(区葛工委 提供)

2023年10月30日，葛洲坝集团宜昌基地筒子楼解危改造安置联合指挥部第四次联席会召开（区葛工委 提供）

【物业维修改造遗留问题整改和水改气改】 2023年，区葛工委完成物业维修改造整改销号问题和居民诉求1375条，完成81个小区签字移交工作，完成供水改造入户接驳5921户，完成41个小区的燃气接驳工作。

【葛洲坝宜昌基地公房清退、拆除地块改造利用】 2023年，区葛工委与市城发、葛洲坝集团、区住建局等单位协调对接，对位于居民小区内的33块纳入"三供一业"改造范围地块加以改造利用，葛洲坝集团未移交的23块空地结合葛洲坝集团宜昌基地筒子楼解危改造安置项目进行改造利用，其他空地纳入西陵区葛洲坝片区综合改造项目进行改造利用。

【肖家岗5号铁路边坡隐患治理】 2023年，区葛工委协调肖家岗5号铁路边坡隐患治理纳入"三供一业"改造项目。联系铁路、电力部门、葛洲坝集团宜昌基地综合管理中心及区经信局，与市城发"三供一业"项目部协商，推动边坡治理，工程进入边坡打锚杆阶段。

【协调服务城市更新项目】 2023年，区葛工委会同自然资源和规划西陵分局、葛洲坝街办、夜明珠街办等单位走访三峡通航管理局、长江宜昌航道局、特警基地、葛洲坝综合管理中心、葛洲坝电力公司、葛洲坝物流公司等13个单位，沟通对接形成调研资料。抽调专人进驻城市更新项目协调专班开展协调服务。

【对上争取资金】 2023年，区葛工委与区财政局共同争取"独立工矿区"社会职能运营补助3190万元，城区唯一。成功争取中国农村财政研究会专题调研葛洲坝片区社会职能移交后高质量发展问题。

（鲁　蕊）

◆西陵城发集团

【概况】 2023年，西陵城发集团资产规模106亿元，负债42.74亿元，资产负债率40.32%，企业信用评级AA，拥有全资子公司12家，参股公司8家，控股公司1家，在职员工511人。

【融资授信】 2023年，西陵城发集团融资授信16.9亿元，同比增长34%，是同评级平台公司2~3倍，用于2022年B区旧改、2023年AB区旧改、2024年葛洲坝旧改、大树湾安置房、黑虎山安置房等项目。完成45个小区旧改，建设6处安置房，交付1007套。全年融资平均成本4.14%（低于中长期贷款市场报价利率4.2%）。全年提款14.13亿元（专项债4.69亿元，市级额度3亿元），同比增加183%。

【项目建设】 2023年，西陵城发集团实施项目25个，总投资67.64亿元，完成投资12.97亿元。全年零安全事故，项目荣获6个省优和14个市优荣誉。土地整理项目4个，总投资19.8亿元，实际完成投资2

西陵区石板村山水春城安置房项目　　（西陵城发集团 提供）

亿元，其中黄家湾地块整理出让建设用地20公顷（工业）完成挂拍；房地产项目12个，总投资38.6亿元，实际完成投资7亿元，其中大树湾安置房（二期）、黑虎山安置房（二期）、山水春城安置房、沙河四期安置房、沙河五期安置房、西湖路创元大楼扩建项目完工；代建项目9个，总投资9.17亿元，实际完成投资3.9亿元，其中葛洲坝派出所、国网运维分部项目完工。

【城市更新】2023年，西陵城发集团启动实施葛洲坝片区城市更新，探索原拆原建、入社集资、市场运作、融资平衡危旧改模式，首开区望洲岗10号签约率达到94%，肖家岗23、25号危旧改合作联合社入社率达到100%，腾空筒子楼53栋。启动葛洲坝水利枢纽工程文博区建设。入选全省首批18个城镇老旧小区改造融资试点城市。

【资产运营】2023年，西陵城发集团实收租金2189.97万元，同比增长9%。房屋实收租金2066万元，代管土地实收租金13.47万元，停车收入110.5万元。

【子公司运营】2023年，西陵城发集团实现营业收入33738.16万元，同比增长6.85%。实现利润3681.8万元（含参股公司西陵工管分红32.34万元），同比增长10.64%。

【深化国企改革】2023年，西陵城发集团采用“赛马”机制，开展中层干部公开竞聘上岗工作，树牢“有为有位”选人用人风向标。开展末等调整和不胜任退出工作，抓好能“下”的后续管理。建立市场化考核机制，绩效与企业效益挂钩，根据工作业绩和实际贡献实现收入“能增能减”、管理人员“能上能下”、员工“能进能出”的市场化经营机制。

（陈双艳）

表1　湖北西陵城市发展集团有限公司2023年建设项目情况汇总表

单位：万元

项目类型	序号	项目名称	建设规模	总投资	完成投资	年度计划
土地整理	1	望洲片区	征收土地406亩（其中集体土地约188亩，国有土地约218亩），整理可出让用地236亩(住宅)	110440	7417	推动地块二、三挂拍出让，地块一征迁进度根据大学路建设进度调整
	2	桔颂片区	征收土地1041.15亩，可整理出让建设用地472.56亩，其中居住220.99亩、商业66.4亩、物流56亩、工业129.22亩	76007	6000	2月完成物流用地征迁，4月完成剩余工业用地、住宅、商业用地征迁，5月推动工业用地挂拍出让。6月推动住宅及商业用地挂拍出让
	3	黄家湾地块	可整理出让建设用地300亩（工业）	11265	6520	5月完成140亩地挂拍，7月完成160亩地挂拍
	4	渭河路地块	可整理出让建设用地25亩（工业）	618	481	5月推动土地挂拍
	小计			198330	20418	
房地产	1	大树湾安置房（二期）	用地面积68亩，总建筑面积9.29万平方米，建设安置房612套。	38953	12000	8月完工
	2	黑虎山安置房（二期）	用地面积58.9亩，总建筑面积6.85万平方米，建设安置房456套。	35831	8000	5月完工
	3	后坪安置房(二期)	用地面积约9.2亩，总建筑面积2.78万平方米，总安置户数165户	10285	4000	12月完成主体结构5层

续表

项目类型	序号	项目名称	建设规模	总投资	完成投资	年度计划
房地产	4	山水春城项目	用地面积61.07亩，总建筑面积为16.36万平方米，建设安置房1007套。	60074	20000	5月完工
	5	沙河四期	用地面积11.6亩，总建筑面积为2.89万平方米，建设安置房232套。	10088	3000	12月完工
	6	沙河五期	用地面积22.5亩，总建筑面积5.53万平方米，建设安置房416套。	19157	6000	12月完工
	7	西湖路创元大楼扩建项目	用地面积为16.4亩，总建筑面积2277.67平方米	782	600	3月完工
	8	三峡青年创业城项目	用地面积2.2万平方米，总建筑面积7.6万平方米	30000		12月完成主体结构5层
	9	西陵区智慧物流产业园一期	用地面积56亩，总建筑面积4.45万平方米	19260	4400	12月完成主体工程
	10	西陵区智慧物流产业园二期	用地面积51亩，总建筑面积8.03万平方米	30825	2100	12月完成桩基施工
	11	望洲住宅项目	用地面积约85亩，总建筑面积14.37万平方米	48338.06	10152	12月完成主体结构5层
	12	后坪商住项目	用地面积123.17亩，总建筑面积16.8万平方米	82778.81		12月完成主体结构5层
	小计			386371.87	70252	
代建	1	葛洲坝派出所	改造面积1600平方米	472	122	1月完工
	2	学院街派出所	用地面积4.2亩，总建筑面积7508.17平方米	4573.58	2000	12月主体工程完工
	3	夜明珠派出所	用地面积4990平方米，总建筑面积6050平方米	3813.68	2000	12月主体工程完工
	4	2022试点社区筑堡工程	本项目主要为石板溪、中书街等8个社区的筑堡工程	12209.73	8000	3月完工基础类改造，12月完成全部改造
	5	2023年非试点社区筑堡工程	39个非试点社区筑堡工程	30000	10000	葛洲坝片区及山庄路社区12月完工
	6	2023年旧改A区	A区改造31个老旧小区，改造建筑面积33.49万平方米，改造总户数3722户	10106.81	5000	12月完成基础改造
	7	2023年旧改B区	B区改造25个老旧小区，改造建筑面积54.18万平方米，改造总户数7361户	14528.37	7000	12月完成基础改造
	8	国网运维分部	用地面积34.77亩，总建筑面积1.38万平方米	6000	3000	3月完工
	9	窑湾街道社区卫生服务中心	用地面积约14.5亩，总建筑面积2.63万平方米	10000	2000	12月完成桩基施工
	小计			91704.17	39122	
合计				676406.04	129791.54	

大事记

◆西陵区2023年十大事件

1.城市经济能级跃升，连续三年蝉联赛迪“全国投资竞争力百强区”。经济总量、消费规模、服务业营收持续保持城区首位。检验检测等五大生产性服务业专业园区运营壮大，沃东应急救援产业基地等重点项目启动建设。总部企业达到187家、重点商务楼宇32栋。

2.全省危旧改唯一试点，西陵片区城市更新项目全面启动。探索以共同缔造理念推进原拆原建、入社集资、市场参与、融资平衡新模式。连续34周现场办公调度，28栋楼居民加入联合社启动签约，试点小区最快签约达93.8%，筒子楼腾空69栋、拆除8栋。推进葛洲坝水利枢纽工程文博区项目。

3.“两岛一湾”掀起开发热潮，重点项目推动城市能级提升。大剧院、美术馆、游轮母港平湖港湾、宜昌首家国际一线五星级酒店喜来登启动建设。大南门、二马路、引水润城、儿童公园改造等一批提升城市功能品质项目实施。

4.推动都市工业精明增长，全市工业经济“赛马制”综合评价考核城区第一。民康医药产业园、中船集团铸造中心、达门船舶先后飞地开工、建成投产。全国产业园区运营领军品牌联东U谷、全省园区运营头部企业东湖高新成功落户，住邦科技园满仓运营。

5.构建“6+20+N”特色商圈体系，彰显宜荆荆区域性消费中心建设核心担当。云集路珠宝婚庆街、平和里音像街、葛洲坝商业街等5条特色街区焕新亮相。策划节会活动，争取外摆位政策，卓悦广场、陶珠路美食街等5万平方米闲置商业资源得到盘活。CBD、西坝不夜城成功创建省级夜间经济集聚示范区、特色商业街，数量全市第一。

6.人工智能细分领域布局突破，招才引才过万。与三峡集团、长江电力、三峡大学深度合作，宜昌数字经济研究院挂牌成立，三峡集团国际水电智慧研究中心项目进展顺利，航天宏图长江大保护遥感AI大模型基底形成。七巧连云、软通动力、三峡星未来、微软小冰虚拟数字人、水木青衣数字藏品等一批细分领域龙头成功落户。出台“才聚西陵”15大举措，6个人才联络站、8大人才资源库、126名招才引智大使联动发力，引才数量、质量、完成率全市第一。

7.创新实施“三百行动”，营商环境创新经验省级推介。“百名干部找市场”带领300余家企业到全国各地对接大型企业寻合作找业务。举办全市工业企业与西陵生产性服务业企业交流座谈会等活动。“百场新商业大讲堂”帮助2300多家商户焕新商业思维、创新商业模式。“百亿项目促投资”强化项目全生命周期跟踪服务，新开工、竣工亿元以上项目排名城区第一。“办问协同、全程互动”办税缴费服务模式等一批经验全省复制推广。

8.成立区社会治理综合服务中心一站式化解矛盾2162件，获评全省社会治理平安稳定工作联系点。副省长徐文海组织全省公安局局长到西陵区现场观摩社会治理共同体建设、公安改革和“情指行”一体化运行、关爱群体服务、矛盾纠纷化解成果。社区矫正“从心归航”、家事纠纷调解、社会稳定风险评估等经验在全国、全省推介。践行“浦江经验”，率先网上公开“四大家”领导接访日程表全省全市推广，信访工作每周调度、排名通报，化解历史积案55件。

9.深化推进共同缔造，办成一批惠民实事。新就业群体党建创新做法获中组部《党建研究内参》刊发。楼栋微治理“五进行动”获

《中国社区报》头版推介，“一米菜园”等51个共同缔造工具箱全市推广。率先完成13个教联体全覆盖。成立全省首个加装电梯一站式公益服务平台。绵羊山片区公交开通。养老服务获省委省政府通报奖励。适老化改造、“生态市民日”活动获《新闻联播》聚焦报道。

10.率先推进能上能下竞争上岗、能干成事业绩档案，干部队伍能力作风不断提振。突出能干成事导向，出台“能干成事”全程纪实积分管理办法，探索建立优秀干部“育选用”一体化制度，实施青年干部“2+3”导师帮带计划，率先推行能上能下竞岗双选。纪律教育全周期、基层监督全覆盖经验获省级推介。

（付雪峰）

◆西陵区政府十件惠民实事

1.完成明珠中学、东方红小学及卫生、见山、北辰港湾幼儿园等学校基础设施建设和维修改造，确保营盘路小学建成投入使用。2023年，区政府累计安排资金9872.72万元用于改善辖区教育基础设施条件。其中，见山幼儿园、北辰港湾幼儿园于秋季学期建成并投入使用，新增学前教育教学用房面积4851平方米。东方红小学、市第五中学运动场维修工程于9月投入使用，运动场维修面积10500平方米。市第九中学、桃花岭幼儿园、卫生幼儿园等学校完成校舍、围墙、活动场地的维修改造，改造面积15000平方米，均于秋季学期竣工投入使用。明珠中学新建学生宿舍楼、食堂及综合楼项目于8月开工建设，营盘路小学12月底前建成交付，计划2024年春季入驻开学。

2.分类完成55个老旧小区改造，惠及市民约1.2万户。2023年，区政府深入推进“业委会+”人本化老旧小区改造工作。入选全省首批18个城镇老旧小区改造融资试点城市，完成融资授信3.2亿元，争取到位中央和省级补助资金0.74亿元。投入资金2.46亿元，纵深推进老旧小区改造55个，受益人民群众达1.21万户3.16万人。

3.为新市民、新青年等住房困难群体筹集保障性租赁住房不少于500套。2023年，西陵区服务商校青年安居工程、金家台青年未来城项目建设，为新市民、新青年等住房困难群体筹集保障性租赁住房553套。统筹房源分配，将保租房统一纳入市级保租房源平台，按程序受理、复核、分配保障性租赁住房928套，惠及1200余户家庭。为新就业大学生和稳定就业的青年人提供租赁补贴保障，缓解租金压力，截至年底在保家庭962户。

4.加快推动浩克体育等16个社会体育场馆分时段免费开放，惠及市民10万余人。2023年，区政府积极向上争取全市“筑堡工程”文化休闲场景“15分钟体育健身圈”、社区智慧共享健身中心等项目资金294万元，用于辖区内街道社区、中小学校、商圈楼宇及艺培机构等体育场馆设施设备的提档升级，充分整合浩克体育等16个社会体育场馆资源，分时段、分项目、分行业向辖区人民群众免费开放，年内惠及市民10万余人次。

5.利用临街绿地改造10个“口袋公园”。2023年，区政府统筹各方力量充分挖掘街头巷尾的“边边角角”进行绿化整治和改造升级。通过对辖区内荒地死角、零散绿地进行全面摸底，掌握基本情况，形成问题清单，开展民意调查，了解居民需求和意愿。建设和平路、唐家湾山城等10个“口袋公园”，9个“口袋公园”开放使用，镇平路铁轨“口袋公园”12月底完工。西陵区“口袋公园”新建数量及完成率居全市第一。

6.新建停车位600余个，公共充电桩200余个。2023年，区政府积极强化与市级平台公司沟通争取力度，充分利用城市空间资源，结合城市更新、征收改建、拆违腾退等项目建设，用好零星地、边角地、闲置地等存量资源，因地制宜建设公共停车场及公共充电桩。截至年底，共新增公共充电桩805个。通过与十六化建、葛洲坝集团深入对接，在西陵街道、夜明珠街道新建3个停车场，新增停车泊位603个，统一按照停车场设施标准制作公示牌、出入指示牌等附属设施，并接入宜昌智慧停车支付平台，纳入“全市一个停车场”一张网管理。

7.探索“托幼一体化”，延伸幼儿园（0~3岁幼儿）托育服务，新增托位300个。2023年，西陵区延伸幼儿园（0~3岁幼儿）托育服务，全面推广“托幼一体化”工作，12所幼儿园完成托班教室改造，可提供托位300个，童欣幼儿园开设托班2个托位39个，桃花岭幼儿园开设托班1个托位18个，基建幼儿园开设托班1个托位13个，其他园托班因入托人数较少未开班。4月和7月期间，区教育部门分别组织2期“托幼一体化”管理人员及教师培训班，培训人员近200人。

8.完成200户家庭养老床位试点建设及家庭适老化改造。2023年，区政府积极开展家庭养老床位试点建设及家庭适老化改造工作，按照“一户一策”原则，聚焦老年人需求开展入户调查,形成评估结果,重点围绕地面、门、卧室、如厕洗浴设备、厨房设备项目进行改造,全面完成100户特殊困难老年人居家适老化改造。为高龄、失能老人安装护理床、紧急呼叫设备、自助进食器、地面防滑、安全扶手、起夜灯等家庭养老照护设备,全面完成100户家庭养老床位改造。

9.为3.4万名适龄妇女免费开展“两癌”筛查。2023年,区政府深入开展适龄妇女“两癌”免费筛查工作,制定下发适龄妇女“两癌”免费筛查实施方案,成立领导小组,区政府联系妇联区级领导和分管卫健区级领导双牵头对项目的实施情况进行统筹调度。建立由区妇联、卫健、工会、财政、教育等相关部门组成的工作体系,统筹做好技术指导、资金保障、任务分解、日常督导等工作。采取线上+线下模式,综合运用传统阵地与新媒体、电话微信及上门入户等方式对适龄妇女进行精准宣传。截至年底,完成适龄妇女宫颈癌筛查4.12万人,妇女乳腺癌筛查4.17万人。

10.办理法律援助案件420件,增长17%。2023年,区政府积极开展《法律援助法》宣传工作,不断提升法律援助服务质量,提高群众对法律援助的知晓率。通过现场培训会、展台咨询等多种形式开展集中宣传5次,发放宣传手册5000余份。规范办理法律援助案件,完善办案流程及机制,定期组织开展交叉评查,提高法律援助办案质量,实现应援尽援。截至年底,共办理法律援助案件545件、法律援助事项2059人次。区法律援助中心办理的余某某身体权、生命权、健康权纠纷案入选全市法律援助典型案例。

(钟　璇)

◆1-12月大事记

1月

1日 西陵区“约惠西陵 地道年味”云上年货节电商直播活动红火开市。

6-7日 西陵区召开区政协九届三次会议。

7日 全省首个民建民营人力资源服务产业园——宜昌市人力资源服务产业园正式揭牌。

7-8日 西陵区召开区九届人大三次会议。

7-17日 西陵区举办2023年第十五届宜昌·西陵庙会。

11日 市服务业发展领导小组公布2022年度宜昌市服务业新业态项目名单,西陵区3个项目入选。

12日 西陵区召开违规吃喝问题专项整治动员部署会,区委书记任蔚出席会议并讲话。

同日 西陵区政府与东湖高新集团在武汉签订项目投资协议。

16日 西陵区召开新媒体人士新春座谈会。

同日 宜昌浦华三峡水务有限公司总经理胡赤军一行向区委、区政府送来感谢信,高度赞扬西陵区营商环境。

17日 西陵区委书记任蔚带队开展春节前走访慰问活动。

19日 西陵区委书记任蔚带队开展春节前安全生产检查。

21日 西陵区委书记任蔚带队走访慰问一线工作人员。

28日 西陵区委书记任蔚带队走访调研中国长江电力股份有限公司、三峡基地发展有限公司、湖北烟草公司宜昌分公司、湖北银行宜昌分行、宜昌船柴公司等企业。

30日 西陵区召开2023年奋进“全国百强城区”项目建设大会,区委书记任蔚出席会议并讲话。

31日 西陵区举行2023年一季度重大项目暨平湖PARK商业中心项目开工活动。

同日 市政协主席王均成到西陵区调研“协商在一线”工作,召开座谈会就相关工作听取意见建议。

2月

3日 西陵区召开2022年度党(工)委书记抓基层党建工作述职评议会议。区委书记任蔚出席会议并讲话,市委组织部有关同志到会指导。

同日 西陵区召开区委常委会(扩大)会议暨2022年度部分单位“一把手”述责述廉会议,区委书记任蔚集中点评并讲话。

同日 西陵区召开区纪委九届三次全会暨全区巡察工作会议,区委书记任蔚出席会议并讲话。

5日 宜昌市“憧憬2023”焰火闹元宵活动举行。

7日 市人大常委会主任王国斌到西陵区调研人大工作。召开座谈会听取区人大常委会相关工作汇报,并就打造全过程人民民主模范实践地工作提出了具体要求。

同日 西陵区召开云集路珠宝摄影婚庆特色街区建设座谈会。

同日 全市首批“宜昌老字号”认定企业名单发布,西陵区沙龙宴、关妈、吴傅记、童心吉等4个“老字号”品牌上榜。

8日 全省首个采用“机器人+装配式”智能建造模式打造安居房项目——宜昌商校青年安居项目正式开工。

9日 宜昌产投控股集团有限公司党委书记、董事长张锴一行来西陵区考察交流。

同日 “癸卯兔年热血浓情迎新春·西陵机关专场”无偿献血活动在区双创中心广场举行。

10日 宜昌航天宏图信息技术有限公司开业暨三峡大学-航天宏图产学研基地揭牌仪式举行。

10-12日 区委副书记、区政府区长梅卫民带队赴武汉、苏州开展招商考察，与武汉多家人力资源龙头企业、苏州某国内知名金融机构深入洽谈。

13日 西陵区召开全国文明典范城市创建专题培训暨城镇老旧小区改造提升行动、国家卫生城市和国家食品安全示范城市复审动员部署会议。

16日 西陵区举行“百名干部找市场”启动仪式暨“驻点招商早春行”出征仪式。

18日 西陵区与北珂新能源(北京)有限公司签订战略合作框架协议。

22日 市委书记熊征宇参加指导西陵区委常委会2022年度民主生活会。市领导汪伟、张立新参加相关活动。

24日 西陵区召开2023年区委政法工作会议。区委书记任蔚出席会议并讲话，区委副书记梅军主持会议。

25日 区委书记任蔚，区委副书记、区政府区长梅卫民开展全国两会前安全生产检查，督导落实各项安全生产措施，确保全国两会期间全区社会大局和谐稳定。

27日 西陵区总工会承办的宜昌市“万人千企”电商带头人培育工程开班。

3月

1日 宜昌市“金融早春行”西陵专场活动暨西陵“金融送暖”融资对接座谈会在区双创中心举行。

同日 区领导曹红国、姜媛带队，率区光彩事业促进会爱心企业家一行，开展“光彩西陵·兴山行”捐赠暨西陵·兴山区域协作交流活动。

1-2日 区委副书记、区政府区长梅卫民带队赴武汉、北京等地开展招商引资活动。

3日 西陵区第七次妇女代表大会开幕。区委书记任蔚出席会议并讲话。市妇联党组成员、副主席程智出席会议。

同日 西陵区召开区安委会2023年第一次全体(扩大)会议暨“两会”期间安全生产工作会议。

4日 西陵区在解放路步行街举办“最美巾帼 筑梦西陵”暨纪念“三八”国际妇女节活动。

7日 西陵区举行3·15国际消费者权益日新闻发布会，介绍2022年西陵区消费维权工作情况，解读2023“提振消费信心”年主题活动。

同日 市园林绿化植物研究所联合西陵区，在绿萝植物园“园艺驿站”开展“用心用情共谋共建 携手缔造幸福生活”主题活动。

9日 西陵区开展“助力长江大保护 我为宜昌种棵树”春季义务植树活动。

12日 西陵区举行全国消费促进月宜昌启动仪式暨西陵区“3·15”首届开“企”新发展Fun利嗨购节启动仪式。

13日 西陵区与中国电信宜昌分公司签署战略合作协议。

15日 湖北省首届精细化工过程安全技术研讨会暨连续流技术联合实验室揭牌仪式在桃花岭饭店举行，由湖北景深安全技术有限公司与上海惠和化德生物科技有限公司共建的湖北省首个连续流技术联合实验室落地西陵。

16日 西陵区组织百场新商业大讲堂：宜昌市核心商圈规划专题集中学习。

17日 市委书记熊征宇到西陵区调研督导全国文明典范城市创建工作。市领导周正英、张立新参加调研。

同日 西陵区召开一季度招商引资工作冲刺会议暨招商引资工作培训会。

同日 三峡大学西侧道路升级改造工程完成场地清表工作，土方开挖机械设备全部进场。

19-21日 西陵区委书记任蔚带队赴河南郑州思念食品有限公司、河南省天冰冷饮有限公司、某人工智能和存储企业开展招商考察。

21日 市委书记熊征宇深入西陵区5家联系服务企业走访调研。市委常委、市委秘书长张立新参加调研。

24日 西陵区召开2023年组织、宣传、统战工作会议。

25日 三峡大学第九届“桃花文化节”暨“创新西陵 才聚三峡”活动在三峡大学成功举行。区委书记任蔚现场发布青年创业人才政策。

同日 省生态环境保护委员会办公室公布2023年湖北省生态乡镇、生态村命名名单，西陵区西坝街道和学院街道翁家堰社区、窑湾街道茶庵社区上榜。

28日 西陵区召开2023年经济高质量发展暨优化营商环境会议。

同日 西陵区举办2023年区直机关入党积极分子培训班。

30日 西陵区邀请国际能源领域知名专家严晋跃院士和省科协领导来西陵区调研指导工作。

31日 市委书记熊征宇深入西陵区葛洲坝街道东湖社区机电

花苑小区，调研督导党建引领基层治理和文明城市创建工作。市委常委、组织部部长汪伟参加调研。

同日 西陵区召开人工智能赋能西陵数字经济高质量发展论坛座谈会。三峡大学计算机与信息学院院长任东参加座谈。

同日 团市委、西陵区政府、宜昌城发集团共同举办的宜昌三峡青年音乐节暨“长江大保护 城发在行动”原创音乐发布活动在西坝不夜城拉开帷幕，全市2000余名青年代表参加活动。

4月

2日 西陵区委理论学习中心组开展4月集中（扩大）学习。

3日 北京宜昌企业商会名誉会长、东土科技集团董事长李平，北京宜昌企业商会会长、生态家园集团董事长刘克俊，带领在京宜昌籍企业家考察团来西陵考察并座谈。市政府驻京联络处主任阮卫红，区委书记任蔚，区委副书记、区政府区长梅卫民陪同考察。

10日 西陵区召开省委第二巡视组巡视西陵区工作动员会。会上，聂天元作动员讲话，任蔚主持会议并作表态发言。

13日 西陵区政府与宜昌城发集团签署战略合作协议，双方将围绕项目、产业、人才等方面互利互补、协同发展，共同实现共建共赢共享与可持续高质量发展。

18日 西陵区召开2023年城市综合管理暨生态环境保护工作会议。

20日 西陵区召开区工商联六届二次执委（扩大）会议暨助力民营经济高质量发展会议。

24日 西陵区2023年知识产权宣传周主题活动暨西陵区科技转化项目对接会在宜昌知识产权集聚区举行。

26日 西陵区2023年新入职社区工作者（网格员）岗前培训开班。

28日 西陵区召开2023年政府廉政工作会议。

同日 西陵区召开区安委会第二次全体（扩大）会议暨区消安委第一次全体（扩大）会议。

29日 西陵区委副书记、区政府区长梅卫民带队开展“五一”节前安全生产检查。

5月

4日 西陵区青年联合会第一届委员会全体会议暨“百名优秀青年进央企”活动在十六化建新大楼举行。十六化建党委书记、董事长刘佑锟，团市委书记、市青联主席王悦，区委书记任蔚出席会议并分别致辞。

5日 西陵区召开2023年防汛抗旱工作会议。

10日 西陵区委理论学习中心组开展5月集中（扩大）学习。

同日 2023年西陵区文联（炎黄文化）工作会在屈原书城召开。

11日 西陵区人大常委会开展医保三级便民服务体系建设情况和行政事业性国有资产管理情况集中视察。

15日 全国妇联揭晓1000户全国最美家庭，其中西陵区马向宇家庭荣获全国最美家庭称号。

18日 西陵区举行2023年二季度重大项目集中开工暨高端工业泵智能制造基地项目开工活动。

同日 住建部城建司、省住建厅领导专家到区开展海绵城市建设示范城市2022年绩效评价国家专家组现场复核工作。

19—21日 宜昌市首届肥鱼节千人肥鱼宴西坝不夜城举办。

20日 西陵区举行第33次“全国助残日”活动启动仪式。

同日 宜昌市首个长江大保护低碳盒子广场在西陵区葛洲坝街道正式落地并投入使用。

25日 西陵区与三峡大学深化校地企融合发展推进会召开。会上，由西陵区政府、三峡大学、三峡高科共同建设的宜昌数字经济研究院挂牌成立。

30日 西陵区绵羊山公交线路正式开通。

同日 西陵区庆祝2023年“六一”国际儿童节暨第五届少儿戏剧节优秀文艺作品展演在宜昌广电中心1号演播大厅举行。

31日 北京中关村协同创新投资基金管理有限公司总经理助理、管理合伙人周超一行来西陵区考察交流，并与区政府签订《中关村新泰协同创新西陵壹号科技掐尖基金项目合作协议》。

6月

2日 西陵区第7个“生态市民日”主题活动在葛洲坝枢纽工程黄草坝拉开帷幕。

同日 西陵区召开深化街道综合执法改革人员转隶会议。

8日 西陵区召开全过程人民民主实践站建设现场推进会。

9日 西陵区委理论学习中心组开展6月集中（扩大）学习。

同日 西陵区召开数智信息技术同业商会二届一次会员大会。

10日 西陵区委书记任蔚带队到葛洲坝片区调研危旧房改造项目。葛洲坝集团党委常委、副总经理黄浩参加调研。

12日 教育部公布首批全国健康学校建设单位名单，西陵辖区宜昌市实验小学、三峡大学2所学校入选。

14日 西陵区委书记任蔚带队到云集街道、窑湾街道实地调研重点信访事项解决情况。

15日 省工商联主席、省总商会会长党秦带队到西陵区调研社区蜂巢建设工作。

同日 市委书记熊征宇到西陵区调研督办老旧小区和危旧房改造工作。市委常委、市委秘书长张立新参加调研。

16日 西陵区在西坝庙咀开展2023年安全生产月综合应急演练活动。

18日 武汉大学马克思主义学院和西陵区"理论热点面对面"暨联学联建活动在学院街道举行，中央党史和文献研究院第六研究部副主任李铁军，武汉大学马克思主义学院党委书记、教授罗永宽参加活动。

19—20日 区委书记任蔚，区委副书记、区政府区长梅卫民带队检查中考标准化考场指挥中心以及8个考点学校。

同日 西陵区政协召开九届八次常委会会议。区委书记任蔚出席会议并讲话，区政协主席岳新梅主持会议。

同日 西陵区第33个6·25全国土地日宣传活动在窑湾街道黑虎山村举行。

21日 西陵区委书记任蔚带队检查端午节前防汛工作。

22日 宜昌"端午之夜"西陵区专场活动拉开帷幕。

26日 西陵区委书记任蔚带队到西陵公安分局调研政治安全、命案防范、禁毒及反诈等工作。

27日 2023年宜昌市食品安全宣传周启动仪式在西陵区星光天地举行。

同日 湖北省首批人才创新服务中心、人才驿站名单公布，湖北西陵经济开发区三峡创谷人才创新服务中心被认定为首批省级人才创新服务中心。

28日 西陵区召开庆祝中国共产党成立102周年暨深化实践活动和共同缔造工作推进会，区委书记任蔚主持会议并讲授专题党课。

7月

4日 西陵区召开领导干部警示教育大会暨清廉西陵建设推进会，区委书记任蔚出席会议并讲授廉政党课。

6日 西陵区最大的变电站宜昌西陵华翔220千伏输变电工程开工。

6—7日 西陵区举办2023年党政办公室系统能力培训班，区委常委、区委办公室主任黄明出席开班仪式并讲话。

11日 市司法局党组书记、局长李建军到西陵区调研法治建设工作。

13日 全国工商联副主席方光华一行到西陵区学院街道解放路社区蜂巢调研。省工商联主席党秦、市工商联主席温欣艳参加调研。

同日 湖北省"中华诗词示范区"授牌仪式暨"西陵诗会"新闻发布会在西陵区屈原书城举行。中华诗词学会乡村诗词工作委员会主任、省中华诗词学会会长段维为西陵区授牌。

14日 西陵区委理论学习中心组开展7月集中(扩大)学习。

18日 西陵区召开2023年二季度项目建设(营商环境)、招商引资、征收征迁、企业服务工作推进会议。

19日 商务部驻武汉特派员办事处王德生特派员带队，调研宜昌市城市一刻钟便民生活圈试点建设情况。

26日 省委第二巡视组组长聂天元、副组长林长军分别向区委书记任蔚和区委领导班子反馈巡视情况。省纪委副书记、省监委副主任艾军，市委常委、市纪委书记、市监委主任谢胜利出席会议并就巡视整改工作提出要求。任蔚主持会议并作表态发言。

27日 中央党校公共管理教研部副主任、教授宋世明，省委党校校委委员、教育长郝国庆一行到西陵区调研基层治理工作。市委党校常务副校长邹青松参加调研。

28日 宜昌市西陵片区城市更新项目在西陵区沙河公园启动。市委书记熊征宇，葛洲坝集团党委书记、董事长宋领出席启动仪式。市领导张立新参加启动仪式。

同日 区委书记任蔚，区委副书记、区政府区长梅卫民带队走访慰问驻区部队和消防救援队伍。

8月

2日 市委书记熊征宇到西陵区相关联系服务企业走访调研。市委常委、市委秘书长张立新参加调研。

3日 区委书记任蔚带队赴海南海口开展招商考察并走访海南省宜昌商会。

6日 省住建厅党组书记、厅长刘丰雷到西陵区调研房地产"新模式"，实地察看葛洲坝片区危旧房改造项目并主持召开座谈会。

8日 西陵区残疾人托养服务中心、市优抚医院康养院区正式揭牌。

9日 西陵区政府与天奇力帝(湖北)环保科技集团有限公司举行天奇集团再生资源总部项目签约仪式。

9—10日 区委书记任蔚带队赴陕西西安开展招商考察并为西

安人才联络站授牌。

12日 西陵区召开区委九届五次全体会议暨区委经济工作会议。

14日 西陵区围绕"绿水青山就是金山银山"活动主题，组织开展新时代文明实践志愿服务活动。

17日 省经信厅党组书记、厅长刘海军带队到西陵区调研都市工业发展及经济运行情况。市政府副市长杨卫华参加调研。

17-18日 西陵区举办全区政法系统干部政治轮训班，120余名政法领导干部参加培训。区委书记任蔚出席开班仪式并讲话。

18日 西陵区人大常委会开展乡村建设行动推进情况、创建全省优化营商环境先行试点改革事项工作情况及区九届人大三次会议代表建议办理情况集中视察。

同日 西陵区组织召开宜昌市工业企业与西陵区生产性服务业企业交流座谈会。

25日 西陵区召开安委会第三次全体(扩大)会议。

27日 西陵区委书记任蔚带队专题调研城市集中高质量发展西陵片区改造工作。

29日 西陵区召开民营经济推进西陵双集中高质量发展座谈会。市政府副市长张琼出席会议并讲话，市住建局副局长叶帮斌应邀出席。

31日 西陵区委理论学习中心组开展8月集中(扩大)学习。

同日 长江三峡游轮中心·宜昌喜来登酒店品牌发布暨项目开工仪式在三峡游轮中心国际游轮码头举行。

9月

1日 西陵区委副书记、区政府区长梅卫民带队到辖区部分学校调研2023年秋季学期开学工作。

5-7日 区委书记任蔚率政企代表团赴福建泉州、莆田、福州三地开展考察学习，围绕城市发展方向、产业布局、园区建设等方面开展考察。

7日 西陵区召开庆祝第39个教师节大会。

8日 西陵区文化馆参演的《香溪香香溪长》荣获"文化力量 民间精彩"2023年湖北省群众舞蹈展演(广场舞)一等奖。

10日 西陵区望洲岗路10号地块的危旧改拆除项目正式启动，项目以共同缔造理念推进危旧房屋改造原拆原建，系全省共同缔造危旧改唯一试点项目。

12日 市委书记熊征宇到西陵区调研危旧房和老旧小区改造工作。市领导张立新参加调研。

13日 市人社局、西陵区政府、三峡大学、三峡大学科技学院联合举办"喜迎三大百年校庆 筑梦宜昌共赢未来"宜昌市2023年秋季校园招聘会三峡大学专场活动。

15日 西陵区召开学习贯彻习近平新时代中国特色社会主义思想主题教育工作会议。省委第三巡回督导组派员参加并提出工作要求。区委书记任蔚主持会议并安排部署全区主题教育工作。

17日 省住建厅党组成员、副厅长刘震一行，到西陵区夜明珠街道英雄山社区就城市更新项目开展调研。

19日 西陵区委常委会举行学习贯彻习近平新时代中国特色社会主义思想主题教育读书班开班式暨第一次专题辅导报告，武汉大学马克思主义学院党委书记、教授、博士生导师罗永宽以"精研原著、把握体系、悟透真义——《习近平著作选读》释讲"为主题，进行专题授课。区委书记任蔚主持开班式并讲话。

22日 西陵区举行2023年三季度重大项目集中开工暨沃东应急救援产业基地项目开工活动。

27-28日 西陵区委书记任蔚，区委副书记、区政府区长梅卫民带队开展"十一"节前安全生产检查。

10月

3日 三峡大学办学100年暨本科教育45周年创新发展大会隆重举行。

6日 杭州第19届亚运会田径女子跳远冠军熊诗麒(西陵籍)载誉归乡，回访母校营盘路小学并参加西陵区组织的慰问活动。

17日 市委书记熊征宇深入西陵区企业厂区、项目工地、老旧小区，围绕解决群众和市场主体急难愁盼问题，开展调查研究、信访接待、现场办公，并调研督导主题教育开展情况。市委常委、组织部部长汪伟参加调研。

同日 西陵区首届中学生数理文化节活动暨优秀成果展示观摩会，在宜昌市第二十五中学教联体平湖校区举行。

21日 2023年"枝江真年份杯""才"聚西陵羽毛球友谊赛在西坝长江电力职工活动中心开赛。

23日 西陵区社会福利院暨国药西陵医养结合医院正式揭牌运营。市政府副市长张琼，国药医疗党委书记、董事长杨军，西陵区委书记任蔚，国药葛洲坝(宜昌)医院管理有限公司董事长、党委书记王翔宇出席活动。

26日 西陵区举行2023年四季度重大项目集中开工暨三峡果蔬仓储物流冷链配送中心项目开工活动。

27日 西陵区委理论学习中心组开展10月集体(扩大)学习。

同日 西陵区人大常委会开展《关于加快推进特色商圈建设打造“宜荆荆都市圈特色消费目的地”的议案》办理情况及加快推进公园城市建设促进人与自然和谐共生工作、深入推进影响群众健康突出问题“323”攻坚行动工作、长江大保护生态修复工作情况集中视察。

11月

2日 西陵区召开三季度经济运行分析会。

5-8日 区委副书记、区政府区长梅卫民带队赴上海、浙江等地参加第六届中国国际进口博览会，开展招商考察活动。

6日 省发改委发布2023年湖北省夜间消费集聚区名单，宜昌市西陵区CBD铁路坝小吃街作为全市唯一代表上榜。

8日 西陵区在宜昌新城吾悦广场举行2023年119消防宣传月启动仪式。

19日 市委书记熊征宇调研督导西陵片区城市更新项目建设工作。市领导张立新参加调研督导。

20日 西陵区政府与湖北七巧连云数据科技有限公司举行七巧连云数字循环经济产业园项目签约仪式。

22日 三峡大学太阳能高值利用与绿色转换研究中心被认定为省级工程研究中心。

26日 竞争力智库发布《中国县域旅游竞争力报告2023》，西陵区位列2023中国市辖区旅游综合竞争力百强区第72位。

30日 西陵区委常委会召开主题教育调研成果交流暨典型案例剖析会，区委书记任蔚主持会议并讲话，市委主题教育联络一组派员到会指导。

同日 西陵区、三峡大学、市委国安办、市公安局共同举办宜昌市2023年国家安全教育进校园主题活动暨三峡大学“坚守安全底线 共创平安校园”演讲比赛。

12月

4日 西陵区委书记任蔚以“学思践悟强党性 实干担当建新功 以高质量‘三服务’当好区委的‘坚强前哨’和‘巩固后院’”为题，向区委办公室全体支部党员讲授专题党课。市委主题教育联络一组副组长闫友森到场指导。

同日 西陵区召开生态环境保护大会暨配合第二轮省生态环境保护督察动员会。

5日 省工商联发布2023湖北民营企业100强榜单，西陵区企业湖北国贸大厦集团有限公司位列第71位。

6日 赛迪顾问发布《赛迪投资竞争力百强区(2023)》，西陵区位列全国第97位，连续三年入围该榜单。

8日 西陵区召开社区集体经济可持续发展工作推进会。

12日 西陵区委书记任蔚带队调研湖北益通建设股份有限公司。

14日 西陵区召开促进社区集体经济可持续发展新闻发布会，解读《关于促进社区集体经济可持续发展的实施方案(试行)》，并答记者问。

20日 宜昌市档案产业园在西陵经济开发区揭牌。

21日 西陵区总工会启动冬日“暖新行动”，为300余名新就业形态劳动者送去暖心大礼包。

26日 西陵区委理论学习中心组开展12月集体(扩大)学习。

29日 中国能建葛洲坝集团2024年元旦长跑活动在西陵区开跑，葛洲坝集团直属机关及下属公司职工、金融机构、三峡电力职业学院4300余人参加活动。

(林宙飞)

西陵概览

◆自然地理

【地理位置】西陵区位于湖北省西部，宜昌市中部，地跨东经111°12′23"~111°22′02"，北纬30°40°49"~30°47′54"之间。东南与夷陵区、伍家岗区相交，西与点军区隔江相望，北部与夷陵区山峦相接。东西（黑虎山一西坝）最大横跨10.02千米，南北（一马路一下桃坪）最大纵距16.43千米。国土面积58.97平方千米。2023年末全区有常住人口53.41万人。辖7个街道，区人民政府驻西陵街道。

【地质地貌】西陵区地质结构属江汉平原沉降带宜昌单斜凹陷西缘，即地处新华夏系第二沉降带的次级构造宜昌单斜上，为距今1亿年前白垩纪的河流、湖泊沉积而形成的红色层状地层。地层走向为北20°至东40°，向东南方向倾斜，倾角4°至8°。在距今约7000万年前，中国大陆发生过一次被称作“燕山运动”的规模巨大的地壳运动，自此以后，宜昌市区一直处于大面积间歇性的掀斜式整体上升状态，其运动强度渐趋减弱，地壳处于相对稳定阶段，无孕震构造。据1600多年的记载，地震烈度从未超过5级。国家地震局将宜昌市确定为不设防城市。三峡大坝修建后，发生诱发地震，其烈度没有超过6级。西陵区地处黄陵山与江汉平原接壤的丘陵山区。长江经西北向东南呈“S”形流经西陵区，除长江外，流经辖区的还有黄柏河，境内流长3.6千米。

【气候水文】西陵区属亚热带大陆性季风型气候，处于中亚热带和北亚热带的交汇地带。年平均气温17.3摄氏度，年平均降水量964.1毫米，年日照总时数1572.8小时。黄柏河为长江一级支流，沙河为二级支流，梅子垭为源头，宜昌长江常年水位44.35米。全区有石板、黑虎山小（二）型水库2座和数百口堰塘，总蓄水能力80万立方米。

【生物资源】西陵区紧邻长江，受丘陵气候影响，表现为土地较肥沃，阳光充足，光能资源丰富，气候温和，雨量充沛，适合各类农作物生长。山顶松柏成片，山腰柑橘成林，山脚蔬菜成园。区内有侧柏、川柏、针叶松等乔木，果树有柑、橙柚、桃、李、樱桃、核桃、梨共580公顷。蔬菜品种繁多，其中茄果类、绿叶类、瓜类、豆类、葱蒜类达200多个品种。畜禽资源丰富，有生猪、牛、鸡、鸭、鹅、火鸡等，水产资源有鲟鱼、鳖、黄鳝、泥鳅、鲫鱼、鲢鱼、草鱼、罗非鱼等。

◆历史沿革

【概况】西陵区有文字可考的历史长达两千多年，是历代县、郡、州、路、府、道的治所。远古时期，属西陵部落。夏商时期，为荆州地域。周初，为夔国地。楚成王三十八年（前634年），灭夔归楚，为楚国的西塞要地。秦始皇二十六年（前221），郡县天下，改夷陵置巫县，属南郡。西汉时期，复置夷陵县，属南郡。东汉建安十三年（208年），夷陵县属临江郡。建安十五年（210年），改属宜都郡。三国吴黄武元年（222年），改夷陵县为西陵县，是历史上第一次使用“西陵”二字作为地方治所专名。晋太康元年（280年），复改西陵县为夷陵县，属宜都郡。南北朝时期，梁属宜州，西魏属拓州，北周属陕（音xia，阳平，下同）州。隋大业三年（607年），属夷陵郡。唐武德二年（619年），属陕州。贞观九年（635年），治所由下牢戍迁至步阐垒（今西陵城区）。天宝元年（742年），属夷陵郡。乾元元年(758年),属陕州。五代十国时期,随陕州先后归于前蜀、南平国。北宋元丰年间(1078—1085年),改陕州为峡州,夷陵县属峡州。元至元十七年(1280年),属峡州路。明洪武九年(1376年),属夷陵州,隶于荆州府。清顺治五年(1648年),改夷陵为彝陵。雍正十三年(1735年),升彝陵州为宜昌府,改彝陵县为东湖县并为宜昌府治所。民国初年,废府、州建制,实行省、道、县三级制,东湖县改名为宜昌县,先后隶属荆南道、荆宜施鹤道。1932年、1936年,湖北省第九、第六行政督察区专员公署先后设于西陵辖区。

中华人民共和国成立后,宜昌市人民政府在城区成立了第一、二、三区政府。1950年8月,市辖区撤销、废除保甲制,区政府政务由公安派出所管理,并组建居民小组。1952年8月设置5个街政委员会,现西陵区区域属宜昌市人民政府第二、三、四、五街政委员会及城郊窑湾乡。1953年3月,市人民政府将街政委员会更名为市政府的派出机关街道办事处。1956年4月,街道办事处冠以街名,即滨江路街道办事处、解放路街道办事处、学院街街道办事处、鼓楼街街道办事处。

1960年5月,市委决定将全市5个街道办事处合并为3个人民公社,将原滨江路、解放路、学院街3个街道办事处合并为解放人民公社,鼓楼街街道办事处改为西陵人民公社。解放人民公社下设和平里、解放路、学院街、市委机关、云集路5个分社;西陵人民公社下设民主、西陵、三峡、西坝4个分社。

1967年,西陵人民公社更名为“宜昌市东方红人民公社”。1968年5月,经宜昌地区革命委员会批准,成立“宜昌市解放公社革命委员会”和“宜昌市东方红公社革命委员会”。

1980年8月,宜昌市革命委员会将市东方红人民公社改为西陵街道办事处,市解放人民公社改为云集街道办事处。增设葛洲坝街道办事处和夜明珠街道办事处,作为宜昌市政府的派出机构,隶属市政府和葛洲坝工程局双重领导。

1986年12月13日,国务院批复宜昌市设立西陵区。1987年11月18日,西陵区第一届人民代表大会召开,宣告西陵区正式成立。

◆行政区划

【概况】2023年,西陵区(不含宜昌高新区)辖学院、云集、西陵、西坝、葛洲坝、夜明珠、窑湾7个街道。全区有66个社区,其中村居并行社区8个。学院街道辖10个社区,云集街道辖9个社区,西陵街道辖12个社区,西坝街道辖5个社区,葛洲坝街道辖7个社区,夜明珠街道辖10个社区,窑湾街道辖13个社区(含村民并行社区8个)。

表2　2023年西陵区行政区划情况一览表

街道名称	街道驻地	居(村)委会(个)	所辖居(村)民委员会名称
学院	新民街34号	10	解放路、环城东路、中书街、东门外正街、尚书巷、气象台、墨池巷、翁家堰、环城北路、四方堰
云集	果园二路8号	9	赵家湾、果园路、二马路、小林园、夷陵路、白龙井、山庄路、桃花岭、体育场路
西陵	绿萝路39号	12	石板溪、土街头、樵湖岭、绿萝路、铁路坝、刘家大堰、常刘路、土城路、香锦、船柴、营盘路、大学路
西坝	和平路10号	5	甲街、光明路、幸福路、桥北、丫口
葛洲坝	樵湖二路72号	7	锦绣、清波路、石子岭、长樵溪、东湖、东方、西峡
夜明珠	朝阳路96号	10	金安岭、上导堤、平湖馨苑、镇境山、镇平路、英雄山、大堰湾、常家湾、肖家岗、夜明珠
窑湾	黄河路8号	13	峡州、黄河路、望洲、金斗山、朝阳路、沙河、后坪、黑虎山、茶庵、大树湾、唐家湾、东山、石板

◆国民经济和社会发展

【概况】2023年，西陵区完成地区生产总值882.73亿元(含水力发电和东山园区增加值321.75亿元)，按可比价格计算，比上年增长3.8%。三次产业结构由上年的0.03:51.99:47.98调整为0.03:48.55:51.42。

2023年，全区完成地区生产总值560.98亿元(不含水力发电和东山园区增加值321.75亿元)，按可比价格计算，比上年增长7.4%。其中，第一产业增加值0.24亿元，下降2.2%；第二产业增加值152.37亿元，增长10.3%；第三产业增加值408.37亿元，增长6.3%。三次产业结构由上年的0.05:28.13:71.82调整为0.04:27.16:72.80。

全区共有各类市场主体66307户，比上年增长11.3%；其中法人单位18022户，增长2.9%。新设立市场主体单位12255户，比上年增长24.2%；其中新登记法人单位2344户，比上年增长2.6%，新登记个体工商户9911户，比上年增长30.7%。

全区城镇新增就业11500人，比上年增长11.2%。年末城镇登记失业人数4362人，比上年下降21.0%。

【农业】2023年，西陵区实现农林牧渔业总产值1922万元，按可比价格计算，比上年下降2.1%。其中：农业产值1700万元，增长2.2%，牧业产值222万元。全年蔬菜产量694吨，水果产量3437吨。

表3 西陵区2023年主要农产品产量

产品名称	单位	产量
蔬菜	吨	694
水果	吨	3437
柑橘	吨	3437
生猪出栏	头	154
家禽出栏	只	5349

【工业和建筑业】2023年，西陵区年末共有规模以上工业企业23家，规模以上工业增加值比上年增长10.4%。规模以上工业总产值比上年增长9.3%；工业销售产值比上年增长2.5%，产品销售率达96.5%。规模以上工业企业资产总计比上年增长9.1%，利润总额比上年增长50.1%。

全区在库资质以上建筑企业57家。实现建筑业总产值933.23亿元，比上年增长4%。

【固定资产投资】2023年，西陵区共有在库项目147个，其中，亿元以上项目78个，比上年增加16个，十亿元以上项目15个，比上年增加8个。全区固定资产投资比上年增长9.2%。商品房销售面积18.6万平方米，商品房销售额12.13亿元。

【国内贸易与对外经济】2023年，西陵区全年实现社会消费品零售总额449.18亿元(含东山园区)，比上年增长8.8%。全区实现社会消费品零售总额346.03亿元(不含东山园区)，比上年增长9.0%。分行业看，限额以上批发和零售业零售额85.75亿元，比上年增长9.7%；限上住宿和餐饮业零售额9.45亿元，比上年增长29.8%。全区限额以上单位通过公共网络实现商品零售额5.0亿元，比上年增长51.3%。从限额以上单位商品零售额看，粮油、食品类零售额比上年增长13.6%，饮料类增长19.8%，烟酒类增长16.8%，服装、鞋帽、针纺织品类增长24.8%，日用品类增长18.6%，文化办公用品类增长14.6%，通讯器材类增长21.6%，体育娱乐用品类增长39.4%。全年外贸进出口总额27.34亿元(含东山园区)，比上年增长20.4%。其中，出口额22.25亿元，增长29.5%；进口额5.09亿元。全年外贸进出口总额20.94亿元(不含东山园区)，比上年增长25.7%。其中，出口额17.80亿元，增长28.9%；进口额3.14亿元，增长10.0%。全区实际外商直接投资92.13万美元。

【财政】2023年，西陵区全区实现地方财政总收入53.67亿元(含东山园区)，比上年增长7.7%。地方一般公共预算收入31.32亿元(含东山园区)，比上年增长6.2%。其中，税收收入29.13亿元(含东山园区)，比上年增长8.5%。

全区实现地方财政总收入26.83亿元(不含东山园区)。地方一般公共预算收入14.65亿元(不含东山园区)，比上年增长12.5%。其中，税收收入13.45亿元(不含东山园区)，比上年增长19.4%。地方一般公共预算支出23.59亿元(不含东山园区)，比上年增长14.8%。

【教育和科学技术】2023年，西陵区共有普通中学9所，九年一贯制学校1所，普通小学19所，幼儿园40所。全区专利申请授权量1759件，其中发明专利839件，比上年增加46件。工程技术研究中心25家，国家、省级重点实验室10家。

表4 2023年全区学校基本情况表

指标	招生数（人）	在校学生（人）	毕业人数（人）	专任教师（人）
普通小学	3117	18375	2910	1135
普通中学	2433	7110	2582	650
九年一贯制学校	小学部655 初中部285	小学部1491 初中部596	0	小学部65 初中部40

全区实现高新技术产业增加值150.36亿元，比上年增长7.6%，高新技术产业增加值占GDP的比重为26.8%。国家级高新技术企业119家，比上年增加26家。

【文化、卫生和体育】2023年，西陵区年末拥有文化艺术事业机构3个，其中公共图书馆1个，文化馆1个，全民健身中心1个。全区公共图书馆总藏书492千册。年末全区共有卫生机构199家，其中，上级直管13家，区级管理186家。区级管理的186家医疗卫生机构中，一级医院5家，社区卫生中心(站)27家，村卫生室9家，门诊部、诊所及企事业卫生室144家，疾病预防控制中心1个。全区执业医师和执业助理医师2167人，执业护士3090人，医疗机构床位4797张。全区共有体育场馆3个，专职体育人员3人。参加省以上运动会人数约1800人，获得99枚奖牌，其中46枚为金牌。

【人口、人民生活和社会保障】2023年，西陵区年末常住人口53.41万人（含东山园区），城镇化率达到100%。户籍人口39.17万人（含东山园区），全年出生人口1542人，出生率为3.9‰；死亡人口1387人，死亡率为3.5‰；人口自然增长率为0.4‰。全年城镇常住居民人均可支配收入51479元，比上年增长6.5%。城镇常住居民人均消费支出33354元，比上年增长8.6%。实施全民参保计划，完成社会保险扩面新增7365人，其中，城镇基本养老保险新增7074人，城乡居民养老保险新增291人。年末全区参加城乡居民养老保险人数为12891人，比上年增长14.4%。年末全区参加城乡居民基本医疗保险人数为135063人，全年共计就诊99610人次，医疗总费用24001万元，统筹支付12762万元。全区享受最低生活保障的居民2152人，比上年下降6.8 %。其中享受城市最低生活保障的居民2127人，比上年下降7.0%；享受农村最低生活保障的居民25人，比上年增长13.6 %。最低生活保障资金1793万元，其中城市最低生活保障资金为1779万元，农村最低生活保障资金为14万元。养老服务床位数2231张。

【环境和资源】2023年，西陵区完成造林作业面积80.7公顷，幼林抚育面积71.68公顷。全区共有省级自然保护区1个，自然保护区面积178.48公顷。全年优良天数比例为85.5%，较去年同期上升0.6个百分点，主要污染物细颗粒物(PM2.5)年平均浓度39.4微克/立方米。全区地表水环境质量总体状况为“达标”，主要河流监测断面水质达标率为100%。

注：1.本公报数据为初步统计数据。

2.地区生产总值、各产业增加值绝对数按现价计算，增长速度按消除价格变动因素后的不变价格计算。

◆全面深化改革

【概况】2023年，区委改革办制定《区委全面深化改革委员会2023年工作要点》，承担中央改革试点1项，省级试点、重大改革项目4项，自主推进改革项目23项，全部完成年度目标任务。共召开区委全面深化改革委员会会议5次，传达学习各级深改委会议精神，专题研究开发区与窑湾街道深度融合、老旧小区改造投资运营等改革事项。16名区级领导分别领衔1~3项改革项目，并在年终述职时向区委汇报工作情况。23项改革任务分别制定推进方案，明确了牵头单位主抓、配合单位协同的机制，确保按节点顺利推进。西陵区在全市全面深化改革考评中排名城区第二。

【持续完善督办考核机制】2023年，区委改革办优化完善《西陵区全面深化改革工作考评细则》，从改革事项推进情况、改革动态报送情况、约稿撰稿情况三个方面，通过打分按月督办考核全区47个单位改革工作情况。共发布通报11期，并计入全区年度目标考核评价结果。开展专题督导，深入9条特色街区、7个社区、4个小区、4家企业园区督导改革项目推进情况，就抓好落实提出建议。

【特色改革经验在全国全省全市推广】2023年，区委改革办构建“6+20+N”特色商圈体系，推出“十全十美·宜昌老街”特色街区，铁路坝小吃街、西坝不夜城获评“全省繁荣夜间经济集聚示范区”、省级特色商业街。推进“原拆原建、入社集资、旧房换新、市场参与、融资平衡”危旧房改造新模式，探索党员干部领衔小区治理创新,省住建厅专题调研给予肯定,并在全省推广"1356模式"。优化政务服务环境,"办问协同、全程互动"办税缴费服务新模式、基层劳动关系公共服务站(点)建设等5个事项纳入全省优化营商环境改革先行区试点。推行全员"能上能下"竞争上岗、"能干成事"纪实管理,建立年轻干部"育选用"一体化制度体系,入围全省基层公务员队伍建设创新创优项目,纪律教育全周期、基层监督全覆盖经验获省级推介。收集各单位改革动态82篇,编发《西陵改革动态》5期,《宜昌改革》选用2篇,在中组部《党建研究内参》、省委党校《党政干部论坛》《调查与研究》《咨询与决策》《三峡瞭望》等刊物发表16篇。

(朱高峡)

表5　2023年西陵区中央和省级、市级、区级改革项目情况汇总表

类别	项目名称
中央改革项目清单(1项)	国家智慧教育平台试点单位
省级改革项目清单(4项)	在职党员干部领衔小区治理工作省级试点、全省繁荣夜间经济集聚示范区、省级特色商业街、5个优化营商环境改革事项纳入省级先行试点
市级改革项目清单(23项)	深化宜昌高新区体制机制改革、创新完善招商工作机制、健全完善促进消费体制机制、持续提升开放平台功能、深化共同缔造推进党建引领基层治理体制机制创新、深化党政机构改革、探索开展城区综合执法改革、巩固深化群团改革成果、创新开拓海外"双招双引"新渠道、顺利通过全国市域社会治理现代化建设试点验收、创新流域综合治理和统筹发展体制机制、持续打造营商环境标杆城市、创新搭建政企面对面沟通交流平台、突破性发展数字经济、促进文旅融合发展、持续深化医药卫生体制改革、高质量推进县域教联体建设、加快建设区域科创中心、持续提升退役军人及其他优抚对象服务保障水平、全力争创危旧房改造省级试点城市、深化金融服务创新、完善生态治理机制、深化农业农村改革
区级改革项目清单(23项)	打造全省"党员下沉和增强社区服务功能"示范点、高水平打造核心商圈、建设"全过程人民民主基层实践基地"、实施"一线协商·共同缔造"行动、深入推进"十全十美·宜昌老街"建设、深化"才聚西陵"行动、实施"能上能下"全员竞争上岗、推进纪检监察体制改革、优化完善改革工作督办落实机制、推进民兵队伍建设提挡升级、争创"市域社会治理现代化示范区"、加强城市品牌塑造与传播、守好文明典范城市创建主战场、落实流域综合治理和统筹发展规划各项任务、积分亮牌制推进重大项目建设、打造15分钟政务服务圈、探索推进"托幼一体化"、深入实施"教联体"建设、以数智产业园为载体,聚集一批绿色算力企业、"孵化+研发"协同运作打造新能源研发中心集群、推进环三峡大学创新生态圈建设,全力打造"双创"升级版、持续创建绿色金融示范区、推行社会服务"一码"通用

◆精神文明建设

【概况】2023年,西陵区落实"静态清零,动态管控,常态保持,稳步提升"工作要求,倡导全民参与,深化全国文明城市创建。创建惠民解难攻坚行动,改造老旧小区55个,解决"急难愁盼"问题1000余个,惠及居民1.25万户。开展公民思想道德建设和未成年人思想道德建设,丰富新时代文明实践活动形式,全年累计开展活动6000余场次,完善"1+8+N"志愿服务队伍体系,注册志愿服务组织463个,志愿者15.9万人。组织开展西陵区第7个"生态市民日"活动。

【公民思想道德建设】2023年,西陵区深入挖掘群众身边的"凡人善举"和"平民英雄",对标"严选严审",保证典型叫得响、立得住、传得开,全年查运红、胡晓勇、张晓琼等3人光荣上榜"宜昌楷模"榜;汪成伟、彭子珈、苗毅、舒晨、杨瑞成、张星、张艺等7人上榜"宜昌好人"榜。探索建立完善关爱机制,结合"七一""重阳""春节",组织党员干部与道德模范、身边好人开展"送祝福、送慰问、送温暖"活动,春节前夕累计慰问社会组织、志愿服务团队30余个,走访1000余人。

【未成年人思想道德建设】2023年,西陵区持续擦亮德育品牌,2个项目获评全省未成年人心理健康辅导特色活动,全市"德育加油站"暑期课堂开班仪式在幸福路社区召开,央视《新闻联播》等中省媒体先后报道。深化文明校园创建,"文明中国"专访市实验小学,绿萝路小学、25中优秀经验在全市交

流。紧扣“扣好人生第一粒扣子”主题，西陵3个案例荣获湖北省青少年志愿服务优秀案例，位居全市第一，4个案例分获湖北省文明校园青少年思想道德建设工作创新案例一、二、三等奖。强化典型示范引领，何泽昊同学上榜宜昌市“新时代好少年”，评选表彰区级“新时代好少年”17名。

【新时代文明实践活动】 2023年，西陵区拓展新时代文明实践中心（所、站）建设，结合便民市场、运动场地、文化活动中心、社区服务中心、医疗服务机构等，建设“15分钟生活圈”。新建“德育加油站”市级示范点2个。景点“打卡”+互动活动相结合，打造沙河公园新时代文明实践点。立足传统文化优质资源优势，结合“‘20+N’条特色街区”计划，“传统+潮范”的形式举办西陵庙会、端午之夜等各类展会，“多彩西陵”“溪林”草地歌会等一系列特色文明实践活动受到群众热捧，全年累计开展各类活动6000余场次，受益群众达30万人次。

【志愿服务】 2023年，西陵区推动新时代文明实践志愿服务品牌化、项目化，建立精细化项目库8类330多个。“老汪茶舍”“乐龄唱响”“敲门嫂”等地域品牌刷屏本地朋友圈，赞友救援、老兵宣讲团入选全省1000支“退役军人关爱青少年志愿服务队”，《赞友·战友时刻准备着》《老汪茶社·美好生活共缔造》志愿服务项目分获2023年湖北新时代文明实践志愿服务项目大赛金奖铜奖，3个案例被评为湖北省青少年志愿服务优秀案例，冯群等7人次上榜宜昌市学雷锋志愿服务先进典型。

（张　炬）

◆生态文明建设

【概况】 2023年，西陵区空气环境主要指标PM10、PM2.5完成值分别为59.5微克/立方米、39.4微克/立方米，同比上升5.9%和5.1%；优良天数累计值为312天，比例85.5%，同比上升0.6%，创有记录以来最高水平。市级考核的1个断面（胜利四路路口长江公安码头）水质达到Ⅱ类标准，西坝水厂饮用水源地达到Ⅱ类标准，断面水质优良率、地表水水质考核达标率均为100%。辖区土壤环境总体较好，重点产废单位固体废物、危险废物、医疗废物安全处置率100%，未发生农产品超标或污染地再利用不当等情况。全区区域声环境达标率达到89%以上，完成市级下达的考核目标任务。

老汪茶舍在首届520公益节暨党建引领社区社会组织公益创投大赛上荣获二等奖

（区委宣传部 提供）

【大气环境污染防治】 2023年，宜昌市生态环境局西陵区分局（以下简称“生态环境西陵分局”）持续统筹臭氧和PM2.5协同管控，印发农作物秸秆露天禁烧等专项工作方案8份。编制完成西陵区碳达峰工作方案和区大气污染治理“一区一策”和vocs专项方案，更新出台《西陵区噪声污染类信访办理工作实施意见》。完成29个大气污染治理项目，辖区内最后9家水泥制品厂全部关停，争取中央资金110万元用于宜昌船柴喷漆房改造。压紧压实4级网格化秸秆禁烧管控机制，下达预警提示函3份，完成市、区两级巡查交办185个问题整改。加强冬防期重污染天气应急调度，全年发布临时管控及预警通知88份。开展餐饮油烟专项整治，以环三峡大学、CBD夜市为重点，下达责令改正通知书20份，督促安装油烟净化设施或正常使用净化设备580家。

【水环境污染防治】 2023年，生态环境西陵分局持续推进长江高水平十大攻坚提升行动，制定2023年度重点工作清单48项，系统推动水环境、水生态、水资源、水安全“四水共治”。巩固深化排口整治成效，127个长江入河排口完成整治125个，剩余2个正在有序推进。加强重点企业监管，沙河污水处理厂等6家市级水环境监管重点单位已安装24小时出水在线监

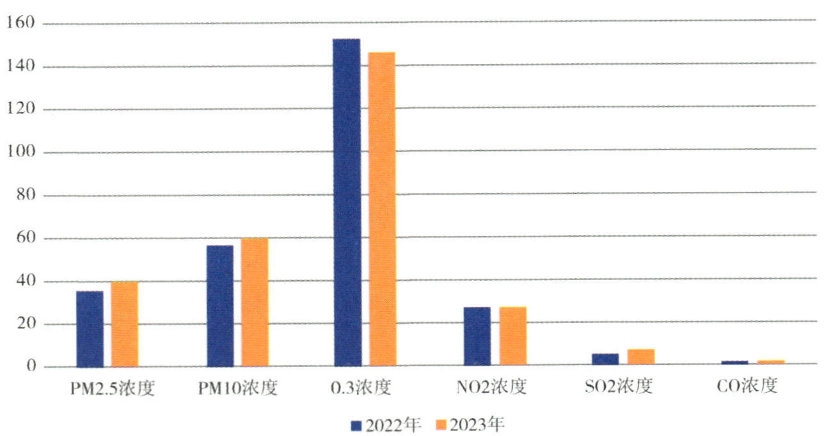

西陵区2022~2023空气环境对比图

测设备。加强饮用水源地规范化建设，跟踪指导东山运河备用水源地西陵段开展环境综合整治。开展保护修复，督促窑湾街办正常运营5个污水微处理站，东山四路雨水箱涵截污工程启动，葛洲坝库区西陵片区西坝段生态修复工程完成竣工验收。

【土壤环境污染防治】 2023年，生态环境西陵分局不定期对辖区内开展农用地调查，组织第三方机构对窑湾蜜橘园开展土壤检测，全部土壤样品均满足农用地标准。实行建设用地开发利用土壤环境联动监管机制，对拟变更为“一住两公”用途的9个地块开展土壤污染调查，辖区土壤污染防治重点企业按时报送土壤污染隐患排查报告。加强危废监管，对3家危险废物重点管理单位，10家简化管理单位，21家登记管理单位开展规范化管理评估，487家企业纳入危废物联网系统监管。开展汽修行业专项帮扶，联合检查7次发现并整改问题4个。深化限塑治理，联合区发改局、区文旅局、区市场监管局开展塑料污染治理专项执法，对辖区内药店、集贸市场、星级宾馆等场所开展禁塑检查和宣教，发放禁塑宣传单500余份。

【环境监管执法】 2023年，生态环境西陵分局始终保持环境执法高压态势，下达“双随机”季度抽查任务4批48家次，开展联合抽查5次，联合抽查率达到71.43%，立案查处环境违法行为6件，处罚34万元，对1家环评的编撰机构和编撰人下达责令改正违法行为通知书，主动开展2家企业生态损害赔偿。严格落实三线一单分区管控要求，加强源头防控，依法依规从严审批或变更排污许可15家、辐射许可5家，办理环评项目6个，发放非道路移动标牌52张。注重信访化解，受理并现场查办各类环境信访投诉123件，同比下降35.9%，办结率满意率均为100%。加强对企事业单位突发环境应急事件的指导，累计备案突发环境应急预案30家。

2023年12月11日，生态环境西陵分局会同宜昌市生态环境监测中心对企业油烟排放达标情况进行现场监测　（生态环境西陵分局 提供）

【环境宣传教育】 2023年，生态环境西陵分局持续宣传贯彻《长江保护法》《新噪声法》，圆满举办“4·22”地球日、全国低碳日、“5·22”生物多样性以及首个“8·15”全国生态日等活动，创新开展六五环境日线上“随手拍”活动，吸引近千人线上展示绿色西陵“人与自然和谐共生的现代化”美丽画面。拓展宣传方式，连续4年制作生态公益宣传短片，在全市精神文明建设公益宣传网点滚动播放。新闻联播报道“三峡蚁工”第1000场志愿服务行动。稻草圈圈生态环保公益中心理事长刘敏入选全国2023年百名最美生态环境志愿者。

【生态文明创建】 2023年，生态环境西陵分局持续推进生态省“五级联创”工作，印发西陵区2023年推进湖北生态省建设工作要点，指导做好省级生态街道、社区申报和复核工作。年内，西坝街道成功创建省级生态街道，西陵区在全市城区中省级生态街道命名率率先达到100%。

（杜少江）

中共宜昌市西陵区委员会

◆重要会议

【奋进“全国百强城区”项目建设大会】2023年1月30日，西陵区召开奋进“全国百强城区”项目建设大会。区委书记任蔚出席会议并强调，坚定大干快上、争先竞进的信心决心，进一步昂扬斗志、拼抢实冲，全面掀起项目建设新高潮，以项目建设之“进”支撑经济发展之“稳”，推动全国百强城区建设成势见效。会上，20名西陵区高质量发展争先进位先进个人、80名2022年度“能力之星”受到表扬。先进单位代表林爱梅、毛志远以及2022年度“能力之星”代表别里曼、高小卒、杨永坝作交流发言。

【西陵区2023年经济高质量发展暨优化营商环境会议】2023年3月28日，西陵区召开2023年经济高质量发展暨优化营商环境会议。区委书记任蔚出席会议并讲话。区委副书记、区长梅卫民主持会议。会上，区委副书记梅军宣读《区委区政府关于西陵区2022年高质量发展争先进位先进集体、先进个人的表彰决定》，授予中国化学工程第十六建设有限公司等50个集体“西陵区高质量发展争先进位先进集体”称号，授予陈科等39人“西陵区高质量发展争先进位先进个人”称号。区委常委、区政府常务副区长胡明宣读《区委、区政府关于表扬2022年度区域经济高质量发展突出贡献单位的通报》，对湖北国贸集团有限公司等370家市场主体给予通报表扬。区营商办通报2022年优化营商环境工作推进情况，安排部署2023年优化营商环境工作。

【庆祝中国共产党成立102周年大会】2023年6月28日，西陵区召开庆祝中国共产党成立102周年暨深化实践活动和共同缔造工作推进会，区委书记任蔚主持大会并讲授专题党课。会议通报表扬全区先进基层党组织、优秀共产党员及优秀党务工作者。受表扬的先进党组织代表葛洲坝街道、优秀共产党员代表王元兴、“十佳”小区业委会代表船柴社区四合院小区业委会分别进行交流发言，学院街道、西陵街道、区民政局、区妇联就深化实践活动、共同缔造工作进行汇报。

【区委九届五次全体会议】2023年8月12日，西陵区召开区委九届五次全体会议暨区委经济工作会议。会议审议通过了《区委、区政

2023年3月28日，西陵区2023年经济高质量发展暨优化营商环境会议召开
（区委宣传部 提供）

2023年8月12日,西陵区委九届五次全体会议暨区委经济工作会议召开
（区委宣传部 提供）

府关于贯彻落实市委七届五次全会精神 提升城市功能 争当典范标杆 打造世界级宜昌核心主城的实施意见》。区委书记任蔚作主题报告,并就《实施意见(讨论稿)》起草情况向全会作说明。区委副书记、区政府区长梅卫民总结上半年经济工作,安排部署下半年经济工作。全会提出打造世界级宜昌核心主城的建设目标。到2025年,在长江生态保护、产业升级提质、城市功能优化等方面取得阶段性成效,打造长江大保护典范城市核心标杆取得重要进展,形成一批具有示范作用的标志性成果。到2035年,城市绿色低碳经济更加强大,城市功能更加完善,城市治理更加科学有效,在宜昌国家区域性中心城市建设中的首位度、贡献度不断提升。到2050年,基本建成绿色低碳、宜居宜业、人与自然和谐共生、具有较强竞争力和影响力的长江大保护典范城市核心标杆,彰显宜昌城市客厅绿色生态高颜值,成为世界级宜昌形象窗口和开放舞台。

（林宙飞）

◆重要决策

【贯彻落实市委七届五次全会精神】2023年8月12日,中共宜昌市西陵区第九届委员会第五次全体会议审议通过《关于贯彻落实市委七届五次全会精神提升城市功能争当典范标杆打造世界级宜昌核心主城的实施意见》。全文分为8个部分23条。第一部分,准确把握打造世界级宜昌核心主城总体要求。第二部分,提升城市绿色生态品质,在建设国家生态文明建设示范区中展现作为。第三部分,加快城市功能提挡升级,推动人城景业融合共生。第四部分,推动生产性服务业完备齐全,突破性发展城市经济。第五部分,推动生活性服务业高端精致,打造宜荆荆区域性消费中心活力中心。第六部分,发挥科技创新资源优势,提升城市功能引人聚人。第七部分,持续深化党建引领基层治理,发动群众共同缔造美好城市美好生活。第八部分,强化组织保障。

（林宙飞）

◆重点工作

【主题教育开展】2023年,西陵区坚持以上率下抓、贯通融合抓、分层分类抓,区委书记履行第一责任,先后主持召开5次区委常委会会议、1次推进会研究部署主题教育工作。区委常委会主题教育读书班共开展专题辅导4次、研讨交流2次。开展书记领学、岗位述学等1100场次,推动2.3万名党员学习全覆盖。分类召开推进拉练会5场。"三新"组织主题教育、"四下基层"等做法获省市主题教育简报推介。

【城市党建】2023年,西陵区制定基层党建"聚力计划"任务清单,细化落实15项48条具体措施。13名区领导带队开展全面从严治党督导调研,发现并整改问题207个。全面推进"1+1+N"党群服务中心体系建设,小区党群连心站覆盖率达98.7%,党员干部领衔小区治理模式入选全省四个试点之一。实施暖"新"聚力行动,打造陵"新"驿站27个,全市两新党建拉练会现场观摩。抓实商圈街区楼宇党建,党建引领特色街区治理纳入全省试点。创新社会组织党建"四融工作法",打造3A以上社会组织21个。深化基层减负,聚焦精文减会、指尖上的形式主义等开展现场监督检查,排查并整改问题5个。

【"三百"行动服务项目建设】2023年,西陵区"百名干部找市场"带领300余家生产性服务业企业到全国各地扩市场、找业务。"百场新商业大讲堂"组织2300余家商户开展讲座培训、拉练比拼。"百亿项目促投资"建立"四个重大"招商引资周调度、项目积分亮牌管理机制，对大南门、船柴铸造中心等重点项目每周研判、合力推进。新签约高端工业泵智能制造基地等亿元以上项目44个，全口径招商到位资金54.3亿元。“办问协同、全程互动”办税缴费服务新模式等5个事项纳入全省优化营商环境改革先行区试点。净增“四上”企业78家，市场主体总量达到6.6万户。

【“6+20+N”商业街区】 2023年，西陵区加快推进“十全十美·宜昌老街”20条特色街区和六大核心商圈建设，葛洲坝商业街等街区焕新亮相，盘活T68创想城、陶珠路美食街等闲置资源5万平方米。新引进喜来登、温德姆酒店等50余家首店品牌。发放百万文旅消费券，争取外摆位政策，策划举办音乐节、美食周、嗨购节等主题消费活动，脱口秀、舞台剧等持续火爆。铁路坝小吃街、西坝不夜城获评“全省繁荣夜间经济集聚示范区”、省级特色商业街，数量全市第一。

【平安法治西陵建设】 2023年，西陵区市域社会治理现代化试点高标准通过验收。创新“一体四联”社会治理机制，全省公安改革推进会与会人员在我区考察，获徐文海副省长充分肯定。全年化解矛盾纠纷2162件、三年以上重点积案55件。区城市运行管理中心正式挂牌，累计处理群众诉求2.8万件，满意率保持在98%以上。非法集资陈案化解取得阶段性成效。牢固树立总体国家安全观，严格落实安全生产、食品药品安全、粮食安全等责任制，统筹抓好国家安全、党管武装、机要保密、质量、消防、防灾减灾、民宗等工作，全年无重大安全事故发生。始终支持公、检、法等政法机关公正、独立行使司法权。扎实开展“八五”普法教育。不断加强和改进区委对人大、政协工作的领导，“全过程人民民主”“协商在一线·家话西陵”等活动品牌不断深化。

（付雪峰）

◆重要调研

【熊征宇到西陵区调研督导文明创建工作】 2023年3月17日，市委书记熊征宇到西陵区调研督导全国文明典范城市创建工作。他先后来到三峡蚁工生态环保志愿者协会、稻草圈圈生态环保公益中心、葛洲坝中心菜市场、学院街道中书街社区天宸府小区、葛洲坝街道石子岭社区物资大院小区，详细了解有关工作情况。熊征宇强调，要聚焦短板完善提升，切实把文明创建的过程作为解决群众急难愁盼问题的过程，绵绵用力、久久为功，擦亮城市文明底色，为群众创造高品质生活。市领导周正英、张立新参加调研。

【熊征宇到西陵区联系服务企业走访调研】 2023年3月21日，市委书记熊征宇深入西陵区葛洲坝集团电力有限责任公司、湖北朗德医疗科技有限公司、宜昌凯特信息科技有限公司、中船安智（湖北）科技有限公司、湖北我家优选商业链管理有限公司等5家联系服务企业走访调研，了解企业生产经营情况，帮助企业解决实际困难。熊征宇强调，各有关方面要认真落实市委、市政府工作部署，深入企业、深入一线，大兴调查研究之风，精准对接市场主体需求纾困解难，切实把“四上”企业招引培育工作落到实处，推动经济高质量发展行稳致远。市委常委、市委秘书长张立新参加调研。

【熊征宇到西陵区调研督导党建引领基层治理和文明城市创建工作】 2023年3月31日，市委书记熊征宇深入西陵区葛洲坝街道东湖社区机电花苑小区，察看小区改造、垃圾分类等推进情况，肯定社区探索许多接地气、真管用的办法，把共同缔造理念落到实处，要求把老旧小区改造与文明城市创建结合起来，打好文明城市创建攻坚战、持久战，让人民群众享受更多创建“红利”。熊征宇强调，要在组织动员群众参与上创新方式方法，强化工作落实，在文明城市创建中检验共同缔造筑堡强基的实际成效。市委常委、组织部部长汪伟参加调研。

【党蓁到西陵区调研社区蜂巢建设情况】 2023年6月15日，省工商联主席、省总商会会长党蓁带队到西陵区调研社区蜂巢建设工作。党蓁一行来到学院街道气象台社区CBD商圈蜂巢，察看蜂巢阵地建设、听取工作汇报，并与市场主体代表深入交流，详细了解商圈蜂巢在服务市场主体、促进居民融合、参与共同缔造等方面情况。座谈会上，党蓁对西陵区社区蜂巢建设情况给予高度肯定。她指出，西陵区以务实的工作举措取得扎实成效，在“推进市场主体服务全覆盖的”课题上先行先试、率先破题，构建三级商（协）会组织网络，让广大分散的中小企业、个体工商户找到“家园”，形成“全国首创、西陵特色”的经验成果。

【熊征宇到西陵区调研督办老旧小区和危旧房改造工作】 2023年6月15日，市委书记熊征宇到西陵区调研督办老旧小区和危旧房改造工作。他先后到葛洲坝片区、望洲片区，现场督办老旧小区、危旧房改造及自建房清理整治工作，仔细询问改造模式、政策支持等情况，了解改造推进中存在的问题。熊征宇强调，要大力实施城市更新行动，加快老旧小区、危旧房改造进度，不断改善人民群众居住条件，更好满足人民群众新期待。市委常委、市委秘书长张立新参加调研。

【中央党校到西陵区调研基层治理工作】 2023年7月27日，中央党校公共管理教研部副主任、教授宋世明，省委党校校委委员、教育长郝国庆一行到西陵区调研基层治理工作，调研组先后前往云集街道桃花岭社区、学院街道墨池巷社区、西陵街道石板溪社区，调研老旧小区改造、党建主导型业委会建设、群团组织带动型社会组织建设、楼栋微治理、社区党校等工作，听取西陵区深化共同缔造推进党建引领基层治理情况，对相关工作成绩和做法经验给予充分肯定。市委党校常务副校长邹青松参加调研。

【熊征宇到西陵区走访调研企业高质量发展工作】 2023年8月2日，市委书记熊征宇到西陵区相关联系服务企业走访调研，分别与企业负责人深入交流，询问前期反映问题解决情况，听取各企业上半年生产经营情况汇报，认真回应企业诉求，并与大家一起分析当前经济形势，对各企业后续发展提出意见和建议。熊征宇强调，要扎实抓好“四上”企业招引培育各项工作，全力推进企业提质、行业扩容、经济增效，为高质量发展提供有力支撑。市委常委、市委秘书长张立新参加调研。

【刘丰雷到西陵区调研房地产“新模式”】 2023年8月6日，省住建厅党组书记、厅长刘丰雷到西陵区调研房地产“新模式”，实地察看葛洲坝片区危旧房改造项目并主持召开座谈会。他指出，房地产“旧模式”不可持续，要积极探索运用合作社模式，用好市场化方式推进危旧房改造，避免政府既当“运动员”又当“裁判员”；要把治理单元进一步缩小，从社区治理转到小区治理，做实小区这个最小治理单元。

【刘海军到西陵区调研都市工业发展及经济运行情况】 2023年8月17日，省经信厅党组书记、厅长刘海军带队到西陵区调研都市工业发展及经济运行情况。与相关负责同志深入交流，听取西陵区工业经济发展和重大产业项目建设情况汇报。他指出，西陵区是宜昌市政治、经济、文化中心，也是现代服务业集聚地。要抢抓宜昌市创建长江大保护典范城市机遇，巩固工业发展良好势头，加快推动城市和产业集中高质量发展。省经信厅将按照省委省政府工作要求，全力支持西陵区产业协调发展。市政府副市长杨卫华参加调研。

【熊征宇到西陵区调研危旧房和老旧小区改造工作】 2023年9月12日，市委书记熊征宇到西陵区调研危旧房和老旧小区改造工作。先后到葛洲坝片区、二马路片区，察看危旧房改造进展，听取老旧小区改造、文物活化利用、商业街区运营等情况汇报。熊征宇强调，要深入学习贯彻党的二十大精神，认真落实省委、省政府关于开展危旧房改造试点的决策部署，运用共同缔造理念推动工作走深走实，更好满足人民群众对美好生活新期待。市领导张立新参加调研。

【熊征宇到西陵区调研督导主题教育开展情况】 2023年10月17日，市委书记熊征宇深入西陵区企业厂区、项目工地、老旧小区，围绕解决群众和市场主体急难愁盼问题，开展调查研究、信访接待、现场办公，并调研督导主题教育开展情况。熊征宇强调，要把学习推广“四下基层”优良传统作为重要抓手，走好新时代党的群众路线，实实在在解决群众的烦心事操心事揪心事，确保主题教育取得扎实成效。市委常委、组织部部长汪伟参加调研。

【熊征宇调研督导西陵片区城市更新项目建设】 根据主题教育和“四下基层”工作部署，2023年11月19日，市委书记熊征宇深入西陵片区城市更新项目现场开展调研督导，他先后来到夹湾路84号、桔园山庄小区、铁路大院住宅小区、葛洲坝宾馆项目A地块，察看危旧房和老旧小区改造、筒子楼解危安置、低效用地开发等情况，详细了解项目推进过程中的主要问题，现场研究解决措施。他指出，要深入学习贯彻习近平总书记关于城市工作的重要论述，全面贯彻党的二十大精神，认真落实省委、省政府关于危旧房改造等工作的部署要求，扎实有序推进城市更新成势见效，更好满足人民群众日益增长的美好生活需要。市领导张立新参加调研。

（林宙飞）

◆重要活动

【平湖PARK商业中心项目开工仪式】2023年1月31日，西陵区举行2023年一季度重大项目暨平湖PARK商业中心项目开工仪式，区委书记任蔚宣布开工，区委副书记、区政府区长梅卫民致辞。2023年一季度重大项目开工9个，总投资68.6亿元，年度计划投资12.8亿元。其中，现代服务业项目6个，总投资34.8亿元；先进制造业项目2个，总投资3.8亿元；基础设施项目1个，总投资30亿元。平湖PARK商业中心项目由西陵城发集团子公司宜昌开元置业有限公司投资开发建设，位于明珠路西北侧临黄柏河区域，三峡国际游轮中心以东，计划总投资5亿元。项目总用地面积21000平方米，总建筑面积约5万平方米。主要建设公园式购物中心、时尚商业街、国际酒店、公园广场、景观及配套设施，建成集办公、商业、自然环境、文化艺术和社交体验组合业态于一体的新型城市综合体。

【高端工业泵智能制造基地项目开工仪式】2023年5月18日，西陵区举行2023年二季度重大项目暨高端工业泵智能制造基地项目开工仪式，区委副书记、区政府区长梅卫民致辞并宣布开工，宜昌市西峡泵业有限公司总经理刘娟介绍项目情况。本次集中开工16个项目，总投资40.8亿元。其中，产业项目10个，总投资28.2亿元；生态民生项目6个，总投资12.6亿元。高端工业泵智能制造基地项目由宜昌市西峡泵业有限公司投资建设，选址西陵区三峡大道与沙河东路交会处，计划总投资1.5亿元。规划用地面积13160平方米，总建筑面积14617平方米（计容面积20627平方米）。新建厂房计划设立大型泵产品加工中心，组建大型矿山泵和化工泵生产线，并设立国家一级泵性能检测中心。

【西陵片区城市更新项目正式启动】2023年7月28日，宜昌市西陵片区城市更新项目在西陵区沙河公园正式启动。市委书记熊征宇，中国能建葛洲坝集团党委书记、董事长宋领出席启动仪式。西陵片区城市更新项目是推动城市集中高质量发展、提升中心城区品质重点项目之一，项目总投资100.13亿元，涉及范围7平方千米、人口15万，实施内容包括老旧小区、危旧房改造和低效用地开发等。其中，老旧小区改造项目投资3.67亿元，涉79个老旧小区、3.25万户；危旧房改造项目总投资48亿元，涉及危旧房304栋、1.14万户、建筑面积59.3万平方米；低效用地开发项目总投资48.46亿元，可建设用地29.2万平方米、新建计容建筑面积113万平方米。市领导张立新，区委书记任蔚参加启动仪式。

【沃东应急救援产业基地项目开工仪式】2023年9月22日，西陵区举行2023年三季度重大项目集中开工暨沃东应急救援产业基地项目开工仪式，区委副书记、区政府区长梅卫民宣布开工，湖北沃东应急救援产业发展有限公司总经理文加超介绍项目情况，区委副书记李发兵致辞，区委常委、区政府常务副区长胡明主持开工仪式。本次集中开工项目9个，总投资113亿元，年度计划投资9亿元。沃东应急救援产业基地项目选址宜昌市西陵区峡州大道和西陵二路延伸段交会处，用地面积约7533.33平方米，总建筑面积约2万平方米，计划建设自然灾害应急救援技术研发、自然灾害应急救援设施装备展示、自然灾害防灾减灾科普、自然灾害应急救援培训、自然灾害应急救援演练总部基地，打造应急救援区域性总部基地。

【三峡果蔬仓储物流冷链配送中心项目开工仪式】2023年10月26日，西陵区举行2023年四季度重大项目集中开工暨三峡果蔬仓储物流冷链配送中心项目开工活动。区委书记任蔚宣布开工，宜昌大树弯果蔬市场置业有限公司总经理向响燕介绍项目情况，区委副书记、区政府区长梅卫民致辞，区委常委、区政府常务副区长胡明主持开工仪式。本次集中开工项目9个，总投资71.16亿元，涵盖现代服务业、电子信息业、先进制造业等多个领域。三峡果蔬仓储物流冷链配送中心项目由宜昌大树弯果蔬市场置业有限公司投资新建，项目占地17333.33平方米。主要建设集粮油干货、冷链仓储、分拣分拨、运输配送、场内展贸交易于一体的仓储物流冷链市场配送中心。

（林宙飞）

◆组织工作

【概况】2023年，西陵区有基层党组织925个，其中党委68个，党总支28个，党支部829个。社区基层党组织536个，其中党委55个、党总支2个、党支部479个。农村基层党组织29个，党员571名。其中党总支8个、党支部21个。公有制企业基层党组织10个，其中党委1个、党总支1个、党支部8个。非公有制企业基层党组织148个，其中党委6个、党总支7个、党支部135个。社会组织基层党组织46个，其中党委2个、党支部44个。机关建立基层党组织95个，其中党委4个、党总支7个、党支部84个。事业单位建立基层党组织61个，其中党总支3个、党支部58个。全区有党员23853人，机关干部1078人，县级领导37人，正科职干部103人，副科职干部201人。

【队伍建设】 2023年，区委组织部围绕落实市委“1+3”政策措施，出台《西陵区“能干成事”纪实量化评价管理办法》等操作办法13项。围绕打造世界级宜昌核心主城的目标定位，优化调整11个结构不优、运行不畅的领导班子。补充紧缺急需干部人才122人，其中省考招录选调生2人、公务员15人，周边县市区选调2人，公开招聘事业单位工作人员103人。

【城市党建】 2023年，区委组织部制定基层党建“聚力计划”重点任务清单，落实15项48条具体措施。建立基层党建联系点14个，领办党建重点项目15个。对全区59个单位开展全面从严治党督导调研，发现并整改问题207个。落实市委共同缔造体制机制创新部署安排，推进74项具体项目。织密党建主导型业委会服务居民网，创新探索业委会主任街道备案管理、楼栋微治理“五进行动”基层治理公约、“四维”积分管理等制度机制，系统集成“一米菜园”等工具箱50个在全市推广。中央党校调研组、华中师范大学徐勇团队5次实地调研基层治理工作并给予肯定，相关做法被《中国社区报》《党员生活》等推介。织密群团组织带动型社会组织服务社会网，深化党建带群建“一带六联”制度，开展“建会建家”“姐妹共建”“青年聚力”等活动850场次，全国总工会、全国妇联、团中央、全国残联现场调研给予肯定。织密区街联动型商(协)会服务市场主体网，发挥10大骨干行业协会、7个街道商会、66个社区蜂巢资源优势，协调解决小区电梯加装、违建拆除、基础设施改造等难题200多个、捐赠资金400多万元，全国工商联副主席方光华、省工商联主席党蓁现场调研指导。实施暖“新”聚力行动，摸排新就业群体党员157人，组建党支部12个。围绕新就业群体推出服务清单40余项，打造陵“新”驿站27个、小哥食堂11家，大楚网约车入选全国新就业群体工会建会试点，全市两新党建拉练会现场观摩，相关做法被中组部《党建研究》内参推介。组建街区商户联合体51个、产业发展联盟7个，推动党务、政务、商务、法务、社务、警务、医务“七务同进”，党建引领“6+20+N”特色街区(商圈)治理纳入全省试点。全面推进“1+1+N”党群服务中心体系建设，小区党群连心站覆盖率达98.7%，创新楼栋“共享客厅”70余处。党员干部领衔小区治理模式入选全省四个试点之一。推进社工能力提升行动，全区社工持证率达70%。落实“岗在小区、重在服务、责在连心”机制，探索组建1(专职网格员)+N(兼职网格员)服务团队。西坝街道集中5名社工对68项服务事务“一窗通办”，做法被省政务办肯定。深化与中省在宜企事业单位党建联合体联建共建，做实街道“大工委”、社区“大党委”、小区“大支部”，谋划实施共建项目500余个。打造区街社会治理综合服务中心，全年处理群众诉求2.5万件，办结率达98.8%。深化城管执法改革，推动154名城管队员下沉社区，进入小区治理体系，运用“推磨解难”方法解决急难愁盼问题800多件。

2023年5月18日，西陵区举行青年干部特色街区建设“金点子”案例交流大会 (李正超 摄)

【干部管理】 2023年，区委组织部发现储备各类别各层级优秀干部150名。提拔重用25名，占比达56.82%。7名科级干部被免职或调整岗位，中层干部调整率19%，工作人员调整率30%。建立“能干成事”业绩档案，推行纪实量化评价管理办法，经验被省市组工信息采用推介，并申报为湖北省基层公务员队伍建设创新创优项目。党的二十大信访维稳安保、项目建设等工作给予50名个人和50名集体

2023年7月5日，西陵区举办青年干部"悦读经典·西陵青年说"读书分享会（李正超 摄）

嘉奖和记三等功。开展谈心谈话、心理健康讲座、心理咨询师"一对一"辅导。全年提交常委会票决7批次、调整任免干部140人次，得票率和通过率均为100%。其中提拔重用44人次，交流36人次，其他职务任免60人次。晋升职级3批次18人次。

【青年干部培养】2023年，区委组织部建立优秀干部"育选用"一体化制度体系，实施青年干部"2+3"导师帮带计划。实施"干部专精能力提升计划"，组织青年干部参加"新商业大讲堂"90场，开展青年干部"金点子"案例培训，7项建议被采纳运用。加大干部跨系统、跨领域交流力度，选派10名年轻干部到三峡集团、三峡大学、省市部门和"四个重大"项目专班跟班学习，安排75名年轻干部一线锻炼，联合三峡大学、辖区金融机构等选派30名专业人才挂职。

【人才服务】2023年，区委组织部研究出台"才聚西陵"黄金15条，持续迭代"1+6+X"人才政策体系，推动"政策引才"向"产业聚才、环境吸才"转变。建立在外优秀人才、经济等八大人才资源库，建立人才联络站6个，聘请31位西陵籍在外优秀人才、95名高校学子和教师担任"招才引智大使"。全年开展招聘活动72场次，组织1408家企业，提供招聘岗位31500个。全年引进人才10000余人，引才数量、质量全市第一。联系对接三峡大学校友200余名，举行"百年三大、筑梦西陵"项目签约仪式，校友协议总投资141.58亿元，相关工作做法被《宜昌组工信息》采用推介。实施"百博千硕万本"工程，引进63名博士、400余名硕士、2000余名本科生挂职实训。推动湖北景深安全技术有限公司设立连续流技术联合实验室，三峡大学与三峡高科共建宜昌数字经济研究院。打造双创平台，发布《青年创新创业指南》，完善86万方全生命周期的双创孵化空间，开展"创业门诊""青联思享汇"等创新创业活动，三峡创谷获评首批省级人才创新服务中心。评选区级名师工作室13个、名医工作室5个。开展"爱在西陵"活动11场，促成300余对单身青年喜结良缘。优化青年IP"软环境"，发布人才服务券、人才需求图等"三券三图"。开展宜昌三峡青年音乐节，近2000名青年参与。打造"十全十美·宜昌老街"20条特色街区，CBD铁路坝小吃街入选2023年度湖北省夜间消费集聚区。解决人才购房、托育、就学、养老等问题，组织"高端人才看西陵"活动，为200余名青年对接"人才团购房"，全区建设15分钟便民生活圈，建成托幼托育场所47家，建成区文体中心、全市首个24小时"城市书房"，国药西陵医养结合医院挂牌运营。

【学习贯彻习近平新时代中国特色社会主义思想主题教育】2023年9月，西陵区启动主题教育，2024年

2023年9月15日，西陵区召开学习贯彻习近平新时代中国特色社会主义思想主题教育工作会议（李正超 摄）

1月结束。全区“四大家”领导班子、925个基层党组织，36名区级领导干部、2.3万名党员参加。5次召开区委常委会会议、1次推进会研究部署工作，召开推进拉练会5场。依托“党课开讲啦”“三会一课”，主题党日开展书记领学、岗位述学等1100场次，举办培训班180场次，推动2.3万名党员学习全覆盖。“三新”组织主题教育、“四下基层”等做法被省市主题教育简报推介。聚焦城市产业集中高质量发展、三峡水运新通道建设、美好环境与幸福生活共同缔造等中心工作，区委常委同志领衔10个调研课题，带动区“四大家”班子成员领办25个课题。建立完善《西陵区“四个重大”推进机制》、建强特色街区等各类制度机制30个。768名“首席服务官”走访服务企业1068家，全年收集重要问题建议195件，办结率100%。推进30件重要民生实事，完成率100%。开展“立足岗位做贡献”活动，设立党员示范岗2058个、党员责任区7289个、党员突击队968个。

（张　燕）

全区先进基层党组织、优秀共产党员、优秀党务工作者、小区党建工作优秀个人和“十佳”业委会名单

一、先进基层党组织（20个）

学院街道气象台社区党委、学院街道墨池巷社区美岸长堤小区党支部、云集街道山庄路社区党委、云益家社会组织服务中心党支部、西陵街道刘家大堰社区党委、宜昌浦华三峡水务有限公司党委、西坝街道幸福路社区党委、西坝街道甲街社区两江人家小区第一党支部、葛洲坝街道党工委、葛洲坝街道东湖社区党委、夜明珠街道镇平路社区党委、夜明珠街道夜明珠社区258小区第一党支部、窑湾街道望洲社区第三党支部、宜昌市特锐德电气有限公司党支部、西陵区纪委监委机关党支部、西陵区审计局机关党支部、西陵区铁路坝小学党支部、西陵区税务局机关党委第六党支部、城区烟草专卖局西陵管理所党支部、湖北国贸大厦集团有限公司党委

二、优秀共产党员（60名）

鄢　鹏　学院街道党工委委员、办事处副主任兼人武部部长

潘　军　学院街道平安建设办公室牵头负责人

周黛莉（女）　学院街道中书街社区网格员、环南征收专班工作人员

翟　炼　学院街道四方堰社区四方堰小区业委会副主任

昌　玉（女）　学院街道翁家堰社区党委委员、居委会副主任

邱朗旭　解放路步行街区流动党员党支部书记、禧年工艺品商行经理

邹　婧（女）　云集街道党工委委员、办事处副主任

陈正庆　云集街道党工委委员、二马路社区党委书记、居委会主任

朱小芳（女）　云集街道夷陵路社区网格员

范红军（女）　云集街道果园路社区环保小区党支部书记

邹　韬　云集街道小林园社区培元路小区业委会委员

王元兴　宜昌大楚汽车服务有限公司党支部书记、总经理

张　未（女）　西陵街道香锦社区党委副书记

杨　俊　西陵街道土街头社区党委委员、居委会副主任

覃　婕（女）　西陵街道大学路社区网格员

乔清荣　西陵街道石板溪社区桂花苑小区党支部书记、业委会主任

汤凤昌（女）　西陵街道樵湖岭社区樵湖街小区党支部书记

陈　伟　湖北政途教育咨询有限公司党支部书记、总经理
梅颜艳(女)　湖北景深安全技术有限公司党支部副书记
王　进　西陵经济开发区项目建设部部长
胡　艳(女)　西陵区委办公室秘书股牵头负责人
朱双龙　西陵区政府办公室综合六股九级职员
阙发权　西陵区政协党组成员、秘书长、办公室主任
王思源　西陵区委政法委办公室主任
熊　炜　西陵区融媒体中心副主任
李明琳(女)　西陵区发改局办公室牵头负责人
周文倩(女)　西陵区少数民族权益保障服务中心八级职员
王宜春(女)　西陵区财政监督中心副主任
解　齐(女)　西陵区人社局人事人才股牵头负责人
刘　艳(女)　西坝街道党政综合办公室牵头负责人
向　静(女)　西坝街道光明路社区党委委员、居委会副主任
邱　晨(女)　西坝街道幸福路社区党委委员
赵叶惠(女)　西坝街道甲街社区党委委员
詹胜斌　西坝街道丫口社区桥南小区第二党支部书记
向长users　葛洲坝街道党工委委员、办事处副主任兼人武部部长
黎　露(女)　葛洲坝街道经济服务办公室牵头负责人
金　凤(女)　葛洲坝街道石子岭社区党委书记、居委会主任
张明慧(女)　葛洲坝街道东方社区党委书记
刘劲松　宜昌三峡风合唱团党支部书记
朱　涌　夜明珠街道党工委委员、办事处副主任
张永翠(女)　夜明珠街道党政综合办公室牵头负责人
聂　芳(女)　夜明珠街道英雄山社区党委书记、居委会主任
罗晓玲(女)　夜明珠街道上导堤社区党委委员、居委会副主任
朱家新　夜明珠街道全安岭社区常刘路A区党支部书记
郑红艺(女)　窑湾街道后坪村夜明珠小区党支部书记
孙　超　窑湾街道沙河村村委会委员
黄　伟　宜昌市既济建设有限公司党支部书记、总裁
宋明芬(女)　宜昌市西峡泵业有限公司党支部书记
李远征　老周物流公司党支部书记、工会主席
晏贤梁　宜昌天美国际化妆品有限公司生产一部经理
曹　茜(女)　西陵区住建局办公室牵头负责人
林升星　西陵区招商局投资促进股牵头负责人
朱玉华(女)　西陵社区卫生服务中心党支部书记
宋　峰　西陵区人民法院立案庭庭长
张金莲(女)　西陵区人民检察院检察官助理
解津京　西陵公安分局云集派出所三级警长
谢贤君　西陵区个私协会党总支委员、湖北一爿香餐饮连锁管理有限公司总经理
江　艺　西陵城市发展集团有限公司项目经理
毛晓路　湖北民康制药有限公司党委书记、总经理
卢玉智　宜昌市湖南商会党支部书记、太一科技集团有限公司董事长

三、优秀党务工作者(20名)

吴远蓉(女)　学院街道尚书巷社区党委书记、居委会主任
张永哲　学院街道东门外正街社区党委书记、居委会主任
万爱玲(女)　云集街道党政综合办公室牵头负责人
黄华蓉(女)　云集街道桃花岭社区党委书记、居委会主任
宋兰英(女)　西陵街道党工委组织委员兼宣传委员、统战委员

岳晓娟(女) 西陵街道铁路坝社区党委书记、居委会主任
张莉莉(女) 西坝街道机关党支部组织委员
陈斐然(女) 西坝街道甲街社区党委副书记
王　丹(女) 葛洲坝街道机关党支部组织委员
王汉宜(女) 葛洲坝街道锦绣社区党委副书记
杨　严(女) 夜明珠街道大堰湾社区党委副书记
宋　舟(女) 夜明珠街道肖家岗社区党委副书记
秦立俊 窑湾街道黄河路社区中铁十二局小区党支部书记、业委会主任
施　念 窑湾街道石板村党总支副书记
黄庭新 西陵区人大常委会党组成员、办公室(研究室)主任
张　燕(女) 西陵区委组织部机关党支部组织委员
江晶晶(女) 西陵区委直属机关工委八级职员
刘　婵(女) 西陵区教育局机关党支部组织委员
赵亚婷(女) 西陵区综合行政执法局党组成员、副局长
冉志刚 宜昌市重庆商会党支部书记、湖北广善居建筑工程有限公司董事长

◆宣传工作

【概况】2023年,西陵区共组织区委理论学习中心组学习22次,其中研讨交流8次,开展随堂测验6次,下发重点学习内容提示9期,推送“网络热词”60期。区委常委会组织学习贯彻习近平新时代中国特色社会主义思想主题教育读书班。区委召开7次区委常委会会议、2次联席会议,专题研究、指导督导意识形态工作。

2023年,西陵区成功创建中华诗词示范区,为城区唯一,全国文明城市测评获史上最好成绩,文明实践工作城区第一,“西陵发布”获评全省“百佳新媒体账号”,县市区唯一,区“扫黄打非”办获评全省“扫黄打非”工作先进集体,城区唯一。

【理论宣讲】2023年,西陵区深化“七个一百”宣讲,“两团多队”深入一线宣讲600余场次,受众2万余人。打造“陵听二十大”宣讲品牌,“西陵发布”推送宣讲资讯20余条,阅读量突破10万人次。深化“理论热点面对面”实践基地建设,中央党史和文献研究院、武汉大学马克思主义学院共同在学院街道开展理论宣讲、基层调研、志愿服务等联学联建活动,相关工作信息在“理论中国”公众号、湖北理论信息网刊发。

【新闻宣传】2023年,西陵区在中省主流媒体传统版面发稿106条,新媒体发稿7000余条。其中在央视《新闻联播》发稿5条,央视新闻及其他频道发稿20条次。服务西坝不夜城、云集珠宝婚庆摄影街等打造特色街区,拍摄宣传视频20条,西陵“十全十美”特色街区打造工作经验湖北日报头版刊载。“西陵发布”微信公众号粉丝量突破21.7万,全省区县政务微信排行前20,融媒指数7月、10月全市排名第一。“西陵发布”抖音号粉丝量达到6万,同比增长57%;抖音城市话题突破1.6亿,增长33%。抖音号、视频号累积发布10w+作品263条次、50w+作品51条次、100w+作品17条次,与去年同期相比分别增长40%、200%、190%。

【新闻出版】2023年,西陵区深入开展“扫黄打非”工作,组织开展五大专项行动和六大专项整治,打击涉黄涉非出版传播活动,检查市场主体500余家次。推进新闻出版“放管服”改革工作,办理新闻出版许可52件。做好辖区140余家新闻出版印刷发行单位的监管和服务。开展“扫黄打非”进基层暨“护苗绿书签”宣传教育活动,加大“扫黄打非”宣传力度,营造未成年人健康向上的“绿色空间”,相关活动上榜《中国新闻出版广电报》。区“扫黄打非”办获评全省“扫黄打非”工作先进集体,三峡日报社融媒体中心获评全国第六批“扫黄打非”进基层示范站点。

【群众文化】2023年,西陵区坚持以人民为中心的创作导向,作家王玲儿和《失语的蝴蝶》《宜昌非遗组曲》分别获宜昌第八届文艺明星奖和屈原文艺创作奖。原创文艺精品节目《亲清的你》获2023年宜昌市“廉政文艺直通车”节目展演二

等奖。原创舞蹈节目《香溪香香溪长》荣获第六届湖北省广场舞展演一等奖。策划“千年宜昌城·文脉在西陵”文化品牌宣传系列活动，举办文史专家文化沙龙活动，共论“西陵”渊源。举办宜昌·西陵庙会、宜昌首届“端午之夜”以及“溪林”城市文化品牌系列活动，打响“溪林”品牌。举办3场西陵历史文化元素草地歌会活动，唱响《西引力》《我想去逛儿童公园》等地域特色原创歌曲。市文联主席周立荣创作《大南门》《二马路》歌曲唱响长江三峡国际旅游节。

（谢轩虎）

◆统一战线工作

【概况】2023年，西陵区有土家族、回族、苗族、满族、壮族等40个少数民族近2万人；归侨侨眷占全市半数以上。全市6个民主党派在西陵区均设有基层组织。西陵区“锦绣汇”实践创新基地被省委统战部表彰为“全省新的社会阶层人士统战工作实践创新基地”。西陵区云集街道桃花岭社区被省委统战部表彰为“全省统一战线‘同心聚力 共同缔造’实践创新基地”。西陵区桃花岭社区侨之家被中国侨联表彰为“2021-2022年度全国侨联系统‘侨胞之家’典型选树单位”。西陵区丫口社区、平湖馨苑社区侨胞之家被省侨联表彰为“2022-2023年度湖北省‘侨胞之家’典型选树单位”。西陵区委统战部《有效凝聚新阶层人士助力“共同缔造”的路径探索—以宜昌市西陵区为例》，被省委统战部评为2023年度实践创新成果三等奖。

【全区召开区委常委会专题研究统战工作】2023年2月28日，西陵区委常委会专题研究统战工作，传达学习中央和省委统战工作会议，以及全国和全省、全市统战部长会议等相关会议精神，总结全区2022年统一战线工作，部署2023年任务。区委书记任蔚主持会议并讲话。

【全区举办统战干部培训班】2023年5月12日，西陵区举办全区统一战线“学思践悟二十大·砥砺奋进新征程”暨“同心聚力·共同缔造”培训班，传达学习全省统一战线“同心聚力·共同缔造”培训班精神，安排部署全区统一战线“同心聚力·共同缔造”、经济统战、民族宗教事务、侨务工作等。区委常委、组织部部长、统战部部长曹红国出席开班仪式并讲话。会议邀请市委党校党性教育教研室主任姚薇作《夺取中国特色社会主义新胜利的政治宣言——学习贯彻党的二十大精神》专题辅导。区直各单位分管领导、各街道统战委员及统战干部、各社区党组织负责人、各民主党派西陵基层组织负责人等160余人参加培训。

2023年5月12日，西陵区举办全区统一战线“学思践悟二十大·砥砺奋进新征程”暨“同心聚力·共同缔造”培训班

（区委统战部 提供）

【省委统战部到西陵调研指导新阶层人士统战工作】2023年6月14日至15日，省委统战部新阶层处处长袁伟到西陵区调研指导新的社会阶层人士统战工作，市委统战部副部长王云洋，区委常委、组织部部长、统战部部长曹红国等陪同调研。袁伟一行调研西坝街道幸福路社区“统战之家”、同心书屋、渔民驿站、长江生态法治公园等统战阵地建设和运行情况。在西坝“不夜城”，实地了解泷麟沉浸馆、电竞馆等新业态经济发展情况、存在困难及问题。在云集街道“云益家社会组织服务中心”，参观“三峡蚁工”“稻草圈圈”“惠爱家庭教育”等社会组织孵化、运行及参与“同心聚力·共同缔造”等方面的情况，并前往滨江公园双亭广场江滩，实地了解“三峡蚁工”环保公益活动情况。

【农工党中央副主席吕忠梅来西陵调研】2023年6月14日，全国人大常委会委员、环境与资源保护委员会副主任委员、农工党中央副主席吕忠梅一行到西陵区开展基层社会治理调研。在西坝街道幸福路社区，实地察看农工党西陵区支部“党员之家”阵地建设，听取农工党宜昌市委会和西陵区支部关于基层组织建设、学习培训、建言咨政和服务社会等方面情况。在云集街道桃花岭社区、葛洲坝街道清波路社区，实地调研众信社会工作服务中心、环宇社会工作服务中心，听取2个中心在承接腾讯公司“腾讯公益·五社联动·家园助力站”公益项目助力基层社会治理方面的情况，吕忠梅与基层相关同志进行深入交流。

【“寻美·湖北——网络代表人士荆楚行”打卡西陵】 2023年6月29日，西陵区举办“寻美·湖北”暨“开局之年看湖北——全国网络人士服务团荆楚行”主题活动，来自全国各地的网络大V、中央和省市统战部门有关领导共70多人走进西陵区。中央统战部六局二级巡视员朱大国出席活动，省委统战部副部长李涛和市委常委、市委统战部部长燕元沂，以及区委副书记、区政府区长梅卫民和区委常委、组织部部长、统战部部长曹红国参加活动。该活动共持续5天，宜昌为最后一站，主要聚焦产业转型升级、营商环境改善、生态文明建设、特色产业集聚等主题内容开展调研，通过新媒体平台讲述新时代大美湖北。网络大V实地了解中央统战部新的社会阶层人士统战工作实践创新基地重点项目“益西陵”推进情况，与“三峡蚁工”志愿者们一道清理长江岸边垃圾，乘船考察长江宜昌江段，现场调研“稻草圈圈”等社会组织保护长江江豚的努力，并乘船体验万里长江第一坝葛洲坝船闸“水涨船高”的科技魅力。

【全区召开统战工作半年推进会】 2023年7月18日，西陵区统战工作半年推进会召开。区委常委、区委组织部部长、统战部部长曹红国出席会议并讲话，区委统战工作领导小组成员单位负责人，以及区委统战部、区侨联、区工商联、区民宗局全体机关干部参加会议。会议传达学习全市统战工作半年推进会暨统一战线“同心聚力·共同缔造”现场推进会精神，区委统战部各分管副部长就相关工作以清单化的方式进行明确和解读，区教育局、区经信局、区人社局、区民政局、区财政局和各街道等区委统战工作领导小组成员单位代表现场述职上半年统战工作完成情况和下一步重点工作安排，与会人员分类对各述职单位进行民主测评。

【全区召开统一战线经济社会发展情况通报会】 2023年8月18日，西陵区委统战部联合区政协召开全区统一战线经济社会发展情况通报会。区委副书记、区政府区长梅卫民和区政协主席岳新梅等领导出席会议。梅卫民通报上半年全区经济社会发展情况和下半年工作安排；区委组织部副部长孙新星通报全区共同缔造助力基层社会治理相关情况。辖区各民主党派和无党派人士、非公经济人士、新的社会阶层人士、民族和宗教界人士、港澳台同胞等统战代表人士，围绕“同心聚力·共同缔造”、奋进全国百强城区、打造世界级宜昌等市区中心工作进行提问式交流，相关部门负责同志逐一解答。

（揭媛媛）

◆涉台事务

【概况】 2023年，区台办继续做好台资企业和台胞的服务工作。组织台胞集中学习党的十九届六中全会和《中国共产党统一战线工作条例》精神。召开情况通报会，向辖区台胞通报全区经济社会发展和党风廉政建设情况。开展“大走访大慰问”活动，为7位台胞台属送上新春祝福。持续资助单亲困难台胞潘文龙求学。借助“统战大讲堂”“云上侨之家”“西陵e企说”等线上线下平台宣传解读省市惠台政策。深入辖区台商台企走访慰问，现场办公解难题。协助市台办举办“第17届湖北台湾周宜昌分会场活动”，组织辖区台胞台商参加。与区招商、经信、侨联、工商联等部门对接，推介优势资源，鼓励台胞台企来西陵区投资兴业。支持辖区台胞台属参与基层社会治理，为区域经济社会发展建言献策。

【台湾苗栗县参访团走访墨池巷社区】 2023年7月17日，台湾苗栗县基层代表参访团围绕弘扬传统文化、推进和谐社区建设、促进基层社会治理等方面，走进西陵区学院街道墨池巷社区，开展深入交流。市委统战部副部长李杰和区委常委、组织部部长、统战部部长曹红国陪同考察。参访团到社区党群服务中心、居民议事厅、志愿者之家、暑期公益托管课堂、尔雅诗社等场所实地探访，探讨治理新理念、新模式。两岸同胞在社区“墨池书院”即兴写下“两岸一家亲”“血浓于水”等书法作品。

（揭媛媛）

◆政策研究

【概况】 2023年，区委政研室组织撰写会议材料、调研报告、理论文章、工作总结和经验交流材料等重要文稿100余篇。完成省委调研座谈会汇报材料、省委巡视相关会议发言、迎接市委主要领导调研西陵时区情汇报等重要文稿，以《加快城市更新，打造世界级工程文博区》为题，撰写全市县处级领导干部专题培训班交流内容、制作授课电子演示文稿。参与制定《关于贯彻落实市委七届五次全会精神提升城市功能争当典范标杆打造世界级宜昌核心主城的实施意见》等重要文件方案。对标学习西城、静安、福田、越秀、渝中、武昌、江岸等先进城区经验，编发对标“5+2”信息资讯54期。定期组织区委办青年干部进行分享交流、工作复盘讨论5场（次）。

【财经工作】2023年，区委财经办组织召开区委财经委员会会议3次，传达学习上级会议精神，专题听取2023年部门预算工作情况汇报，安排部署具体工作。围绕西陵“奋进全国百强城区”目标，制定《中共宜昌市西陵区委财经委员会2023年工作要点》，明确14项年度工作任务，从产业转型升级、重点项目建设、提振消费市场等方面统筹推进。起草区委经济工作会、项目建设大会、产业高质量发展会、经济高质量发展暨优化营商环境会议及项目建设、招商引资、征收征迁、企业服务“四合一”等会议讲话，从经济实力、增长动力、内生支撑、区域能级和共享发展5个方面系统分析百强城区创建指标、调度推进，完成全年各项工作任务。

（朱高峡）

◆督办督查

【概况】2023年，区委督查室围绕贯彻落实习近平总书记重要指示批示精神和上级工作要求，以及区委中心工作开展督查考核，推动工作落实，深入开展不担当不作为专项整治。制发《区委落实全面从严治党主体责任清单》《区级领导工作联系点和各单位三类工作法任务目标》《西陵区督查问效实施办法（试行）》，细化西陵区贯彻落实“加快建设全国构建新发展格局先行区”任务清单、省委主要领导在宜昌调研重要讲话精神任务分解清单以及区委九届五次全会暨区委经济工作会议重点任务分解清单，督促各单位专题传达学习和落实省委关于流域综合治理工作精神，协调配合推动宜昌市“四个重大”项目推进。全年开展专项督查6次、综合督查1次，开展主题教育专项整治2项，完成市级交办件28件，区级交办件62件。服务十二届省委第三轮巡视西陵区工作，统筹省委巡视反馈问题全面整改，督导66个问题责任单位制定整改措施266条，召开调度会5次，开展实地督查3次。

【基层减负】2023年，区委督查室开展整治形式主义为基层减负工作，专题学习习近平总书记关于力戒形式主义官僚主义、加强基层治理等重要论述，组织区“四大家”办公室专题传达学习中央和省市层面专项工作机制文件和会议精神。印发《西陵区关于进一步深化整治形式主义为基层减负任务清单》，组建专班聚焦精文减会、社区减负、基层挂牌、指尖上的形式主义开展现场监督检查和暗访抽查。组织全区各单位开展自查自纠和重点排查，督促问题整改和建章立制。

【目标考评】2023年，区委督查室制发《2023年度市对区目标管理综合考评项目责任清单》，定期调度，加强督办，推动各项指标完成年度目标任务。西陵区在全市目标考核中被评为“进位显著单位”。做好市对街道首次开展高质量发展综合评价工作的统筹调度、对接争取工作。完成2023年度区内目标管理考评工作，评定立功单位10个，优胜单位27个，达标单位18个。

（陈大双）

◆外事工作

【概况】2023年，区委外事办坚持以习近平新时代中国特色社会主义思想为指导，认真贯彻党中央决策部署和省委工作要求、市委工作安排、区委工作任务，健全完善外事工作机制，深入开展对外交流合作，不断提升外事管理和服务能力。

【涉外活动】2023年，西陵区参加荷兰达门船舶董事会主席达门来宜考察调研，进一步密切关系、深化合作。向三峡大学64个国家千余名留学生和湖北省内其他7所兄弟高校70余名留学生代表，宣传推介宜昌市和西陵区人才政策，不断吸引海外高层次人才来宜昌和西陵创业创新。

【对外宣传】2023年，西陵区实施外宣精品战略，《人民日报·海外版》《中国日报》等媒体专题推介西陵区适老化改造工作经验，展示西陵文旅夜市西坝不夜城等城市形象。借助宜昌英文网站（GorgeousYichang），刊发推介西陵经济、社会、人文以及城市发展等方面稿件20余条。

【外资外贸】2023年，西陵区全力支持葛洲坝集团、十六化建等辖区优质企业参与“一带一路”建设。积极服务湖北力帝机床股份有限公司、宜昌科力生实业有限公司等企业，办理邀请外籍人员来华事宜5批7人次。培育活跃服务外包企业25家，办理外贸备案资质8家，楚贸通平台处理咨询、制单、报关等800余次。服务达门船舶持续发展进出口贸易，达门船舶全年进出口额达6.6亿元，同比增长122.54%。

（杜雨轩）

2023年10月27日，西陵区委理论学习中心组开展10月集体（扩大）学习。市委副秘书长、市委保密委专职副主任、市国家保密局局长赵国宝作国家安全保密形势专题辅导。（区委办 提供）

◆机要保密

【概况】2023年，西陵区认真学习贯彻习近平总书记对机要保密、专用通信工作的重要批示精神，坚持总体国家安全观，推动机要保密、专用通信、电子政务内网应用、保密规范化建设和信息技术应用创新等工作。区直各单位保密委员会进一步完善工作机制，修订保密工作制度，更新调整三张清单内容。创新方式方法，多方统筹，积极建设基层保密宣教阵地，切实抓好保密宣教“五纳入”“四进入”工作，区国家保密局获全省“保密宣传教育下基层”优秀基层保密部门，全市唯一。

【保密规范化建设】2023年，西陵区坚持保密规范化建设，及时跟踪指导全区各单位完善“153”工作体系，进一步健全基层保密工作运行管理体系。探索扩大保密规范化建设边界，指导西陵城发集团开展规范化建设工作。7月，邀请市国家保密局总工程师周开荣到区专题解读保密规范化建设内容及要求。

【保密宣教活动】2023年，西陵区从普通党员干部、涉密人员、领导干部等多层次开展保密宣传教育，全年开展各类专题培训7次，组织1000余人参加线上培训，全面提升保密“两识”教育覆盖面。发挥石子岭社区文化广场宣教平台作用，开展保密宣传进小区、开学第一课讲保密等活动。推介西陵经验，在《保密工作》（国家级）期刊发布工作简讯1篇，分别在省、市网站发布动态信息5条、25条。参加保密宣教活动，微视频《保守国家秘密和我们每一个人都有关系》获全省三等奖，宣传文案《保密，我尽责》、宣传海报《信息时代保密更重要（组图）》均获全市三等奖。

【监督检查】2023年，西陵区结合保密自查自评检查、保密专项检查、政治巡察，全年对51家单位进行保密检查指导，抽查各类信息化设备300余台，封堵保密日常管理的失泄密安全隐患，进一步规范日常管理。结合保密巡视整改开展问题整改落实“回头看”，以查促建、以查促防，全面提升全区保密服务保障能力。

【服务保障工作】2023年，西陵区全年服务保障内网会议40场次，保障专通视频会议71场次。全年办理上级来文889件。强化文件传输电子化管理，协调资金10万元，新建电子文件交换柜，实现区内涉密文件向下传输电子化、智能化管控。常态化做好中考保密和辖区涉密资格（质）企业审查等服务工作。

（王彦锋）

◆机构编制

【概况】2023年，西陵区有行政机构55个，其中纪委监委机关1个，党委工作机关10个，政府工作部门24个（不含区民宗局），群团机构8个（不含区侨联、区科协），政府派出机构10个，人大常委会机关1个，政协机关1个。全区有事业单位146个，其中公益一类121个，公益二类25个；相当于正科级

13个，相当于副科级32个；参公管理8个。全区核定各类编制3709名，在编3348人，其中行政编制486名，在编442人（行政编制中，政法专项编制24名，在编23人）；事业编制3203名，在编2886人；机关自定事业编制12名，在编12人；机关工勤编制8名，在编8人。

2023年，区委编办规范有序开展机构编制工作，办理96项事业单位登记、变更、注销事项，完成全区116家事业单位法人年度报告公示。办理中文域名续费34个。优化调整区园林绿化管护中心管理体制机制，深化疾病预防控制体系改革。推动全区公办幼儿园“托幼一体化”建设，提升数字编办建设水平。

【机构编制法定化】2023年，区委编办严格执行《中国共产党机构编制工作条例》，确保规范有序、科学有效开展机构编制工作。召开区委编委会1次，研究政协、司法、应急、卫生、教育、园林等部门机构编制事项10项，审批2023年度用编计划115名。修订完善机构编制事项审批、用编审批、人员进出编等5项业务流程，编印《机构编制政策法规“口袋书”》《机构编制工作办事指南“口袋书”》和《机构编制重要事项提示》等。开展全区机构编制法规、业务专题培训1期。开展法人事业单位法人信息公开随机抽查工作3次。联合组织、人社、财政等部门，开展机构编制核查“回头看”工作。

【区园林绿化管护中心管理体制优化调整】2023年，西陵区委机构编制委员会2023年第1次全体会议研究决定，区园林绿化管护中心由区综合行政执法局（区城市管理局）所属调整为区住房和城乡建设局所属，机构规格、编制、领导职数、内设股室不变。涉及园林绿化、林业的相关行政处罚、行政强制事项由区综合行政执法局（区城市管理局）负责，涉及园林绿化林业相关的其他行政事项由区住建局负责。区综合行政执法局（区城市管理局）、区住建局建立案件移送机制。

【疾病预防控制体系改革】2023年，西陵区持续深化疾病预防控制体系改革，在区卫生健康局加挂“区疫病预防控制局”牌子，区疾病预防控制中心加挂“区卫生监督所”牌子，区疾病预防控制中心（区卫生监督所）由区疾病预防控制局管理。调整区卫生健康局和区疾病预防控制中心领导职数，区卫生健康局核定局长1名，副局长2名，疾病预防控制局专职局长、兼卫健局副局长1名；区疾病预防控制中心核定主任（兼所长）1名，副主任（兼副所长）2名。

【司法所建设】2023年，西陵区优化辖区司法所建设。区司法局下设的学院司法所、云集司法所、西陵司法所、西坝司法所、葛洲坝司法所、夜明珠司法所、窑湾司法所等7个派出机构升级为副科级，核定各司法所行政编制2名，所需编制从区司法局划转。各司法所设所长1名。司法所实行双重管理，其人员编制、经费保障、设施设备、业务工作和监督考核由区司法局领导和管理，日常指挥调度和工作考核由街道党工委负责，其主要负责人调整任免事先征求街道党工委意见。

【数字编办建设】2023年，区委编办深入推进机构编制业务“网上办”。3月，统一使用湖北省机构编制管理大数据平台制式的业务办理专函，依据平台生成的业务办理专函办理行政事业单位人员上下编等相关事宜，替代准许用编通知单（三联单），自定事业聘用编制人员上下编仍沿用三联单管理。6月，湖北省机构编制管理大数据平台4.0上线，进一步规范平台业务办理流程，加大平台操作应用，人员上下编、用编核准、人员信息修改、机构信息修改等机构编制业务全程网上办理。7~8月，区委编办配合省委编办录制机构编制管理大数据平台操作演示“微视频”10期。

【公办幼儿园“托幼一体化”建设】2023年4月，区委编办为全区所有公办幼儿园新增托幼职能并进行事业单位法人变更登记，助力全区率先探索公办幼儿园“托幼一体化”服务体系和模式。2023年秋季学期，全区新增幼儿园学位450个，14所幼儿园延伸托育服务，增加托位300个。

【省委巡视选人用人专项检查机构编制检查】2023年4月，区委编办迎接省委巡视选人用人专项检查机构编制检查。7月26日，省委第二巡视组向西陵区委反馈十二届省委第三轮巡视选人用人专项检查情况。针对检查反馈的3个机构编制方面问题，西陵区抓好整改落实，制定整改措施19条，整改销号率100%，进一步提升全区机构编制管理科学化、规范化、法治化水平。

（向铖炜）

◆机关党建

【概况】2023年，区委直属机关工

2023年2月28日，区委直属机关工委举办2023年区直机关入党积极分子培训班
（区委直属机关工委 提供）

委共管辖基层党组织138个，其中党委3个，党总支12个，党支部123个，党员2511人。撤销合并党组织2个，发展党员20名，转正党员25名。

2023年，区委直属机关工委始终把政治建设放在首位，加强党员干部政治理论学习。持续抓好“双报到”“双报告”，组织区直单位党员干部与社区困难群众结对帮扶。关心关爱党员干部身心健康，举办多项文化交流活动。培育机关党建特色品牌，抓好党员干部培训和入党积极分子培训。持续加强清廉机关建设和机关文化建设，扎实开展主题教育。协调城区烟草专卖局为土城路社区提供10万元经费，帮助建设星创残疾人工作室。全年评选先进基层党组织6个，优秀共产党员16名，优秀党务工作者12名。

【思想建设】 2023年，区委直属机关工委把学习贯彻落实习近平新时代中国特色社会主义思想和党的二十大精神作为首要政治任务，明确年度、月度政治理论学习重点。制定《2023年区直机关党的建设工作要点》，确定16项年度党建工作重点。全年印发12份《月度党建工作清单》，明确各级党组织月度重点工作。

【组织建设】 2023年，区委直属机关工委指导区直单位撤销合并党组织2个，接收、理顺个私协会党组织、三峡艺术设计学校党支部的组织关系，城区烟草专卖局由机关党总支升格为机关党委。严格党员发展流程，发展党员20名、转正党员25名，开展发展党员工作项目拉练3次，组织入党积极分子、预备党员等分层分类开展各类培训6场次。组织召开2022年度区直机关党组织书记抓基层党建述职评议大会，反馈存在的问题，督促限期整改。修订出台《区直单位机关党组织基层党建工作考核评价办法（试行）》（宜西工委文〔2023〕6号），对区直单位机关党组织党建工作按照日常工作、季度督查、年终述职、民主评议等4个维度进行考评。全年开展日常工作纪实40余次，开展全覆盖党建督查调研3次，印发党建督查通报3期。

【作风建设】 2023年，区委直属机关工委深入推进清廉机关建设，明确纪法学习重点，督促机关干部规范化开展纪法学习。指导“船柴社区党员群众生活馆”成功申报全市党员干部教育基地，实现西陵区申报“零突破”。违规吃喝问题专项整治内容纳入支部主题党日重点学习内容，邀请区纪委监委相关同志开展清廉机关建设专题业务培训。刊发《做实“纪检委员时间”推进监督走向末梢》等先进经验10余篇，供党务干部学习借鉴。组织前往市交通局、市城管委参观学习清廉机关创建经验。与区纪委监委机关、区委组织部联合印发《西陵区“纪律教育在支部”实施办法》，明确“纪律教育在支部”规范化环节。制定8个“纪律教育在支部”专题学习范本，审核发布学习范本3期，编印《西陵机关党建学习》专刊。举办清廉机关（窗口）创建工作培育试点单位授牌仪式，9家区直单位现场接牌。在全市2023年度清廉机关建设考核中，西陵区位居城区第一，全市第五。

【机关文化】 2023年，区委直属机关工委关爱党员干部身心健康，组织开展2023年干部职工健康体检，邀请心理辅导专家讲授心理健康课。联合西陵社区卫生服务中心为区直单位机关党员干部提供免费三伏贴。1月19日，组织开展“奋进全国百强城区 争当长江大保护典范城市核心标杆”2023年西陵区直机关迎新春文化交流活动，区级领导、区直单位主要负责同志等200余人参加。10月21日，2023年“枝江真年份杯”“才”聚西陵羽毛球友谊赛在西坝长江电力职工活动中心举行，西陵区干部职工代表及三峡大学、710研究所、长江电力等部分在宜高校及重点企事业单位36支参赛队300余名运动员参与竞技。

【“双报到”“双报告”】2023年，区委直属机关工委根据社区工作情况、结合包联单位党员干部实际，对区直单位包联社区工作调整2次，保证下沉力量均衡，确保发挥下沉作用。组织区直单位党员干部与社区困难群众结对，做到“五个一”，落实“三问三清三必访”。辖区47个区直单位、756名党员干部与551户困难群众结对，电话联系6000余次，实地上门走访1000余次，为群众办理实事200余件，认领落实群众“微心愿”80余个。区直各单位联系包联社区，签订共建协议，截至年底，区直各单位共为社区办理实事300余件，参与文明创建等志愿服务1000余次。主题教育期间，辖区300余名党员干部回到居住地社区进行领岗履职。

【入党积极分子培训】2023年2月28日，区委直属机关工委举办2023年西陵区直机关入党积极分子培训班，区直机关52名入党积极分子参加，培训以专题辅导、闭卷测试的形式进行。培训现场，市委党校讲师代星均同志围绕党章修改历程，解读二十大党章；三峡电力职业学院副教授王仁军同志以《百年大党的辉煌历程》为题进行辅导授课。

【机关党建特色品牌培育】2023年4月27日，区委直属机关工委印发《区直机关党建特色品牌培育方案》（宜西工委文〔2023〕15号）文件，对区直单位机关党建特色品牌培训工作进行详细安排部署。督促区直单位按照“一单位一品牌，一支部一特色”的目标，开展党建特色品牌培育工作。12月6日，组织开展区直单位机关党建特色品牌集中展示（评比）活动，42个区直单位机关党组织逐一上台展示机关党建特色品牌培育情况。

【区直机关党务干部培训班】2023年6月7日，区委直属机关工委举办2023年度区直机关党务干部培训班，来自区直各单位的党组织书记、分管领导、党务工作者、预备党员等200余人参加培训。区委常委、区委办主任、区委直属机关工委书记黄明同志出席培训会并讲话。培训会上，区直单位党务干部参观了十六化建企业展厅，对区教育局、区市场监管局等9家单位授予“西陵区清廉机关（窗口）创建培育试点单位”，并对清廉机关建设进行安排部署。市委直属机关工委副书记刘晓男同志以《巩固、优化、提升 实现机关党建高质量发展》为题，讲解机关党建基础业务知识；三峡大学马克思主义学院甘子东副教授对习近平新时代中国特色社会主义思想主题教育进行专题辅导；国家二级心理咨询师、宜昌市职工心理健康协会副会长王矜岚同志以《积极心理和幸福生活》为题，向区直机关党务干部传授实用的减压方法和技巧，让党务干部了解更多心理健康知识。

【“奋进全国百强城区　共同缔造幸福西陵”主题党日活动】2023年6月30日，区委直属机关工委组织开展“奋进全国百强城区 共同缔造幸福西陵”主题党日活动，来自区直机关的先进基层党组织代表、优秀共产党员、优秀党务工作者、区直机关党组织党务工作者等50余人参加活动。与会人员参观了长江大保护教育基地、广汽传祺宜昌生产基地。全体党员干部重温入党誓词，庄严宣誓，并对6个先进基层党组织、16名优秀共产党员、12名优秀党务工作者进行通报表扬。区委常委、区委办主任、区委直属机关工委书记黄明同志以《奋进全国百强城区 共同缔造幸福西陵》为题为区直机关党员讲授党课。

【主题教育】2023年9月，区委直属机关工委积极推进区直单位机关党组织主题教育。对主题教育宣传纪律、工作任务清单等具体工作进行安排部署，制定工作任务清单、理论学习计划等。明确区直单位机关党组织主题教育政治理论学习任务，要求区直单位机关党组织按照时间节点完成政治理论学习任务，审核区直各单位制定的《主题教育工作重点任务清单》《理论学习计划》。对区直单位开展实地督导调研，解决主题教育期间基层党组织的困难和问题，给予业务指导。结合下基层察民情解民忧暖民心实践活动、结对认亲等重点工作，教育引导党员干部领办实事、参与社区志愿服务活动、回居住地小区领岗履职，组织开展党员承诺践诺，结合业务工作实际，探索设置党员示范岗、划定党员责任区。9月26日，组织区直单位党务工作者开展主题教育业务培训会，区委组织部副部长孙新星同志到会进行业务培训。将主题教育开展情况纳入全年机关党组织书记抓党建述职评议考核重要内容。

（江晶晶）

◆信访工作

【概况】2023年，区信访局坚持底线思维、压实工作责任、畅通信访渠道、提升化解力度。开展信访干部培训10余次，局机关干部包案化解信访“骨头案”7件。全年共接待来访群众229批634人次，其中重复访37批104人次，集体访27批322人次；受理群众来信132件次；网上办件1001件，按期受理率、办结率均为100%。推行信访事项限时办结、网上督办，全年网上信访率超过70%。健全网上信访评价机制，2023年责任单位参评率98.32%，满意率99.53%，国家、省信访局交办的重复信访治理件100件全部化解。

【重大活动期间信访保障工作】 2023年，西陵区做好重大活动期间的信访保障工作。全国“两会”期间，31名区级领导和区直单位负责人在区信访局坐班，直接参与接访群众，协助信访人重新梳理诉求，开展政策宣讲、心理疏导工作，从源头减少上行问题。坚持每日集中研判、集中调度，严格落实“日报告”“零报告”制度，确保重要时期全区稳定大局。探索“属地+前方”联动工作机制，做到上下衔接，互通情况，“两会”期间成功劝返8人，其他人员均在位在控。日常时间针对突发信访事件，按照“三方同行、公安保障”的原则，做到快接快返无滞留、安全送回不出事。

【《信访工作条例》学习宣传】 2023年，区信访局组织干部职工围绕《信访工作条例》多次开展专题研讨，提升局机关干部理论水平。5月17日，区信访局联合市信访局在夷陵广场开展《信访工作条例》实施一周年集中宣传日活动，为现场群众答疑解惑。印发《信访工作条例》宣传手册及“一县一码”区长信箱7000余份发放给信访群众，引导信访群众利用网上平台表达自己的诉求。

【信访积案化解】 2023年，西陵区持续推进“爱心家访多帮一”专项行动，每周“四大家”联席会议听取1次信访工作专题汇报，研究信访积案化解工作和重点信访案件情况。区级包案领导每周研究或督办协调1次信访积案化解工作。承担积案化解任务的职能部门和街道主要领导每周组织2次化解会议。分管领导每天参与积案化解，并持续跟踪稳控情况。区信访工作联席会议办公室每月以案例形式通报积案化解进展情况。全年化解3年以上信访积案55件，化解群体性事件20余起。

2023年5月17日，市、区信访局共同开展《信访工作条例》实施一周年集中宣传日活动
（区信访局 提供）

【辖区矛盾纠纷调处】 2023年，西陵区持续推进辖区社会矛盾纠纷调解工作，依托区、街道、社区三级矛调中心，横向覆盖职能部门、纵向直达街道社区、合成联动公安力量，全面服务矛盾纠纷调处。分辖区、分系统开展日常排查，依托社会治理一体化平台生成五级风险台账。持续深化“部门牵头、街道为主、公安保障、三方同行”一体化应急处置机制，全年妥善处置402起风险隐患。国家公安部副部长、省信访局相关领导、其他县市区信访单位等32批到西陵区矛调中心检查指导工作，省信访局接访一处处长官章俊给予区领导接访、矛调中心建设高度评价，并在全省推广。

【信访工作责任制】 2023年，西陵区印发《西陵区2023年度领导干部阅信、接访、下访、信访包案工作实施方案》，落实“区级领导信访接待日”制度。区级领导在信访局值班接访75批次，其中区委书记任蔚接访15批次，阅信50件；区委副书记、区长梅卫民接访14批次，阅信50件。区信访工作联席会议每周四召集重点单位召开调度会，各街道派出所所长参加联席会议，逐案逐人研判，明确风险等级和化解稳控措施。

（关博林）

◆巡察工作

【概况】 2023年，区委持续深化政治巡察，强化巡察整改和成果运用，推动巡察监督、整改、治理有机贯通。开展九届区委第三轮、第四轮、第五轮巡察，共对葛洲坝街道、

2023年3月2日，区委第一巡察组在巡察区人社局期间走访相关企业

（区委巡察办 提供）

区委办公室、区发改局、区人社局等15个党组织进行常规巡察。

【落实巡察工作主体责任】 2023年，区委书记主持区委常委会会议9次，传达学习巡视巡察工作新精神，听取巡察情况汇报、研究贯彻落实措施；主持书记专题会听取巡察情况3次，点人点事点问题14个，其中指名道姓点出“一把手”问题7个并提出整改要求。区级领导履行“一岗双责”，10名区级领导出席23个单位巡察反馈会。领导小组落实组织实施责任，召开专题会5次，召开动员部署会3次，领导小组组长主持召开巡察专题办公会，研究解决重难点问题3次。

【政治巡察】 2023年，区委优化第3轮至第5轮巡察工作方案，监督重点从“62看”细化到“77个具体问题”。巡察轮次从全年2轮调整为3轮，全年对15个党组织开展3轮常规巡察，对市自然资源和规划局点军区分局、市生态环境局西陵区分局开展上下联动协作巡察，专职巡察干部参与纪委监委机关专项巡察。加强对巡察组指导督导力度，开展巡中指导、办组会商20余次，3轮巡察发现面上问题271个，形成专报7份，发现并移送问题线索12件，立案2件，给予党纪政务处分2人，挽回损失18万元。

【协同监督】 2023年，区委推进巡察监督与其他各类监督贯通融合、协调协作。巡前向纪组财审等部门收集掌握监督信息100余条。组织、宣传部门开展选人用人，落实意识形态责任制专项检查，发现并反馈问题45个。深入谋划对社区巡察，收集纪委监委、组织、信访、城运等相关部门情况，掌握“第一手”资料。深化纪巡审联动。召开纪巡审联席协调会2次，对2个单位实施巡审联动。上下联动巡察区水利局，纪巡研判移送问题线索2件，巡中成案1件，涉及科级干部1人。纪巡联动转化问题线索2件，立案2件2人。

【巡察整改】 2023年，区委强化巡察整改和成果运用，健全完善巡察整改工作闭环。坚持纪组巡“三方会审”，对被巡察单位整改方案审核把关。约谈对制定整改方案不重视的部门负责人1名。健全完善“两单两台账”（书记点人点事问题清单、问题整改提醒单；问题线索管理台账、面上问题整改台账），发出点人点事督办函6份。组织开展集中督查4次，推动区委第1轮至第4轮391个反馈问题，销号385个，点人点事问题24个，销号22个，推动被巡察单位健全制度70项，运用“第一种形态”处理174人，综合运用巡察专报和意见建议推动解决街道综合执法中心建设、城发集团法人治理结构不完善等问题。推动纪委监委机关牵头成立整改评估组，对巡察反馈问题“见底清零”，约谈整改不力的街道主要负责人1名。讲好西陵巡察故事，在中国纪检监察报和中央纪委国家监委网站刊发巡察故事3篇。

【自身建设】 2023年，区委持续加强巡察干部队伍建设。强化机构队伍“健体”。抓好省委巡视工作领导小组通报问题整改，健全完善制度7个。完善充实组长库和人才库，建立社区巡察四类人才库，新配备专职化组长1名。加强学习培训“提能”。建立“巡察夜学”制度，一次一主题开展夜学32次、研讨交流4次，邀请市委巡察机构领导专题授课2次，专职巡察干部讲学4次。深入开展主题教育和教育整顿，抓好纪律作风后评估。推进巡察信息管理不规范专项整治，提升信息化水平。

（马军威）

表6 2023年区委巡察工作情况一览表

巡察时间	巡察单位
第三轮（3月至5月）	常规巡察(6个单位)：葛洲坝街道、区政协机关、区委统战部、区人社局、区水利局、区应急管理局党组织，及所管理的二级单位。
第四轮（6月至8月）	常规巡察(4个单位)：区人大机关、区委政法委、区城管执法局、区招商局党组织，及所管理的二级单位。根据市委巡察工作安排，对市生态环境局西陵区分局、市自然资源和规划局点军区分局开展上下联动协作巡察。
第五轮（9月至12月）	常规巡察(5个单位)：区委办公室、区政府机关、区委宣传部、区发改局、区卫健局党组织，及所管理的二级单位。根据省委、市委巡视巡察统一部署，对纪委监委机关开展交叉专项巡察。

◆档案工作

【概况】2023年，西陵区档案馆以深化业务建设为抓手，以推动档案数字转型为主线，持续推进档案资源、利用、安全、治理体系建设。全年共接收档案4390卷(件)，馆藏总量达到64347卷(件)。开展档案开放鉴定审核工作，完成线上审核32218件。全年接待档案利用169人次，216卷/件次，查档无投诉、满意率达100%。启动生态文明档案、重大活动和突发事件档案、“四个重大”档案等四个专题的建档工作，建立专题档案9个。完成16家单位档案工作目标管理考评。完成新馆装修建设和设备采购，启动旧馆搬迁。推动市档案产业园项目落地开园，为全国第三家、非省会城市首家档案产业专业园区。协助市档案产业协会在西陵区成功举办全国档案服务企业论坛。

【档案资源建设】2023年，区档案馆制定档案接收计划、征集计划，有序开展档案接收、征集工作。全年共开展档案接收3家，接收文书档案3713件、专业档案27卷、照片21张、电子档案12件、实物档案1件，原文幅面数33226幅、18.31GB。接收疫情防控档案549件65卷、电子档案2件、资料86册，原文幅面数1516幅、0.79GB。面向社会征集史志资料3批次7册，颁发收藏证书7个，将《杨氏宗祖家谱》《许氏族谱》《宜昌市窑湾公社民俗文化集》《宜昌市窑湾公社民间非物质文化传承集成》《长江三峡地区新的构造地质灾害和第四纪冰川作用与三峡形成图集》《三峡史海钩沉录》等散存于社会具有保存价值的档案资料征集进馆。开展红色档案资源摸底调查，完成9件红色档案资源目录及全文数据的整理报送。

【档案信息化建设】2023年，区档案馆新建主机房、网络平台，配备服务器及存储备份设备、终端设备、数字化设施设备、音视频设备、基础软件等，各项硬件及软件系统均实现国产化替代，各项功能满足档案馆信息化建设需要，建成集智能档案业务一体化系统、消防系统、安防系统、环境控制系统为一体的档案信息管理平台。完成馆藏全部档案文件级目录数据挂接工作，完成保管期限为永久和30年文书档案的数字化及原文挂接，建立涵盖所有数字档案的资源总库、管理库、利用库。指导全区212家单位全面应用宜昌市电子文档一体化系统，全面推进政务服务电子文件归档工作。督促各立档单位实时开展档案数字化、电子化工作，实现实体、数据同步归档管理。全面开展电子档案在线移交接收工作，对新移交进馆的4家单位实行纸质档案、数字化副本“双套制”归档和在线移交接收。积极对接省档案资源共享利用平台，优化“跨馆查档、异地出证、全程网办”服务，促进信息资源互联互通。

【档案文化、法治建设】2023年，区档案馆组织开展“贯彻二十大，奋进先行区”主题宣传活动。深入开展档案宣传“六进”活动，联合区教育局、团区委举办“红色档案进校园”“红领巾读档人”活动10余场次，组织观看“传承红色基因，争做强国少年”直播，召开主题班会。制作刊发“红领巾读档人”视频4期，两件作品获评市一、二等奖。向省档案馆报送档案编研成果18件，区档案馆获评“全省学刊用刊优秀奖”。在“6·9”国际档案日“12·4”国家宪法日开展档案法治宣传，向全社会普及档案法律知识。区档案局、档案馆先后对10家单位的档案数字化工作开展联合执法检查，并督促完成相关问题整改工作。

【启动专题档案建档】2023年，区档案馆围绕长江大保护和生态文明建设，制定印发《西陵区生态文明档案建设工作方案》，启动建设长江大保护典范城市核心标杆区的建档工作。将全区29个责任单位纳入建档对象，建档范围涉及5个方面133项内容。截至年底，建立生态文明专题数据库，共收集档案目录5180条，原文幅面数14888幅。围绕省市发展战略和区委中心工作，制定印发《关于贯彻落实<重大活动和突发事件档案管理办法>(国家档案局令第16号)有关事项的通知》《关于进一步加强重大活动、突发事件档案和“四个重大”档案工作的通知》《西陵区重大活动和突发事件声像档案工作任务分解表》等文件，建立专题档案管理制度，制定工作清单，完成9个项目档案的归集。开展楚菜建档工作，完成“吴氏鲜食泡菜”“非遗传承人米兆贵糖画”《西陵区文旅局长带你游宣传片》《西陵区数家珍》等楚菜档案、视频资料的征集、建档工作，并向省档案馆报送电子数据及相关资料。

【档案开放审核】2023年，区档案馆成立档案开放审核领导小组，制定《西陵区档案馆馆藏档案开放鉴定工作方案》，明确鉴定范围、档案审核流程，形成档案馆鉴定初审、文件形成单复审、鉴定小组组长终审的“三审”机制，确保档案开放审核工作有序开展和档案信息安全。对馆藏1998年以前形成的档案逐条逐项进行审核鉴定，完成档案线上审核32218件、单位38家，并向省档案馆报送开放档案目录。

【新馆建成投入使用】2023年12月20日，区档案馆举办新馆挂牌仪式，并正式投入使用。档案馆新馆位于唐家湾路45号，占地面积1695平方米，场馆建筑高度为6层，地上建筑面积7730平方米，其中库房面积3384平方米。新馆于2019年9月开工建设，2021年10月完成主体工程综合验收。2023年启动内部装修建设，11月底完成内部装修施工和设施设备采购，12月初启动旧馆搬迁。新馆主体工程根据《档案馆建设标准》《档案馆建筑设计规范》，按县级一类档案馆标准设计建设，可满足未来30年档案进馆需求。内部装修工程按照智慧档案馆标准设计建设，硬件设施和系统软件达到省级数字档案馆测评标准。新馆主体工程、装修工程均采用PPP合作建设模式。

◆史志工作

【概况】2023年，区史志研究中心以提高编研质效为目标，统筹推进党史和地方志编修编纂工作，推动更多的史志编研成果惠及基层群众。完成《中共西陵区历史》(1919-2002)三合一卷本初稿修订。完成《砥砺奋进、非凡十年——从党的十八大到二十大西陵发展实录》编纂上报，全书字数在6万字以上。按期完成《西陵年鉴(2023)》出版发行。《西陵年鉴(2022)》获评省、市优秀年鉴。截至年底，全区2部街道志公开出版发行，8部社区志完成初稿。

【街道志编纂】2023年，区史志研究中心加强对志书编修的业务指导、终审评审工作，全年共开展街道志预审、终审10轮次，下达书面审读意见6份。截至年底，辖区7个街道公开出版2部街道志，1部

2023年12月20日，西陵区档案馆揭牌 (区档案馆 提供)

街道志完成终审并送出版社，4部街道志完成二审修改。《西坝街道志》正式出版发行，《葛洲坝街道志》年底进入出版印刷程序。

【社区（村）志编纂】2023年，区史志研究中心持续推进社区（村）志编纂工作。加强业务指导、统筹协调、检查督办，提升编纂工作质效。截至年底，全区66个社区已有41部社区志启动编纂，《东山社区（村）志》《甲街社区志》等8个社区完成志书初稿。

【年鉴编纂】2023年，区史志研究中心贯彻落实全市年鉴质量建设年活动要求，不断提高精品意识和年鉴编纂水平，完成《湖北年鉴（2023）》《宜昌年鉴（2023）》撰稿、统稿和供稿工作，做好《西陵年鉴（2023）》编纂出版。强化审稿力度，广泛征求修改意见，优化封面设计，提升彩页编辑水平和装帧印刷质量，年内顺利出版印刷。《西陵年鉴（2022）》被评为省级、市级优秀年鉴。

【史志成果开发利用】2023年，区史志研究中心开通“西陵记忆”微信公众号，进一步加强历史文化宣传，拓宽史志成果宣传渠道，围绕辖区历史文化资源制作原创视频4个。联合石板溪社区开展“纪念建党102周年——红色荣耀”实物展，集中展出土地革命、抗日战争、解放战争等各个时期的革命历史实物。

（余文静）

宜昌市西陵区人民代表大会

◆综　述

【概况】2023年，区人大常委会共召集人民代表大会会议1次，召开常委会会议7次，召开主任会议10次，听取和审议"一府一委两院"专项工作报告25个，作出决议决定10项，组织开展各项视察调研15次，开展执法检查1次，规范性文件备案审查9份，任免地方国家机关工作人员35人次，完成区九届人大三次会议确定的各项任务。

【党史学习教育】2023年，区人大常委会按照全区统一部署，开展理论学习。依托"学习强国等平台，通过"线上+线下"相结合，党组读书班集中学习12次、集中研讨5次。常委会领导班子成员确定调研课题6个，每周下基层访实情，调研解决实际问题15个。开展学习成果和典型案例剖析交流会，以党的创新理论统揽和指导人大工作。

【丰富全过程人民民主建设】2023年，区人大常委会实现"人大代表与选民零距离心贴心"，建立人大代表联络站、接待选民工作室、"法官工作室"等阵地。建立覆盖全辖区"1+6+N"民意征集网络，即"1个"锦绣社区立法联系点、"6个"社区代表联络站、"N个"立法民意征集联系点，健全"立法联系点工作流程""立法征集信息员""立法征集专家顾问团"等制度机制。依托"法官工作室"普法平台，推进"民言民语"转译为"法言法语"、"法言法语"转译为"民言民语"进行普法宣传。全年开展5部省级法规、6部市级法规的立法民意征集，共收集上报意见建议82条。人大立法协商做法在《人民代表报》、湖北电视台等媒体进行报道。通过"廊亭议事""院坝会""商圈议事点"等形式，开展有事好商量、大家的事大家商量、事事能商量。全年开展议事协商会120余场次，收集各类意见和建议90余条。邀请人大代表、居民及市公交公司在镇平路社区召开座谈会，探讨公交线路优化运行方案，全市首条"F"型线路公交车B212开进绵羊山片区，解决山上4600多户居民的出行难问题。

◆重要会议

【区九届人大二次会议】2023年1月7日至8日，西陵区第九届人民代表大会第三次会议在馨岛国际酒店召开。会议应到代表215名，实际到会代表203名。会议听取和审查西陵区人民政府工作报告、区人民代表大会常务委员会工作报告、区人民法院工作报告、区人民检察院工作报告，审查和批准西陵区2022年国民经济和社会发展计划执行情况与2023年计划草案的报告、西陵区2022年预算执行情况和2023年预算草案的报告，并作出相关决议。

【区人大常委会会议】2023年，西陵区第九届人大常委会召开常委会会议7次。

2月28日，西陵区第九届人民代表大会常务委员会第十次会议召开。会议听取和审议区政府关于2022年法治政府建设工作情况、2022年环境状况和环境保护目标完成情况的报告，并进行满意度测评；听取和审议区教育局、区发改局、区住建局、区财政局、区城管执法局关于接受区人大常委会2022年度工作评议的专项工作报告，并对上述5个部门的工作进行满意度测评；听取区人大常委会街道工作委员会2022年工作情况的报告；审议通过区人大常委会2023年工作要点；表决通过区九届人大三次会议主席团交付审议的代表提出的议案审议结果的报告。

4月12日，西陵区第九届人民代表大会常务委员会第十一次会议召开。作出关于接受李兵辞去西陵区第九届人民代表大会常务委员会委员、西陵区第九届人民代表大会法制委员会副主任委员职务请求的决定；接受严曾辞去西陵区第九届人民代表大会代表职务的请求；审议人事任免议案，决定任命李兵同志为西陵区司法局局长、李宁致同志为西陵区经济和信息化局局长，任命黎锦同志为西陵区人民法院副院长，免去宋金波等4名同志的相应职务。

5月18日，西陵区第九届人民代表大会常务委员会第十二次会议召开。会议组织开展会前学法活动；听取和审议区政府关于2022年行政事业性国有资产管理情况、关于2021年区级预算执行决算草案和其他财政收支审计查出问题整改情况、关于医保三级便民服务体系建设情况的报告，并进行满意度测评；听取区九届人大常委会代表资格审查委员会关于个别代表的代表资格的报告；任命宋峰同志为西陵区人民法院立案庭庭长、审判员，廖健薇同志为西陵区人民法院刑事审判庭庭长、杨柳同志为西陵区人民法院民事审判庭庭长、刘晓蓉同志为西陵区人民法院行政审判庭庭长、李敏同志为西陵区人民法院立案庭副庭长、张婵同志为西陵区人民法院民事审判庭副庭长，张志谭、周凯锋两名同志为西陵区人民检察院检察员，免去龚瑜等5名同志的相应职务。

7月28日，西陵区第九届人民代表大会常务委员会第十三次会议召开。会议听取和审议区人大常委会执法检查组关于检查《中华人民共和国旅游法》《湖北省旅游条例》贯彻实施情况的报告；听取和审议区政府关于2022年度中央和省直达资金使用绩效情况的报告，区法院、区检察院关于涉企司法工作情况的报告，并进行满意度测评；听取区九届人大常委会代表资格审查委员会关于个别代表的代表资格的报告；决定任命朱晟求同志为西陵区综合行政执法局局长、别里曼同志为西陵区商务局局长、吴桐同志为西陵区政务服务和大数据管理局局长。

9月27日，西陵区第九届人民代表大会常务委员会第十四次会议召开。会议批准2022年区级决算；听取和审议区政府关于《西陵区国民经济和社会发展第十四个五年规划纲要》实施情况中期评估、2023年上半年国民经济和社会发展计划执行情况、预算执行情况等报告；听取和审议区政府关于创建全省优化营商环境先行试点改革事项工作情况、乡村建设行动推进情况、区九届人大三次会议代表建议办理情况的报告，并进行满意度测评；作出关于接受王巍辞去西陵区人民政府副区长、薛瑶辞去西陵区第九届人民代表大会代表职务请求的决定；任命罗斌为西陵区人民法院副院长、周芳为西陵区人民法院审判员；免去向姗等同志的相应职务。

11月28日，西陵区第九届人民代表大会常务委员会第十五次会议召开。会议听取和审议区政府关于区九届人大常委会《关于加快推进特色商圈建设打造“宜荆荆都市圈特色消费目的地”的议案》办理情况、招商引资和项目建设工作情况、深入推进影响群众健康突出问题“323”攻坚行动工作情况、加快推进公园城市建设促进人与自然和谐共处工作情况、长江大保护生态修复工作情况等报告，听取和审议区监委关于对工程建设领域突出问题专项整治情况的报告，听取和审议区人力资源和社会保障局等5个部门关于接受区人大常委会2023年度工作评议的专项工作报告，以上报告均进行满意度测评；批准2023年区级预算调整方案；作出关于接受李宏智辞去西陵区人民政府副区长职务请求的决定和关于接受李宏智、邹勇辞去西陵区第九届人民代表大会代表职务请求的决定；决定任命镇国庆、王锦林两位同志为西陵区人民政府副区长。

12月20日，西陵区第九届人民代表大会常务委员会第十六次会议召开。会议听取和审议区政府关于西陵区2023年预算执行情况和2024年预算（草案）、2023年十件重点惠民实事办理情况的报告；听取关于2023年全区规范性文件备案审查工作情况的报告；作出召开西陵区第九届人民代表大会第四次会议的决定；审议通过关于补选西陵区第九届人民代表大会部分代表的工作方案；接受文媛、柯新宇辞去宜昌市第七届人民代表大会代表职务的请求；依法补选方亚平、孔磊为宜昌市第七届人民代表大会代表。

表7

2023年西陵区人大常委会决定任免情况一览表

时间	会议名称	姓 名	任免职务
4月12日	区九届人大常委会第十一次会议	李宁致	决定任命为西陵区经济和信息化局局长
		李 兵	决定任命为西陵区司法局局长
		叶怀东	决定免去其西陵区经济和信息化局局长职务
		宋金波	决定免去其西陵区司法局局长职务
7月28日	区九届人大常委会第十三次会议	朱晟求	决定任命为西陵区综合行政执法局局长
		别里曼	决定任命为西陵区商务局局长
		吴 桐	决定任命为西陵区政务服务和大数据管理局局长
		沈爱华	决定免去其西陵区人民政府副区长(挂职)职务
		朱晟求	决定免去其西陵区城市管理执法局局长职务
		别里曼	决定免去其西陵区政务服务和大数据管理局局长职务
		熊仁举	决定免去其西陵区商务局局长职务
9月27日	区九届人大常委会第十四次会议	向 姗	决定免去其西陵区招商局局长职务
11月28日	区九届人大常委会第十五次会议	镇国庆	决定任命为西陵区人民政府副区长
		王锦林	决定任命为西陵区人民政府副区长

表8

2023年西陵区人大常委会任免情况一览表

时间	会议名称	姓 名	任免职务
4月12日	区九届人大常委会第十一次会议	黎 锦	任命为西陵区人民法院副院长
		李浩民	免去其西陵区人民法院副院长职务
		唐 静	免去其西陵区人民法院副院长职务
5月18日	区九届人大常委会第十二次会议	宋 峰	任命为西陵区人民法院立案庭庭长、审判员
		廖健薇	任命为西陵区人民法院刑事审判庭庭长
		杨 柳	任命为西陵区人民法院民事审判庭庭长
		刘晓蓉	任命为西陵区人民法院行政审判庭庭长
		李 敏	任命为西陵区人民法院立案庭副庭长
		张 婵	任命为西陵区人民法院民事审判庭副庭长
		张志谭	任命为西陵区人民检察院检察员
		周凯锋	任命为西陵区人民检察院检察员
		龚 瑜	免去其西陵区人民法院刑事审判庭庭长职务
		廖健薇	免去其西陵区人民法院行政审判庭庭长职务
		刘晓蓉	免去其西陵区人民法院立案庭庭长职务
		汪红卫	免去其西陵区人民法院立案庭副庭长职务
		李 敏	免去其西陵区人民法院民事审判庭副庭长职务
7月14日	区九届人大常委会第六次会议	李 颖	任命为西陵区人民检察院副检察长、检察委员会委员、检察员
		谭路路	任命为市西陵区人民检察院检察委员会委员
		张晓燕	免去其西陵区人民法院副院长、审判委员会委员、审判员职务

◆监督工作

【法治领域监督】2023年，区人大常委会开展宪法学习宣传和实施监督。执行宪法宣誓制度，依法组织常委会任命的国家工作人员宪法宣誓计18人次，对“一府一委两院”任命的国家机关工作人员组织宪法宣誓情况开展督查。规范备案审查工作机制，对2023年全区规范性文件备案审查，无不合法文件。听取和审议区法院、区检察院关于涉企司法工作的报告。落实监察法规定，听取和审议区监委关于对工程建设领域突出问题专项整治情况的报告，并提出审议意见。

【经济领域监督】2023年，区人大常委会加强对预决算和审计工作及审计查出突出问题整改跟踪监督。听取和审议计划、预算、决算、审计及审计查出突出问题整改情况等报告，作出批准2022年区级决算和2023年度预算调整方案的决议。推进预算联网监督工作，落实中央关于预算审查监督重点向支出预算和政策拓展的重要任务。加强对国有资产管理情况和财政资金使用绩效的监督，听取和审议区政府关于2022年行政事业性国有资产管理情况报告，推动国有资产保值增值；听取和审议2022年度中央和省直达资金使用绩效情况报告，促进政府财政资金使用绩效。

【民生领域监督】2023年，区人大常委会加强对区委中心工作落实情况的监督，听取和审议区政府关于“十四五”规划纲要实施情况中期评估情况的报告，督促“十四五”规划中滞后工作推进。听取和审议区政府关于创建全省优化营商环境先行试点改革事项工作情况的报告，助推营商环境持续优化向好。加强对影响群众健康突出问题“323”攻坚行动工作情况的监督。立足医保三级便民服务目标，督促区政府着力搭建区、街道、社区三级经办服务网络，实现14万参保居民就医和困难群体实施医疗救助的目标落实提供支持监督。

表9　2023年西陵区人大常委会决议决定情况一览表

时间	会议名称	决议决定
4月12日	区九届人大常委会第十一次会议	关于接受李兵辞去西陵区第九届人民代表大会常务委员会委员、第九届人民代表大会法制委员会副主任委员职务请求的决定
		关于接受严曾辞去西陵区第九届人民代表大会代表职务请求的决定
9月27日	区九届人大常委会第十四次会议	关于批准2022年区级决算的决议
		关于接受王巍辞去西陵区人民政府副区长职务请求的决定
		关于接受薛瑶辞去西陵区第九届人民代表大会代表职务请求的决定
11月28日	区九届人大常委会第十五次会议	关于批准2023年区级预算调整方案的决议
		关于接受李宏智邹勇辞去西陵区第九届人民代表大会代表职务请求的决定
		关于接受李宏智辞去西陵区人民政府副区长职务请求的决定
12月20日	区九届人大常委会第十六次会议	关于召开宜昌市西陵区第九届人民代表大会第四次会议的决定
		关于接受文媛柯新宇辞去宜昌市第七届人民代表大会代表职务请求的决定

◆代表工作

【丰富代表活动】2023年，区人大常委会健全接待选民制度，形成一月一次“轮值接待”、一季度一次“回访接待”、半年一次“集中接待”活动模式，听取民意常态化，实现联系“零距离”；每一名区人大代表与5~10名选民保持经常性联系，并纳入代表年终述职内容，接受选民监督。按照省市人大常委会的部署和要求，开展“聚力共同缔造·代表行动”“三在三争”活动、“代表回家”主题活动、“优化营商环境代表在行动”“在西陵为西陵”代表献策献力等活动。全年各级人大代表参加系列活动734人次，接待选民1147人次，入户走访400余户，收集各类社情民意826条，为困难群体解难事、办实事80余件。常委会组建功能性代表小组，服务区委中心工作。推荐23名区人大代表为优化营商环境“信息监督员”，深入辖区市场主体收集企业困难问题96个，提出优化营商环境相关建议78条，督促解决问题47个。三峡电视台“三主联动持续发力营商环境向优而行”专栏进行宣传报道。

表10　　2023年西陵区人大常委会视察调研、执法检查情况一览表

时间	视察调研、执法检查情况
2月	开展街道人大工作调研
4月	视察区政府关于医保三级便民服务体系建设情况
	视察区政府行政事业性国有资产管理情况
6月	开展《中华人民共和国旅游法》执法检查
7月	开展残疾人保障情况视察调研
8月	视察区政府关于乡村建设行动推进情况
	视察区政府关于创建全省优化营商环境先行试点改革事项工作情况
	视察区九届人大三次会议代表建议办理情况
9月	开展妇女儿童权益保障情况视察调研
10月	视察区政府关于区九届人大常委会《关于加快推进特色商圈建设打造“宜荆荆都市圈特色消费目的地”的议案》办理情况
	视察区政府关于深入推进影响群众健康突出问题323攻坚行动工作情况
	视察区政府关于加快推进公园城市建设促进人与自然和谐共生工作情况
	视察区政府关于长江大保护生态修复工作情况
11月	视察区政府招商引资和项目建设工作情况
	视察区政府十件重点惠民实事办理情况

【提高议案建议提出和办理质量】 2023年，区人大常委会组织代表开展视察调研和回选区访选民，收集各方的意见建议。以街道代表小组为单位，开展代表集中培训，提高建议撰写水平。表彰一批优秀议案建议，通过选树典型榜样，指导代表提升建议内容质量。区九届人大三次会议中，代表们提出《关于加快推进特色商圈建设打造“宜荆荆都市圈特色消费目的地”的议案》《关于加大后疫情时代对实体零售企业扶持的建议》《关于为民办非机构开通金融产品通道的建议》等14条议案建议被评为优秀议案建议。采取常委会领导领衔督办重点建议、各委室按对口联系原则分工督办、街道人大工委跟踪督办、召开专题会议集中督办、通过人大代表履职服务网络平台公开监督等形式，区九届人大三次会议代表提出的83条建议中已经解决或基本解决的A类78件、占94%，所提问题正在解决或列入议程逐步解决的B类3件，占3.6%，所提问题因目前条件限制或其他原因需后续解决的C类1件、占比1.2%，所提问题留作参考的D类1件、占比1.2%。所有建议与代表沟通率100%，代表对办理过程满意率100%，代表对办理结果满意率100%。

【代表履职保障】 2023年，区人大常委会落实省人大常委会关于《加强全省人大代表联络站建设的意见》，按照“优化布局、完善机制、提升功能、依法运行”要求，全区建有7个街道代表之家、66个社区代表联络站、44个代表基层联系点。宜昌高新区代表小组建有1个代表之家、3个代表联络站。全年共邀请人大代表列席常委会会议听取和审议专项工作报告28人次，参加常委会组织的执法检查和调研视察活动45人次，参加法院旁听旁审活动59人次，提出审议意见和工作建议40余条。支持街道代表小组开展联动活动，西坝、葛洲坝和夜明珠3个街道人大代表小组以“企地融合、片区联动加快建设‘长江大保护典范城市’”为主题，联合组织开展葛洲坝片区代表小组视察调研活动，共37名省市区人大代表参加。围绕企地整合及片区发展、长江大保护典范城市建设、优化营商环境、经济社会繁荣发展等方面建言献策，共收集意见、建议17条。

（胡　璇）

宜昌市西陵区人民政府

◆重要会议

【区政府九届三次全体(扩大)会议】2023年1月8日,西陵区人民政府九届三次全体(扩大)会议召开。区委副书记、区长梅卫民出席会议并讲话。区委常委、常务副区长胡明主持会议。副区长李宏智、姜媛、沈爱华、覃涛、杨明、周运春,区政府党组成员张正参加会议。区人大常委会副主任彭登华、区政协副主席朱文胜列席会议。会议强调,要始终保持“把工作干成学问”的务实心,增强落实为要的行动自觉,增强争分夺秒的拼劲、滴水穿石的钻劲、见微知著的韧劲;要善用提质增效的科学方法,将工作精细化、责任唯一化、督办闭环化;要锻造作风过硬的干部铁军,做到勇担当、敢斗争,能吃苦、争先进,重团结、聚合力。要始终保持“明德修身勤政廉政”的赶考心,让对党忠诚成为一种信仰,让为民造福成为一种追求,让勤政廉洁成为一种自觉。

【奋进“全国百强城区”项目建设大会】2023年1月30日,西陵区召开奋进“全国百强城区”项目建设大会。区委书记任蔚出席会议并强调,要突出能干成事,提振精气神,全员拼抢实冲开创高质量发展新局面;要坚持目标压力的传导、只争第一的标准、结果为王的导向,全面提升狠抓落实的意识和效能;要树立市场思维、经济思维,巧用企业思维、收益思维,勤用关系思维、人脉思维,全面提高善抓落实的能力和水平;要主动谋划,抓住机遇推动本领域工作,敢于斗争不当老好人,全面提振能抓落实的胆气和担当;要凝心聚力,再鼓干劲,“奔跑开局”、加压奋进,以起步即冲刺的奋斗姿态,加快推动区域经济高质量发展,为奋进全国百强城区提供强劲动力。

【西陵区安委会第一次全体(扩大)会议】2023年3月3日,西陵区安委会第一次全体(扩大)会议暨“两会”期间安全生产工作会议召开。区委副书记、区长、区安委会主任梅卫民出席会议并讲话。区领导王巍、李宏智、姜媛、周运春参加会议并就分管行业领域安全生产工作进行强调部署。会议传达学习习近平总书记对内蒙古煤矿坍塌事故的重要指示精神,通报2022年度安全生产工作情况,听取全区当前安全生产形势汇报,并对2023年度重点工作进行安排部署。

【西陵区政府廉政工作会议】2023年4月28日,西陵区政府廉政工作

2023年1月8日,西陵区人民政府九届三次全体(扩大)会议召开

(区政府办 提供)

会议召开。区委副书记、区长梅卫民出席会议并讲话。区委常委、常务副区长胡明主持会议。区领导李宏智、姜媛、杨明参加会议。会议强调，要坚持严的基调，直面问题不回避，始终保持“永远在路上”的清醒认识。2022年以来，全区政府系统在区委坚强领导和区纪委监委的监督指导下，严格落实全面从严治党要求，一体推进不敢腐、不能腐、不想腐，党风廉政建设和反腐败斗争各项工作取得明显成效。要坚持严的措施，紧盯关键不放松，务必增强“打铁必须自身硬”的坚韧执着。要堵住漏洞、跟踪问效，切实加强资金监管；要稳定预期、提振信心，切实优化营商环境；要紧盯苗头、源头预防，切实维护群众利益；要恪守法治、注重规范，切实做到依法行政。要坚持严的氛围，履职尽责不懈怠，切实扛起“时时放心不下”的责任担当，主体责任要落实落细，工作作风要提质提效，日常监督要抓早抓小。

（戴　竞）

◆重要活动

【西陵区与北珂新能源签订战略合作框架协议】2023年2月18日，西陵区政府与北珂新能源（北京）有限公司举行战略合作框架协议签约仪式。北珂新能源（北京）有限公司董事长庄卫东，区委书记任蔚出席签约仪式并就深化合作进行座谈。区委常委、区政府副区长王巍参加仪式并代表西陵区政府与庄卫东签约。根据协议，北珂新能源（北京）有限公司将在西陵区投资建设锂电新能源材料循环经济产业园项目，项目占地36.67公顷，计划总投资24.5亿元，拟建设废旧电池极片再生生产线，设立动力电池循环利用研发中心。

【西陵区“3·15”首届开“企”新发展推介会启动】2023年3月12日，2023年全国消费促进月宜昌启动仪式暨西陵区“3·15”首届开“企”新发展Fun利嗨购节启动仪式在解放路步行街举行。仪式发布2023年消费维权年主题、宜昌四季消费活动安排，推介西陵区重大招商项目及四条特色街区项目。区委副书记、区长梅卫民出席仪式并致辞。宜昌市烟草专卖局党组书记、局长王大爱，湖北银行宜昌分行党委书记、行长钟育红应邀参加仪式。仪式现场，对西陵区2022年度“先进消费维权服务站”“消费维权先进个人”，2021年至2022年度湖北省“守合同重信用企业”、宜昌市“守合同重信用企业”进行表扬，并为新增的2家消费维权服务站授牌。

【中科院院士在西陵合作设立连续流技术联合实验室】2023年3月15日，湖北省首届精细化工过程安全技术研讨会暨连续流技术联合实验室揭牌仪式在桃花岭饭店举行，由湖北景深安全技术有限公司与上海惠和化德生物科技有限公司共建的湖北省首个连续流技术联合实验室落地西陵。中国科学院院士、中国科学院上海有机化学研究所学术委员会主任、博士生导师、生命有机化学国家重点实验室主任马大为出席仪式并致辞。湖北省应急管理厅总工程师徐克，市委常委、常务副市长汪元程共同为连续流技术联合实验室揭牌。市政府一级巡视员王应华、区委书记任蔚、湖北景深安全技术有限公司董事长黄兆云、上海惠和化德生物科技有限公司董事长马兵参加仪式。仪式现场，西陵区人民政府、湖北景深安全技术有限公司、上海惠和化德生物科技有限公司三方，签订共建连续流技术产学研合作框架协议。协议约定，惠和化德与湖北景深合作开拓市场，并就连续流工艺开发和工程化放大展开深入合作；西陵区政府成立景深项目服务专班，在平台建设、科研项目、人才招引等方面提供相应支持。

【西陵区与宜昌城发集团签署战略合作协议】2023年4月13日，西陵区政府与宜昌城发集团签署战略合作协议，双方将围绕项目、产业、人才等方面互利互补、协同发展，共同实现共建共赢共享与可持续高质量发展。宜昌城发集团党委书记、董事长殷俊，党委副书记、总经理徐强，西陵区委书记任蔚，区委副书记、区长梅卫民，区人大常委会主任张祖铭，区领导黄明、胡明、覃涛、周运春参加签约仪式。根据协议，双方将秉持“资源共享、项目共投、人才共育”原则，共同打造多层次战略合作平台，在产业投资和项目合作上相互支持。宜昌城发集团将积极参与西陵区在文化旅游、民生服务等项目上的投资建设，并提供政务商务服务、城市管家、文化创意等综合服务，助力西陵区构建现代服务业全产业链，推动区域产业转型升级。

【西陵区“百名优秀青年进央企”活动】2023年5月4日，西陵区青年联合会第一届委员会全体会议暨“百名优秀青年进央企”活动，在十六化建新大楼举行。十六化建党委书记、董事长刘佑锟，团市委书记、市青联主席王悦，区委书记任蔚出席会议并分别致辞。活动现场，通报表扬“红旗团委”“红旗团支部”“优秀共青团员”“优秀共青团干部”，授予十六化建市级示范性“青年之家”称号，听取了西陵区青年联合会第一届委员会工作计划，并选举产生西陵区青年联合会第一届委员会主席、副主席、常务委员会委员。

【宜昌数字经济研究院挂牌成立】 2023年5月25日，宜昌市西陵区与三峡大学深化校地企融合发展推进会召开。由西陵区人民政府、三峡大学、三峡高科信息技术有限责任公司共同建设的宜昌数字经济研究院正式挂牌成立。宜昌数字经济研究院旨在充分发挥三方优势，加快产学研和政校企全面合作，并努力成为宜昌数字经济发展的“智囊团”和“规划院”。会上，十六化建、湖北益通等8家西陵区科技企业与三峡大学创新团队签订产学研合作协议，华自科技水电物联智慧产业园、三峡数智产业园等辖区4家重点产业园与三峡大学相关学院签约战略合作协议。

【西陵区第7个“生态市民日”活动】 2023年6月2日，西陵区第7个“生态市民日”主题活动在葛洲坝枢纽工程黄草坝举行。该活动以“践行低碳生活，守护长江生态”为主题，来自全市各地的公益组织、环保志愿者、生态家庭代表共同为“低碳生活”代言，共话“绿色长江”。中国长江电力股份有限公司葛洲坝水力发电厂党委书记、副厂长宋宏伟，中国长江电力股份有限公司宜昌分公司总经理助理胡威，省生态环境厅驻鄂西生态环境监察专员办公室主任闫强、市委文明办主任叶竟涛，市生态环境局党组成员、宜昌监测中心主任胡文渊，区委副书记、区政府区长梅卫民，区人大常委会主任张祖铭，区政协主席岳新梅及区“四大家”相关领导参加活动仪式。仪式现场，中国长江电力股份有限公司向西陵区捐赠总投资约1500万元的“宜昌市西陵区西坝段生态环境建设工程”公益项目。

【浙江台州黄岩区青年企业家协会来西陵区考察交流】 2023年6月23日至6月27日，浙江省台州市黄岩区青年企业家协会会长叶天健应邀带领25名青年企业家来宜开展“为爱远行走进湖北”公益活动，并在西陵区开展为期3天的学习交流。考察组先后实地考察了西陵区屈原文化传承、区文体中心美学馆、三峡创谷、宜昌特锐德电气有限公司、西陵区残疾人手工产品展销中心、三峡数智产业园和三峡美术馆等重点项目和重点企业，详细了解西陵区经济和文化发展现状，并通过座谈会方式进行深入交流。区委副书记、区长梅卫民出席会议并讲话，区委常委、组织部部长、统战部部长曹红国主持会议。

【西陵区与天奇集团再生资源总部项目签约】 2023年8月9日，西陵区政府与天奇集团再生资源总部项目签约仪式举行，天奇股份有限公司董事长、总经理黄斌，区委书记任蔚出席签约仪式并就深化合作进行座谈。区委副书记、区长梅卫民主持签约仪式，区政府党组成员、西陵经济开发区党工委书记、管委会主任王锦林代表西陵区政府与天奇股份有限公司副总经理、天奇力帝总经理李明波签约。

【七巧连云数字循环经济产业园项目落户西陵】 2023年11月20日，七巧连云数字循环经济产业园项目签约仪式在西陵区政府政务中心举行。湖北七巧连云数据科技有限公司总经理师易，区委副书记、区长梅卫民，深圳道格资本管理公司总裁刘辉，零碳工厂（北京）设计咨询有限公司总经理高巍，副区长王锦林出席签约仪式。项目拟选址于宜昌市西陵区窑湾片区桔颂路，分两期开发，计划用地约19.33公顷，计划总投资10亿元，全部达产后年产值约15亿元。

【档案产业园揭牌】 2023年12月20日，宜昌市档案产业园在西陵区经济开发区正式揭牌。项目位于西陵经济开发区唐家湾片区，建筑面积7900平方米。区委副书记、区长梅卫民出席揭牌仪式并为宜昌市档案产业园揭牌。区委常委、区委办主任黄明主持仪式。园区分为档案产品展示区、档案整理数字化操作区、开发利用及学术交流区和档案寄存托管区等功能区。正式运营后将充分发挥资源整合优势，邀请档案服务、档案软件应用、档案设备等合作企业入驻，以多元化业务为特色，积极探索档案事业智慧化、规模化、产业化道路，助力宜昌档案事业走上业务精准、运行科学、服务规范的快车道。

（戴　竞）

◆重要调研

【全国工商联调研西陵区法治化营商环境建设】 2023年7月13日，全国工商联副主席方光华一行到西陵区就商（协）会助力法治化营商环境建设和社区蜂巢建设情况开展调研。调研组实地察看西陵区学院街道解放路社区蜂巢建设情况，听取区街联动型商（协）会组织建设和市场主体服务100%创建工作情况汇报，详细了解基层商（协）会在做优法律服务等方面工作情况。方光华指出，要夯实组织架构，让三级商（协）会组织真正成为市场主体身边的“家园”；要做实商会服务，进一步推动资源下沉，发挥商会助力法治化营商环境建设的“推动器”作用；要带动经济发展，多组织开展“我为企业找订单”行动，帮助市场主体发展壮大。

【国家市场监管总局调研国家检验检测认证公共服务平台示范区创建工作】2023年3月25日，国家市场监管总局认可与检验检测监督管理司副司长、一级巡视员刘先德，调研西陵区三峡检验检测产业园工作。西陵经济开发区管委会主任王锦林向刘先德副司长一行介绍三峡检验检测园基本情况。湖北景深安全技术有限公司董事长黄兆云带领参观公司内部实验室。刘先德强调，地方市场监管部门要当好参谋助手，为申报创建国家检验检测认证公共服务平台示范区解析标准，提供支持，做好对接。财政、商务等部门要协同开展好各方面工作。地方政府要做好招商引资规划，从规划、招商、建设上考虑差异化发展，满足生产生活各方面检测需求同时，避免检验检测机构同质化低端竞争。

【省经信厅调研都市工业发展及经济运行情况】2023年8月17日，省经信厅党组书记、厅长刘海军带队赴西陵区调研都市工业发展及经济运行情况。刘海军一行深入宜昌船舶柴油机有限公司、特锐德电气有限公司、天美国际化妆品有限公司，参观生产车间，详细了解企业历史沿革、生产经营、产业配套等情况，认真察看产品生产工艺，并听取西陵区工业经济发展和重大产业项目建设情况介绍。刘海军指出，西陵区是宜昌市政治、经济、文化中心，也是现代服务业集聚地。要抢抓宜昌市创建长江大保护典范城市机遇，巩固工业发展良好势头，加快推动城市和产业集中高质量发展。省经信厅将按照省委省政府工作要求，全力支持西陵区产业协调发展。

【省住建厅调研房地产开发新模式】2023年8月6日，省住建厅党组书记、厅长刘丰雷带队赴西陵区调研房地产开发新模式。区委、区政府主要领导、葛洲坝一公司相关负责人参加调研座谈。刘丰雷一行实地察看葛洲坝片区危旧房改造项目并主持召开座谈会。他强调，要积极探索运用合作社模式，引导居民深度参与，改不改、怎么改由“当事人”说了算，用好市场化的方式推进危旧房改造。政府要跳出来，松松手，在审批、指导和规范上发力，避免政府既当“运动员”又当“裁判员”。要把准并适应我国房地产市场供需关系发生重大变化的新形势，着重在住房供给端推行系统性改革，持续打造绿色、智慧、舒适、愉悦的“好房子”。在小区物业管理工作中，要坚持党建引领和共同缔造理念，选优配强小区党支部和业委会，逐步探索推行“城管进小区”和“社区书记+城管队员”的小区治理新路径。

【省卫健委调研社区健康医疗场景】2023年12月14日，省卫健委党组成员、省委保健办主任王芸一行到西陵区桃花岭社区实地调研社区健康医疗场景建设情况。市卫健委副主任苏明丽、西陵区副区长姜媛、区卫生健康局党组书记蔡奇志等同志陪同调研。西陵区卫健局详细介绍桃花岭社区医疗服务场所、居家养老服务场所、妇女儿童服务场所、残疾人服务场所的建设及运营情况，以及社区医务室特色医疗、公卫服务、医疗信息互通等相关工作进展。省卫健委党组成员、省委保健办主任王芸对西陵区基层卫生工作给予高度评价，表示西陵区在特色医疗、慢病管理、信息化运用等方面取得显著成效，真正将健康惠民政策送进基层、融入社区。

【马泽江调研葛洲坝片区危旧房改造】2023年5月3日，市委副书记、市长马泽江调研督导葛洲坝片区危旧房改造工作。市政府秘书长李军及市住房和城乡建设局党组书记、局长杨涛参加相关活动。在望洲岗、葛洲坝片区改造项目现场，马泽江详细了解规划布局、居民签约、建设计划等情况。马泽江强调，要以高度责任感、紧迫感，紧盯时间节点，加强统筹调度。要根据长江大保护典范城市建设要求，科学规划、合理布局，因地制宜推进土地整合与开发利用。要紧跟国家、省政策走向，加大资金争取、筹措力度，保障片区改造提质提速提效。要安排专人专班监督指导，严格现场管控，彻底整改风险隐患，严防发生各类安全事故，坚决维护人民群众生命财产安全。要压实各方责任，凝聚工作合力，高效协同实施片区改造，努力让人民生活得到新改善、城市形象实现新提升。

【市司法局调研法治建设和司法行政工作】2023年7月11日，宜昌市司法局党组书记、局长李建军一行到西陵区调研法治建设和司法行政工作。区委常委、区委政法委书记、区委依法治区办主任周成刚，区政府副区长周运春陪同调研。李建军一行先后到学院、云集、西坝、葛洲坝等7个司法所和真诚法律服务所现场调研，实地走访察看西陵区各司法所在规范化建设、基层法治建设、社区矫正、矛盾纠纷调处化解等方面的工作情况，实地调研基层法律服务所的运营现状和发展难题。李建军要求，要坚持党委对基层法治建设的领导，充分发挥区委全面依法治区办的统筹协调作用，健全完善工作制度机制，推动基层法治建设各项任务落地见效；要持续巩固和深化法治政府建设主体地位，服务保障依法决策，深化行政执法监督，全面提升法治政府建设水平；要全力推进西陵街道法治示范创建，坚持对标对表、查缺补漏，完善软硬件设施，培育特色亮点，力争打造全市的示范样板；要全力推进矛盾纠纷排查化解，各司法所要积极配合综治部门排查化解各类矛盾纠纷，坚决扛牢维护社会稳定的职责；要全力夯实基层基础，持续完善司法所软硬件建设，配齐配强工作力量，充分发挥司法所在服务党委政府决策、推进基层法治建设等方面的作用；要持续加强宣传工作，充分挖掘西陵区法治建设和司法行政工作中的先进经验和特色做法，加大对外宣传力度，不断唱响西陵司法行政好声音。

【梅卫民调研全区律师事务所建设情况】 2023年4月21日，区委副书记、区长梅卫民带队深入湖北百斯特律所开展调研，并组织召开座谈会。区委常委、政法委书记周成刚，区司法局局长李兵陪同调研。梅卫民一行参观百思特律所文化长廊、法治大讲堂、党员活动室，听取律师事务所关于党建、律所发展、优化营商环境、公益法律服务等方面的工作情况。召开西陵法治建设暨律所发展座谈会，与6家区属律师事务所进行探讨与经验交流，征求各所对西陵区优化营商环境、加强法治建设宝贵意见。梅卫民对西陵律师队伍在促进法治西陵建设、助力经济社会高质量发展、服务基层社会治理、维护社会公平正义等方面发挥的积极作用给予充分肯定，对如何更好发挥律师行业作用、以高品质法律服务促进高质量发展提出明确要求，强调努力建设一支“政治上靠得住、业务上过得硬、操守上信得过”的高素质律师队伍。

【梅卫民调研餐饮油烟整治情况】 2023年12月19日，区委副书记、区长梅卫民，副区长周运春到至喜园养老院、宜洋汽车后市场、沙河污水处理厂等地，核查信访问题整改进展，部署后续整改工作，并会同三峡大学校领导，察看大学食堂及周边餐饮油烟净化设施使用情况，督导大气污染防治工作。梅卫民指出，各单位要进一步提高思想站位，进一步扛牢政治责任，加强日常监管和隐患排查，做到风险隐患早发现、早处置、早化解，切实防患于未然。并要求行业部门、属地街道和三峡大学，密切配合，通力协作，对三峡大学及周边餐饮企业开展再宣传、再排查、再整治行动，督促餐饮企业按要求开启油烟净化设备，定期清洗，达标排放，切实巩固提升好西陵区餐饮油烟专项整治工作成效。

（区政府政研室）

◆人力资源管理

【概况】 2023年，西陵区有各类专业技术人员2350人，其中正高7人、副高367人、中级1284人。教育专业技术人员总数2138人，其中正高6人、副高347人、中级职称1143人。全区有卫生基层医疗专业技术人员153人，其中正高级职称1人，副高级职称18人，中级职称90人。全区有其他事业单位专业技术人员59人，其中副高级职称2人、中级职称51人。全区有事业单位132家，其中公益一类111家、公益二类20家，编制数3203人，在编人员2851人。

2023年，区人社局认定评审具有中初级职务任职资格教师38名。开展企事业单位工作人员继续教育培训3047人。考核事业单位工作人员2984人，其中优秀等次584人、合格等次2273人、不合格1人、未确定等次126人。完成2022年度事业单位统计年报工作。

【公开招聘与人才管理】 2023年，区人社局组织开展各类招聘考试10批次，补充各类人才196人。招聘社区专职工作人员85人，充实人才队伍。完成全区2000余名事业单位工作人员新一轮岗位聘用审核。完成各专业各层级职称评审审核推荐138名。

【开展县以下事业单位管理岗位职员等级晋升工作】 2023年，区人社局开展事业单位管理岗位职员制改革符合晋升条件人员摸底工作。全区事业单位管理岗位工作人员中，符合条件未晋升106人，其中符合晋升六级职员条件2人、符合晋升七级职员条件11人、符合晋升八级职员条件93人，本年度完成晋升职员八级2人。

【人才引进工作】 2023年，区人社局依托5所高校人才工作联络站，摸排毕业生信息，发布岗位需求。组织辖区300余家企业，赴中南财经政法大学、深圳大学、云南大学等省内外20余所高校开展校园招聘会，实现高校毕业生就业创业7048人。赴河南省、重庆市、襄阳市开展人才招引及劳务合作，新引进各类人才10776人。

【工资福利工作】2023年，区人社局完成机关事业单位晋级晋档、一次性奖金审批3596人次。完成调动转移132人、职务(职级)变动83人、岗位聘用899人、职员等级晋升84人、工龄认定157人、转正定级186人的工资福利审核审批与管理工作。办理到龄人员退休待遇申领信息审核150人，退休中人待遇重算215人、死亡人员丧葬抚恤费48人，遗属困难生活补助审批31人。完成全区98家事业单位2671人2022年度单列核定绩效工资及2023年绩效工资的审批工作、教育系统2022年秋季及2023年春季绩效增量(学校课后服务补助)审批。

【规范其他事业单位绩效工资管理】2023年，区人社局进一步深化改革事业单位绩效工资管理，印发《关于规范全区其他事业单位绩效工资管理工作的通知》。通过业务指导、工作督办，督促全区所有事业单位制定本单位绩效工资考核分配办法(方案)，1月实行按季度考核后发放绩效工资。

【退休档案预审机制】2023年，区人社局建立全区机关事业单位退休人员档案预审机制，印发《关于机关事业单位人员申报办理退休实行档案预审的通知》，缩减审批手续，组建专班提前一季度对退休人员档案进行预审，提升退休手续审批经办质效。

(吴　侨)

◆招商引资

【概况】2023年，西陵区新签约亿元以上项目44个，新开工亿元以上项目20个，区委、区政府主要领导带队外出考察洽谈25次，区人大、区政协两位县级领导分别带队驻扎北京(京津冀片区)、深圳(珠三角含粤港澳大湾区)，选派优秀干部成立驻点招商专班，梳理摸排目标企业，宣传推介招商项目，开展产业链招商对接，联络当地商(协)会、重点企业，带头蹲央企、蹲总部、蹲商会、蹲园区，聚焦总部招商、人脉招商、乡情招商，实现项目从信息收集、分析筛选、项目签约落地全流程指导跟踪服务。通过“西陵发布”等渠道，推送发布招商信息30余次，《西陵一线江景盛大招商还不快来！》《5000㎡优质资产招商》等文章阅读量突破1万人次，精准推介联东U谷、西坝岛、平湖半岛、沙河片区等重点资源。借助楚商大会、三峡国际旅游节、绿色能源发展大会、三峡大学百年校庆以及德国-宜昌华创会等省市重大经贸、节庆活动持续开展专题招商推介。

【西陵区2023年一季度招商引资“开门红”工作部署会】2023年1月12日，区委常委、副区长王巍组织召开西陵区2023年一季度招商引资“开门红”工作部署会，区招商局围绕一季度“开门红”做工作安排，各街办、西陵经济开发区分别汇报一季度亿元以上拟签约、拟开工招商项目推进情况及存在问题。王巍逐一分析研判项目推进的短板弱项，就加快项目储备、签约及开工入库提出明确要求。区招商局、区发改局、区统计局、各街办、西陵经济开发区负责同志出席会议。

【东湖高新集团项目签约】2023年1月12日，东湖高新集团与西陵区人民政府在武汉签订项目投资协议，东湖高新·宜昌科技园项目正式落户西陵区。东湖高新集团董事长杨涛，西陵区委副书记、区长梅卫民出席活动并代表双方签约。西陵区人大常委会党组书记、主任张祖铭参加活动。

【中国电信宜昌分公司项目签约】2023年3月13日，中国电信宜昌分公司与西陵区人民政府签署战略合作协议，围绕打造数字经济新高地、加快创新应用深化领域合作、全面推进信息基础设施建设等方面开展合作。宜昌电信分公司党委书记、总经理陈天军，宜昌电信分公司党委委员、副总经理罗贤勇，西陵区委副书记、区长梅卫民，区政府党组成员、副区长杨明参加会议。

【梅卫民专题调研西陵区招商引资工作】2023年7月31日，区委副书记、区长梅卫民专题调研西陵区招商引资工作，听取上半年全区招商引资情况汇报，分析研判招商工作形势，安排部署下一阶段工作。区委常委、副区长王巍参加并主持会议。会议听取区招商局关于重点项目推进情况、重点工作完成情况汇报。梅卫民强调围绕西陵区资源禀赋、“两个三峡”和四大机遇，进一步找准方向、精心谋划、突出重点，努力增强西陵经济活力和后劲。要敢想敢干、以身作则、全员发动，按照区委、区政府既定目标，奋力攻坚，确保招商工作提质增效。区政府办负责同志、区招商局全体干部参加会议。

【全区招商引资考核工作培训会议暨2023年下半年招商引资工作推进会】 2023年8月1日，区委常委、副区长王巍参加并主持会议，会议邀请市招商局投资促进科科长李伟对《宜昌市招商引资工作考核办法》进行专题授课，就宜昌市招商引资考核进行详细讲解。全区区直单位、各街办（开发区）、产业专班相关人员，区招商局全体干部参加会议。

【青年干部招商引资招才引智专题培训】 2023年8月3日，西陵区举行青年干部招商引资招才引智专题培训，区招商局牵头负责人王晓聪为全区青年干部进行业务培训，以《争做招商引资工作的“行家里手”》为题围绕招商方法、招商案例、经验分享等内容授课。

【任蔚带队赴西安考察招商】 2023年8月9日至10日，区委书记任蔚带队赴陕西省西安市开展招商考察并为西安人才联络站授牌。区委常委、常务副区长胡明参加考察。任蔚一行到西安北航科技园、国家超级计算西安中心、陕西宝塔星空航天科技有限公司，深入了解西安航空航天、超算产业发展情况，与当地企业家开展交流座谈，推介西陵招商资源。

【全国第十四届“支治会”百家民企进库区（宜昌）活动】 2023年9月2日，西陵区政府党组成员、西陵经济开发区党工委书记、管委会主任王锦林代表西陵区从西陵概况、投资优势、招商项目及扶持政策等四个方面做招商推介。区招商局参加此次活动，并积极对接参会企业。

【软通动力信息技术（集团）股份有限公司项目签约】 2023年9月15至17日，软通动力信息技术（集团）股份有限公司董事长兼首席执行官刘天文一行来宜对接推进工业互联网创新基地项目并签约。9月15日，市领导熊征宇、马泽江、张金安接待刘天文董事长一行并召开软通动力工业互联网创新基地项目座谈会，对推进项目落地宜昌、选址西陵列出了工作清单。区领导任蔚、梅卫民、宋恩，市区相关职能部门负责人参加座谈。9月16日，区领导任蔚、梅卫民陪同刘天文董事长一行先后考察三峡东岳庙数据中心、三峡大学计算机学院，与三峡高科董事长顾伟、三峡大学党委书记何伟军座谈交流。区领导宋恩、区政府办、区招商局相关人员陪同考察。9月17日，首届宜昌楚商大会隆重举行。会上，软通动力先后与市、区政府签订战略合作协议（本届活动市政府唯一签约项目）、工业互联网创新基地项目投资协议。

【三峡大学校友代表大会暨“百年三大筑梦西陵”活动】 2023年10月3日，区委书记任蔚、区长梅卫民出席活动，区政府党组成员、西陵经济开发区党工委书记、管委会主任王锦林代表区政府向全国各地校友推介西陵区经济社会发展情况，会上举行双集中高质量发展项目签约仪式，西陵区人民政府与中国葛洲坝集团有限公司、三峡大学计算机与信息学院、湖北七巧连云数据科技有限公司、苏州瑞纳新材料科技有限公司、雅阁集团联合湖北梵宿文旅集团、广东蘑菇物联科技有限公司、北京红棉小冰科技有限公司、上海青翼工业软件有限公司、广东中安电气科技有限公司进行签约。

【梅卫民赴北京招商考察】 2023年10月16日至18日，西陵区委副书记、区政府区长梅卫民带队赴北京开展招商考察，拜访超威橙盒子科技、运怡技术集团、北京泡泡玛特等环保科技、生命健康和文创产业头部企业，就在宜项目投资的技术路径、扶持政策等进行深入交流，服务项目早落地。区发改局、区招商局相关负责人陪同考察。12月24日至26日，西陵区委副书记、区政府区长梅卫民带队赴北京招商考察，区人大常委会副主任、党组成员席群英、区政府副区长、宜昌城发集团副总经理王锦林参加考察，拜访中化学冷链物流有限公司、北京京海康宁生物科技有限公司、SK中国、中国—阿拉伯国家技术转移中心等企业。区招商局相关负责人陪同考察。

【梅卫民赴上海、浙江等地招商考察】 2023年11月5日至8日，西陵区委副书记、区政府区长梅卫民带队赴上海、浙江等地开展招商活动，拜访中国船舶集团、大洋百货集团、上海青翼工业软件、上海伟翔众翼、浙江湖州超威集团等行业龙头企业及上海市宜昌商会。

（蔡小雨）

◆政务服务和大数据管理

【概况】 2023年，西陵区27个部门966个事项纳入“一窗通办”“一网通办”，全年总办件量32026件，“一事联办”全年总办件量11340件。区政数局全省首创“区内通办”工作机制，推进“数字门牌”，打造宜昌数字经济智库。

【数字经济】2023年，区政数局促成三峡大学、三峡高科与区政府共建宜昌数字经济研究院，打造央地合作新典范。发挥三峡集团等龙头企业总部资源，成功招引三峡高科、北京海致、七巧连云、三峡星未来等优秀创新型企业落户三峡双创中心和三峡数智产业园。深化智能小区建设，在墨池巷社区开展“数字门牌”试点，全面覆盖8个小区、3265户居民、300个市场主体。

【“区内通办”工作机制】2023年，区政数局全省首创“区内通办”工作机制，100个高频事项在全区街道实现“一窗受理、区内通办、结果互认”，相关工作经验在全省推广。开展“政银”合作，24小时政务服务一体机进驻银行网点，实现企业开办等高频事项“就近办理、一次办结”。持续完善政务服务“一张网”平台功能，动态更新承接本级政务服务事项984项，并在政府门户网公示晒权。推进电子证照应用，研发6个电子签章功能。主题套餐115项办件量达2.8万件，开展10件民生关键小事主题测试，为企业和群众提供更多优质的“一件事一次办”服务。强化窗口“首席服务员”制度，明确全区27个部门首席服务员授权清单和审批职责，大幅提高审批效率。整合部门单设办事窗口，区级综窗比例达50%，街道、社区综窗比例达100%。设立24小时自助服务区、发布15分钟政务服务全景图。各街道及开发区设立的“首善帮办团”站点跑腿代办“保姆式”服务150次。

【交易监管】2023年，区政数局深化招标投标全流程电子化改革，高频证照“免证明”、合同签订（变更）网上办理和工程款支付网上查询3项试点任务验收通过。完成评标区域智能化改造，实现从评审专家抽取到专家进场评审识别的全流程电子化监控。拓展远程异地评标，宜昌城区政府采购工程项目首次采用跨省远程异地评标方式，实现专家资源跨省共享。区级所有进场交易项目全部免收投标保证金和履约保证金，截至年底，为企业节约资金达5700万元。

【数字赋能】2023年，区政数局深化智能小区建设，打造12类智能应用场景，桃花岭小区、粮苑小区等8个首批市级试点标准化“智能小区”投入使用。在墨池巷社区开展“数字门牌”试点，全面覆盖8个小区及市场主体，实现数字门牌扫码接入宜格服务、便民综治服务等功能。用活“社区微脑”，协助社区为65岁老人办理敬老卡3000张。开设“惠企政策服务专区”“西心办陵距离”等便民利企专栏，建设网上村（居）务公开专栏，实现村（居）务公开全覆盖。

（李玉敏）

表11　　2023年西陵区政务服务事项清单

序号	实施部门	事项名称
1	宜昌市公安局西陵区分局（22项）	第二类、第三类易制毒化学品购买备案证明，第三类易制毒化学品运输备案证明，第一类、第二类易制毒化学品运输许可，对新出生婴儿办理出生登记，公章刻制业特种行业许可证核发，国际联网备案，核发居民身份证，核发居住证，互联网上网服务营业场所中信息网络安全审批，户口登记、注销、迁移，户口迁移审批，户口项目变更更正，户口信息查询，禁毒宣传，剧毒化学品、放射源存放场所技术防范系统验收，剧毒化学品购买许可，跨省、自治区、直辖市举办大型群众性活动安全许可，旅馆业特种行业许可证核发，民用爆炸物品购买许可，民用爆炸物品运输许可，死亡、宣告死亡、宣告失踪人员办理户口注销，烟花爆竹道路运输许可，焰火燃放许可
2	宜昌市西陵区消防救援大队（1项）	公众聚集场所投入使用、营业前消防安全检查
3	宜昌市西陵区水利局（31项）	城市建设填堵水域、废除围堤审批，从事农村土地承包经营权流转服务的中介组织备案，村、组财会人员任免及调整备案，道路货运经营许可，道路运输证的配发，动物防疫条件合格证核发，动物及动物产品检疫合格证核发，动物诊疗许可，对客货运输车辆的年度审验，规划和建设项目节水评价，洪水影响评价类审批，计划用水单位用水计划指标核定，农村承包地调整审批，农村集体经济审计，农村土地承包纠纷仲裁，农机质量投诉监督、纠纷调解，农药经营许可，农业生态环境保护与农村可再生能源的技术推广和指导，农业相关产品及技术展览服务，农作物种子生产经营备案，取水许可，生产建设项目水土保持方案审批，兽药经营许可，水利工程安全评价和安全鉴定，水利工程建设项目验收，水利工程开工报告备案，水利水电工程建设项目安全生产措施方案备案，水利水电工程招标备案，水土保持公报查阅，一事一议筹资筹劳审批，种畜禽生产经营许可

续表

序号	实施部门	事项名称
4	宜昌市西陵区民政局（29项）	城乡低保对象享受结果查询，城乡低保申请进度查询，城乡特困人员救助供养申请办理进度查询，城乡特困人员享受结果查询，城乡最低生活保障对象认定，慈善信托备案，慈善组织认定，对孤儿基本生活保障金的给付，公开募捐资格审核，孤儿认定，湖北省结婚登记和补领结婚证网上预约，基金会成立、变更、注销登记，基金会修改章程核准，居住在中国内地的中国公民在内地收养登记、解除收养关系登记，困难残疾人生活补贴和重度残疾人护理补贴，老年人福利补贴，临时救助对象认定，民办非企业单位成立、变更、注销登记，民办非企业单位修改章程核准，内地居民婚姻登记，社会团体成立、变更、注销登记，社会团体负责人变更备案，社会团体修改章程核准，社会组织登记证书的补发服务，事实无人抚养儿童基本生活补贴给付，事实无人抚养儿童认定，特困人员认定，养老机构备案，宗教活动场所法人登记
5	宜昌市西陵区人力资源和社会保障局（27项）	创业服务，对就业困难人员（含建档立卡贫困劳动力）实施就业援助，高校毕业生等青年就业服务，公共就业服务专项活动，国有企业改制职工安置方案预先审核，就业失业登记，就业信息服务，劳动关系协调，劳动人事争议调解仲裁，劳务派遣经营许可，流动人员人事档案管理服务，民办职业培训学校设立、分立、合并、变更及终止审批，企业实行不定时工作制和综合计算工时工作制审批，人力资源服务机构备案，人力资源服务许可，社会保险参保缴费记录查询，社会保险参保信息维护，社会保险登记，社会保险缴费申报，事业单位工作人员开除处分备案，事业单位人事管理服务，养老保险服务，职业技能鉴定补贴，职业介绍、职业指导和创业开业指导，职业培训，职业资格证书查询，专业技术人员管理服务
6	宜昌市西陵区财政局（4项）	《财政票据领用证》办理，非营利组织免税资格认定，会计代理记账许可证，中介机构从事代理记账业务审批
7	中共宜昌市西陵区委宣传部（9项）	出版物发行单位设立非法人分支机构备案，出版物零售业务经营许可，出版物批发单位设立审核，从事出版物发行业务的单位和个人终止经营活动备案，单位、个人通过互联网等信息网络从事出版物发行业务备案，电影放映单位设立审批，对举报“制黄”“贩黄”、侵权盗版和其他非法出版活动有功人员的奖励，设立临时零售点开展出版物销售活动备案，新闻出版或电影许可证换证
8	宜昌市西陵区司法局（9项）	对公民法律援助申请的审批，对基层法律服务工作者的年度考核(初审)，对律师事务所年度检查考核，法治宣传，基层法律服务工作者执业核准（初审），基层法律服务所年度考核(初审)，基层法律服务所事项变更，基层法律服务所注销核准（初审），人民调解员因从事工作致伤致残、牺牲的救助、抚恤
9	西陵区住房和城乡建设局（21项）	拆除工程施工备案，发布林业有害生物预报及防治技术咨询，风景名胜区规划查询，改变绿化规划、绿化用地的使用性质审批，工程建设涉及城市绿地、树木审批，国家或地方重点保护野生动物的收容救护，既有住宅增设电梯，建立古树名木档案和标记，建设工程竣工验收消防备案，建设项目使用林地及在森林和野生动物类型国家级自然保护区建设审批，林木采伐许可证核发，林业科技服务，林业植物新品种保护服务，湿地保护宣传，世界防治荒漠化与干旱日宣传，物业招投标备案，修剪、移植城市树木服务，野生动物疫源疫病监测预报，野生动植物保护宣传，园林绿化工程竣工验收备案，组织开展全民义务植树活动
10	宜昌市西陵区综合行政执法局（10项）	拆除、改动、迁移城市公共供水设施审核，城市建筑垃圾处置核准，城市生活垃圾服务费的征收，城镇污水排入排水管网许可，从事生活垃圾（含粪便）经营性清扫、收集、运输、处理服务审批，关闭、闲置、拆除城市环卫设施许可，临时性建筑物搭建、堆放物料、占道施工审批，设置大型户外广告及在城市建筑物、设施上悬挂、张贴宣传品审批，市政设施建设类审批，特殊车辆在城市道路上行驶（包括经过城市桥梁）审批

续表

序号	实施部门	事项名称
11	宜昌市西陵区应急管理局（16项）	“12350”安全生产举报投诉，大型爆破作业备案，地震震情信息服务，第三类非药品类易制毒化学品经营备案，防震减灾科普教育基地的认定、防震减灾科普示范学校的认定，防震减灾宣传指导，接收可能与地震有关的异常现象报告、地震预测意见，平息和澄清地震谣言，具有救灾宗旨的公益性民间组织分配、使用救灾捐赠款物方案的备案，矿山、金属冶炼建设项目和用于生产、储存危险物品的建设项目的安全设施设计审查，农居地震安全示范工程认定，生产、储存危险化学品建设项目安全条件审查，生产安全事故应急救援预案备案，危险化学品经营许可，危险化学品重大危险源备案，烟花爆竹经营许可
12	宜昌市生态环境局西陵区分局(9项)	对突发环境事件应急预案的备案，对危险废物管理计划的备案，环保宣传教育活动，环境保护知识普及，建设项目环境影响登记表备案，江河、湖泊新建、改建或者扩大排污口审批，排污许可，危险废物经营许可，一般建设项目环境影响评价审批
13	中共宜昌市西陵区委统战部（3项）	归侨、华侨子女、归侨子女考生身份确认，归侨、侨眷身份认定，华侨回国定居审批
14	宜昌市西陵区民族宗教事务局(16项)	民贸、民品企业申报的认定，民族成份变更，民族宗教政策法规咨询，宗教活动场所筹备设立审批，宗教活动场所管理组织成员备案，宗教活动场所内改建或者新建建筑物许可，宗教活动场所设立、变更、注销登记，宗教教职人员兼任宗教活动场所主要教职的备案，宗教教职人员跨省担任宗教活动场所主要教职的备案，宗教教职人员拟任或者离任宗教活动场所主要教职的备案，宗教教职人员在省内跨县(市、区)担任宗教活动场所主要教职备案，宗教临时活动地点审批，宗教团体、宗教院校、宗教活动场所接受境外捐赠审批，宗教团体、宗教院校、宗教活动场所接受境外组织和个人10万元以下捐赠的备案，宗教团体、宗教院校、宗教活动场所举办研讨会、讲坛、论坛等备案，宗教团体和寺观教堂开展宗教教育培训的备案
15	宜昌市西陵区文化和旅游局（48项）	A级旅游景区查询，大型公共体育场馆开放，等级运动员称号授予，对非物质文化遗产代表性传承人的组织推荐评审认定，对非物质文化遗产代表性项目的组织推荐评审认定，对非物质文化遗产项目保护单位的组织推荐评审认定，对体育市场从业人员资格的认定，对营业性演出举报人的奖励，非国有不可移动文物修缮资金给付，高危险性体育项目经营许可，个体演员、个体演出经纪人备案，国民体质测定与健身指导，互联网上网服务营业场所经营单位设立审批，举办健身气功活动及设立站点审批，临时占用公共体育场(馆)设施审批，旅行社设立服务网点备案，旅行社信息查询，旅游市场假日情况通报，青少年俱乐部创建和命名，社会体育指导员技术等级称号认定，申请从事互联网上网服务经营活动审批，受理旅游投诉，体育类民办非企业单位申请登记审查，图书馆多媒体文献查询，图书馆图书外借延期，文艺表演团体从事营业性演出活动审批，文艺表演团体设立审批，依法登记的歌舞娱乐场所(不含中外合资、中外合作经营娱乐场所)经营单位(补证)，依法登记的歌舞娱乐场所(不含中外合资、中外合作经营娱乐场所)经营单位(延续)，依法登记的歌舞娱乐场所(不含中外合资、中外合作经营娱乐场所)经营单位(注销)，依法登记的歌舞娱乐场所(不含中外合资、中外合作经营娱乐场所)经营单位变更(法定代表人、主要负责人、投资人员变更)，依法登记的歌舞娱乐场所(不含中外合资、中外合作经营娱乐场所)经营单位变更(改建、扩建营业场所或变更场地)，依法登记的歌舞娱乐场所(不含中外合资、中外合作经营娱乐场所)经营单位变更(企业名称变更)，依法登记的歌舞娱乐场所(不含中外合资、中外合作经营娱乐场所)经营单位变更(注册资本变更)，依法登记的歌舞娱乐场所(不含中外合资、中外合作经营娱乐场所)申请从事娱乐场所经营活动许可，依法登记的游艺娱乐场所(不含中外合资、中外合作经营娱乐场所)经营单位(补证)，依法登记的游艺娱乐场所(不含中外合资、中外合作经营娱乐场所)经营单位(延续)，依法登记的游艺娱乐场所(不含中外合资、中外合作经营娱乐场所)经营单位(注销)，依法登记的游艺娱乐场所(不含中外合资、中外合作经营娱乐场所)经营单位变更(场所改建、扩建营业场所或变更场地)，依法登记的游艺娱乐场所(不含中外合资、中外合作经营娱乐场所)经营单位变更(法定代表人、主要负责人、投资人员变更)，依法登记的游艺娱乐场所(不含中外合资、中外合作经营娱乐场所)经营单位变更(企业名称变更)，依法登记的游艺娱乐场所(不含中外合资、中外合作经营娱乐场所)经营单位变更(注册资本变更)，依法登记的游艺娱乐场所(不含中外合资、中外合作经营娱乐场所)申请从事娱乐场所经营活动许可，异地或本地旅行社在辖区设立分公司(分社)备案，营业性演出审批，营业性演出增加演出地备案(不涉外、不涉港澳文艺表演团体、个人参加的)，娱乐场所从事娱乐场所经营活动审批，转发文化和旅游部或发布湖北省旅游安全提示

续表

序号	实施部门	事项名称
16	宜昌市西陵区市场监督管理局(38项)	地理标志保护产品申请的受理及初审,第三类医疗器械经营许可(零售),对计量纠纷的调解和仲裁检定,对经营乙类非处方药的药品零售企业从业人员资格认定,非食品生产经营者从事对温度、湿度等有特殊要求的食品贮存业务备案,个人独资企业及分支机构设立、变更、注销登记,个体工商户注册、变更、注销登记,股权出质的设立,合伙企业及分支机构设立、变更、注销登记,合同示范文本、格式条款文本备案,计量技术比对结果发布,计量器具强制检定,接收、处理消费者投诉举报,仅销售预包装食品备案,开展安全用药月活动,名称自主申报,农民专业合作社登记注册,企业备案登记,企业设立、变更、注销登记(内资),企业守合同重信用情况公示,企业信息查询服务,生产者使用地理标志产品专用标志申请的受理及初审,食品(含保健食品)生产许可,食品安全科普宣传,食品经营许可,食品生产加工小作坊生产许可,网络食品交易第三方平台提供者和通过自建网站交易的食品生产经营者备案,小餐饮经营许可,小微企业名录系统建设及信息服务,药品安全科普宣传,药品零售企业经营许可,药品违法行为举报奖励,知识产权保护问题的咨询,知识产权维权援助,注册商标专用权质权登记服务,专利纠纷处理,专利文献检索、查询和相关统计网上自助服务,组织指导开展"3·15"国际消费者权益日宣传咨询服务活动
17	宜昌市西陵区退役军人事务局(1项)	残疾军人康复辅助器具的配置
18	宜昌市西陵区统计局(3项)	对经济普查中表现突出的集体和个人给予表彰和奖励,统计数据发布,统计信息咨询服务
19	宜昌市西陵区医疗保障局(9项)	定点医药机构费用结算,基本医疗保险参保登记和变更登记,基本医疗保险参保人员享受门诊慢特病病种待遇认定,基本医疗保险参保人员医疗费用手工(零星)报销,基本医疗保险参保人员异地就医备案(异地就医直接结算),基本医疗保险参保信息查询和个人账户一次性支取,基本医疗保险关系转移接续,医疗救助对象待遇核准支付,医药机构申报定点协议管理
20	国家税务总局宜昌市西陵区税务局(122项)	不动产项目报告,财务会计报告报送,财务会计制度及核算软件备案报告,残疾人就业保障金申报,车船税申报,车船税退抵税,车辆购置税申报,车辆购置税退税,城乡居民社会保险费申报,城镇土地使用税申报,出口企业放弃退(免)税报告,出口退(免)税企业备案信息报告,存款账户账号报告,代扣代缴证券交易印花税申报,代收代缴车船税申报,单位社会保险费申报,定期定额户简易申报,定期定额户自行申报,对采取实际利润额预缴以外的其他企业所得税预缴方式的核定,对纳税人变更纳税定额的核准,对纳税人延期申报的核准,发票真伪鉴别,房产交易申报,房产税申报,房地产税收一体化信息报告,房地产项目尾盘销售土地增值税申报,非居民企业间接转让财产事项报告,非税收入通用申报,废弃电器电子产品处理基金申报,服务贸易等项目对外支付税务备案,附加税(费)申报,复业登记,耕地占用税申报,工程项目工伤保险费申报,航空运输企业年度清算申报,核定征收企业所得税重大变化报告,环境保护税申报,汇算清缴结算多缴退抵税,建筑业项目报告,境内机构和个人发包工程作业或劳务项目备案,居民企业(查账征收)企业所得税年度申报,居民企业(查账征收)企业所得税月(季)度申报,居民企业(核定征收)企业所得税年度申报,居民企业(核定征收)企业所得税月(季)度申报,开具个人所得税纳税记录,开具社会保险费缴费证明,开具税收完税证明,扣缴企业所得税报告,跨境应税行为免征增值税报告,跨区域涉税事项报告,跨区域涉税事项报验,跨区域涉税事项信息反馈,两证整合个体工商户登记信息确认,两证整合个体工商户清税申报,两证整合个体工商户信息变更,灵活就业人员社会保险费申报,纳税人(扣缴义务人)身份信息报告,纳税人放弃免(减)税权声明,纳税人合并分立情况报告,纳税人涉税信息查询,纳税信用补评,纳税信用复评,纳税信用修复,农产品增值税进项税额扣除标准备案,其他代扣代缴、代收代缴申报,其他情况土地增值税申报,企业所得税汇总纳税信息报告,契税申报,欠税人处置不动产或大额资产报告,清算企业所得税申报,入库减免退抵税,软件产品增值税即征即退进项分摊方式资料报送与信息报告,软件和集成电路产业企业所得税优惠事项资料报告,社会保险费特殊缴费申报,涉税专业服务机构(人员)基本信息报送,涉税专业服务机构(人员)信用复核,涉税专业服务年度报告报送,涉税专业服务协议要素信息报送,涉税专业服务专项报告报送,申报错误更正,石脑油、燃料油消费税退税,石油特别收益金申报,税收减免备案,税收减免核准,税收统计调查数据采集,税务证件增补发,税务注销即时办理,停业登记,通用申报(税及附征税费),土地增值税清算申报,土地增值税预征申报,退还误收多缴保险费申请,委托代征报告,未按期申报抵扣增值税扣税凭证抵扣申请,文化事业建设费申报,误收多缴退抵税,消费税申报,选择按小规模纳税人纳税的情况说明,烟叶税申报,一照一码户登记信息确认,一照一码户清税申报,一照一码户信息变更,银税三方(委托)划缴协议,印花税票代售报告,印花税申报,油价调控风险准备金申报,逾期增值税抵扣凭证抵扣申请,原油天然气增值税申报,增值税防伪税控系统最高开票限额审批,增值税期末留抵税额退税,增值税适用加计抵减政策声明,增值税小规模纳税人申报,增值税一般纳税人登记,增值税一般纳税人申报,增值税预缴申报,注销不动产项目报告,注销建筑业项目报告,注销扣缴税款登记,注销税务登记(适用于"一照一码""两证整合"以外的纳税人),转开印花税票销售凭证,资源税申报,综合税源信息报告

续表

序号	实施部门	事项名称
21	宜昌市西陵区档案馆(宜昌市西陵区史志研究中心)(7项)	档案查阅利用服务,档案展览和参观预约服务,对国有企业文件材料归档范围和保管期限表的审查,对在档案工作中做出显著成绩的或者向国家捐赠重要、珍贵档案的单位和个人的表彰或者奖励,对重点建设项目(工程)档案的验收,民生档案跨馆查询利用服务,主动公开的政府信息查阅服务
22	宜昌市西陵区残疾人联合会(7项)	残疾儿童康复服务,残疾人辅助器具适配服务,残疾人机动轮椅车燃油补贴给付,残疾人求职登记,残疾人证办理,残疾人职业培训需求登记,全国残疾人按比例就业情况联网认证
23	宜昌市西陵区教育局(8项)	初中阶段民办学校(义务教育、学前教育)、非学历文化教育阶段教育机构章程、董事会或理事会成员备案,对教师申诉的处理,对学生申诉的处理,教师资格认定,民办初中、小学、幼儿园及非学历教育培训机构招生简章和广告备案,实施中等及中等以下学历教育、学前教育、自学考试助学及其他文化教育的学校设立、变更和终止审批,适龄儿童、少年因身体状况需要延缓入学或者休学审批,文艺、体育等专业训练的社会组织自行实施义务教育审批
24	宜昌市西陵区卫生健康局(25项)	《湖北省老年人优待证》办理,出生医学证明办理,放射工作人员证核发,放射源诊疗技术和医用辐射机构许可,公共场所卫生许可,护士执业注册,母婴保健服务人员资格认定,母婴保健技术服务机构执业许可,确有专长的中医医师执业注册,托育机构备案,乡村医生执业注册,养老机构内设医疗机构备案,医疗机构建设项目放射性职业病防护设施竣工验收,医疗机构建设项目放射性职业病危害预评价报告审核,医疗机构名称裁定,医疗机构执业登记,医疗美容主诊医师备案,医师多机构备案,医师执业注册,医院级别和等级查询,义诊活动备案,饮用水供水单位卫生许可,诊所备案,中医医疗机构设置审批,中医医疗机构执业登记
25	宜昌市西陵区商务局(3项)	单用途商业预付卡备案,外商投资咨询服务,组织协调境外劳务纠纷和突发事件的应急处置
26	宜昌市西陵区发展和改革局(10项)	从事粮食收购企业的备案,法人和其他组织公共信用信息查询服务,固定资产投资项目节能审查,利用人防宣传教育基地提供防空防灾知识教育和技能训练服务,粮食收购政策发布,粮油仓储单位备案,企业投资项目备案,人民防空警报设施拆除、迁移审批,熏蒸作业熏蒸方案备案,政府投资项目审批
27	中共宜昌市西陵区委机构编制委员会办公室(1项)	事业单位设立、变更、注销登记

◆公共资源交易

【概况】2023年,区公共资源交易中心电子交易平台完成项目合计98项。预算总金额13252.49万元,成交总金额12541.75万元,节约资金710.74万元,资金节约率为5.36%。网上商城交易总成交次数1223次,总成交金额4198.89万元,其中协议供货383次,成交金额873.08万元;定点服务840次,成交金额3325.81万元。

【惠企政策】2023年,区公共资源交易中心全面取消投标保证金和履约保证金。扩大交易活动中"两金"免收范围,将原来政府采购工程免收"两金"的政策拓展至所有进场交易项目,截至年底,共为企业节约资金占用达5700余万元。联合财政部门落实"政财贷"等惠企政策,推进政府采购贷款落地落实,缓解企业融资压力,年内,辖区企业累计获得"政采贷"融资2320万元。贯彻落实政府采购支持中小企业发展政策,通过采购需求及评审细则的规定,帮助中小企业合理参与竞争。年内,在进中心交易的98个项目中,专门面向中小微企业的项目共有69个,占比达70%。

【一网通投】2023年,区公共资源交易中心加快推进工程建设招投标电子营业执照"一网通投"改革,服务工程建设招投标市场主体,制定《工程建设招投标电子营业执照"一网通投"改革工作方案》。6月15日,西陵区召开深化招投标全流程电子化及"一网通投"改革推进会。市场主体通过电子营业执照可实现登录交易系统、身份认证、电子签章、电子签名、标书加密、标书解密等功能,企业只需凭借电子营业执照，即可实现一键扫码、自动录入数据，全程免费，多用户共享、多平台互通功能，实现"一把钥匙开多把锁"，投标时也不再受空间、人员和终端的限制，"一部手机、一个身份"。全年共98个项目、37家公司采用电子营业执照参与投标。

【优化交易环境】2023年，区公共资源交易中心打造智能高效交易环境。完成评标区域智能化改造，使用人脸识别门禁一体机，完成从评审专家抽取到专家进场评审识别的全流程电子化监控，防止可能影响评标评审工作人员进入评标区域。积极宣传《宜昌市西陵区住房和城乡建设局招投标"评定分离"实施办法(试行)》，为区级项目业主提供评定分离工作指导，协助完成评定分离项目实施。

【跨省远程异地评标】2023年6月27日，港窑路玖号本色现代生活馆室内精装修项目在西陵区公共资源交易中心和贵州省黔西南州公共资源交易中心共同配合下完成开评标，这也是宜昌城区政府采购工程项目首次采用跨省远程异地评标方式，打破空间上的限制，实现专家资源跨省共享。

（李玉敏）

表12 2022年、2023年西陵区政府采购情况一览表

单位：次、万元

采购方式	采购批次		预算价		中标价		节约资金		节约率%	
	2022年	2023年	2022年	2023年	2022年	2023年	2022年	2023年	2022年	2023年
合　计	120	98	18075.99	13252.49	16900.04	12541.75	1175.95	710.74	6.51	5.36
公开招标	23	24	6684.25	4733.98	6351.90	4598.51	332.35	135.47	4.97	2.86
竞争谈判	0	1	0	60	0	25.8	0	34.2	0	57
竞争磋商	95	71	10998.03	8071.65	10166.77	7535.15	831.26	536.50	7.56	6.65
单一来源	2	2	393.71	386.86	381.37	382.29	12.34	4.57	3.13	1.18
询　价	0	0	0	0	0	0	0	0	0	0
邀请招标	0	0	0	0	0	0	0	0	0	0

◆应急管理

【概况】2023年，区应急管理局抓实国务院安全生产"15条硬措施"和省安全生产"20条措施"落地，有效控制较大事故，坚决杜绝重特大事故，全区工矿商贸行业继续保持"零事故""零伤亡"，连续20年无森林火灾发生。承办全市安全生产月咨询日、全市防汛抢险应急演练、"安陵杯"安全文化作品征集评选活动。

【落实安全生产责任】2023年，西陵区完善全链条责任体系，形成工作闭环。组织区"四大家"领导通过"四不两直"方式下沉企业、社区风险点位开展现场督办检查，"一线"指导安全生产工作，落实行业监管责任。按照"固事定责融责于事事责统一责权对等"原则，编制印发《西陵区安全生产工作责任清单》《安全生产工作手册》《安全生产口袋书》，明确安委会成员单位责任边界、安全生产隐患排查整治重点点位、隐患认定标准和风险防范化解工作措施。落实《宜昌市安全生产领域涉嫌违纪违规和不担当不作为问题线索移送办法》，出台《关于开展安全生产领域不担当不作为专项整治的通知》，把党员领导干部落实安全生产责任情况纳入督查督办、不担当不作为整治重要内容，开展安全生产监督检查。全区开展3轮督察，共排查问题25个，移交区纪委监委问题线索25条，问责履职不力党员干部21名。

【规范安全监管执法】2023年，区应急管理局开展执法检查，出动执法人员400人次。运用"执法人员+专家"执法模式，聘请安全专家检查重点企业472家次，办理行政

处罚案件9起，责令停产整顿83家，曝光、约谈、联合惩戒22家。加强工作联动，应急、消防、市场监管、文旅等执法部门开展各类联合执法7次，排查整改隐患问题26条。分部门、行业领域制定安全生产培训和监督检查重点事项清单，落实行政执法“三项制度”推进安全生产执法专业化、规范化。精准执法阶段1执法案例被应急管理部、省应急厅作为典型执法案例宣传推广（全市2个，全省18个）。

【隐患排查治理】 2023年，区应急管理局聚焦消防、边坡堡坎、自然灾害等突出风险领域开展隐患自查自纠，发现一般隐患问题1223处，完成整改1142个。运用“无人机”等高科技手段排查安全隐患、宣传安全知识。常态化开展安全监管，继续开展“一月一主题”活动，组织各街道、部门结合辖区特点和工作职责，聚焦消防、交通运输、建筑施工、特种设备、燃气、工贸、校园、旅游等重点领域开展隐患排查。每月组织开展一次集中专项整治行动，以点带面全面推进安全生产工作。截至年底，除因市政工程建设计划等原因确需延期而未完成整改的6条问题外，均按要求完成整改。

【强安固盾行动】 2023年5月~12月，区应急管理局开展强安固盾行动暨重大事故隐患专项排查整治2023行动，分为动员部署、企业自查自改和部门帮扶、部门精准执法总结提高四个阶段。区政府组织专题学习安全生产十五条硬措施13次，党委政府主要负责同志专题研究8次，区级领导现场督导检查109次，区安委会成员单位负责同志企业宣讲90次，区级组织开展考核巡查督导检查3次，部门抽查检查企业1449家，帮扶指导重点企业342家次。全年共排查整改重大事故隐患26个。

【自然灾害防治】 2023年，区应急管理局梳理应急救援物资储备，新建应急物资储备库1个，储备各类应急救援物资2000件（套），组建应急救援队伍29支，签订物资保障协议单位4家。争取资金1000万元，推动唐家湾中小学旁山体、肖家岗5号边坡、葛洲坝原旅游学校堡坎等历史遗留隐患整改。聚焦城区内涝、危房堡坎和地质灾害点等城区防汛重点领域，开展“网格化”排查，梳理9个区级重点防汛隐患、40个街道一般防汛隐患。城市道路18个易涝点位划分8个片区，明确片区长及点位责任人，安排159名人员合成编组。投入30万元整改望洲七组堡坎隐患，协调市城发集团完成新街坊小区后山隐患整改，调度资金100万元，整改望洲5组和英伦皇都两处斜坡隐患。

【组建安全生产联盟】 2023年，区应急管理局发动100家优质企业成立“商户安全生产自治联盟”。通过隐患随手拍领取积分，上报社区积分制管理服务站隐患及整改情况，志愿者或居民朋友获得积分由安全联盟商家兑换奖励。

【基层应急能力建设】 2023年，区应急管理局夯实基层应急管理基础，加强应急物资保障，构建消防为主，民兵和志愿者为辅应急救援联动机制。印发《关于加强基层应急力量和应急能力建设的通知》，按照“十个一”基层应急管理体系，加强街道应急能力建设。开展应急演练，共组织燃气爆炸、火灾疏散等应急预案演练400次，5万人参演。6月，承办全市大型防汛救灾综合演练。

【应急管理示范单位创建】 2023年，区应急管理局按照《宜昌市安全宣传进企业进农村进社区进学校进家庭工作实施方案》开展试点，打造宜昌特锐德电气有限公司、窑湾街道黑虎山村等5个“五进”示范单位。学院街道环北社区成功创建省级综合减灾社区，夜明珠街道上导堤社区成功创建市级综合减灾社区。

【安全生产宣传教育】 2023年，区应急管理局持续加强宣传教育，组织生产经营单位主要负责人参与警示教育培训4451人，开展专项告知4269人，开展履职能力测试2762人。举办“安陵杯”安全文化作品征集评选活动，共征集参赛作品400件，全市40家单位和社会各界5000人参与咨询活动。承办全市“安全生产月”“消防宣传日”等市级大型宣传活动，组织开展安全生产宣传教育培训活动1000场次。向全区200家重点企业主要负责人送达《致全区企业主要负责人的一封信》《安全生产法定责任告知清单》。结合防灾减灾宣传“七进”活动，发放安全生产、防灾减灾宣传资料5万份，媒体宣传报道安全工作动态260篇，新闻宣传工作居全市应急系统第一。开办大洋百货“开工第一课”网络直播，3万人线上观摩学习，被湖北新闻频道专题推介。“无人机空中执勤＋网格员地面巡查”模式被《中国应急管理报》《湖北应急管理》杂志推介。

（汪　敏）

表13　2023年西陵区各类事故四项指标同期比较表

事故类别	事故起数(起)			死亡人数(人)			受伤人数(人)			经济损失(万元)		
年度	2023年	2022年	同比+-%	2023年	2022年	同比+-%	2023年	2022年	同比+-%	2023年	2022年	同比+-%
道路交通	0	8	-800	0	1	-100	0	0	-	0	0	-
工业商贸	0	0	0	0	0	-	0	0	-	0	0	-
合　计	0	8	-800	0	1	-100	0	0	-	0	0	-

【消防救援】2023年，区消防救援大队共出警621起，其中火灾扑救107起、抢险救援88起、社会救助318起、公务执勤5起、其他101起，共出动队伍631队次，共出动车辆881辆次，出动人员5214人次。抢救被困人员80人，疏散被困人员1人，抢救财产价值607050元，保护财产价值11461050元。

【消防安全检查】2023年，区消安委全面统筹调度，推动各成员单位将消防安全纳入重大事故隐患专项排查整治的重点内容。派员指导各街道、教育、住建、商务、文旅、公安等重点成员单位开展隐患排查整治，每月通报形势、推送突出风险，联合督办隐患。推动社会单位知责履责，开展警示约谈6次，发动291家重点单位开展风险隐患自查自改，依法对954家单位开展监督检查，督促整改1795处火灾隐患，下发责令改正通知书772份，下发行政处罚决定书28份，处罚金8.003万元，责令"三停"和临时查封5家，开展服务指导17家，指导68家重点单位完成标准化管理达标创建。

2023年6月6日，水域救援轻潜分队在城区老318汽渡滑坡道水域打捞坠江车辆
（西陵消防救援大队 提供）

表14　2023年西陵区消防救援大队抢险救灾情况一览表

抢险救灾类别		单位	2022年	2023年	同比+-%
火灾概况	火灾起数	起	212	107	−49.52%
	死亡人数	人	1	0	−100%
	受伤人数	人	0	0	-
	财产损失	万元	77.06	147.81	+91.81%
出警情况	出动次数	次	778	621	−20.17%
	出动人数	人	6810	5214	−23.43%
	出动车辆	辆	1190	881	−25.96%
战斗成果	抢救人员	人	46	80	+73.91%
	疏散人员	人	43	1	−97.67%

【消防安全专项整治】2023年，区消防救援大队开展生产加工企业、多业态混合经营场所、医疗机构、超高层建筑、"九小场所"、违规施工和违规电气焊作业、居民住宅小区、废旧回收行业、冬季火灾集中治理"百日会战"等系列专项治理行动，运用"互联网+监管"双随机一公开平台与公安、文旅、民政等部门开展联合检查30次，与属地街道、相关行业部门开展联合检查42次，综合整治突出火灾隐患64处。督办整改区政府挂牌督办重大火灾隐患单位民康制药、市督查组反馈的大韩橱柜等15家重大火灾隐患单位，41处隐患全部完成整改。年内，组织除夕、元宵、清明、五一、中秋、国庆等节假日期间错时制检查，完成"两会"、亚运会、省运会、三峡大学百年校庆等重大活动消防安全保卫任务。

【应急救援】2023年，区消防救援

大队深化岗位练兵，在全市第五届“火焰蓝”救援尖兵比武竞赛中获得团体第四名。结合辖区灾害事故风险、执勤实力和作战能力，依托沙河路消防救援站，建设大型商业综合体灭火救援专业队；依托紫阳消防站，建设水域救援轻潜分队，建强水域救援轻潜分队。截至年底，共70人取得红十字会颁发的救护员证书，10人取得公共安全应急救援潜水员证，5人取得混合气潜水员证，2人取得irata一级绳索证书，4人取得建筑物倒塌搜救技术中级证书。针对辖区火灾防控重点和典型灾害事故特点，开展模拟灾情排险作业12次，开展重点单位应急演练300余次，消防水源普查100余次。其中大队主官组织开展熟悉演练15次、修订完善灭火作战预案52份、潜水队专业化训练24次、水域救援训练12次、演练6次，开展真烟真火模拟训练12次、紧急避险专项训练55次。20余名骨干参加消防救援局、总队和支队组织的业务培训。创新研发新能源汽车车底灭火装置、高层水带携行包等灭火救援类器材，提升消防员应急救援能力。

2023年11月8日，西陵区2023年“119”消防宣传月活动启动仪式在吾悦广场举行

（西陵消防救援大队 提供）

【消防救援所挂牌成立并运行】2023年，西陵区各街道消防救援所挂牌成立并实体化运行，各安全协管员配合街道社区严格按照“防、消、宣”一体化的建设目标承担辖区内的监督检查、宣传培训、隐患督办等工作。年内，辖区消防救援所累计统筹开展“两违”“九小场所”、城镇燃气、醇基燃料、住宅小区等专项整治和逃生窗推广安装工作，共排查1723家单位，发现隐患1176条，督促现场整改隐患545条，宣传培训26274次，发动居民拆除防盗网或改装逃生窗2000余户。

【消防知识宣传教育】2023年，区消防救援大队深化消防宣传“五进”活动和开展火灾事故“三级讲”，用身边典型事故案例警示、教育群众，并在重点时段依托消防宣传车播放火灾警示案例和消防安全公益广告，通过LED屏、微信群、短信、朋友圈等多种方式开展消防宣传提醒活动，提升辖区民众消防安全意识和自防自救能力。全年共开展消防宣传“五进”活动255次，开展火灾事故“三级讲”110次，发送消防安全提示短信15万余条，印制和发放张贴消防宣传海报、消防宣传单8万余张，发动300余块LED屏滚动播放消防安全提示。

【消防队站建设升级】2023年，区消防救援大队完成华祥商业中心消防救援站建设工作，该站点集日常办公、灭火救援、综合训练等功能于一体，分别设有消防通信值班室、消防装备库、值班备勤室、活动室、会议室等，在硬件优化、精细管理等方面提档升级，并完成综合训练馆立项工作。

【车辆坠江水下打捞任务】2023年8月20日，紫阳站水域救援专业队轻潜分队完成1起车辆坠江水下打捞任务，在到达枝江市宝筏寺轮渡口后，采取固定定位锚索，开展水下圆形搜索方法救援，利用定位绳对车辆进行位置标定，并使用水下摄像机现场取证，将拍摄画面送至地面指挥部。现场指挥员分析事故车辆在江底处于翻覆状态，确定采用起吊船吊升的方法进行打捞救援，潜水队员利用吊索扁带对事故车辆底部进行固定，指挥起吊船开展吊升作业，最终坠江车辆被成功打捞上岸。

【“119”消防宣传月】2023年11月8日，区消防救援队大队以“预防为主 生命至上”为主题在吾悦广场举行2023年西陵区“119”消防宣传月活动启动仪式。市消防救援支队、区政府、区直部门、区消防安全重点单位等100余人参加启动仪式。现场表彰了2023年度西陵区“十佳消防志愿者”，并为消防科普教育基地宜昌新城吾悦广场授牌，为三峡大学、湖北三峡职业技术学院、三峡电力职业学院等4

支消防志愿服务队授旗，组织开展消防安全知识普及、消防器材装备展示、灭火演练、互动体验等消防观摩互动活动。

（余　芬）

◆机关事务管理

【概况】2023年，区机关事务服务中心持续做好机关事务的管理、保障和服务。机关食堂获评区级“营养健康食堂”荣誉称号。持续推进节约机关创建、规范公共机构节能工作监督检查和绩效评价机制，节能降耗工作在全市机关事务工作会上交流发言。新成立西陵区国防后备力量服务中心，举办宜昌市机关事务第二片区交流研讨会。

【综合服务】2023年，区机关事务服务中心顺应实际需求，努力提升服务对象满意度。满足干部职工电动自行车充电需求，引进企业建设电动自行车充电桩10个。改善办公环境，投资25万余元建设区级城运中心，投资3万余元实施机关大楼7个小型维修。全年实施机关大楼水电维修840余次，完成城运中心装修和机关大楼外墙修复等项目10个。强化会务保障，全年提供会务服务1000余场次，文印中心为区直机关印刷文件资料60余万份。全年保障招商、应急、执法用车2800余次、安全行车16万公里，平台车辆全部安装卫星定位系统，并喷涂公务用车标识。全年对违规使用公车、超面积使用公房和内部食堂违规吃喝进行专项督查3次，检查覆盖率达100%。严格落实机关大楼安保守卫工作，接待来访群众225人次，处理集访和重大来访事件11起，为群众提供便利15人次。

【机关食堂管理】2023年，区机关事务服务中心加强机关食堂食品卫生安全的监管，做好餐厨垃圾分类、“除四害”等工作。完善食堂文化墙，落实餐饮节俭理念，增强食堂就餐舒适感。保证食材供应安全新鲜度，创新优化菜品，做到粗粮均衡搭配，根据季节变换制作营养汤和中药养生茶，职工就餐满意率达90%以上，机关食堂获评区级“营养健康食堂”荣誉称号。

【制度完善】2023年，区机关事务服务中心编印完善《公务用车使用管理政策解答》《办公用房使用管理政策解读》《公务用车使用管理正面和负面清单》和《公共机构节能督查实施方案》等文件及政策汇编，指导区直机关规范开展机关事务工作。规范公共机构节能工作监督检查和绩效评价机制，制定下发《公共机构节能工作考评细则》，每半年上报1次资源能源消耗数据，全年开展1次监督检查。

【“节约型机关”创建】2023年，区机关事务服务中心营造节能减排、节约型机关创建氛围。在节能宣传周组织开展“落实‘双碳’行动，共建美丽家园”活动，培养干部职工节能节约良好习惯。在世界粮食日和全国粮食安全宣传周组织开展“倡议光盘行动，拒绝餐饮浪费”主题活动。联合区相关部门共同指导辖区党政机关创建“节约型机关”，创建覆盖率达100%。辖区新增2家单位获评“市级垃圾分类示范点”称号。购置新能源车辆1台，达到更新购新能源车比30%的要求。制作发放“安全节约用电”提示牌，不定期组织人员监督检查落实创建，检查并督导整改公共机构粮食浪费、长明灯、用水跑冒滴漏现象。

【西陵区国防后备力量服务中心成立】2023年10月20日，根据《中共西陵区委编制委员会关于调整人武部后勤服务机构的通知》（宜西编〔2023〕12号），原中国人民解放军湖北宜昌市西陵区人民武装部后勤服务中心更名为西陵区国防后备力量服务中心，为公益一类事业单位，所属关系调整为西陵区机关事务服务中心所属，编制和隶属现状保持不变。

【宜昌市机关事务第二片区交流研讨会】2023年11月17日，宜昌市机关事务第二片区第三次交流研讨会在西陵区召开。市机关事务服务中心相关业务科室、宜都市、五峰县、猇亭区、西陵区机关事务中心主要负责人参加会议。会议组织参观宜昌市童欣幼儿园节能环保养成教育成果展示、船柴社区老旧资产综合利用、市第二十五中学节能示范项目。传达全省资产管理培训会议精神，组织学习湖北省党政机关办公用房权属统一登记工作相关文件。与会人员就资产管理和办公用房权属统一登记工作进行研讨发言，市直机关国有资产服务中心负责同志就国有资产管理相关问题现场解答。

（杨治吉）

政协宜昌市西陵区委员会

◆综　述

【概况】2023年，区政协开展主要调研视察、民主监督共35次，形成调研报告14篇，完成重点提案督办5件，完成114件提案的立案、转办、交办工作。全年与市政协联合开展“推动活态传承，培育‘非遗+’产业”“完善城市运行管理机制，提升市民诉求处置效应”等调研活动8次，参与民主监督视察10次，参加市政协议政性常委会、双月协商座谈会、“委员e家”活动、各专委会专题培训活动等16场次。在全市县市区政协主席座谈会、省“一线协商·共同缔造”行动座谈会上交流发言。《西陵区政协坚持“五个第一”全面落实党的二十大精神》的典型经验，在《宜昌政协》和《湖北政协工作简报》刊发。理论文章《践行“五个第一”不断推动基层政协工作高质量发展》，被《湖北政协》杂志刊载。

【政协自身建设】2023年，区政协不断加强干部队伍建设，提升干部履职能力。将政协自身建设纳入全区总体规划。出台《关于加强和改进新时代基层政协工作的实施意见》，构建完善“2+3+2+n”协商工作体系，为各街道、社区、界别开展基层协商活动提供基本遵循。围绕提升“四种能力”，组织53名区政协委员赴厦门大学开展专题培训。举办“学思践悟新思想同心奋进新征程”主题演讲比赛，选拔推出9名委员参加决赛。深化区委主要领导听取、研究政协工作机制，健全完善街道、社区政协活动召集人制度，出台相关文件，破解新时代基层政协“两个薄弱”问题。经区委编委会研究批复，成立区政协基层工作委员会，同时设立区政协委员服务中心，机构编制全部落实到位。

2023年11月9日，区政协举办“学思践悟新思想　同心奋进新征程”委员演讲比赛

（区政协办公室　提供）

◆重要会议

【区政协九届三次会议】2023年1月6日至7日，中国人民政治协商会议宜昌市西陵区第九届委员会第三次会议顺利召开。会议应到区政协委员208人，实到171人。区委书记任蔚在开幕会上致辞。岳新梅作区政协九届委员会常务委员会工作报告，朱文胜作提案工作情况报告。会议听取并协商讨论“一府两院”工作报告及其他报告。会议通过了政协宜昌市西陵区第九届委员会常务委员会工作报告的决议、政协宜昌市西陵区第九届委员会常务委员会关于提案

2023年7月26日，市政协主席王均成来西陵区调研督办重点提案
（区政协办公室 提供）

工作情况报告的决议、政协宜昌市西陵区第九届委员会提案委员会关于区政协九届三次会议提案审查情况的报告、政协宜昌市西陵区第九届委员会第三次会议政治决议。离退休老领导、区工商联、各人民团体、区政府各部门负责人列席会议。

【区政协常委会会议】2023年，区政协召开常委会议4次，集中对相关问题进行重点协商。

1月7日，区政协召开九届七次常委会会议。区政协主席、党组书记岳新梅主持会议并讲话。会议审议了政协宜昌市西陵区第九届委员会提案委员会关于区政协九届三次会议提案审查情况的报告（草案）、政协宜昌市西陵区第九届委员会第三次会议关于常务委员会工作报告的决议（草案）、提案工作情况报告的决议（草案）及大会政治决议（草案）。会议协商讨论了区政协2023年度工作要点（征求意见稿）。

6月20日，区政协召开九届八次常委会会议，围绕“打造长江大保护典范城市核心标杆”主题开展协商议政，区委书记任蔚出席会议并讲话，区政协主席、党组书记岳新梅主持会议。会议集中学习了《习近平新时代中国特色社会主义思想专题摘编》《中共湖北省委省政府关于加快建设全国构建新发展格局先行区的实施意见》等内容；审议了有关人事事项和机构设置事项，开展了学习交流研讨。

8月18日，区政协召开九届九次常委会会议。会议传达学习了省委十二届四次全会、市委七届五次全会、区委九届五次全会精神，全市县市区政协主席座谈会暨“一线协商·共同缔造”工作推进会议精神。会议听取了全区上半年经济社会发展情况和下半年经济社会发展工作安排，全区“共同缔造”工作情况。区委副书记、区政府区长梅卫民应邀出席会议，通报全区上半年经济社会发展情况和下半年经济社会发展工作安排并讲话。区委组织部副部长孙新星通报全区“共同缔造”工作情况，并回应政协常委提问。区政协主席、党组书记岳新梅主持会议。

12月20日，西陵区政协召开九届十次常委会会议，区政协主席、党组书记岳新梅主持会议并讲话。会议集中学习了中央经济工作会议、中央农村工作会议精神，省委召开会议传达学习中央经济工作会议精神，中国共产党宜昌市第七届委员会第六次全体会议公报相关精神。会议听取了区政府关于区政协九届三次会议委员提案和调研课题办理情况、2023年区政府“十件重点惠民实事”办理情况；区纪委监委、区法院、区检察院工作情况通报；政协宜昌市西陵区第九届委员会提案工作委员会关于2023年重点提案督办情况报告。会议协商通过了政协宜昌市西陵区第九届委员会第四次会议的有关事项，政协宜昌市西陵区第九届委员会常务委员会工作报告（草案）及报告人，政协宜昌市西陵区第九届委员会常务委员会关于九届三次会议以来提案工作情况报告（草案）及报告人。

◆政治协商

【概况】2023年，区政协广泛开展协商履职活动，常委会议重点协商2次，主席会议专题协商12次，重点提案办理协商5次，专委会对口协商18次，区委常委会听取和研究政协工作5次，区委区政府领导参与政协协商活动18次。

2023年，区政协健全完善“1+6+2+n”履职体系，协商质效不断提升。将“打造长江大保护典范城市核心标杆”作为本年度议政性常委会课题，形成“1+4”报告体系，受到区委主要领导高度肯定。面向全体委员征集外地关于城市更新和文旅融合经典案例、建议12篇，系列调研材料被区委主要领导评价为“雪中送炭”。“加强商业预付卡管理，助力区域消费中心建设”等多项调研成果，转化为区委区政府决策。“关于将西坝建设成为长江零碳岛”的建议，被充分吸纳进市政府《宜昌清洁能源之都规划》。徐高俊委员带领企业深耕生物医药领域，坚定不移走科技创新之路，入选市委主要领导包保培育工业企业，并发展进规；覃啸洪委员荣获宜昌市第八届“三峡文艺明星奖”；陈静委员荣获“宜昌市服务高质量十佳律师”荣誉称号。

【协商品牌建设】2023年，区政协印发《政协西陵区委员会办公室关于推深做实“一线协商·共同缔造”行动，持续擦亮“家话西陵”工作品牌的通知》等相关文件，梳理完善“一线协商·共同缔造”行动的方法路径、组织体系、工作机制、协商形式、工作要求等内容，编印《委员履职手册》，指导委员深入开展“一线协商·共同缔造”行动。打造“家站室”委员履职平台，提质升级9个街道“委员之家”、43个社区“委员工作站”和18个界别“委员工作室”，高标准建设“万双全委员工作室”“王俊委员工作室”等8个“示范委员工作室”。依托“家话西陵”协商平台，全年组织280名三级委员下沉基层，扎实开展“一线协商·共同缔造”行动72场次，收集民生问题86个，协调助推解决问题65个，收集汇编“协商有果”典型案例29篇。“刘敏委员工作室”积极开展公益活动，致力于保护中华鲟、江豚，为长江大保护贡献委员力量，受到省市政协领导充分肯定，案例被《湖北政协工作简报》推介。下沉窑湾街道峡州社区的区政协人资环专委会工作小分队，助力残疾人综合服务基地建设，形成的案例《一线“众筹”解“众愁”》，被市政协《“一线协商·共同缔造”》专刊推介。

◆民主监督

【概况】2023年，区政协充分发挥协商式监督的制度优势，不断畅通知情明政渠道，围绕“加强商业预付卡管理，助力区域消费中心建设”“提升公共卫生服务能力，保障群众就医用药”及区政府十件惠民实事，开展民主监督10余次。

【民主监督活动】2023年9月8日，区政协教科卫体专委会组织委员围绕“提升公共卫生服务能力保障群众就医用药”开展民主监督。委员现场察看西陵社区卫生服务中心门诊部、全科诊室、口腔科等科室建设及运营情况，听取公卫服务保障群众就医用药、中医口腔科、家庭医生签约、心脑血管一体化防治等特色服务情况。围绕民主监督主题，就进一步做好辖区公共卫生服务，切实解决好群众就医用药问题进行协商讨论，提出“注重医疗服务同质化”“改善基层医疗服务阵地环境”“加强与三甲医院协作”等意见建议。

◆提案办理

【概况】2023年，区政协共收到提案114件，经审查，立案100件（并案8件），占收到提案总数的87.7%，不立案3件，转社情民意11件。年内，对立案100件提案所提意见建议已经落实98件，占98%；列入计划解决落实2件，占2%。提案办理的见面率、办复率、满意率均达到100%。提请区委区政府主要领导带头领办《关于提升城市功能品质打造区域活力中心的建议》《关于进一步优化环境厚植沃土，大力推进宜昌民营经济高质量发展的建议》等16件重点提案，区政协主席会议成员牵头督办《关于加快推进平湖半岛整体开发的建议》等5件重点提案。

【提案办理成效】2023年，区政协围绕建强特色街区打造宜荆荆区域性消费中心、城市功能品质提升、社区医疗、社区养老、文旅融合、心理健康、群众体育、人才新政等经济、社会、民生、生态方面提出提案。“关于提升城市功能品质，打造区域活力中心的建议”“关于优化商业中心功能，打造会展商业综合体，助推区域经济发展的建议”等提案，由区政府主要领导领办，推动核心商圈建设。区委九届四次全会审议通过《区委区政府关于建强特色街区打造宜荆荆区域性消费中心的实施意见》，将特色街区提档升级工作上升为区级重大战略。“关于严格实施长江‘十年禁渔’，助力西陵勇当长江大保护典范城市核心标杆的建议”的提案，区政府承办单位主动回应委员建议和社会关切，全面落实推行河湖长制，禁捕沿江巡查纳入河湖长制重要内容。“关于重视心理健康和精神卫生，加快完善社会心理服务体系建设的建议”“加快建设‘学校—家庭—社会’一体的青少年心理健康预防体系”等提案，推动区政府将心理健康服务工作纳入区政府十件重点惠民实事，成立西陵区社会心理服务体系建设工作领导小组，印发《2023年西陵区进一步深化社会心理服务体系建设方案》《西陵区社区心理服务阵地建设实施方案》《西陵区2023年心理健康教育工作方案》及《西陵区“心安西陵”心理关爱帮扶活动实施方案》。

◆参政议政

【概况】2023年，区政协选择党政关心、群众关切、委员关注的课题展开调研，助力西陵高质量发展。科学制定2023年度协商调研计划。各专委会围绕“完善城市运行管理机制，提升市民诉求处置效应”“推进制造业高质量发展，助推百强城区建设”等10个重点课题开展专题调研，形成一批有价值的资政建言成果。省、市政协领导16次到西陵区调研。6月22日，召开“打造长江大保护典范城市核心标杆”专题议政性常委会，围绕打造长江生态保护修复新样板、绘就城与山水和谐相融新画卷、激发产业绿色发展新动能、建设美好环境与幸福生活共同缔造新家园等4个子课题进行专题调研，形成“1＋4”报告体系，在宜昌建设长江大保护典范城市中贡献西陵力量。邀请下沉西陵的省市政协委员参加课题调研，参与协商议政并提出意见建议。区委主要领导在课题综合报告上批示：“调研报告调查扎实，问题查找符合客观实际，措施考虑超前。”

【市区联合调研】2023年，区政协加强市区联动，全年与市政协联合开展“推动活态传承，培育‘非遗＋’产业”“完善城市运行管理机制，提升市民诉求处置效应”“打造青年发展型城市，建设‘西陵样板’”等调研活动8次，为市级层面决策提供参考。参与民主监督视察2次，参加市政协议政性常委会、双月协商座谈会、“委员e家”活动、各专委会专题培训活动等16场次。

【专题协商调研】2023年，区政协全年共开展专题调研25次，协商议事13次，形成调研报告14篇。围绕“推进制造业高质量发展”“提升基层治理精准化服务水平”“用共同缔造理念助推社区智慧化建设”等课题，开展深度调研，提出意见建议90多条，为区委区政府科学决策、民主决策提供参考借鉴。8月15日，区政协提案委组织委员围绕“用共同缔造理念·助推社区智慧化建设”课题开展调研活动。前往学院街道天宸府小区、葛洲坝街道锦绣嘉园小区实地了解智慧小区建设情况，并召开座谈会。区政数局、区民政局、区住建局、葛洲坝街道、锦绣社区分别就西陵区智慧社区建设、智能小区建设工作情况发言。

【重大社情民意调研】2023年，区政协结合主题教育，主席会议成员围绕石板片区开发等确定5个调研课题，深入基层一线开展专题调研10余次，形成高质量调研报告5篇，转化为社情民意同步报送市政协、区委区政府。全年编发社情民意信息15期，市政协采用2期，获区委区政府主要领导批示3期。《关于加强中小学生健康教育的建议》《关于老旧商务楼宇提质改造激发经济内生动力的建议》等6篇社情民意信息，得到区委、区政府领导批示。

（谭　升）

表15　2023年西陵区政协主要协商、调研视察和民主监督活动情况一览表

序号	时间	参加人员	视察专题
1	1月31日	王均成、岳新梅、朱文胜、黄华、蔡道国、毛中林、阚发权、张昌满、田保华、杨迪	来区调研贯彻落实市委办公室《关于加强和改进新时代市县政协工作的实施意见》(宜办发〔2022〕32号)情况，并提出相关建议。
2	2月1日	岳新梅、阚发权、杨迪	开展2023年春节后区政协领导走访调研委员企业(单位)开门红。
3	2月2日	朱文胜、毛中林 田保华、张燕雄	开展2023年春节后区政协领导走访调研委员企业(单位)开门红。
4	2月3日	黄华、蔡道国 张昌满、潘巍	开展2023年春节后区政协领导走访调研委员企业(单位)开门红。
5	2月7日	冉锦成、黄华、宋军	开展“完善城市运行管理机制，提升市民诉求处置效应”课题调研。
6	2月21日	谭业明、岳新梅、朱文胜、毛中林、阚发权、杨迪	开展关于“领悟新精神、落实新要求，干出新样子、建功创典范”专题调研，走访看望住当地的市政协委员和委员企业。
7	2月28日	张耀环、王仁俊、岳新梅	江苏省徐州市政协副主席张耀环一行来区学习考察云集街道解放路社区委员工作站建设情况。

续表

序号	时 间	参加人员	视察专题
8	3月6日	冉锦成、岳新梅、阚发权	调研西陵区城运中心建设相关情况。
9	3月7日–3月9日	王均成、岳新梅	赴武汉、荆州、荆门学习“协商在一线”“委员工作室”工作开展情况。
10	3月10日	张峻峰、岳新梅、毛中林、田保华	秭归县政协一行来区学习考察“模范机关建设”工作经验。
11	3月20日–3月24日	冉锦成、黄华	赴福建、漳州、泉州考察学习“推动活态传承,培育‘非遗+’产业”相关情况。
12	3月28日	尹万明、黄华	当阳市政协来区学习考察社区治理工作经验。
13	4月13日	黄华、张昌满	开展“推进制造业高质量发展,助推百强城区建设”课题调研。
14	4月20日	王均成、毛中林	调研我区樵湖岭、CBD商务中心公交站点建设情况。
15	4月25日	黄华、张昌满	开展“打造长江生态保护修复新样板”议政性调研协商活动。
16	5月8日	孔福生、朱文胜、田保华	赴江苏、安徽学习重点提案办理、提案办理协商、数字赋能提案提质增效等方面的经验。
17	5月11日	姚燕玲、岳新梅、黄华、阚发权	南京市江宁区政协一行来区学习考察市域社会治理工作经验。
18	5月18日	黄华、潘巍	开展“提升基层治理精准化服务水平构筑城市社区精细化治理格局”课题调研。
19	5月19日	冉锦成、毛中林	调研关于建设区域性消费中心相关工作。
20	6月8日–6月11日	岳新梅	赴上海、浙江、江苏考察学习“提高城市规划、建设、治理水平,全力打造宜居、韧性、智慧城市”相关工作经验。
21	6月12日	李明义、岳新梅、蔡道国	来区调研宜昌重要历史文化遗存(街区)相关情况,并召开座谈会。
22	7月13日	蔡道国、张昌满	开展《关于加强西陵区商务写字楼提质增效的建议》重点提案督办。
23	7月19日	尹治才、毛中林	常德市武陵区政协一行来区调研加强市区联动、创新管理体制机制等相关情况,学习先进经验和做法。
24	7月19日	岳新梅、王巍、朱文胜、阚发权	开展“加快推进石板片区开发　提升中心城区功能品质”课题调研,并集中座谈。
25	7月28日	饶玉梅、余学军、毛中林	开展“高质量推进青年发展型城市建设”集中调研,先后赴屈原书城、橘子元宇宙、三峡创谷、西陵区云E家及云集街道果园路社区等地现场考察,并召集座谈。
26	8月9日	胡明、朱文胜	开展“用共同缔造理念助推社区智慧化建设”协商调研活动,并集中座谈。
27	8月16日	陈和春、姚朝云、毛中林	调研“推动城市适老化社区、适老化住房建设和改造”共性指导议题开展调研情况,实地调研平湖馨苑社区适老化项目和设施改造情况。
28	8月22日	岳新梅、阚发权、杨迪	对重点提案“关于加快推进平湖半岛整体开发的建议”的办理落实情况进行督办,调研协商办理中存在的问题困难和意见建议。
29	8月22日	黄华、潘巍	对重点提案“关于加快推动浩克体育等社会体育场馆分时段免费开放的建议”办理落实情况进行督办,并提出下一步工作建议。
30	8月22日	朱文胜、田保华	对重点提案“关于优化社区服务设施布局,做大做强西陵区养老康养产业的建议”办理情况进行督办,并组织委员就优化社区服务设施布局,做大做强西陵区养老康养产业建言献策。
31	8月28日	朱家法、易国芝、毛中林	来区开展“优化医保服务,提高群众满意度”民主监督。

续表

序号	时 间	参加人员	视察专题
32	8月29日	王均成、岳新梅、朱文胜、黄华、蔡道国、毛中林、阚发权	来区调研葛洲坝城市更新、联东U谷等项目推进情况，及西陵区西坝街道委员工作室建设情况。
33	8月30日	王仁俊、岳新梅、阚发权	来区调研三级委员“一线协商•共同缔造”行动。
34	8月31日	黄平、朱文胜	荆州市荆州区政协一行来区学习考察楼宇经济发展相关经验。
35	9月8日	毛中林、李宁致	开展“提升公共卫生服务能力 保障群众就医用药”民主监督。
36	9月20日	周运春、蔡道国、覃旻	开展“加强商业预付卡管理，助力区域消费中心建设”民主监督并召开座谈会议。
37	9月22日	戴杰群、冉锦成、姚朝云、毛中林	孝感市政协副主席戴杰群一行7人就“加强社会养老服务体系建设”等工作来区调研，实地考察葛洲坝颐福乐园养老公寓相关运营情况。
38	9月22日	岳新梅、毛中林、郭从京	开展“打造青年发展型‘乐居’之城，建设西陵样板”专题调研活动。
39	10月15日	肖贵玉、严 旭、王均成、吴正新、岳新梅	上海市政协领导一行来区调研三峡企业总部基地，并听取三峡企业总部项目汇报。
40	10月23日	王均成、岳新梅、蔡道国	市政协主席王均成来区调研委员“家站室”建设情况，区政协主席岳新梅、副主席蔡道国陪同。
41	10月28日-11月1日	宋文豹、岳新梅	赴宁夏开展“铸牢中华民族共同体意识”实地调研活动。
42	11月8日	王仁俊、岳新梅	市政协副主席王仁俊来区调研杨帆、熊明霞委员工作室建设情况并协商座谈，区政协主席岳新梅陪同。
43	11月15日	王曙光、王均成、冉锦成、岳新梅、姜媛	内蒙古自治区呼伦贝尔市政协一行来区调研残疾人之家建设情况。
44	12月12日	王仁俊、王皓、蔡道国、张昌满	开展“推进委员工作室建设 探索委员联系界别群众新路径”调研，实地察看我区刘幼昆委员工作室建设情况。

中国共产党宜昌市西陵区纪律检查委员会
宜昌市西陵区监察委员会

◆综　述

【概况】2023年，区纪委监委协助区委健全全面从严治党体系，坚定不移正风肃纪反腐，大力推动主题教育和教育整顿。在全市率先建立长江大保护、流域综合治理公益诉讼问题移送机制，受到省市纪委监委肯定。协助区委制定《全面从严治党责任全链条落实实施方案》《纪律教育融入党员干部全周期管理工作实施方案》《“纪律教育在支部”实施办法》，均为全市首创。纪检监察绩效考核在全市排名持续进位、考核位于城区前列，党风廉政建设考核位于全市第一方阵。

◆重要会议

【中共西陵区第九届纪委第三次全体会议】2023年2月3日，中共西陵区第九届纪委第三次全体会议暨全区巡察工作会议召开，会议传达学习了中央、省市纪委全会精神。区委书记任蔚出席全会并作讲话，区委常委、区纪委书记、区监委主任付波向大会作题为《以党的二十大精神引领纪检监察工作高质量发展，为奋进全国百强城区提供坚强纪律保障》工作报告，报告总结全区上年度党风廉政建设和反腐败工作，安排部署2023年任务。会议强调，2023年全区纪检监察组织要重点抓好8项工作：有力有效推进政治监督具体化精准化常态化；自我革新推动完善党和国家监督体系；实干笃行发挥巡察利剑作用；锲而不舍纠“四风”树新风；持之以恒加强党的纪律建设；标本兼治一体推进“三不腐”；勠力同心加强纪检监察体制改革；久久为功锻造高素质纪检监察铁军。

◆党风廉政建设

【清廉西陵建设】2023年，区纪委监委持续深化清廉建设，印发《2023年清廉西陵建设工作要点》，完善治理体系，督促各牵头单位总结示范联系点建设经验，提炼“1+7+3”清廉载体建设标准，打造墨池书院、刘一儒清廉墙等廉洁阵地16个，绘制廉洁地图。窑湾街道茶庵村被评为清廉村居建设省级典型村。相关新闻稿件在中央媒体、省级媒体分别刊发18篇、49篇。推进新时代廉洁文化建设，组织家庭助廉、文艺汇演等活动百余场，廉洁作品《亲清的你》获全市“廉政文艺直通车”二等奖。

【纪律教育】2023年，区纪委监委协助区委制定《关于把纪律教育融入党员干部全周期管理工作的实施方案》，推动建立党委统筹抓、纪委经常抓、部门分层抓、支部日常抓的纪律教育责任体系。将纪律教育与支部主题党日深度融合，打造“诵纪、知纪、敬纪、释纪、评纪”的“5+2+X”标准化模板。全区各级党组织开展“纪律教育在支部”活动768次，邀请专家授课312场次，组织旁听庭审293人次，开展警示教育120余场次，纪法测试涵盖1000余人次。根据自办留置案件制作《为了堵窟窿，她把手伸向征收补偿款》警示教育片，结合辖区发案特点制作《围猎终自毁》《特殊》等警示教育小视频，挖掘辖区优秀传统文化，制作《刘一儒高洁世家》系列宣传动画和表情包，开展多种形式的纪律教育。针对领导干部、年轻党员和新提拔、新入职人员开展纪律教育17场次，举办家庭助廉等活动。

【党风廉政宣教月活动】2023年7月—8月，区纪委监委在全区开展以"加强纪律教育培养纪律自觉"为主题的第24个党风廉政宣传教育月活动，印发《2023年西陵区党风廉政建设宣传教育月活动实施方案》(宜西纪发〔2023〕3号)，重点组织开展警示教育、纪律教育、廉政主题宣传、鼓励担当作为宣传活动等5个方面19项具体活动。常态化开展"家风家教惠万家"送课活动，为基层送去弘扬好家风课程100余场次。7月4日，区委书记任蔚同志带头参加全区警示教育大会，面向全区200余名单位"一把手"作题为《永葆"赶考"初心砥砺担当作为坚定不移纵深推进全面从严治党》的廉政党课。7月14日，区委理论学习中心组邀请市委宣讲团成员、市委党校党史党建教研室杨艳教授围绕《全面加强党的纪律建设》为题作专题辅导，发挥"关键少数"示范带头作用。8月4日，举办2023年"树清廉家风创最美家庭"家庭助廉活动，全区40余名新提拔重用领导干部家属与新入职公务员参加活动。8月11日、18日、21日分别在宜昌三峡广播电视台《直播宜昌》《三峡日报》"清廉宜昌"栏目、湖北电视台"荆楚廉政"栏目等新闻媒体刊发我区宣教月专题报道。

◆监督执纪执法

【政治监督】2023年，区纪委监委分4个板块轮动调度各类专项监督12次。依托片区协作机制重点推进长江大保护监督、工程建设领域专项治理，查处典型案件58件，处理处分168人，建章立制174项，在全市率先与检察院建立长江大保护、流域综合治理公益诉讼问题移送机制。同级监督谈话13人次，通报情况2次。建立"一把手"谈话与党风廉政建设专题会联动机制，全覆盖"一把手"谈话54人。全域推进政治生态分析研判，增加联席会议成员单位7个，建立"5+15+21"政治生态分析数据库，常态化收集数据、分析研判。

【正风肃纪】2023年，区纪委监委狠抓"四风"监督，常态化开展作风建设联合监督检查35次，发现并交办整改规范类问题16个。查处违规吃喝问题14件，处分科级干部6人，制定公务接待、政商交往等正负面清单3项。深挖细查不担当不作为问题，重点领域排查发现问题40个，运用"第一种形态"处理153人次，联合制定《西陵区督查问效实施办法》。强化群腐整治综合研判，监督推动解决乡村振兴、老旧小区改造等群众反映强烈问题69个，查处13人，建章立制42项，追缴资金200余万元。累计查处"四风"问题23起27人，下发通报10期，小微权力"监督一点通"办件满意率达98%。对生态环保、安全生产、电梯加装等5个领域失职失责问题启动问责，对4人给予诫勉问责处理。

【推进反腐败斗争】2023年，区纪委监委坚持抓早抓小与高压惩治并进，处置线索193件，处分75人，留置5人，移送司法机关4人，其中留置并"双开"区委管理"一把手"1人，查处重点领域同级党委管理干部15人，为区监委成立以来最多。抓实个案整改和系统治理，下发纪检监察建议书11份，健全纪检监察建议书整改评价制度，对提出的26项建议分层分类销号。建立信访监督机制，紧盯办件质效，开展源头治理，加强成果运用，化解重复件3件，全年信访总量、检举控告、业务范围外信访量均同比下降。落实严管厚爱制度机制，澄清正名34件，回访教育67人，查处诬告陷害2人，容错减责2人，1名党员干部在处分影响期满后被重用。

【健全完善监督体系】2023年，区纪委监委坚持促进完善党和国家监督体系，协助区委制定《关于推动全面从严治党责任全链条落实的实施方案》。强化"四项监督"统筹衔接制度化建设，发挥"室组地"联动效能，实行信息互通、监督互动、结果共享。推动各项监督贯通融合，组织涉及多部门、多领域共性问题、重点问题联合监督检查244次，发现问题288个，推动政治监督、作风监督、审计监督、财会监督等协同联动。构建"双线四级三员"基层监督体系，开展"共同缔造·我来监督"活动，搭建议事决事监督平台380余个，解决群众"急难愁盼"重点问题21件。小微权力"监督一点通"访问量破10万。相关工作法获评全市基层监督最佳"优秀工作法"展演二等奖。

【党风廉政建设责任制检查】2023年12月，区委督导调研组对全区各单位开展2023年度党风廉政建设责任制考核。经区委研究同意，确定葛洲坝街道为街道优秀档次，确定区委办公室(区委政研室、区委直属机关工委、区档案馆)、区人大机关、区政府办公室(区金融局、区现代服务业发展中心)、区政协机关、区纪委监委机关(区委巡察办)、区委组织部(区委编办、区人才服务中心)、区委统战部、区委政法委(区社区建设服务中心)、区工商联、区妇联、区法院、区审计局12个单位为区直单位优秀档次。确定区住房保障服务中心为不合格档次。其他街道、单位为合格档次。

(尚　可)

民主党派·工商联

◆综　述

【概况】2023年，西陵区有民革西陵区基层委员会、民盟西陵区基层委员会、民建西陵基层委员会、民进西陵支部、农工西陵支部、九三学社西陵支社等6个民主党派西陵基层组织，有民主党派成员530人。其中，民革西陵区基层委员会142人、民盟西陵区基层委员会114人、民建西陵基层委员会125人、民进西陵支部48人、农工西陵支部45人、九三学社西陵支部56人。

2023年，西陵区工商业联合会（简称区工商联）有会员总数7569个。有基层商会13个，其中行业商会5个，基层商会7个，异地商会1个。辖区市属商会13个。下属非公企业和非公党组织19个。社会组织2个，分别为西陵区光彩事业促进会、宜昌市稻草圈圈生态环保公益中心。

◆中国国民党革命委员会西陵区基层委员会

【概况】中国国民党革命委员会宜昌市西陵区基层委员会（以下称民革西陵区基层委员会）成立于2017年12月，下设4个支部，截至2023年底，有党员142名，来自政府机关、法律行业、文教、经济和社会组织等单位。

【组织建设】2023年，民革西陵区基层委员会全年共发展新党员5名。2月10日，民革西陵区基层委员会第二次代表大会召开，选举产生第二届基层委员会委员。经过选举，马甲、毛中林、衣升军、李宁致、张军、周长华、胡诺、席生华、黄恩、阙自强等10名同志当选民革西陵区第二届基层委员会委员，其中毛中林同志连任民革西陵区第二届基层委员会主任委员。2月28日，民革西陵区基层委员会召开二届二次委员会议，各支部共计开展工作研讨部署会议8次。西陵三支部统筹阵地建设，完善支部组织工作制度化、规范化、程序化水平规划，构建“三个中心”建设。3月，西陵四支部开展植树、读书会等活动。

【参政议政】2023年，民革西陵区基层委员会及西陵区各支部带领党员深入开展调查研究，全年参加民主监督10次。29篇次信息被人民政协网、团结网、湖北政协网、湖北民革、宜昌政协、宜昌民革等不

2023年6月29日，民革西陵区基层委员会党员代表参加由团结报社、民革湖北省委会主办的“以典范城市铭志　与书香阅读同行——团结读书会”活动

（民革西陵基层委员会 提供）

同平台采用,撰写《以控制成本为核心优化营商环境》《关于加强二手车交易市场管理的建议》《关于加强基层疫情防治体系建设的相关建议》《关于加强非机动车道建设和非机动车通行管理的建议》《关于在宜昌建立官方二手房交易租赁平台的建议》等提案18篇。方夏参与撰写民革界别第48号集体提案《关于提升电商产业发展品质助力区域性消费中心建设的建议》、阙自强参与撰写259号集体提案《关于科学划定城镇开发边界更好塑造城市空间形态的建议》被评为市政协七届一次会议以来优秀提案;阙自强参与撰写集体提案《生态优先向净水渔业要产业要发展》作大会发言,方夏、阙自强被表彰为“2022年优秀政协委员”。

【调研活动和调研成果】2023年,民革西陵区基层委员会联合西陵区委统战部组织课题组,聚焦“促进工业绿色融合发展 打造世界文化旅游名城”专题,赴青岛市开展调研考察,学习产业绿色发展与文化旅游名城建设融合的可借鉴可复制经验做法。殷书国完成省级重点调研课题“健全流域综合执法管理机制”,在全省“坚决守住水环境安全底线”专项民主监督会上做专题发言。西陵一支部组织党员参加市政协人资环专委会组织的委员讲堂和民革宜昌市委组织的基层组织建议调研,西陵二支部组织党员开展宜昌茶叶产业、宜昌畜牧产业发展等调研活动。

【社情民意信息工作】2023年,民革西陵区基层委员会加强社情民意信息收集与报送,全年提交《关于在主城区试点二维码电子门牌的建议》《关于举行市级发票抽奖活动促进消费增长的建议》《关于促进宜昌市商品交易市场提档升级的建议》《关于将商务部门作为宜昌市城乡规划委员会成员单位的建议》《关于加强人防工程权属关系宣传化解小区矛盾的建议》《关于优化公共厕所及相关设施配置的建议》《关于老年人凭身份证免费乘坐公共交通的建议》《优化三峡机场充电设施提升宜昌城市格局》等社情民意20余篇。

【社会服务】2023年,举办参加消费者权益保护日、桃花岭社区“法律服务在一线”工作、葛洲坝街道东方社区的文明创建、残疾人公益服务、防范非法集资宣传月、12348法律援助热线值班、“3·15”法律宣传服务、“共同缔造五社联动党建引领基层治理”主题活动等各类社会服务活动逾18次,推动社会服务工作见实效。

(胡　诺)

◆中国民主同盟宜昌市西陵区基层委员会

【概况】中国民主同盟宜昌市西陵区基层委员会(以下称民盟西陵区基层委员会)成立于2014年1月4日。2019年7月4日换届,有主委1人、副主委4人、委员4人。盟员主要以从事文化教育以及科学技术工作的高中级知识分子为主群体,截至2023年底,共有盟员114人。民盟西陵区基层委员会下设文化旅游支部、新闻传媒支部、三中支部、十六中支部、司法(律师)支部、综合支部等6个支部,其中,文化旅游支部主要由文化旅游体育界的盟员组成。新闻传媒支部主要由新闻传媒和艺术界的盟员组成。三中支部和十六中支部主要由基础教育界盟员组成。司法(律师)支部主要由从事司法和律师行业盟员组成。综合支部主要由各行政机关和事业单位盟员组成。各支部委员会由3人组成,其中,主委1人、委员2人。

【组织建设】2023年,民盟西陵区基层委员会注重优化队伍建设,依托“同心大讲堂”、区统一战线“同心聚力·共同缔造”培训班等学习平台开展教育培训。推动各基层组织加强自身建设和履职能力建设,开展基层组织的届中调整,优化基层组织架构。加大文化教育及相关科学技术领域高层次代表人士和优秀青年人才发展,市委委员邹红霞对4名入盟积极分子进行组织考察,全面了解政治素质、道德品质及业务能力等各方面情况,崔蕾、吕敏齐2名优秀青年干部入盟。盟员邓志钢、潘琪、张建华等整合街道与民盟资源,争取区委统战部在西陵区西陵街道办事处建立“盟员之家”,完成选址和设计方案;支持律师支部在北京大成(宜昌)律师事务所建立“盟员之家”。春节开展对向培刚等12名老盟员、困难盟员和代表人士的走访慰问,组织妇女节、青年节、教师节、重阳节等民盟传统调研交流活动。

【参政议政】2023年,民盟西陵区基层委员会有近20人加入盟市委参政议政骨干队伍,参加参政议政能力提升专题培训班。组织民盟界别委员参加市政协知情明政讲座、委员讲堂和“委员e家”活动。邹红霞、刘彩娥2名委员在市政协七届二次会议共提交集体提案3篇,个人提案3篇。刘彩娥被评为宜昌市优秀政协委员,撰写《推动体旅融合　彰显宜昌魅力　加快

2023年2月8日，民盟西陵区基层委员会召开2023年组织建设工作座谈会（民盟西陵基层委员会 提供）

建设世界旅游名城》被盟市委采纳并作大会发言。区政协委员郑梦岑参加政协西陵区第九届委员会第三次会议，提交提案3篇，撰写《关于发展夜经济增强城市活力的建议》被表彰为九届三次会议以来优秀提案。西陵区政协常委潘琪提交提案4件，撰写《关于优化社区服务设施布局 做大做强西陵区养老康养产业的建议》被表彰为九届三次会议以来优秀提案，在政协西陵区第九届委员会第八次常委会会议上就“建设美好环境与幸福生活共同缔造新家园”作重点发言。万双全被西陵区政协表彰为“优秀委员”，万双全委员工作室获评“示范委员工作室”。

【调研活动和调研成果】 2023年，民盟省委和市政府主办的“长江大保护”三峡论坛在西陵区桃花岭饭店举办，长江技术经济学会专家共计150余人到宜昌开展调研、主旨演讲和学术论坛等活动，全国政协副主席、民盟中央常务副主席王光谦出席论坛开幕式并作重要讲话。西陵区盟员参与度高、组织好、成果丰、调研深，得到与会领导和嘉宾的好评。开展市委“双月座谈会”调研，围绕推进实施“电化长江”行动助力三峡地区绿色低碳发展示范区建言献策。市政协副主席、民盟宜昌市委主委、三峡大学副校长陈和春一行到民盟西陵区基层委员会进行调研座谈，对组织建设、参政议政等重点工作进行沟通交流。组织盟员赴延安、常州等地开展主题教育现场教学和调研，深入开展政治思想理论武装。开展一支部一议题活动，谋划制定年度调研计划，6个支部申报盟市委2023年调研课题。

【社情民意信息工作】 2023年，民盟西陵区基层委员会全年报送社情民意5篇，获市政府领导签批1篇。宋祥参与学院街道气象台社区、环北社区电梯改造方案协调会的调研，提供社情民意线索2篇。刘彩娥以“加强公交基础设施建设 打造绿色出行环境”为题，在市政协港澳台侨和外事委员会开办委员讲堂，主持市政协2023年第一期“委员e家”活动，聚焦宜昌市公交基础设施建设，线上线下共1.2万人参与协商。张建华等4名盟员参加民盟市委会举办的社情民意工作培训会。盟员艺术家通过艺术创作宣传发声，画家江晓鄂负责《峥嵘岁月》宜昌党史系列连环画创作在宜昌烈士陵园永久性展出，入选“中央党史和文献研究宣传专项引导资金项目”项目库，其中《宜昌革命播火者董必武》被评选为全国党史人物类作品三等奖。7月，京剧非遗传承名家名段演唱会在市群艺馆举行，民盟盟员、国家一级演员谭联寿作辅导登台表演，获湖北日报、三峡晚报等多家媒体报道。陈永贵、万双全等书法作品入展“宜昌书法名家书写二十大报告主题书法作品展”。万双全当选湖北省青年书法家协会副主席。

【社会服务】 2023年，民盟西陵区基层委员会响应市委统战部“同心聚力·共同缔造”号召，发挥民盟智力优势参与社区基层治理、文化惠民、家庭教育、司法援助、医疗卫生等社会服务。开展教育帮扶，持之以恒开展“烛光行动”。民盟宜昌市委会基础教育专委会副主任、常刘路小学校长周玲平对口帮扶毕节七星关区学校，为贫困学生捐资助学，为乡村学校送教送课。全面加强司法援助，律师支部为宜昌市国企矿长培训班讲授民法典、公司法知识，在太平鸟园区为民营企业家讲授法律知识，开展刑事法律援助案件3起，法律咨询30多次。张建华、郑国庆被选拔进入宜昌市人民政府行政复议咨询委员会。张建华、张泽牧被市公安局聘任为党风政风警风监督员，参加“汇聚民意民智，构建立体化大监督”活动。协调解决老旧小区电梯加装、违建拆除、基础设施改造等难题

18个。市招商局彭菁姝统筹协调组织经贸洽谈暨世界500强对话湖北活动、“330人才节”智慧之光成果转化活动、二季度宜昌市重大招商引资签约活动、中国(宜昌)绿色能源发展大会、全国对口支援三峡库区经贸洽谈会等大型集中签约活动14次,总签约项目个数117个。邓志钢参加第六届中国康养产业发展论坛、省文化和旅游工作培训并作经验交流。各支部开展助残解困、慈善帮扶、环境保护、心理疏导等公益志愿服务活动10余次。

(潘　琪)

◆中国民主建国会宜昌市西陵基层委员会

【概况】 中国民主建国会西陵基层委员会(以下称民建西陵基层委员会)是中国民主建国会宜昌市委员会的派出机构,成立于2012年10月。2023年12月进行第三次换届,选举产生第三届基层委员会班子成员和一、二、三共3个支部班子成员,会员主要由经济界人士组成。截至2023年底,民建西陵基层委员会设有主委1名、副主委4名、委员6名,共有会员125人。

【组织建设】 2023年,民建西陵基层委员会深化组织建设,聚力重点领域,发展层次高、有潜力的入会积极分子。全年共开展新会员外调活动2次,召开入会积极分子集中座谈活动3次,发展新会员5名。推进会员培训,副主委张愉和参加省委统战部组织的全省民主党派中青年骨干培训班,李正松、秦周杨等会员参加民建省委骨干会员培训。重阳节期间,基层委员会组织3个支部新老会员开展“老带新,民建重阳庆团圆、育新秀”活动,老会员结合自身经验开展“一对一”教学。完善制度体系,对标民建市委会“大机关”格局,制定《民建西陵基层委员会履职评价办法》。按照“横向分工,纵向合作”建设发展理念,完善修订管理规章制度,提升自身建设水平。

【参政议政】 2023年,民建西陵基层委员会围绕宜昌、西陵经济社会建设中的重点问题以及人民群众关心的热点、难点问题,选准切入点,深入调研,建言献策。组织开展“我为长江大保护典范城市建设”献一策的主题活动。邀请全省优秀政协委员林汇泉对基层委员会骨干会员、新会员和入会积极分子30余人开展参政议政专题培训。全年共开展参政议政集中学习6次,发表新闻宣传47篇。

2023年10月22日,民建西陵区基层委员会特邀全省模范政协委员林汇泉开展参政议政专题培训

(民建西陵基层委员会　提供)

【调研活动和调研成果】 2023年,民建西陵区基层委员会树立“不调研不建言”理念,承担民建省委理论研究、宜昌市委双月座谈会、市政协议政性协商和“委员e家”等课题调研任务。会员程远驰提交《中国新型政党制度下参政党角色的现状与发展完善过程中的挑战》获得民建湖北省委2023年重点课题理论研究优秀成果一等奖。6月26日,民建西陵区基层委员会承办宜昌市政协“委员e家”活动,围绕“加快新能源汽车配套设施建设”开展协商。围绕城区经济、社区养老服务、中小学教育、生态环境等内容,完成多篇调研报告,多项政策建议被纳入各级领导决策视野。

【社情民意信息工作】 2023年,民建西陵区基层委员会共提交社情民意18篇,其中《关于加强我省中、小学生健康教育的建议》《关于推进老旧小区电梯改造多元化的建议》等14篇被采用为省级社情民意。

【社会服务】 2023年,民建西陵基层委员会开展“助力长江大保护　我为宜昌种棵树”义务植树活动,在西陵区窑湾街道黑虎山村栽种各类树木90余棵。联合市区残联继续开展爱心助残圆梦行动，为101户困难残疾人圆新年梦想。“5·20”爱心民建活动发动会员捐献资金共计3万余元。会员向东开展“贝因美艾贝可助养计划”公益项目，向西陵区红十字会捐赠40.6万元婴幼儿配方奶粉。深入开展“会员企业大走访”活动，准确掌握医尚智联信息、既济电力、精联电子等会员企业发展情况，帮助会员企业出思路、搭平台，在产业链、创新链等方面推进转型升级。

（张愉和）

2023年5月11日，民进西陵支部举行“会员之家”揭牌仪式

（民进西陵支部 提供）

◆中国民主促进会宜昌市委员会西陵支部委员会

【概况】中国民主促进会宜昌市西陵区支部委员会（以下称民进西陵支部）成立于2001年11月。2022年3月18日换届，有主委1人、副主委4人、委员4人。会员主要以从事文化教育、新闻出版以及新媒体等工作的高中级知识分子为主群体，截至2023年底，共有会员48人。民进西陵支部设有参政议政部、新闻宣传部、社会服务部和组织联络部。

【组织建设】2023年，民进西陵支部加强阵地建设，支部主委陈世银开辟办公场地无偿提供给支部成立“会员之家”。民进宜昌市委会专职副主委姜琼，中共西陵区委统战部副部长王晓晴出席支部“会员之家”揭牌仪式。制定完善全年工作计划，组织开展“走访会员”“植树节”“三八节”“重阳节”“教师节”等相关活动。年内，支部新发展3名会员，分别来自教育和科技创新领域。共有50人次全年参加市委会组织的学习培训活动15场次，外出学习培训6人次。荣获民进宜昌市委会2023年度“优秀基层支部”等五项集体荣誉，陈静等8名会员荣获“优秀会员”荣誉称号，陈世银荣获湖北省民进“优秀会员”荣誉称号，会员陈静荣获湖北省民进“优秀教师”。

【参政议政】2023年，民进西陵支部会员参与政治协商活动，开展课题调研和建言献策。西陵支部共有7名区政协委员，1名区人大代表。共撰写14份提案，其中市政协采用2篇，民进省委员采用8篇。各类新闻稿件22篇，其中民进省委会报道17篇，民进中央刊发3篇。

【调研活动和调研成果】2023年，民进西陵支部围绕长江大保护建设，开展调研活动。全年开展“推进医疗资源下沉，打造15分钟医疗圈”等调研活动2次，参与长江大保护调研4次，共撰写调研报告3篇。

【社情民意信息工作】2023年，民进支部支部会开展参政议政与社情民意撰写专题培训2次，会员学习如何开展提案和社情民意撰写。共提交社情民意4件，均提到相关部门办理，其中省委会采用1件。

【社会服务】2023年，民进西陵支部全年共开展乡村教育振兴和家庭教育社会服务工作10场次。会员陈恩恩在社区开展图书捐赠活动，会员陈世银组织城区优秀教师赴乡村学校开展支教活动，会员聂绍民被聘为市教育局“校外教育督导员”和宜昌市公益律师团律师。

（陈世银）

◆中国农工民主党宜昌市西陵区支部委员会

【概况】中国农工民主党宜昌市西陵区支部委员会（以下称农工西陵支部）成立于2001年12月。2021年9月4日换届，有主委1人、副主委3人。党员主要以医药卫生界高中级知识分子为主，还包括人口资源与生态环境、文化教育、法律、经济等社会各界人士。截至2023年底，共有党员45人。农工党宜昌市西陵区支部荣获中国农工民主党2018–2022年先进集体称号。

【组织建设】2023年，农工西陵支部加强基层组织阵地建设，在西坝幸福路社区建设西陵区支部"农工党员之家"阵地。2月25日，支部党员前往胡敌烈士纪念馆，缅怀革命先烈，感悟奋斗历程，学习中共党史，弘扬胡敌精神。党员刘兰香参加西陵区政协"学思践悟新思想 同心奋进新征程"演讲比赛获三等奖。3名预备党员考察合格正式加入农工西陵支部。为支部党员争取参加农工党湖北省委会、市委会组织的新党员、骨干党员培训的机会，支部选派5名党员赴重庆大学参加履职能力提升培训。组织支部党员开展夜学活动，邀请专家举办讲座。

【参政议政】2023年，农工西陵支部党员参与"委员e家"活动，开展课题调研和建言献策。党员中有市政协委员10人，区人大代表2人，区政协委员7人。党员夏凡撰写《关于推动医养结合深度融合发展的建议》、党员白玲撰写《关于提升西陵区青少年体质健康的建议》在政协西陵区九届二次会议上获得优秀提案。党员王俊《探索多元化解决西藏无律师县问题的建议》被农工党中央采用。政协西陵区九届二次会议上，党员刘兰香的提案《加快建设"家庭–学校–社会"一体的青少年心理健康预防体系》、党员王俊提案《关于将未来社区理念融入筑堡工程场景的建议》、党员梁莹提案《关于高标准建设区级健康管理中心 推动西陵卫生健康事业创新发展的建议》作为大会发言材料写入汇编。8月22日，党员夏凡围绕"关于优化社区服务设施布局 做大做强西陵区养老康养产业的建议"开展重点提案督办协商活动。

【调研活动和调研成果】2023年1月8日，农工西陵支部党员参观走访兴山县昭君村，调研乡村振兴工作。党员刘兰香参加西陵区政协科教卫体专委会"共同缔造推进青少年体质健康提升"专题调研。5月12日，西陵区平湖馨苑社区委员工作站以"规范道路停车助力文明典范城市创建"为议题开展"协商在一线·家话西陵"社区协商议事会，党员梁宏伟针对方案建言献策。6月13日~14日，全国人大环境与资源保护委员会副主任委员、农工党中央副主席吕忠梅在宜昌调研，调研组深入西陵区西坝街道幸福路社区、云集街道桃花岭社区、葛洲坝街道清波路社区、五峰土家族自治县仁和坪镇富裕冲村调研，详细了解基层社会治理创新、公益项目运营、社区社会组织孵化以及农工党西陵区基层组织建设等方面情况并座谈，支部主委王俊陪同调研。

【社情民意信息工作】2023年，农工西陵支部围绕民生、教育、经济、城市建设等多方面大众关心的热点问题，加强社情民意信息工作调研。党员王俊撰写《加大"结婚黄牛"治理 破解法律监管盲区》经农工党湖北省委会提交社情民意，被湖北省政协采用并报送全国政协。党员赵越提交《关于东山大道BRT道路机动车通行优化的建议》等社情民意2件，党员郑春芳提交《关于对全市道路交通信号灯统一设置读秒的建议》等社情民意2件，党员刘兰香提交《关于赋予新手教师成长沉淀期 安排有3~5年教龄以上教师担任中小学班主任的建议》等社情民意2件，党员张永峰提交《关于规范医疗机构中药饮片价格的建议》社情民意，党员梁莹提交《关于火车票实行电子报销凭证的建议》社情民意。

【社会服务】2023年，农工西陵支部坚持开展志愿服务，参与基层社区治理。支部党员发挥职业专长，为西陵区青少年提供健康服务。开展各类义诊活动4次。捐赠眼镜400副、护牙产品100套，为近600多名群众提供义诊服务。开展近视防控知识讲座和视力检查，受益群众达30000人。

（王　俊）

◆九三学社宜昌市西陵支社委员会

【概况】九三学社宜昌市西陵支社委员会（以下称九三学社西陵支社）成立于2003年9月26日。2021年8月8日换届，有主委1人、委员3人。社员主要以从事科学技术界高、中级知识分子为主群体，截至2023年底，共有社员56人。

【组织建设】2023年，九三学社西陵支社委员会举行集中学习活动7次，参加社中央、社省委、社市委、中共宜昌市委统战部、中共西陵区委统战部组织的培训学习43次，参加人数达到270余人次。建立常态学习机制，制定出台"班子有责、学习有规、社员有思、沟通有网、成果有质"的"五有"学习标准，定期、定员、定题开展学习活动。

开展“学习身边榜样，勇担时代责任”活动，召开社员大会，宣讲张立伟、陈经文等优秀社员先进事迹。邀请宜昌市政协副主席、社宜昌市委主委孔福生、中共西陵区委统战部常务副部长熊仁举等参加支社的学习活动。5月，主委张惠在社中央组织“2023年社员思想状况调研座谈会”作交流发言。7月，张惠在“社中央组织部领导一行来宜考察调研”座谈会上作交流发言。全年发展新社员2名，其中1名是正高级职称，宜昌市政府授牌的名医工作室负责人。支社上报新闻稿件62篇，其中《团结报》采用1篇、《人民代表报》1篇、全国人大网站1篇、社中央采用4篇、社省委采用32篇、市政协采用8篇、社市委采用62篇；提交社省委“两个结合”主题征文2篇，“五一口号”发布75周年主题征文1篇，获奖1篇；提交全国两会学习心得体会7篇，市政协专委会交流1篇；提交各类培训学习心得9篇。荣获九三学社湖北省委“先进基层组织”、九三学社宜昌市委“先进基层组织”“组织建设先进集体”“新闻宣传先进集体”《民主公交听民声》2023年度优秀社会服务项目一等奖等表彰。社员获得社省委表彰9人次，获得社市委表彰15人次，获得市政协表彰2人次，获得市人大表彰1人次。社员在本职岗位上获得国家级表彰9人次，获得国家专利发明授权9人次，获得省级表彰22人次，获得市级表彰16人次，获得区级表彰2人次，获得协会表彰4人次，社员出版专著4部，在国家核心期刊发表论文4篇，在国家、省市级协会、论坛作专题学术报告18场。陈金良荣获2023年第三季度“宜昌楷模”，李晓兰荣获“宜昌市名医工作室”，张立伟当选“宜昌市中青年医学领军人才”，李伟荣获“公益先锋人物”，陈经文荣获“宜昌师德标兵”，肖敏荣获《人民代表报》2023年度优秀通讯员。

【参政议政】2023年，九三学社西陵支社提交全国政协提案1篇，《关于存量建筑改造制度优化的建议》；市政协集体提案2篇，《提升品质助推宜昌避暑产业高质量发展》《精准防控加强外来有害入侵物种管理》。2名社员被社省委表彰为“2023年度优秀信息员”、1名社员获评2023年优秀市政协委员、1名社员被中共宜昌市人大常委会党组表彰为“有突出贡献先进个人”、1名社员被聘为“市政协协商议政专家库专家”。

【调研活动和调研成果】2023年，九三学社西陵支社开展或参与调研6次，提交《聚焦新能源新材料全产业链建设提高充电便携性》和《拓展储能应用场景助力“电化长江”高质量发展》两篇调研报告被市委双月座谈会采用。5月，参加点军区桥边镇上峰尖村“三百蜂”历史文化调研活动，提交调研报告1篇。6月，赴即济建设有限公司开展年度重点课题“深化政企校三方合作为青年人筑城”专题调研，提交调研报告1篇。7月19日，参加社市委赴秭归县开展长江生态环境保护民主监督工作调研。7月27日，参加社市委开展的“健全小区治理体系夯实共同缔造基石”专题调研。8月，参加社市委赴兴山县开展长江生态环境保护民主监督调研。11月，参加中共宜昌市委统战部开展的“打造电化长江示范区，助推绿色低碳发展”专题调研。

【社情民意信息工作】2023年，九三学社西陵支社全年提交社情民意20篇，其中社中央采用2篇，中共湖北省委办公厅采用1篇，社省委采用17篇。

【社会服务】2023年，九三学社西陵支社坚持资源下沉，将社内50多名社员按照专长进行分类，让名医、名师、名匠进社区，参与社区治理，帮助社区补齐基层治理短板，推动社区共建共享共融。支社组织开展社会服务8次，支社社员个人开展或参与的社会服务38次。其中民主公交听民声、参与益童成长计划、名医进基层、文艺工作者下基层、科技工作者下基层等活动深受社会好评。支社和市人大常委会合作，2次参加市人大常委会组织开展的宜昌城区“民主公交”听民声活动，收集民意80余条。参加西陵区妇联开展的“益童成长”困境儿童关爱计划。支社组织名医在赵家湾社区、东湖社区、平湖馨苑社区、市社会福利院、吾悦广场、国贸大厦、中国工商银行三峡分行、枝江市人民医院开展健康科普和义诊活动12次。社内医疗专家在国家、省、市开展科普讲座活动14场。组织文艺工作者开展社会服务10余次。3月，联合果园路社区开展“我们的节日——致敬‘她’力量，巧手悦生活”活动。支社社员、九三学社中央书画院画家石应才教社区居民在扇面上创作中国画。5月，代表社市委送舞蹈表演节目进恩施，参加“建功先行区·礼赞四十年”暨九三学社走进恩施州系列活动。社员张永久为桃花岭行署博物馆设计、二马路历史文化街区升级改造、隆中后岭更新项目建言献策。组织科技工作者开展社会服务。陈金良博士在三峡大学、滨江公园至喜长江大桥广场为市民科普野生动物保护知识。陈亮为企业开展气象科普讲座活动。陈经文开展职工技能培训90余学时，参训学员1000余人。

（张 惠）

◆西陵区工商业联合会

【概况】 2023年，西陵区工商业联合会（简称区工商联）有会员总数7569个。有基层商会13个，其中行业商会5个，基层商会7个，异地商会1个。辖区市属商会13个。下属非公企业和非公党组织19个。社会组织2个：西陵区光彩事业促进会、宜昌市稻草圈圈生态环保公益中心。

2023年，区工商联持续深化“党建联盟”、清廉民企建设和轮值主席团活动。加强商会组织建设和新生代企业家培养。大力开展“双招双引”和“三百行动”，组织民企调查研究，助力企业纾困解难。切实履行参政议政职能，提交的调研报告及经验信息先后被湖北省工商业联合会表彰为2023年度全省工商联系统优秀调研成果、2023年全省工商联实践创新成果二等奖。全区建成57个蜂巢阵地，建设经验受到全国、省工商联领导调研肯定。

【思想政治建设】 2023年，区工商联举办学习贯彻“党的二十大精神”暨民营企业家素质提升专题培训班，成立西陵区新时代民营企业家理论宣讲团，聘请17名民营企业家为民企宣讲团成员，先后开展宣讲24场，受众达1000余人次。组织35名商会会长、企业家开展“两会”精神、《中共中央国务院关于促进民营经济发展壮大的意见》热议。实施“铸魂、沃土、聚力”三大行动，增强民企发展信心动力，工作经验在《中华工商时报》宣传报道。

【党建联盟】 2023年，区工商联抓实19个非公企业基层党组织697名党员全面从严治党工作。以“党建联盟”为主线，通过“政治理论联学、优势资源联享、实践活动联办、党员队伍联建、发展工作联动、作风纪律联抓”六联工作法，开展党建活动13场。组织民营企业家举办“七一”表扬大会暨“民企有我共筑西陵”文艺汇演活动、爱国主义教育、红色理想信念教育等活动4次。推出8期“纪法小课堂”，组织非公党支部书记带头领学《中国共产党纪律处分条例》。开展“志愿者关爱”“七一走访慰问”活动，组织6家党支部向社区共同缔造、环卫工人、困难群众捐赠10万元慰问金及物资。

【清廉民企建设】 2023年，区工商联出台《清廉民企建设工作要点》《清廉民企创建培育试点单位的通知》等制度，大力实施“党建引廉、教育倡廉、示范促廉、法治护廉、文化养廉”五大行动。召开清廉民企建设现场观摩会2次，组织民营企业签订《西陵区民营经济人士构建亲清政商关系承诺书》，打造清廉建设示范民营企业、商会10家，启动“潮起西陵”民企视频展播工作，举办民营企业廉政文艺汇演活动2场。

【参政议政】 2023年，区工商联组织引导民营经济人士中的人大代表、政协委员积极建言献策。年内，区工商联执委围绕转型升级、创业创新、推进西陵高质量发展等问题提交议提案20余件，8名企业家获评政协西陵区第九届委员会“优秀委员”称号。

【“双招双引”工作】 2023年，区工商联坚持将招商引资与走访调研、商会活动、企业服务等工作统筹谋划，全年服务促成投资2亿元用地类项目三峡未来城签约落地，协助企业承租空置房产招商资金达4737万元。邀请区级领导带队深入开展“百名干部找市场”行动，先后组织26批次300家企业赴“宜荆荆”都市圈和10多个省市学习考察，对接项目32个。结合宜昌楚商大会、三峡大学校庆等契机，举办招商推介活动14场次，开展“引商引智入西陵”活动，邀请13批次180余名异地商会代表来西陵投资考察，发放生产性服务业企业服务清单200余份。

【轮值主席团活动】 2023年，区工商联持续深化轮值主席团活动，印发《西陵区工商联2023年“双月轮值主席团”工作方案》，每2月以轮值主席团团长牵头围绕以团招商、纾困解难、宣传展销等主题开展“3+N”服务工作。分别开展特色街区、女性经济、生命健康、招商考察、绿色生态、企业营销等主题的活动6场。

【民企调查研究】 2023年，区工商联聚焦民营经济人士思想状况、商会助力特色街区、清廉民企、商会建设等4个课题深入一线调研，累计走访89家企业、13家商会。围绕产业集中、数字经济、大健康产业、都市工业等召开座谈会9次，线上+线下发放调查问卷140余份，撰写4篇调研报告，为党委政府推进民营经济发展提供参考和依据。

【商会组织建设】 2023年，区工商联指导数智信息技术同业商会、木兰商会、云集街道商会、西陵街道商会完成换届工作，13家直属商会中11家商会成立党支部，2家商会选派党建指导员，实现商会党建全覆盖。出台《西陵区工商联“商会+N”模式助力特色街区提档升级实施方案(试行)》，构建会员对接、服务维权、参政议政、教育培训等平台，推行“抱团互助模式”，推动商圈会员“互为顾问、互为上下游、互为股东”，开展24场“新商业大讲堂”。指导学院街道商会获评省级“四好”商会，云集街道商会、木兰商会获评全市“四好”商会家。

【“三百行动”】2023年，区工商联不断夯实“三百行动”(“百名干部找市场、百场新商业大讲堂、百亿项目促投资”)。抓住宜昌新能源、电池材料产业等发展契机，通过日常走访、商会联谊等活动向外地客商、异地商会发放生产性服务业企业服务清单200余份。累计走访企业、商会87家，先后组织26批次300家企业赴“宜荆荆”都市圈和10多个省市学习考察，对接项目32个。结合区工商联执委会、商会换届大会、企业联谊会等举办招商推介活动8场次，组织7批次54名企业家和16家市属商会会长考察“五大园区”、窑湾片区等招商地块。围绕健康地产、商务接待、企业文化等主题，开展24场“新商业大讲堂”，推行客户共享、互相引流，实现人气变商气、流量变销量。开展大数据赋能、科技成果转化、融合创新发展主题改革创新活动14场，举行民营经济推进西陵双集中高质量发展座谈会。

【新生代企业家培养】2023年，区工商联出台《西陵区促进年轻一代民营经济人士健康成长的若干措施》，建立年轻一代民营企业家人才库，举办促进年轻一代民营经济人士健康成长座谈会，邀请5名区级领导、14名区直部门负责人与企业家面对面交流，现场收集诉求26件。12名年轻一代民营企业家当选西陵区人大代表、政协委员，区工商联执委提交议提案20余件，8名企业家获评政协西陵区第九届委员会“优秀委员”称号。推荐徐思苇、杜斯、鲍俊杰等20名青年企业家为西陵区青联会委员。

【社区蜂巢打造】2023年，区工商联联合司法部门在社区蜂巢推进“共享法庭”建设，实现从“事后维权”到“事先预防”的转变，建立公检法司部门协作衔接机制，开展旁听庭审等活动242场次，组织13家商会200多名民营企业家参加活动。聚焦“共同缔造”与社区蜂巢建设融合发展，因地制宜探索出CBD商圈蜂巢“红色合伙人”、长樵溪社区“双创”蜂巢、西坝甲街社区“夜市联盟”等共建共享的服务品牌。工作经验得到全国工商联副主席方光华、省工商联主席党蓁调研肯定，被《中华工商时报》宣传推介。

【助力企业纾困解难】2023年，区工商联开展“摸实情、送政策、解难题、促发展”大调研，围绕减负惠企、金融帮企、科技扶企、法律护企、干部助企，做实企业联系走访，全年累计走访119家企业、21家商会。践行“企呼我应”，充分发挥湖北省非公有制投诉服务平台作用，协调帮助解决民营企业招牌拆除、证照更换、补贴申请等诉求131件，帮助3家商会、15家民营企业对接银行授信3.66亿元、融资4.11亿元，获得企业嘉奖令52份。

【西陵区光彩事业促进会第二次会员大会】2023年2月22日，区工商联召开西陵区光彩事业促进会第二次会员大会。打造“西陵民营企业同心·同行”光彩事业品牌，发放《践行“共同富裕”光彩使命缔造“幸福西陵”美好家园倡议书》500余份。组织8家爱心企业向西陵社区卫生服务中心捐赠一批价值80万元的腹腔镜设备、光子治疗仪等医疗设备。与新疆温泉县工商联签订对口交流合作协议，对口支援资金5万元，向兴山县捐赠5万元扶贫资金和10万元物资，国贸集团捐赠240万元，32家民营企业及个人共捐款捐物价值498万余元。

2023年7月13日，全国工商联副主席方光华率调研组调研商会助力法治化营商环境建设及社区蜂巢建设情况（区工商联 提供）

【宜昌市工业企业与西陵区生产性服务业企业交流活动】 2023年8月18日，区工商联举办宜昌市工业企业与西陵区生产性服务业企业交流活动，组织20余名市属、区属商会会长代表共谋发展。联合区税务局、区科技局举办政企面对面、政企恳谈会、局长下午茶、会长夜沙龙等12场，做到政企沟通协商常态化。围绕数字经济等企业关心的话题，举办9场沙龙联谊活动，邀请6名区级领导参加。联合区人社局举办就业招聘活动2场，举办人力资源、税收政策、金融产品等宣讲8场。

【民营经济推进西陵“双集中”高质量发展座谈会】 2023年8月29日，西陵区举行民营经济推进西陵“双集中”高质量发展座谈会，围绕推进城市与产业集中高质量发展共商合作、共谋发展，面对面听取企业家代表意见建议。市政府副市长张琼出席会议并讲话，市住建局副局长叶帮斌受邀出席会议。区委书记任蔚，区委副书记、区长梅卫民，区委副书记李发兵，区委常委、组织部部长、统战部部长曹红国，区政府副区长、区工商联主席姜媛，区政府党组成员王锦林参加会议。30名市属、区属商会会长代表围绕要素保障、品牌打造、人才引育、融资支持、降本增效等方面建言献策。

（张斯琦）

群众团体

◆西陵区总工会

【概况】2023年，区总工会下辖街道总工会1家、街道工会联合会4家、街道工会委员会2家及其他基层工会委员会、工会联合会320家。涵盖基层单位1149家，其中非公企业981家，覆盖会员21091人。持续加强工会基层组织建设，做好职工帮扶维权，大力弘扬“三种精神”，组织开展消费扶贫活动，举办宜昌市首届抖音主播职业技能大赛活动，召开2023年度区政府与区总工会联席会议，指导新就业形态代表宜昌大楚汽车公司开展网约车司机集体协商工作，就网约车收入分配与平台协商取得全国破窗效果，被中华全国总工会党组书记、副主席、书记处第一书记徐留平批示，工作经验被《工人日报》头版向全国推荐。

【工会基层组织建设】2023年，区总工会开展“小三级”工会固本强基行动，以常刘路社区工会、华祥商圈工会联合会、CBD商圈工会联合会、吾悦商圈工会联合会、宜昌公交充电站“共享职工之家”、大楚汽车司机之家项目为试点，开展先进典型培育、创新创造示范活动，“建会建家·共同缔造”持续升温。灵活采取平台企业“单独建”、龙头企业“牵头建”等方式，广泛吸纳包括新就业形态劳动者在内的广大职工加入工会。推进科技类企业湖北景深安全技术有限公司、保安类企业湖北金卫保安服务有限责任公司宜昌分公司、货运类企业谷胖子商贸组建工会，共吸纳新就业形态劳动者1303人。

【职工帮扶维权】2023年，区总工会做实工会“四季歌”，全年开展“送清凉”“送温暖”“金秋助学”及建档困难职工帮扶活动，累计投入资金207.7万元，惠及职工2805人次。运用“人社+工会”“法院+工会”等劳动争议多元处理机制，成功调解劳动争议案件55起，为职工挽回经济损失近200万元。

【弘扬“三种精神”】2023年，区总工会突出“中国梦·劳动美”主题，组建劳模（职工）宣讲队，宣讲党的二十大、省工会第十四次代表大会精神、“三种”精神7场次。以14家户外职工爱心驿站为载体，打造“三种精神”文化场景建设，让劳模精神、劳动精神、工匠精神深入人心、更接地气。选树推荐宜昌达门焊工班组获评“全国工人先锋号”、张彦宁获评“湖北省劳动模范”、肖

2023年11月16日，“吾悦商圈杯”新就业形态职工趣味运动会在吾悦广场举行（区总工会 提供）

益锦获评湖北省第二届“鄂有绝活”装备制造类“优秀绝活奖”、宜昌金源绿通生态科技有限公司获评湖北省第六届“工友杯”职工创业创新大赛十佳创业奖。为48名全国级、省部级、市级劳动模范申报补助共计41.54万元。

【服务一线职工】2023年，区总工会持续推进“爱在西陵”青年联谊交友品牌，举办联谊活动8场，参与职工600余人。组织160名快递员等新就业形态劳动者及其子女开展“共沐阳光·与爱‘童’行”欢乐庆“六一”主题活动。新建社区智能书柜16家，全面引进喜马拉雅有声图书，职工扫一扫即可打开“阅读世界”。组织开展“才聚西陵”职工羽毛球比赛、“吾悦商圈杯”新就业形态职工趣味运动会等文体活动。举办“玫瑰书香·悦读悦美”主题阅读活动。组织全区1085名优秀女职工参加“与法同行春风暖巾帼建功谱新篇”主题观影活动。

【消费扶贫活动】2023年，区总工会开展职工爱心消费、工会福利爱心购、“精准扶贫爱心行”等行动，积极向上争取政策性补助，发放爱心消费专项补助资金25万元，采购扶贫产品和春茶共计132万元。

【宜昌达门焊工班组获评“全国工人先锋号”】2023年4月27日，中华全国总工会发布《关于2023年全国五一劳动奖和全国工人先锋号的决定》，宜昌达门船舶有限公司焊工组被授予“全国工人先锋号”称号。焊工组是公司核心班组之一，负责车间预制、船台总装、水下舾装各阶段的焊接工作，有员工23人，其中女工8人，省人社厅授牌“大师工作室”大师1人，大师技能传承人6人，高、中级技工13人。该集体和班组成员在省市区各级工会与职能部门和长航集团、省外商协会、市船舶协会等举行的党建引领、技能比武、劳动竞赛、综合绩效评先中获得省总工会“工人先锋号”、市总工会“和谐班组”“优秀一线工作法”“优秀党员”“外资企业优秀员工”“工效奖”“最佳质量团队”“最佳安全团队”“先进个人”等荣誉，参与项目多次获得部委单位、行业协会组织等表彰。

2023年10月27日，湖北省三峡创谷网红直播产业集群（产业链）劳动竞赛暨宜昌市首届抖音主播职业技能竞赛开幕式在三峡融媒体中心举行

（区总工会 提供）

【张彦宁获评“湖北省劳动模范”】2023年4月26日，中共湖北省委、湖北省人民政府联合下发《关于表彰湖北省劳动模范和先进工作者的决定》，宜昌船舶柴油机有限公司高级工匠张彦宁被授予“湖北省劳动模范”称号。2001年7月张彦宁毕业于武汉船舶职业技术学院机电一体化专业，同年就职于宜昌船舶柴油机有限公司机加一部，长期在生产一线担任大型数控镗铣床的主操手，2016年获得铣工高级技师任职资格。2016年12月被公司聘任为首席技师，机加一部创新工作室负责人；2022年11月，被公司聘任为高级工匠，负责、参与20多项公司科技创新工作，参与完成了10多项世界首台或国内首制的大件产品制造，参与开发新产品近百项，获4项专利技术授权。曾荣获湖北省劳动模范、湖北省优秀带徒名师、宜昌市劳动模范、宜昌好师傅、西陵区劳动模范等荣誉。

【宜昌市首届抖音主播职业技能竞赛】2023年10月27日，湖北省三峡创谷网红直播产业集群（产业链）劳动竞赛暨宜昌市首届抖音主播职业技能竞赛开幕式在三峡融媒体中心举行。活动由市总工会、市人社局、市商务局、区政府主办，区总工会、区人社局、区商务局、宜昌三峡融媒体中心承办。省总工会党组成员、副主席冯家欣，市人大常委会副主任罗毅出席活动并致辞。指导单位以及主承办单位的相关负责人、宜昌抖音电商销售达人、各县市区总工会负责人、西陵区及其他县市区部分企业电商相关负责人、西陵区基层工会负责人、各大媒体等近300人出席开幕式。竞赛为期1个月，推介销售文旅、餐饮、农产品等产品及项目167个，培训主播员600余人次，参赛人数216人，销售金额3200多万元。

【西陵区2023年度工会干部培训班】2023年11月8日至9日，区总工会举办深入学习贯彻中国工会十八大精神暨2023年度工会干部培训班。区总工会各部室、各街道工会、社区工会、区直各单位（含学校工会）、区域性、行业性、商圈及重点企业工会共计200余人参加培训。

【区政府与区总工会2023年度工作联席会议】2023年11月29日，西陵区政府与区总工会召开工作联席会议，总结近年来工会工作，研究解决职工普遍关心、迫切希望解决的重点难点问题。会议由区委常委、常务副区长胡明主持，区委常委、宣传部部长、区总工会主席覃家彦安排部署相关工作，区委副书记、区长梅卫民出席会议。

（孟　婷）

◆共青团西陵区委员会

【概况】2023年，西陵区有基层团（工）委8个，团委12个，团支部476个，团员4879人。团区委助力“330国际人才节”，在西坝不夜城承办宜昌三峡青年音乐节暨“长江大保护城发在行动”原创音乐发布活动。承办全市大学生“返家乡”寒假社会实践总结活动，被中青报报道并推介。西部计划志愿服务项目共14人到西陵区开展志愿服务。做好三峡大学百年校庆协调服务工作，完成“百年三大·筑梦西陵”双集中高质量发展项目签约、辖区干部联系服务返宜校友等活动的协调和保障任务。成立区级青年联合会，并开展“百名优秀青年进央企”活动。全年引导2.1万名青少年志愿者参与长江大保护志愿活动。持续开展“爱在西陵”联谊交友活动。与区人社局共同审核上报的18个大学生创业扶持项目，被省人社厅、省教育厅、团省委确定为全省大学生创业扶持项目，共获得扶持资金55万元。西陵区追梦青少年服务中心获得2023年湖北省青年志愿服务“社区计划”项目赛银奖。选送的第二十五中学教联体明珠校区罗易宣讲的微团课《“邮”小见“大”——小邮票绘出“中国式现代化”》荣获全省一等奖。

【主题教育】2023年，团区委从严从快从细组织实施面向团员和青年的主题教育。9月28日，召开全区团员和青年主题教育动员部署会，印发全区团员和青年主题教育实施方案，制定舆情处置、“三审三校”等配套方案。成立以书记为组长，兼职副书记为副组长，办公室工作人员为具体成员的工作专班。结合实际细分区直机关、街道、社区（村）和非公组织、社会组织、新就业群体等领域，因地制宜开展针对性指导。对团省委关于团员和青年主题教育工作指引进行研习，并下发基层，帮助释疑解惑，对全区7个街道、66个社区面对面督促落实。

【少先队工作】2023年，团区委纵深开展“学习二十大，争做好队员”主题活动，举办庆祝2023年“六一”国际儿童节暨第五届少儿戏剧节优秀文艺作品展演，全区中小学幼儿园600余名师生精彩演绎17个优秀艺术作品。创新开展“学习二十大·争做好队员”西陵区2023年示范入队仪式，组织各中小学少先队举行中队会560余场次，大队活动28场次，参与队员2万余名，共评选区级个人“红领巾奖章”二星章1208个，集体“红领巾奖章”二星章92个。西陵区推荐的242名个人、19个集体荣获市级“红领巾奖章”三星章，12名个人、2个集体荣获省级“红领巾奖章”四星

2023年3月31日，宜昌三峡青年音乐节暨“长江大保护城发在行动”原创音乐发布活动现场

（团区委 提供）

章。创新推动少先队社会化工作，打造1个区级“家门口少先队生活实践圈”。

【青年发展型城市建设】2023年，西陵区推动建设青年发展型城市试点建设核心区。3月17日，召开全区贯彻落实中长期青年发展规划部门联席会暨青年发展型城市建设推进会。3月20日，印发《2023年西陵区贯彻落实建设青年发展型城市重点项目清单》，系统化、清单化、项目化推动建设。5月17日，完成团中央全国青年发展型城市建设试点中期评估工作。7月28日，市政协副主席饶玉梅带队到西陵区开展“高质量推进青年发展型城市建设”调研，团市委书记王悦、团市委副书记王宏垚、区政协副主席毛中林参加调研。全面介绍辖区推进青年发展型城市建设的相关情况，获得市政协调研组肯定。

【西部计划志愿服务项目】2023年，西陵区组织开展西部计划志愿服务项目。经团区委向上争取，共计14名西部计划志愿者（省内高校应届毕业生）到西陵区报到，开展为期1-3年的志愿服务工作。联合区人社局召开“青马工程”西部计划大学生培训会，14名志愿者分配至辖区7个街道办事处。8月25日，联合三峡农行珍珠路支行举办西陵区西部计划大学生志愿者签约仪式，开展保密教育、银行卡办理等工作，做好西部计划志愿者综合保障。

【“爱在西陵”青年联谊交友品牌】2023年，团区委按照“一月一主题”持续开展联谊交友活动，围绕青年兴趣点出发，立足“新”国贸、“嗨”华祥、“潮”大洋、“怀旧”步行

2023年5月4日，西陵青年联合会第一届委员会全体会议暨“百名优秀青年走进央企”活动（团区委 提供）

街等优质社交场景，紧扣剧本杀、网游、冰雪运动、真人CS、桌游、卡丁车等潮玩形式，通过“小规模、多频次”的持续活动，将青年所思、所需、所盼有效融入交友活动内容。截至年底，共促成185对青年。

【全市大学生“返家乡”寒假社会实践总结活动】2023年2月9日，团区委承办“筑梦在宜昌奋斗向未来”宜昌市2023年“返家乡”大学生社会实践总结活动。活动内容包括破冰游戏、才艺展示、人才政策宣讲、典型发言等，该活动被《中青报》报道并推介。

【承办宜昌三峡青年音乐节暨“长江大保护城发在行动”原创音乐发布活动】2023年3月31日，团区委联合区委人才办、西坝街道办事处、三峡大学团委等单位共同承办宜昌三峡青年音乐节暨“长江大保护城发在行动”原创音乐发布活动。市委常委、组织部部长、统战部部长、总工会主席燕元沂，团市委书记王悦，中国化学工程第十六建设有限公司党委书记、董事长刘佑锟，宜昌城发集团党委书记、董事长殷俊出席活动。2000余名青年沉浸式体验音乐节活动环节。

【西陵区青年联合会第一届委员会全体会议暨“百名优秀青年进央企”活动】2023年5月4日，西陵青年联合会第一届委员会全体会议暨“百名优秀青年进央企”活动在十六化建总部大楼举行。十六化建党委书记、董事长刘佑锟，团市委书记、市青联主席王悦出席会议并致辞。活动现场通报表扬“红旗团委”“红旗团支部”“优秀共青团员”“优秀共青团干部”，授予十六化建市级示范性“青年之家”称号，听取西陵区青年联合会第一届委员会工作计划，并选举产生西陵区青年联合会第一届委员会主席、副主席、常务委员会委员。

【重点提案办结】2023年7月27日，区政协副主席毛中林带队督办重点提案《关于激发西陵区青年创新创业活力的建议》，通过实地参观、座谈汇报等方式，全面了解提案办理工作情况。团区委作为主办单位进行详细汇报，提案顺利办结。7月28日，市政协副主席饶玉

梅带队到西陵区开展“高质量推进青年发展型城市建设”调研，团市委书记王悦、团市委副书记王宏垚、区政协副主席毛中林参加。团区委全面介绍西陵区推进青年发展型城市建设的相关情况，获得市政协调研组肯定。

【长江大保护典范城市核心标杆生力军培育工程】 2023年7月31日，制定《关于开展长江大保护典范城市核心标杆生力军培育工程的实施方案》，将各街道社区、中小学校、社会组织、高校联结成志愿服务“一张网”，打通资源共享壁垒，成系统、成体系、成规模地开展志愿服务，按照“1年1万人”的目标，全年引导2.1万名青少年志愿者参与到长江大保护行动中。

【西陵区2023年“返家乡”政务实习暨“希望家园·彩虹行动”总结活动】 2023年8月17日，团区委联合区妇联、区人社局在西峡社区开展西陵区2023年“返家乡”政务实习暨“希望家园·彩虹行动”总结活动，150余名青少年代表参加。活动通过交流发言、颁发荣誉证书、节目展演和互动游戏，全面总结“返家乡”政务实习和“希望家园·彩虹行动”成果。

（戴进才　张明泽）

◆西陵区妇女联合会

【概况】 2023年，区妇联联动商（协）会，建立“企社公益联盟”。金东山建材公益慈善基金会为幸福家心理健康咨询服务中心提供困境儿童关爱公益扶持资金5万元。实施“四季传家”清廉家庭建设项目和“红色头雁·党的女儿”典型礼遇项目，清廉家庭建设位于全市前列。迎接全国妇联联络部一级巡视员赵红菊、联合国儿童基金会驻华办事处社会政策处处长上田岬、中国儿童中心副主任杨彩霞、省妇联主席邓长青、省妇联副主席李燕等领导实地调研。“纵深推进改革创新提升妇联组织效能”、儿童友好建设、“姐妹共建幸福家园”共同缔造等工作经验在省、市妇联系统培训班上做交流发言。张晓琼工作室荣获“全省三八红旗手工作室”、马向宇家庭获评“全国最美家庭”。

【妇联组织建设】 2023年，区妇联全面完成区、街道、社区三级妇联组织换届，选出1087名执委。3月3日，召开西陵区第七次妇女代表大会，大会听取和审议了西陵区妇联第六届执委会工作报告，选举产生了西陵区妇联第七届执行委员会委员37名，常委9名，主席1名，专职副主席1名，挂兼职副主席4名。开展“姐妹共建幸福家园”妇联干部赋能提升等主题培训12场次，实现三级执委履职培训覆盖面100%。开展“执委进万家，姐妹回娘家”主题活动，三级执委领办实事1000余件。实施“红色头雁·党的女儿”项目，礼遇全区95名巾帼典型。联合“牙管家”、智胜传媒等爱心企业，筹集礼遇物资。组织巾帼典型开展心理团辅、红色音乐会等活动10次。以特色街区为重点，扩大“四新”领域组织覆盖面。组建解放路商圈妇联、湖北诚乐律师事务所妇联，指导十六化建建设妇儿之家。

【妇女儿童权益维护】 2023年，区妇联“和·家驿站”家调站点覆盖66个社区，不断完善婚姻家庭矛盾纠纷多元化解机制。全年共接访41件，跟进处置公安、区委平安办推送127件，签订调解协议5件。建立“家长里短”、“敲门嫂”等家调志愿队伍，组织开展家调技巧赋能培训9场。“红典灯塔”公益普法常态推进。承办全市巾帼维权关爱进基层活动，市律师协会为学院街办提供法律援助、基层调解、普法宣传等七项“公益套餐”。邀请民基律师事务所律师开展《反家庭暴力法》《家庭教育促进法》等专题普法讲座7场。

【巾帼公益服务项目】 2023年，区妇联联合木兰商会、市女企业家协会，开展企业走访，建立巾帼智库。举办“最美巾帼筑梦西陵—西陵区纪念‘三八’国际妇女节”活动，联合三峡农商行授信6600万“巾帼创业贷”。争取市妇联“巾帼创富”项目落户西陵，以手作和家政服务为重点，建立桃花岭、船柴、平湖馨苑等3个“巾帼创富工坊”和锦绣、刘家大堰2个“家政进社区”试点，为全职妈妈提供免费手工皂、手工艺品、烘焙、家政等技能培训，帮扶妇女居家创业。对接三峡大学双创学院，设置皮影创业工作室，组建皮影社团，将非遗皮影纳入女大学生创新创业项目。联动商协会，建立“企社公益联盟”。金东山建材公益慈善基金会为幸福家心理健康咨询服务中心提供困境儿童关爱公益扶持资金5万元。

【文明家庭建设】 2023年，区妇联系统推进清廉家庭建设。优化实施“四季·传家”清廉家庭建设项目，结合二十四节气，引导亲子家庭共读经典，开展植树、采茶、插秧等家庭文明建设系列活动30余场次，3000余户家庭受益。联合区纪委监委先后开展“树清廉家风创最美家庭”家庭助廉等活动，发布

"清廉家风故事会""家书传家风"书信、音视频作品30余部。寻找表扬全区"最美家庭"20个,学院街道马向宇家庭获评"全国最美家庭"。联合三峡梯调中心等重点企业开展"心动'电'波""才聚西陵爱系大家"等定制化青年交友活动10场次,累计促成69对青年脱单,72对青年领证。

【妇儿之家建设】2023年,区妇联聚焦"一家一品",完成船柴社区等10个特色妇儿之家建设。张晓琼工作室荣获"全省三八红旗手工作室",全市唯一。完成气象台等10个示范社区家长学校建设,招募家长志愿者56人组建"首善父母"讲师团,发布"首善父母学堂"特色课程。27名家庭教育指导师参与"悦心灵·护成长"1+4护苗专项行动,助力全区青少年心理健康服务。举办"激扬家国情 奋进新征程"家风家教宣传月活动,采编刘丽等巾帼典型"我奋斗家国美"奋斗故事汇6期。挂职副主席周姝含的典型事迹入选全国第二届"百个巾帼好网民故事集"、执委张晓琼荣获"宜昌楷模"。

【妇联助力基层社会治理】2023年,区妇联推进"五在工程",锦绣社区纳入全省首批100个共同缔造样板点。承办全市"儿童友好生活美好"庆祝"六一"儿童节暨创建儿童友好商圈活动,在全市率先启动国贸大厦儿童友好商圈建设。组建"桃宝""雁娃""潮小馨"等10个特色儿童议事会,引导儿童围绕社区建设、家庭教育协商议事,推进桃子剧场儿童室外游乐场、平湖馨苑儿童剧场等议事成果落地。

【困境家庭帮扶】2023年,区妇联加大困境儿童关爱帮扶力度,筹集社会资金21万元,组织开展"童伴爸妈"志愿者赋能培训4场,三峡机场研学、职业规划等关爱活动8场。累计完成宫颈癌筛查34123例,完成区政府十件实事3.4万"两癌"筛查任务。

【湖北省妇联主席邓长青带队到西陵调研】2023年3月3日,省妇联党组书记、主席邓长青来西陵区调研基层妇联工作,区委书记任蔚,区委常委、组织部长、统战部长曹红国陪同。邓长青一行听取葛洲坝街道锦绣社区"姐妹共建幸福家园"共同缔造工作情况汇报,察看社区妇女之家及妇女儿童活动功能室阵地建设,与"一米阳光""萤火虫"零工驿站、七彩艺术团等社会组织和巾帼志愿服务团队负责人进行交流,详细询问活动开展、场地管理、运行成效等情况。参观锦绣华庭小区党群连心站、邻里驿站等妇女群众服务空间以及船柴社区四合院小区,对社区妇联在老旧小区改造过程中,发动妇女群众参与小区议事亭、健身设施等改造项目协商和项目施工监督的做法给予肯定。

【纪念"三八"国际妇女节暨第四届家庭文化节】2023年3月4日,西陵区召开纪念"三八"国际妇女节暨第四届家庭文化节启动仪式。市妇联、区级领导出席活动,区直部门代表、街道社区妇联、执委代表、巾帼志愿者和辖区妇女代表近100人参加。活动另设分会场进行巾帼创业工坊技能展演、仿真交互体验式课堂及女性专场招聘会。活动现场共有50余家用人单位为女性求职者提供岗位800余个。为20户"西陵区2022年度最美家庭"颁发荣誉证书,并开展家庭文化艺术节展演。

(陈肖冰)

◆西陵区科学技术协会

【概况】2023年,区科协把握科协组织"四服务"职能定位,结合科协工作发展要求和区科协工作实际,推进高质量发展。建设科普阵地13个,推进科普服务推广工作,全年争取湖北省基层科协能力提升项目1个,到位资金25万元,并对项目实施情况进行督查。

【院士平台建设】2023年,区科协集聚院士等高端智力,持续培育省级专家工作站,对重点优势产业开展全面调研,收集企业在经营管理、技术研发等方面的需求,积极联系、承接、组织二级教授到企业把脉问诊,推动企业与优秀科研院校及行业专家开展合作。11月10日,宜昌市既济数能集团专家工作站揭牌。

【科普基地建设】2023年,区科协通过挖掘社会科普资源,打造各级科普教育基地,并依托基地开展各类青少年科普活动,在教育"双减"中做好科学教育加法,提升青少年科学素养,打通科普"最后一公里"。指导吴傅记回味萝卜特色产业科普基地开展省级特色产业科普示范基地验收。指导西陵街道营盘路社区申报市级科普惠民社区,宜昌蜗牛咖助残特色产业科普基地申报市级特色产业科普示范基地,宜昌市实验小学申报市级科普教育学校。

【品牌科普活动】2023年,区科协聚焦全国科普日、全国科技工作者

2023年9月22日，区科协举行"提升全民科学素质，助力科技自立自强"全国科普日活动（区科协 提供）

日、科技活动周、防灾减灾日等重大节点，组织开展科普系列活动10余场。配合市科协开展宜昌市社会主义核心价值观主题教育及宜昌市第十九届青少年科技节活动。积极引导全区中小学参加国家和省、市各级青少年科技竞赛活动，唐家湾中小学获全国首届青少年劳动技能与智能设计大赛"负重致远"赛项初中组全国一等奖，是湖北省该项目初中组唯一获一等奖学校。举办全区科技活动周活动，推动十六化建、湖北益通等8家科技企业与三峡大学签订产学研合作协议；华自科技水电物联智慧产业园、三峡数智产业园等4家重点产业园与三峡大学相关学院签约战略合作协议。

【"提升全民科学素质，助力科技自立自强"全国科普日活动】2023年9月22日，区科协在果园路社区举办主题为"提升全民科学素质，助力科技自立自强"的全国科普日活动，湖北三峡职业技术学院、宜昌市诚欣幼儿园、宜昌市星光天地、英大人寿宜昌中心支公司等协办。辖区下沉党员、大学生志愿者、幼儿园师生、热心居民、独居老人、退役军人、侨胞侨属等参加。活动现场表演大合唱《长征精神》，伞舞《画春堂》等文艺节目，湖北三峡职业技术学院"且听龙吟"理论微宣讲志愿服务队开展科普大讲堂《两弹一星精神》。云集派出所社区民警开展了反诈防非及扫黄打非宣传，播放《防范非法集资》小视频。活动宣传垃圾分类和"三减三健"等健康生活方式。

【"激发科学梦想、厚植爱国情怀"科普教育活动】2023年11月29日，区科协联合市科协、市科技馆主办，宜昌市吴傅记食品有限责任公司协办的"激发科学梦想、厚植爱国情怀"科普教育活动，在三峡文化科创研学科普教育基地举行。来自西陵区唐家湾中小学50余名学生参与该活动，体验非遗文化实践，了解泡菜的发酵、非遗美食，体验制作泡萝卜的步骤，并到市科技馆参观。

（刘 莹）

◆西陵区文学艺术界联合会

【概况】2023年，区文联全面完成文联机构改革工作，召开区文联三届三次全委会，组织开展"迎新春送春联""文艺下基层""送戏进社区"民间文艺惠民、"溪林市集音乐节"和"宋代美学"等音乐市集品牌活动。

【文艺惠民活动】2023年，区文联组织文艺志愿小分队开展"迎新春送春联""书法进校园""教师硬笔公益书法培训班""喜迎二十大"等文艺惠民活动。在儿童公园、吾悦广场等地打造"溪林市集音乐节"和"宋代美学"音乐市集品牌活动，展现"屈子楚风""中华汉服"文化，开启沉浸式文化消费体验。

【文学创作】2023年，区作家创作各种体裁的作品共100篇，其中各级平台发表小说、散文、诗歌、报告文学等作品30件(篇)，重点出版文学作品4部。阎刚小说集《合谋》、胡开端《我的爸爸是药王》等6件文艺作品获市2023年文艺精品项目扶持。《我的爸爸是药王》入选第五届全民阅读书店之选十佳榜单。李华章、韩永强、甘茂华、温新阶、阎刚、彭定新、张天一等老一辈作家的散文在各级公开刊物发表。

【启动《西陵诗词选编》编辑出版工作】2023年，区文联编辑出版《西陵诗词选编》，分为上下两册，选编内容自先秦起至现代，描写西陵山水、吟诵西陵风物的诗词合集。上册选编历代名家写西陵、咏西陵、或与西陵有交集的诗词酬唱作品集，以历史年代为脉络，编辑作者及作品；诗集下册选编当代全国知名诗人和本地知名诗人的诗词作品，以姓氏笔画为顺序，编辑作者及作品。

【机关刊物《西陵文艺》】 2023年，区文联内刊《西陵文艺》成为宜昌市重点纯文学期刊，围绕区委中心工作出版的“诗词专刊”获得业内良好口碑。陈刚中篇小说《寿比南山》首发于《西陵文艺》，被《鄂尔多斯》转载。

【中华诗词之区建设】 2023年4月，区文联开展中华诗词进校园活动，以“请进来　走出去”教学结合模式，组织辖区中小学教师及诗词文化爱好者参加“中华诗词进校园”活动，惠及全区3000余人次；在墨池巷社区、沙河公园、镇镜山公园等地开展文化调研活动；7月，辖区12家单位获湖北省中华诗词示范街道、湖北省中华诗词示范社区、湖北省中华诗词诗教先进单位、湖北省中华诗词示范景区等荣誉称号。西陵区荣获湖北省中华诗词示范区荣誉称号。12月，西陵区获得“中华诗词之区”荣誉称号。

【召开区文联三届三次全委会】 2023年5月10日，区文联在新华书店·屈原书城召开2023年文联工作会，总结2022年度工作情况，安排部署2023年主要工作，对首届宣传推选学雷锋文艺志愿服务“时代风尚”先进典型进行表扬，举行“千年宜昌城·文脉在西陵”系列宣传活动启动仪式暨文化沙龙。

（孔令丽）

表16　　2023年度西陵区获宜昌市文艺精品创作生产扶持名单（共6件）

门类	名称	创作者/单位	类型
文学	《合谋》	阎　刚	中短篇小说集
	《我的爸爸是药王》	胡开端	儿童文学
舞台	《陶珠路的吆喝声》	西陵区民间文艺家协会	情景剧
影视	《柚子熟了》	湖北宜昌巨梦文化传播有限公司	微电影
歌曲	《还是橘颂》	西陵区绿萝路小学	单曲
	《屈子情》	赵　超　王永平	单曲

表17　　2023年西陵区重点文艺作品出版情况一览表

类别	作者	作品名称	出版时间	出版社	字数
小说集	熊平	《两张电影票》	2023.2	长江文艺出版社	19万字
文史类	陈军娥	《宜昌工商经济简史》	2023.3	线装书局	30万字
报告文学集	郭寒田天	《清江出山》	2023.5	长江出版社	49万字
评论集	桑大鹏	《宜昌当代地方作家研究》	2023.7	武汉大学出版社	42万字
儿童文学	胡开端	《我的爸爸是药王》	2023.7	长江少年儿童出版社	7万字
散文集	韩国丽	《等一场雪》	2023.8	四川民族出版社	22万字
散文集	郑　俊	《沐浴阳光的秋声》	2023.10	百花文艺出版社	47.5万字
小说集	熊　平	《紫陌红尘》	2023.10	百花文艺出版社	27万字
散文集	王贵平	《行走的风景》	2023.11	浙江出版集团	40万字
散文集	果园文学社	《果园压枝低》	2023.10	山东文化音像出版社	35万
小说集	李晓梅	《三道河》	2023.11	山东文化音像出版社	40万字
诗歌集	李晓梅	《回眸西陵峡》	2023.12	山东文化音像出版社	21万字
散文集	彭定新	《与故乡书》	2023.12	文化发展出版社	27万字

◆西陵区归国华侨联合会

【概况】2023年，西陵区有归侨侨眷2000余人，有侨资侨属企业75家，海外和归国留学生262人。区侨联业务工作、信息宣传工作全市排名第一，获评全市信息宣传工作先进单位。平湖馨苑、丫口社区“侨胞之家”荣获2022—2023年度全省侨联系统“侨胞之家”典型选树单位。在全市率先探索涉侨纠纷多元化解机制，承接宜昌市侨界空巢老人常态化帮扶工作试点，工作经验全市推介。

【女性侨胞侨眷读书分享会暨心理健康调适活动】2023年3月9日，联合溪田新阶层女性心理指导中心开展女性读书分享会暨心理健康调适活动。女性侨胞侨眷阅读“女性力量”主题书籍，分享读书心得，邀请专业心理咨询师围绕职场难题、婚姻安全感、身份认知焦虑等问题释难解疑。

【在港宜昌青年“故乡行·聚西陵”活动】2023年4月1日，中国科学院香港创新研究院商务拓展经理、香港宜昌联谊会副秘书长张荆城带领在港宜昌青年考察团在西陵区三峡数智产业园、特锐德、“古今·大南门”等产业园区、企业和在建项目，实地感受西陵发展情况，了解投资环境，畅叙乡情、共寻发展商机。

【侨联工作站揭牌】2023年4月17日，宜昌市西陵区凝聚新天地侨联工作站成立。三峡大学凝聚新天地入驻侨资侨属企业10家，新侨、留学人员较为集中，荣获宜昌市侨联创新创业示范基地、宜昌市侨联青年委员会活动示范基地、宜昌市侨界优秀企业、宜昌市青年创业明星企业等多项荣誉。

【香港青少年“乐赏世界水电之都——宜昌行”走进西陵活动】2023年7月31日，香港特区政府资助，香港优才及专才协会承办的香港青少年“乐赏世界水电之都——宜昌行”活动走进西陵，40余名香港青少年代表考察三峡创谷、欧莱雅宜昌天美工厂和三峡大学校史馆、水利与环境学院等，实地参观并与三峡大学师生交流，深入了解宜昌水电文化和风土人情。

【“情满中秋月侨聚话团圆”联谊活动】2023年9月28日，西陵区侨联组织辖区侨界空巢老人开展“迎中秋·庆国庆”联谊活动。活动分为第十一次侨代会精神宣讲、反电诈宣传、月饼制作、文艺演出和项目参观5个阶段进行。市侨联党组成员、副主席张龙出席活动并致辞。

（熊　垚）

◆西陵区残疾人联合会

【概况】2023年，西陵区共有残疾人2.7万人，占全区总人口的5%，其中持证残疾人5607人。视力残疾724人，听力残疾427人，言语残疾59人，肢体残疾2995人，智力残疾474人，精神残疾841人，多重残疾87人。

2023年，上级残联部门下拨资金1694.98万元，其中残保金1443万元，中央资金121.43万元，省级资金116.23万元，市级项目资金14.32万元，全年统筹推进残疾人康复、就业创业、托养照护、宣传文化及体育工作。多次迎接中、省、市和兄弟县市区考察调研。5月高规格举办西陵区第33次全国助残日活动。2023年3月西陵区残疾人托养服务中心全面建成，8月正式投入运营；11月，在中国残联主办的“首届三峡残疾人创新创业研讨会”上作经验交流发言，西坝可为残疾人服务中心，区残疾人托养服务中心为大会提供现场示范；12月星创残疾人工作室被省残联认定为首批“省级残疾人文创基地”，全市唯一。

【残疾人康复】2023年，区残联持续推进残疾人康复工作，投入30万元在夷陵路、尚书巷等6个社区建设残疾人康复站（室）；投入10万元为2000余名残疾人开展家庭医生签约服务；投入45万元为2932名残疾人集中购买意外伤害保险；残疾儿童康复资金投入规模全市之首。投入162万元为123名0~14岁儿童开展康复训练，为62户0~6岁康复救助家庭发放生活补助29万元；全年为200余名残疾人开展心理辅导、情绪管理和减压赋能活动；为788名精神疾病患者实施免费服药救助，并发放“峡江情”康复医疗服务救助卡；全市率先开展辅具共享服务，100余名辖区居民和残疾人免费享受到辅助器具共享服务。

【残疾人就业创业】2023年，区残联多措并举推动辖区残疾人充分就业，逐步形成辅助性就业、集中安残就业、灵活就业、自主创业四种全形态就业模式。充分整合7个街道残疾人就业品牌，优化星创、金手指、云集雅艺等残疾人手工产品文化理念及内涵，带领和吸纳140余名残疾人实现辅助性就业;认真落实《湖北省残疾人就业规定》《湖北省机关、事业单位、国有企业带头安排残疾人就业实施办法》文件相关规定,推动143家机关、事业等用人单位安置369名残疾人就业,其中爱心企业宜昌大有元亨工贸有限公司全年安置残疾人12名;通过一对一帮扶,跟岗培训、送岗位上门、送政策上门等多种形式进行就业帮扶,实现残疾人支持性就业、灵活就业和异地就业1000余人;进一步发挥创业示范效应。创业带头人郑美玲创办的初旭科技有限公司产值突破200万元,实现年度翻番目标,并通过省高新技术企业认定,获扶持资金20万元;尚志国带领辖区两名残疾人自主创业;秦路自主研发手工皂、洗手液等文创产品产销两旺。

截至2023年12月底,全区就业年龄段内,有就业愿望和就业能力的残疾人1552人,其中已就业1338人,就业率达到86.2%。

【残疾人托养照护】2023年,西陵区全面落实“阳光家园”计划,8月,西陵区残疾人托养中心正式投入运营,全年为34名残疾人提供寄宿制托养服务;各街道“残疾人之家”为163人提供“日间照料”服务;全年以消费券模式为354名残疾人家庭提供个性化居家托养服务。

【残疾人文化宣传】2023年,区残联承接残疾人文化进社区省级试点项目。指导尚书巷、桃花岭和后坪社区开展文化进社区活动,全年累计开展活动100余场次,带领辖区1000余名残疾朋友领略文化的内涵。星创残疾人工作室被省残联认定为首批“省级残疾人文创基地”,获扶持资金10万元,全省仅3家,全市唯一。在中央、省、市残联网站和市级以上新闻媒体刊发稿件600余篇(条),其中区残疾人托养中心揭牌等宣传信息,分别被中新社、荆楚网和《湖北新闻》转载转发。

【残疾人体育】2023年5月,在省十六运会和省第十一届残运会服务保障工作中,区残联认真落实属地责任,在桃花岭饭店、均瑶大酒店和国贸大酒店为200余名运动员提供赛事保障服务,高质量完成省第十一届残运会开、闭幕式服务保障任务,辖区残运健儿共夺得12枚金牌、10枚银牌、5枚铜牌,在全省名列前茅。4月12日,湖北省第十六届运动会群众体育类(残疾人)羽毛球比赛暨省十一届残运会羽毛球比赛在宜昌市奥体中心网羽馆举行开赛仪式。西陵籍张建楠、袁武、陈学东、张祖磷、王帅坤、陶永祥等6名运动员参赛,共获得2枚金牌、3枚银牌。

【省残联调研考察】2023年,西陵区多次迎接省残联调研组调研。3月13日,省残联兼职副理事长、武汉大学法学院教授张万洪一行9人,到西陵区调研窑湾街道祥和残疾人服务中心残疾人就业情况,市残联党组书记、理事长张碧钧,西陵区政府副区长姜媛等陪同;5月12日,省残联党组书记、理事长夏亚灵一行,在市政府副市长张琼,市政府副秘书长罗智华,市残联党组书记、理事长张碧钧,区人大常委会主任张祖铭等的陪同下,深入西陵区实地走访慰问困难残疾人,调研残疾人家庭无障碍改造及辅具适配工作;6月8日,新任省残联党组书记程武一行,在市政府副市长张琼,市残联党组书记、理事长张碧钧,区委常委、区政府常务副区长胡明等的陪同下到西陵区窑湾街道就残疾人之家建设和无障碍改造情况展开调研。

【西陵区残疾人托养服务中心投入运营】2023年8月8日,宜昌市西陵区残疾人托养服务中心(市优抚医院康养院区)正式揭牌。市残联党组成员、副理事长杨东泉,市卫健委党组成员、市老龄事业发展中心主任朱利民,区委书记任蔚等出席揭牌仪式,并为残疾人托养服务中心揭牌。市优抚医院和区残联、发改、民政、财政、卫健、公安等相关单位主要负责同志,各街道残联主席,区残联各专门协会组成人员及残疾人代表60余人参加活动。该中心位于西陵区峡州大道和大连路交界处,2021年立项,2023年3月全面建成,项目总投资3500万元,总建筑面积5776.7平方米。中心设两人间17间、三人间22间、温馨病房3间,总床位数103张,是宜昌城区首家公办寄宿制托养机构。

【西陵区第33次全国助残日】2023年5月20日,西陵区第33次全国助残日启动仪式在夜明珠街道举行。区政府副区长、区残联主席姜媛出席活动,区残工委成员单位,辖区各专门协会和残疾人代表共170余人参加活动。活动现场宣读了《西陵区2023年度最美助残代表、优秀残疾人代表表扬文件》。为覃森澔、向阳等7名获得省级荣誉的残疾人代表颁发荣誉证书,为熊慧、尚志国等6名爱心人士颁发“最美助残个人”奖牌,为金斗山社区、光明路社区等6家爱心团队颁发“最美助残团队”奖牌。

【西陵区2023年度残疾人文化进社区项目启动仪式】2023年1月15日，西陵区2023年度残疾人文化进社区项目启动仪式，在学院街道尚书巷社区残疾人之家举行。市残联党组书记、理事长张碧钧，西陵区委书记任蔚等出席活动。市、区知名书法家李再全、万双全和辖区50余名残疾人及其亲属参加活动。爱心企业宜昌嘉馥农业开发有限公司董事长杨正新，现场捐赠一批价值9000余元爱心物资。

（黄　婷）

◆西陵区红十字会

【概况】2023年，区红十字会基层组织有团体红十字会员单位114个，其中社区66个，学校30个，街办7个，社区卫生服务中心6个，企业4个，机关事业单位1个。红十字会员7921人，红十字青少年2169人。红十字志愿者注册2554人，志愿服务组织79个，志愿服务总时长9016小时。红十字救护员培训人数2083人，普及性培训受益人数达21999人次，注册师资人数58人，人道救助550人次。1月1日至12月31日，区红十字会本级累计接收社会捐赠资金共计1146笔，合计人民币1040060.72元(最终数据以实际到账数为准)；累计接收社会捐赠物资共计9笔，捐赠价值人民币1580632.1元。

【基层红十字组织建设】2023年5月17日，西陵区第一届二次红十字会员代表大会召开，审议表决通过了《西陵区红十字会2022年度财务收支情况报告》《西陵区红十字会理事会工作规则(试行)》。加强街道、社区(村)、学校、企业红十字基层组织建设，截至年底，新成立红十字基层组织32家，其中1个社区，26所学校，4家企业，1个机关事业单位。完成社区、中小学红十字会组织全覆盖。

【“三救”“三献”工作】2023年，区红十字会扎实开展“三救”工作。组织全区红十字基层组织积极开展“六助一送”(助学、助医、助贫、助困、助老、助残和“博爱送万家”)人道救助活动，惠及205户。稳步推进“小天使基金”活动，惠及1户。组织开展“红十字博爱周”和“9·9公益日”网络筹资等动员活动，募捐和筹集款物共262.07万元。开展“失智老人关爱项目”，每月为辖区32名失智老人发放护理用品，全年共发放342件。推进应急救护员培训“七进”(进学校、进机关、进社区、进农村、进企业、进楼栋、进军营)行动，开展群众性院前急救自救知识普及和培训活动。组织应急救护员培训36期，培训初级救护员2083名，培训师资9名，普及性培训受益人数达21999人次。加强“红十字生命接力”人体器官捐献知识宣传普及，完成登记捐献遗体和器官272例，参与见证办理遗体捐献3例。组织开展各类无偿献血活动，全年累计献血达439450毫升。

【红十字传播】2023年，区红十字会以世界红十字日、世界急救日、防灾减灾日、世界献血者日、国际志愿者日等重要节庆日为契机，认真组织、广泛动员，通过开展培训、发放宣传册、举办健康义诊等方式进行主题宣传。全年发表文章79篇，“博爱宜昌”采用发表8篇，中国红十字报采纳发表2篇。制作印发《红十字会宣传》《三献知识宣传》和《应急救护知识宣传》等资料达1.8万册。

【红十字志愿服务队伍】2023年，区红十字会优化公益志愿服务，加强队伍建设。新增会员917人(包含青少年会员)，新增会员团体4个，新增红十字志愿者963人。新成立学校红十字会志愿服务队29

2023年1月10日，省红十字会党组成员、专职副监事长阳胜芳慰问遗体捐赠者家属 （区红十字会 提供）

支,组建专业化志愿服务队伍6支(应急救援、应急救护、心理咨询、"三献"宣传、人道传播、水上救援)。其中,水上救援志愿服务队的成立是对西陵区应急救援力量的有效补充,筑牢防溺水"安全网"。

【红十字会标杆建设】2023年,区红十字会在社区配备楼栋救护员,得到省、市红十字会主要领导充分肯定。楼栋救护员设立后在社区受到欢迎,基本实现全区楼栋全覆盖,楼栋救护员志愿服务队被纳入共同缔造"工具箱"。夜明珠街道上导堤社区成功创建市级红十字博爱家园,争取上级经费4万元。云集街道二马路社区成功创建国家级城市博爱家园。葛洲坝街道锦绣社区红十字会参加互联网人道公益大赛,获得省红十字会颁发的优秀项目奖。

(刘　佳)

法治·军事

◆区委政法委及综治

【概况】2023年，宜昌市在全国市域社会治理现代化试点验收中得分全省第一，西陵区被誉为城区社会治理核心标杆，被省委政法委确定为全省社会治理平安稳定工作联系点。区社会治理综合服务中心功能日趋完善，新引进入驻劳动争议调解委员会、稳评工作室、民商事调解中心等社会组织3家，矛盾纠纷治理、特殊人群服务管理工作机制更加健全，被表扬为全省政法智能化建设先进单位。全年共接待群众223批562人次，接待省内外考察团32批次。

【社会稳定风险评估工作】2023年，西陵区坚持重大决策实施、重大举措出台、重大项目建设和重大活动，开展社会稳定风险评估。云台茶旅涉众金融案等23项重大事件经风险评估，职能部门提前介入处置，实现风险有效管控。省委政法委以“做实稳评在先、夯实稳定之基”西陵实践为基础，委托机构制定《湖北省社会稳定风险评估工作指引》。

【信访积案】2023年，区“四大家”联席会坚持每周专题调度研判并排名通报区级领导包案化解工作，区委平安办、西陵公安分局坚持落实每周一体化调度研判、双线交办机制，每月督导通报，全年委派人民调解平台调解案件1075件，诉前成功调解案件1012件，化解三年以上重点积案54件，全区赴省进京信访案件同比下降62.9%。

【“心安西陵”建设】2023年，西陵区作为全国心理健康服务体系建设试点承载区，聚焦生活困难者、身心病痛者等困境人群，组织专业社会力量开展“心安西陵”心理关爱帮扶活动。全年开展心理疏导干预1620人次，推动11名高风险关爱帮扶对象解开心结回归社会。创新“情理+法理”家事情感纠纷调解工作法，“和家驿站”家调站点全覆盖建成，化解家事情感纠纷241起。云集街道家事调解“三步三变”工作法入选全省新时代“枫桥式工作法”先进典型。

【涉众金融办案】2023年，西陵区锚定陈案清零、新发案件零新增“双清零”目标，落实“宣传全覆盖排查全行业处置全闭环”举措，有效“控新案销存案”，开展“扫楼扫街”风险摸排400次，成功化解处置销号涉非案件10件，督促清退资金5358.2万元，冻结控制资金805.22万元。

2023年12月6日，副省长、省公安厅厅长徐文海组织全省公安局局长和厅直各单位负责人观摩“西陵之治”（区委政法委 提供）

【司法救助】2023年，西陵区以司法救助夯实平安建设民心基础。全年募集社会救助资金23万元，发放司法救助资金64.52万元，救助19人次，《法治湖北》刊发西陵做法。

【打击电信网络诈骗创新举措】2023年，西陵政法各单位聚焦电信网络诈骗违法犯罪开展专项整治，破获案件183件、抓获430人，分别同比增加6.4%、19.7%。区检察院根据重点案件改编创作微电影《归途》被湖北省人民检察院评为“十佳检察办案故事”。

【亮剑已判案件执行难“顽疾”】2023年，区人民法院开展集中夜间执行、清晨执行、节假日执行等专项行动，面对被执行人难找、执行财产难寻、协助执行人难求、应执行财产难动的执行难题，促成35件案件执行和解，8件矛盾尖锐的执行积案执行到位，执行到位率同比上升28.32%，终本率下降19.12%。

【创新社区矫正“从心归航”工作品牌】2023年，区司法局通过开展法治教育、道德教育和文化教育等活动，针对被判处管制、宣告缓刑、裁定假释、暂予监外执行等非监禁性矫正人员，全面开展心理矫正，帮助他们更好地回归社会，打造“从心归航”教育帮扶品牌，被评为“全省社区矫正十大教育帮扶品牌”，在全国社区矫正工作会议上书面交流。

【全省公安局局长观摩“西陵之治”】2023年12月6日，副省长、省公安厅厅长徐文海组织全省公安局局长和厅直各单位负责人180人，到翁家堰社区观摩西陵区打造社会治理共同体，警格联动、群体联帮、矛盾联调、风险联控“一体四联”基层社会治理模式，到云集派出所参观社区警务、防范管控改革成果，公安部有关负责同志全程参加。

（王思源）

◆公　安

【概况】2023年，宜昌市公安局西陵区分局（以下简称“西陵公安分局”）以全面推进公安工作现代化为牵引，扎实推进各项工作任务，确保辖区政治社会大局平稳。110警情、刑事警情、治安警情“三下降”，群众安全感测评位居全省第8。护航企业发展，43名警务顾问走访辖区企业400余家次，提供法律咨询、治安预警、风险防控等服务160余次。聚焦“市县主战”，打破警种标签、单位壁垒，建立“作战单元+尖刀队”主战模式，明确警种牵头，整合全局力量开展大案攻坚。开展违规宴请饮酒“六项规定”突击检查11次，建立覆盖全局的家属微信群13个。“夏季行动”专项工作被市局评为优胜单位，授予“流动红旗”。严格纪律作风建设，抓实常态化肃清流毒影响工作，高质量推进肃流“回头看”。全年共11个集体和153名个人受到各级表彰奖励，民警李俊受到国家公安部、中华全国总工会通报表扬，民警刘涛获评“宜昌市政法先进个人”。

【治安管理】2023年，西陵公安分局维护社会稳定，紧盯重大安保、重点时段和节日假期，全年启动一级勤务15次，完成“两会”、亚运、国庆、中高考等28批次维稳任务，保障宜昌马拉松、焰火晚会、省运会、三峡大学百年校庆、系列演唱会等30余场次大型活动安保。高效运转“情指勤舆”一体化实战化机制，研判下发各类情报信息4396条，预警稳控重点群体拟聚集维权事件35批次。以城区人流量最大的陶珠路夜市为试点，通过安装一键报警器、为前端监控升级喊话和警报模块等方式，提升远程管控力，与街面巡防力量相辅相成，该区域打架斗殴、寻衅滋事类警情同比下降23%。开展“移动看家”补网工程，完成安装1131个，首批涵盖校园周边探头164个，实现辖区所有幼儿园、中小学AI探头全覆盖，为全区安全稳定工作提供信息支撑。

【案件侦破】2023年，西陵公安分局全力打击违法犯罪，全年抓获违法犯罪嫌疑人2132人，刑事打击处罚835人，破获案件389起，抓获逃犯321人，在全省“雷火2023考核”中位列全省第3序列第5名，居全市第1。整合全局128名办案骨干力量开展大案攻坚，全年共侦办部、省督案件7起，在全省公安机关第3序列6次综合考评中均位列第1方阵。侦办“7·11”部督制售有毒有害保健功能食品案、某某房产经纪有限公司涉嫌虚开增值税普通发票等涉民生经济类案件8起，查封、扣押涉案资产近千万元。抓捕“整容索赔”为幌子的敲诈勒索犯罪嫌疑人17名，破获相关案件33起，被中央电视台《今日说法》栏目专题报道。成立打击整治一体化作战中心，严打突出涉网犯罪，电信诈骗案件办案周期缩短20%以上。落实《提升民生小案办理质效十项措施》要求，“情指行”中心一体化支撑民生小案侦办，快破现案、追赃挽损，传统侵财盗抢骗破案率位居城区第1。

【风险防控】2023年，西陵公安分局深化反恐防暴工作，重点聚焦葛洲坝水利枢纽等80家反恐重点目标单位。稳妥处置“3·9”非正常死亡事件，受到省委常委、统战部部长宁咏签批肯定。依托全区大安全格局，深入开展“找堵防”行动，组织开展专题研判31期，录入风险管控平台3529人，稳妥处置89起非正常死亡事件，化解稳控矛盾纠纷558起，纠纷类警情同比下降26.7%。联合区平安办开展全区防命案、防极端剥茧攻坚行动，出台《进一步加强全区精神卫生综合管理工作实施方案》，推进精神障碍患者排查管控，建立精神障碍患者救治救助专项基金，压实“5+N包一”责任，确保精神障碍患者信息登记准确率100%，有暴力倾向的严重精神障碍患者应收尽收、应治尽治。

【推进“派出所主防”改革创新】2023年，西陵公安分局深化派出所“两队一室”改革，全面推进“派出所主防”，制定派出所主防清单，全局派出所总警力、社区民警警力占比达61.3%、42.5%。开展“一查五率三评”社区警务工作考核，推进社区民警专职化，辖区发案率同比下降7.3%，国家公安部《公安内参》推介相关工作作法，湖北省副省长、公安厅厅长徐文海肯定改革经验，全省公安局长会议调研点设在辖区云集派出所。

【破获命案积案】2023年，西陵公安分局破获一起26年前的命案，通过大数据排查、视频侦查、走访摸排，锁定嫌疑人在四川的落脚点，于3月中旬，在四川省巴中市将嫌疑人抓获归案。经查，1997年12月17日，犯罪嫌疑人与受害人在西陵区夷陵路75号因琐事发生争执，后用锐器将对方刺伤致死后潜逃至四川藏匿，经审讯，犯罪嫌疑人对其犯罪事实供认不讳，该案至此告破。

【联合美团第三方合作商专题召开动员部署会】2023年5月8日，西陵公安分局联合美团第三方合作商专题召开动员部署会。会议由分局副局长夏昊主持，治安大队教导员、各派出所分管副所长、美团外卖站点负责人及送餐员代表共计50余人参加会议，区政府副区长、分局局长李宏智出席会议并讲话。会上签订《西陵公安分局与美团第三方合作商联合开展治安防范工作机制》，发动社会力量参与治安防范工作。

【打击治理电信网络新型违法犯罪工作联席会暨“移动看家”智慧安防建设推进会】2023年7月16日，西陵区召开全区打击治理电信网络新型违法犯罪工作联席会暨“移动看家”智慧安防建设推进会，区委副书记、区长梅卫民出席会议并讲话。区委常委、政法委书记周成刚，区政府副区长、分局局长李宏智，区打击治理电信网络新型违法犯罪工作联席会议成员单位，各街办、社区负责同志以及各派出所所长共计120余人参加会议，会上部署推进全区打击治理电诈及“移动看家”智慧安防建设工作。

【破获“2023-130”部督毒品目标案件】2023年9月，西陵公安分局专班历时6个月，破获全省首起特大制贩毒案件（部督“2023-130”案件），全链条溯源1个辐射省内外8地的制贩毒网络，捣毁1个特大制毒工厂，现场抓获犯罪嫌疑人17名，缴获冰毒6.5千克及制毒原材料1.7吨，查封、冻结涉毒资产约1500万元，该案在全省进行经验交流。

【宜昌市“人户分离”吸毒人员信息核查及服务管理现场会】2023年11月24日，宜昌市“人户分离”吸毒人员信息核查及服务管理工作现场会在西陵区召开。省禁毒办副主任关金堂，市人大监察司法委员会主任伍新平等，及各县市区街道（乡镇）分管书记代表、居（村）书记代表和禁毒社工代表共90余人

2023年11月24日，宜昌市“人户分离”吸毒人员信息核查及服务管理工作现场会召开 （江永祥 摄）

西陵交警大队民警张星(左二)参加中央电视台全国交通安全日特别节目《平安行》录制时合影 (西陵交警大队 提供)

参加。关金堂同志肯定了宜昌市在解决"人户分离"吸毒人员服务管理难题上,通过西陵区工作试点总结"五查五管""双见双签""同管同责""有感帮、无感帮"和"去标签化"的经验做法,具有创新性、实效性和可复制性,为全省禁毒工作贡献了宜昌智慧,为全省平安稳定建设贡献了积极力量。

【葛洲坝枢纽反恐演练】 2023年12月1日,西陵公安分局为提升葛洲坝枢纽应对恐怖袭击和突发事件的应急处置能力,联合葛洲坝电厂、市局反恐特警支队、长航公安分局、紫阳消防中队、武警船艇大队、武警执勤二中队等单位开展反恐怖袭击实战演练活动。演练现场,各参演单位按照职责分工,密切配合,协同作战,现场展示封堵查缉、设卡拦截、侦查实战、追捕缉拿等方面的实战水平。

(袁　波)

【交通管理】 2023年,西陵交警大队以"防事故、保畅通、强整治、抓队伍"为工作重心,围绕交通事故预防"减量控大"主线,全面排查道路安全隐患,打击违法行为,以防范亡人事故为核心,全力确保交通事故可防可控。全年共查处交通违法行为为196669起,其中现场处罚88985起,非现场处罚107684起,查处非机动车违法行为46206起,酒醉驾594起。

【二马路交通"微改造"】 2023年,西陵交警大队联合住建、规划、城管等职能部门对二马路开展综合治理工程,增设33个停车位,施划2个出租车临时停车位,增设12处交通标志标线,增加施划非机动车停车框,确保非机动车有序停放。加强中心人民医院西陵院区周边交通秩序管理和疏导工作,引导车辆按顺序排队,防止车辆加塞引发道路拥堵。年内,共现场纠正、处罚二马路机动车违停1112起,监控抓拍机动车违停3500起,处置各类警情65起,排查道路施工隐患5处。

【"安全生产月"咨询日活动】 2023年6月16日,西陵交警大队在夷陵广场设置咨询台开展"安全生产月宣传咨询日"活动。通过设置展板,结合"一盔一带"、"分心驾驶"等主题,开展交通安全宣传教育、发放宣传资料,现场提供政策引导、业务办理、安全驾驶知识和交通应急避险技能等方面的咨询和服务。

同时,听取和收集群众对交通工作意见和建议。现场共展出安全宣传展板2块,发放宣传资料300余份,解答群众咨询100人次,收集群众意见10条。

【为民解困】 2023年7月24日,西陵交警大队事故处理中队民警张星与辅警唐文正、代圣杰,在出警过程中,找到受伤当事人邹某。在了解邹某家庭贫困、身染重疾的情况后,张星积极联系新闻媒体,发动社会力量对邹某捐款,帮助邹某渡过难关。该事件被中央广播电视总台特别节目《平安行》《人民公安报》《中国青年报》、平安湖北等权威媒体竞相报道,得到全国各地观众、网友的一致赞扬。12月12日,共青团宜昌市西陵区委员会授予张星、唐文正、代圣杰3人西陵区"首善新青年"荣誉称号。

(袁　野)

◆检　察

【概况】 2023年,区检察院抓实主责主业,以更实检察监督维护公平正义。落实"长江十年禁渔",依法办理非法捕捞水产品犯罪案件9起。优化法治化营商环境,依法办理各类涉营商案件149件。全年批准和决定逮捕刑事犯罪116件201人,提起公诉173件349人。化解矛盾纠纷,受理群众来信来电来访88件次。加大未成年人综合司法保护力度，严惩侵害未成年人权益犯罪。立办各类民事案件45件。严惩涉众型经济犯罪，打造“砺剑”工作品牌。积极参与市域社会治理，发出社会治理检察建议6份。检察业务质效居全市前列，4个案例获评全国、全省典型案例，7个部门（科室）、11名干警受到省级及以上表彰。

2023年，葛洲坝检察院受理审查逮捕案件21件27人，办结审查起诉案件174件226人，提起公诉86件115人。严厉打击利用邪教组织破坏法律实施犯罪1件1人。依法严惩严重影响群众安全感的犯罪，办理故意伤害等暴力犯罪案件7件7人，起诉猥亵儿童案件1件1人，严厉打击帮助信息网络犯罪活动等涉众型犯罪7件26人，起诉“盗抢骗”“黄赌毒”犯罪案件31件56人。贯彻落实少捕慎诉慎押刑事司法政策，对主观恶性较小、犯罪情节轻微的犯罪嫌疑人，依法不捕9件13人，不诉72件85人。全年办理涉营商案件33件、办理涉案企业合规案件1件。认真履行监督职责，监督立案、撤案7件8人。开展侦查活动和刑事审判活动监督，发出《侦查活动监督通知书》《纠正违法通知书》20份，纠正漏捕1人、漏诉3人，纠正审判违法1件。办理监外执行、刑事执行监督案件12件，发出纠正违法通知书10份、检察建议2份。牵头对秭归县看守所开展交叉巡回检察，推动监管场所规范执法。开展普法宣传、硬件设施改善、“结对认亲”等“为群众办实事”活动30件。开展志愿服务120余人次。

【社会监督】2023年，区检察院在监督下用权，畅通与人大代表、政协委员的联络机制，上门走访人大代表15次，线上推送检察信息146条，发放《最高人民检察院2018—2022工作报告小辞典》12份，办理建设家庭文明诚信档案、打击非公企业职务犯罪等人大代表、政协委员建议2条，均得到满意回复。邀请人民监督员参与办案、听证等司法活动124次，邀请2名人民监督员旁听电信网络诈骗案的庭审活动。在阳光下司法，央视、检察日报等中央、省主流媒体刊发检察稿件209篇次，召开“细聆民声救助暖心”司法救助专题新闻发布会，提升办案透明度和司法公信力。

【刑事检察】2023年，区检察院加大对各类严重刑事犯罪的惩处力度，批准和决定逮捕116件201人，提起公诉173件349人。落实宽严相济刑事司法政策，对罪行较轻、初犯、偶犯等依法从宽处理，决定不批捕23件44人、不起诉133件166人。提前介入引导侦查262件，监督公安机关立案46起、撤案13起，监督纠正侦查活动违法情形7件，监督纠正漏捕23人、漏诉83人、漏罪7起，对6起刑事裁判提出抗诉，书面监督纠正21起刑罚执行和监管活动违法情形。依法批准和决定逮捕34名涉嫌诈骗罪、偷越国边境罪的缅北回流人员，维护群众财产安全和合法权益。办理生产、销售有毒、有害食品犯罪案件1件19人，守护“舌尖上的安全”。对32人涉嫌组织考试作弊案依法提起公诉，斩断“助考”黑色产业链。对90名涉嫌危险驾驶罪拟作不起诉处理的人员开展交通服务考察，服务时长累计2160小时。落实刑行反向衔接，发出检察意见书28份，督促相关行政执法部门对不起诉人员给予行政处罚。加强和完善监察与刑事司法衔接机制，办理区纪委监委移送的职务犯罪案件6件7人，向区纪委监委移送线索24条。

【民事、行政、公益诉讼检察】2023年，区检察院办理各类民事监督案件45件，同比增长95.65%，办案规模居全市前列。对7起民事执行活动开展监督，发出检察建议2份，助力解决“执行难”问题。着力破解行政检察力度、深度不够等瓶颈问题，办理行政审判案件1件、

区检察院“西望”未成年人检察保护工作室干警为学生普法

（区检察院 提供）

行政非诉执行案件2件，行政争议实质性化解1件，发出检察建议6份，健全检察监督与行政执法衔接机制。积极运用诉前磋商、检察建议、提起诉讼等手段，立办行政公益诉讼案件42件、民事公益诉讼案件1件，发出检察建议14份，回复率、采纳率均为100%。

2023年，葛洲坝检察院全年办理民事检察监督案件9件，向法院发出再审检察建议1份，发出纠正审判、执行活动违法检察建议3份，发出涉医疗保险先行支付侵权责任纠纷社会治理检察建议1份。办理民事支持起诉案件4件，为未成年受害人争取精神损害赔偿5000元，为残疾人追索借款得到法院判决支持。刘某珍与吕某赡养纠纷支持起诉案获评全省民事支持起诉典型案例，并被央视社会与法频道《小区大事》栏目深度报道。办理行政检察监督案件7件。其中审判活动监督案件1件；针对行政强制执行拆除房屋存在的不规范问题，制发检察建议2份；核查省院道路交通领域数字检察监督模型推送的线索，立办行政违法行为监督案件1件。聚焦行刑衔接过程中存在的行政机关不作为、慢作为、乱作为以及“最后一公里”衔接不彻底等问题，制发检察建议3份，督促行政机关全面履职、依法行政。撰写的《行刑衔接中需加强行政违法行为监督》论文被《检察日报》采用，获评2023年度全市检察理论与应用研究优秀成果。办理公益诉讼案件20件，其中行政公益诉讼案件19件，发出检察建议8份，磋商、听证19件次；刑事附带民事公益诉讼案件1件，起诉1件，诉讼请求获法院全部支持；发出社会治理类检察建议1份。持续跟踪宜昌城区长江沿线污水溢流问题，推动猇亭区柳树河入江排口水质提质达标；监督农贸市场食用农产品农残快速检测规范问题，促使行政机关对农残快检工作加强监管；实地调查葛洲坝片区20余处防空洞，督促相关部门整改落实人民防空工程维护管理要求。

【未成年人检察】2023年，区检察院加大未成年人综合司法保护力度，严惩侵害未成年人权益犯罪6件6人，办理行政公益诉讼7件、民事支持起诉1件。坚持“最有利于未成年人”原则，对涉罪未成年人决定不批捕2人、不起诉2人、附条件不起诉1人。以“西望”未成年人检察工作室为载体，由检察长带领专业团队，围绕强制报告、预防性侵、防范欺凌等主题，开展系列法治宣传24次，联合常家湾、西峡社区建设普法漫画墙、童梦法治公园。办理的1起隔空猥亵案件被中央电视台社会与法频道、湖北电视台《长江说法》《新闻110》栏目报道，以该案为原型的动漫作品《西行路上的守未者》阅读量超10万人次。组织召开密切接触未成年人行业落实强制报告专题联席会议1次，走访辖区相关单位17家，发放宣传资料600余份，举办讲座10余次，受众2000余人。

【优化法治化营商环境】2023年，区检察院加大民营企业保护力度，依法办理各类涉营商案件149件，对3名涉民营企业的犯罪嫌疑人依法从宽处理，对涉嫌逃税罪的某经营管理公司启动合规考察程序，帮助企业依法合规经营。围绕追索报酬、劳务派遣、金融借款、买卖合同等问题，立办涉企民事检察监督案件18件，打造坚实护企后盾。针对办案中发现的多个“空壳市场主体”，督促市场监督管理部门集中开展销户清理专项行动，切实增强监管力度。

【检察为民实事】2023年，区检察院为民纾困解难，维护社会大局稳定。守护农民工的“打工钱”，对诉讼能力较弱的务工人员支持起诉18起，追回劳动报酬15.5万元。用法治力量维护妇女权益，严惩强奸、抢劫、故意伤害妇女及组织妇女卖淫等犯罪13件38人。守住老人“钱袋子”，办理一批高价卖假药、虚假投资等养老领域诈骗犯罪案件，以办理的养老领域特大电信网络诈骗案为原型的反诈微电影《归途》，获评湖北检察机关“十佳办案故事”。搭建困难群众“暖心桥”，与妇联、残联、退役军人事务局等部门建立信息共享、线索移送机制，为9名家庭困难的涉案被害人发放司法救助金24.4万元。回应群众诉求，受理群众来信来电来访88件次，均在7日内告知“已收到、谁在办”，3个月内办理过程或结果答复率均为100%。对具有争议或有影响的案件，邀请专家学者、听证员等第三方共同评议案件106件，促进“法结”“心结”一起解。

【打造“砺剑”工作品牌】2023年，区检察院打造“砺剑”工作品牌，线上线下全链条打击，严厉打击非法吸收公众存款、电信网络诈骗、组织传销等涉众型经济犯罪31件138人，惩治“跑分”洗钱的帮助信息网络犯罪活动案件14件63人，涉及全国各地被害人超2万人，全力追赃挽损近2000万元。办理的“足博仕”特大系列养老诈骗案，涉案金额高达数亿元，涉案人员多达200余人，截至年底，批准和决定逮捕30人、追捕20人，提起公诉

97人、追诉64人，追赃挽损金额近1500万元。

（程心草）

【长江生态保护工作】2023年，葛洲坝检察院办理涉江刑事案件101件，起诉44件48人；办理涉江生态环境公益诉讼案件14件。落实长江生态修复，督促生态环境侵权人缴纳生态修复费用9万余元，向长江放流鱼苗77万尾。用足用好“外脑”资源，特邀检察官助理全年累计辅助办案13件，“益心为公”检察云平台志愿者参与专家咨询18件次，为检察办案提供重要启迪和参考。与重庆、武汉、南通7家司法机关建立跨区域刑事司法协作机制，深化长江干线协作。参与社会治理，办理的长江宜昌段船舶拆解行政公益诉讼案推动宜昌市出台《关于规范船舶拆解工作的若干意见》，获评全国检察公益诉讼助力流域生态环境保护治理典型案例。办理的涉案金额4300万元的特大非法采矿案，追赃挽损1200万元，被写入最高检《生态环境和资源保护检察白皮书》，获评全省首批刑事检察助力流域综合治理典型案例。

【推行“阳光司法”】2023年，葛洲坝检察院做实“群众信访件件有回复”，主动接受监督，走访代表委员6人次，认真听取意见建议。坚持检务公开，案件公开听证87件78次，公开案件程序性信息400条，人民监督员监督案件107件，实现“四大检察”接受监督全覆盖。组织检察开放日活动2次，召开新闻发布会1次。构建新型检律关系，出台签订《关于深入推进新型检律协作机制的实施意见》，走访律所5次，联合开展水上主题党日1次。依法保障律师执业权利，及时安排阅卷26人次，提供互联网阅卷7次，异地阅卷8次。

【检察品牌建设】2023年，葛洲坝检察院打造“长江大保护能动检察”工作品牌，在全市检察机关品牌创建评审会中获评“最佳创建奖”。办理的长江码头船舶污染治理行政公益诉讼案在首个“全国生态日”被央视《今日说法》栏目深度报道，办案故事被《长江之梦》声音纪录片在长江沿线11座城市同步播出。检察长张红受邀到市委党校为法检系统年轻干部开展长江大保护检察履职专题讲座，副检察长彭仲华受邀参加全省刑事检察助力流域综合治理新闻发布会答记者问。最高检影视中心编剧团队，广东肇庆市、湖北黄石港区检察院等到院采访、学习交流。

（王　昊）

◆法　院

【概况】2023年，区法院共受理各类案件10116件，审结9278件，员额法官人均收案376件、结案344件，总收结案数位居全市法院第一。持续深化诉源治理，推动智慧法院建设。“建立商事纠纷‘共享法庭’”事项入选2023年全省优化营商环境改革先行区并获通报表扬。原创诗歌朗诵作品《冰心颂廉》获得全省法院“清廉文化”诗歌朗诵大赛一等奖。

2023年，葛洲坝法院推进环境资源审判、未成年人审判、法治化营商环境建设等重点工作，全年共审查及登记立案1824件（含旧存），案件比为1∶1.45，排名全市第5位；共结案1782件，结案率97.70%，排名全市第3位；案件平均办理天数42.71天，并列全市第3位，上诉案件移送居全市首位；一审改发率3.65%，一审服判息诉率89.41%，均处全市中游；执行案件执结率97.76%，排名全市第6位；法官人均结案127件。

【刑事审判】2023年，区法院审结各类刑事案件207件。常态化开展扫黑除恶，审结医疗美容服务行

2023年9月26日，区法院原创诗歌朗诵作品《冰心颂廉》获全省法院“清廉文化”诗歌朗诵大赛一等奖（区法院 提供）

2023年11月29日，区法院开展荆楚雷霆“清晨行动”　　（区法院 提供）

业涉恶集团敲诈勒索案。聚焦防范化解重大金融风险，审结涉互联网广告领域诈骗案、“网络问诊”电信网络诈骗案等重大金融犯罪案件，审结非法吸收公众存款案件7件，共追缴赃款1200余万元。重点打击危害人民群众生命财产安全的犯罪，审结伤害、抢劫、强奸等案件10件。全力维护社会治安良好秩序，审结诈骗、盗窃、危险驾驶以及涉“黄赌毒”等多发性犯罪案件151件327人。审结被告人数达53人的境外网络开设赌场及相关帮助信息网络犯罪系列案件。

【民商事审判】 2023年，区法院审结各类民事案件4441件。提升审判质效，成立家事、保险、侵权等7种纠纷类型专业化民事审判团队。办结涉华祥、三江至禧等“保交楼、稳民生”案件1630件。维护劳动者合法权益，受理劳动争议和追索农民工工资案件239件，追回劳动报酬864万元。维护和谐家庭关系，审结婚姻家庭案件176件，签发人身安全保护令3份。有效化解金融纠纷，审结涉金融类案件纠纷1121件。

【行政审判】 2023年，区法院审结各类行政案件115件。监督行政机关依法行政，发布《2020—2022年行政审判白皮书》。推进行政机关“一把手”出庭应诉常态化，定期通报行政机关负责人出庭情况。“一案四办”湖北某物流公司行政处罚案，探索建立涉企行政争议实质性化解机制。建立敦促履职自纠机制，组织行政执法培训、行政审判示范庭审旁听5次。发出《司法建议书》10份，回复率100%，2份被评为全市法院“十佳司法建议”。1篇行政裁判文书获评第五届全国法院“百篇优秀裁判文书”。

【执行工作】 2023年，区法院办结各类执行案件4515件，同比上升114.39%，执行到位7.07亿元。开展“雷霆夜间”“清晨出击”等专项行动4次，对61名被执行人采取或拟采取拘留措施，全年执行完毕案件1407件，同比增长1.59倍。集中执行镇江阁、滨江五号、普健医院等11件（含多年积案5件）矛盾尖锐的“骨头案”。坚持善意文明执行，全年共执行和解717件。某上市证券公司侵权责任纠纷一案，3天促成和解，11天执行完毕，挽损594万元。执行完毕解放电影院租赁合同及侵权责任纠纷案，审慎化解5年积难。

【深化诉源治理】 2023年，区法院把非诉讼纠纷解决机制挺在前面，深化“1+N”联动调解机制，“三联工作法”深化诉源治理，一审民事案件收案同比下降5.4%。设立“法院+工会”调解工作室，多元化解劳动争议22件。委派人民调解平台调解案件1154件，在线化解矛盾纠纷371件。深化“精审+速裁”模式，“分调裁审”高效解纷，速裁团队法官年人均收案721件。区联调委、法院、街办三方联动，组建“审判员+书记员+调解员”审调一体团队，1个月内成功调解105起质量保证金返还案件并履行完毕。

【商事纠纷“共享法庭”】 2023年，区法院依托“社区蜂巢”建设“共享法庭”，指导商会调解涉企纠纷，开展知识讲座、示范庭审8次。优化涉企办案流程，压缩案件办理时长，涉企案件平均结案用时缩短14.27天。深化涉企案件“分调裁审”机制改革，拓宽小额诉讼程序适用范围，小额诉讼程序适用率21.46%。依法审慎采取财产保全措施，简化涉企案件退费审批程序，有效释放流动资金170余万元。加大破产积案清理力度，办结“香樟里”重点破产案件。定期走访辖区重点企业、“四上”培育企业，帮助解决企业用工、合同规范、生产经营等法律方面的难题20余件。

【智慧法院建设】2023年，区法院健全“线上+线下”一站式多元解纷和诉讼服务体系建设，增设导诉台、便民服务站。大力推广网上立案、电子送达、在线保全、在线调解、在线缴费等诉讼服务，累计网上审查案件3870件，电子送达适用率88%。加强智能办案辅助系统运用，实现电子卷宗随案生成、语音智能识别、文书智能纠错、远程视频执行指挥。“胜诉即退费”工作常态化运行，实现“一次、全案、全额”退费，退还受理费380余万元。

（尹丽娟）

【深化“法护长江”品牌建设】2023年，葛洲坝法院建设“法护长江”审判、文化暨联合党建品牌，强化审判执行、生态修复、普法宣传。审理涉长江生态环境案件46件，开展增殖放流、法治宣传、联建联学等各类活动13次；组织成立集法治宣传、志愿服务、调查研究一体联动“长江生态保护青年先锋队”，开展模拟法庭、巡江清理、普法送法等活动，2篇论文在长江司法保护论坛获奖；邀请代表委员旁听环境公益诉讼典型案件开庭，首次到被告人住所地或案发地开展非法捕捞案件公开巡回审判，设立葛洲坝法院长江水生物司法保护教育基地，将普法宣传教育内容嵌入科普展览馆参观。在全市法院环境资源审判会议做经验交流。

【“小切口”改革优化法治化营商环境】2023年，葛洲坝法院出台“法企共建”九条措施，在葛洲坝街道长樵溪社区和夜明珠街道建材市场建立商事纠纷“共享法庭”，成功创建优化营商环境改革先行区。全年共审理及评估涉企案件571件，平均结案用时缩短4.73天，开展“护航”金融专项执行行动，执行到位金额1185万元，相关执行视频被宜昌中院、三峡广电采用。全年深入辖区高新技术企业、沿江船舶、三峡旅游集团等调研送法10余次，组织邀请辖区重点企业召开营商环境座谈会，某涉企案件被评为全市法院十佳“精品案件”。

【“法治航标”引领未成年人源头保护】2023年，葛洲坝法院审理涉未成年人刑事案件34件，依法惩治犯罪，注重强化预防在前作用。结合开学第一课、家庭教育宣传周等活动，打造从幼儿园到大中专院校乃至假期社区托管班的全覆盖未成年人法治课堂，开展送法进校园、模拟法庭、参与学校治理等共计18次；国家法治网、央视12频道、《人民法院报》5次报道葛洲坝法院审理的“隔空猥亵”、落实强制报告制度等未成年人典型案件；邀请心理咨询师与承办法官共同开展帮教，推动判后回访心理帮扶从单一“行为矫治”向促进“未来发展”过渡，全年进行家庭教育指导和法官寄语9次。

【推进解决执行难】2023年，葛洲坝法院加强执源治理，兑现胜诉权益，开展“雷霆2023”“百日执行攻坚荆楚”专项执行行动，运用审计、搜查、罚款、拘留等执行强制措施查人找物。全年强制腾退房屋4套，采取司法预拘留、拘留、拘传12人，其中倒逼执行和解案件5件，限制高消费259人，追究拒执罪2人。

【基层社会治理】2023年，葛洲坝法院针对未成年人保护、企业延迟履行、毒品药品管制、银行贷款审查、建工企业合规经营等累计发出司法建议13份，回复率达100%，其中建议市卫健委推动全市医疗机构落实强制报告制度被《人民法院报》报道。升级打造“法官工作室2.0”，辖区7个法官工作室组建线上微信群，实现网上“下单”、法官“接单”，提高矛盾调处、风险排查、诉源治理效率，全年接受法律咨询或提供法律服务60余人次，参与小区电梯加装纠纷协调会化

2023年7月21日，葛洲坝街道锦绣社区“葛洲坝法院法官工作室”揭牌成立

（葛洲坝法院 提供）

解分歧。协调推动包联馨岛国际名苑小区解决小区环境改造、业委会成立等多个历史遗留问题，被宜昌电视台作为“我为群众办实事”先进事例报道，纳入宜昌市共同缔造试点小区（全市仅2个）。全年累计送法进企、进社区、进学校近30次。

（田　原）

◆司法行政

【概况】2023年，西陵区积极推进司法行政工作现代化，以高水平法治建设有力保障西陵区高质量发展。夯实法治建设“第一责任”，组织召开全面依法治区委员会、办公室及各协调小组会议，组织13家区直机关、街道主要负责人开展专题述法。在7个街道建立全面依法治街委员会及办公室，街道法治建设议事协调机构实体化运行。落实行政机关“一把手”出庭应诉机制，区委副书记、区长梅卫民亲自出庭应诉。全年办理行政复议案件53件、行政诉讼案件27件；审查各类规范性文件、重大行政合同168件。构建1+7+N公共法律服务网络体系，优化涉企法律服务，全年办理法律援助案件545件，办理公证案件2356件。“涉企公共法律服务融合发展”获全省优化营商环境先行区命名。落实“谁执法谁普法”普法责任制，顺利通过“八五”普法中期检查验收。土城路社区被命名为第九批“全国民主法治示范村（社区）”。全年列管社区矫正对象254名，接收安置刑释解教人员318名，全年无因管理不到位引发的重大案件。社区矫正“从心归航”品牌被评为“全省社区矫正十大教育帮扶品牌”。司法所规范化建设取得重大突破，7个司法所硬件建设全部达到标准化要求，宜昌城区司法所规范化建设现场会在西陵区召开，云集司法所建设成果获全市推介。

【行政法制】2023年，西陵区围绕中央依法治国办督察反馈问题整改、道路交通安全和运输执法领域突出问题专项整治等开展法治督察，发现问题线索8个，并督促整改落实。围绕城市管理、市场监管、应急管理等重点领域开展行政执法监督，制发监督检查建议书13份。组织开展行政执法案卷集中评查，评查案卷31份，督促整改问题30项。制定出台《街道重大行政决策合法性审查办法》，在全市率先探索通过合法性审查促进街道依法决策新方式。

【普法宣传】2023年，西陵区落实党政机关“谁执法谁普法”责任制，通过法律“六进”、区委中心组等形式深入学习贯彻习近平法治思想。围绕扫黑除恶、营商环境等中心工作和重要节点开展专题普法宣传活动300余场次。利用“西陵法治云客厅”开展线上普法直播，不断提升新媒体普法品牌影响力。

【人民调解】2023年，西陵区加强矛盾纠纷排查化解，全年共排查化解各类矛盾纠纷1477件。深化人民调解组织建设，新成立知识产权、商事专业性行业性人民调解委员会2个。鼓励行业协会、心理咨询机构、法律服务机构打造“邻里法务会客厅”为代表的社会调解组织5个，形成全覆盖调解网络体系。

【社区矫正】2023年，西陵区扎实推进刑罚执行一体化建设，在宜昌监狱建立全市首家社区矫正警示教育基地。开展“一封家书”、善思讲堂、中华魂读书演讲征文活动，持续深化社区矫正“从心归航”主题教育品牌。建立与监狱、看守所信息共享机制，做好刑释解矫信息核查衔接，落实信息核查和“必接必送”100%。全年接收刑释解矫人员318人，全部建档立册，落实“五包一”帮教措施。

【公共法律服务】2023年，西陵区以“涉企公共法律服务融合发展”为目标，推进公共法律服务进园区、进企业，深化全省营商环境先行区创建。坚持高位部署、挂图作战，完善区、园区、街道、社区“1+7+N”公共法律服务实体平台网络体系，依托人民调解组织，整合辖区法律服务资源，组建服务团队，开展“法治探店”“法治体检”等活动，优化涉企公证服务，创新建立“共享法庭”“厂门口的检察院”“人民调解引导员”等机制，帮助企业提供优质法律服务，共为辖区企业开展“法治体检”300余次，出具法律意见书120余份，审查重大合同200余份，化解劳动争议、股权结构等法律问题20余个，解决涉企矛盾纠纷281件。拓展公证参与法院执行案件终本、执行证据保全等司法辅助服务，增加公证业务渠道及收入。

表18

2023年西陵区律师事务所案件办理情况表

单位:人、件、家

序号	机构名称	现有专职律师	(实习)律师助理	办理各类案件	其中:					担任法律顾问
					刑事案件	行政案件	民事经济案件	非诉讼案件	其他案件	
1	湖北西陵律师事务所	34	2	637	58	107	422	6	44	62
2	湖北百思特律师事务所	68	3	1827	254	7	1413	53	100	299
3	湖北建和律师事务所	15		437	36	2	399	0	0	6
4	湖北楚星律师事务所	15	2	749	25	4	330	16	374	36
5	湖北善迁律师事务所	10		285	26	1	221	6	31	4
6	湖北诚乐律师事务所	10	6	283	38	2	199	2	42	19

【刑罚执行一体化建设】2023年6月1日,宜昌监狱、区司法局刑罚执行一体化共建工作正式签约。宜昌监狱党委委员、政治处主任车兵,区司法局党组书记、局长李兵签订协议,区政府副区长周运春出席签约仪式。宜昌监狱民警以《敬畏法律、珍惜自由、认罪服法、踏实改造》为主题对全区社区矫正对象开展法治教育讲座。

【行政机关"一把手"出庭应诉常态化】2023年6月13日,区委副书记、区长梅卫民在宜昌市中级人民法院出庭应诉一起涉行政协议领域的行政案件。区政府相关部门主要负责人10余人现场旁听庭审。该案系西陵区重点建设项目征地拆迁引发的行政争议。庭审现场梅卫民同志对原告和第三人的主张积极回应,庭审后经过三方的认真沟通,原告与第三人就300多万元款项达成和解方案,切实有效推进行政争议实质性化解。

【全市城区司法所规范化建设推进会】2023年8月1日,全市城区司法所规范化建设现场推进会在西陵区召开,市司法局党组成员、副局长牛本槐,区委常委、政法委书记周成刚,区政府副区长周运春,区司法局党组书记、局长李兵出席会议。市司法局人民参与和促进法治科同志,伍家岗、点军、猇亭区司法局分管副局长,人民参与和促进法治股全体同志及西陵区7个司法所所长参加会议。与会人员参观云集、葛洲坝等5个司法所外观形象、标识设置、设施配备、业务功能室分布等硬件设施建设情况,查阅人民调解、社区矫正、安置帮教、法治建设等业务工作档案及台账,对西陵区司法所规范化建设工作进行现场观摩。西陵区司法局、云集街道在推进会上交流司法所规范化建设经验。

【"中华魂"主题演讲比赛】2023年9月14日,西陵区组织全体矫正对象开展"毛泽东伟大精神品格指引新生路"主题演讲比赛。全区186名矫正对象参与选拔,选出14名选手参加演讲决赛。参赛选手围绕"中华魂"主题教育学习、毛泽东同志光辉事迹和伟大品格等展开讲演。决赛共决出6名获胜者,1名选手荣获一等奖,2名选手荣获二等奖,3名选手荣获三等奖。

【国家宪法日集中宣传活动】2023年12月4日,西陵区在西坝街道幸福路社区广场开展以"大力弘扬宪法精神建设社会主义法治文化"为主题的国家宪法日集中宣传活动。区委副书记、区长梅卫民出席并致辞。区委常委、宣传部部长覃家彦,区政府副区长周运春出席。市法学会、市中华鲟保护协会及西陵区65家普法成员单位和500名群众参与活动。活动现场设置宪法宣誓仪式、法治文艺表演与法律知识抢答。22家普法责任单位志愿者设立咨询台,面对面宣传讲解各行业各领域政策法规,向群众宣传《宪法》《行政复议法》等法律知识,公安民警向现场群众讲解毒品危害性,普及防诈小知识。

(胡青苗)

◆军　事

【概况】2023年,西陵区有基层武装部22个,其中街道武装部7个,宜昌高新技术产业开发区武装部1个,企事业单位武装部11个,高等院校武装部3个。

2023年,区人武部开展"学习强军思想、建功强军事业"教育实践活动,完成国防动员潜力调查工作,调研企业民兵建设情况,并对民兵组织进行教育整顿。完成多项专项行动,整顿队伍作风和纪律。组织民兵携演习装备参加中部战区军事演习任务。完成高中新生军训、兵员征集、兵役登记和“双拥”工作。年度军事训练考核顺利通过,被评为优秀等次。民兵组织整顿评分排名全省第一。

【思想政治建设】2023年,区人武部科学细致筹划年度教育计划、党委理论学习中心组学习计划。开展“学习强军思想、建功强军事业”教育实践等活动。开展党的二十大精神、网赌网贷警示教育学习和“最美国动人”先进事迹教育活动。在学习贯彻习近平新时代中国特色社会主义思想主题教育中,通过集中授课、集中自学、参观见学、观影活动、党小组交流讨论等形式进行。组织开展“以严的纪律规矩深入推进全面从严治党落地落实”活动,强化政治担当。

【民兵战斗力水平建设】2023年,区人武部坚持民兵队伍常建常备常用,把地方所需和民兵所能有机结合起来,分2期完成民兵年度训练任务。2月5日,带领一批基干民兵完成宜昌市“憧憬2023”焰火闹元宵活动镇江阁沿江2公里的安保警戒任务。4月12日,带领一批基干民兵完成湖北省第十六届运动会开幕式外围安保警戒和巡逻执勤任务。5月17日至25日,上校政治委员罗春芳带队到窑湾街道、西陵街道对民兵整组工作进行“回头看”,重点督导基层武装部建设和民兵连建设工作。

【兵员征集】2023年,区征兵办公室顺利完成征兵工作,征兵人数达到预期目标。为提升大学毕业生征集率,确保新兵质量,定期到高校、街道现场召开座谈会,并在招聘会、高招会上设立宣传点。会同区委宣传部组织辖区党政机关、各街道制定9条宣传措施,印制发放宣传单3万份。组织专武干部和网格员对照毕业生名单逐户宣讲发动,进行检查抽查和情况通报。兵员征集总数和大学毕业生数量均为宜昌之首,其中大学毕业生征集数占征集任务数的69.2%,大学在校生征集数占征集任务数的19.1%。

【西陵区征兵服务站建设】2023年,区人武部着眼“三方便一净化”要求,选址宜昌市中心城区年轻人流量最大的CBD商圈的翁家堰社区建设征兵服务站,8月底建成并投入使用。征兵服务站布设接待服务区、政策宣传区、身体自检区和值班室,设置多个综合服务窗口,具备提供征兵政策咨询服务、初步检查审核、协助办理参军入伍和退役复学(报到)等功能,为应征青年提供“一站式”服务。10月9日,迎接省军区少将司令员周月星检查调研,周月星对征兵服务站建设给予肯定,同时要求区人武部持续抓好征兵服务站的建设使用,推动征兵工作科学发展。

【双拥工作】2023年,区人武部协调党政机关、学校开展拥军优属活动,解决38名军人子女入学优待。联合区退役军人事务局开展“社区慰问进家门”活动,为优抚对象送去春节慰问信1.1万份,对辖区5户边海防官兵家属进行走访慰问,送达奖励表彰喜报41张。通过“连心结对帮战友”关爱活动,慰问各类优抚对象20余人,协调武警宜昌支队和区退役军人事务局等单位,完成“圆实验小学学子少年军校梦”“探访老兵”“进军营”系列主题教育实践活动,组织西陵区老兵宣讲团到社区、中小学举办各类国防教育活动14场。春节和八一建军节期间,区委书记任蔚带队到区人武部走访慰问,赠送共计2万元慰问物资。区人武部部长查永力、政治委员罗春芳随区委区政府慰问辖区驻军部队。

【兵役登记】2023年1月18日,区人武部组织召开2023年度兵役登记部署会议。辖区10个街道武装部(含宜昌高新技术开发区所辖街道武装部)专武干部、城区8所高中(中职)学校分管责任人参加。区人武部联合公安、教育等系统细致摸底人口基数,对相关基础数据进行比对甄别,确定兵役登记人员,各街道专武干部带村(社区)民兵骨干对年满18周岁青年开展100%全覆盖走访调查和发动,做到适龄青年的底数清、情况明、不少登、不漏登,并重点核查适龄青年的文化程度、身体素质、参军意向、活动去向、联系方式等信息。6月,全区兵役登记完成率达到100%。

【国防动员潜力调查】2023年2月,区人武部开展国防动员潜力调查,协同全区国防动员委员会各成员单位专业办公室、各街道退役军人服务站,历时3个月,就武装力量动员、国民经济动员、人民防空、交通战备、政治动员、科学技术动员、信息动员等重点调查内容逐一核准,共采集相关数据近2万条,核查重点潜力企业近10家。

【民兵组织整顿工作】2023年2月22日,区人武部组织召开西陵区2023年度民兵组织整顿工作部署会议。军事科组织开展业务培训会，对新年度民兵整组的建制规模、基干民兵成分要求、体检、政治考核、档案管理等方面内容进行详细讲解，辖区全体专武干部参加会议。3月28日至29日，区人武部上校部长邹勇、上校政治委员罗春芳带队到中国化学工程第十六建设有限公司、宜昌市疾控中心对基干民兵分队进行集合点验。5月，完成基干民兵编建任务，其中新质力量达到27%，党员比例达到43%以上，退役军人比例达到42%以上，开展基干民兵专业技术培训，确保专业对口率保持在80%以上。6月，在前期民兵装备预征预储的基础上，全面完成预征预储编制装备梳理核对工作，2023年度民兵组织整顿评分排名为全省第一。

【企业民兵建设情况调研】 2023年2月23日，区人武部上校部长邹勇、上校政治委员罗春芳带队到中国长江电力股份有限公司、中国化学工程第十六建设有限公司、湖北华强科技有限责任公司等多家企事业单位开展民兵组织整顿调研、民兵工作座谈会。听取各单位关于民兵的年龄分布、学历层次、男女比例的汇报。通过调研深度挖掘民兵工作中存在的矛盾和问题，掌握企业民兵整组建设底数，对调研中发现的问题和当前面临的困难，协调各部门通力解决，保障年度整组工作的顺利开展。

【民兵应急分队军事训练】 2023年4月17日至28日，区人武部组织区民兵应急队伍机动至宜昌市人民武装干部训练中心，开展为期12天的封闭式军事训练。训练涵盖共同基础科目、任务行动科目等内容，开展评比性考核。训练期间，组织安排思想政治教育、观看红色影片等教育内容。4月18日，接受宜昌军分区考评组的考核考评，同步检查夜明珠街道武装部、三峡大学武装部、宜昌公交集团武装部、高新区东苑街道武装部阵地建设情况。6月21日至7月7日，组织第2期基干民兵军事训练，参训对象为西陵区消防灭火排和区情报信息侦搜排，开展共同基础训练、专业训练和思想政治教育。7月20日，迎接宜昌军分区大校司令员杨刚带机关工作组进行民兵整组调研，杨刚对区人武部的民兵各项工作给予肯定，同时要求区人武部继续抓好基层武装部建设，发挥好服务保障作用。

【筑牢网络安全防线专项活动】 2023年5月，区人武部深入开展“坚定政治立场、强化纪律规矩，在抵制诱惑保持本色中筑牢网络安全防线”专项行动。活动重点围绕“筑牢思想防线、筑牢技术防线、筑牢管理防线”“三个不正当”问题甄别纠治。11月，集中开展“别让网赌网贷断送前程”专题教育，通过理论学习、专题授课、录像辅导、讨论交流、谈心交心等形式展开。召开“网赌网贷单位-家庭”联防共治座谈会，邀请全体机关人员家属就抵制网赌网贷进行座谈交流。

【高中新生军训】 2023年8月，区人武部遴选多名优秀民兵在宜昌市人民武装干部训练中心进行学生军训岗前培训和考核，并颁发《学生军事技能训练承训资质证书》。完成辖区葛洲坝中学、人文艺术高中等城区5所高中共2800人的新生军训任务。

（杜仕奇）

城乡建设与管理

◆城乡建设

【概况】2023年，西陵区在库建筑业企业57家，“规上”建筑业企业完成建筑业产值933.23亿元，同比增速4%，占当年全市建筑总产值的52.4%。市政基础设施投资年度累计完成15.08亿元。全年商品房销售面积同比增速全市第一。发动9家企业成立全省首个加装电梯一站式公益服务平台，迎接全国各地618人考察学习25次，其中省级以上考察6次，湖北省住建厅党组书记、厅长刘丰雷调研辖区城建项目建设、老旧小区改造等工作并给予肯定。

【老旧小区改造】2023年，区住建局争取老旧小区改造及燃气供水管网改造，中央补助资金17722万元、省级奖补资金252万元、市级奖补资金303.69万元。推进葛洲坝片区望洲岗10号，望洲岗32、36、38号，竹苑小区，机船小区等危旧房改造试点建设，其中望洲岗10号签约率达91.6%，竹苑小区签约率达79.2%。投资2.46亿元，推进老旧小区改造55个，受益群众达1.11万户、3.16万人。抢抓省级融资试点政策机遇，入选全省首批18个城镇老旧小区改造融资试点城市，协助区级平台公司完成融资授信3.2亿元，争取到位中央和省级补助资金7376万元。组织开展加装电梯提供全流程服务，现场勘察113处，签发联合审查意见书113份，加装电梯109部，占全市城区加梯总数的56%以上。

【葛洲坝片区改造】2023年，区住建局与葛洲坝集团设立合资项目公司，对接葛洲坝文旅集团等市场化主体，分期开发建设5个地块、29.2公顷低效用地，其中望洲片区自建房922户全部拆除，在全市五大片区开发中速度最快。实施葛洲坝片区景观改造、更新项目，提档升级公园广场5个，打造微景观5处，翻新镇平路沿线、绵羊山路沿线绿化景观，布置花卉扎景6处、特色绿雕4处，更新绿地面积9000余平方米，打造夷陵大道花街，种植花境组合500平方米，在西陵一路重要节点打造花境4处，建设项家冲山体森林步道0.9千米。

【基础设施建设】2023年，区住建局推进西陵区保障性安居工程配套燃气及供水设施更新改造项目(一期)，并对全区用水矛盾突出小区进行二次供水改造。截至年底，完成世纪欧洲城(一期)、白龙岗小区、桃幼小区等7个小区的二次供水改造；清除空中蜘蛛网33万米，新增非机动车充电设施75处。推进桃花岭社区、刘家大堰社区、锦绣天下小区等省、市完整社区建设试点，全面完成22个点状治理小区建设。新增小区建成党群连心站16个，建成405个小区党群连心站。

【重点项目建设】2023年，区住建局统筹谋划、研究制定2023年区级城建项目计划。实施新建、续建项目90个，年度计划投资76.65亿元，形成“谋划一批、储备一批、开工一批、建设一批”的项目梯次推进格局。推进渭河一、二路综合改造、江河路(峡州大道-石溪路)新建项目、锦江大道人行天桥、绿萝路延伸段改造、山城路等8个市政项目完工。启动营盘二路、唐家湾路延伸段、马兰路综合改造工程、石溪路、环南片区市政配套道路5个市政工程建设实施。配合市级部门推动三峡快速路互通立交港窑路节点互通工程、夜明珠路综合改造工程建成通车。打造云集路“城市客厅”,抓住全市创建历史文化名城的契机,推动第二批历史建筑修缮保护,完成宜昌市第二批历史建筑的挂牌。

【住房保障】2023年,区住建局为新市民、新青年等住房困难群体筹集保障性租赁住房553套,重点服务商校青年安居项目、金家台青年未来城等新建项目开工建设,推动美巢公寓、梵喆公寓等改造类项目完工。累计分配保障性租赁住房928套,保障租赁补贴家庭962户。组织开展公共服务人员购房茶话会、座谈会等各项团购活动10余次。召集全市19家重点房地产开发企业开展推动西陵区房地产市场高质量发展论坛活动,定向推荐西陵区重点片区及待开发土地。成立区保交楼工作专班,制定交房工作计划,制定“一楼一策”,管控风险楼盘4个,推动8个“办证难”问题楼盘办证工作,完成6个楼盘首次登记办理,解决2352户居民的办证问题。

【住建领域安全生产监管】2023年,区住建局组织召开全区建筑业企业、物业企业安全生产培训会7场。指导小散工程备案190余个,会同街办约谈建设业主20余次,发现装饰装修破坏建筑安全和使用安全行为133处,现场配合属地街办完成整改96处,进行线索移交9处。对属地项目业主、监理、施工方进行燃气安全教育培训29次,现场检查60余次,短信提醒5000余条。聚焦液化气站、物业小区、在建工程、重点场所开展燃气安全隐患排查与“强安固盾”行动,组织安全检查52次,发现安全隐患219处,并督促责任方全部整改到位。办理消防工程竣工验收备案31件,持续加强对1个液化气站、2个汽车加气站、5个瓶装液化气供应点日常安全生产检查。在全市率先推行瓶装液化石油气统一配送。对全区115处危险堡坎进行除险整治,截至年底,完成整治55处。完成211栋自建房隐患排查整治。

【物业管理工作】2023年,区住建局建立区级物业联席会议制度,将垃圾分类、防汛减灾等工作纳入物业企业红黑榜评选,采取每月考核、分析研判、约谈通报等措施,提升街道物业管理水平。西陵区住宅小区446个,其中专业化物业管理小区231个,单位自管小区18个,业主自治小区161个,公益性物业托底小区36个。健全大件杂物收运体系,组建物业小区垃圾分类工作督导专班,开展专项督导检查,督导117个小区建立大件杂物堆积点。完善全区物业服务企业、服务小区、从业人员基础数据,加强动态统计分析研判,健全行业信用评价体系。

【环境建设工作】2023年,西陵区高标准推进海绵城市建设,启动石溪路、老旧小区改造、唐家湾路延伸段、西坝三路等12个海绵城市试点建设,完成6个海绵城市试点项目。推深做实“林长制”,多管齐下提升“护林”能力,发布工作提示函14件,召开区总林长会1次、区级林长专题会7次、林长制联席会议1次。市级林长巡林3次,全区各级林长巡林2540余人次。办理使用林地审批8宗面积0.8公顷、园林审批移植树木39件。开展西陵区2023年度林草湿监测、森林督查、退化林评估等调查工作,核实湿地图斑133个、森林督查点位31处、退化林图斑219个。开展应急演练4次、技能培训3次,向上争取4吨森林消防车1辆。办理重点保护野生动物许可事项2件,协助救治野生动物30余起。严格落实中华鲟自然保护区船只下水作业报备制度,联合宜昌达门船厂增殖放流中华鲟鱼苗70尾。系统推进“增花添彩、串园连山、立体绿化”工程,植树造林6000余株,复绿面积5.38公顷。整治山体环境4.78公顷,绿化美化山体2处、4000平方米。建设口袋公园10个、立体绿化88处,补植行道树103株,增设树箱24个,改造花街节点650平方米,更新时令花卉80万株。

（曹　茜）

◆城市管理

【概况】2023年,区综合行政执法局推行城市综合管理标准化考核机制,创新城市综合管理精细化治理模式,进一步激发城市综合管理社会化强大合力。统筹做好应急防汛、抗击冰雪极端天气、文明典范城市创建、重大节会保障等工作。推进“清违行动”、垃圾分类、美丽街区打造、环境卫生整治、停车惠民、市政设施提质增效等专项行动。

【禁违拆违】2023年,持续深化扩大“清违行动”战果,以“积存违建快消化、新增违建零增长、拆后场景细营造”为要求,在“美丽街区”建设中,倒排工期,挂图作战。共发放禁违宣传资料2100余份,制作禁违治违展板20余块,接受小区居民咨询175人次。结合项目建设、老旧小区改造、消防、燃气隐患整改等工作开展违法建设集中拆除行动30余次。

【垃圾分类】2023年，区综合行政执法局完善生活垃圾标准化分流，夯实群众自治工作基础，提升分类工作质效。全区550个居民小区建成"五有"标准投放点1148个，实现定时定点模式全覆盖。建成大件装修垃圾堆放点274个，基本实现小区大件装修垃圾投放分流。引进市场化公司免费在居民小区布局可回收围碳网点15个。

【"公厕革命"】2023年，区综合行政执法局从"功能性、舒适性、实用性、艺术性"角度出发，加快推进公厕"驿站化"建设和改造。全年完成新建公厕2座，改建公厕3座。加快推进智能化公厕建设，打造智慧环卫监测系统，增设电子显示屏实时显示厕位使用、氨气浓度和温湿度等各项数据，并根据市民需求配备灯光镜、洗手液、搁物板、安全扶手、无障碍求助报警器等服务设施，新改建的驿站化公厕，加配驿站服务专区，如售货、热水、读书、看报、休憩等服务功能。

【市政管养】2023年，区综合行政执法局提升市政设施管养精细化水平，全年完成车行道维修50752.92平方米，人行道维修58849.47平方米，排水清疏25万米。完成宽边防沉降井盖1510座，新型雨箅307套。

【停车惠民】2023年，区综合行政执法局整合资源力量推进辖区停车惠民攻坚解难工作，完成新建停车场目标任务。全年新增泊位总数603个，完成市级停车联网接入工作任务，累计联网上线停车场398家，完成市级停车场备案任务594家。整治辖区主次干道、商圈、住宅小区停车场配套设施问题295个，清理车位181个，安装止车石279个，清理不规范非机动车位101处，补划非机动车停车框线31处。

【美丽街区建设】2023年，区综合行政执法局按照市级工作部署，全面启动云集路"最美街区"广告店招提档升级项目。指导云集、学院街道运用"路长制"包点位、包实施、包服务，做通26户商家升级改造工作，协调解决占道施工、高空作业、电路改造等各类问题56件，拆除违规广告190块、4535.9平方米，消除安全隐患6处，确保沿线66处、217块招牌的改造升级。接待6批次省内外同行参观学习。

【应急防汛】2023年，区综合行政执法局统筹做好辖区汛期应急防汛工作，全力保障人民群众人身财产安全。汛期累计出动应急排险人员331人次、车辆56台次、应急设备10台次，处理险情49起，疏通被堵塞的雨箅221处，打开井盖128处，帮扶过往群众11人次、车辆5台、电动车11台次。

【渣土管控】2023年，区综合行政执法局检查施工围挡1559处，整改262处，核查渣土车5333台次，超重289台，暂扣违规渣土车随车证件232份，依法立案查处渣土路面污染9起，未密闭运输及未携带建筑渣土处置证副本219起。

【"背街小巷"整治行动】2023年，区综合行政执法局联合区住建局、市城发集团、西陵城发集团、葛洲坝基地管理中心及相关街办、社区等，投入资金4100余万元，对自立路等7条背街小巷进行综合整治，改善市民居住环境和出行体验。

【城市环境治理】2023年，区综合行政执法局聚焦辖区卫生治理，全力打造席地而坐的城市环境。建立杂物清运体系，重点清理主次干道及垃圾投放点位周边的杂物和积存垃圾，出动作业车辆1300余台次、人员6500余人次，清理杂物630余车4000余吨。开展云集路提标提质行动，人行道确保每天1次冲洗，机动车道"2洒水+3洗扫"，城市家具随脏随擦，临街果皮箱每天不低于4次收运，配齐环卫工作人员。开展辖区犬患专项整治158次，督促市民系牵引绳和携带拾便器864起，处置热线420起，抓捕流浪犬194只。

（黄延军）

◆林业和园林

【概况】2023年，西陵区林地面积为540.44公顷，占全区总面积的11%。其中森林面积283.62公顷，森林覆盖率为5.76%。有自然保护区1个，为中华鲟自然保护区西陵段，面积178.48公顷，其中核心保护区144.59公顷，一般控制区33.89公顷。区管绿地总面积78.84万平方米，行道树1.899万余株。其中区管公园、广场8个，总面积约21.49万平方米；区管山体9个，总面积10.08万平方米；区管道路绿化47.27万平方米。

2023年，西陵区园林绿化管护中心坚持绿色发展、生态惠民，以创建国家生态园林城市和长江大保护典范城市为抓手，推深做实林长制，压实森林资源管护责任，大力实施增花添彩行动，不断提升精细管养水平，持续深化共同缔造，全力保障绿化安全，推动各项目标任务落地落实。

【园林绿化建设】2023年，区园林绿化管护中心以补短板、创特色为重点，系统推进增花添彩行动，举办“互联网+”义务植树活动5场，植树造林6000余株，复绿面积5.38公顷。整治山体环境（清理菜地、茅草等）4.78公顷，绿化美化山体2处合计4000平方米。建设口袋公园10个，立体绿化88处，补植行道树103株，增设树箱24个，改造花街节点650平方米，更新时令花卉96万株（盆）。大力实施葛洲坝片区景观改造、更新项目，提档升级公园广场5个、道路18条。翻新镇平路、镇镜山路及绵羊山路沿线绿化景观，整治点位15处，布置花卉扎景6处、特色绿雕4处，更新绿地面积近1.2万平方米，持续擦亮老城区颜值。

【做实“林长制”】2023年，区林长办加大力度压实林长责任，发布工作提示函15份，提醒各级林长、护林员加强巡林，督促各街道林长办落实森林防火、林地复绿、菜地整治、非主责案件整改等工作，得到市级主管部门高度肯定。全年召开区总林长会1次、区级林长专题会7次、林长制联席会议1次。市级林长巡林4次，全区各级林长巡林2540余人次。

【森林火灾预防】2023年，区园林绿化管护中心筑牢防火屏障，检查各有林村森林防火责任落实情况25次，发现、整改问题6个。督促各村清理坟地周边杂草3.5万余平方米，向重点防火人群发放《森林防火》书籍300余本、《禁火令》1000余份。开展应急演练4次、技能培训3次，向上争取4吨森林消防车1辆，防灭火能力持续增强。

【有害生物防治】2023年，区园林绿化管护中心落实监管责任，完成全区公益林病虫害排查、取样和药物防治工作，开展松材线虫病疫木联合执法6次（夜晚突击检查3次），检查木材加工企业20家，发放宣传单120份，没收非法加工松疫木87.53立方米。组织天然林保护主题活动2次，营造良好防治氛围。

【林地审批监管】2023年，区园林绿化管护中心严格落实征占用补偿和植被恢复标准要求，办理使用林地审批10宗（面积约1公顷）、园林审批42件。高标准开展西陵区2023年度林草湿监测、森林督查、退化林评估等调查工作，核实湿地图斑133个、森林督查点位20处、退化林图斑219个，并完成数据库成果上报，辖区森林资源底数更加清晰明朗。

【园林绿化精细管养】2023年，区园林绿化管护中心聚焦严查严管、严考严改，促进精细管养水平和绿化景观效果同步提升。落实精细管养措施，加强作业规范化、标准化建设，解决辖区绿化老化管养难、毁绿占绿防范难等问题。建立健全管理机制，做实做细巡查考评，加大考核力度，强化跟踪督办。按照“问题清单化、清单责任化、责任实效化”要求，严格落实整改提升。全年开展拉练互评12次，查找问题200余个，现场督办50余次。西陵区公共绿化养护管理质量位居全市城区前列。

【绿化安全保障】2023年，区园林绿化管护中心将安全教育纳入常态学习范畴，召开安全生产工作会议12次，学习培训4次。落实领导带班和值班值守，充实应急物资储备，更新完善防汛应急预案，组织防汛应急演练2次，建立1支安全意识高、应急能力强的园林队伍。加强重要时间节点安全管控，开展隐患排查37次，发现各类隐患问题41处，整改完成率100%。对作业单位、施工单位下达书面提醒，密切关注西坝公园地陷、欧阳修公园围墙等隐患点位，加大巡查力度。做好应急处置，高效应对大风暴雨等极端天气，积极排查处置绿化险情，开展绿化抢险8次，出动人员160余人次，处理倒伏、枯死树木80余株、大型断枝95处、小型断枝数百处。

【园林绿化共同缔造】2023年，区园林绿化管护中心践行美好环境与幸福生活共同缔造理念，全力推进花园单位、花园小区创评活动，申报59家，其中6个单位及小区获评2022—2023年度市级花园单位、花园小区。回应民生关切和群众诉求，协助夜明珠街道镇镜花苑小区、上导堤社区杂居小区开展环境美化提升行动，种植小型灌木1.5万余株，播撒花籽500平方米。开展社区服务44次，指导协助石板溪社区、赵家湾社区、果园路社区等40余个社区修剪树木、枯枝130余株，改善辖区人居环境。组织社会团体挂牌认养80余株树苗，亲手种植，定期养护，以“主人翁”身份参与植树护绿。

（杨春蓉）

资料链接

西陵区属公园广场简介

夷陵广场

位于宜昌市城区繁华的商贸中心，东临国贸大厦、西临九州购物广场、南接广场路、北临西陵一路。东西长300米，南北宽184米，占地面积5.52万平方米，其中绿地面积3.2万平方米，于1997年11月三峡大坝截流之际建成并对外开放，被市人大确定为城区首批永久性保护公共绿地。

白龙公园

坐落于被誉为宜昌古八景之首的“东山图画”南麓，因位于古白龙神井所在的白龙岗而得名。公园临胜利四路延伸段，依山势蜿蜒而上，形成相对平坦的3个平台，高低落差36米，占地面积3.83万平方米，是宜昌市具有鲜明特色和特殊地形地貌的综合性公园。

南湖公园

位于隆康路。1998年底，市政府针对南湖已失去蓄水功能的实际，决定填湖造林，种植大树营造城市森林景观。1999年1月16日，南湖开始填土，栽植树木，铺植草坪，2001年3月底工程结束，新建成开放的南湖公园占地面积3.26万平方米(公园绿化面积1.9万平方米，其余为其他构筑物)。后经历多次改造更新，公园面积为1.52万平方米。

欧阳修公园

位于西陵一路与环城东路交会处，占地面积约1.11万平方米，其中绿地面积8000余平方米，是市委、市政府为创建国家园林城市，改善城市生态环境，提升城市品位，结合老城区改造，拆除廖家台一带危旧房屋修建而成。该工程于2001年6月20日开工，2001年9月20日竣工。公园总体设计以北宋著名文学家欧阳修为主题，按宋代风格造园手法修建，融古城文化于其中。

西坝公园

位于西坝路北侧长江南岸，占地面积3.29万平方米，2011年建成，是集植物生态、科普、游览休闲于一体的公共绿地。园内布置着4个节点景观，2个望江亭分别坐落于绿树之间，景观灯是主要特色，分成两种方式布置，一种是沿江而下，一种是与江北呼应，两岸灯光相互辉映，扮靓水电之都的夜景。

葛洲坝广场

位于石子岭路转盘处及两侧，占地面积2.67万平方米，由石子岭转盘和葛洲坝青少年宫前广场整体改造而成。广场呈南北向带状形，南北向长约300米，东西长约100米，广场南北部通过人行天桥连接，可供行人穿行。北部以绿植铺装为主，南部为休闲活动广场，2019年，西陵区园林绿化管护中心承接该广场园林绿化管理职能。

东湖广场

位于东湖一路三江桥头，占地面积1.22万平方米，是由葛洲坝集团2014年建设并管理。2019年，西陵区园林绿化管护中心承接该广场园林绿化管理职能。

锦绣天下广场

位于东湖二路北侧，临近锦绣天下小区，广场内设置有廊架、健身器材、景观石、石桌椅凳、桩景和硬铺装，为葛洲坝集团建设并管理。2019年，西陵区园林绿化管护中心承接该广场园林绿化管理职能。

◆房屋征收与补偿

【概况】2023年,区住房保障服务中心实施征收项目22个,完成国有土地上房屋征收总户数226户,集体土地上房屋征迁1221户。承担市对区考核指标一项,棚户区改造开工任务数797套,实际完成1309套,完成率164%,城区排名第一。

西坝民康药厂顺利拆除　　（区住房保障中心 提供）

【国有土地项目征收】2023年,区住房保障服务中心实施国有土地征收项目11个,完成大学路改造、华翔变电站、庙嘴6.7片区、四新路、培元路56号、望州片区改造、葛洲坝片区棚改项目(一期)7个交地任务,完成4户司法强拆,2户司法清退,交地面积11.18公顷。

【集体土地项目征收】2023年,区住房保障服务中心实施集体土地征迁项目11个,累计腾地10块,面积55.28公顷。

【创新征收安置新路径】2023年,区住房保障服务中心推动市城发集团及房地产市场主体出台优惠政策,申报现有存量住房进入安置房房源库;规范二手房准入机制,满足被征收户就近安置及多元需求;提前对接不动产登记中心,畅通后续办证渠道,推动被征收户运用结算凭证选定安置房、商品房及二手房。

（谢晓龙）

农业·水利·工业

◆农　业

【概况】2023年，西陵区农林渔牧总产值1922万元，农产品加工产值总产值3.35亿元、增速43.4%。村集体经济收入达2147.8万元。2023年，西陵区深化产城融合，持续提升城郊功能品质。新培育2家市级农业龙头企业，辖区农业龙头企业达到8家。发挥窑湾蜜桔产业协会主体作用，参加国家、省、市各类品牌创业创新大赛，提升品牌影响力。借助“誉福园”“我家优选”等知名电商平台持续拓宽宜昌农产品销售渠道，西陵印象城市礼、西陵二十街、文创茶等多款地标文创产品火爆出圈，带动宜昌蜜橘、脐橙、茶叶等农副特产销售过亿元。全年窑湾片区新入库固定资产投资项目18个，其中亿元以上新开工项目6个，实现固定资产投资31.64亿元。

【乡村振兴区域协作帮扶】2023年，区水利局制定《2023年西陵区区域协作工作任务分解表》，整合辖区优质资源，化帮扶为合作互动，加大两地市场主体合作交流，提供帮扶资金501万元，协调采购农副产品1150余万元、帮助销售农副产品1100余万元，西陵区兴山县协作共建昭君农产品加工园，年生产量达2000吨，年销售收入达5000万元。开展劳务协作洽谈交流活动，为兴山提供招聘岗位共25家企业567个，吸纳兴山县农村劳动力到西陵区就业达325人。

【农业畜牧安全防范】2023年，区水利局开展11家动物诊疗机构、1家兽药经营点、4家农资店安全生产检查。

整治沼气池319个，发放张贴安全挂图500余张，印制宣传牌500块，签订安全承诺书319份。完成全年动物免疫注射工作，排查养殖户1261场次，生猪4012头次，收集处理12头病死生猪，完成监测采样21份，全年未发生非洲猪瘟等动物疫病情况。

【移民后期扶持】2023年，西陵区发放原迁移民直补费172.26万元。实施移民项目4个，争取移民资金1331万元。

【综合交通安全】2023年，区水利局修编区综合交通安专委成员单位相关职责和工作制度，拓展成员单位范围，明确工作职责；全面落

2023年4月25日，石板运河桥完成拆除重建　（区水利局 提供）

实交通领域专项排查整治，配合市级主管部门开展强安固盾“三告知一测试”；开展公路沿线地质灾害隐患防治工作，完成4处农村公路地质灾害隐患排查整改。完成朝阳路延伸段维修改造、石板运河桥消危改造。

◆水　利

2023年10月20日，区水利局完成黄柏河水域“三无”船只拖移

（区水利局 提供）

【概况】2023年，区水利局整合推行河湖长制，区、街道河湖长及联系单位共巡河189次，发现并解决问题124个。严格辖区水资源管理，加强水旱灾害防御，修订2023年《宜昌市西陵区防汛点位处置手册》。针对外来入侵生物福寿螺开展专项整治工作。

【长江禁渔】2023年，区水利局全年累计出动执法人员1643人次、执法车辆356辆次、执法船只36艘次，水上巡查里程达130千米，检查农贸市场13家次，开展联合行动36次，清理非法钓具16张，抽检15家网销商，配合公安部门现场查获案件8起，抓获犯罪嫌疑人8人，均列为社区矫正对象，做实“以案促改”。印发宣传资料1360份，借助新媒体宣传2次。

【河湖长制】2023年，区水利局清除东山运河河道违规种植7000余平方米，累计整改完成黄柏河流域“四乱”问题38处，清理违建2242平方米，完成“江中飘香”“鱼我所欲”两艘餐饮船拖移整治。针对整改完成的27处妨碍河道行洪障碍问题完善补全资料，并上报省、市主管部门审核。选聘10名河湖社会监督员参与河湖管理，开展“河湖长+检察长、河湖长+警长”联合巡河行动1次，辖区1名民间河长、2个公益组织被授予全市十佳民间河长和优秀公益组织称号，开展3场大型“扮靓长江迎新年”活动并在中省媒体宣传报道。

【水资源管理】2023年，区水利局批复水保方案（报告表）11个、年度用水计划3个，下达检查文书7份，收取水土保持补偿费225.77万元、水资源费5.3306万元。7个单位开展西陵区节水单位创建，拍摄“节约用水从小做起”视频宣传片，开展节水“进社区”“进校园”活动并宣传《中华人民共和国长江保护法》《湖北省节水条例》。落实黑虎山、石板水库专管员2名并签订履职告知书，督促石板水厂加强日常水质管理，水质合格率达100%。

【水旱灾害防御】2023年，西陵区修订2023年《宜昌市西陵区防汛点位处置手册》，梳理区级重点防汛点位9个、一般防汛点位40个，完善各类防汛预案19个。对山洪灾害平台机房、视频、雨量设施进行维护2次，新建2处雨量站点并发挥预警监测作用。落实水库防汛队伍2支共计50多人，组织开展1次集中防汛培训学习和山洪灾害及水库桌面推演。建立“西陵区暴雨橙红色预警应急响应机制”，落实红色预警驻村包保责任人员，编印《宜昌市西陵区暴雨橙、红色预警应急响应流程图》，落实24小防汛值班制度，主汛期间未发生汛情险情。

【外来入侵生物福寿螺整治工作】2023年，西陵区针对外来入侵物种“福寿螺”小规模暴发，联合市级有关单位现场指导督办47次，累计捡拾填埋福寿螺成螺2105.3千克、幼卵638千克。

（杨　颂）

◆工　业

【概况】2023年，全区规模以上工业总产值完成31.6亿元（不含电力生产、供电和军工产值），同比增长9.3%，全年增加值增速10.4%，规模以上工业企业营业收入利润率完成9.97%，规模以上工业企业亏损面13%，技术改造投资占固定资产投资比重10.2%，全年完成小进规企业5家。

2023年，全区有装备制造业、

生物制造业、轻工日化业、新型建材及其他规模以上企业23家。其中装备制造企业13家，全年完成工业总产值14.85亿元，占全区规模以上工业企业产值的47%，同比上升8%；生物制造企业1家，全年完成工业总产值3.18亿元，占全区规模以上工业企业产值的10%，同比增长51.3%；轻工日化企业2家，全年完成工业总产值10.86亿元，占全区规模以上工业企业产值的34.3%，同比增长11.3%；新型建材及其他企业7家，全年完成工业总产值2.69亿元，占全区规模以上工业企业产值的8.5%，同比下降18.5%。

【工业项目建设】2023年，大力推进辖区工业项目建设。湖北民康制药有限公司民康医药产业园竣工，完成部分产品GMP认证。用地类工业项目宜昌市西峡泵业有限公司高端工业泵智能制造基地项目落地开工建设。宜昌船舶柴油机有限公司宜昌船柴铸造中心项目被纳入市级“四个重大”，12月26日举办开工活动。全年完成工业投资11.7亿元，同比增长27.4%，技改投资7.75亿元。招商签约高端工业泵智能制造基地项目、工业设备产业链数智化平台项目、中安电气电力设备生产基地项目等3个亿元以上项目。

【推进“两化融合”】2023年，区经信局持续推进“两化融合”纵深发展，组织瑞磁科技、宜化集团、羿航机械、宜昌船柴、三峡星未来5家企业申报省级两化融合试点示范，宜化集团、羿航机械顺利通过评审。710研究所成功申报DCMM（数据管理能力成熟度评估模型）二级贯标。组织宜化集团、软通动力等企业筹备国家级化工行业数字化转型促进中心申报，宜化集团成功申报2023年工业互联网试点示范。力帝机床成功申报两化融合A级贯标。

【工业企业服务】2023年，区经信局开展“百名干部找市场”活动，组织16家重点企业赴荆州开展产业链合作对接。组织30余家企业开展宜昌市电气设备产业链产销会。出台《西陵区推动科技创新服务高质量发展扶持办法》，全年对上争取扶持资金2530.88万元，同比增长131.5%，创历年新高。完成2022年汽车以旧换新工作，累计补贴车辆327辆。瑞磁科技成功申报省级“科技副总”；湖北力帝机床股份有限公司、宜昌既济数能有限公司分别创建国家级绿色工厂、省级工业设计中心，为西陵区企业首次突破；新增26家创新型中小企业，10家省级专精特新中小企业。

【工业企业安全管理】2023年，区经信局坚持“管行业必须管安全”原则，督促引导辖区工业企业扎实履行《安全生产法》各项法定职责，落实安全生产主体责任，加大安全生产投入，改善企业安全条件，从人防、技防等方面守牢安全生产底线，安全监管全年“零事故”。组织企业开展“开工第一课”“强安固盾”和重大隐患排查整治、有限空间专项整治、安全生产月、冬季火灾集中治理“百日会战”等各类安全生产专项活动。在元旦、春节、“两会”、五一、汛期、十一、低温雨雪等特殊节点，制定专项管控措施。加强隐患排查整治，迎接市级3轮安全生产督察，全年共排查整治安全隐患171条，均整改落实到位。

【新增规模以上工业企业5家】2023年，西陵区新增规模以上工业企业5家——宜昌拓数科技有限公司、宜昌鑫程电工有限公司、湖北瑞磁科技有限公司、湖北宜昌精森机械有限公司、宜昌远景智控科技有限公司。

宜昌拓数科技有限公司成立

表19 2023年西陵区规模以上工业企业财务状况一览表

单位：万元

项　目	2023年完成	2022年完成	同比±%
营业收入	322372	335702	-4
营业成本	262415	275369	-4.7
流动资产合计	293526	254330	15.4
资产总计	459288	420952	9.1
负债总计	306909	303286	1.2
利润总额	32144	21415	50.1

于2021年6月23日，位于宜昌市西陵区渭河四路86号，生产场地300平方米。公司主要业务为研发、生产、销售玻璃纤维捻线设备（纺织机械）控制器、传感器，并为控制器、传感器配套控制软件，捻线传感器省内市场占有率第二。

宜昌鑫程电工有限公司成立于2006年，员工40余人，公司主营业务为电缆盘具、木材的加工和销售。产品销往国内外多个国家及地区。主要为起帆电缆等国内龙头电缆企业配套。

湖北瑞磁科技有限公司成立于2016年，是一家专门致力于研发、生产、销售电流传感器系列产品的国家级高新技术企业。公司致力于新能源领域电流传感器产品的开发，其中BMS电量传感器采用磁通门原理，感应电压与待测电流成比例关系并通过检测感应电压差检测电流信号，具有高精度低磁滞的优点。该产品打破国外品牌对国内市场的垄断地位，并批量供应宁德时代、上汽集团、广汽等国内头部主机厂。

湖北宜昌精森机械有限公司始建于2012年，有生产及办公用房近25000平方米，生产加工设备齐全、先进。主要从事船舶海洋装备生产制造。

宜昌远景智控科技有限公司位于宜昌（国家）高新技术产业开发区东山园区清华科技创业园内，主要从事智能控制生产装备的设计研发、协同制作、安装服务。专注于智能装备制造的研究、开发、制造与销售，提高产业智能化水平。设有汽车自动生产线研发中心和数字物流仓储研发中心，致力于汽车、物流、家电等行业的装备水平提升。

（夏　青）

资料链接

工业项目介绍

民康研发中心项目　项目总投资1200万元，建筑面积约700平方米，组建理化实验室、小试实验室、中试实验室、中试车间及相关配套支持系统。民康研发中心建成后可满足企业提取、固体制剂、液体制剂、小容量注射剂及合成的相关研究与开发。

西峡泵业高端工业泵智能制造基地项目　项目总投资15000万元，规划用地面积约13160.22平方米，总建筑面积14968.53平方米，拟建设1栋一体化生产车间，1栋地下2层、地上7层中试车间、检测中心，配套建设食堂、门房及消防等生产辅助设施。新建厂房将设立大型产品加工中心，配套大型矿山泵加工生产线和化工泵自动生产线，并设立国家一级泵性能检测中心。

商贸服务业

◆商业贸易

【概况】2023年,西陵区实现社会消费品零售总额346亿元,同比增长9%,净增限额以上贸易企业51家。全年外贸进出口总额20.9433亿元,同比增长25.68%,利用外资完成92.13万美元。全年商贸项目投资总额16.65亿元,全市第三,城区第一。铁路坝小吃街获评省级夜间经济集聚示范区,西坝不夜城获评省级旅游休闲街区,铁路坝小吃街、西坝不夜城获评省级特色商业街,陶珠路风情街、云集路婚庆珠宝街、葛洲坝步行街获评市级特色商业街。区商务局被宜昌市商务局评为2023年度商务工作综合优秀县市区商务部门。

2023年5月25日,区商务局组织召开全区商贸领域“强安固盾”行动暨重大事故隐患专项排查整治2023行动工作部署培训会 (区商务局 提供)

【商贸领域安全稳定】2023年,区商务局聘请专家对限上非星级酒店、专业市场、加油站等商贸企业开展重大事故的隐患集中专项整治,为企业筑牢安全防线。开展商贸(成品油)领域重大事故隐患专项排查整治2023行动,完成2000家餐饮企业燃气安全整治、安全隐患动态清零百日攻坚行动、非星级酒店及专业市场安全隐患大排查大整治专项行动等10次,整改问题100个,馨岛酒店安全隐患专项整治获市商务局签批肯定。指导完成唐家湾加油站新建,督促绿萝路加油站、白龙岗加油站完成三级油气回收安装调试。

表20　2023年新增“小进限”企业情况统计表

序号	单位名称	类别	行业	所属街道
1	宜昌市赟坤矿产品有限公司	法人	批发业	学院街道
2	宜昌奥阳化工有限公司	法人	批发业	云集街道
3	宜昌昊旻商贸有限公司	法人	批发业	云集街道
4	宜昌鑫夷达矿业有限公司	法人	批发业	西陵街道

续表

序号	单位名称	类别	行业	所属街道
5	宜昌掣援工贸有限公司	法人	批发业	西陵街道
6	湖北宜万能源有限公司	法人	批发业	西陵街道
7	宜昌市辛十废旧物资回收有限责任公司	法人	批发业	西坝街道
8	宜昌市信先贸易有限公司	法人	批发业	西坝街道
9	宜昌聚铭钢铁贸易有限公司	法人	批发业	夜明珠街道
10	宜昌浩泰物贸有限责任公司	法人	批发业	夜明珠街道
11	宜昌达恒物资贸易有限公司	法人	批发业	夜明珠街道
12	湖北省首投再生资源有限公司	法人	批发业	窑湾街道(开发区)
13	湖北东晟科技有限公司	法人	批发业	窑湾街道(开发区)
14	宜昌凯能电气有限公司	法人	批发业	窑湾街道(开发区)
15	宜昌极地商贸有限公司	法人	批发业	窑湾街道(开发区)
16	湖北熙恩科技有限公司	法人	批发业	窑湾街道(开发区)
17	宜昌华磊商贸有限公司	法人	批发业	窑湾街道(开发区)
18	宜昌瑞金福计算机商贸有限公司	法人	零售业	学院街道
19	湖北霁风文化传媒有限公司	法人	零售业	学院街道
20	宜昌宜亿通商贸有限公司	法人	零售业	学院街道
21	云晖九天(湖北)科技有限公司	法人	零售业	学院街道
22	湖北跃拓科技有限公司	法人	零售业	学院街道
23	宜昌卓美数码科技有限公司	法人	零售业	学院街道
24	宜昌博弈电子科技有限责任公司	法人	零售业	学院街道
25	宜昌松晟商贸有限公司	法人	零售业	学院街道
26	宜昌胜合商贸有限公司	法人	零售业	学院街道
27	宜昌市蓝之星电脑有限公司	法人	零售业	学院街道
28	湖北中云智能科技有限公司	法人	零售业	学院街道
29	宜昌凯能数码科技开发有限公司	法人	零售业	学院街道
30	宜昌市成联科技有限公司	法人	零售业	学院街道
31	宜昌市多邦工贸有限责任公司	法人	零售业	学院街道
32	宜昌市跃动商贸有限公司	法人	零售业	云集街道
33	宜昌市福汇元环保材料科技有限公司	法人	零售业	云集街道
34	宜昌联美达商贸有限责任公司	法人	零售业	云集街道
35	宜昌盛维合商贸有限责任公司	法人	零售业	云集街道
36	宜昌华宝商贸有限公司	法人	零售业	云集街道
37	湖北和顺机电有限公司	法人	零售业	云集街道
38	湖北慧思商贸有限公司	法人	零售业	云集街道
39	宜昌圆心大药房有限公司	法人	零售业	云集街道
40	宜昌市安鑫物贸有限责任公司	法人	零售业	云集街道
41	湖北我家优选商业链管理有限公司	法人	零售业	云集街道
42	湖北森力莱机械设备有限公司	法人	零售业	云集街道
43	宜昌善木家居销售有限公司	法人	零售业	西陵街道
44	宜昌顶图建材贸易有限公司	法人	零售业	西陵街道

续表

序号	单位名称	类别	行业	所属街道
45	湖北金满顺商贸有限公司	法人	零售业	西陵街道
46	宜昌帝森商贸有限公司	法人	零售业	西陵街道
47	宜昌市孕味妈咪购母婴商贸有限责任公司	法人	零售业	西陵街道
48	宜昌中连商贸有限公司	法人	零售业	西陵街道
49	湖北景欣科技有限公司	法人	零售业	西陵街道
50	宜昌亿特隆超市有限公司	法人	零售业	西陵街道
51	湖北本色现代城市服务有限公司宜昌西陵二路船柴店	产业	零售业	西陵街道
52	宜昌绅豪电子商贸有限公司	法人	零售业	西陵街道
53	湖北腾诚能源设备有限公司	法人	零售业	西陵街道
54	湖北坤鸿智能科技有限公司	法人	零售业	西陵街道
55	湖北铖略贸易有限公司	法人	零售业	西陵街道
56	宜昌市西陵区胡羽超市	个体	零售业	西陵街道
57	宜昌市渡边司服饰销售有限公司	法人	零售业	西坝街道
58	宜昌市贝斯特窗业有限公司	法人	零售业	西坝街道
59	宜昌沛恩商贸有限公司	法人	零售业	西坝街道
60	湖北昇晟联达商贸有限责任公司	法人	零售业	葛洲坝街道
61	湖北林家农业开发有限公司	法人	零售业	葛洲坝街道
62	国药葛洲坝(宜昌)医院管理有限公司	法人	零售业	葛洲坝街道
63	宜昌源本商贸有限责任公司	法人	零售业	葛洲坝街道
64	湖北凯贝斯机电设备有限公司	法人	零售业	葛洲坝街道
65	宜昌开城网络科技服务有限公司	法人	零售业	葛洲坝街道
66	宜昌市翼硕商贸有限公司	法人	零售业	夜明珠街道
67	宜昌恒鑫电器有限公司	法人	零售业	夜明珠街道
68	宜昌乐百家超市有限公司	法人	零售业	夜明珠街道
69	宜昌莘龙商贸有限公司	法人	零售业	夜明珠街道
70	宜昌市西陵区惠氏洁具商行	个体	零售业	夜明珠街道
71	宜昌市西陵区惠美佳超市	个体	零售业	夜明珠街道
72	宜昌林垚家居有限公司	法人	零售业	窑湾街道(开发区)
73	宜昌谦泰裕商贸有限公司	法人	零售业	窑湾街道(开发区)
74	湖北恒路科技发展有限公司	法人	零售业	窑湾街道(开发区)
75	宜昌佩奇农产品生鲜供应链有限责任公司	法人	零售业	窑湾街道(开发区)
76	湖北声亮科技有限公司	法人	零售业	窑湾街道(开发区)
77	宜昌特来电能源运营管理有限公司	法人	零售业	窑湾街道(开发区)
78	宜昌市乐淇科技有限公司	法人	零售业	窑湾街道(开发区)
79	宜昌玖卓商贸有限公司	法人	零售业	窑湾街道(开发区)
80	湖北昌家暖通工程有限公司	法人	零售业	窑湾街道(开发区)
81	宜昌波迪凯商贸有限公司	法人	零售业	窑湾街道(开发区)
82	宜昌博丰成商贸有限公司	法人	零售业	窑湾街道(开发区)
83	那凡生文化科技(宜昌)有限责任公司	法人	零售业	窑湾街道(开发区)
84	宜昌市科力生实业有限公司	法人	零售业	窑湾街道(开发区)

续表

序号	单位名称	类别	行业	所属街道
85	湖北宇菱电梯有限公司	法人	零售业	窑湾街道(开发区)
86	宜昌市福斯特医疗器械科技有限公司	法人	零售业	窑湾街道(开发区)
87	宜昌市西陵区好太太木门经营部	个体	零售业	窑湾街道(开发区)
88	宜昌市西陵区固佳建材经营部	个体	零售业	窑湾街道(开发区)
89	宜昌嘉馥商务酒店有限公司	法人	住宿业	云集街道
90	宜昌四季禧悦假日酒店有限公司	法人	住宿业	云集街道
91	宜昌市西陵区豪悦之家民宿	个体	住宿业	云集街道
92	宜昌市西陵区瑞都商旅酒店	个体	住宿业	云集街道
93	宜昌融盛酒店管理有限公司	法人	住宿业	西陵街道
94	湖北川沐度假酒店有限责任公司	法人	住宿业	西坝街道
95	宜昌市西陵区滨江快捷酒店	个体	住宿业	西坝街道
96	宜昌市南瑞酒店管理有限公司	法人	住宿业	葛洲坝街道
97	宜昌京宜酒店管理有限责任公司	法人	住宿业	夜明珠街道
98	宜昌市西陵区林梦夕酒店	个体	住宿业	夜明珠街道
99	宜昌市云丽酒店	个体	住宿业	夜明珠街道
100	湖北本色现代城市服务有限公司酒店管理分公司	产业	住宿业	窑湾街道(开发区)
101	宜昌唐易酒店管理有限公司	法人	住宿业	窑湾街道(开发区)
102	宜昌许味儿餐饮管理有限公司	法人	餐饮业	学院街道
103	宜昌船说餐饮管理有限公司	法人	餐饮业	学院街道
104	宜昌猫罐子餐饮管理有限公司	法人	餐饮业	学院街道
105	宜昌市锦铭餐饮管理有限公司	法人	餐饮业	学院街道
106	宜昌市大为餐饮管理有限公司	法人	餐饮业	学院街道
107	宜昌苑阳晴餐饮管理有限公司	法人	餐饮业	学院街道
108	湖北橘颂餐饮文化管理有限公司	法人	餐饮业	学院街道
109	宜昌粮湖虾王餐饮有限公司	法人	餐饮业	学院街道
110	宜昌市新陶珠酒场排档	法人	餐饮业	学院街道
111	宜昌市东坡园餐厅	法人	餐饮业	学院街道
112	宜昌三峡邹记餐饮有限公司	法人	餐饮业	学院街道
113	宜昌市西陵区楠大娘火锅店	个体	餐饮业	学院街道
114	宜昌市西陵区韩流工坊烤肉店	个体	餐饮业	学院街道
115	宜昌市西陵区巴蜀串串火锅店	个体	餐饮业	学院街道
116	宜昌市西陵区福顺菜馆	个体	餐饮业	学院街道
117	宜昌市西陵区得胜街福顺菜馆	个体	餐饮业	学院街道
118	宜昌市西陵区帛兴茗茶店	个体	餐饮业	学院街道
119	宜昌市西陵区一口面餐饮店	个体	餐饮业	学院街道
120	宜昌市西陵区刘家兄弟食府	个体	餐饮业	学院街道
121	宜昌市西陵区厝简饮品店	个体	餐饮业	学院街道
122	宜昌市西陵区熊锅炒料餐饮店	个体	餐饮业	学院街道
123	宜昌市西陵区静慧坊餐厅	个体	餐饮业	学院街道
124	宜昌市西陵区美莲阁餐厅	个体	餐饮业	学院街道

续表

序号	单位名称	类别	行业	所属街道
125	宜昌市西陵区谭谭汤管家汤品店	个体	餐饮业	学院街道
126	宜昌市西陵区胡学英餐饮店	个体	餐饮业	学院街道
127	宜昌市西陵区正膳餐饮店	个体	餐饮业	学院街道
128	宜昌高新区羊鱼锅餐馆	个体	餐饮业	学院街道
129	宜昌市西陵区黄俊小吃店	个体	餐饮业	学院街道
130	宜昌市西陵区伍邦重庆美蛙鱼头餐饮店	个体	餐饮业	学院街道
131	宜昌市西陵区藕塘里餐馆	个体	餐饮业	学院街道
132	湖北木土杜餐饮服务有限责任公司	法人	餐饮业	云集街道
133	宜昌市胡家餐饮管理有限公司	法人	餐饮业	云集街道
134	宜昌卓锦餐饮管理有限公司	法人	餐饮业	云集街道
135	宜昌优佳餐饮服务有限公司	法人	餐饮业	云集街道
136	湖北奉天吉餐饮有限公司	法人	餐饮业	云集街道
137	宜昌市西陵区夸父炸串店	个体	餐饮业	云集街道
138	宜昌市西陵区方妈面馆	个体	餐饮业	云集街道
139	宜昌市西陵区赛江南酒楼	个体	餐饮业	云集街道
140	宜昌市西陵区宫品烧烤店	个体	餐饮业	云集街道
141	宜昌市西陵区飞燕私房菜馆	个体	餐饮业	云集街道
142	宜昌市西陵区才发餐饮店	个体	餐饮业	云集街道
143	宜昌市西陵区鱼悦餐饮店	个体	餐饮业	云集街道
144	宜昌市西陵区捞渔风味餐厅	个体	餐饮业	云集街道
145	宜昌市西陵区超迎熟食店	个体	餐饮业	云集街道
146	宜昌市西陵区素珍烧鸡店	个体	餐饮业	云集街道
147	宜昌市西陵区胡家餐饮小院	个体	餐饮业	云集街道
148	宜昌市西陵区周六回家餐馆	个体	餐饮业	云集街道
149	湖北娉婷餐饮管理有限公司	法人	餐饮业	西陵街道
150	宜昌红松林餐饮服务有限公司	法人	餐饮业	西陵街道
151	湖北万方惠誉后勤服务有限公司四零三餐饮管理分公司	产业	餐饮业	西陵街道
152	宜昌鳅鱼世家餐饮管理有限公司	法人	餐饮业	西陵街道
153	湖北省曹小霸餐饮管理有限责任公司	法人	餐饮业	西陵街道
154	宜昌大拇指餐饮管理有限公司	法人	餐饮业	西陵街道
155	宜昌乡谷村餐饮管理有限公司	法人	餐饮业	西陵街道
156	宜昌市西陵区好口碑餐厅	个体	餐饮业	西陵街道
157	宜昌市西陵区小厨匠家常菜馆	个体	餐饮业	西陵街道
158	宜昌市西陵区袁勇飞家常菜馆	个体	餐饮业	西陵街道
159	宜昌市西陵区雅澜酒店	个体	餐饮业	西陵街道
160	宜昌市西陵区花马云喃餐厅	个体	餐饮业	西陵街道
161	宜昌市西陵区蓉穗火锅鸡店	个体	餐饮业	西陵街道
162	宜昌市西陵区西陵二路董你这一面重庆小面店	个体	餐饮业	西陵街道
163	宜昌市西陵区周周大排档夜宵店	个体	餐饮业	西陵街道
164	宜昌市西陵区喜迎门餐厅	个体	餐饮业	西陵街道

续表

序号	单位名称	类别	行业	所属街道
165	宜昌市西陵区矮子馅饼店	个体	餐饮业	西陵街道
166	宜昌市西陵区自家人餐饮店	个体	餐饮业	西陵街道
167	宜昌市西陵区传奇肥肠店	个体	餐饮业	西陵街道
168	宜昌市西陵区张后付餐馆	个体	餐饮业	西陵街道
169	宜昌市西陵区伍哥餐馆	个体	餐饮业	西坝街道
170	宜昌市西陵区三缘菜馆	个体	餐饮业	西坝街道
171	宜昌嘉礼餐饮有限公司	法人	餐饮业	葛洲坝街道
172	湖北一爿香餐饮连锁管理有限公司	法人	餐饮业	葛洲坝街道
173	湖北卓粒餐饮管理服务有限公司	法人	餐饮业	葛洲坝街道
174	宜昌市西陵区燕凌餐馆	个体	餐饮业	葛洲坝街道
175	宜昌市西陵区瑶程餐馆	个体	餐饮业	葛洲坝街道
176	宜昌市西陵区谢贤君快餐厅锦绣天下店	个体	餐饮业	葛洲坝街道
177	宜昌品悦馆商贸有限责任公司	法人	餐饮业	夜明珠街道
178	宜昌坝坝餐饮管理有限责任公司	法人	餐饮业	夜明珠街道
179	宜昌天人合餐饮管理有限公司	法人	餐饮业	夜明珠街道
180	宜昌市西陵区单记餐馆	个体	餐饮业	夜明珠街道
181	宜昌福烁餐饮管理有限责任公司	法人	餐饮业	窑湾街道(开发区)
182	宜昌市西陵区斌儿私房菜馆	个体	餐饮业	窑湾街道(开发区)
183	宜昌市西陵区田园山庄	个体	餐饮业	窑湾街道(开发区)
184	西陵区蓝孔雀山庄餐馆	个体	餐饮业	窑湾街道(开发区)
185	宜昌市西陵区金包银山庄	个体	餐饮业	窑湾街道(开发区)
186	宜昌市西陵区富澳食堂	个体	餐饮业	窑湾街道(开发区)
187	宜昌市西陵区宇鑫餐饮店	个体	餐饮业	窑湾街道(开发区)
188	宜昌市西陵区许味儿餐饮店	个体	餐饮业	窑湾街道(开发区)

表21　2023年西陵区限额以上商贸企业区域分布情况一览表

街道名称	合计	所属行业				单位类别		
		批发业	零售业	住宿业	餐饮业	法人	产业	个体
学院街道	79	6	31	9	33	54	0	25
云集街道	76	3	25	12	36	46	1	29
西陵街道	58	7	21	6	24	25	5	28
西坝街道	14	0	3	2	9	2	1	11
葛洲坝街道	19	0	8	1	10	11	1	7
夜明珠街道	30	20	4	2	4	25	1	4
窑湾街道	64	22	34	4	4	57	2	5
总计	340	58	126	36	120	220	11	109

【国内贸易】2023年,西陵区实现社会消费品零售总额346亿元,同比增长9%。限额以上商贸企业340家,限额以上企业实现销售收入234.8亿元,同比增长5.6%。其中,批发业企业实现销售收入137.7亿元,同比增长0.6%;零售业企业实现销售收入84.1亿元,同比增长11.5%;住宿业企业实现销售收入6亿元,同比增长32.1%;餐饮业企业实现销售收入6.9亿元,同比增长29.4%。

【核心商圈建设】2023年,区商务局启动环夷陵广场百亿级核心商圈建设。出台《西陵区落实〈宜昌市核心商圈规划(2023-2035)〉实施方案》,谋划实施商贸类、招商类、城建类等四大类项目83个。推进CBD三期、城发首座、宜昌中心等项目,大洋二店完成招商签约;推动市级建立《宜昌市核心商圈建设联席会议制度》,出台《关于加快推进核心商圈建设工作的通知》,召开两次核心商圈建设联席会议,就核心商圈内重点项目建设需提请市级解决问题进行研讨,商圈内31个重点项目清单化倒排工作任务。

【一刻钟便民生活圈建设】2023年,宜昌市率先打造9个一刻钟便民生活圈。划定学院、云集、葛洲坝3个便民生活圈试点圈和西坝、常刘路、铁路坝、白龙岗、平湖馨苑、唐家湾等6个便民生活圈推广圈,制定《西陵区一刻钟便民生活圈建设实施方案》和3个试点圈建设重点任务清单。7月,国家商务部现场调研,锦绣社区葛洲坝便民生活圈建设经验入选《全国城市一刻钟便民生活圈典型案例集》,在全国范围内推广。推动民主路幸福市场创建省级示范菜市场。

【特色街区提档升级】2023年,区商务局推动特色街区提档升级,累计投入6亿元,分为改造升级类、招商盘活类、规范管理类实施20条特色街区提档升级,累计招商盘活街区闲置资源5万平方米。创建省级夜间经济集聚示范区2个、省级特色商业街2个、市级特色街3条,数量全市第一。央视报道云集路、西坝不夜城等特色街区,央视新闻客户端直播特别节目《一起"楚"来嗨》重点推介西坝不夜城;工作经验获《湖北日报》头版报道、《三峡瞭望》专刊推介;省商务厅专题调研特色街区2次,予以高度肯定。

【再生资源回收领域安全生产专项整治】2023年,区商务局发挥商贸安专委办公室牵头作用,全局8名工作人员全员下沉7个街道,联合市场监管、综合行政执法、消防救援、住建、公安、环保部门力量和属地街道,组建"6+2"分组包保专班,开展联合集中整治。坚持日调度、日报告制度,累计检查188家(其中:有证正常经营73家,有证未经营1家,无证经营114家),取缔无证经营网点114家,整改办证3家,占全部无证经营网点总数100%。

【外贸综合服务中心工作】2023年,区商务局办理企业海关注册备案7家,帮助4家企业出口破零。走访企业64家,处理解决企业外贸问题60次,企业咨询180次。组织农产品出口企业和跨境电商企业参加政银企对接活动、2023荆楚云展、"直通自贸"业务培训4次。投保出口信用保险小微企业30家,实现覆盖率100%。

【进出口贸易】2023年,西陵区进出口业绩企业40家,新增备案出口企业7家。全年完成进出口总额20.9433亿元,同比增长25.68%,其中出口17.80亿元,同比增长28.92%;进口3.14亿元,同比增长10%。出口过亿元企业3家,宜昌天美国际化妆品公司完成进出口额7.12亿元,占全区外贸进出口34%;宜昌达门船舶有限公司完成进出口额6.43亿元,占全区外贸进出口30.7%;宜昌船舶柴油机厂完成进出口额3.30亿元,占全区

2023年7月19日,商务部驻武汉特派员办事处王德生特派员带队调研城市一刻钟便民生活圈试点建设情况
(区商务局 提供)

外贸进出口15.78%。出口商品包括船舶机械、化工产品、机电产品等，进口商品包括化工原料、船舶配件、实验室仪器等。中国化学工程第十六建设有限公司、宜昌天美国际化妆品有限公司等重点外贸企业获得中央及省级外经贸发展资金200万元。

【利用外资】2023年，西陵区完成外资到资100.13万美元，城区排名第三。在营外资企业共29家，按企业类型划分，中外合资企业11家，独资企业17家，中外合作企业1家。按行业划分，批发零售类6家，建筑类5家，服务类8家，制造业3家，其他企业7家。按投资主体划分，来自港澳台地区16家，美国3家，英国、法国、韩国、日本等共10家。

【服务外包】2023年，西陵区共新增注册服务外包企业25家，累计服务外包注册企业397家，接包合同签约2.61亿美元，接包服务外包合同执行金额2.24亿美元，离岸服务外包合同执行金额5432万美元。西陵区高新技术产业孵化中心获得服务贸易创新发展项目资金20万元，西陵区商务局获得省级服务外包示范基地项目资金30万元。

【活动促消费】2023年，区商务局开展全国消费促进月宜昌启动仪式暨西陵区"3·15"首届开"企"新发展活动、二马路草地音乐节、妈咪购展会、宜昌市金秋享悦品质季启动仪式暨吾悦广场周年庆活动等共计20场次，带动重点商圈节庆消费增长2亿元。组织17家限上企业参加"家电消费券"活动，带动消费2886万元。发放100万元西陵文旅商消费券，150家餐饮商超类企业参加，共计带动消费1000万元。苏宁易购金缔华城店顺利开业。

【总部楼宇经济】2023年，西陵区有总部企业187家，商务楼宇44栋，年纳税亿元楼宇5栋，过1000万元楼宇17栋。统筹商务楼宇招商工作，摸排商务楼宇闲置资产情况，通过微信公众号发布楼宇招商信息10条，协调亿万能源入驻3E大厦，田阿姨私房菜、N2国贸店入驻新国贸，谷雨入驻三江至禧等。

【民生诉求办理】2023年，西陵区商务局共办理热线投诉48件，办结率100%、群众满意率81.3%、评价员满意率100%。民主路幸福市场建筑面积2500平方米，装修金额500万元，10月开业试运行。聚焦打造省级示范性菜市场目标，推动市场按照规范配置肉菜类追溯秤、智能化多功能食品安全检测仪，安装标准化菜市场追溯系统、快检实验室管理系统等3个系统，

表22 西陵区2023年大型商超网点情况一览表

企业类型	企业名称	地址
城市综合体	CBD购物中心	夷陵大道56号
	营盘山CAZ	体育场北路
	恒大步行街商业管理中心	解放路步行街
	卓悦广场	东山大道109号
	T68创想城	西陵一路51号
	星光天地	夷陵大道121号
	吾悦广场	锦江大道与峡州大道交会处
大型商场	国贸大厦	东山大道106号
	大洋百货	夷陵大道56号
大型超市	国贸超市国贸生活馆	东山大道106号负一楼
	大润发超市	沿江大道陶珠路口
	麦德龙超市	体育场北路169号
	沃尔玛超市CBD店	夷陵大道56号CBD购物中心
	武商量贩葛洲坝店	夷陵大道3号
	北山超市东门店	西陵二路85-1号
	雅斯超市铁路坝店	夷陵大道33号
	馨岛城市广场生活超市	东山大道20号

接入全市智慧菜市场管理平台和全市重要产品追溯管理平台，实现智慧化监管服务。全年共办理区级人大、政协主办件13件，其中，人大代表建议主办4件，政协提案主办9件。会办件共11件，其中，人大代表建议5件，政协提案6件。内容主要涉及特色商圈建设、不夜城夜间经济消费等，实现见面率、办结率和办理满意率三个100%。

（郝小燕）

◆服务业

【概况】2023年，西陵区实现服务业增加值408.4亿元，同比增长6.3%。服务业增加值占GDP比重72.8%。新增"规上"企业24家。服务业固定资产投资增速2.3%，服务业固定资产投资占比61.9%。实有服务业市场主体6.3万户，同比增长11.3%。服务业实现税收收入11.9亿元，占全部税收收入的54.2%。争取省、市服务业扶持资金600万元。

【重点项目建设】2023年，西陵区推进智慧物流产业园项目（一期）、三峡游轮中心、宜昌中心商务区（CBD）三期项目等重点项目加快建设。推动十六化建总部大楼建成运营、东湖高新宜昌科技园项目开工建设。全年重点服务业项目完成投资72.9亿元。

【现代商贸物流业】2023年，西陵区实现社会消费品零售总额346亿元，同比增长9%。启动宜昌市核心商圈建设，推动"20+N"条特色街区提档升级，铁路坝小吃街获评省级夜间经济集聚示范区，西坝不夜城获评省级旅游休闲街区，铁路坝小吃街、西坝不夜城获评省级特色商业街，陶珠路风情街、云集路婚庆珠宝街、葛洲坝步行街获评市级特色商业街。

【旅游休闲产业】2023年，西陵区推进温德姆花园酒店、屈原书城、宜昌马术奥运比赛基地项目等一批重点旅游项目建设。年内，西陵区国内旅游人次1542.01万人，同比增长16.09%；国内旅游收益197.68亿元，同比增长17.84%。

【金融服务业】2023年，西陵区强化银政企交流，助力融资对接，利用"西陵金融"提高线上融资便利度，组织"金融早春行"、"金融之星"篮球联谊赛、"小小金融家交行体验活动"等活动109场次，发放"再担园区贷"10675万元，为辖区企业纾困贴息172.72万元。金融风险防范推进，遏制非法集资，保障金融稳定。

【文化创意产业】2023年，西陵区深入企业调研走访，推进"五经普"（第五次全国经济普查）文化产业统计工作。结合城市文化品牌打造、培育新型文化企业、文化业态、文化消费模式，全年新增入库文化企业14家，创历史新高。申报市文化产业奖励资金，市级扶持、区级追加，共兑现9个项目、198万元扶持资金。对接艾肯策划、尔雅文博等企业参加第十九届深圳文博会，推动本土文化企业"走出去"。

【智慧信息产业】2023年，西陵区与三峡大学、三峡高科合作共建宜昌数字经济研究院，充分发挥三方优势，激发"校地企"融合发展势能。强化企业招引，壮大数字经济产业集群，编制西陵区数智产业高质量发展行动计划，构建辖区数字经济产业新格局。凝聚多方合力，推进重大项目建设，依托三峡数智产业园、三峡双创中心等园区，推动产学研用有机结合。

【生命健康产业】2023年，西陵区持续推进生命健康产业发展，宣传普及相关惠企政策，支持企业发展和品牌建设。生命健康产业专班

2023年10月17日，湖北省现代服务业发展专题培训班学员集体赴宜昌人力资源服务产业园现场调研

（区发改局 提供）

赴深圳、广州两地考察拜访企业9家，签约旭东医院手术数字影像项目等亿元项目。

【“小进规”企业培育】2023年，区发改局围绕34家优质企业建立服务业企业培育库，定期跟踪走访，了解企业诉求，帮扶企业发展。成功申报湖北抖乐科技发展有限公司、湖北艾肯文化科技发展有限公司、宜昌市桃花岭酒店经营管理有限公司等24家企业“进规”，对2022年“进规”企业17家合计奖励85万元。

【2个项目入选全市服务业新业态项目】2024年1月18日，宜昌市发展和改革委员会公布2023年度宜昌市服务业新业态项目评选结果。抖乐科技“美好目的地数字化营销”项目、艾肯文化“长江的礼物”创意研发及产业运营项目等2个项目入选。

（付华军）

资料链接

西陵区智慧物流产业园项目（一期）项目 项目位于西陵窑湾街办沙河村，总投资54859.61万元，总用地面积74811.00平方米，总建筑面积147151.60平方米，主要建设物流仓储产业区、智能制造产业区及配套道路。项目建成后，推动西陵区生产性服务业齐全完备，服务业经济延续向好的发展态势。

三峡企业总部基地南区项目 项目位于发展大道97号，总投资额10亿元，占地15.47公顷，总建筑面积20万平方米，建设规划109栋企业独栋、8栋高层办公楼。项目建成后形成企业集聚区，在承接东部产业转移中起到重要作用，实现东部经济与中部经济发展的联动，促进宜昌市产业结构调整，优化产业结构升级，为区域经济发展提供又一个新的增长点。预计可招引企业300余家，提供就业岗位3000个。

资料链接

2023年新增“小进规”企业名单：宜昌市桃花岭酒店经营管理有限公司、湖北抖乐科技发展有限公司、湖北正江环保科技有限公司、宜昌昱阳测绘有限责任公司、宜昌勤管家人力资源服务有限公司、宜昌欧亚达商业管理有限公司、宜昌三峡融媒体中心、湖北博广文化创意产业发展有限公司、宜昌中长海旅行社有限公司、宜昌宜旅假日国际旅行社有限公司、宜昌市环球旅行社有限责任公司、宜昌世景国际旅行社有限公司、宜昌蓝天旅行社有限责任公司、宜昌市硕石文化传播有限责任公司、湖北艾肯文化科技发展有限公司、宜昌隆基旅运有限公司、宜昌天马国际旅行社有限责任公司、宜昌神盾保安服务有限公司、宜昌三峡影视传媒有限公司、宜昌天美旅行社有限公司、宜昌房多多网络科技有限公司、宜昌月新劳务派遣有限公司、宜昌凯特信息科技有限公司、宜昌市西陵区贝思达影院管理有限公司。

财政·税务·金融

◆财　政

【概况】2023年，西陵区一般公共预算收入总量完成371256万元，其中地方一般公共预算收入146514万元（税收收入134480万元，非税收入12034万元），税收占比91.8%；转移性收入224742万元。

【财源建设】2023年，区财政局实施全区年纳税20万元以上企业"一对一"包保服务。建立"四上"企业培育库，推动建立"财税格格"制度，建立"1+N"税务网格团队。全年税收过1000万元企业49家。推进产业链招商，围绕葛洲坝集团、403船柴、民康药业等龙头企业，促成供应链合作企业在西陵区成立公司。加强建筑施工、钢材供应、咨询设计、人力资源等行业的企业合作。推动桔颂、望洲、葛洲坝及后坪等片区开发招商项目落地。

【惠企服务】2023年，区财政局落实中央税费支持政策，新增减税降费及退税缓费4311万元。推行免申即享，兑现制造业高质量发展奖励、外贸扶持专项、重点项目产业扶持等资金5450万余元，惠及200余家市场主体。落实行政事业单位和区属国企租金减免政策，共减免小微企业及个体工商户租金约200万元。落实财政贴息政策，发放26家企业纾困贷款贴息172万元、42家企业稳市场财政贴息128万元。加入市应急转贷纾困合作体系，推进"政采贷"业务，助力企业降低融资成本，帮助8家企业申请政府采购贷款线上融资金额2820万元。组织辖区限上企业参加"家电消费券"活动，发放100万元西陵文旅商消费券，150余家餐饮商超类企业参加，带动消费逾千万元。

【民生保障】2023年，西陵区民生支出19.2亿元，占一般公共预算支出81.4%。共拨付各类社会保障、就业资金2.44亿元，惠及8200余人。支持唐家湾中小学扩班、见山和北辰港湾幼儿园开园，全年投入7.6亿元，实现新增学位780个。人居环境方面统筹安排各类资金约1.4亿元。2023年直达资金分配下达3.17亿元，支出2.98亿元，支出进度94.2%，用于与民生息息相关的困难群众补助、残疾人保障、卫生健康、安居工程及教育保障等。

【财政改革】2023年，区财政局开展预算执行情况绩效自评，选取全

2023年10月18日，财政部湖北监管局对西陵区预决算公开情况检查动员（区财政局 提供）

区直达资金项目和16个重点项目预算执行情况开展第三方绩效评价，涉及金额12.1亿元。2023年预算投资评审项目48个，审减金额1.45亿元，审减率达13.42%。落实区债务风险管控总体方案和区城发集团“一企一策”方案，聚焦控增量、化存量、降成本、活资产、防风险，做好地方债务分类管理和动态监控工作。全面开展“三资”清理，化解存量政府隐性债务，严守风险防控底线。开展违规吃喝专项整治，对全区所有单位财务账及食堂账、国有企业及内部食堂等内部接待场所开展全覆盖监督检查。开展惠民惠农财政补贴资金“一卡通”发放管理检查。全年通过“一卡通”发放管理平台共发放资金约1亿元，涉及20万人。西陵区市民卡发放率达95%。

（胡　青）

◆税　务

【概况】 2023年，西陵区有各类正常纳税户33174户，其中企业13371户，个体工商户19803户；一般纳税人3237户，小规模纳税人29937户。按年纳税额划分，100万元以上的有245户，50万元至100万元的有179户，30万元至50万元的有193户。

2023年，西陵区组织各项收入40.3亿元。其中税收收入22.03亿元，社会保险费收入15.98亿元。税收收入中，地方一般公共财政预算收入完成11.96亿元，区级收入11.19亿元。四大行业（银行业、证券业以及其他金融机构）全年累计入库税收59237万元，同比增长7.2%，增收3999万元，其中区级收入25778万元，同比增长11.1%，增收2567万元。

2023年1月，区税务局“金税青锋工作室”成员在西陵庙会现场设立税法宣传台解答群众咨询　（熊雄　摄）

2023年，区税务局持续优化营商环境，稳步提档升级各项工作。探索建立“办问协同、全程互动”办税缴费服务新模式，打造“首善西陵五彩税枫”枫桥式税务所。持续拓展“说理式执法”成效，相关做法获得《中国税务报》《宜昌市优化营商环境简报》宣传推介。开设“西陵税务云学堂”，精准对接纳税人需求。

【推行新型征管模式】 2023年，区税务局以“三抓三促”（抓制度促规范、抓督办促落实、抓项目促创新）夯实征管基础，推行“智网优税”新型征管模式。设置管理服务网格61个，5C指标评价A，居全市第一；5R指标评价为全市第5。有税申报率较同期翻倍，非接触式办税率全市排名提升3位。做好数电票上线准备，直播宣讲3场，受众4万人次，“一人一机”现场教学1100余人，15465户纳入数电票平台开票。加强欠税跟踪管理，按季召开欠税会议，穷尽法定追缴措施，在全市率先对1家企业实施全流程全征管手段清欠，在全市税务系统作经验交流。深化税收共治，联合区城管执法局推进“葛洲坝片区”城镇垃圾处理费清缴；与区法院召开联席会，规范不动产权属转移涉税工作；与区市场监管局签订合作备忘录，优化注销流程，相关做法被湖北日报等媒体报道。

【创新办税缴费服务模式】 2023年，区税务局探索建立“办问协同、全程互动”办税缴费服务新模式。推行“三台联动”：做强热线前台，通过大数据分析用户画像和热点问题，精准推送优惠政策、纳税申报提醒等信息1913条。整合12366纳税服务热线和办税厅咨询电话，推行“一号三线”云呼叫，日均答复300余人次。推出语音、视频、人工智能等7种远程互动方式，由专人限时解答升级为24小时智能互动，咨询接通率提升至98.9%。做优办问中台，针对276项常规事项、常见问题，虚拟员工“悦悦”和人工坐席实现“即问即办”。做活管理“后台”，将电子税务局后台审核团队前置到征纳互动中心，开展现场办公，集中办理高频低风险申请事项。全年通过

"办问协同、全程互动"新模式辅导办理业务63465笔,非接触式办税率达96.7%。项目做法获省税务局及市区领导批示肯定、《中国新闻报》《省优化营商环境工作简报》推介,入选西陵区2023年度十大亮点工作,纳入2023年全省优化营商环境改革先行区国家试点改革事项。

【优化税收营商环境】2023年,区税务局持续优化营商环境,擦亮"宜站办"服务品牌,推出"没办成我来帮"兜底服务,获区人大代表短信点赞。推进智慧办税厅转型升级,迎接省内外相关单位20余批次考察,接受省委省政府优化营商环境联合督察组督察。开展征纳互动,设置"营商环境观察站",推出"专题宣讲+专项辅导+分类问需"的个性化服务模式,"靶向"精准辅导18场次。实地走访十六化建、葛洲坝一公司等重点税源企业,深入小微企业走访问需,与餐饮协会、水运协会、专精特新企业代表座谈,听取群众和纳税人意见,解决市场主体诉求。全年新增税收优惠政策退减缓税13.25亿元,其中增值税留抵退税0.59亿元,"六税两费"4335万元。1703户小微企业享受"纳税信用贷",授信10.71亿元,贷款11.1亿元。开展"四上"培育企业走访,提升"双千""首席服务官""首席服务员"服务成效,获企业嘉奖令37件。

【提升纳税服务质量】2023年,区税务局打造"首善西陵五彩税枫"枫桥式税务所。建立云上枫桥团队,远程及时回应纳税人诉求。做实争议调解中心,推出"律师+税务法治指导员+业务专家+N个相关部门"的"1+1+1+N"税费争议调解工作矩阵,实施"蓝黄红"三级调解,确保争议就地化解。开展涉税中介机构座谈走访,100余人次进厅参加志愿服务。发放12846份调查问卷问需,解决问题213个。针对葛洲坝宜昌基地自建房隐患排查及解危清退安置工作,组织6名"青枫"骨干,成立工作专班,上门对口宣讲相关政策,确保纳税人享受契税减免政策,提前防范争议发生。

【拓展说理式执法】2023年,区税务局持续拓展"说理式执法"成效,提供个性化服务。对被作出执法处理的纳税人,围绕高频违法事项编发《宣传手册》,帮助厘清税收违法界限。探索"欠税风险提醒和约谈警示"工作办法,对113户欠税户开展"说理式"风险提醒和警示约谈,引导纳税人制定清欠计划,督促欠税人及时缴纳欠税。"说理式执法"相关做法获市委领导批示肯定,在全省优化营商环境专题培训班作交流发言,获得《中国税务报》《宜昌市优化营商环境简报》宣传推介。

【开办"西陵税务云学堂"】2023年,区税务局聚焦纳税人缴费人需求,开设"西陵税务云学堂"。组建1支由"金税青锋工作室"业务骨干、律师、税务师、注册会计师组成的师资团队,围绕减税降费新政策、网上申报操作、年度申报表修订等主题开展直播,对纳税人最关心的问题进行解答,利用课件讲解、远程协助、视频教学等方式为纳税人解决问题困难。全年开展直播10场,受众5万余人。与区司法局合作,税法直播走进西陵"法治云客厅",吸引400余人次观看。

(屈小玲)

表23 2023年西陵区税务收入完成情况表

单位:万元

项目	2023年	2022年	增幅%	项目	2023年	2022年	增幅%
税务部门组织收入总计	403034	351252	14.7	10.土地增值税	3692	4660	-20.8
一、税收收入	220320	178429	23.5	11.契税	12625	9472	33.3
其中:中央级收入	100685	80787	24.6	12.车船税	69	83	-14
地方级收入	119635	97642	22.5	13.耕地占用税	2		
其中:省级收入	-2041	-10131	--	14.环境保护税	37	37	
市级收入	9808	7855	24.9	二、社会保险费收入	159827	153668	4.0
区级收入	111868	99919	12.0	三、非税收入	14863	12339	20.5
1.增值税	101807	62910	61.8	1.教育费附加	2459	2045	20.2
2.消费税	1870	1099	70.2	2.地方教育附加	1635	1364	19.9

续表

项目	2023年	2022年	增幅%	项目	2023年	2022年	增幅%
3.营业税	1	2	-50	3.残疾人就业保障金	2824	2518	12.2
4.企业所得税	54954	61173	-10.2	4.城镇垃圾处理费	1912	1610	18.8
5.个人所得税	23179	18563	24.9	5.水土保持补偿费	226	182	24.2
6.城市维护建设税	6104	4949	23.3	6.其他各项	5807	4620	25.7
7.房产税	8008	8882	-9.8	四、其他收入	8024	6816	1208
8.印花税	4280	2612	63.9	1.工会经费	4888	4452	9.8
9.土地使用税	3692	3987	-7.4	2.职业年金	3136	2364	32.7

表24　2023年西陵区纳税额前50名企业名单

单位：万元

序号	纳税人名称	纳税额	序号	纳税人名称	纳税额
1	中国化学工程第十六建设有限公司	16618	26	湖北宜翔建设有限公司	1605
2	中国葛洲坝集团三峡建设工程有限公司	11423	27	湖北建夷检验检测中心有限公司	1595
3	中国葛洲坝集团路桥工程有限公司	7951	28	宜昌兴舟重型铸锻有限公司	1587
4	中国葛洲坝集团第一工程有限公司	7936	29	宜昌市易中物流有限责任公司	1404
5	湖北国贸大厦商贸有限公司	7000	30	宜昌市嘉禾置业有限公司	1185
6	宜昌船舶柴油机有限公司	4675	31	宜昌浦华三峡水务有限公司	1147
7	宜昌德晟物贸有限公司	4672	32	葛洲坝集团试验检测有限公司	1108
8	中国葛洲坝集团市政工程有限公司	4446	33	湖北长江城建投资有限公司	1101
9	宜昌新恒基投资开发有限公司	3858	34	湖北晟宇联辉建设工程有限公司	1024
10	中能建城市投资发展有限公司宜昌分公司	3156	35	湖北力帝机床股份有限公司	921
11	湖北万方国际经贸合作有限公司	3151	36	宜昌市城市规划设计研究院有限责任公司	838
12	中国葛洲坝集团股份有限公司三峡分公司	3104	37	湖北雅斯物流配送有限公司	794
13	中国葛洲坝集团电力有限责任公司	3031	38	葛洲坝集团物流有限公司	760
14	宜昌均瑞房地产开发有限公司	2549	39	国药葛洲坝中心医院	723
15	宜昌大洋商业有限责任公司	2285	40	湖北元邦建筑工程有限公司	661
16	湖北国贸集团超市连锁有限公司	2281	41	宜昌大家置业有限公司	659
17	中国船舶重工集团有限公司第七一〇研究所	2227	42	长航集团宜昌船厂有限公司	646
18	湖北民康制药有限公司	2061	43	宜昌企业总部经济园投资开发有限公司	602
19	坤发建筑有限公司	2006	44	湖北鼎铭投资有限公司	602
20	宜昌浦华三峡市政工程有限公司	2003	45	中国葛洲坝集团第二工程有限公司宜昌分公司	598
21	湖北益通建设股份有限公司	1999	46	宜昌领投置业有限公司	597
22	湖北国贸大厦集团有限公司	1991	47	宜昌正信建筑工程试验检测有限公司	592
23	宜昌特锐德电气有限公司	1777	48	湖北弘瑞科技有限公司	591
24	宜昌开元置业有限公司	1738	49	三峡电力职业学院	586
25	宜昌天美国际化妆品有限公司	1737	50	湖北瑞林装饰设计工程有限公司	585

◆金　融

【概况】2023年，西陵区有各类金融机构71家。其中，国有和股份制商业银行及国家政策性银行市级分支机构13家，保险行业分支机构32家，证券公司17家，财务公司2家，地方金融组织7家。辖区金融机构占全市金融机构总数的70%。

2023年，西陵区利用“西陵金融”提高线上融资便利度，通过组织“金融早春行”送暖、“金融之星”篮球联谊赛、“小小金融家交行体验活动”等活动109场次，为26家企业纾困贴息172.72万元。

【防范金融风险】2023年，区地方金融工作局印发《西陵区2023年防范处置非法集资专项行动工作方案》，组织集中调度研判58次，推动10件案件按期化解。对接案件5次，处置涉案线索7起。组织开展“扫楼扫街”专项行动12次，举办大型宣传活动8场次，推送警示案例28期，覆盖70万人次。为地方金融组织提供审批、备案、咨询有关服务事项10次，完成2家融资担保、1家典当行年度审计整改工作。

【宜昌金融街首届“金融之星”篮球联谊赛】2023年，区地方金融工作局积极提升西陵一路宜昌金融街知名度，展示辖区金融单位形象和风采。9月19日，举办宜昌金融街首届“金融之星”篮球联谊赛，三峡农商银行代表队获得冠军，农业银行三峡分行代表队获得亚军，工商银行三峡分行代表队获得季军。

【西陵“金融早春行”活动】2023年3月1日，宜昌市“金融早春行”西陵专场活动暨西陵“金融送暖”融资对接座谈会在西陵区双创中心举行。举行“金融送暖”银企对接集中签约授信仪式，共19家企业获得授信66亿元，累计帮助112家企业获得授信融资136.3亿元。

【宜昌市应急转贷资金运营平台成立】2023年3月24日，市财政局独资设立宜昌市应急转贷资金运营平台——宜昌应急资金管理有限公司。3月31日，宜昌市应急转贷资金运营平台首笔业务正式落地。

【第八批金融干部挂职对接会】2023年7月31日，西陵区召开2023年度金融人才挂职集体报到暨座谈会。农业银行三峡分行、邮储银行宜昌分行、汉口银行宜昌分行等金融单位选派闵睿等10名金融人才到区直部门、街办、开发区挂职1年。选派金融干部挂职，属西陵区探索金融服务高质量发展创新举措，助推长江大保护典范城市建设，为推进中国式现代化贡献金融力量。

【西陵区绿色金融服务中心成立】2023年11月9日，西陵区绿色金融服务中心成立，提供完善金融配套服务、统筹街区金融机构宣传、防非反诈宣传等公益活动。发挥政府引领、机构共建、多元共享作用，形成1+1+1+N（3个1分别为银行、证券、保险，N为金融业态中补充机构）金融服务新格局。

（杨　浩）

表25　西陵区第八批挂职金融干部一览表

姓名	性别	单位	挂任单位及职务
闵　睿	女	中国农业银行西陵支行	学院街办副主任
杨　勇	男	汉口银行宜昌分行	云集街办副主任
田　野	男	湖北银行石板溪支行	西陵街办副主任
黄文红	男	兴业银行宜昌分行	西坝街办副主任
王　蓉	女	三峡农商银行葛洲坝支行	葛洲坝街办副主任
周劲松	男	民生银行宜昌分行	夜明珠街办副主任
王　略	女	邮储银行宜昌分行	窑湾街办副主任
李　双	女	中国农业银行东山支行	西陵区经济开发区管委会副主任
李梦琴	女	招商证券宜昌献福路证券营业部	西陵区地方金融工作局副局长
王晓波	男	招商银行宜昌分行	西陵城发集团副总经理

经济综合管理

◆宏观经济管理

【概况】2023年，西陵区实现地区生产总值(不含电力生产)560.98亿元，按不变价格计算，比上年增长7.4%，高于全市平均水平0.3个百分点，增速位居全市第6，城区第2，增速连续四季度稳居全市前6位，城区前2位。服务业增加值408.37亿元，增速6.3%，占GDP比重达到72.8%。130家规上服务业企业实现营业收入117.9亿元，同比增长30.9%。其中，99家其他营利性服务业企业实现营业收入79.9亿元，同比增长30.5%。全年完成固定资产投资117.8亿元，增幅9.2%，居全市第11位，城区第3位。

【资金争取】2023年，西陵区城市燃气管道等老化更新改造工程项目争取中央预算内资金1.19亿元，城区争取资金总量第一。2个重点项目获2023年省服务业发展引导资金375万元。获2022年全市服务业发展奖补资金185万元，金额全市第一。养老服务业发展工作获省政府表扬，奖励资金100万元，全市第一。

【项目建设】2023年，西陵区建立"四个重大"推进落实机制，实施项目积分制亮牌管理，三峡果蔬仓储物流冷链配送中心等36个亿元以上项目开工建设，宜昌古今·大南门、CBD三期、城发·首座等项目稳步推进，联东U谷·西陵智能制造港一期、民康医药产业园竣工投用。宜昌船柴铸造中心正式动工。三峡企业总部基地南区和智慧物流产业园入选全省"五个一百"重点项目库。

【营商环境建设】2023年，西陵区持续深化一流营商环境，开展降低制度性交易成本、税费成本、融资成本、用能成本、用工成本五大专项行动。围绕惠企政策落实不到位问题，涉企行政执法不规范问题，经济案件立、审、执不规范问题，拖欠中小微企业账款问题，政务服务质效不高问题，开展专项整治，减税降费及退税缓费4311万元。"一事联办"场景化集成套餐服务扩展至115项，100个高频事项"一窗受理、区内通办、结果互认"。设立24小时自助服务区，政务服务一体机进驻银行网点，"首善帮办团"站点全覆盖，实现"就近办理、一次办结"。率先在全省成立22个"年报服务站"，打造"水电气"共享营业厅，"一站式"服务获群众点赞。深入推行"一业一证""简易注销"等审批制度改革，首次实现工业项目"拿地即开工"五证同发。"办问协同、全程互动"办税缴费服务新模式等4个省优化营商环境改革先行区试点事项在全国、全省推介。

【重大项目开工】2023年1月31日，西陵区举行2023年一季度重大项目暨平湖PARK商业中心项目开工活动，集中开工项目9个，总投资68.6亿元，年度计划投资12.8亿元。其中，现代服务业项目6个，总投资34.8亿元；先进制造业项目2个，总投资3.8亿元；基础设施项目1个，总投资30亿元。

5月18日，西陵区举行2023年二季度重大项目暨高端工业泵智能制造基地项目开工活动，集中开工16个项目，总投资40.8亿元。其中，产业项目10个，总投资28.2亿元；生态民生项目6个，总投资12.6亿元。

7月28日，宜昌市西陵片区城市更新项目在西陵区沙河公园启动。项目总投资100.13亿元，涉及范围7平方千米、人口15万人。该城市更新项目含老旧小区、危旧房改造项目及低效用地开发，其中老旧小区改造项目投资3.67亿元，涉79个老旧小区、3.25万户，危旧房改造项目总投资48亿元，涉及危旧房304栋、1.14万户，低效用地开发项目总投资48.46亿元，可建设用地29.2万平方米、新建计容建筑面积（即小区内所有计算容积率的建筑面积之和）113万平方米。

9月22日，西陵区2023年三季度重大项目集中开工暨沃东应急救援产业基地项目开工活动举行，集中开工项目9个，总投资113亿元，年度计划投资9亿元。

10月26日，西陵区举行2023年四季度重大项目集中开工暨三峡果蔬仓储物流冷链配送中心项目开工活动，集中开工项目9个，总投资71.16亿元，涵盖现代服务业、电子信息业、先进制造业等多个领域。

【省级夜间消费集聚区】2023年11月6日，湖北省发展和改革委公布2023年湖北省级夜间消费集聚区名单，全省10个市州的20个项目入选，其中宜昌市西陵区CBD铁路坝小吃街作为全市唯一代表上榜。西坝不夜城曾于2021年入选省级夜间消费集聚区，截至年底，西陵区共拥有2家省级夜间消费集聚区，数量全市第一、全省领先。年内，西陵区集中打造宜荆荆区域性消费中心，培育夜经济业态聚集度高、配套设施和公共服务好、消费环境和管理运营机制优、品牌和市场影响力大、消费辐射带动力强的夜间消费聚集区。

【创新平台建设】2023年11月22日，湖北省发改委公布2023年湖北省工程研究中心认定名单，三峡大学太阳能高值利用与绿色转换研究中心被认定为省级工程研究中心。工程研究中心围绕太阳能可见光—近红外—大气辐射窗全波段的高效绿色利用，开展辐射制冷节能新材料的研发及相关技术的成果应用推广，实现无需其他电力辅助的零能耗低碳节能降温，推动能源革命和资源集约利用，实现减污降碳协同增效技术的发展与应用，推动能源消耗方式的变革、“双碳”目标的实现。

（李明琳）

◆自然资源和规划管理

【概况】2023年，宜昌市自然资源和规划局西陵区分局（以下简称自然资源和规划西陵分局）优化调整城镇开发边界面积（扣除东山园区）3123.81公顷，扩展规模面积261公顷，确保建设项目落地。组织上报并获批城市批次建设用地8个、30.17公顷。供地34宗、面积169.8公顷，其中出让19宗、面积91.93公顷，收缴价款35.18亿元；划拨15宗、面积77.87公顷。核发建设工程规划许可证19件，建筑面积41.6万平方米。大南门、三峡游轮中心、三峡青年创业城、宜昌监管中心、智慧物流产业园、二马路城市更新项目一期、东湖高新等一批重点项目开工建设。西峡泵业工业用地“五证同发”“拿地即开工”，主要做法被人民日报电子版刊载推广，获得市局“双千”活动通报表彰，获得企业嘉奖令5件。

2023年，自然资源和规划西陵分局严守耕地红线，确保21.86公顷耕地保有量不减少。严格卫片执法，核查下发疑似卫片图斑124个、33.08公顷（其中耕地0.51公顷），加快3起违法违规行为问题整改销号，未出现上级督察督办重大问题。完成闲置土地消化处置19.27公顷，处置率54.52%。消化处置批而未供土地65.93公顷，处置率29.09%。被市自然资源和规划局党组授予先进单位称号，3名干部职工周敏、王俊、雷诺同志获得先进个人荣誉。

【国土空间规划】2023年，自然资源和规划西陵分局配合编制完成《宜昌西坝、平湖片区总体发展规

2023年8月31日，宜昌市西峡泵业有限公司在政务服务中心工业用地五证颁发现场

（自然资源和规划西陵分局 提供）

划》及《滨江风貌管控规划》，参与分析三峡航运新通道带来的用地布局和规划影响专题研究。配合推进葛洲坝片区城市更新及实施单元规划编制。完成黄家湾地块规划研究并进入实质性开发，优化调整西陵区城镇开发边界面积0.81公顷，实施控规调整和更新地块10个。

【葛洲坝片区危旧改】2023年，自然资源和规划西陵分局配合完成葛洲坝片区城市更新项目整体策划方案和一期城市更新单元规划方案编制。对规划指标予以审核确认，推进土地预出让，解决项目融资需求。对首开区望10地块出让和建筑方案指标给予倾斜审批，推进后续谋划更新地块方案审查进度。

【国土领域安全风险排查】2023年，自然资源和规划西陵分局开展国土领域安全风险排查管控专项行动，印发《西陵区国土(地质)安全生产专业委员会关于做好高陡边坡安全风险排查和管控的通知》。全年巡排查120人次，出具调查简报10份，唐家湾中小学旁和肖家岗5号等2处地灾隐患点工程治理项目顺利实施，投资约960万元。向上争取申报防灾减灾项目国债资金2.25亿元，对辖区3处隐患点争取纳入市级治理项目，投资约200万元。开展整治建设用地违规违法行为专项行动，自查发现的8个问题全部整改到位。落实上级遏制违法建设工程规划许可“私搭乱建”工作部署，上报“私搭乱建”存量问题21处，处置完成20处。深入开展临时建筑临时用地清理，共计清理临时建筑49件，剩余3件因历史原因继续处理中。省委巡视反馈的唐家湾沙河安置房426户办证问题彻底解决，配合做好保交楼工作。容缺受理保交楼规划验收881套，化解历史积累问题和责任风险，解决易中建材历史问题。

【优化营商环境】2023年，自然资源和规划西陵分局多次对接营商办、税务和不动产登记部门，落实2022年优化营商环境突出问题整改工作，将咨询服务网点延伸至街办、社区和公证机构。切实落实市级2023年优化营商环境先行区推广清单9项改革和区级2023年优化营商环境重点任务清单3项改革。每月定期走访企业，践行“一线工作法”，宣传惠企政策，了解企业经营状态，收集存在的困难问题并及时反映和解决。2023年西陵区营商环境评价，登记财产指标全省县市区排名第76，在宜昌市城区排名第2。

【西陵区首宗工业“标准地”实现“五证同发”】2023年，西陵区推进实施《宜昌市新建工业项目“拿地即开工”五证同发审批实施方案》要求，通过部门联动、流程优化、首席跑办、告知承诺等制度，急企业所急，解企业所忧，实现首宗工业用地“标准地”“五证同发”，协助高端工业泵制造项目实现拿地即开工。8月31日，宜昌市西峡泵业有限公司提交审批资料后，一次性拿到了《不动产权证》《建设用地规划许可证》《设计方案批复》《建设工程规划许可证》《建筑工程施工许可证》，这是西陵区首宗工业“标准地”实现“五证同发”。

（贺　敏）

◆国有资产监督管理

【概况】2023年，西陵区行政事业单位独立编制机构112个，实有独立核算的行政事业单位112户(增加事业单位4个,分别是北辰明珠幼儿园、见山幼儿园、西陵区红十字会、西陵区文体中心；减少1个，为宜昌市生态环境局西陵分局，减少原因为上划市级管理)。资产原值总计8.32亿元，同比减少3.84%。其中流动资产0.79亿元，同比减少3.99%；固定资产3.49亿

2023年5月11日，区人大常委会主任张祖铭带领人大代表视察组对全区行政事业性国有资产管理情况进行实地察看　（区财政局 提供）

表26　2023年西陵区机关事业国有资产基本情况表

单位：户、亿元

项目名称	年初数	本年增加数	本年减少数	年末数
总 户 数	109	4	1	112
资产总计	8.69		0.37	8.32
一、按存在形式分类				
（一）流动资产	0.86		0.07	0.79
（二）固定资产	3.74		0.25	3.49
1.房屋建筑物	2.64		0.2	2.44
其中：办公与业务用房	2.11		0.16	1.95
2.专用设备	0.2			0
3.设备	0.48	0.32		0.8
其中：车辆	0.10			0.09
价值100万元以上设备	0.02	0.01		0.03
4.图书资料	0.04			0.04
5.其他固定资产	0.38		0.17	0.21
（三）无形资产	4.09	0.09		4.18
二、按单位性质分类				
（一）行政	45		1	44
（二）事业	61	4		65
（三）社团	3			3

元，同比减少6.69%；无形资产4.18亿元，同比增加2.2%。

【资产处置】2023年，西陵区开展资产共享共用机制，区财政局从整合资产存量、资产配置标准、绩效目标等方面，审核新增资产配置申请，坚持“优先调剂”原则，盘活存量资产，形成资产的合理流动，全年为全区25家企事业单位节约采购资金约1913.63万元。

【租金减免】2023年，西陵区根据《宜昌市贯彻落实更好服务市场主体推动经济稳健发展若干政策措施工作方案》（宜府办发〔2023〕8号）文件精神，助力小微企业和个体工商户纾困解难。全区7家行政事业单位及区属国有企业按“减一缓三”的原则，共减免租金约203.93万元，缓缴租金366.62万元，共惠及市场主体597家。

【国资监管】2023年，西陵区国资局指导督促西陵城发集团，以“三破三能”抓好区属国有企业三项制度改革，形成管理人员“能上能下”、员工“能进能出”、收入“能增能减”机制。西陵城发集团实行领导班子重组、中层干部竞聘上岗、推行项目经理任期制，提升企业经营管理人员的履职能力和干事创业能力。西陵城发集团实行定员管理、普通员工双向选岗、规范劳动用工管理。按照“效益优先”原则，促进员工工资增减与企业效益相适应，推动收入“能增能减”。

（胡　青）

◆市场监督管理

【概况】2023年，西陵区新增市场主体18022户，实有市场主体总量共66307户。受理消费者诉求11554件，为消费者挽回直接经济损失251.49万元。立案查处各类案件684件，其中一般程序案件462件，简易处罚案件222件，罚没金额125.02万元。开展食品抽检1460批次、药品抽检25批次、各类产品抽检143批次、食品快检4703批次，对不合格的51批次产品全

2023年4月12日，区市场监管局对湖北省第十六届运动会供餐单位开展食品安全保障工作
（区市场监督管理局 提供）

部完成相关处置工作。保障省运会、残运会、宜昌马拉松赛事、三峡大学百年校庆等重大活动食品安全44次，累计保障8万余人次安全就餐。新增专利授权量1759件，其中发明专利授权量839件，万人发明专利拥有量71.99件。新增注册商标896件，全区有效注册商标总量8030件。

【商事审批服务】2023年，区市场监督管理局持续推进“一业一证”改革，梳理编制《西陵区“一业一证”改革行业目录(2023年)》，将西陵区“一业一证”改革事项从19项增长到30项。创新推行“免回收”变更注销登记，4月，在全区范围内推广各类市场主体营业执照“免回收”变更注销登记改革，共惠及申请人2500多家。联合税务部门创新推行个体简易注销“一事联办”“跨省通办”，使原10天才能办成的事情，缩短至30分钟，全程办结“零费用”。

【知识产权保护】2023年，区市场监督管理局帮助辖区企业申报省、市级知识产权奖补资金超200万元，推荐湖北力帝机床股份有限公司、湖北益通建设股份有限公司、宜昌船舶柴油机有限公司、宜昌既济建设有限公司、湖北民康制药有限公司、宜昌市瑞磁科技有限公司、湖北纵横贝尔信息技术有限公司7家企业成功纳入省知识产权质押融资授信白名单，开展4场知识产权质押融资银企对接活动。成立宜昌市首家青少年知识产权教育活动实践基地与西陵区知识产权保护工作站。与宜昌市三峡坝区人民法院联合签署《知识产权行政与司法一体化保护合作备忘录》，推动西陵区知识产权司法保护与行政保护协同更加顺畅。指导宜昌三峡专利事务所、中国葛洲坝集团第一工程有限公司成功申报湖北省知识产权“五大工程”项目，为全市唯一获批立项的知识产权服务机构和企业。指导民康药业、一爿香等企业开展市名优品牌提升、国际品牌创建项目，成功注册国际商标2件。宜昌住邦科技园入选第四批湖北省知识产权保护工作站。宜昌市水利水电产业专利导航被国家知识产权局列入“2023年度专利导航优秀成果”，全市唯一。

【食品安全监管】2023年，区市场监督管理局引导构建“包保领导+属地街办+市场监管所+社区网格”四级包保体系，推动食品安全“两个责任”落实落地，检查各类食品经营单位1208家次，发现并整改问题438处，下达责令改正通知书153份，立案调查16起。强化团年宴、养老机构、幸福食堂食品安全监管，制止餐饮浪费，开展重点业态专项检查，对86所学校食堂及周边、4家中央厨房进行全覆盖多轮检查，组织全区70所中小学和幼儿园开展食品、卫生突发事件现场处置演练活动。开展线上线下宣传培训会15场，培训从业人员15000余人，创建51家样板单位，申报省级样板厨房5家。

【药品、医疗器械、化妆品监管】2023年，区市场监督管理局完成“两品一械”日常监管1110家次，检查覆盖率超100%。ADR完成792例，MDR完成228例，化妆品不良反应监测报告数67例，3项监测报告总数全市第一。在全市首推中药代煎室规范化建设，年内建成3家。创新推行“药品监管‘七必’工作法”(每月必到、每到必讲、讲后必查、查后必录、每月必督、有案必办、案后必警)。

【特种设备安全监察】2023年，区市场监督管理局完成380家特种设备使用单位年度检查，共排查隐患53处，下达监察指令书16份。开展强安固盾暨重大隐患排查整治、气瓶专项整治、叉车整治、燃气专项整治、电梯安全筑底三年行动等工作，并对特种设备使用单位开展安全警示教育活动8场次。针对特殊时间点及重大活动期间开展安全保障11次。开展特种设备智慧监管试点工作，实现日常监督检查应用智慧监管程序全覆盖，核实清理超期设备数据500余条，收集反馈系统技术问题27条，为全省全面推广使用提供试点经验。

【市场广告合同监管】2023年，区市场监督管理局继续推进农贸市场规范化管理，为农贸市场业主及市场经营户更换证照70余个，印制公益宣传牌300余块，清理大件杂物、积存垃圾3.6吨。对辖区20余家广告企业及媒体进行实地走访调研，帮扶龙马广告公司等3家企业申报湖北省广告业服务地方经济发展典型案例。联合区教育局等部门开展校外培训专项整治，检查23家培训机构，处理违规广告用语12处。强化对辖区内互联网网站、微信小程序、美团入驻商家等载体的广告监测力度，共检测处置涉嫌违法广告线索480余条次，处置网络交易平台线索21条次。走访省、市级守合同重信用企业45家，帮助企业不断规范和完善合同管理制度，在辖区15家医疗美容机构推广使用国家局示范合同文本，起草《西陵区二手车买卖合同(示范文本)》，在辖区各二手车市场推广。

【质量监管】2023年，区市场监督管理局开展热销民生用品、燃气具产品、塑料制品、儿童文具玩具、消防产品及危化品等11个专项整治，坚决防止质量安全事故发生。制发《宜昌市西陵区公共服务质量提升行动方案(2023—2025)》，督促各区直部门对照本单位职责认真落实，在2023年一季度、二季度全市公共服务质量监测总体满意度测评中，西陵区得分位列全省第二。

【价格、计量监管】2023年，区市场监督管理局开展流动摊贩计量器具、加油站、眼镜制配场所、用于贸易结算的公用专用及共享的电动汽车充电桩(站)等8个领域计量器具专项监督检查，立案查处违法行为3起。加强考点周边酒店价格检查、粮食市场购销秩序专项整治、涉企违规收费整治等价格监管，发放价格行为提醒告诫函1000余份，完成违规收费清退21.8872万元。宣传发动辖区约20余家有关企业、检验检测机构积极申报标准创新奖励、2023年宜昌市地方标准和标准化示范项目。

【消费维权】2023年，区市场监督管理局持续深化放心消费环境建设工作，发展"线下实体店无理由退货"承诺单位80家。联合区消委会20余个成员单位妥善处置群诉矛盾，处理某早教机构群体诉求407件，挽回经济损失106万元，处理某教育培训机构协议退费诉求131件，挽回损失142万元。加强单用途商业预付卡管理，建立健全部门协作监管机制，制定试行《预付式消费联席会议制度》。2023年度宜昌市城区消费环境测评调查中，西陵区满意度位居全市第一。

2023年6月，区市场监督管理局开展端午节粽子、茶叶等食品过度包装执法检查
(区市场监督管理局 提供)

【执法稽查】2023年，区市场监督管理局加强民生领域违法案件查办力度，办结1起代理恶意申请商标注册案件，查处辖区某房地产公司虚假宣传及违法广告行为，整治养老诈骗行为，查处2起打着"旅游"幌子诈骗老人钱财的违法违规案件。与宜昌市公安局联合开展3·30专项行动，捣毁辖区制假售假窝点1处。办理的刷单炒信不正当竞争案，在省市场监管系统行政执法典型案例评析评比活动中荣膺"二等奖"。联合公安部门对辖区成人保健品店进行执法检查，发现非法添加"西地那非"商品，涉案物品货值金额约500万元，被国家市场监管总局列为"挂牌督办13起重大食品安全违法案件"之一。

【信用监管】2023年，区市场监督管理局通过加强计划管理、组织实施和督促指导，推进西陵区"双随机"部门联合抽查工作常态化、规范化，先后在安全生产、政府采购、计量器具、人力资源等领域发起"双随机"抽查83次，其中部门联合抽查70次。引导辖区市场主体参与信用提升行动，共指导10078家市场主体修复异常信息31256条。

【智慧监管中心启用】2023年1月6日，西陵区智慧监管指挥中心举行揭牌仪式。该中心是集大屏系统展示、在线监测、在线监管于一体的督导调度中心，依托3C智能监管平台和雪亮工程系统把餐饮单位、药品经营单位、农贸市场、特种设备4类主要行业板块纳入智慧市场监管范围，实行24小时线上实时监管。年内，发现并处理预警信息2000余条，转化为案件2起。

【22个"年报服务站"集中授牌】2023年3月1日，区市场监督管理局举行授牌仪式，创新成立首批22个"年报服务站"，覆盖辖区9个商业综合体、7个农贸市场、4个大型商超、2个家居广场，辖区5.9万户经营者可就近在"年报服务站"进行年报公示，实现年报服务"零距离"。年内，共接受年报咨询5600

人次，指导完成年报3270余次。

【西陵区6家“小哥食堂”揭牌运营】2023年6月20日，宜昌市首批6家“小哥食堂”在西陵揭牌运营。外卖小哥、快递小哥、网约车司机等新就业群体劳动者在“小哥食堂”就餐可享专属折扣。“小哥食堂”由区委组织部、区市场监管局与西陵个私协会的爱心商家合作共建。“小哥食堂”全天候为“小哥”们提供饮水补给、歇脚休息、手机充电、餐食加热等关爱服务。

（韩　雪）

◆审计管理

【概况】2023年，区审计局全年共开展21个审计及审计调查项目。其中，完成预算执行审计、9个单位经济责任审计、2个政府投资审计项目和全区投资项目不低于20%的抽审复核，审减资金1362万元，审减率11%，移交问题线索4条，完成义务教育、城管系统资金使用、“清违行动”等6个专项审计项目，查出问题67个，涉及资金3900余万元，审减资金1025万元，移送问题线索1条，4篇审计要情获领导批示。坚持开展每周四“审计大讲堂”活动，同步推行“审计大讲堂”精品课程评比，全年共组织开展47期“审计大讲堂”。参与省市统筹及区中心工作，抽调5人次参与上级统筹审计项目、区“两会”会务等重点工作。

【财政预算执行审计】2023年，区审计局深入开展2022年区级预算执行审计，审计发现欠拨财政预算资金、预算刚性约束力不够等问题，涉及金额8190.75万元。组织对全区56家一级预算单位以及59家二级单位进行大数据全覆盖审计，在此基础上结合经济责任审计、作风监督检查对区教育局、区住建局、区城管局、区委办、区招商局等部门进行重点审计。审计发现部分项目资金执行率不高、政府采购程序不规范等问题，涉及金额11550.7万元。

【领导干部经济责任审计】2023年，区审计局对辖区9个单位9名领导干部开展经济责任审计，通过“巡审联动”“1+N”审计等方式，重点关注政府采购管理、专项资金使用、财务管理、厉行节约等方面，审计发现各被审单位在政策落实、经济决策程序、财务管理、政府采购管理、预算执行率等方面存在不规范问题，涉及金额8165万元。审计过程中向区纪委监委和主管部门移送案件线索3条。

【政府投资审计】2023年，区审计局完成唐家湾中小学建设决算审计、石溪路市政工程结算审计项目。唐家湾中小学建设决算审计审减1006.89万元，审减率为8.6%，在建设管理、财务管理、绩效管理等方面发现问题9个。石溪路市政工程决算审计审减金额355.99万元，审减率为14.31%。审计发现因项目现场管理不当造成损失浪费、虚报工程量等问题，向主管部门移送案件线索1条。

【专项审计调查】2023年，区审计局完成义务教育、“清违行动”、老旧小区改造、城管系统资金、垃圾分类、疫情防控等6个专项审计调查项目，就发现的问题查找原因，促进各项惠民政策落实到位。通过审计查出问题67个，涉及资金3900余万元，审减资金1025万元，移送问题线索1条，4篇审计要情获领导批示。

【审计整改工作】2023年，区审计局积极推动审计反映问题的整改落实。义务教育资金、老旧小区改造等专项审计报告发出后，制定发出审计问题整改清单，并进行指导，按月向区委审计委员会报送整改落实情况，推动审计问题整改“清零”。协调对接市审计局，指导督促窑湾街办、区住建局等部门开

2023年6月，区审计局在四方堰社区开展老旧小区改造专项审计调查工作

（区审计局 提供）

展西陵区农村集体资金资产管理使用情况审计调查、市对区老旧小区改造专项审计问题整改工作,发挥审计监督作用。

（崔汉清）

◆统计调查

【概况】2023年,西陵区法人单位18022户。全区规模以上工业企业23家;限额以上批发零售和住宿餐饮单位340家(含个体户、产业活动单位);规模以上服务业企业130家;资质以上建筑业企业57家,房地产业企业12家(简称“四上”企业,12月月报在库数)。

2023年,区统计局开展数据全流程生产,完成投资、工业、能源、批零住餐、房地产、建筑业、服务业、劳动工资等各类月度、季度、年度常规统计报表任务,开展住户调查、劳动力调查、人口变动调查等调查任务。做好基本单位名录库日常维护更新工作,完成新增及变更2999家。

【第五次全国经济普查】2023年,区统计局开展第五次全国经济普查工作。区政府成立“五经普”筹备领导小组,选优配强高标准“两员”队伍,“以考促学”开展“两员”清查知识培训。建立分片联系督导工作机制。科学编制2023年普查经费预算。开展“地毯式”入户清查。组织专项试点调研,部署投入产出调查。开展基本单位名录库专项整顿,夯实审核改错,联合部门开展查遗补漏,研究法人单位和产业活动单位关系。立体化开展普查宣传,在三峡西陵网开通“五经普”专栏并发布新闻稿41篇;向西陵发布微信公众号推送“五经普”新闻8篇,在湖北日报发布“五经普”新闻稿45篇;在160块街道社区、机关大楼、商铺商场电子屏及105个小区楼宇电梯屏幕滚动播放普查宣传标语和视频。

【经济运行分析】2023年,区统计局持续深化经济运行月度分析机制,收集对标城区数据,反映统计规则变化,撰写月度主要经济指标分析14篇。夯实统计专报深度分析模式,围绕主要经济指标、经济运行难点热点,开展专题研究分析,向区委、区政府呈送统计专报14篇,其中11篇获书记、区长签批,签批率达79%。

【统计专项治理】2023年,区委召开第九届42次区委常委会,传达学习习近平总书记关于统计工作的指示批示及全省动员部署会议精神。成立由区委常委、常务副区长任组长的领导小组。常态化开展自查自纠工作,对发现当期数据质量问题立行立改。按照“有责修订”原则和全省统一修订程序,修订失实数据。加大数据核查频次,报表期间即报即审。做好统计执法检查和双随机执法检查,规范开展年度执法检查。自查自纠共涉及635家企业和项目,发现问题75家;现场核查50家企业和项目,发现问题11家。平台下发数据查询920条,发现问题133条,全部督促企业整改到位,其中,服务业企业37条,贸易业15条,工业3条,劳动工资16条,建筑业24条,房地产8条,投资项目30条。

【进规进限培育】2023年,区统计局建立与市场监管、税务、招商等部门的定期联系机制,依托注册、纳税、招商信息,排查新成立企业,监测成长型企业,定期跟踪项目推进情况,保障符合标准的重点企业、项目尽早入库。加强与行业部门沟通协作,确保申报企业资料规范、完整。全年月度申报30家企业,通过25家,其中工业2家、贸易业12家、服务业5家、建筑业4家、房地产业2家。

【统计品牌建设】2023年,区统计局围绕“经济大普查 数说新时代”活动主题,精心筹办第十四届“中国统计开放日”活动,三峡日报、三峡广电、西陵发布微信公众号报道西陵区统计开放日普查宣传活动盛况。参与拍摄经济普查宣传视频,在宜昌电视台《直播宜昌》《宜昌新闻》栏目播出。编制印发《2023年西陵区统计工作手册》,优化统计月报内容。结合“下基层 察民情 解民忧 暖民心”活动,定期走访调研企业、社区。16名机关干部结合文明典范城市创建、卫生城市创建、困难群众结对帮扶活动,走访服务市场主体250家、困难群众50人次,志愿服务时长共计840小时,人均服务时长42小时。建立健全对标百强城区分析机制。对接武汉赛迪顾问公司,钻研城区经济高质量发展评价方法与指标体系。密切监测百强城区年度数据运行情况,对标2022年、2023年赛迪百强区后2位,撰写百强城区统计专报。

（陈文闻）

教育·科技·卫生

◆教　育

【概况】2023年,西陵辖区有中学9所、小学19所(民办1所)、九年一贯制学校1所、幼儿园40所,其中公办园16所,民办园24所。学科类校外培训机构2家。全区有35928名学生,中学7706人(不含欧阳修学校139人和体校116人),小学19868人(不含体校21人),幼儿园8354人(公办4321人,民办4033人);平均班额:中学42.6人,小学40.7人,幼儿园28人;其中,随迁子女3263人(中学766人,小学2174人,幼儿园323人);留守学生362人(中学116人,小学158人,幼儿园88人);残疾学生63人(中学22人,小学38人,幼儿园3人)。

2023年,区教育局4项工作获国家、省级经验推介,5项工作获省、市级第一。教师队伍建设经验获《中国教师报》头版推介,校外培训机构治理经验获国家"双减"办全国推介,国家智慧教育平台应用经验在全省推介,幼小衔接工作经验在全省推介。省级基础教育优秀改革实验项目数量全省第一;中考质量全市公办初中名列第一,教联体建设工作评估全市第一,全省率先完成教联体全覆盖;基础教育教研工作评估全市第一,湖北省"黄鹤美育节"获奖数量位居全市第一,全区1312人次在省市各类素养竞赛中获奖。葛洲坝实验小学何泽昊获得国家一级运动员称号。葛洲坝实验小学体育教师胡晓勇获评"宜昌楷模"。宜昌市实验小学集团(学院街校区)、西陵区三江小学荣获"全国国防教育示范学校"称号。

【学校党建】2023年,西陵区突出党建引领,5所学校成为全市首批清廉示范校。清廉机关和清廉学校建设同轴共转,教育局获评"清廉机关创建培育试点单位"。强化党组织领导的校长负责制,选优配强8名党总支书记、校长,完成4所学校党政分设,20所中小学专职副书记配备到位。全区靠前试点"能上能下"竞岗双选,调整5名机关科室负责人,选拔2名青年干部,对4人教育提醒。"双报到、双报告"参与率100%,机关干部志愿服务共计194次,836小时,组织教育系统参与志愿服务活动5万人次。结合"党和国家功勋人物事迹进校园"活动,少先队员宣讲功勋人物故事,红色教育基地市十六中和东方红小学被区委宣传部推荐为示范学校。"文明湖北"推出"学习道德模范,弘扬湖北精神"专栏,葛洲坝实验小学教师曾朝平作为建设者与留守孩子的"心灵信使"入选专栏。

【学校基础建设】2023年,区教育局争取财政投入1.2亿元用于学校基础建设。推进营盘路小学迁建及高边坡支护工程。完成五中、东方红小学运动场维修,九中建筑防水及围墙维修以及桃花岭幼儿园、卫生幼儿园维修改造。北辰港湾幼儿园、见山幼儿园2所小区配套园秋季学期开园,改扩建和塘悦舍幼儿园,全年新增幼儿园学位480个,全区公办幼儿园在园幼儿占比达53.4%,普惠率85.1%。探索托幼一体化,12所幼儿园率先开设0~3岁幼儿托育服务,提供300个托育学位。三中、基建幼儿园、桃花岭幼儿园被确定为首批湖北省生活垃圾分类学校,东山小学、十六中教联体(葛洲坝校区)获评宜昌市营养与健康学校,东方红小学、西坝小学等13所学校食堂获评宜昌市健康食堂。辖区学校实施"增花添彩"行动,注重人文内涵,推动绿化与校园文化兼修、景致与校园文化相融。通过"微改造"整理,充分利用校园空间打造微景观，完善校园景观布局。

【**教师队伍建设**】2023年，区教育局围绕“涵养师德提升师能”主题，以“竞岗双选”改革为动力，以师德师能融通发展为重点，印发《西陵区教师师德失范行为处理实施办法》。开展师德一线测试、“听他们说”寻访身边的好老师、“把爱送到家”教师家访等系列活动，选树评选90名“三心”（“三心”即最具责任心教师、最具进取心教师、最具爱心教师）教师。葛洲坝实验小学冠军教练胡晓勇荣获“宜昌楷模”称号，葛洲坝实验小学曾朝平老师荣获“全省教育先进个人”称号。招引57名新教师，认定13个西陵名师工作室，推荐评选60名实际学科带头人、明星班主任、明星教育管理者。组织全区2149名教师开展“能上能下”竞岗双选，选派15名教师赴点军区交流，136名校长、教师参与区内交流轮岗，《中国教师报》头版刊登西陵区教师交流经验做法。11月13至15日，宜昌市艺术教师专业基本功比赛在人文艺术高中举行，西陵区5名教师参赛，共获11项单项奖，4人获全能一等奖，西陵区荣获团体一等奖。

【**体育工作**】2023年，区教育局推行的“每天有一课，周周有活动，月月有赛事，校校有特色”做法受到社会及上级部门盛赞。全年西陵区共举行10个体育项目赛事活动，221个代表队、5497名运动员参与。辖区运动员在湖北省第十六届运动会上获得12枚金牌、8枚银牌、11枚铜牌；在2023年湖北省“体教融合杯”青少年体育夏令营活动中荣获全省唯一“最佳团队奖”；在“市长杯”比赛中荣获6个一等奖；在宜昌市城区初中篮球女子组比赛中，西陵区代表队夺得冠军。年内，学生体质健康优良率达到62.66%。代表宜昌城区迎接国家教育部对4所学校（实验小学、外国语小学、桃花岭小学、十六中）体质测评的抽测，获得教育部专家组好评。3月24日，西陵区教育科学研究院联合宜昌市第五中学举办体育专题教研活动。10月6日，第十九届亚运会田径女子跳远冠军熊诗麒回母校营盘路小学参观，西陵区副区长姜媛带领嘉宾共同参与回访校园活动。

【**美育工作**】2023年，区教育局健全面向人人的学校美育育人机制，建立常态化学生全员艺术展演机制，辖区学校利用艺术课程和艺术社团帮助学生掌握1~2项艺术特长，并对艺术社团进行年度评比和展示。学校整合校内外美育资源，开展西陵区第五届少儿戏剧节，组织儿童友好城市主题活动、第五届中华经典诵写讲大赛、“我心中的美好家园”征文绘画摄影作品大赛、“绿色有我，手绘自然”少儿绘画大赛、“八喜杯”我的自然故事——《冈特生态童年》故事续讲征集活动、“宜昌市中小学生美术书法作品大赛”等展评活动。宜昌市第二十五中学美术作品获得国家级二等奖。全年在省“黄鹤美育节”获奖作品数量位居全市首位，全区中小学1312人次在市级以上艺术、体育及科技活动中获奖，2266人次在区级以上比赛中获奖。3个少先队中队荣获“全国红领巾中队”称号，4所学校青少年思想道德建设工作创新案例囊括省级一、二、三等奖。

【**教联体建设**】2023年，区教育局以教联体建设推动优质均衡高位发展。3月24日，举行宜昌市第五中学教联体、第十六中学教联体授牌仪式，大力推进2所学校的教联体建设，2所学校七年级招生人数比上年增加140人，十六中七年级班级数稳定在8个班。教联体内教师交流12人，干部交流3人。9月，西陵区在宜昌城区率先实现教联体建设全覆盖。全区教联体建设经验3次在“宜昌教育”刊发，2次在市级现场会做分享。宜昌市第二十五中学教联体、宜昌市第十六中学教联体等多个教联体建设成果在市级以上媒体刊发。整理典型案例，汇编《教联体建设工作简报》6期。保持全市公办初中龙头地位，中考优秀率提升50%。宜昌市第十六中学教联体携2项教育创新成果亮相全国教博会。

【**学前教育**】2023年，区教育局聚焦“三孩”时代婴幼儿健康、照护等日益增长的服务需求，率先在全市实施“托幼一体化”，12所公办园开设托育服务，提供300个托育学位。新增公办学位480个，“两率达标”再创新高，公办在园幼儿占比达到53.4%，普惠覆盖率达到85.1%，公益普惠优质的学前教育网络实现全覆盖。做好幼儿园与小学科学衔接的实践研究，组建“1+N”联盟共同体，开发适合本区域幼小衔接的课程体系，承办全省幼小衔接实验区展示现场会，宣传西陵经验。

【**幼儿课程探究**】2023年，区教育局以《幼儿园课程实施与班级环境创设融合实践研究》为专题引领幼儿园发展。运用“放手成熟园—跟踪关键园—关注重点园—帮扶民办园”指导策略，形成“先思后研—过程动态—院园共研”模式，发现—顺应—呈现—改进—再呈现的循环过程，逐步实现“幼儿能够成为幼儿园班级环境创设的主人”

"课程是幼儿的"专题研究的核心目标,建立环境创设与课程的初步链接,重塑课程实施与环境创设融合的大课程观。积累专题研究图文故事187个、14册,思维导图集14册,参加省、市多项业务竞赛活动屡获佳绩。

【心理健康教育】2023年,区教育局创新心理健康教育工作新机制,开展家校社医四方联动,"4+1"护苗专项行动夯实学校心理健康教育工作,全年开展个辅2464人次,团辅150场次,家访7464人次,帮扶224个家庭,年内成功敦促34个家长带领孩子就医。在湖北省未成年人心理健康教育宣教月活动中,"4+1悦心灵·护成长"案例评为未成年人心理健康辅导特色活动。实施心理异常日报告制度。学生心理健康测评校级关注人员比例比上一年度下降50%。

【"双减"工作】2023年,区教育局在全国推介校外培训精准治理经验做法。全年"双减"办组织召开专题会议4次,集中开展检查6次,完成82家校外培训机构全流程监管及支付功能开通,关停地下违规机构(个人)15个,面向社会发布"黑名单""白名单"2期。校外培训机构治理工作经验做法《宜昌市西陵区以"网格化"助力校外培训精准治理》在国家"双减"改革每日快报2023年第156期(8月16日)刊载。12月,迎接全省校外培训工作交叉检查,培训机构精细规范管理经验得到襄阳市检查组领导的高度肯定。学校不断完善课后服务课程规划,细化具体实施标准。开展"运动、阅读、劳动、艺术、科技"五大类社团活动,为学生提供多元化的成长服务,提升中小学课后服务品质,家长问卷调查满意率99.47%。加强进校园读物管理,下发《西陵区中小学校课外读物进校园管理规定》,做实读物评议、推荐和报备相关程序。加大负面读物的排查力度,确保学生"精神食粮"干净健康,学校阅读氛围风清气正。落实违规教辅材料专项整治工作,区级层面和校级层面共召开动员部署会30次,召开调度会、推进会87次。区级下发专项治理实施方案文件1份、工作推进方案3份,开展6轮全覆盖督查,共问卷学生3130人次、电话问访家长3542人次,排查问题18个,受理2个群众信访,共20个问题均完成核查整改。全区中小学教辅材料违规收费问题专项治理工作问卷满意率99.81%。义务教育阶段学校提供午餐午休服务达100%,惠及师生近2万人。推行平躺午休,课后服务呈现多样化,家长满意率达99.47%。

【教育研究】2023年,西陵区深化中小学"3+1"课堂教学改革,探索开展"基于大概念的单元整体教学"专题行动研究,省级基础教育优秀改革实验项目数量全省第一,6位教师获全国、全省课堂教学现场竞赛一等奖,7位老师获全国基础教育精品课部级优课,21节课例获全省基础教育精品课一等奖。承办中国教育学会中学语文专业委员会2023年度课堂教学展示大会暨"读书种子计划"读书经验交流活动,组织全区语文教师参加6场次"中华诗词创作进校园"专题集中培训,2名教师获评全国中学语文百名读书种子教师。区教育局被选定为基础教育综合改革"具有宜昌特色的生动课堂模式研究"揭榜挂帅试点单位,5个项目入选市级样板校建设单位及重点改革项目,5个项目立项为湖北省基础教育优秀教学改革实验项目。《三峡文学》专刊推介西陵教育综合改革成果。

【校园安全工作】2023年,区教育局组织安全管理人员参加各类安全培训达1389人次。入校检查480余次,下发13期通报,约谈法定代表人1次,排查整治隐患643处。对56家燃气使用学校进行专项检查,整治24处。开展风险评估,上报风险源1070处。指导学校完善落实"五本台账"。联合西陵公安分局对150余名校园专职保安开展业务理论培训和实操训练。联合西陵交警大队对33台校车集中检查,对116名校车管理员、照管员和驾驶员开展安全培训;对40余名校车司机进行毒检;协助办理校车许可16台次。办理湖北省智慧信访平台信访件17件,回复"宜接就办"29件。联合西陵公安分局对3989名教职工(含外聘外包人员)进行身份背景核查。4月20日,举办西陵区2023年校园食品、卫生突发事件现场处置演练活动,全区71所中小学、公民办幼儿园安全负责人到场观摩学习,并面向全市进行网络实时直播。

【暑期防溺水工作】2023年,西陵区落实防溺水"四位一体"工作,7月6日至8月29日,覆盖7个街道、66个社区,安排3400余人次教职工参与行动。组织31600余人次学生参加三峡日报暑期防溺水知识答题,开展防溺水教育抽查250余次,针对2068名防溺水重点学生不定期家访、电话询问,随时掌握行踪。

【课堂变革】2023年,区教育局参与省市精品课评比,组织全区素养课堂竞赛、全区校长精品课评优。7位老师获2022年基础教育精品课部级优课，推荐66节课参加2023年度精品课推优，21节课获得省级一等奖，二十五中李永菲、范紫瑶等6人次在中国教育学会相关专业委员会年会、“湖北好课堂”上进行课堂教学公开展示。研制出台《西陵区进一步加强新时代中小学思政课建设的实施方案》，深化单元整体教学研究，推进议题式教学方式变革。四中尚静、外国语小学周宝老师获全省思政课教师基本功大赛特等奖并代表湖北省参加全国比赛，二十五中、绿萝路小学获评宜昌市“大思政课”综合改革示范学校，刘家大堰小学向咏梅、东山中学付蓉团队获评宜昌市“大思政课”教学名师和团队。

【家庭教育】2023年，区教育局组织开展家庭教育研究，落实全市家庭教育宣传周活动，征集汇编中小幼“家校社协同育人”案例40篇，实验小学集团、镇镜山小学案例获全市一等奖，《新班主任》杂志开辟“乔能俊专栏”刊发其家庭教育专题文章。11月，宜昌四中、实验小学集团承办湖北省教育学会班主任分会工作年会，任冰心、曹怡等2位教师执教主题班会课，雷鸣等4位教师分享交流班级教育与班主任建设经验。

【团工委活动】2023年，区教育局开展“争做新时代好队员”“党和国家功勋人物事迹进校园”“寻访身边的好老师”“我心中的美好家园”“诗词文化进校园”等各类主题活动，引导广大青少年传承红色基因，学习先锋模范，助力生态文明，弘扬传统文化。辖区少先队经验多次得到省市级推介展示，3个中队获评全国“红领巾中队”。4项活动案例均得到市级主管部门率先推介报道，其中“党和国家功勋人物事迹进校园”成果数量为全市第一，“我心中的美好家园”活动参与人数和获奖人数均为全市第一，“寻访身边的好老师”“诗词文化进校园”2项工作在《三峡晚报》上得到专版报道。10月13日，由共青团宜昌市委、宜昌市教育局联合主办的“学习二十大，永远跟党走，奋进新征程”2023年宜昌市精品微团课展示活动在宜昌市东山中学举行，西陵区选送的2位选手分获一、二等奖。在全省中学精品微团课展示活动中，第二十五中学教联体明珠校区罗易老师宣讲的微团课《“邮”小见“大”——小邮票绘出“中国式现代化”》荣获全省一等奖。10月30日至11月1日，由团市委、市教育局、市少工委联合举办的2023年宜昌市少先队辅导员专业技能大赛在宜昌市青少年宫举行。第九中学大队辅导员王怡以初中组第一名的成绩获得一等奖，葛洲坝实验小学中队辅导员李贺以小学组第一名的成绩获得一等奖，桃花岭小学中队辅导员李洁获得三等奖，外国语小学东区大队辅导员高书宇获得三等奖。

【校外活动】2023年，西陵区“友心人幸福家”公益性心理健康辅导项目启动。举办父爱亲子木工课劳动实践特色公益活动30期，北京好氧家庭教育指导中心承办家校共育指导公益活动63场，惠泽15000多名家长。社区及其他公益机构开展寒暑假少年儿童特色公益托管课程服务、周末亲子营等，受益青少年达4000余人次等。其中托管服务人次较上年度增长约30%。中小学组织开展研学旅行210余批次，共2500余名教师、55000余人次学生参与。

【智慧教育建设】2023年，西陵区入选国家智慧教育平台基础教育试点区。9所国家智慧教育试点学校先行先试，多个特色常态化的智慧应用场景在省市获奖，唐家湾中小学作为唯一代表参加全省基础教育数字化培训现场会进行交流发言。在市教育局组织的扶智空中课堂中，宜昌市实验小学教育集团、宜昌市第十六中学教联体通过智慧教育赋能与西藏加查县师生开展空中课堂、在线教研活动。5月，宜昌市第十九届青少年科技节评选结果出炉，5所学校获评“先进集体”，13人受表彰。

【省级创新案例】2023年，“湖北省教师队伍建设创新案例”评选结果揭晓，我区教师发展中心、教育技术中心、宜昌市第三中学、宜昌市橘颂中学、唐家湾中小学、宜昌市实验小学集团、葛洲坝实验小学、东方红小学、镇镜山小学共9个单位的案例被评为创新案例，展示了西陵区加强师德师风建设、培养高素质教师队伍、推进教育现代化丰硕成果。

【湖北省青少年象棋锦标赛】2023年2月25日至26日，湖北省青少年象棋锦标赛在襄阳市顺利开赛，来自武汉、襄阳、宜昌、咸宁、钟祥市等13支代表队，参加了U9组、U11组、U13组和U17组冠军的角逐。比赛共设12枚金牌，东方红小学代表队共斩获7枚金牌，其中3个个人冠军，4个团体冠军，创造了学校历史最好的成绩，成为本次赛事中组队总成绩排行榜之冠。

【青少年志愿服务行动】2023年3月3日，区教育局面向全区3万余名学子发出“我用行动影响你”志愿服务行动倡议书，号召辖区学生通过实际行动,让楼道更亮,让阳台更美,让家园更净。全区中小学幼儿园近70支志愿服务队、6000余名志愿者参与志愿服务。约2万名学生和家长一起,通过自发清理楼道杂物、美化阳台等方式,践行生态理念。

【“中华诗词创作进校园”专题培训班】 2023年3月18日,“中华诗词创作进校园”专题培训班开班仪式在宜昌市第四中学报告厅举行。区委常委、宣传部部长、区总工会主席覃家彦,湖北诗词学会常务理事、西陵区诗词学会副会长赵雄,区教育局、区文联、区诗词学会的主要负责人及相关人员,全区中小学语文教师、西陵尔雅诗社成员共460余人参加,专题培训班邀请中华诗词学会、省诗词学会、市诗词学会等8位专家,围绕8个专题开展授课。

【中小学生“睡眠管理”专项督导工作部署会】 2023年3月17日,西陵区召开中小学生“睡眠管理”专项督导工作部署会,组织学习《宜昌教育督导简报》(2023年第1期),安排部署西陵区中小学生“睡眠管理”专项督导工作。覆盖全区公、民办中小学,根据“睡眠管理专项督导清单”,入校开展专项督导,推进学校落实西陵睡眠管理“六大行动”系列措施。

【西陵区2023年小学数学素养课堂现场教学竞赛】 2023年3月15日至17日,西陵区2023年小学数学素养课堂现场教学竞赛活动在西陵区葛洲坝实验小学举行。区教科院院长刘春林、教师科主任闫林波出席活动,区教科院数学教研员陈晓华老师现场指导,全区各小学派出优秀青年教师观摩教学竞赛活动。第二十五中学教联体范紫瑶老师荣获“湖北好课堂”初中语文现场课展评一等奖。西坝小学陈毅老师在第九届湖北省中小学实验教学说课中荣获小学科学省级一等奖,入围国赛。

【全国学校体育联盟(教学改革)现场会】 2023年3月31日,全国学校体育联盟(教学改革)研讨暨培训会在西陵区举行。该活动由全国学校体育联盟(教学改革)主办,全国学校体育联盟(教学改革)西陵实验区承办,在常刘路小学举行实验校授牌和启动仪式。4月1日,联盟专家对各实验校参训体育教师在宜昌市实验小学集团中山路校区进行了理论和实践培训。

【托幼一体化工作推进会】 2023年4月4日,区教育局联合武汉爱立方儿童教育传媒股份有限公司、湖北省新华书店(集团)有限公司宜昌市分公司承办的托幼一体化管理者和教师专题培训,在宜昌市童欣幼儿园举行。区教育局党组成员、副局长覃江红,宜昌市新华书店总经理李明君,宜昌市新华书店教材部经理徐猛,区教育局幼教科科长李黎,区教科院幼教教研员向斌兵出席本次活动。全区公、民办幼儿园园长、骨干教师100余人参加培训。

【省教育督导组调研西陵区义务教育优质均衡发展工作】 2023年4月14日,国家督学谢新松,湖北省教育厅督导办主任王力勤,湖北省教育厅基础教育处二级调研员陈洁,第七届湖北省督学、武汉市教育局二级调研员肖贤辉,省教育厅财务处干部宋贵华,省教育厅督导办四级调研员方甜一行6人,来到西陵区开展义务教育优质均衡发展省级评估“回头看”工作。西陵区委常委、宣传部部长、区总工会主席覃家彦,市教育局三级调研员王贵元,市督导办主任徐声科,区教育局党组书记、局长田俊生,区教育局党组成员、副局长覃江红等陪同调研。市区教育督导相关负责同志参加。

【西陵区教辅材料违规收费问题专项整治动员部署会】 2023年4月25日,宜昌市西陵区中小学教辅材料违规收费问题专项整治动员部署会在区教育局召开。区纪委监委派出第二纪检监察组组长李卫东,区委宣传部副部长骆薇琳,区教育局党组班子成员出席会议。局机关党政办、基教科、计财科工作人员及西陵区各中小学校主要负责人参加会议。

【首届全国青少年劳动技能与智能设计大赛】 2023年8月,西陵区组织选手参加在沈阳举行的首届全国青少年劳动技能与智能设计大赛,共有4个学生团队、10名选手走进国赛现场,斩获2个一等奖,1个二等奖,1个优秀奖。

【第39个教师节】 2023年9月7日,西陵区第39个教师节庆祝大会在三峡双创中心召开,大会由区政府副区长姜媛主持。区委副书记、区政府区长梅卫民,区委副书记李发兵,区政协主席岳新梅,区委常委、宣传部部长、区总工会主席覃家彦,区人大常委会党组副书记、副主任彭登华出席会议,区教育局及局属二级单位负责人,全区各中小学、幼儿园负责人,新教师及优秀教职工代表等200余人参加。

【中学生数理文化节活动】 2023

年10月17日，二十五中教联体平湖校区成功举办全区首届中学生数理文化节活动，20位教师、111件作品获奖，《听，“数”说“物”语》等11件作品在全市首届数理文化节活动中现场展演展示，区教科院、东山中学获评活动案例一等奖。推进小学生思维素养研究，组队参加全市第三届思维运动会，桃花岭小学获得团体一等奖、优秀组织奖，实验小学、明珠小学、刘家大堰小学、东方红小学获得团体二等奖。

【西陵区第三届中小学生田径运动会】2023年10月18日至20日，西陵区第三届中小学田径运动会在唐家湾中小学举行，赛期3天。运动会设小学男女子组、初中男女子组4个组别，包括100米、200米、铅球、跳远等21项竞赛项目，408名运动员参赛。该运动会最终产生42枚金牌、42枚银牌、42枚铜牌，33名运动员破区级纪录。7所学校获得团体操风采展示奖，6所学校获得道德风尚奖，1所学校获得优秀赛场奖，4名同学获得优秀运动员奖，34名教师获得优秀裁判员、优秀教练员奖。

【中国教育学会副会长陈继宗一行到西陵区调研指导】2023年10月26日，中国教育学会副会长陈继宗、中国教育学会秘书郭钇亨莅临宜昌市第二十五中学教联体平湖校区、宜昌市西陵区唐家湾中小学调研指导，宜昌市教科院院长蒋葵林，西陵区教育局党组成员、副局长覃江红等陪同调研。

【少年儿童激光枪射击比赛】2023年12月2日至3日，区教育局联合市体育运动学校、绿萝路小学、宜昌市非凡青少年体育俱乐部共同举办2023年西陵区首届少年儿童激光枪射击赛。比赛分为男女组10米激光手枪、步枪个人赛及单项团体赛，全区共15所小学、168名运动员参加。

【湖北省第八期幼小衔接省级实验区交流展示活动】2023年12月26日，湖北省第八期幼小衔接省级实验区交流展示活动在西陵区展开，活动主题为“花开有时衔接有度”。区教育局局长田俊生作《自然衔接缓缓而行稳稳接棒》主题报告，介绍西陵区幼小衔接经验做法。该活动通过同步直播的方式开展，观看热度达30余万人次，全省各地校（园）长、教师、家长通过直播共同交流探讨。

（何　晓）

资料链接

2023年先进教师名单

宜昌市学科带头人（36人）

罗玲玲　九中
姚　萍　十六中
胡耀蛟　十六中
刘　芬　二十五中
杨君若　实验小学集团
曾　令　葛洲坝实验小学
吴　静　西坝小学
汤玉嫒　刘家大堰小学
蔡忠玲　樵湖岭小学
张　芳　常刘路小学
阎花丽　镇镜山小学
彭　田　唐家湾中小学
何　苗　外国语小学
郑　艳　童欣幼儿园
张　悦　三中
张　炼　四中
程雪琼　五中
马燕凌　五中
方　海　二十五中
熊莉莉　实验小学集团
孙　琳　实验小学集团
易漶琳　葛洲坝实验小学
向　琼　红星路小学
张　艺　红星路小学
魏　江　绿萝路小学
谭园园　绿萝路小学
蔡艳峰　外国语小学
邢小茜　外国语小学
邹　蓉　桃花岭幼儿园
熊莉玭　基建幼儿园
曹　杨　城建幼儿园
蒋意华　卫生幼儿园
陈莉媛　御景天地幼儿园
文　军　教科院
刘　波　教科院
王　丹　和塘悦舍幼儿园

市明星教育管理者（6人）

王　超　明珠中学
黄　敬　得胜街小学

郑燕丽　营盘路小学
刘　彦　葛洲坝东山幼儿园
张　伟　五中
田　妮　和塘悦舍幼儿园

市明星班主任(13人)

徐　敏　三中
高　柳　三中
张　勇　九中
王　茜　十六中
郑倩怡　唐家湾中小学
杨　容　实验小学集团
刘艳玲　实验小学集团
赵玫瑰　葛洲坝实验小学
孙妮娜　绿萝路小学
苟丹丹　唐家湾中小学
李佳慧　桃花岭幼儿园
李金桃　粮食幼儿园
李一蓉　童欣幼儿园

市e教能手(5人)

胡　俊　绿萝路小学
郑梦寐　桃花岭幼儿园
刁礼新　橘颂中学
钱　丹　唐家湾中小学
董　林　东方红小学

宜昌名师(学科教师29人)

韩　煦　四中
梅　凌　四中
马银才　东山中学
闫光琼　五中
王　军　九中
王　涛　十六中
付　蓉　东山中学
曾红霞　唐家湾中小学
李　焕　十六中
顾远航　四中
余　苗　实验小学集团
王友贵　葛洲坝实验小学
廖贵艳　葛洲坝实验小学
赵红萍　铁路坝小学
胡春蕾　桃花岭小学
张小红　东山小学
李明俊　实验小学集团
罗灵玲　东方红小学
罗　杨　营盘路小学
彭兰苏　镇镜山小学
李绪明　绿萝路小学
高　梦　绿萝路小学
贺金莲　绿萝路小学
李　静　桃花岭幼儿园
谭阿丽　桃花岭幼儿园
吴　群　基建幼儿园
丁　琳　教科院
王晓捷　教科院
乔能俊　教科院

宜昌名师(班主任11人)

杜　娟　三中
吴利萍　四中
史凤玲　十六中
雷　鸣　实验小学集团
曾朝平　葛洲坝实验小学
胡燕茜　铁路坝小学
谭言琴　得胜街小学
付红玲　镇镜山小学
黄　铭　桃花岭幼儿园
邹媛媛　桃花岭幼儿园
周　娟　城建幼儿园

宜昌杰出校长(7人)

张幼君　二十五中
闵　军　实验小学集团
徐贵杨　东方红小学
周玲平　常刘路小学
袁娅娜　镇镜山小学
高倩明　基建幼儿园
杨　曦　城建幼儿园

西陵名师(学科教师43人)

徐秀之　三中
冯　倩　四中
韩　艳　五中
褚艳娟　九中
郑　媛　九中
窦正安　唐家湾中小学
王秀蓉　十六中
周业琳　十六中
黄孝华　橘颂中学
李雅赟　橘颂中学
敖　阳　橘颂中学
杜　娟　二十五中
冯　涛　二十五中
马蒂燕　二十五中
向伟华　二十五中
杨鹏晶　东山中学
赵　华　东山中学
杨　玲　东山中学
王　芳　实验小学集团
王　静　实验小学集团
曹　怡　实验小学集团
石志刚　铁路坝小学
严　瑾　铁路坝小学
郑　洁　桃花岭小学
李燕妮　桃花岭小学
段单丹　三江小学
朱慧敏　实验小学集团
姚　李　西坝小学
胡艳妮　东方红小学
向咏梅　刘家大堰小学
王　琴　红星路小学
代　莉　营盘路小学
贺晓静　明珠小学
张芷嘉　明珠小学
黄　晶　镇镜山小学
屈万兵　镇镜山小学
王玲玲　外国语小学
邹　琼　外国语小学
喻　玲　外国语小学
舒伯平　粮食幼儿园
周　静　教科院
邱海涌　教科院
胡　南　教育技术中心

西陵名师(班主任11人)

何艳平　四中
石　铮　九中
张书萍　明珠中学
谢　艳　明珠中学
赵艳玲　二十五中
郑　君　东山中学
罗舒娅　实验小学集团
赵　丹　桃花岭小学
向丹丹　东山小学
望成林　绿萝路小学
杨春燕　外国语小学

西陵杰出校长(1人)

代卫国　粮食幼儿园

区学科带头人(163人)

冯　亮　三中
王燕勤　三中
万付林　三中
邬叶璐　三中
李　杨　三中
卢　敏　四中
刘　琼　四中
席　青　四中
华素琴　四中
刘圆圆　四中
肖　峰　四中
杨凤娇　五中
何炜琳　五中
李凤桥　五中
林　婷　五中
孙宜慧　五中
李　倩　九中
罗　敏　九中
张文姬　九中
曾　勇　九中
程才全　九中
蒋晓霞　九中
孙　薇　十六中
陈仁蓉　十六中
蔡　薇　十六中
杨　笛　十六中
张巧云　十六中
汤　鹂　十六中
秦慧芳　橘颂中学
周　兵　橘颂中学
孟凡苏　橘颂中学
朱晶晶　橘颂中学
杨雨薇　橘颂中学
姚　芊　橘颂中学
陈志勇　明珠中学
王　维　明珠中学
郑青松　明珠中学
邱　玥　明珠中学
张　鹏　明珠中学
刘　莹　二十五中
武　丹　二十五中
王　锋　二十五中
廖　静　二十五中
方　丹　二十五中
周玉蓉　二十五中
陈清松　东山中学
徐慧芝　东山中学
王　凡　东山中学
裴　蕾　东山中学
高洁琼　东山中学
唐江嫚　东山中学
李沙沙　东山中学
胡治东　唐家湾中小学
陈晓莉　实验小学集团
宋　安　实验小学集团
龙江漫　实验小学集团
覃文萍　实验小学集团
刘　倩　实验小学集团
代圣勇　实验小学集团
谢　玲　实验小学集团
彭孟郊　实验小学集团
吴清华　实验小学集团
李欢欢　实验小学集团
周　燕　葛洲坝实验小学
吴　双　葛洲坝实验小学
胡贞贞　葛洲坝实验小学
李　嘉　葛洲坝实验小学
喻　鹏　葛洲坝实验小学
范　敬　葛洲坝实验小学
张　雪　铁路坝小学
王　畅　铁路坝小学
杜开玉　铁路坝小学
尤小腾　铁路坝小学
杨　梅　铁路坝小学
王　薇　铁路坝小学
杜　娟　铁路坝小学
杨丽丽　铁路坝小学
陈　莉　桃花岭小学
李　溦　桃花岭小学
余　梅　桃花岭小学
陈　静　桃花岭小学
宋华丽　桃花岭小学
杨　洋　桃花岭小学
邵　威　桃花岭小学
姚　颖　东山小学
杨　洁　东山小学
周　钰　东山小学
王　英　三江小学
安　徽　三江小学
熊　莹　三江小学
梅　扬　得胜街小学
王　青　得胜街小学
王　军　西坝小学
郑容娟　西坝小学
尤晓洁　西坝小学
李　含　西坝小学
吴欣蓉　东方红小学
陈小乔　东方红小学
田　杰　东方红小学
谭艳萍　东方红小学
王　琳　刘家大堰小学
付蓉归　刘家大堰小学
余苏雯　红星路小学
刘晶晶　红星路小学
傅华云　红星路小学
郭红艳　红星路小学
郑　军　营盘路小学
杜金华　营盘路小学
杨彩霞　营盘路小学

谭继梅 营盘路小学
陈 萌 明珠小学
周丰泉 明珠小学
杨青竹 明珠小学
冀 丹 明珠小学
林 涛 明珠小学
彭昌进 常刘路小学
罗 丹 常刘路小学
闵 钧 镇镜山小学
余桂林 镇镜山小学
梁晓薇 镇镜山小学
陈晓红 绿萝路小学
韩 芳 绿萝路小学
黄 玲 绿萝路小学
田宁馨 绿萝路小学
陈 阳 唐家湾中小学
崔慧荣 唐家湾中小学
李 莉 外国语小学
徐小玉 外国语小学
王 炎 外国语小学
张巧莉 外国语小学
李 颖 外国语小学
刘 畅 外国语小学
曾亚劲 外国语小学
黄钰芳 桃花岭幼儿园
陈 倩 桃花岭幼儿园
郑苏丹 桃花岭幼儿园
周楚媛 桃花岭幼儿园
陈燕妮 桃花岭幼儿园
杜凤玲 基建幼儿园
王羚嘉 基建幼儿园
刘艳丽 基建幼儿园
许 恋 城建幼儿园
陈纪恩 城建幼儿园
刘晶晶 城建幼儿园
黄 雯 城建幼儿园
胡 静 城建幼儿园
朱艳琼 卫生幼儿园
华 丽 卫生幼儿园
刘曼婷 卫生幼儿园
王 菲 粮食幼儿园
曹 星 粮食幼儿园
杨 青 童欣幼儿园
陶 洁 童欣幼儿园
蒋 茜 童欣幼儿园
李月琼 童欣幼儿园
翁 琴 平湖幼儿园
周晓婕 平湖幼儿园
朱 琳 御景天地幼儿园
魏智慧 葛洲坝中心幼儿园
何 欢 葛洲坝中心幼儿园
路玉婷 葛洲坝东山幼儿园
贾 红 葛洲坝东山幼儿园
李 姣 葛洲坝希望幼儿园

区明星教育管理者(16人)

甘亚妮 九中
李华明 实验小学集团
张 飏 葛洲坝实验小学
陈 斌 铁路坝小学
鲁志锋 东山小学
陶 静 西坝小学
黄成银 东方红小学
罗婷婷 红星路小学
范 涛 明珠小学
詹成志 绿萝路小学
韦 娜 桃花岭幼儿园
杜 昕 卫生幼儿园
赵希雯 葛洲坝中心幼儿园
陈 琳 葛洲坝西坝幼儿园
张丽华 葛洲坝希望幼儿园
卢 午 葛洲坝蓓蕾幼儿园

区明星班主任(26人)

陶 土 四中
谭鲜鲜 五中
阮娇杨 九中
周 薇 十六中
吴舟平 明珠中学
董莉莉 二十五中
付 晓 二十五中
谭昌宜 二十五中
陶剑峰 东山中学
张 琴 实验小学集团
张 琼 葛洲坝实验小学
代 念 铁路坝小学
刘 莉 铁路坝小学
邹丽殷 东山小学
靳红梅 西坝小学
郑晶玮 东方红小学
周玲玲 明珠小学
邓翠云 常刘路小学
黄 蓉 外国语小学
罗会芝 桃花岭幼儿园
冀宗兰 基建幼儿园
王晓娇 城建幼儿园
韩 冬 卫生幼儿园
文 闻 平湖幼儿园
张新宇 葛东山幼儿园
王 平 葛西坝幼儿园

区骨干教师(236人)

代雪芹 三中
史建国 三中
陈 蔚 三中
丁 盼 三中
林 鹏 三中
覃艺宁 三中
余筱凡 三中
李 攀 四中
尚 静 四中
余琴筠 四中
周田田 四中
陈 佩 四中
裴芳茜 四中
陈亚男 四中
李 琳 五中
金 玲 五中
杨 志 五中
汤菲尔 五中
杨 颖 五中
文学军 五中
黄 爽 五中
符 玉 五中
望峥嵘 五中
汪睿琳 九中

胡瑞文　九中
李　云　九中
刘晓燕　九中
沈合义　九中
叶　玲　九中
黄天华　十六中
沈甜华　十六中
余　磊　十六中
邹正阳　十六中
谢华辉　十六中
黎江涛　十六中
周　丹　十六中
程冬英　十六中
卢　斌　十六中
黄　华　橘颂中学
万征熔　橘颂中学
谢　凌　橘颂中学
任　悦　橘颂中学
郭晶鑫　橘颂中学
刘佩玉　橘颂中学
张多善　橘颂中学
章一蕾　橘颂中学
郑　剑　明珠中学
余静莹　明珠中学
赵　念　明珠中学
赵露露　明珠中学
罗　易　明珠中学
徐娜娜　明珠中学
姚　东　二十五中
代星月　二十五中
范紫瑶　二十五中
朱玄双　二十五中
黄东琳　二十五中
陈士宇　二十五中
吕昌俊　二十五中
胡梦逸　二十五中
王　腾　东山中学
陶琴琴　东山中学
彭　丽　东山中学
覃　姝　东山中学
温　倩　东山中学
胡　路　东山中学
胡　焦　东山中学
向　晨　东山中学
向　杨　唐家湾中小学
屈秋月　唐家湾中小学
周云芸　唐家湾中小学
胡汉平　唐家湾中小学
罗　怡　实验小学集团
刘守利　实验小学集团
丁晓燕　实验小学集团
闫　薇　实验小学集团
李婧婧　实验小学集团
谢艳琳　实验小学集团
刘　杰　实验小学集团
吴　岱　实验小学集团
赵　毅　实验小学集团
陈海蓉　实验小学集团
王爱华　实验小学集团
李　潇　实验小学集团
韩　琼　实验小学集团
李　智　实验小学集团
胡梦妮　葛洲坝实验小学
邱　丹　葛洲坝实验小学
王　玲　葛洲坝实验小学
陈　悦　葛洲坝实验小学
穆家宜　葛洲坝实验小学
龙建晴　葛洲坝实验小学
杜雪斌　铁路坝小学
周　欣　铁路坝小学
方江艳　铁路坝小学
彭艳妮　铁路坝小学
李雪平　铁路坝小学
王璐瑶　铁路坝小学
朱俊俊　铁路坝小学
高　校　桃花岭小学
何小容　桃花岭小学
张远鹏　桃花岭小学
周昆明　桃花岭小学
郑艳丽　桃花岭小学
毛爱蓉　桃花岭小学
陈雪静　桃花岭小学
王晋宜　桃花岭小学
周　婷　东山小学
方崇婧　东山小学
陈　思　东山小学
宋　云　东山小学
梅琼艳　东山小学
徐菲菲　东山小学
田全军　三江小学
周潘锋　三江小学
章　印　三江小学
周　明　三江小学
王　艳　三江小学
刘娅晖　三江小学
吴会玲　三江小学
黄劲松　三江小学
阮小贝　得胜街小学
顾于炀　得胜街小学
杨　林　得胜街小学
苏　静　得胜街小学
乔　雯　得胜街小学
陈琳洁　得胜街小学
彭正凤　得胜街小学
朱芮莹　得胜街小学
王　潇　得胜街小学
覃　宁　西坝小学
王　芳　西坝小学
张梦云　西坝小学
刘　瑛　西坝小学
李翠云　西坝小学
彭冰琪　东方红小学
罗　敏　东方红小学
侯　杰　东方红小学
刘胤修　东方红小学
陈　刚　刘家大堰小学
李　煜　刘家大堰小学
孙　婷　刘家大堰小学
李　婕　刘家大堰小学
姜　淼　樵湖岭小学
王雪君　樵湖岭小学
罗小慧　樵湖岭小学
邹慧琼　樵湖岭小学
徐　烨　樵湖岭小学
夏　芳　樵湖岭小学
余曼妮　樵湖岭小学

张婷婷　红星路小学
裴慧慧　红星路小学
唐　江　红星路小学
张雪辉　红星路小学
李直艳　红星路小学
孟深继　营盘路小学
向　芳　营盘路小学
吕　辉　营盘路小学
赵银萍　营盘路小学
卢沛东　明珠小学
李静文　明珠小学
谭金芳　明珠小学
刘　莹　明珠小学
邓叶飞　常刘路小学
池　琴　常刘路小学
熊　莹　常刘路小学
齐　灿　镇镜山小学
李露露　镇镜山小学
沈燕琼　镇镜山小学
刘玲俐　镇镜山小学
廖　娟　镇镜山小学
吴　迪　镇镜山小学
徐筱杰　绿萝路小学
许　莎　绿萝路小学
赵小希　绿萝路小学
赵苗苗　绿萝路小学
李　桃　绿萝路小学
刘　晓　绿萝路小学
李荣辉　绿萝路小学
王　晓　绿萝路小学
陈　斐　唐家湾中小学
李爱华　唐家湾中小学
李　敏　唐家湾中小学
向　诗　唐家湾中小学
伊小玲　外国语小学
蒋杨丽　外国语小学
徐梓瑜　外国语小学
高　春　外国语小学
朱雅琴　外国语小学
陈　娟　外国语小学
周　曼　外国语小学
蔡斯琳　外国语小学
孙大令　外国语小学
陈露露　外国语小学
林　芳　外国语小学
陈　静　外国语小学
刘友谊　外国语小学
肖忠红　外国语小学
张敏敏　外国语小学
王小琴　外国语小学
韩　姣　外国语小学
孙桃桃　外国语小学
郝婷婷　外国语小学
毛念华　桃花岭幼儿园
董　薇　桃花岭幼儿园
杨　琴　桃花岭幼儿园
李　娟　桃花岭幼儿园
万　瑞　桃花岭幼儿园
雷海侠　基建幼儿园
张丽君　基建幼儿园
姚晓芹　基建幼儿园
高瑶瑶　城建幼儿园
周雪莲　城建幼儿园
李朝娇　卫生幼儿园
黄　芹　卫生幼儿园
张金凤　粮食幼儿园
冯丽�　童欣幼儿园
胡　萍　童欣幼儿园
胡晓萌　童欣幼儿园
施　惠　童欣幼儿园
万里云　童欣幼儿园
周文静　童欣幼儿园
司　艺　童欣幼儿园
姜　双　平湖幼儿园
应晓双　御景天地幼儿园
杨　琰　和塘悦舍幼儿园
邹青林　和塘悦舍幼儿园
陈　帆　葛洲坝中心幼儿园
梅　莉　葛洲坝中心幼儿园
韩　聪　葛洲坝东山幼儿园
唐丹惠　葛洲坝西坝幼儿园
伍娟娟　葛洲坝西坝幼儿园
方　婷　葛洲坝西坝幼儿园
刘建昭　葛洲坝希望幼儿园
唐　赟　葛洲坝蓓蕾幼儿园
陈贝贝　葛洲坝蓓蕾幼儿园

表27　2023年秋季学期西陵区学生情况一览表

单位：个、人

学校名称	合计			各年级人数								
	班级	人数	其中：女生	一	二	三	四	五	六	七	八	九
全部合计	677	27706	13394	3772	3431	3158	3033	3112	3381	2748	2647	2424
小学合计	493	19887	9564	3772	3431	3158	3033	3112	3381	–	–	–
宜昌市西陵区外国语实验小学	56	2235	1070	360	361	400	399	359	356	–	–	–
宜昌市实验小学	39	1699	819	268	264	312	265	263	327	–	–	–
宜昌市西陵区学院街小学	21	910	437	268	259	123	85	86	89	–	–	–
宜昌市西陵区红星路小学	19	792	374	130	134	129	127	132	140	–	–	–

续表

学校名称	合计			各年级人数								
	班级	人数	其中：女生	一	二	三	四	五	六	七	八	九
宜昌市西陵区桃花岭小学	32	1415	643	264	225	259	222	222	223	–	–	–
宜昌市西陵区东山小学	18	668	311	131	110	119	91	106	111	–	–	–
宜昌市西陵区西坝小学	20	687	332	103	125	85	94	120	160	–	–	–
宜昌市西陵区得胜街小学	22	788	380	103	104	129	125	169	158	–	–	–
宜昌市西陵区东方红小学	18	724	365	115	123	109	113	131	133	–	–	–
宜昌市西陵区铁路坝小学	40	1777	844	356	269	268	313	266	305	–	–	–
宜昌市西陵区樵湖岭小学	11	312	152	40	44	46	61	61	60	–	–	–
宜昌市西陵区刘家大堰小学	12	401	194	67	66	59	55	66	88	–	–	–
宜昌市西陵区明珠小学	21	880	412	122	129	132	151	167	179	–	–	–
宜昌市西陵区葛洲坝实验小学	36	1523	778	247	267	255	245	260	249	–	–	–
宜昌市西陵区常刘路小学	11	416	200	40	59	73	69	85	90	–	–	–
宜昌市西陵区三江小学	15	496	251	56	59	80	92	104	105	–	–	–
宜昌市西陵区镇镜山小学	18	757	352	130	117	129	123	124	134	–	–	–
宜昌市西陵区营盘路小学	17	571	281	97	64	93	97	90	130	–	–	–
宜昌市西陵区绿萝路小学	31	1324	626	220	215	223	217	212	237			
宜昌市体育中小学	1	21	12	0	0	0	0	0	21	–	–	–
宜昌市西陵区唐家湾中小学	35	1491	731	655	437	135	89	89	86			
中学合计	184	7819	3830	–	–	–	–	–	–	2748	2647	2424
宜昌市体育中小学	3	113	41	–	–	–	–	–	–	29	38	46
宜昌市第三中学	15	552	268	–	–	–	–	–	–	187	179	186
宜昌市第四中学	16	695	334	–	–	–	–	–	–	294	206	195
宜昌市第五中学	21	946	442	–	–	–	–	–	–	307	352	287
宜昌市第九中学	21	809	393	–	–	–	–	–	–	257	268	284
宜昌市第十六中学	25	1185	588	–	–	–	–	–	–	393	422	370
宜昌市橘颂中学	12	433	211	–	–	–	–	–	–	173	121	139
宜昌市明珠中学	13	492	265	–	–	–	–	–	–	159	147	186
宜昌市第二十五中学	24	1114	565	–	–	–	–	–	–	372	406	336
宜昌市东山中学	21	884	438	–	–	–	–	–	–	292	284	308
宜昌市西陵区唐家湾中小学	13	596	285							285	224	87

表28

2023年秋季学期西陵区幼儿情况一览表

单 位	班级个数及幼儿人数					
幼儿园	班级合计	人数合计	小班	中班	大班	女生
合 计	288	8087	1999	2768	3320	3862
宜昌市桃花岭幼儿园	18	577	156	213	208	281
宜昌市粮食幼儿园	5	141	27	59	55	71
宜昌市城建幼儿园	12	410	120	143	147	193

续表

单 位	班级个数及幼儿人数					
幼儿园	班级合计	人数合计	小班	中班	大班	女生
宜昌市卫生幼儿园	9	279	77	100	102	133
宜昌市童欣幼儿园	18	618	188	208	222	297
宜昌市基建幼儿园	10	332	87	108	137	161
宜昌市葛洲坝东山幼儿园	11	343	86	120	137	156
宜昌市葛洲坝西坝幼儿园	8	256	53	104	99	136
宜昌市葛洲坝希望幼儿园	5	148	24	50	74	71
宜昌市葛洲坝中心幼儿园	11	283	67	113	103	123
宜昌市西陵区世纪花园幼儿园	5	106	17	40	49	50
宜昌市西陵区银河星耀幼儿园	9	193	67	61	65	96
宜昌市西陵区伊顿慧智幼儿园	8	161	63	39	59	71
西陵区学府幼儿园	13	346	68	137	141	171
宜昌市西陵区金阳光幼儿园	4	76	13	21	42	39
宜昌市西陵区民悦幼儿园	5	156	31	52	73	68
宜昌市西陵区学辰幼儿园	14	418	77	180	161	192
宜昌市西陵区唐家湾幼儿园	8	198	48	55	95	103
宜昌市西陵区御景天地幼儿园	8	259	60	99	100	125
宜昌市西陵区和塘悦舍幼儿园	7	238	64	70	104	131
宜昌市西陵区阳光幼儿园	5	130	21	54	55	63
宜昌市西陵区小灵童幼儿园	5	105	17	23	65	29
宜昌市西陵区世家幼儿园	6	160	36	32	92	78
宜昌市西陵区津桥幼儿园	6	183	25	54	104	88
宜昌市西陵区诚欣幼儿园	3	22	3	10	9	11
宜昌市西陵区世纪嘉禾幼儿园	5	125	19	56	50	52
宜昌市西陵区银河星辉幼儿园	9	208	67	75	66	108
宜昌市西陵区福星幼儿园	3	70	12	24	34	36
宜昌市西陵区天宝幼儿园	4	67	10	19	38	34
宜昌市西陵区育才幼儿园	7	208	52	57	99	97
宜昌市西陵区香格里拉幼儿园	4	99	17	52	30	58
宜昌市西陵区东方幼儿园	6	138	20	23	95	65
宜昌市西陵区蓝天幼儿园	3	98	25	35	38	54
宜昌市葛洲坝蓓蕾幼儿园	4	106	29	46	31	38
宜昌市西陵区清华幼儿园	3	72	17	25	30	31
宜昌市西陵区天欣幼儿园	4	115	19	28	68	52
宜昌市西陵区见山幼儿园	3	61	45	16	0	32
宜昌市西陵区北辰港湾幼儿园	2	57	57	0	0	25
宜昌市平湖幼儿园	8	211	53	74	84	112
宜昌市西陵区拉菲小镇幼儿园	10	314	62	93	159	131

表29　　西陵区2023年校园面积、建筑面积情况一览表

单位：平方米

序号	学校	校园实际占地面积	校舍建筑面积	序号	学校	校园实际占地面积	校舍建筑面积
1	市实验小学	14200	14265	5	宜昌市第十六中学	9335	9313
2	学院街小学	15179	10170	6	橘颂中学	29030	9331.31
3	红星路小学	3909.05	3944.89	7	明珠中学	38305.88	7079
4	桃花岭小学	10856	6955	8	宜昌市第二十五中学	32520	21848
5	东山小学	16728	4918	9	宜昌市东山中学	12750	8905.98
6	西坝小学	26963.75	12511.4	10	宜昌市西陵区唐家湾中小学	51159	29413
7	得胜街小学	10262.57	5637		中学小计	251222.77	139387.15
8	东方红小学	6333	6955	序号	学校	校园实际占地面积	校舍建筑面积
9	铁路坝小学	9416	11794				
10	樵湖岭小学	8500.08	3775	1	桃花岭幼儿园	7657	7475
11	刘家大堰小学	10182	5098	2	粮食幼儿园	1117	1125
12	明珠小学	7799	7232	3	城建幼儿园	5003.48	8060
13	葛洲坝实验小学	14952.86	18639.06	4	卫生幼儿园	1874	2220
14	常刘路小学	4386	3330	5	童欣幼儿园	5771.15	6754.34
15	三江小学	13701	5752	6	基建幼儿园	2630	2278.82
16	镇镜山小学	6600	4788.2	7	平湖幼儿园	3300	2683
17	营盘路小学	12654	5228	8	葛洲坝西坝幼儿园	8783.5	5041
18	绿萝路小学	11679	12758	9	葛洲坝希望幼儿园	2585	1634
19	外国语实验小学	20458.89	15574.08	10	葛洲坝中心幼儿园	3022	3937
	小学小计	224760.2	159324.63	11	御景天地幼儿园	2544.71	2337
1	宜昌市第三中学	24916	14880	12	和塘悦舍幼儿园	2000	1967
2	宜昌市第四中学	31037	17550	13	葛洲坝蓓蕾幼儿园	1507.67	1290.32
				14	葛洲坝东山幼儿园	4325.41	4862.97
3	宜昌市第五中学	9688.86	9929.86	15	西陵区见山幼儿园	2708	1488.7
				16	西陵区北辰港湾幼儿园	2561.75	2301.04
4	宜昌市第九中学	12481.03	11137		幼儿园小计	5269.75	3789.74
					总计	481252.72	302501.52

表30　　2023年西陵区教育系统在编、非在编、离退休人员情况一览表

序号	单位	2023年12月在编人数	非在编人数	离退休人数
1	西陵区教育局机关	4	3	6
2	西陵区青少年校外活动中心	3		
3	西陵区教育科学研究院	30		
4	区教育财务结算中心	8		
5	区教育技术中心	19		
6	区学校后勤管理服务中心	2		
	二级单位小计	66	3	6

续表

序号	单位	2023年12月在编人数	非在编人数	离退休人数
7	宜昌市实验小学集团集团(中山路校区)	91	6	52
8	宜昌市西陵区葛洲坝实验小学	78	7	141
9	宜昌市西陵区铁路坝小学	97	1	57
10	宜昌市西陵区桃花岭小学	78	1	55
11	宜昌市西陵区东山小学	51		45
12	宜昌市西陵区三江小学	45		156
13	宜昌市实验小学集团(学院街校区)	46		64
14	宜昌市西陵区得胜街小学	58		66
15	宜昌市西陵区西坝小学	50	3	134
16	宜昌市西陵区东方红小学	46		30
17	宜昌市西陵区刘家大堰小学	33	1	13
18	宜昌市西陵区樵湖岭小学	34		25
19	宜昌市西陵区红星路小学	48	2	55
20	宜昌市西陵区营盘路小学	45	6	63
21	宜昌市西陵区明珠小学	52	7	34
22	宜昌市西陵区常刘路小学	32	1	74
23	宜昌市西陵区镇镜山小学	44	1	104
24	宜昌市西陵区绿萝路小学	74	3	5
25	唐家湾中小学(小学部)	63		
26	区外国语实验小学	14		
	小学小计	1079	39	1173
27	宜昌市第三中学	63		79
28	宜昌市第四中学	71		93
29	宜昌市第五中学	74	1	65
30	宜昌市第九中学	78	4	33
31	宜昌市第十六中学	89	1	93
32	宜昌市橘颂中学	67		218
33	宜昌市明珠中学	57		106
34	宜昌市第二十五中学	90	1	41
35	宜昌市东山中学	77		2
36	唐家湾中小学(初中部)	38	14	1
	中学小计	704	21	731
37	宜昌市桃花岭幼儿园	60	9	54
38	宜昌市基建幼儿园	29	11	44
39	宜昌市城建幼儿园	40	10	43
40	宜昌市卫生幼儿园	30	6	33
41	宜昌市粮食幼儿园	18	6	18
42	宜昌市童欣幼儿园	55	11	63
43	宜昌市平湖幼儿园	16	19	

续表

序号	单位	2023年12月在编人数	非在编人数	离退休人数
44	宜昌市西陵区御景天地幼儿园	10	22	
45	宜昌市西陵区和塘悦舍幼儿园	10	19	
46	宜昌市西陵区北辰港湾幼儿园	8	2	
47	宜昌市西陵区见山幼儿园	6	7	
48	葛洲坝中心幼儿园	7		
49	葛洲坝东山幼儿园	5		
50	葛洲坝西坝幼儿园	6		
51	葛洲坝希望幼儿园	4		
52	葛洲坝蓓蕾幼儿园	3		
	幼儿园小计	307	122	255
	总计	2156	185	2165

说明：以上编制人数为各单位2023年12月实际在编人数；非在编与离退休人数截至2023年12月。

◆科学技术

【概况】2023年，西陵区完成高新技术产业增加值150.36亿元，占全区GDP的26.80%，上一年度全社会R&D经费（即全社会研究与试验发展经费）投入11.89亿元，占全区GDP的2.28%。申报国家级高新技术企业47家，通过高新技术企业新认定31家，重新认定8家，全区国家级高新技术企业达到119家。

【科技研发项目】2023年，区科技局加大对辖区科技企业研发投入的扶持力度，兑现上级科技扶持资金1019万元。湖北力帝机床股份有限公司的“新能源汽车动力电池资源回收处理关键技术与装备产业化研究”科技研发项目获湖北省2023年科技计划项目（第一批）立项，获奖励资金100万元。湖北益通建设股份有限公司、湖北民康制药有限公司、湖北力帝机床股份有限公司获评宜昌市C类双创战略团队，共获奖励资金75万元，宜昌残创园创业孵化器管理有限公司获评省级众创空间，获奖励资金10万元。

【科技创新平台建设】2023年，西陵区拥有市级以上科技企业孵化器（众创空间）10家。市级以上企校联合创新中心、工程技术研究中心、重点实验室84家。湖北力帝机床股份有限公司与三峡大学共建“湖北省废金属资源回收利用装备企校联合创新中心”，中国葛洲坝集团三峡建设工程有限公司与三峡大学共建“宜昌市葛洲坝三峡建设企校联合创新中心”，湖北正江环保科技有限公司专家站、宜昌既济数能集团有限公司专家工作站被评为“省级专家工作站”，北宇宙青年梦工厂被评为“市级科技企业孵化器”。

【科技助推营商环境】2023年，区科技局推动高校院所高层次人才与科技企业在技术攻关、成果落地等方面的深度合作，全力牵线宜化

2023年5月25日，西陵区与三峡大学深化校地企融合发展推进会议在三峡双创中心举行

（区科技局 提供）

集团与三峡大学成功签订战略合作协议，共建“分析测试中心”“储能现代产业学院”等合作平台，促成三峡大学水利与环境学院同国内领先的卫星导航企业航天宏图公司签订战略合作协议，双方在地理信息测绘技术等方面开展合作。全年完成技术合同登记额33.3亿元。全面落实优化营商环境各项任务和“市双千”“区首席服务官”为企业服务制度，协调解决企业生产经营中的困难和问题，获得企业嘉奖令共73份。

【推动校地合作】2023年，区科技局持续深化“五个一”对接机制，开展校地合作工作推进周督办、月通报、季调度，收集校地合作信息289条。打造“环三峡大学创新生态圈”。组建以区委书记为组长、区政府区长为副组长、分管副区长具体负责的“环三峡大学创新生态圈”建设工作专班，谋划三峡青年创业城、三峡集团科创基地、数智产业园等重点项目，打造集科研、交流、创新、创业、生活、休闲于一体的“科创走廊”。三峡大学与西陵区企业共建创新平台22家，其中，企校联合创新中心15家，专家工作站7家。3月15日，举办湖北省首届精细化工过程安全技术研讨会暨连续流技术联合实验室揭牌活动。该实验室由湖北景深安全技术有限公司与上海惠和化德生物科技有限公司在西陵区共同建设。中科院院士，中科院上海有机化学研究所学术委员会主任、博士生导师，生命有机化学国家重点实验室主任马大为出席揭牌仪式并致辞。

【高新技术企业培育】2023年，区科技局大力培育高新技术企业，宜昌船舶柴油机有限公司、启迪环境科技发展股份有限公司、宜昌鸿宇连邦软件有限责任公司等8家企业完成高企重新认定，宜昌远景智控科技有限公司、宜昌永佳电子科技有限公司、三峡星未来数据科技（宜昌）有限公司等31家企业完成高企新认定。中国葛洲坝集团第一工程有限公司、中国葛洲坝集团三峡建设工程有限公司、中国化学工程第十六建设有限公司、中国葛洲坝集团路桥工程有限公司、中国葛洲坝集团市政工程有限公司被评为2023年度百强高新技术企业。贯彻落实科技型中小企业创新成长工程，组织科技型中小企业开展入库工作，239家企业纳入国家科技型中小企业评价信息库。

【西陵区与三峡大学深化校地企融合发展推进会】2023年5月25日，西陵区与三峡大学深化校地企融合发展推进会议在三峡双创中心举行。三峡大学校长王炎廷，市科技局党组书记、局长危爱民，区人大常委会党组书记、主任张祖铭，三峡高科信息技术有限责任公司董事长顾伟共同为“宜昌数字经济研究院”揭牌。十六化建、湖北益通等8家辖区科技企业与三峡大学创新团队签订产学研合作协议；华自科技水电物联智慧产业园、三峡数智产业园等辖区4家重点产业园与三峡大学相关学院签订战略合作协议；西陵区政府、三峡大学、三峡高科共建宜昌数字经济研究院战略合作协议正式签约，西陵区重点产业园与三峡大学相关学院“研孵协同共建基地”正式授牌。

（辜丽莎）

资料链接

6家高新技术企业简介

宜昌市虹源公路工程咨询监理有限责任公司

公司成立于1993年，前身是宜昌市公路工程质量监理站，历经多次体制改革，2021年12月，由宜昌市公路建设养护中心划转至湖北三峡设计咨询集团有限公司，注册资金1000万元。公司具备公路工程监理甲级资质、市政公用工程和房屋建筑工程监理乙级资质、公路工程试验检测综合乙级资质和计量认证资质。公司具有高速公路、一级公路、市政道路和特大桥梁、隧道、码头、房建、铁路等工程施工全过程的监理经历。配有武大卓越智能道路检测车、预应力混凝土梁多功能检测仪、全站仪、落锤式弯沉仪、连续式平整度仪等先进试验检测设备300多台（套），价值2000多万元。拥有大量专业技术人才，工程师和高级工程师占职工的70%以上。公司多次荣获全国交通运输行业诚信建设十佳先进单位、全国市政工程金杯奖、湖北省建筑优质工程、湖北省市政示范工程金奖、湖北省建筑工程安全文明施工现场、湖北省守合同重信用企业、宜昌市文明单位等200多项荣誉。

湖北省宜昌市鼎诚工程技术服务有限公司

公司于2008年组建成立独立法人公司。致力于工程项目的试验检测、测量及安全监测专业技术服务，拥有一支专业技术团队。有多项实用新型专利、软件著作和全国电力职工技术成果，每年新增多篇技术论文。公司自成立以来，承接国内外等400多个工程项目的水利水电、公路、市政、测量等方面的专业技术服务。公司以严谨认真的工作作风，帮助服务的项目多次荣获“中国电力部优质工程奖”“国家优质工程奖”“鲁班奖”。公司连续10年公路水运信用评价取得A级信用，2020年水利信用评价被评为有效期限3年的A级荣誉，2022年荣获宜昌市2020—2021年度“守合同重信用”企业。

中船重工纵横科技有限公司

公司是世界500强企业——中国船舶集团公司旗下七一〇研究所的全资公司，主要业务包括信息产业(数字院所、云服务、系统集成)、白酒智能装备(勾调、制曲、酿造)、白酒工业互联网，致力于打造“项目+产品+服务”深度融合发展的科技型公司。公司注册资金7000万元，有员工200余人，其中研究员9人，省(市)管专家2人，高级工程师及硕士以上学历人员40人。公司拥有专利43项、软件著作权60项。截至2023年底，公司资产规模保持在3亿元左右。

宜昌凯特信息科技有限公司

公司成立于2012年，注册地址为宜昌市西陵区张家岗3-1-135号，注册资金1000万元，公司专业从事网络信息技术开发设计集成服务、智能交通工程、建筑智能化、安防工程、道路交通安全设施、标牌、标线、道路护栏、信号灯交通工程、通信工程。企业注重自身专业技术，组织员工学习培训，为客户提供更加专业的服务与售后，拥有安全生产许可证、电子智能化证书、机电证书、ISO9001、五星售后、软著、专利等各项资质。公司被授予宜昌市“2023年度产业发展企业”“2023年度科技创新企业”等称号。2023年12月，被省科技厅认定为国家高新技术企业。

湖北云治科技有限公司

公司成立于2019年，注册资金125.45万元，主要业务和研发方向包括机器视觉与图像处理、物联网技术应用、信息化建设及咨询、3S技术应用。公司依托三峡大学软件工程技术研发中心科研平台运营，汇聚三峡大学计算机、通信、自动控制、机械等多学科专业的精英建立了一支实力强大的研发团队，主要从事物联网工程应用软件开发、行业与移动应用软件开发和系统集成方面的研发工作，曾主持完成30余项纵向项目的研发工作和100余项横向项目，成为三峡地区颇具影响力的软件工程和系统集成研发基地。

宜昌市阿克曼病理诊断中心

公司是上海菲尔绍阿克曼集团投资及直接运营管理的专业病理诊断中心，拥有医疗机构执业许可和临床基因扩增检验实验室资质。宜昌阿克曼病理全面执行ISO15189、CAP等行业标准与规范，搭建了组织病理、免疫组化、FISH、PCR、基因测序等技术平台，具备完整的病理服务能力，是宜荆荆恩地区最先进的医学实验室之一，连续多年多项以满分通过国家病理质控中心或省级室间质评，可为各级医疗机构提供全面的病理诊断技术支撑。截至2023年底，为宜昌市90%二级以上医疗机构提供优质病理诊断服务。宜昌阿克曼病理在上海集团总部十大亚专科专家团队及省内专家团队支持下，组建地市三级诊断特色的病理诊断中心医生团队、技术团队，推出以形态学为基础，结合基因变异、蛋白质表达、表观遗传学等不同维度检测结果的个体化“四位一体”4.0整合病理诊断服务，为患者及临床提供更精准的诊断服务。宜昌阿克曼依托当地及集团资深的专家技术团队、丰富的专科化管理经验和成熟的标准化质控体系，致力于为医疗机构提供定制化的病理整体解决方案，并结合数字化远程病理会诊平台，助力合作伙伴学科建设，实现东部优质病理诊断资源惠及中西部地区。

◆卫　生

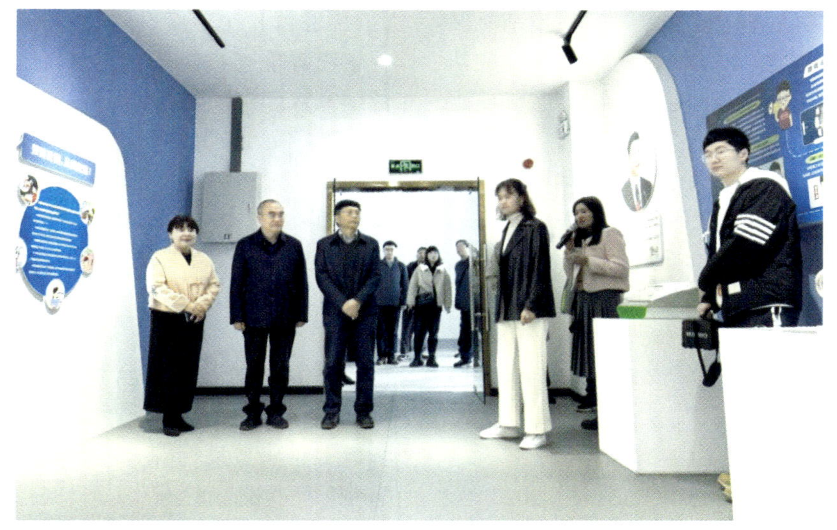

2023年11月14日，国家卫健委规划司一级巡视员齐贵新调研“健康学校”绿萝路小学和“健康社区”船柴社区　（区卫健局 提供）

【概况】2023年，西陵区有各级各类医疗卫生机构199家，其中上级直管13家，区级管理186家。区级管理的186家医疗卫生机构中，含一级医院5家，社区卫生中心（站）27家，村卫生室9家，门诊部、诊所及企事业单位卫生室144家，疾病预防控制中心1个。全区执业医师和执业助理医师2167人，执业护士3090人，医疗机构床位4797张。

2023年，区卫健局纵深推进爱国卫生运动，顺利通过国家卫生城市复审、国家慢病综合防控示范区和湖北省除四害先进城区复审，实现国家卫生城市“五连冠”和国家慢病综合防控示范区“三连冠”。积极开展健康城市建设，健康示范单位多次代表省、市迎接国家现场调研，健康教育、爱国卫生、医养结合工作经验在全省、全国推广。优质服务基层行创建活动代表全省迎接国家卫健委调研，全国优化生育政策会议成员到西陵区现场参观。西陵区健康教育代表队荣获宜昌市首届健康教育技能比赛团体奖一等奖。西陵区疾控中心荣获“湖北工匠杯”技能大赛全省公共卫生医师职业技能竞赛（宜昌赛区）团体二等奖。

【疾病控制与预防筛查】2023年，西陵区持续推进新冠病毒感染“乙类乙管”各类政策措施落地落实，全行业重点人群信息库录入重点人群信息45500人，审核新冠病毒感染报卡1690张，率先开展本地人群新冠病毒血清抗体调查及采样，完成1次横断面调查1248人、3次随访调查2765人和5次抗原监测1410人。巩固“3234”攻坚行动成果，全年报告心脑血管事件7723例，慢阻肺3206例，恶性肿瘤4317例；通过基本公卫普遍性筛查和各级医疗机构机会性筛查相结合的方式，完成心脑血管一体化筛查356325人次，完成率232.58%。

【第五次国家卫生城市复审】2023年，西陵区在宜昌市通过第五次国家卫生城市复审中扛起西陵主场担当。成立国家卫生城市复审工作领导小组，并召开动员会，组建工作专班和督查专班，印发工作方案和工作清单。定期召开调度会，印发《工作简报》6期、《督办通知》20期和工作提示5期。整理出的24本爱卫工作资料受到国家专家组高度评价。更新健康教育宣传栏523处，发放宣传页2万余份，张贴宣传海报8100余张，全天候滚动播放爱卫标语，营造浓厚宣传氛围。

【健康教育与健康促进】2023年，西陵区开展健康教育“五进”活动745次，受益群众10万余人次，居民健康素养水平提升至39.58%。健康示范学校绿萝路小学、“健康示范社区”船柴社区多次接受国家级专家和领导的考察调研，得到高度肯定。全年辖区新增“健康细胞”单位25家、“健康家庭”700个，区教育局、船柴社区、绿萝路小学获评市级健康示范单位，“健康细胞”覆盖率累计达97%。全区无烟党政机关创建率达100%。

【基层公共卫生】2023年，西陵区完成高血压患者规范管理3.3万人，规范管理率89.65%；完成糖尿病患者规范管理1.1万人，规范管理率90%；开展老年人健康体检3.82万人，规范管理率72.46%。全年完成普通人群家庭医生签约17.96万人，重点人群签约10.82万人，签约残疾人1500余人。印发《西陵区家庭医生签约服务手册》，推出李晓兰、李宏礼、马圣军等西陵家医风采6期，西陵区家庭医生团队荣获“中国家庭健康守门人”称号。完成心脑血管疾病高危人群筛查35.6万人次，完成率100%，建成基层卒中防治站3家、胸痛救治单元2家、心律失常救治单元2家。创建“湖北省基层医疗机构百强特色科室"3家、"宜昌市基层医疗机构百强特色科室"5家。成功创建社区医院3家。达到"优质服务基层行"推荐标准4家。有序推进西陵区人民医院项目建设,积极谋划学院社区卫生服务中心阵地迁建。稳步推进西陵、葛洲坝东山、葛洲坝东湖社区卫生服务中心提档升级。运营社区医务室16家,进一步夯实"城区15分钟便民医疗服务圈"。

【医养融合多元化发展】 2023年,西陵区将社区现有居民活动场所资源进行调整,在锦绣社区、平湖馨苑、刘家大堰等社区增加老年人健康服务场所和服务项目,依托社区居家养老服务中心、网格服务、家庭签约医生三大平台,建设医养一体的服务中心,实现社区的医养一体服务模式。颐福乐园养老公寓与国药葛洲坝中心医院开展深度合作,将老年医学科、康复医学科嵌入养老公寓,建立医养结合病区,形成优质"医疗资源+康复资源+护理资源+养老资源"的无缝对接。以国药集团葛洲坝中心医院做技术支撑,以西坝社区卫生服务中心运营模式为基础,在西陵区社会福利院开展医疗服务,打造"医、康、养"相结合的养老新模式。

【职业病防治】 2023年,西陵区持续完善职业病防治体系,职业病发病率持续保持低位。接尘作业工龄不足5年的劳动者新发尘肺病报告例数为0。建立健全职业卫生管理制度,截至年底,创建2家省级"健康企业",宜昌西峡泵业有限公司创建湖北省第三届健康企业。建材、化工等重点行业企业职业病危害项目主动申报率、危害因素检测率、职工健康检查率均达到年度目标。

【卫生监督】 2023年,西陵区开展卫生监督检查1942户次。监督完成国家双随机任务148家,完结率100%,"双随机"监督案件查处5件。受理公共场所投诉举报48件,投诉举报办结率100%。全年立案调查23件,结案19件,罚没金额100850元。

【医政、药政管理】 2023年,西陵区开展医疗机构(一级综合医院、社区卫生服务机构、门诊部)校验89家,通过校验83家,注销《医疗机构执业许可证》6家。开展医疗机构放射诊疗许可校验43家,合格率100%。开展不合理医疗检查及用药专项整治行动全覆盖,共发现问题454条,行政约谈18人,行政立案6起,罚款7.9万元,向区纪委监委移交问题线索1条。指导15家医疗美容机构完成752项医美服务项目备案。完成区政府重大活动医疗保障服务24场次。成功举办市级继续医学教育项目2个。全面实施国家基本药物制度,年内基层医疗机构基本药物配备品种品规使用占比达73.47%,使用金额占比达73.68%。举办抗菌药物、麻醉药品、第一类精神药品临床应用和静脉输液安全培训,累计参训250余人,授予抗菌药物处方权(调配权)149人、麻醉和精神药物处方权(调配权)129人,静脉输液安全考核合格74人。累计抗菌药物备案98家,新批准开展静脉输注业务6家。

【学生常见病监测与干预】 2023年,西陵区充分利用湖北省中小学生因病缺课预警系统开展日常监测及预警处理,掌握全区青少年健康状况基础数据。将学生体检纳入学校卫生年度工作计划,推进体检数据中小学生体检率及信息系统录入,完成学生健康体检资料准确录入27123人,撰写学生常见病及健康影响因素监测年度工作报告,并向省级提交监测数据库。加大青少年近视、肥胖等专病中心的监测与治疗干预作用,在全区建立"监测—结果反馈—查找原因—个性化干预"的工作模式。持续推进学校卫生相关标准化建设。年内,西陵区中小学生视力不良率为61.58%;总体筛查性近视率为48.56%。

【宜昌市西陵区卫生监督所成立】 2023年,宜昌市西陵区卫生监督所成立仪式在西陵区疾病预防控制中心举行,区政府副区长姜媛,区委组织部副部长、区委编办主任刘贤成,区卫健局党组书记蔡奇志出席授牌仪式,区政府副区长姜媛在成立仪式上致辞。

【心理服务体系建设工作】 2023年,西陵区66个社区及25所中小学均在标准化建设社区心理服务室的基础上,对全区心理健康教育工作从硬件设施配置、人员力量配备、日常工作情况、活动氛围及效果评价等方面进行综合评比,评选出15个优质社会心理服务室和5个心理健康教育特色学校,进一步推加强西陵区心理健康服务能力水平。组建1支由241名专业人员组成的心理健康服务复合型团队,常态化开展情绪疏导、心理辅导、困难纾解等服务,全时守候群众心理健康。开展心理健康专业能力提升技术培训6场,累计培训440余人次。

【国家慢病综合防控示范区"三连冠"】 2023年,区卫健局按年度编印《慢性病综合防治工作实施方案》,细化任务分解、推进工作落实。突出慢病筛查，通过强化基层救治单元建设、首筛预防和严格患者管理，进一步夯实群防群控、早诊早治的系统防控基础。深入开展倡导合理膳食、控制烟草危害、心理健康促进、全民健康生活方式等健康宣教活动200余场次，组建21支队伍参加“万步有约”健走大赛。以群众需求为导向，创新建立中医药慢病管理和医养结合慢病管理新模式。年内，西陵区通过慢病综合防控示范区国家级复审，实现国家慢病综合防控示范区“三连冠”。

【健康西陵建设工作经验】 2023年，西陵区打造的“健康细胞”绿萝路小学和船柴社区等单位多次代表省、市接受国家、省级领导和专家的现场调研，得到了高度肯定。《西陵区：夯实基础创新方式打造健康教育新样态》在《中国人口与健康》（第8期）期刊上刊登。《西陵区：全方位多层次构建爱国卫生运动联动新格局》《西陵区积极探索社区居家养老医养结合模式打造“家门口的幸福驿站”》在湖北省卫健委简报刊发，西陵区健康教育、爱国卫生和医养结合工作经验在全国、全省得到宣传推广。

（吴洪宇）

表31　西陵区获评宜昌市2023年度市级健康示范单位名单

荣誉称号	单位名称
示范社区	西陵街道船柴社区
示范机关	西陵区教育局
示范学校	西陵区绿萝路小学

文化·旅游·体育

◆文　化

【概况】2023年，区文旅局持续开展文化惠民服务，组织市级非遗传承人申报工作，9名西陵非遗传承人被授予第十一批宜昌市级非遗传承人称号。全年举办非遗展览活动4次，参加市级非遗展示活动1次。广场舞《香溪香香溪长》在2023年湖北省"文化力量民间精彩"第六届全省广场舞展演中荣获一等奖。

【公共文化设施建设】2023年，区文旅局完成文体中心区文化馆及非遗馆建设。5月，西陵区文化馆新馆正式投入使用，开展图书馆、文化馆总分馆公益培训，每周免费开放57小时，全年累计接待群众28645人次；区非遗馆（三峡文化科创研学基地）成功申报区级研学基地，10月，迎来第一批研学学生。建设二马路历史文化街区重点文旅项目，打造独具西陵特色二马路城市书房。开展骨干群众文艺社团培训。4月，举办广场舞骨干培训班，累计培训社区文艺志愿者、文艺社团骨干900人，覆盖辖区70个文化文艺团队。

【文化遗产工作】2023年，区文旅局加大非遗传承保护力度，持续开展非遗宣传活动。举办"文化和自然遗产日"宣传展演、非遗购物节、"浪漫宜昌诗意西陵"宋代美学音乐市集暨西陵区非遗购物节展销等活动。助力开展非遗进社区、进学校、进单位、进机关、进景区、进军营活动。推动古琴、传统香道、剪纸等非遗课程。开展街道、社区等公益性传承培训，组织开展"宜昌彩陶"艺术体验公教活动。组织市级非遗传承人申报工作，9名西陵非遗传承人在"宜荆荆恩非遗同行"赶集会被授予第十一批宜昌市级非遗传承人称号。

【文艺精品创作】2023年，区文旅局联合市群艺馆、西陵区学院街办艺术团创排广场舞"香溪香香溪长"在2023年湖北省"文化力量民间精彩"第六届全省广场舞展演中荣获一等奖。联合区纪委打造原创廉政直通车节目女声小合唱《亲清的你》，获宜昌市廉政文艺节目二等奖，参加宜昌市廉政文艺晚会展演。组织辖区四支文艺社团赴兴山参加宜昌首届"昭君颂"广场大赛总决赛，获得一等奖1个，二等奖2个，三等奖1个。根据市政府《第四届宜昌艺术节总体方案》，开展作品创作，报送各类作品40件，其中舞蹈《跳起花鼓忆昭君》《羌鼓声声》获第四届宜昌"群星奖"舞台表演类三等奖、表演唱《峡江情·峡江歌》获音乐类三等奖、心

2023年10月，第四届宜昌"群星奖"西陵区参赛舞蹈《羌鼓声声》

（区文旅局 提供）

理情景剧《终极天使》和戏剧《下山》分别获戏剧类二等奖及三等奖、油画作品《夷陵冬雪》获美术类三等奖。

【文化惠民活动】2023年，区文旅局完成宜昌市第十五届“西陵庙会”“宜昌端午之夜西陵分会场”活动。坚持每月一主题、一活动，区文化馆联合各部门、各街道、各单位组织策划文化惠民活动30场次，累计服务群众10万人次。开展全民阅读宣传活动，围绕“4·23”世界读书日、“9·28”孔子诞辰日等纪念日，举办各项全民阅读宣传活动；组织得胜街小学、东方红小学、红星路小学等3所小学举办“4·23共享‘悦’读小书房认领”活动。搭建公共阅读服务新模式。联合国贸集团，开展“阅”会春天万物复“书”2023宜昌首届帐篷阅读马拉松”活动，90组家庭180人次参加。举办“宜昌市城区首届少儿艺术联展”“红色藏品主题展”“我们的节日·精神的家园”端午诗歌朗诵会、艺展重阳情暖金秋等系列活动。对接年轻专业艺术团体，演出独幕话剧《一个绝望的人》和土派脱口秀《又是毕业季你该怎么办》专场。组织参与“千年宜昌城文脉在西陵”“第七届生态市民日”“浪漫宜昌诗意西陵”歌会暨溪林宋代美学音乐市集、溪林城市漫步音乐会暨“原地旅行”音画市集等大型文化文艺活动展演，组织1000名文艺志愿者参与各项大型活动。

【西陵区文体中心三峡文化科创研学基地】2023年10月27日，西陵区文体中心三峡文化科创研学基地迎来东方红小学学生，开展“实践体验非遗文化 传承中华优秀传统文化”研学。宜昌三峡文化科创研学基地位于宜昌市西陵区西陵二路中段西陵文体艺术中心，生活美学馆、非遗创客空间、室内篮球馆、儿童剧场、会议中心等一应俱全。汇集本土特色浓厚家乡文化，包括西陵黄杨木雕、宜昌彩陶、三峡船模、包氏木雕、西陵剪纸、传统手工合香等多位非遗传承人作品。基地以实物、实践、VR数字互动等形式，全方位展示三峡非物质文化遗产资源。研学课程包括吴氏非遗泡菜、金石传拓、科学实验室、数字非遗等。

【“四季多彩西陵”群众文化活动】2023年，区文化馆组织社会文艺团体志愿者，在学院街道、云集街道、葛洲坝街道举办3场“四季多彩西陵”春季、夏季群众文艺精品展演系列活动，邀请辖区医院现场义诊，普及基础急救知识，邀请金融机构发放宣传手册，宣传如何防范电诈、非法集资及理财小知识等，开展晚报小记者活动，宣传社会主义核心价值观及文明创建等相关内容，累计1025名文艺志愿者参与进基层文艺展演等现场志愿服务活动。

【编创廉政歌曲《亲清的你》】2023年5月，区文化馆馆员杨丽为廉政文艺直通车创排廉政歌曲《亲清的你》，获宜昌市廉政文艺优秀作品二等奖，参加市纪委监委、市委宣传部、市文化和旅游局举办的“2023年宜昌市‘廉政文艺直通车’优秀节目评选展演”。

（苏　丹）

◆旅　游

【概况】2023年，西陵区实现旅游综合收入197.68亿元，同比增长17.84%；接待游客1542.01万人次，同比增长16.09%。全区有星级酒店11家，其中五星级酒店1家，四星级酒店3家，三星级酒店4家，二星级酒店3家。全区有旅行社102家，其中5A级旅行社4家，4A级旅行社3家，3A级旅行社11家，3A级以下旅行社84家，占全市旅行社总数46%。

2023年，区文旅局深化“放管服”改革，精简办理流程，优化行政服务，共办理行政许可（备案）278件。培育壮大文旅产业，西陵区上榜2023中国市辖区旅游综合竞力百强区，旅游发展综合指标排名全市第二，城区第一，市对区考核城区旅游发展指标城区第二。

【旅游品牌创建】2023年，西坝不夜城街区创建省级旅游休闲街区，“川沐”微度假酒店获评宜昌市首批微度假地。依托抖音集团培训资源，实施“百名文化（电商）达人培育计划”，培训网络主播、短视频运营和创作达人100人。与顺达国旅共同设计3条“品味西陵”旅游品牌线路，与天马国旅合作开发1条精品研学线路。

【文旅消费】2023年，区文旅局围绕暑期消费旺季，采取“政府补贴平台支持商户让利”组合方式，向消费者发放四轮消费券，共计发放21491张50.16万元。引进U17省运会篮球赛、全国跆拳道训练营、全国少儿乒乓球锦标赛等9场赛事，全国共有7000名选手参赛，带动经济消费3000万元。培育“吴氏鲜食泡菜技艺”“宜昌彩陶”入选《宜昌市市级非物质文化遗产》名录，直播带货线上销售，全年销量达到1500万元。

【文旅行业行政审批】2023年，区文旅局开展政务服务“一业一证”点菜单式改革，选取“我要开游泳馆”为试点清单，提供个性化精准化定制服务，实现“平台统一事项统一标准统一”智能办理。联合区市场监管局、区政数局，为辖区艺体类校外培训机构开通“绿色通道”，通过一窗通办、容缺受理、信用承诺制度等方式，推动暑期校外培训机构全流程监管工作。完善81家艺术体育类校外培训机构在全国校外教育培训监管与服务综合平台信息导入，实现文体类校外培训机构资金监管账户核验、开通支付率达100%。完成行政审批受理278件，办结率满意率均达100%。创新3例电子证照及身份码场景化应用。“互联网＋监管”日常行政检查行为事项监管数据录入972条，区文旅局政务服务事项认领78件，其中监管事项认领主项112件，完成监管行为覆盖率达99.11%。

【文旅产业培育】2023年，区文旅局立足区域优势，强化培育、扶持、招引力度，发展特色文旅产业。全年新增湖北有方文化创意发展有限公司、宜昌宜程文化服务有限公司、宜昌清峰广告有限公司、宜昌龙帆广告传播有限公司、宜昌稳行商贸有限公司、宜昌世传商贸有限公司等6家企业进入规模以上文化产业企业库，全区规模以上文化企业数量增加至60家。17家规模以上服务业文旅企业实现营业收入14.84亿元，同比增长67%。加大招商力度，组建文化旅游产业专班。结合辖区产业发展现状，外出招商5次，拜访企业15家。全年入统文体旅项目3个，固定资产投资1.41亿元。开展“双千”“首席服务官”服务，实现走访率和诉求办结率两个100%。

【文旅行业安全工作】2023年，区文旅局召开安全工作会议安排部署、研判调度。签订年度安全生产、消防安全承诺书的文旅企业300家。全年共举办大规模安全培训4次，开展全国防灾减灾日、全国“安全生产月”活动，全行业共播放宣传标语200条，开展宣讲活动210场，组织应急演练78场，参与1200人次；开展《省安全生产条例》《“两个清单”》知识测试800人。依托“全国文化和旅游在线培训系统”，组织各类文化旅游经营单位负责人参加安全生产线上学习，参训人员300人次。开展安全生产宣传“五进”活动。开展重大事故隐患专项排查整治2023行动以及强安固盾行动。开展“三告知一测试”，集中收看警示教育片，向生产经营单位主要负责人送达“两个清单”和重大事故隐患判定标准，告知按照重大事故隐患专项排查整治2023行动工作方案，掌握落实9项措施。组织企业主要负责人参与全国安全生产月网络知识竞赛答题，参与率98%。开展书面专题测试，测试合格率100%。围绕重点监管领域，联合住建、市场监管、消防等部门，深入文旅场所全覆盖地毯式检查，排查各类安全生产隐患问题，加强跟踪管理，做到立查立改，全面整治各类隐患。重大节日重要活动期间，开展专项整治行动，区文旅安专委对重点文旅企业安全工作检查督导。区文旅局按照班子成员包街道、干部包经营单位要求，分组对包片文旅企业督导检查。全年开展安全检查220次，检查文旅企业413家，发现各类安全隐患62处，全部闭环整改。

【文旅行业市场工作】2023年，区文旅局强化旅游市场秩序整治。成立旅游市场秩序整治工作小组，制定旅游市场秩序整治工作方案，召开专门会议进行安排部署。通过区政府网站、微信公众号发布旅游市场秩序工作宣传标语、出游提醒、维权案例等信息，提醒游客防范“旅游陷阱”。在葛洲坝船闸区域安装旅游宣传提示牌1块。以查处“不合理低价游”、“非法经营旅行社业务”、黑车黑导为重点，开展旅游市场秩序督导检查，共出动检查人员240人次，检查26次，联合检查20次，检查市场主体93家，导游20人，旅游团队18个，发布消费提示警示4条，对2名社会闲散人员法制谈话。畅通旅游投诉举报渠道，全年共接受游客咨询电话36个，12345旅游投诉12起，办件办结率、游客满意度均为100%。建立旅游企业“首席质量官”“标杆服务员”制度，各旅游企业选拔任用首席质量官，评选标杆服务员，共推荐“首席质量官”11人。弘扬爱岗敬业、诚信服务典型事例，长城酒店获评宜昌市文明旅游示范单位。强化剧本娱乐行业监管。开展剧本娱乐场所备案管理和内容违规剧本检查，督促16家剧本娱乐场所履行备案手续，备案率达到100%。落实省文旅厅文件要求，加强电竞酒店管理中未成年人保护工作，对全区20家电竞酒店落实技术监管措施。强化营业性演出监管，按照《营业性演出管理条例》及其实施细则规定，履行审批手续，依法做好营业性演出内容审核把关。开展营业性演出专项检查，加强行业监管，未发生未审批演出违规行为。海来阿木“爱上宜昌”、顾家之夜明星演唱会等营业性演出成功举办。强化校外培训机构监管，召开西陵区文化艺术体育类校外培训机构审批培训和监管工作会议，下发文化艺术、体育类校外培训机构集中专项治理行动工作方案。开通“绿色通道”，通过一窗通办、容缺受理、信用承诺制度等方式推动暑期校外培训机构全流程监管工作。完善74家艺术体育类校外培训机构在全国校外教育培训监管与服务综合平台信息导入，实现文体类校外培训机构资金监管账户核验、开通支付率达100%。强化信用体系建设。录入“双公示”信息1100条，无迟报、漏报情况。《西陵区“信易阅”助力全民阅读提升》被省社会信用体系建设领导小组办公室评为2023年湖北省社会信用体系建设典型案例。

【西坝不夜城入列湖北省“旅游休闲街区”】2023年12月26日，省文化和旅游厅、省发改委公布湖北省旅游休闲街区名单，宜昌市西陵区西坝不夜城榜上有名，成为全省6家、宜昌市首家省级旅游休闲街区。西坝不夜城位于宜昌市西陵区西坝岛，毗邻万里长江第一坝——葛洲坝水利枢纽，项目占地面积7.31万平方米，建筑面积2.35万平方米。园区由15栋单体楼栋组成，以创意集装箱为建筑造型，以滨江风、现代风、青年风、网红风为特色风格。整体布局有特色美食、文化娱乐、运动休闲等业态。西坝不夜城荣获中国文旅消费创新案例、繁荣夜间经济集聚区、省级特色商业街称号。

【川沐度假酒店上榜宜昌市首批微度假地】2023年12月28日，市文旅局公布首批30个微度假地名单，川沐度假酒店榜上有名。川沐度假酒店位于西坝不夜城，定位为“都市桃源”，总营业面积超10000平方米，是集沐浴、泡汤、汗蒸、水上乐园、观影休息、雪茄吧、儿童乐园、水果饮料哈根达斯自助等为一体的综合式度假场所，酒店24小时营业。

【桃花岭饭店员工在全国服务技能竞赛喜获三等奖】2023年3月30日，国家文化和旅游部、中华全国总工会、共青团中央、全国妇联共同主办全国首次星级饭店从业人员服务技能竞赛。总决赛在武汉举行，全国31省（区、市）共选派123名选手参加。宜昌市桃花岭饭店刘小兰在全国总决赛喜获三等奖。

【《中华人民共和国旅游法》专项辅导讲座】2023年5月18日，西陵区九届人大常委会第十二次会议组织开展会前学法活动，邀请市文化和旅游市场综合执法支队李江雪就《中华人民共和国旅游法》作专题辅导。区人大常委会组成人员及相关人员参加辅导学习。李江雪就旅游法总体情况、主要内容、意义和作用、行政执法案例分享讲解，对旅游法设立的意义、旅游活动中经营者与消费者的权利与义务等进行论述。加大旅游法的贯彻实施，全面把握和领会深刻内容和基本内涵，推动旅游法落地生根，促进全区旅游业持续发展。

【文化和旅游部检查西陵区中秋、国庆假期安全工作】2023年9月24日，文化和旅游部文化市场执法监督局副局长刘楠一行到西陵区检查中秋、国庆假期文旅行业安全工作。省文旅厅一级巡视员陈祖刚，市文旅局党组书记、局长苏海涛，西陵区委副书记、区长梅卫民，市文旅局党组成员、副局长柏松等参加检查。刘楠一行到顺达国际旅行社、名侦推理馆、三峡演艺集团(宜昌剧院)实地安全检查，详细察看安全责任制度落实情况，电器、电线、消防等设施设备的管理维护及消防、旅游交通隐患排查整改情况，听取对安全生产管理和应急处置流程的介绍。文旅部检查组肯定西陵区文旅市场安全生产工作取得的成效，并对节日期间安全生产工作提出相关要求。

【省文旅厅副厅长徐勇两次到西陵区调研文化旅游工作】2023年6月8日至9日，省文化和旅游厅党组成员、副厅长徐勇一行来西陵区调研文化旅游工作，实地察看湖北峡州国际旅行社、湖北顺达国际旅行社、湖北长江观光国际旅行社、湖北艾肯文化科技发展有限公司、均瑶国际酒店等文旅企业发展情况，详细了解当前文化旅游企业生产经营情况、相关纾困政策落实情况和旅游市场秩序等有关情况，询问企业经营数据、员工队伍、产品、销售及财务资金状况，就文旅市场如何加快恢复与企业负责人交流，征求市场重振以及做好“引客入鄂”工作等意见和建议。省文化和旅游厅市场管理处处长陈克非，省文化和旅游厅市场管理处一级主任科员刘靖，华中师范大学中国旅游研究院武汉分院常务副院长龚箭，市文化和旅游局党组成员、副局长柏松，西陵区政府副区长周运春，区政府党组成员、西陵经济开发区管委会党工委书记、主任王锦林等参加调研。10月25日至26日，省文旅厅党组成员、副厅长徐勇一行到西陵区调研旅游发展和文旅融合工作，市文旅局领导苏海涛、柏松，区领导梅卫民、姜媛、覃涛陪同调研。徐勇一行到中国国旅(湖北)国际旅行社有限公司、湖北长江观光国际旅行社、西陵区文体中心调研，详细了解旅游企业发展、龙头旅行社培育、导游队伍及中高级导游培育建设情况，对长江观光国际旅行社创5A级旅行社现场指导。在西陵区文体中心，徐勇参观非遗馆创客空间，详细了解文体中心运营管理、活动策划、文创开发的组织实施。

【省文化和旅游质量监测中心主任余世燕来西陵区调研旅游投诉工作】2023年6月14日，省文化和旅游质量监测中心主任余世燕一行来西陵区开展旅游投诉工作调研。余世燕一行到桃花岭饭店、湖北峡州国际旅行社、峡州宾馆，实地察看旅游企业投诉记录、投诉处理等投诉机制建立情况以及重大事故隐患专项排查整治2023行动落实情况，听取企业负责人关于投诉机制建立情况介绍，召开市区两级文旅部门、企业负责人参加的座谈会，围绕旅游投诉存在问题、改进和加强旅游投诉处理等方面征求意见和建议。省文化和旅游质量监测中心四级调研员李晓君，省文化和旅游质量监测中心一级主任科员张婷婷，市文化和旅游局党组成员、副局长柏松，市文化和旅游市场综合执法支队支队长向辉，区政府副区长姜媛等参加调研。

【区委副书记、区政府区长梅卫民调研文旅企业】2023年5月6日，区委副书记、区政府区长梅卫民，副区长姜媛带队走访调研辖区部分文旅企业，面对面倾听企业诉求，宣传扶持政策，共同探讨文旅产业提质升级新路径。区政府办、区文旅局负责人参加调研。梅卫民走访星洲健身馆、三峡演艺集团、湖北长江观光国际旅行社、神话酒吧等4家文旅企业，详细了解企业生产经营、发展规划、建设进度、存在困难问题等情况，以及对区委区政府工作意见建议。

【奥运马术比赛基地项目】2023年12月14日，宜昌奥运马术比赛基地项目成功签约落户西陵。湖北耀骏马术俱乐部有限公司总经理黄松、湖北国贸大厦集团有限公司副总经理朱斌出席签约仪式，区委常委、宣传部部长、总工会主席覃家彦，区政府副区长姜媛出席见证签约。宜昌奥运马术比赛基地项目位于西陵区国贸产业园，占地面积20000平方米，总建筑面积6500平方米，计划总投资1亿元，可实现年产值亿元以上，年税收300万元。项目将于2024年5月竣工投运。湖北耀骏国际马术俱乐部作为法国马术协会会员，采用法国GALOP马术教育体系，通过与宜昌国贸中心城投资有限公司携手合作，形成专业赛事与体育消费、健身休闲与文化旅游相融合的立体式活动模式。

（李迎华　杜雨锦　郑玲莉）

◆体　育

【概况】2023年，西陵区体育工作以全民健身普及和提高为抓手，不断健全全民健身服务体系，完善体育设施建设，提升公共体育服务水平，加强后备人才培养，推动协会组织和谐发展，完成年度各项工作任务。助推全区体育事业协调有序发展。

【省十六运会系列赛事活动】2023年3月，西陵区副区长姜媛对工作现场踩点演练，围绕竞赛组织、高温天气、安全保障、赛事宣传、舆情风险、食宿保障、志愿服务、后勤补给、市容环境、消防安全、医疗救护、电力通信保障、搭建安全等重点工作，紧密配合协调，严守安全底线。完成省十六运会火炬传递（西陵段）统筹、1000名观众组织及省十六运会开闭幕式2000名辖区居民观看组织、马拉松赛事西陵段4.7公里赛程服务保障等工作。组织各运动队备战训练，提高训练保障能力，应对准备期间突发疫情影响，参加社会组、成年组、青少年组、残疾人组的155个项目比赛，共取得62枚金牌、41枚银牌、52枚铜牌。

【群众体育】2023年，区文旅局申报夜明珠街道镇平路社区为“2023年度湖北省新全民健身示范工程社区智慧共享健身中心项目”。2023年度宜昌市“筑堡工程”室内外健身设施建设申报26个社区，其中室内健身器材室3个，室外健身场地23个。推进全区公共体育场馆免费低收费向市民开放，开展全民健身场地设施普查，借助《西陵区服务业发展奖励补贴办法》出台推动“浩克体育等16个社会体育场馆分时段免费开放”十大惠民实事的落实，惠及10万人次。1月至8月，打造筑堡工程社区文化休闲场景“15分钟体育健身圈”，开展社区全民健身活动，提升社区居民科学健身理念和水平，组织部署在西陵区6个社区(2022年市文旅局配建体育活动室所在社区)开展2023年宜昌市城区“3+N”科学健身社区行（西陵站）活动7场。突出抓好社区体育，选派市区两级社会体育指导员100人，组成新时代文明实践全民健身志愿服务队，走进社区推广普及体育技能，组织开展群众体育赛事，管理维护健身设施。西陵区足球协会、西陵区篮球协会正式成立。开展各单项体协和俱乐部申报、审批和年检工作，健全各单项体育协会，提高各单项体协组织管理能力。完善体育社会体育指导培训制度，提升全民健身计划保障水平，增强体育产业实力，提高体育社会化程度，加强体育强区建设。壮大社会体育指导员队伍，全年共423人获得社会指导员证书，其中23人获得一级社会指导员证书。开展西陵区象棋类三级社会体育指导员培训，通过考试人员授予合格证书。参加二级社会体育指导员培训工作，开展体育健身和体育法规宣传及普及。

【国民体质监测】2023年9月17日，区文旅局完善全民健身激励机制，实施体育助企惠民重要举措，通过身体形态、身体机能、身体素质三大维度，对受测人员监测，给予体育运动指导。组织承办2023年国民体质监测工作，采用分层抽样原则，监测对象为18-69岁中国公民，分为18-25岁青年组、25-44岁成年组、45-59岁壮年组和60-69岁老年人4类人群，共计48人。监测项目共有5大类，包括30秒跳绳、1000米跑（男）、800米跑（女）、立定跳远、1分钟仰卧举腿等9项测试。体质监测反映人体基本情况，居民掌握正确科学锻炼方式。

【体教融合协调发展】2023年，区文旅局联合区教育局开展体育社会组织进校园活动，发挥体育资源优势为学校提供公益体育服务。将各级各类青少年体育比赛、体育展演等活动纳入儿童青少年主题健身活动，打造我区青少年体育项目品牌。联合教育局组队参加“奔跑吧少年”2023年宜昌市青少年阳光体育系列比赛，羽毛球、游泳、排球、篮球等项目均获单项第一名。

【助力体育人才高质量发展】2023

2023年10月2日，熊诗麒在第十九届杭州亚运会女子跳远比赛决赛中夺金

（区文旅局 提供）

年10月2日，熊诗麒以6米73的成绩在第十九届杭州亚运会女子跳远决赛荣获金牌，为全市首枚。熊诗麒于2004年出生，曾就读于西陵区营盘路小学，2016年进入宜昌市体校跟随袁郎乐教练学习短跑及跳远，2017年湖北省青少年田径锦标赛上熊诗麒一举跑冠军，被选拔进省队，拿下省运会女子跳远、100米双料冠军和全国大赛女子跳远冠军，2022年加入湖北队。

（陈 艳 王瑛琪）

表32 2023年“奔跑吧 少年”宜昌市青少年阳光体育系列比赛西陵区获奖情况一览表

时间	赛事项目	赛事名称	参赛单位
7月	羽毛球	“奔跑吧 少年”2023年宜昌市青少年阳光体育羽毛球赛9岁女子团体组第一名	西陵区
7月	羽毛球	“奔跑吧 少年”2023年宜昌市青少年阳光体育羽毛球赛9岁男子单人组第一名	西陵区
7月	羽毛球	“奔跑吧 少年”2023年宜昌市青少年阳光体育羽毛球赛9岁女子单人组第一名	西陵区
8月	游泳	“奔跑吧 少年”2023年宜昌市青少年阳光体育游泳比赛团体第一名	西陵区
8月	游泳	“奔跑吧 少年”2023年宜昌市青少年阳光体育游泳比赛男子团体第一名	西陵区
8月	游泳	“奔跑吧 少年”2023年宜昌市青少年阳光体育游泳比赛女子团体第一名	西陵区
11月	排球	“奔跑吧 少年”2023年宜昌市青少年阳光体育篮球赛女子第二名	西陵区
12月	篮球	“奔跑吧 少年”2023年宜昌市青少年阳光体育篮球赛男子组第一名	西陵区
12月	篮球	“奔跑吧 少年”2023年宜昌市青少年阳光体育篮球赛女子组第一名	西陵区

社会生活

◆劳动就业与社会保障

【概况】2023年，西陵区城镇新增就业11500人，失业人员再就业4892人，就业困难人员就业1293人；高校毕业生新增就业创业7394人，离校未就业高校毕业生就业率达99%，服务覆盖率达254%；补贴性职业技能培训5027人；新引进各类人才10776人。

【招牌促进就业】2023年，区人社局组织开展“春风行动”“就业援助月”“千企百校行”等系列招聘活动，全年共举办线上线下招聘活动72场次，累计组织1423家企业进场招聘，提供招聘岗位3.15万个，达成就业意向6142人。

【创业带动就业】2023年，区人社局审核发放创业担保贷款1049笔，合计金额4.6亿元。其中个人贷款969笔19130万元，小微企业贷款80笔27008万元。建有省级大学生创业孵化示范基地4家，市级大学生创业孵化示范基地5家，拨付奖补资金220万元。组织65个创业项目申报大学生创业扶持，30个项目获省级创业扶持资金158万元。住邦科技园成功获评城区唯一的市级返乡创业示范园。

【重点群体帮扶就业】2023年，区人社局加大离校未就业毕业生求职登记小程序宣传推广力度，同步开展线上线下就业帮扶。703名离校未就业高校毕业生就业帮扶率达99%。落实就业困难人员灵活就业社保补贴政策，为6145人发放灵活就业社保补贴4403.53万元。建设完成8家社区“零工驿站”，覆盖辖区7个街道，日常开展宣传活动34期，累计提供各类就业岗位3000余个。

【职业培训促进就业】2023年，区人社局全方位对辖区重点企业开展急需紧缺工种调查，对外发布“两目录一清单”。组织三峡大学、三峡电力职业学院共620人参加GYB创业培训，组织三峡电力职业学院92人参加SYB创业培训，开展补贴性职业技能培训5027人。宜昌木兰花物业服务有限公司成功获评“湖北省劳务品牌领军企业”。

【社会养老保险】2023年，西陵区机关事业养老保险参保人数5938人，在职人数3461人，退休人数2477人。机关事业单位养老保险2023年度调资人均增长179.48元。完成机关事业单位实施准备期单位结算。启动机关事业单位职业年金记实工作。机关事业单位养老保险收入14420.20万元，机关事业单位养老保险支出15771.88万元。机关事业单位职业年金收入3595.33万元，机关事业单位职业年金支出3633.13万元。城乡居民养老保险参保人数12877人，缴费人数3088人，终止缴费6092人，退休人数3697人。年内，调资人均增长15元。城乡居民养老保险困难群体应代缴1418人，合计代缴保费17.55万元，参保率、代缴率、覆盖率均达100%。持续实施全民参保计划，社保扩面新增7365人，参保率达96%。推动新业态从业人员职业伤害险扩面，共计500名新业态从业者参加职业伤害保险。率先在全省推行“社银合作”工作，挂牌服务网点共66家，其中A类网点4家，B类网点25家，C类网点37家，服务群众累计达5万余次。

【持续根治欠薪】2023年，区人社局共接收处置各类欠薪线索3088件，均按期办结，累计为劳动者追讨劳动报酬3900余万元。建立“宜接就办”街道、部门线上分派处置机制，建立重大欠薪线索交办机制。安薪在线系统归集农民工基础信息6.7万条，工程项目施工单位通过农民工工资专户累计代发工资超11亿元，在建项目存缴农民工工资保证金1800余万元。统筹开展“夏季、冬季根治专项行动”，排查全区所有在建项目。举办在建项目劳资管理劳动法规培训班2期。对新建项目工资支付工作要求实施一次性书面告知，提升工程建设项目劳动用工管理水平。

【劳动关系矛盾调处】2023年，区劳动人事争议仲裁院共依法受理233起劳动争议仲裁申请，按期结案233件（其中调解结案146件），结案率100%。通过“人社+工会+法院”矛盾联合调处工作机制调解成功30余件，结合案外调解成功的案件，全年综合调解成功率95.12%。收到锦旗4面、嘉奖令14份。

【成立劳动维权中心】2023年，区人社局挂牌成立西陵区劳动维权中心。中心设立综合服务窗口，受理劳动监察投诉（举报）、劳动仲裁申请、政策法规咨询（含劳动纠纷信访接待）、法律援助、基层劳动纠纷调解（工会维权）等业务，发挥多元化解劳动纠纷效能，维护劳动者合法权益。

【创新基层劳动关系公共服务站点建设】2023年6月，区人社局申报创新基层劳动关系公共服务站点建设被确定为全省优化营商环境改革先行区项目（国家试点）。选取市内核心商圈、重点街道及社区开展站点建设，畅通劳动关系等基层人社公共服务“最后一米”。整合人社、工会、工商联以及社会组织等多方主体资源，集成基层劳动关系公共服务站点、零工驿站、爱心驿站、陵新驿站等多平台功能，打造面向小微企业的宣讲站、劳动保障政策法规的宣讲站、新业态劳动者的服务站、灵活就业人员的就业站、劳动关系矛盾纠纷的调解站，推进劳动关系“自我管理、自我调节、自我服务”。12月5日，人社部召开全国劳动关系运行情况座谈会，首站调研西陵区基层劳动关系公共服务CBD商圈站点（翁家堰社区）。12月22日，西陵区创新基层劳动关系公共服务站点建设作为改革先行区被省营商办发文通报表扬。

（吴　侨）

◆人口与家庭发展

【概况】2023年，西陵区出生人口904人，人口出生率2.37‰，二孩及以上出生人口301人，政策内二孩及以上出生人口占总出生人口33.30%；出生人口性别比101.34。

【计划生育家庭奖励扶助】2023年，西陵区落实计划生育特殊家庭扶助1359人（含新增78人），扶助资金1327.572万元；落实农村部分计划生育家庭奖励扶助934人（其中新增137人），扶助资金89.664万元；落实企业退休职工及城镇独生子女年老父母计划生育奖励1496人，奖补资金367.5万元；落实全面二孩政策幼儿园保教费补助4185人，奖补资金627.75万元。

【妇幼保健服务】2023年，西陵区累计建成3岁以下托育服务机构31家，托位1601个，每1000人口拥有3岁以下婴幼儿托位数4.14个。住院分娩率100%，婴儿死亡率为0.66‰，孕产妇死亡率为0，5岁以下儿童死亡率1.3‰，早孕建册率99.67%，产后访视率98.75%，3岁以下儿童系统管理率99.21%，7岁以下儿童系统管理率99.56%，0～6岁儿童眼保健和视力检查覆盖率99.56%。

（吴洪宇）

◆民　政

【概况】2023年，区民政局在夯实基本民生保障、提升养老服务品质、激活基层善治活力、优化公共服务水平等方面持续发力，不断推动民政事业高质量发展。在全市率先推进居住地申享社会救助惠民改革工程，解决辖区人户分离家庭申享社会救助过程中的困难问题。量化调整全区社会救助标准，城乡低保标准分别达到800元/月和600元/月。全面推行失能特困人员县级集中照护模式，实施100户困难老年人家庭适老化改造和100户家庭养老床位试点，高标准完成湖北省十大民生项目和区政府10件惠民实事分解任务。获得省级完整社区建设试点项目、“以奖代补”项目8个，争取资金135万元。社会组织累计获得公益创投大赛补助资金33万元，三峡蚁工被央视《新闻联播》《新闻直播间》报道。组建区级社会组织服务中心，7个街道社会组织联合会全覆盖。养老工作成效显著，作为养老兜底保障、完善社区居家养老服务网络、推进医养结合等工作成效突出的地方，受到省政府表彰，并获奖励资金100万元。西陵区民政工作获全省民政事业高质量发展优秀等次，全区目标综合考评中，西陵区民政局被评选为优胜单位。

【社会救助】2023年，西陵区困难群众救助政策全面落实，救助金及时足额发放到位。辖区社会救助对象1945户2315人，其中城市低保1765户2127人，农村低保17户25人，特困供养对象59户59人。全年发放各类社会救助资金2006.21万元。发放城乡低保资金1793.3万元，城乡困难群众临时救助金72.81万元，城乡特困救助金138.07万元，40%救济对象救济金2.03万元。运用大数据比对进行低保核查，取消311户402人。认定低收入家庭469户1058人，因病致贫重病患者2户2人。发放孤儿保障金15.49万元，事实无人抚养儿童补贴48.46万元，残疾人2项补贴320.64万元。开展区域协作帮扶兴山县，捐赠10万元物资。参与湖北省第二届“数字公益”节，为9名患者募捐资金48.85万元。组织50名患者参与“医路同行”慈善医疗服务项目，募捐、拨付救助资金226.36万元。为60名救助患者发放“大病关爱”救助金100.16万元。向上争取市级社区公益基金46.39万元，拨付至辖区12个幸福家园村社互助项目。累计发布“幸福家园”村社互助项目119个，募集资金132.97万元。

【养老服务】2023年，西陵区共有高龄老人14284人，其中80~89岁12593人，90~99岁1676人，100岁以上15人。截至年底，全区有养老机构18家，其中公办民营1家，社会办9家，医中办养8家；有社区居家养老服务站点46家，共有床位2231张，其中护理型床位1543张，护理床位占总床位69%。组织开展全区养老护理员职业技能培训及考试，共90名护理员获职业技能等级证书，养老机构护理员持证率达到95%。发放建设补贴、运营补贴等养老服务补贴287.98万元。打造老年人助餐体系，27家幸福食堂市场化服务34万人次。

【社区管理】2023年，西陵区持续推进社区(村)减负，下发《西陵区村(社区)依法履职、依法协助、负面事项细化清单》，将社区减负工作纳入区委办、区政府办半年综合督查，对发现的问题均整改到位。印发《西陵区进一步加强基层群众性自治组织规范化建设实施方案》，对规范村级组织工作事务、机制牌子和证明事项工作进行部署落实。完成2023年社区工作者招考，录用67人，完成应届大学生招聘工作，录用17人。组织召开西陵区2023年社会工作职业水平考试动员大会暨专题辅导培训会，通过线下集中学习、线上观看视频方式，组织484名报考社区工作者开展社会工作职业资格考前培训，4月至6月累计开展线下集中培训24场，其中初级11场，中级13场，培训5000余人次，鼓励社区工作者参加全国社工职业资格考试，全区持证社工达561人，持证社工比例为70.1%。

【社会组织】2023年，西陵区全面落实《宜昌市培育发展社区社会组织三年专项行动方案》，全区备案社区社会组织达1352家，实现7个街道社区社会组织联合会全覆盖，参与宜昌市首届党建引领社区社会组织品牌公益创投大赛及第八届城乡社区社会组织公益创投大赛，项目获市民政局补助资金共11万元。在学院街道、西坝街道组织开展社区志愿服务微公益创投大赛，居民积极参与社区治理和服务创新。以“汇聚微光·缔造幸福”为主题，举办西陵区社区社会组织公益集市活动。8个社区社会组织在集市上进行风采展示、手工品义卖等，引导社区社会组织助力共同缔造行动，打造宜昌公益名片。5个社区社会组织获评2023年宜昌市社区社会组织品牌项目。开展2023年社会组织等级评估工作，对21家参评社会组织从基础条件、内容治理、工作绩效、社会评价4个方面逐条开展评估，最终评出4A组织8家，3A组织13家，进一步规范全区社会组织运作，提升社会组织服务质量和专业水准，推动西陵区社会组织健康发展。

【道路命名】2023年，区民政局对辖区未命名道路及消失道路进行全面调查及征求居民意见，形成《西陵区2023年道路命名工作方案》报市地名委员会审批，其中新命名道路4条、更名1条、调整起止点5条、销名57条。

【婚姻登记】2023年，区民政局实行婚姻登记“省内通办”和“跨省通办”，全年共办理5179例，其中结婚登记2277例、离婚申请1516例、离婚登记972例、补发证件414例。推进婚姻登记信息数据库建设，全面实行婚姻档案电子化，对19.5万份婚姻档案进行整理、扫描、入库，实现婚姻档案纸质化、电子化的“双套制”归档管理，让数据“多跑路”，群众“少跑路”，确保档案管理、利用更加规范、高效。

【居住地申享社会救助惠民便民改革工作】2023年，西陵区有序推进居住地申享社会救助惠民便民改革工作。西陵区是宜昌市的中心区、核心区和老城区，人口密度大，人员流动频繁，人户分离情况突出，为切实解决辖区人户分离家庭申享社会救助过程中的困难问题，西陵区以居住地为轴心，在全市率先推进居住地申享社会救助惠民改革工程，实现困难群众在全区居住地和户籍地均可申请办理低保、临时救助等社会救助业务。截至年底，共办理居住地申享救助19例，其中外省1例，省内市外2例，城区外市内5例，城区内西陵区外11例。西陵区居住地申享社会救助惠民便民改革工作获得上级业务部门肯定，工作经验在市民政局工作会议上开展经验交流，在宜昌市民政网、《湖北民政》（期刊）、《中国民政》（期刊）等媒体上刊发作宣传介绍。

【西陵区社会福利院揭牌】2023年10月23日，西陵区社会福利院正式揭牌。该院占地面积18177.26平方米，总建筑面积30493.37平方米，总床位数524张，停车位235个，项目建设总投资1.06亿元。由国药葛洲坝（宜昌）医院管理有限公司承接运营，集日间照料、医疗护理、康复理疗、养生文化、休闲娱乐等“医、康、养、娱”功能为一体，创新探索了中央医疗企业与地方政府企地共建的新模式，进一步深化养老产业与医疗健康养生的融合发展新机制。

（谭子桂）

表33 2023年西陵区新增社会团体一览表

序号	名称	登记时间	法定代表人	地址
1	宜昌市西陵区足球协会	2023-2-13	侯智虎	西陵区发展大道87号
2	宜昌市西陵区窑湾街道社区社会组织联合会	2023-8-11	郭　华	西陵区窑湾街道黄河路8号
3	宜昌市西陵区篮球协会	2023-09-11	黄传勇	西坝路41-13号易智体育中心篮球馆
4	宜昌市西陵区西坝街道社区社会组织联合会	2023-11-9	李蕾蕾	西坝街道和平路24号
5	宜昌市西陵区见义勇为促进会	2023-11-9	向静婷	西陵区翁家堰15号
6	宜昌市西陵区学院街道社区社会组织联合会	2023-11-16	汪成伟	西陵区气象台18号
7	宜昌市西陵区葛洲坝街道社区社会组织联合会	2023-11-27	吴晓莉	西陵区樵湖二路70号
8	宜昌市西陵区西陵街道社区社会组织联合会	2023-12-5	金　燕	西陵区西陵街道绿萝路39号
9	宜昌市西陵区葛洲坝街道东方老区共同缔造危旧房合作改造联合社	2023-12-19	陈莎莎	西陵区东湖一路56号
10	宜昌市西陵区夜明珠街道社区社会组织联合会	2023-12-20	覃　莉	西陵区朝阳路96号
11	宜昌市西陵区云集街道社区社会组织联合会	2023-12-27	李　萍	西陵区果园一路3号

表34 2023年西陵区新增民办非企业单位一览表

序号	名称	登记时间	法定代表人	地址
1	宜昌高新区城东优谷劳动保障服务中心	2023-3-17	彭　湃	桔乡路519号
2	宜昌市西陵区老汪茶舍志愿服务中心	2023-6-13	汪成伟	气象台18号
3	宜昌高新区微光扶老助残服务中心	2023-6-16	李　乐	珠海路10号华翔世纪城2栋2单元架空层
4	宜昌市西陵区夜明珠街道明珠彩陶文化发展中心	2023-8-29	陈晓悦	朝阳路96号三峡花苑活动中心负一楼
5	宜昌市西陵区保庄民商事纠纷调解中心	2023-09-14	曹小波	胜利四路35-3号
6	宜昌市西陵区向日葵助残志愿服务中心	2023-09-14	王帅坤	环城北路40号
7	宜昌市西陵区大楚金融纠纷调解中心	2023-10-17	宋志坚	东山大道109号601-602号
8	宜昌高新区庭院深深居家养老服务中心	2023-11-8	牟宗辉	汕头路18号12栋1-05号
9	宜昌市西陵区绿色金融服务中心	2023-11-9	聂文婷	环城北路18-1号1栋2层A2030
10	宜昌高新区爱益护助老服务中心	2023-11-27	陈　军	珠海路10号华翔世纪城二号楼一楼架空层
11	宜昌市西陵区东方鸿会金融纠纷调解中心	2023-12-5	吴洪赤	珍珠路112号华银大厦A座510房
12	宜昌市西陵区同鼎金融纠纷调解中心	2023-12-19	代　军	港窑路52-3号

表35　　2023年西陵区部分道路命名方案

序号	申报类别	标准名称	起止点	命名(更名、调整起止点)理由
1	命名	川汉路	西陵一路——西陵二路	此路附近曾为川汉铁路路基所在地,为纪念川汉铁路工程,命名为川汉路
2		川汉一路	夷陵大道——川汉路	与川汉路形成序列化命名
3		川汉二路	夷陵大道——川汉路	与川汉路形成序列化命名
4		永安巷	建设路——和平路13号(二八小区)	寓意永远平安
5	更名	绿萝路	东山大道——土城路	原名绿萝溪路,因绿萝溪已消失,且绿萝路已成为当地居民习惯叫法,因此更名为绿萝路
6	调整起止点	夷陵大道	樵湖二路——白沙路	因道路建设,将起止点由东湖一路至白马山下,调整为樵湖二路至白沙路
7		沿江大道	石子岭路——伍临路	因道路建设,将起止点由三江船闸至十码头,调整为石子岭路至伍临路
8		团结路	樵湖一路——东山大道	因道路建设,将起止点由樵湖二路至东山大道,调整为樵湖一路至东山大道
9		二马路	沿江大道——隆康路	因道路建设,将起止点由沿江大道至解放路,调整为沿江大道至隆康路
10		黄河路	夜明珠路——西湖路	因道路建设,将起止点由夜明珠路至大成路,调整为夜明珠路至西湖路

◆医疗保障

【概况】 2023年,区医保局践行以人民健康为中心理念,推动医保制度改革和医保事业高质量发展。辖区城乡居民参保13.85万人,居民医保基金收入15074.66万元,基金支出9674.38万元。基金累计结余1.96亿元,基金维持支付能力9个月。

【医疗救助】 2023年,区医保局医疗救助支出517.4万元,其中为2898人名低保、孤儿及低收入等特殊人群按政策实施资助,资助金额97.16万元,住院救助支出362.51万元,门诊救助支出57.74万元。全面实现省内外跨地域、居民、职工医保跨险种医疗救助一站式结算。

【欺诈骗保专项治理】 2023年,区医保局开展基金监管集中宣传月活动,组织辖区定点医药机构、街办、社区开展集中宣传月活动。制作医保基金监管宣传月宣传展板27个、宣传海报168张、宣传折页7380张,在医保经办机构、定点医药机构、街道、社区投放。开展医药领域腐败问题和不正之风、不合理医疗检查、用药突出问题等重点领域现场检查,发现违规问题9个,追回违规医保基金70.68万元。联合区检察院,查实存在违规使用医保基金情况5人,追回违规占用医保基金6.5万元。

【医保便民服务】 2023年,区医保局整合办理流程、精简申报材料、

2023年5月25日,区医保局在三峡职业技术学院开展电子医保凭证激活活动
(区医保局 提供)

压缩办结时限、加强部门协作，实行“综窗制”“一窗通办”“区内通办”“市域通办”，实现新生儿参保登记、居民医保参保缴费和退费等一次办好，“多头跑”变为“一次跑”。在“办件材料再精简”基础上，压缩流程环节、简化办事程序、缩短办事时限。17项医保经办事项时限缩短均超75%，9项经办业务可在1个工作日内办结。推广医保电子凭证激活使用，完成激活人数117525人，激活率85.97%，全区定点医药机构实现医保电子凭证应用全覆盖，定点医药机构优先使用医保电子凭证进行医保结算，达到“应用尽用”。

【药品耗材集中带量采购】2023年，区医保局推动药品耗材降价提质，减轻群众就医负担。落地执行国家组织10个批次药品、耗材集中带量采购。药品累计约定采购量227.97万（袋/支/片），完成采购量516.27万（袋/支/片），完成采购金额308.47万元。耗材累计约定采购量8.15万(个/套),完成采购量4.45万（个/套），采购金额8.29万元。

（林雅洁）

◆退役军人事务

【概况】2023年，西陵区退役军人事务工作持续提质增效。退役军人移交安置率100%。足额发放退役士兵自主就业一次性经济补助151万元。设立“军人退役一件事”综合办理窗口，一站式办理落户、党组织关系转接、信息采集等13个事项。严格执行优待抚恤政策，发放优抚、军休、义务兵家庭优待金等各类资金2060余万元。完成3161人的优待证申领工作。持续加强西陵区“线上+线下”并行的“鱼水情”拥军优属平台建设，新增优待服务单位及项目186个。为辖区179名抗美援朝老兵送去“抗美援朝战争胜利70周年”纪念品。香锦等25个新成立（移交）社区退役军人服务站挂牌。打造五星级退役军人服务中心（站）6个，四星级退役军人服务站12个，三星级退役军人服务站56个。西陵区退役军人工作目标考核成绩城区第一、全市第三。

【退役军人就业创业】2023年，西陵区探索退役士兵培训多区联办工作，组织开展适应性及技能培训14场次212人次。全市首次举办退役士兵空乘专项招聘活动及自主择业军转干部培训，获得市退役军人事务局领导和服务对象好评。举办线上线下专场招聘会10余场次，促进就业100余人。为14名退役军人申请小额创业贷款270万元，为退役军人优惠减免税收4.2万元。组织开展军创活动，辖区军创企业宜昌市赞友应急救援服务中心、宜昌既济数能集团有限公司分别荣获宜昌市2023年第三届“军创杯”退役军人创业创新大赛两个组别的一等奖，西陵区退役军人事务局荣获城区唯一优秀组织奖。宜昌既济数能集团有限公司荣获湖北省第三届“军创杯”退役军人创业创新大赛决赛戎耀雄鹰组新兴产业赛道一等奖。

【退役军人服务体系建设】2023年，西陵区建立74个退役军人服务中心（站），三级退役军人服务保障体系实现全覆盖。完成学院街道等5个街道和甲街社区提档升级工作，船柴社区退役军人服务站纳入全市退役军人服务体系建设现场拉练8个观摩点之一。退役军人志愿服务进一步深入，开展活动198次，近500名志愿者参加活动，服务群众万余人次。西陵区赞友志愿服务队参加全省新文明实践志愿服务项目大赛，被省委宣传部、省文明办授予2023年湖北新时代文明实践志愿服务项目应急救援类金奖。退役军人王博“救”在身边志愿服务项目被市委宣传部、市委文明办表彰为宜昌市2022年度“最佳志愿服务项目”。

【双拥工作】2023年，区退役军人事务局认真做好全国全省双拥模范城“八连冠”迎检工作，打造西坝双拥岛，做好双拥场景建设。区委、区政府“四大家”领导慰问驻区部队及6支应急救援大队20万元，开展“社区慰问进家门”“连心结对帮战友”活动，送发慰问信1.1万份，慰问各类优抚对象1862人110.34万元。送达喜报41张，奖励金3.57万元。为40名军人及消防救援人员子女入学落实优先优待政策。

【马汉江调研西陵区优待服务工作】2023年4月11日，省退役军人事务厅优待工作专班主任马汉江带队赴西坝双拥岛调研西陵区优待服务工作开展情况。马汉江对西陵区全面落实各级优待服务工作要求、率先开展线上服务、大力营造拥军氛围等工作给予肯定和赞扬。

【关爱退役军人协会·军创分会‘既济军创行’暨退役军人培训】2023年5月19日，区退役军人事务局举办“西陵区关爱退役军人协会·军创分会‘既济军创行’暨退役军人培训开班仪式”。西陵区军创分会的企业家代表及2023年春季退役军人参观军创分会企业——宜昌既济数能集团有限公司的办公环境。培训开班仪式上，既济数能集团副总经理胡博闻介绍西陵区关爱退役军人协会·军创分会企业的职能概况。既济职业培训学校负责人黄层林同志结合退役军人实际，介绍职业培训学校的平台特色亮点、核心优势资源。军创分会企业家汪军成同志分享个人创业历程。

2023年2月12日，区退役军人"长江卫士"志愿服务队开展"美丽长江 卫士行动"志愿服务活动

（区退役军人事务局 提供）

【2支队伍入选全国"退役军人关爱青少年志愿服务项目"】 2023年6月，退役军人事务部思想政治和权益维护司、国家退役军人服务中心、中国退役军人关爱基金会联合发布"传承红色基因·赓续红色血脉"——退役军人关爱青少年志愿服务项目入选队伍名单，西陵2支队伍入选，分别是宜昌市赞友应急救援服务中心、西陵区老兵宣讲团。2支队伍充分发挥老兵优势作用，开展志愿服务活动，教育引导青少年厚植家国情怀、树立远大理想。

【退役军人事务系统业务专题培训】 2023年9月，区退役军人事务局举办退役军人事务系统业务专题培训，全区73个区、街道、社区退役军人服务中心（站）的78名工作人员参加学习。培训从权益维护和困难帮扶、抚恤优待政策等4个方面对相关政策、申办流程、解释口径、工作方法等逐一进行了讲解，并对工作中经常出现的其他问题进行现场交流和解答。

【宜昌市蓝天救援队西陵区退役军人志愿服务突击队授牌仪式】 2023年10月20日，宜昌市蓝天救援队西陵区退役军人志愿服务突击队授牌仪式在西陵区葛洲坝街道西峡社区举行，西陵区退役军人事务局主要负责人为突击队授牌。突击队由宜昌市蓝天救援队和西陵区退役军人事务局共同组建，有退役军人32名，参与过国内外各类救援行动和大型群众性活动安全保障，全年开展各种公益培训100余场次，在生命救援、灾害预防、灾后恢复等各个领域都拥有精专人才。

退役军人事务局在宜昌东站迎接2023年春季退役军人

（区退役军人事务局 提供）

【自主择业军转干部主题教育活动】 2023年12月6日，西陵区举行"永远跟党走，奋进新征程"2023年自主择业军转干部革命传统主题教育活动，进一步提升自主择业军转干部的党性修养，强化爱国意识，活动历时3天。

（吕扬帆）

◆民族·宗教

【概况】 2023年，西陵区有土家族、回族、苗族、满族、壮族等40个少数民族近2万人。有清真饮食、副食、肉食"三食"网点49家，约占全市总数(218家)的23%。获批准登记的佛教、伊斯兰教、天主教、基督教四类宗教活动场所7处,常驻教职人员22人,信教群众2万多人。推进西坝基督教堂重建筹备工作,天主教方济各堂纳入二马路历史文化街区改造项目,打造“我国宗教中国化方向理论研究和实践基地中华优秀传统文化传承基地”。城区方济各堂被命名为“湖北宗教界宗教中国化历史教育基地”,并被省民宗委表彰为平安宗教活动场所示范单位。葛洲坝实验小学“书信点亮心灵 民族点亮世界”手拉手活动入选湖北省“三项计划”之“各族青少年交流计划”试点项目。常刘路小学被评为全省民族团结进步示范单位,选送六年级学生李响在全市首届铸牢中华民族共同体意识讲解大赛中荣获二等奖。阿巴斯·阿卜力米提(维吾尔族)在省市民宗系统作经验交流发言,与赵岩(回族)被评选为全市少数民族务工经商人员“文明守法之星”“学习教育之星”。

【区委常委会专题研究民族宗教工作】2023年2月28日,区委常委会会议专题研究民族宗教工作,区委书记任蔚主持会议并讲话。会议学习党的二十大报告中关于民族宗教的工作要求,传达学习全国民委主任会议、全省民宗委主任会议、全市民族宗教工作会议精神,听取全区2022年民族宗教工作情况汇报,研究部署2023年全区民族宗教重点工作。会议强调,2023年是全面贯彻党的二十大精神的开局之年,党中央开展贯彻落实中央民族工作会议精神检查和宗教工作督查,全区民宗系统要以铸牢中华民族共同体意识为主线,坚持我国宗教中国化方向,推动西陵民族宗教工作。

【区委民族宗教工作领导小组会议召开】2023年5月12日,西陵区召开区委民族宗教工作领导小组(扩大)会议,传达学习党的二十大精神,全国民委主任会议、全省民宗委主任会议、全市民族宗教工作会议精神,安排部署当前西陵区民族宗教领域重点工作。区委常委、组织部部长、统战部部长曹红国出席会议并讲话。会议要求,发挥区委民族宗教工作领导小组统筹作用,强化部门协同配合,提高全区民族宗教工作水平和质量;立足铸牢中华民族共同体意识这条主线,争创全国民族团结进步示范区;坚持我国宗教中国化方向,压实宗教工作三级网络两级责任,提升宗教管理法治化水平。

【开展全区宗教界宗教政策法规学习培训班】2023年9月15日,西陵区开展全区宗教界宗教政策法规学习培训班,全区宗教教职人员参加培训并作学习交流。会议集中学习习近平总书记关于宗教工作的重要论述、党的二十大精神,组织各教职人员学习《宗教事务条例》《宗教活动场所管理办法》《湖北省宗教事务条例》《宗教活动场所财务管理办法》《互联网宗教信息服务管理办法》《宗教教职人员管理办法》,区民宗局开展反宗教极端思想宣讲。

【西陵区常刘路小学获评全省民族团结进步示范单位】2023年2月13日,省民宗委命名134个地区和单位为2022年度全省民族团结进步示范区示范单位,西陵区常刘路小学榜上有名。常刘路小学位于宜昌市中心城区,总占地面积4200平方米,建筑面积2883平方米,在校学生487人,现有回族、土家族、彝族、藏族等少数民族师生64人。学校民族团结教育工作构建打造民族团结课程,不断深化“1+3+N”课程体系,画好学校民族特色品牌同心圆。开展承办民族团结活动,培养簇拥民族团结的时代新人。推广民族体育锻炼,创新升级民族体育活动方式。学校于2016年首次被评为省级民族团结进步创建示范单位,此次是5年到期重新申报。开展《“民族团结”开学第一课》在“学习强国”登载;开展铸牢中华民族共同体意识教育实践活动被省民宗委、省教育厅通报表扬。

【端午主题系列活动】2023年,区民宗局联合辖区社区、学校开展“各族群众庆端午共建共享共和谐”端午系列民俗文化活动。学院街道环城北路社区、得胜街小学开展“‘画’说端午、‘粽’情一夏”端午活动。“三峡·红石榴”志愿者将包好的粽子分头送到独居和困难老人家中。夜明珠街道平湖馨苑社区开展“邻里共话庆端午”活动。葛洲坝街道东湖社区开展“粽话端午”活动,由各民族同胞组成的9个社团献上文艺演出。

(周文倩　汪　静)

街　道

◆学院街道

【概况】学院街道地处宜昌市城区中心，北靠西陵二路，南接云集路，西滨长江，东临夷陵大道，辖区面积2.71平方千米。截至2023年底，有常住人口3.8万户、52576人。辖10个社区，即墨池巷社区、中书街社区、解放路社区、环城东路社区、东门外正街社区、气象台社区、翁家堰社区、四方堰社区、环城北路社区、尚书巷社区，共752栋楼栋，划分网格136个。

2023年，学院街道发挥省委讲师团“理论热点面对面”省级示范点作用，邀请武汉大学马克思主义学院教授开展理论宣讲1场。解放路社区建立“陵新驿站”，工作经验在全区推广。举办社区618公益节并打造“红色合伙人”品牌，为全市首创。解放路社区蜂巢法治化营商环境建设经验迎接全国工商联调研，铁路坝小吃街作为全市唯一代表，荣膺“2023年湖北省夜间消费聚集区”。小区改造惠及居民8488人，市长热线、数字城管、清违控违办结量均占全区总量1/3。成功化解历史积案20件，化解总量占全区1/3以上。高标准迎接文明创建国测，全市68个点位学院测评15个，占全市1/5。

【经济发展】2023年，学院街道发力项目建设，新入库亿元以上项目8个，城发首座、启迪总部大楼、儿童公园改造等重点项目完成投资23.2亿元。新签约亿元以上项目6个，“大洋晶典宜昌中心”成为全区唯一参加中国服贸会现场签约项目。新增进规进限企业45家，“四上企业”总数达到133家，限额以上贸易企业营业收入突破64亿元。争取资金473万元，完成全年目标任务的157%。“五经普”清查单位和个体户数22426家，占全区清查总量的1/3。属地全口径税收完成6.3亿元。

【街道党建】2023年，学院街道邀请市委党校专家教授开展党的二十大系统培训2次，党员春训1次，专题夜学10次。组织全体党员开展第二批主题教育学习，分类施策，针对不同类型党员通过多样化方式开展学习。全面落实街道“大工委”、社区“大党委”、小区“大支部”联席会机制，81个小区均成立大支部和“四长两队”，4899名党员参与清违行动、文明典范城市创建等民生事项。

【基层治理】2023年，学院街道共同缔造、党建体制机制创新纳入全市试点。小区党支部书记备案实现全覆盖，73个业委会主任备案率达90%，定期开展交心谈心实现常态化。选优配强“四长两队”，整顿“后进党支部”1个，调整业委会9个，调整“四长两队”人员13人。新增治理型社会组织24个。推进党建联建，搭建街道+社区+红色物业（业委会）“三位一体”共商共建、共享共治的小区治理模式，红色物业、红色业委会62个。气象台社区九州商务楼宇党建联盟挂牌成立，建立2个商户联合体，加速赋能楼宇经济建设。发挥新就业群体“熟门熟路”和“红色探头”的优势，工作经验获市委组织部主要领导肯定。尚书巷打造志愿服务“时间银行”，满足居民群众差异化需求。气象台组建“气象游侠”志愿服务队，以分片包干的形式承接商圈治安防范，协助排查矛盾纠纷31件。

【党风廉政建设】2023年，学院街道落实主体责任，推进党风廉政、作风建设。开展监督检查22次，发现问题线索5条、立行立改问题23个。截至年底，街道纪工委共立案4件、结案5件，运用“第一种形态”教育帮助53人次。受理业务范围外信访件10件，办结10件。深化“刘一儒清廉文化”工作品牌，制作刘一儒特色表情包，发布刘一儒“家风时代，传承不坠”微视频。建设市级清廉家庭建设示范点，引进社会组织16个，多形式多角度开展廉洁文化宣传。

【意识形态】2023年，学院街道党工委专题研究部署意识形态工作4次，组织开展中心组集中（扩大）学习10次，集中研讨5次。开展“扫黄打非”专项排查12次，组织开展文体活动100余场。截至年底，新闻宣传发布国家级媒体30篇，省级媒体257篇，市级媒体364篇，三峡西陵网207篇。

【平安创建】2023年，学院街道落实“爱心家访多帮一”工作机制，区级包保领导接访、约访56次，辖区人大代表、政协委员接访15次。街道班子成员实行“六包责任”制度，包保机关干部带头走访226次，下沉参与爱心陪护157次。落实信访联席会议制度，联合区信访局、区法院、区住保中心等部门接访关爱对象82人次，坚持“情、理、法”相结合，共化解20件挂号信访积案及重大矛盾纠纷。对涉毒人员、精神病患者等特殊人群开展5次全面摸排，送强制隔离14人，送优抚医院治疗7人次。张贴平安宣传海报5000余张，联合扫楼扫街行动28次，关停4家涉金融问题企业。

【文明创建】2023年，学院街道深化文明创建工作，68个测评点位高分通过国家测评组实地检查，全域全员推进文明典范城市创建，动员居民志愿者参与创建占比达98%，动员注册志愿者人数全区第一。集中清除野广告36120余处，清理垃圾1400余吨，整治飞线充电780余处，增划停车位箭头800余个。街道组织整治东门市场及周边“顽疾”，迎接市纪委、市委文明办等主要领导现场调研。开展周末大扫除，消除各类安全隐患，覆盖辖区81个小区、452个楼栋、630个单元。加强垃圾分类投放点日常管理，针对CBD夜市及周边缺乏管理的问题，街道联合市场监管所、综合执法中心、派出所开展专项整治行动22次。结合老汪茶社志愿服务品牌，深化各社区志愿服务活动，街道社区开展“爱满重阳节情暖夕阳红”“同吃长寿面浓浓敬老心”等敬老新风尚活动，累计开展志愿服务400余次。

【民生保障】2023年，辖区共有低保户244户，294人，发放低保金207978元；城市特困人员12人，发放特困供养25293元。其中新增低保13户，15人，月保障金额16350元；新增特困1户，1人，月保障金额1600元，低保清退34户，39人，涉及金额25188元。办理高龄补贴新增236人，月补贴金额12100元，在册高龄老人2191人，月补贴金额127900元。全年办理临时救助21人次，共计金额63904.46元。新增办理“两补”重度护理补贴10人，月保障金额1000元。在册“两补”重度护理补贴322人，月保障金额32200元。新增办理“两补”困难生活补贴13人，月保障金额910元。

【学院街道专题调研会】2023年1月13日，学院街道专题调研会召开，区委书记任蔚，区委常委、政法委书记周成刚，区人大常委会副主任席群英，区政府副区长杨明，区政协副主席朱文胜参加会议。学院街道汇报2022年工作复盘及2023年谋划情况。

【学院街道第二次妇女代表大会】2023年2月15日，学院街道召开第二次妇女代表大会并召开学院街道妇联第二届第一次执委会。周源当选为学院街道妇联第二届执行委员会主席，谭晓鹭当选学院街道妇联第二届执行委员会专职副主席，周蓉丹、袁英当选学院街道妇联第二届执行委员会兼职副主席。

【全国工商联副主席方光华调研解放路社区蜂巢】2023年7月13日，全国工商联副主席方光华到西陵区解放路社区蜂巢，就商（协）会助力法治化营商环境建设和社区蜂巢建设情况开展调研。省工商联主席党蓁、市工商联主席温欣艳、区委书记任蔚陪同调研。方光华肯定西陵区在推进法治化营商环境建设及打造“区级-街道-社区”三级商（协）会组织网络方面取得的成绩，他指出，要夯实组织架构，让三级商（协）会组织真正成为市场主体身边的“家园”；要做实商会服务，推动资源下沉，发挥商会助力法治化营商环境建设的“推动器”作用；要带动经济发展，多组织开展“我为企业找订单”行动，帮助市场主体发展壮大。

【学院街道与武汉大学联办“理论热点面对面活动”】2023年7月25日，学院街道与武汉大学联合开展“理论热点面对面”宣讲会，武汉大学马克思主义学院副院长简繁进行会前讲话，武汉大学做好智力服务，选派优秀专家学者推动理论宣讲及培训深入基层，着力打造理论传播创新平台、校地合作服务平台特色品牌。武汉大学马克思主义学院副教授朱国伟在学院街道七楼会议室为机关、社区全体干部职工带来《美好环境和幸福生活共同缔造》主题宣讲，帮助街道基层干部提高对共同缔造理念的认识，探索新的工作方法。武汉大学心理健康教育中心教师聂晗颖开展社区工作者解压赋能专题辅导，现场以专业理论知识进行心理疏导。

（向　达）

◆云集街道

【概况】云集街道地处宜昌市西陵区东部，位于宜昌市老城区、核心区，是宜昌市"四大家"及宜昌军分区所在地。辖区东邻宜昌高新区，南接伍家岗区大公桥街道，西滨长江，北至云集路，和学院街道为界，辖区总面积3.74平方千米。是全市政治、经济、文化、交通、商贸、教育中心。截至2023年底，有常住人口46650人。辖区有机关事业单位113家，学校11所。下辖果园路、夷陵路、桃花岭、白龙井、山庄路、赵家湾、体育场路、二马路、小林园9个社区居委会，132个基层党组织，2646名自管党员。

2023年，云集街道积极服务项目，吸引投资，招商引资工作居全区第二。认真开展学习贯彻习近平新时代中国特色社会主义思想主题教育和理论宣讲。坚持把党风廉政建设与经济社会发展工作同谋划、同部署。持续做好辖区文明创建、平安创建和社区治理工作。"三峡蚁工"团队志愿服务活动被央视报道。桃花岭社区"侨之家"被评为全国侨联系统"侨胞之家"典型选树单位，桃花岭社区党委和街道党工委书记分别被市委、市政府评为全市党建引领基层治理先进集体和先进个人。承接"腾讯公益·五社联动·家园助力站"项目，获全国人大常委会领导调研肯定。承接"寻美·湖北"暨"开局之年看湖北——全国网络人士服务团荆楚行"主题活动。

【经济发展】2023年，云集街道积极服务项目，吸引投资。共签约亿元以上项目8个，协议总投资额44.2亿元，均全区第一。社会消费品零售总额和贡献率、税源建设均全区第一，招商引资全区第二。全年盘活闲置资产近2万平方米，新楼宇星光天地实现100%满铺运营。高品质打造6条特色街区，培育首店经济"霸王茶姬"、小店经济"见喜咖啡"、夜间经济"逃离计划"、周末经济"大城小野"等消费场景。举办活动80余场。结合节庆赛事，策划促消费活动22场次。"四大妈"餐饮老字号大受欢迎，平和里成为年轻人的聚集地。加快推进二马路历史文化街区建设，实施跨城市之间青年潮流品牌主理人计划。谋划Citywalk线路，在云集路打造"爱情树"网红打卡点。

【街道党建】2023年，云集街道开展学习贯彻习近平新时代中国特色社会主义思想主题教育。街道党工委以上率下，坚持"第一议题"跟进学，打造线上"不掉线"、线下"不离线"的"双阵地"学习圈。组织各社区党委书记开展"书记讲给书记听"分享交流活动，各社区党委指导小区党支部围绕党员作用发挥、居民服务、小区治理等，开展学习研讨110余次。白龙岗小区供电"转改直"工作被《宜昌市学习贯彻习近平新时代中国特色社会主义思想主题教育简报》第8期刊发。规范党务工作，制定党建任务清单10份，组织党务工作培训11次，新成立新业态新就业群体、空调制冷协会党支部2个，街道物业行业党总支1个，小区功能型党支部2个。做好流动党员管理，全年接收流入党员89名，流出党员167名，并引导其就近参加组织生活。开展新兴领域党建集中攻坚行动，全领域摸排新业态企业20家。实施"陵新聚力"专项行动，新成立网约车党支部1个，大楚公司党支部代表西陵区网约车群体参加全市交通系统、全市全区两新组织主题教育座谈会3次。建设"陵新"驿站3个，为新就业群体提供"八可"服务，摸排选址新就业群体红色驿站3个，做好驿站落地协调工作。开展在职党员干部回居住小区领衔小区治理工作，带动315名在职党员干部群众担任楼栋长、党员中心户，参与志愿服务队和应急突击队，分办邻里互助、治安巡逻、维修基础设施、执法等事项163件。领办区级深化共同缔造推进党建引领基层治理体制机制创新探索创新类重点任务11项，在桃花岭社区全域试点。

【意识形态】2023年，云集街道组织开展理论宣讲105场，专题研判意识形态工作3次，认真落实扫黄打非工作职责任务。全年共发布新闻935篇，其中国家级媒体2篇，省级媒体26篇，市级媒体140篇，区级媒体767篇。"美好云集"公众号共推送125篇文章，视频号发布179个视频，账号关注人数比去年同期提升10倍。推出"我的云集我的事、益云集、人间烟火浪漫云集、深化共同缔造赋能基层治理项目晾晒展播、网格员风采大展播"等系列宣传，浏览人数超过8万人次。结合节日、大型活动、特色街区打造等时间节点，推出特色街区推广视频，被宜昌发布、大美宜昌城、宜昌新女性、西陵发布公众号转载10余篇。6月1日，“三峡蚁工”志愿服务团队开展第1000场志愿服务行动，被央视《新闻直播间》《新闻联播》专题报道。

【文明创建】 2023年，云集街道在往年创建工作的基础上再动员、再部署，利用宣传栏、LED显示屏、微信公众号、小区微信群等载体和平台，发布创建工作动态，宣传普及创建知识。发动网格长、楼栋长、党员志愿者等多方力量，深入小区广泛开展文明劝导、志愿服务活动。重点对南湖市场、滨湖路、红星路、平和里片区及铁路沿线市容环境卫生开展集中整治，共清理辖区杂物700余车，野广告9000余处，卫生死角288处。完善9个社区新时代文明实践站设施。4月，迎接国家测评组实地测评；9月，迎接省域测评组实地测评。

【党风廉政建设】 2023年，云集街道开展“作风建设年”活动，印发《关于严明考核奖惩激励重实干强执行抓落实的若干措施（试行）》，进一步加强街道社区干部队伍作风建设。开展各类廉政主题宣讲及文艺汇演等活动12场次，参与群众800余人；组织党员干部150余人观看省纪委、市纪委警示教育片。

【平安创建】 2023年，云集街道建成街道社会治理综合服务中心，整合社会治理、综治信访、法律服务、城市运行等资源力量，引入社会组织“邻里法务会客厅”开展“律师周三见”，邀请“清源工作室”进驻，打造“资源整合一链到底、多元解纷一站集成、数字赋能一网通办”的社会治理服务体系。强化退役军人服务体系建设，打造桃花岭社区五星级“岭上退役军人之家”。开展禁毒“百日行动”，完成中心禁毒社区阵地标准化建设，通过市区验收。持续推进家庭文明诚信档案建设。做好“警格对接”、网格“一日双巡”，大力开展电信诈骗和非法集资宣传，每月对95名特殊人群“结对认亲”走访帮扶，对15名重点人员开展“心安西陵”走访。开展矛盾纠纷排查化解专项行动，排查各类矛盾纠纷517起，化解513起，化解率达99.2%。受理信访件304件，一次性化解率达99%，满意率99.24%。桃花岭社区电梯加装矛盾纠纷化解案例入选全省基层社会治理典型案例。家事调解“三步三变”工作法被评为全省新时代“枫桥式工作法”先进典型。开展“强安固盾”“安全隐患大检查”“燃气安全隐患专项整治”及冬季火灾集中治理“百日会战”等专项行动，开展安全检查600余次，检查单位及个体3400余家，消除安全隐患200余起。强化安全生产宣传教育，发放安全生产口袋书、告知书、“四关五清”、燃气安全等宣传海报6000余份，举办119消防宣传月活动9场次，联合开展应急演练11次，组织安全生产知识讲座27次，参加人数达6000余人次。

【社区治理】 2023年，云集街道开展社区工作者能力提升专项行动，坚持一月一主题、一月一培训、一月一提能。提升网格员信息采集核查、矛盾排查化解、服务居民群众和组织引领共同缔造等业务能力。出台街道网格员考核管理实施细则，按照“工作实绩、综合评议、纪律作风”3个维度逐月累计考核。持续提升网格管理服务水平，全年走访关爱特殊人群1922人次，上报矛盾纠纷503条，办理吹哨报到件11件、市长热线1862条，上报网格报事528条、格格故事6篇、基层治理经验3篇，在宜昌网格、市级媒体发表3篇。承接“腾讯公益·五社联动·家园助力站”项目，获全国人大常委会领导调研肯定。二马路社区建成全国“城市社区博爱家园示范点”。

【社会组织】 2023年，云集街道承接“寻美·湖北”暨“开局之年看湖北——全国网络人士服务团荆楚行”主题活动。“三峡蚁工”团队开展第1000场志愿服务活动，被央视《新闻联播》《新闻直播间》报道。稻草圈圈获全国长江流域优秀协助巡护队一等奖。在环宇社工的支持下，9个社区分别完成10家社区组织培育工作，其中白龙井社区“百老汇”志愿者服务队、体育场路社区筚路蓝缕志愿者服务队成为社区特色服务队，桃花岭社区“桃源居士”项目、白龙井社区“盒子的艺术”在市公益创投大赛中获三等奖。

【城市管理】 2023年，云集街道成立以街道执法中心为主体，果园路、夷陵路、二马路、小林园社区全员参与的工作专班。深入开展“云集路城市客厅创建暨云集路沿线广告店招整体优化工作”，重点对改造范围内的155家商户进行政策宣讲，改造升级立面、店招166块，面积3000余平方米，于9月15日完成整体改造工作。争取社会资金120余万元，落实27个旧改小区六大前置条件的置换保障工作。累计改造老旧小区127个，改造量占全区半数。累计加装电梯

128部，占全市城区加装电梯数量的一半。建成行署博物馆、桃核乐园、航天主题小区等一批群众喜闻乐见的文化休闲阵地。开展桃花岭—隆康路片区、体育场路社区创建“惠民推磨解难”行动。

【民生保障】2023年，云集街道积极落实低保户、特困户基础救助工作。全年新增低保10户10人，月保障金额共6429元；取消22户27人，涉及金额16627元；全年共发放低保金1213977元。充分发挥临时救助功能，全年共救助24人，救助金额50050元。通过发布幸福家园平台等11个项目，共筹集资金85858元。果园路、二马路社区党群服务中心提档升级，在社区内打造居家养老服务中心和幸福食堂，涵盖日间照料中心、老年人活动中心等。“爱满西陵、筑梦桃岭”社工站正式启动，为残疾人等困难群体有针对性地提供情绪管理、压力缓解、社会关系修复等心理疏导服务。

【打造云集路珠宝摄影婚庆特色街区】2023年2月25日，宜昌市2023溪林草地歌会首场活动在云集路举行。本土优秀音乐人、乐团现场演绎以爱为主题的歌曲。歌会现场举行“云集路珠宝摄影婚庆特色街打造”启动仪式。云集路始建于1917年，因“商贾云集”而得名。为发挥老街独特魅力，建设特色鲜明、人气兴旺、满铺开业的网红打卡特色街区，云集路启动珠宝摄影婚庆特色街区建设项目。

【农工党中央调研组开展基层社会治理工作调研】2023年6月14日，全国人大常委会委员、环境与资源保护委员会副主任委员、农工党中央副主席吕忠梅，省政协副主席、农工党省委会主委杨玉华一行11人到云集街道，围绕基层社会治理工作开展专题调研。调研组深入云集街道桃花岭社区，现场参观“美溪美物”手作艺术空间、贰月剧场、云集雅艺残疾人创培中心、dodo运动等社会组织活动基地，了解云集街道“推进五社联动助力共同缔造”系列活动以及社区社会组织孵育的经验做法。调研组充分肯定云集街道在社会组织孵育、推动城市社区治理方面所做的探索。

【宜昌市首台进驻社区AED正式启用】2023年6月21日，宜昌市首台进驻基层社区医务室的AED设备启用仪式在赵家湾社区医务室举行，由宜昌市卫健委统筹协调安装的自动体外除颤仪（AED）在赵家湾社区医务室正式投入使用。自动体外除颤仪（AED）是一种可被非专业人员使用的，用于抢救心脏骤停患者的便携急救设备。启动仪式上，市急救中心志愿服务队通过理论+实操的授课方式，为现场市民开展CPR+AED急救知识培训。

【宜昌首家“和谐劳动关系共同缔造”站点】2023年6月21日，宜昌首家“爱心驿站+零工驿站”相融合的“和谐劳动关系共同缔造”站点在西陵区卓悦广场正式启用。驿站配备桌椅、空调、冰柜、微波炉、充电器等服务设施，给户外劳动者休息空间。站点内提供企业招聘、机构培训、劳动维权、人社政策解读等服务，并实时更新，为企业和劳动者提供一站式、智慧化、标准化劳动关系公共服务。

（向掭翔）

◆西陵街道

【概况】西陵街道位于西陵区中部，西滨长江，南至西陵二路、西陵一路，东接运河，北与夜明珠街道、窑湾街道为邻，辖区面积5.78平方千米。截至2023年底，有常住人口43312户、67984人，下辖土街头、樵湖岭、石板溪、铁路坝、刘家大堰、香锦、绿萝路、土城路、常刘路、营盘路、船柴、大学路12个社区，划分127个网格。

2023年，西陵街道深化共同缔造推进党建引领基层治理体制机制创新，首创绘制共同缔造思维导图，创新“书记连心日”“365心服务”“敲门嫂”等工作品牌，承办全市党群连心站现场拉练会，“管事佬”案例荣获全市共同缔造路演三等奖。中央党校调研街道小区治理，肯定经验做法。完成天玺交房群体40户违建拆除。星创工作室被认定为“湖北省残疾人文化创意产业基地”，全市唯一。刘家大堰社区获评宜昌市清廉社区，船柴社区被命名为宜昌市党员干部教育基地、宜昌市示范老年学校。

【经济发展】2023年，西陵街道完成新签约亿元以上招商项目4个，签约协议总投资额13.08亿元，招商引资累计到位资金2.7亿元。引入优质商家入驻辖区，盘活约1.56万平方米闲置商业资源，实现社会消费品零售总额5.07亿元。引进4家重点税源企业，重点税源企业纳税合计3.81亿元。服务保障十六化建总部大楼入驻办公，有序推进拾乐坊城市特色潮流主题街区、温德姆花园酒店、温莎花园宴会中心、静纯总部大厦、西陵城市新天地广场等5个亿元招商项目入库纳统，新入库项目7个，累计完成固定资产投资6.73亿元。

【街道党建】2023年，西陵街道创新实施社区联盟共建，坚持强社带弱社，划分3个片区联盟，采取“一带N”模式，轮值举办“家庭文化节”“微治善行项目”等活动8场次，形成融合发展共同体。整合楼栋架空层、物业用房、商圈阵地，建立小区连心站78个、红领驿站16个、邻里会客厅3个，打造家门口会客厅、便民点。选优配强治理专班、聘请治理顾问指导、整合专项治理资金，推动龙腾佳苑等5个小区点状治理验收合格，实现从问题小区到幸福小区转变。打造石板溪“百溪荟”青创空间、“绿萝溪”众创空间，引进社会组织10余家，培育、引进市场主体21家，进一步促进青年创新创业。

【政治理论学习】2023年，西陵街道认真学习贯彻党的二十大精神，深入开展学习贯彻习近平新时代中国特色社会主义思想主题教育，发放学习资料3200本，通过理论中心组学习、支部主题党日、集中学习等多种形式，精研细读《习近平新时代中国特色社会主义思想专题摘编》《习近平谈治国理政》等读本。举办中心组学习22次、二十大专题辅导3次、理论宣讲活动12期，班子成员讲党课24次。

【党风廉政建设】2023年，西陵街道在公车使用、安全生产、保供保价等重要领域开展监督检查35次，发现问题23个，提醒督促整改到位。运用“第一种形态”处置30人。创新基层监督方式，完善社区“小微权力”清单，采取码上监督、一线接访、协商议事等方式，把监督触角延伸到群众身边。开展“纪法教育在支部”“纪律小课我来讲”等主题学习112次，开展“笔墨扬清风”清廉书画、清廉家庭评选等廉政文化活动13场次。

【民生保障】2023年，西陵街道帮助235名就业困难人员实现再就业，完成新增社保扩面864人，协助养老资格认证5000余人。新增低保12户14人，特困2人，临时救助28人，发放救助金59780元。对4名困难群众给予“大病关爱”，救助资金386216元。注册成立社区社会组织联合会，孵化成立社会组织220个。办理重残补贴27人，困难补贴12人，办理残疾证138人次，为88名残疾人开展托养服务。常态开展周末卫生日活动200次，清理卫生死角1341处、垃圾杂物857吨、野广告11218处，投放鼠药442公斤。开展无烟日宣传等健康教育活动134次，完成无偿献血88300毫升。完成二孩及以上生育补贴申报，其中幼儿保教费74人，一次性生育补贴40人，育儿补贴金45人。对172户计划生育特殊家庭进行日常管理，发放慰问金172000元。办理公租房补贴114人，办理公租房实物配租8户。

【平安创建】2023年，西陵街道深入推进全面依法治街，完成司法所标准化建设，补充街道“法律明白人”、调解员队伍共942人，开展反电诈“六进”活动21场次，防电信诈骗精准劝阻1500余人次。在全区率先挂牌成立全面依法治街委员会，研究出台《西陵街道办事处合法性审查工作规定》，审查把关各类合同18份，规范街道合法性审查工作。组织人民调解员和“法律明白人”培训4场次，调解各类矛盾纠纷492件。开展“法律六进”宣传活动60余场次，法治讲座46场次，提升居民群众法治意识。紧盯特殊人群，开展走访排查620人次，集中教育240人次，个别教育谈话340人次，推动矫正对象和安置帮教监管落地见效。“西陵街道‘红小二’妙解矛盾”经验被《湖北日报》刊载。

【城市管理】2023年，西陵街道大学路改线工程征收项目完成签约205户，签约率99%。持续治理城市容貌问题，配合做好文明创建、卫生城市复查、三峡大学百年校庆等活动保障，整改市容环境卫生160余起。打造北门外正街、绿萝

2023年5月19日，西陵街道举办“共同缔造　五社联动　党建引领基层治理”主题活动（西陵街办　提供）

路小学段净美街巷，共同缔造精美宜居小区。违建处置快销快结，拆除各类违法建设1255平方米，破解三江园胶囊房新难题。辖区107个停车场线上入户，全面实现资源共享。强化线上线下联动处置质效，办结交办的数字城管案件12229件。建设大件杂物堆放点47处，推进垃圾分类引导工作。

【文明创建】 2023年，西陵街道清理杂物232吨，整治蜘蛛网303条，清除卫生死角78处，接受省文明指数实地测评取得较好成绩。链接社会资源，组建志愿服务队伍133支，围绕长江大保护、“净滩”行动、“敲门”行动，开展“银丝服务”“筑梦课堂”“微爱联盟”等志愿服务活动186期。推进惠民解难攻坚工作，增设小区文化活动场地15处、公益广告牌及宣传栏12处、电动车充电棚29处，划分停车位392个，全面补齐民生领域短板，促进人民群众急难愁盼问题化解。

【共同缔造】 2023年，西陵街道围绕共同缔造4个试点任务，研究出台10个配套制度，统筹调拨100万元共同缔造基金，绘制思维导图，高位推进高效落实。在华祥CAZ商圈设置4个商业专属网格，建立“1中心+1驿站+N服务点”服务矩阵，解决商户难题128件，激活商圈楼栋自治。创新“书记连心日”“365心服务”“敲门嫂”等服务品牌，实施分类服务，实现“家门口”暖心服务。以“五社联动”激活社区治理，落实“微治善行”“银丝服务”等公益项目。推广“共同缔造工作坊”，协商募集资金65万元，推动15个楼栋微更新，推动民悦家园高压线迁改、祥和园管网改造等36个问题的解决。

2023年11月15日，西陵街道商会在华美达酒店召开换届选举大会

（西陵街办 提供）

【市政协主席王均成调研常刘路社区】 2023年1月31日，市政协主席王均成率市政协调研组一行11人，到常刘路社区调研社区政协委员工作站建设及工作开展情况，区委书记任蔚、区政协主席岳新梅等领导参加调研。街道党工委书记乔林介绍了街道政协委员工作室工作开展情况，常刘路社区党委书记刘丽就社区特色工作、华祥商圈“六大联盟”运用共同缔造理念做大同心圆、政协委员“协商在一线，委员在身边”等创新举措作汇报。调研组一行对常刘路社区政协委员工作站的工作充分肯定。

【社区联盟共建行动】 2023年4月14日，西陵街道在石板溪社区青创空间举行社区联盟共建行动启动仪式，街道党工委副书记、办事处主任黎明主持仪式，街道党工委书记乔林、组织委员宋兰英及各社区党委书记、副书记参加仪式。街道组织委员宋兰英解读《西陵街道社区联盟共建行动实施方案》，提出在街道建立以石板溪、船柴、常刘路为龙头社区的3个片区联盟，以“强社带弱社、先进带后进”，通过“一带N”帮带模式，开展社区结对共建，推进社区党建引领基层治理工作整体提升。3个联盟牵头社区的党委书记依次就联盟共建行动进行表态发言，并签署共建协议书。

【深化共同缔造引领基层治理主题活动启动仪式】 2023年5月19日，西陵街道“深化共同缔造推进党建引领基层治理”主题活动暨石板溪社区“微治善行”项目启动仪式在香格里拉小广场举行。活动现场对街道社工站进行授牌，为社区特色志愿服务队授旗，10余个社会组织进行项目展示，活动发布慈善基金倡议，居民开展自编自演的文艺汇演活动。

【依法治街委员会办公室挂牌成立】 2023年6月14日，西陵街道全面依法治街委员会办公室挂牌成立，区委常委、政法委书记、区委依法治区办主任周成刚出席并揭牌。召开西陵街道党工委全面依法治街委员会第一次会议，街道党工委书记、依法治街委员会主任乔林组织学习习近平法治思想，传达省市区有关文件精神，审议并通过了委员会工作规则和办公室工作细则等文件。

【中央党校调研石板溪社区小区治理】2023年7月27日，中央党校公共管理教研部副主任、教授宋世明，省委党校校委委员、教育长郝国庆一行调研西陵街道嘉明花园、香格里拉小区治理工作，市委党校常务副校长邹青松参加调研，区委书记任蔚陪同调研。中央党校调研组对于嘉明花园、香格里拉小区运用共同缔造理念推动居民参与小区建设做法给予肯定。

【西陵街道商会换届选举】2023年11月15日，西陵街道商会三届一次会员大会暨商会换届选举大会召开，40余家商会企业代表参加会议。大会听取并审议通过了西陵街道商会第二届理事会工作报告，并通过选举产生了西陵街道商会新一届领导班子成员。李杰当选为西陵街道商会会长，王梅芳、张明春、崔旭、王峻当选为商会副会长，陈玉娇当选为商会秘书长。

（王琳琳）

◆西坝街道

【概况】西坝街道位于西陵区西部，三面临江，辖区面积2.42平方千米（含黄草坝），截至2023年底，有常住人口23624人，辖甲街、幸福路、光明路、丫口、桥北等5个社区，核定网格62个。下辖68个基层党组织，其中社区党委5个、党总支1个、党支部62个，共有党员2200名。

2023年，西坝街道成功创建“湖北省生态街道”，举办全区“生态市民日”活动，被央视新闻报道，创新提出的“绿色低碳示范岛”被纳入《宜昌清洁能源之都规划》。渔民驿站、生态法治公园申报省级法治示范场景。建成全岛便民服务中心，工作经验被省、市报道。创建幸福路社区24小时城市数字书房，作为全市现场点迎接文化部调研。对建设路（西坝一路—西坝二路）段进行改造，实施长江岸线生态修复工程。全面推行“六大部”改革、综合行政执法改革，作为全区样板先行先试。

【经济发展】2023年，西坝街道新增“限上”企业11家，“四上”企业数总数达33个。第二产业产值136.7亿元，第三产业产值7亿元，全口径税收达8696万元，固定资产入库13个，完成投资11.69亿元。完成60天腾退土地7.47公顷，保障宜昌大剧院项目用地，获市委主要领导大会点名肯定。创办“330”人才节、“五一”烧烤节、首届肥鱼节、“端午之夜”夜经济系列活动15场，引流破200万人次。西坝不夜城获评全省特色商业街，作为全市唯一代表，在全省夜间消费聚集区建设工作会议上作交流发言。

【街道党建】2023年，西坝街道深化党建引领基层小区治理精细化，创建省级品牌2个，市级品牌3个。以长电18、19号楼省级样板楼栋治理经验为依托，打造“王奶奶的小红书”党建品牌，被市级共同缔造案例库收纳。打造“同岛工会情，党群心连心”连心站试点，建成38个小区党群连心站。引进稻草圈圈社会组织进驻幸福路社区，引进赞友救援志愿服务组织。发挥党员示范作用，新培育1家注册社会组织“一片彬心公益室”。

【党风廉政建设】2023年，西坝街道结合支部主题党日、“我是主讲人”和集中夜学，制定学习清单18项，开展“双周学”20次。104名机关社区干部交心谈心、警示教育全覆盖。围绕文明创建、大数据核查、安全生产等工作进行监督检查，印发工作通报17期。开展违规吃喝、财务账目、工程建设领域等专项监督21次，发现并督促问题整改65个，运用“第一种形态”批评教育33人次。打造陆抗清廉文化广场，幸福路社区王淑莲家庭被评为2023年度“宜昌市清廉家庭”。自编自导自演的警示教育片《精心围猎终自毁》、Vlog《监督看得见》在中纪委网站刊发，镜头稿在《楚天风纪》、省纪委网站刊发9次。

【体制机制改革】2023年，西坝街道首创机关运行“大部制”，建立能上能下动态管理机制，机关“四办三中心”实行竞岗双选，梳理出6大归口创新实施“大部制”，成立“大经济、大民生、大执法、大平安、大党建、大督查”工作组，干部能上能下、竞岗双选调整面达57.9%，最大化实现人岗相适。率先探索综合行政执法改革路径，组建“大执法工作委员会”，转内部综合为外部协调、由条状管理转块状治理，出台街道城市综合改革实施方案，带头实行城市管理工作网格化。

【平安创建】2023年，西坝街道坚持常态化解和重点稳控相结合，紧盯全国、省、市“两会”和十六届省运会等重要时间节点，将辖区重点人稳控在位，辖区无赴省进京和非访情况发生，化解1起9年信访积案和1起7年信访积案。全年共处理大小矛盾纠纷540余起。张贴

西坝建设路整改前后对比图 （西坝街办 提供）

平安创建宣传海报14000余份，开展相关讲座16场次，共12000名居民安装防电诈APP，发放宣传折页、一封信14000余张。开展律师进社区活动12次，解决问题8件。

【城市管理】2023年，西坝街道率先试点“推磨解难”城市综合治理片区化工作，探索建立工作方案、运行机制流程图和应用场景等。全力推进葛洲坝公房清退28块空地环境改造、“三供一业”遗留问题整改、大件杂物垃圾堆放点建设、违建拆除、垃圾分类等工作，高效实施城市综合治理“推磨解难”。拆除违法建设27处1062.28平方米，拆违进度排全市前列。争取资金对辖区建设路(西坝一路—西坝二路)实施维修改造，实施西陵区西坝段生态环境建设工程，督促达门船厂整改污染问题，推进西坝大江沿线生态修复。开展“十不见”“十文明”专项整治行动，开展“最美阳台”“流动小红旗”“周六志愿日”等主题活动20余场，累计200余名志愿者加入创建行动，清理垃圾杂物共计200余车、野广告564余处、卫生死角268余处、烟头100余袋，整治出店经营、乱停乱放、乱牵乱挂等问题2000余处。落实“一日双巡”制度，制止露天喷漆、露天焚烧等问题32起。开展河道巡查，联合打击非法捕捞，清运河道垃圾4车次5吨。

【安全生产】2023年，西坝街道开展全市首次集合人员疏散、水域救援、消防火灾、废墟搜救为一体的综合性演练，辖区全年未发生较大安全稳定事故。检查民康药厂、达门船舶等重点企业65次，检查辖区生产经营单位、住宅小区1300余次，发现隐患155处，整改153处。送达责任清单1200余份，签订企业安全生产主体责任承诺书1000余份，下达安全隐患整改函15份。发送各类安全提示信息1.2万余条，制作宣传展板16块，街道、社区举办安全知识讲座19次，发放各类宣传资料11000余份，张贴“四关五清、防一氧化碳中毒”宣传贴7000余份,张贴电动自行车综合治理宣传画2000余份。

【民生保障】2023年，西坝街道聚焦特殊群体，发放低保金2424220元、救助金64000元、临时救助金60500元，困难残疾人生活补贴127540元、护理补贴274700元，申报大病关爱19711元。启动“幸福家园”社区互助项目，筹集居民捐款2.32万元。开展残疾人技能培训、阳光驿站烘焙等活动50余场，为辖区41户困难残疾人办理居家托养，为6名困难残疾人家庭进行无障碍改造。发布线上招聘会及待岗直播40余场，参加线下招聘会11场，发布就业岗位8000余个，办理失业登记132人，就业困难认定150人，就业登记126人，失业人员再就业率达96%。

【便民服务】2023年，西坝街道打造全岛1个便民服务中心，实现“15分钟政务服务圈”办事零距离，延伸拓展承接惠民服务，全年承接104项服务事项，接待居民6000余人次。聚焦“一老一小”，新建光明路社区、丫口社区2家幸福食堂营业状况良好，满足居民就餐需求。桥北社区托育中心成功建设，填补辖区0~3岁幼儿托育服务空白。5个社区居家养老服务场所实现全覆盖，日接待老年人数400余人。

（雷庆萍）

◆葛洲坝街道

【概况】葛洲坝街道地处西陵区西北部，辖区东起东山大道，西临三江航道，南与西陵街道毗邻，北抵葛洲坝坝头三号船闸。葛洲坝街道办事处机关驻地樵湖二路74号。辖区面积1.73平方千米，截至2023年底，有常住居民22820户、37402人，划分75个网格。下辖基层党组织98个(社区党委7个，党支部91个)，在册党员3778人。

2023年，葛洲坝街道街社联动组织党员培训48次，开展中心组学习12次，其中集中研讨3次。

召开民主生活会2次，组织生活会1次，支部主题党日活动12次，专题研究意识形态工作6次、意识形态风险领域排查9次，邀请网评专家专题辅导，组建“风起三三零”网评学习小组。

【经济发展】2023年，葛洲坝街道全年累计完成新入库项目10个，亿元以上项目5个，固定资产投资10.6亿元。全年完成亿元以上新签约项目3个，1—12月亿元以上新签约项目协议投资额18亿元，全口径招商引资到位资金8亿元，“进规”净增1家，“进限”净增15家。深入落实“首席服务官”制度，坚持定期走访为企纾困。长樵溪社区筑梦众创空间、锦绣社区创新·创业·创投服务中心被授予区级“孵研协同”试点单位。依托社区众创空间、商贸大厦青年创业中心，全年引进33家企业入驻。培育孵化4家国家高新技术企业，申报科技型中小企业8家。争取葛洲坝集团439万元资金，完成对葛洲坝步行街、葛洲坝中心商业街的改造升级。其中，葛洲坝步行街作为西陵区3个入选单位之一被表彰为市级特色商业街。联合三峡晚报拍摄葛洲坝步行街“爱上葛洲坝”宣传视频。围绕“商业引爆、品牌引领、消费引导、特色引流”目标，选取辖区优秀商户开展“探店330”系列拍摄宣传视频10期，总点击数达到20万人次。

【街道党建】2023年，葛洲坝街道新成立18个小区党支部，推进锦绣、东湖、东方社区“党委”成员调整及社区“两委”班子运行情况调研，38名“两委”成员全覆盖交心谈心。锦绣社区荣获“全国先进基层群众性自治组织”、首届宜昌市“书记工作室”暨全市党建引领智慧社区建设创新实践基地等荣誉。推行小区党支部书记、业委会主任交叉任职，街道党工委书记逐一“过筛子”，对10个支部履职意愿不强、履职能力欠缺的班子成员及时调整。建设完成7个社区党建工作品牌。

【民生保障】2023年，葛洲坝街道不断优化服务水平，提升人居品质。依法依规对206户、240名低保对象开展帮扶。发放5.3万元临时补助金，帮助27户、28名困难群众渡过生活难关。实施重大民生实事项目人大代表票决制，组织召开2023年重大民生实事项目票决会，集中票决年度重大民生项目6个。推进街道、社区养老服务体系全覆盖，完成适老化改造9家、60余处，推动各社区开设日间照料中心，清波路社区养老服务中心接受农工党中央副主席吕忠梅一行调研并得到肯定。长樵溪社区荣获2022年度省级卫生先进单位表彰。优化惠民资金使用流程，全年拨付资金156万元，惠民基础设施不断完善。发动“幸福家园”村社互助线上募捐、社区“扶贫帮困”等慈善项目，筹集善款近17万元。

【社区治理】2023年，葛洲坝街道召开街道“大工委”会1次、社区“大党委”会21次、小区“大支部”会164次，25家包联单位领办服务事项148个，重点协助11个党群连心站建成投入使用，统筹力量同题共答。深化共同缔造推进基层治理，锦绣社区被表彰为“全国先进基层群众性自治组织”；长樵溪社区馨岛国际名苑小区作为全市唯一城市小区被纳入全省深化共同缔造试点，被省住建厅纳入“在职党员回小区任职”试点；东湖社区机电花苑小区、三江小学家属区通过市级点状治理验收，工作经验被省住建厅肯定。锦绣社区共同缔造打造一刻钟便民生活圈作为全国60个创新案例之一被商务部推介。推动既有住宅小区加装电梯“愿装尽装”，清波路社区被列为全市加装电梯整社区推进试点社区，加梯经验被新华网推介，全市首家加装电梯的社会公益服务组织——宜昌市宜加梯电梯加装服务中心在东湖社区机船小区挂牌成立。

2023年3月17日，宜昌市委书记熊征宇在葛洲坝中心菜市场调研督导全国文明典范城市创建工作

（葛洲坝街办 提供）

【基层监督】2023年，葛洲坝街道开展“共同缔造，我来监督”活动。制定葛洲坝街道党工委关于加强基层监督工作的实施方案。建立“街道监督中心—社区廉情监督站—小区清风哨—楼栋中心户”四级监督体系，打造街道政治生态分析研判平台和议事决事平台，推动党内监督和群众监督同向发力。围绕提升政务服务质效主题，召开街道政治生态分析研判会议，收集议事决事问题4个，解决小区地锁安装、油烟污染等问题4个。用好社区小微权力一点通系统，做到6个板块信息公开全覆盖。

【平安法治】2023年，葛洲坝街道立足优化法治化营商环境，成立葛洲坝商事调解委员会，并在长樵溪社区和西峡社区分别设立商事流动调解庭，开展商事调解案件6起，其中1起为跨越三省的涉知识产权纠纷。建设锦绣社区和长樵溪社区法官工作室，开展模拟法庭、法律咨询和民事调解。建立“三三〇调解室”和“老邱个人调解室”，开展人民调解骨干及法律明白人培训7次，其中专项培训2次，会前培训5次，不断提升人民调解专业能力。创立“云上普法”品牌，通过创作普法小剧场、抖音在线直播等形式开展线上云普法。引进专业心理健康服务组织，建成西陵区社会心理服务培训实训基地，宣传各种科普性心理知识，推进重点群体心理健康服务全覆盖。

【长江大保护】2023年，葛洲坝街道围绕长江大保护典范城市创建，持续开展生态文明建设。编制《葛洲坝街道流域综合治理和统筹发展三年行动方案》，建成全省首个长江大保护盒子广场，创新开展囤碳、葛洲坝记忆展等参与式活动5次。探索“碳积分”试点，打造智能投放点19个，引进小睿机器人15个，设置智能回收箱体9个，建设可回收“囤碳”旗舰店2处，开展碳积分试点小区2个，设置积分兑换机1台。组建3支社区长江大保护志愿服务队，辖区学校师生、企业职工和退休党员近百人主动参与巡江志愿服务活动。锦绣社区被评为全省生活垃圾分类示范创建工作先进社区，长樵溪社区清江樵湖小区获评宜昌市2022年度垃圾分类示范小区，清波路社区1人荣获市级“分类达人”称号。

2023年6月30日，西陵区综合行政执法局葛洲坝街道分局正式揭牌
（葛洲坝街办 提供）

【“家住三三〇·月是故乡明”——迎中秋、庆国庆大型文艺展演活动】2023年9月27日，市文旅局联合市群艺馆、区文旅局、葛洲坝街办、区文化馆、锦绣社区及三峡农商银行葛洲坝支行共同举办“家住三三〇·月是故乡明——迎中秋庆国庆”群众文艺展演活动，活动在葛洲坝街道锦绣广场举行。活动现场表扬10个葛洲坝街道最美社区社会组织，进行人才保障、文明创建、廉洁文化等方面的知识有奖问答，并推出舞蹈《花好月圆》、杂技《锅碗瓢盆的变奏曲》等10个表演，全体齐唱《这世界那么多人》。辖区党员、群众200余人参加活动。

（彭丰羚）

◆夜明珠街道

【概况】夜明珠街道位于城区西部，东起平湖大酒店，南至东山大道中心线与西陵街道交界，西抵平湖半岛与夷陵区接壤，北邻窑湾街道，辖区面积4.24平方千米（不含水域面积）。截至2023年底，有常住人口3.3万户、51950人，辖10个社区59个小区96个网格。街道党工委下辖110个基层党组织，其中社区党委10个，机关支部1个，社区支部93个，“两新”支部6个，共有党员3190名。

2023年，夜明珠街道围绕人居环境改善，推进镇镜山片区惠民解难攻坚行动，解决一批急难愁盼问题。探索危旧改试点工作，完成望10地块筒子楼拆除，协同葛洲坝片区筒子楼解危安置1136户。城市更新工作多次受省、市领导调研及肯定。街道被确定为省级“基层劳动关系公共服务站点”。平湖馨苑社区获评“全国示范性老年友好型社区”、省级“侨胞之家”，肖家岗社区获评“湖北省综合减灾示范社区”，常家湾社区工作者汪波获得第二届全国优秀网格员荣誉称号，峡口小区高分通过全市第一批“点状治理”试点验收工作。

2023年8月6日，省住建厅党组书记、厅长刘丰雷现场调研夜明珠街道危旧改工作 （夜明珠街办 提供）

【经济发展】2023年，夜明珠街道完成平湖码头、亚行养老综合服务PPP示范项目征收工作，实现净地交付。夹湾路改造项目顺利推进。宜昌首家超五星级酒店喜来登落地辖区，三峡游轮中心地上主体部分、三峡花苑二期开工建设，亚行贷款养老综合服务PPP示范项目主体封顶。完成新签约亿元以上项目3个，新入库项目8个，新开工亿元以上项目6个，完成率120%。全口径招商引资到位资金完成6.82亿元，属地全口径税收超过3亿元。举办银企对接会3次，组织辖区58家重点企业与三峡农商行、邮政银行等金融机构对接沟通，落实融资贷款金额500余万元。32名首席服务官积极服务重点税源企业110家，每月走访联系，传达惠企政策，解决问题诉求，掌握税源企业异动，喜获嘉奖令69份。

【街道党建】2023年，夜明珠街道开展学习贯彻习近平新时代中国特色社会主义思想主题教育，街道100个支部全覆盖按学习计划推进，发放主题教育读本《习近平新时代中国特色社会主义思想专题摘编》3200本。开展书记讲给书记听13场次，班子专题讲党课8次，组织中心组学习及研讨15次，交流主题教育学习体会3000余人次。组织开展街道“能上能下”竞岗双选，中层岗位调整面达76%。每月组织1次社区党务工作者夜学，开展党务知识大比武7次。开展党员大走访，摸排党员需求260余个，解决问题240余个，例如制氧厂小区天然气开通。

【党风廉政建设】2023年，夜明珠街道专题研究部署党风廉政建设和清廉建设工作4次，班子成员带头到挂点社区讲专题廉政党课11次。全年查办问题线索7件，立案4件，党纪处分4人，回访教育2人，澄清正名2起。运用“第一种形态”处理34人次。结合季度作风建设监督检查要求，开展正风肃纪明察暗访、专项检查52次，发现问题45个。面向党工委全体班子成员、“四办三中心”岗位开展廉政风险排查，排查风险点20个，并逐一形成防控措施。针对九届区委第二巡察组第二轮巡察反馈问题，推动完善街道公共资源交易、固定资产管理办法等内控制度共计46项。召开违规吃喝专项整治动员会，签订承诺书58份。开展“四风”领域专项检查52次，发现并整改问题45个。承拍的警示教育片《失职的代价》在中纪委网站发布，做实“纪法教育在支部”，组织观看警示教育片12场，学习党纪法规22次，开展纪法知识测试2次。开展清廉主题活动60余场。做实基层监督，镇平路社区搭建“山岗板凳会-民情恳谈会-社区听证会”议事监督平台，成功开通全市第一条“F”型公交线路，获得市纪委监委领导肯定。

【意识形态】2023年，夜明珠街道围绕共同缔造、文明创建等主题累计完成重要新闻稿件1858篇。其中荆楚网、湖北日报客户端等中省媒体724篇，三峡日报、三峡商报等市级媒体累计发布439篇，三峡西陵网累计发布695篇，组织网评员跟帖70余次。多样化开展党的二十大精神、共同缔造等主题宣讲近20场次，开展市级文艺宣讲进社区1场，各社区主动开展文化文艺活动上百场次，汇集辖区居民群众近万人。每月对辖区意识形态风险点开展研判，妥善处理涉公房清退、基础建设等网络舆情、不当言论15例，妥善处置新媒体网络舆情2次，全年未发生重大负面舆情。开展扫黄打非专项检查30余次，检查辖区枫叶书屋等出版物经营场所38家次。

【平安创建】2023年，夜明珠街道主动化解矛盾纠纷，累计排查化解矛盾纠纷249起。对接平湖半岛拆迁群体，签订息诉罢访承诺书2份。成立"家事调解站"，稳控平湖半岛、巡游出租车维权、恒大购房维权等重大涉稳群体，稳妥处置鹌鹑包小区物业矛盾、云林花苑产权证办理纠纷、三峡花苑二期建设矛盾等群体性事件。办结信访件310件，满意率99.2%。深入开展安全隐患排查整治，排查整治各类风险隐患问题48处，完成夹湾路地下管网和明珠中学化粪池改造，平稳度过汛期，全年未发生安全生产责任事故。

【民生保障】2023年，夜明珠街道落实辖区504户低保户、1020名残疾人政策保障，完成2022人灵活就业社会保险补贴申报。新增公租房租赁补贴12人，实物配租12人，为低收入群体提供住房保障。关心关爱居民健康，免费为辖区5962名适龄妇女开展"两癌"筛查。引入宜昌市首家社区智慧健身中心落地镇平路社区，启动镇平路社区0~3岁幼儿托育项目和大堰湾社区居家养老服务站建设。首推手工作品"江豚成成"，获得全国美术作品专利证书，并获市级媒体推介。大堰湾星起点艺术团荣获宜昌市第十三届广场舞(健身操舞)大赛集体一等奖。开展"代表·企业·居民"面对面系列活动，组织基层人大代表参与"西苑美食街特色街区""屈子廊"建设等集中活动4次、代表小组活动10次，累计参与人数70多人次，践行全过程人民民主。

【城市更新】2023年，夜明珠街道践行共同缔造理念，探索城市更新"西陵路径"。推进39个老旧小区改造，涉及总户数16904户，总建筑面积127.37万平方米，楼栋421栋，预计总投资额1.26亿元。桔园山庄、静苑小区纳入老旧小区改造首开区建设，截至年底共开工小区12个。6月，启动望洲岗路10号地块危旧改试点项目，推进原拆原建。9月11日，望洲岗路18号筒子楼完成拆除，危旧改试点项目迈入拆除重建阶段。成立10个危旧房合作改造联合社，肖家岗路A片区23、25号联合社入社率达100%。协同葛洲坝片区筒子楼解危安置1136户，占全区任务量近76%。

2023年6月27日，夜明珠街道召开庆"七一"表扬大会，"大工委"共治联席会暨深入贯彻落实党的二十大精神、全力建设长江大保护典范城市——文明市集进社区音乐会

（夜明珠街办 提供）

【高质量发展暨能力建设大会】2023年2月14日，夜明珠街道召开2023年高质量发展暨能力建设大会、社区党委书记党建述职评议、述责述廉大会。会议通报表扬2022年度"能干成事"先进个人，安排部署全年工作。

【省住建厅党组书记、厅长刘丰雷调研夜明珠街道危旧改工作】2023年8月6日，省住建厅党组书记、厅长刘丰雷一行，在区委书记任蔚，区委副书记、区长梅卫民陪同下，对夜明珠街道危旧改工作进行现场调研。刘丰雷指出要积极探索运用合作社模式，引导居民深度参与，用好市场化的方式推进危旧房改造。

【市委书记熊征宇调研夜明珠街道危旧房改造工作】2023年6月15日、7月28日、9月12日、11月19日，市委书记熊征宇先后四次到夜明珠街道调研危旧改工作。强调要深入学习贯彻党的二十大精神，认真落实省委、省政府关于开展危旧房改造试点的决策部署，运用共同缔造理念推动工作走深走实，更好满足人民群众对美好生活的新期待。

（吴　丽）

◆窑湾街道

【概况】窑湾街道位于西陵区东北部，街道办事处机关驻黄河路8号，东接伍家岗区，西邻夜明珠街道，南望宜昌高新区，北靠夷陵区，辖区面积27.75平方千米。截至2023年底，有常住人口53918人。下辖石板社区（村）、茶庵社区（村）、后坪社区（村）、东山社区（村）、沙河社区（村）、大树湾社区（村）、黑虎山社区（村）、唐家湾社区（村）、望洲社区、峡州社区、黄河路社区、朝阳路社区、金斗山社区共13个社区（村），70个网格。

2023年，窑湾街道坚持以“片区高质量发展”为抓手，各项工作稳步推进。望洲岗片区自建房清理整治工作全市进度第一，街道获评全市“五大片区改造先进集体”。全年新落地亿元以上项目7个，其中，5家过亿元，东湖高新、七巧连云2家过10亿元。招商引资协议投资额107亿元，占全区46%。净增规上工业企业5家，全区占比100%；新申报规上服务业7家，限上贸易业39家。新申报高新技术企业21家，全区占比45.7%；成功招引纳税20万元以上税源企业40家，纳税10万元以上企业261家，全年完成属地全口径税收3.9亿元。

【经济发展】2023年，窑湾街道聚焦46个区级重点项目，首创“项目主推官”制度，新入库固定资产投资项目21个，推动7个亿元项目开工入库，完成固定资产投资35.8亿元，占全区31%。组织接待团队、企业、商协会考察90余次。围绕全市“3+2”主导产业精准招商，成功签约七巧连云、康鑫医药等一批高效益项目；规上工业总产值及增速、地方税收占地区生产总值比重均居全区第一。高标准做好企业服务，聚焦250余家重点税源企业，把准市场主体需求靠前服务。创建9家“孵研协同”试点，唐家湾生命健康产业园破题新赛道，与三峡大学开展“研孵协同”。

【街道党建】2023年，窑湾街道全年共组织党工委中心组集中（扩大）学习36次。深化下基层察民情解民忧暖民心实践活动，班子成员累计下沉社区、小区、企业走访229次，领办实事14件，协调28家市、区包联单位实施共建项目75项，争取资金在黄河路社区建成宜昌市“示范老年学校”。持续深化干部培养，组织街道40名机关干部开展“能上能下、竞岗双选”，调整干部岗位10%以上。推荐6名机关干部到上级部门跟班学习。选拔16名后备干部到村充实队伍力量。聚力打造“两新”党建示范带，新成立非公企业党支部3个，建成陵新驿站、陵新加油吧53个，打造流动党员之家13个，引导22个“两新”党支部与社区、小区结对共建。

【党风廉政建设】2023年，窑湾街道召开党风廉政建设大会，印发《党风廉政建设工作要点》，部署5个方面12项工作重点。全年开展监督检查76次，督促问题整改85个，印发通报3期。立案5件，党纪处分6人，恢复党员权利1人，澄清正名4人，容错减责1人，党工委及班子成员运用“第一种形态”处理74人次。聚焦议事决策、岗位履职等排查廉政风险163个，制定防控措施192个。探索建立街道党工委议事决事监督机制，11个诉求得到现场研究并反馈。打造茶庵社区（村）屈子堂、村史馆，望州社区家风主题广场、清廉文化广场，后坪社区（村）安置房小区清廉文化景观等，茶庵社区（村）、后坪社区（村）分别荣获清廉村居省级、市级典型村称号。严格执行纪律教育融入党员干部全周期管理和纪律教育在支部的要求，全年组织召开警示教育大会3次，街道、社区各党支部严格落实诵纪、知纪、敬纪、释纪、评纪，扎实开展纪律处分条例、政务处分法以及中央八项规定精神等方面的党纪法规教育。

【项目建设】2023年，窑湾街道征迁1125户，交地11块共64.4公顷。60天完成沙河黄家湾环境整治项目从启动到净地交付，30天化解搁置10年的路泰、北京城建公司清场问题。“户数全市最多、遗留问题全区最多、群体最复杂”的望洲自建房清理整治项目全市率先完成。实现挂网成交经营性用地近20公顷，创历史新高；东湖高新、七巧连云等投资20亿元以上产业项目先后落地。

【民生保障】2023年，窑湾街道抓好街道低保户的新增、取消、调整工作。截至年底，辖区共有低保户196户、262人，发放低保金164515元；有城市特困人员10人，发放特困供养金18031元。全年新增低保户54户、68人，月保障金额共37059元；低保清退14户、18人。办理高龄补贴新增100人，月增补贴金额10100元，在册高龄老人494人，月补贴金额共53300元。全年办理临时救助100人次、204239.65元。争取移民后扶资金1100万元，启动东山村省级美丽家园项目、望洲七组基础设施综合整治改造项目建设；完成1709套安置房初始登记；沙河、唐家湾社区完成土地划拨手续；8个小区成

2023年2月10日，窑湾街办举办“窑湾片区2023年高质量发展大会”
（窑湾街办 提供）

功申报宜昌市“美好家园”、12个项目成功评选“西陵区优质物业服务项目”。祥和残疾人基地获省残联志愿助残服务项目三等奖，迎接省市区调研13次；成立全区首个街道级社区社会组织联合会，获全市公益创投大赛三等奖；积极推动“互联网+政务服务”向基层延伸，街道获区基层政务服务技能竞赛二等奖。

【社区建设】2023年，窑湾街道突出共同缔造，推动建设美好家园。28家单位包联13个社区（村），完成75个共建项目。翠林别院“点状治理”经验在《三峡瞭望》推介。共41个小区党群连心站建成并达标。争取资金在黄河路社区建成窑湾街道老年学校，被评为宜昌市“社区示范老年大学”。打造“红领驿站”“红领加油吧”53个。推进后坪片区创建惠民攻坚解难项目，聚焦8个点位15项群众需求，解决“老大难”问题。持续加强志愿服务队伍品牌建设，“后坪社区禁渔护鱼志愿服务队”被纳入宜昌市首届长江大保护志愿服务联盟。辖区文明新风典型事例在省、市主流媒体刊登稿件10篇。

【集体经济】2023年，窑湾街道首创《关于激励村干部发展壮大村集体经济指导意见》，开展“三赛三比三争”村级项目拉练。创新“村企合作”项目建设模式，吸引瑞佳新能源项目投资落地，新增村级产业发展用地1公顷；规模8000平方米的三峡农创园（一期）建成并满仓投产；智喜机器人、宜草堂药业等规上企业在村集体园区落户，村级经营性资产满仓率超80%，村集体经营收入同比增长27.6%。茶庵社区作为全市唯一城区代表，在省住建厅交流社区改造城市股份合作社试点工作。

【平安创建】2023年，窑湾街道创新性开展“爱心家访多帮一”，化解缠绕多年的信访积案2起，其中1件（历时3年多的信访积案）在全区经验交流。全年共接收网上信访件367件，办理362件，办结率98.6%；初信初访11件次，化解6件次。接待上访群众93批次，参与人数127人次，共排查调处矛盾123起，调处成功117起，调解成功率95%。峡州“绣花工程”试点工作迎接国家禁毒专家调研指导。辖区电诈案发数下降38%。高效推进“强安固盾”及重大事故隐患排查专项行动，全力做好安全隐患动态清零百日攻坚、冬季火灾集中治理“百日会战”，建立辖区风险隐患动态台账，确保辖区地灾、燃气、溺亡、命案等领域无重大安全事故发生。严格落实食品安全“两个责任”，组织培训18次，指导社区包保干部58名、市场主体433家，全年食安督导完成率100%，辖区企业注册率100%，包保干部承诺书签订率100%；公示牌、食品安全宣传画等张贴率100%。

【环境保护】2023年，窑湾街道深化共治共建共享格局，省住建厅专题听取小区改造城市股份合作社试点工作汇报；新增新建停车位1300个；清理违建64处近1万平方米；办理城管数字平台投诉4452条、办结率99.9%；街道获全市第三批公共机构生活垃圾分类示范点。不断推进生态文明，黄柏河沿线“四乱”整治全面完成，茶庵社区（村）获评2023年湖北省生态村，唐家湾社区（村）获评全省垃圾分类工作先进社区。

（向宇辰）

人物·荣誉

◆先进人物

表36　　2023年西陵区获得市级及以上“先进个人”荣誉情况一览表

类　别	荣誉称号	授奖部门	获奖人姓名	单位及职务
全国先进个人	全国最美家庭	中华全国妇联	马向宇	宜昌市公安局交警支队西陵大队樵湖中队指导员
	全国公安机关成绩突出民警	公安部、中华全国总工会	李　俊	西陵公安分局刑事犯罪侦查大队大队长
	全国“无废学校”创建先进个人	《环境教育》杂志社、中国环境文化教育专家委员会	张幼君	二十五中教联体党总支书记
	第二届全国优秀网格员	中国通信工业协会网格化分会	汪　波	夜明珠街道常家湾社区网格员
全省先进个人	全省教育先进个人	省教育厅	曾朝平	西陵区葛洲坝实验小学教研组长
	最美基层民辅警	省公安厅	李　俊	西陵公安分局刑事犯罪侦查大队大队长
	湖北省劳动模范	省总工会	张彦宁	宜昌船舶柴油机有限公司高级工程师
	省金牌劳动关系协调员	省协调劳动关系三方委办	樊友华	西陵区劳动人事争议仲裁院院长
	全省检察机关“素能提升年”活动暨办理指导性案例贡献突出检察人员	省人民检察院	邓国清	西陵区人民检察院第一检察部主任
	年度优秀办案检察官	省人民检察院	万志高	西陵区人民检察院第二检察部主任
	2022年度全省检察机关信息工作表现突出个人	省人民检察院	吴　焱	西陵区人民检察院司法行政事务管理局副局长
	集中用餐单位食品安全问题专项治理行动先进个人	省食安办	赵婷婷	区市场监管局餐饮服务监督管理股股长
	荆楚书香家庭	省妇联、省委文明办	汪　莉	西陵区爱心之家家庭教育指导中心讲师
			宋　斌	西陵区云益家社会组织服务中心副理事长、五福家庭教育指导中心负责人
全市先进个人	全国“两会”期间平安稳定工作表现突出个人	市委平安办	刘华荣	西陵公安分局民警
	市党建引领、基层治理先进个人	市委、市政府	何三华	窑湾街道茶庵社区党总支书记、居委会主任
			丁代新	窑湾街道峡州社区党委书记、居委会主任

续表

类　别	荣誉称号	授奖部门	获奖人姓名	单位及职务
全市先进个人	全市安全生产工作先进个人	市安委会	邹　振	区应急管理局党委委员、副局长
	宜昌市最美家庭	市妇联、市委文明办	王淑莲	幸福路社区西坝一路电厂小区居民
	最美志愿者	市委宣传部、市委文明办	权春银	西陵公安分局法制大队退休民警
	市招商引资工作先进个人	市招商局	韩莉娟	西陵经济开发区党工委委员、副主任
	全市党委信息工作突出个人	市委办	王熠辉	区纪委监委办公室主任
	市纪检监察新闻宣传优秀通讯员	市纪委	忽子祺	区纪委监委组宣部部长
	助力流域综合治理重大专项工作中的先进个人	市人民检察院	陈琪雯	西陵区人民检察院五级检察官助理
	2022年度全市检察理论与应用研究优秀成果和调研先进个人	市人民检察院	张志谭	西陵区人民检察院第一检察部副主任
	2022年度宜昌检察新闻宣传优秀通讯员	市人民检察院	蔡　航	西陵区人民检察院一级科员
	宜昌楷模	市委宣传部	查运红	宜昌市中心人民医院领导班子成员
			胡晓勇	西陵区葛洲坝实验小学体育教师
			张晓琼	宜昌市启智亲子公益活动中心负责人
	宜昌好人	市委文明办	汪成伟	西陵区学院街道气象台小区党支部书记
			彭子珈	一米阳光青少年公益服务中心理事长
			苗　毅	宜昌市汇丰原汽车出租有限公司的士司机
			舒　晨	宜化集团首席专家、氯碱产业副总裁
			杨瑞成	宜昌新明瑞建筑装饰工程有限公司总经理
			张　星	宜昌市公安局交警支队西陵大队民警
			张　艺	西陵区学院街道尚书巷社区居民
	第八届宜昌市道德模范	市委文明办	冉晓俊	长江三峡通航管理局基建办公室副主任
			舒　晨	宜化集团首席专家、氯碱产业副总裁
			谭昌喜	西陵公安分局西坝派出所所长
	第八届宜昌市道德模范提名奖	市委文明办	张　捷	西陵区青少年校外活动中心退休职工
	新时代好少年	市委宣传部、市委文明办、市教育局、团市委、市妇联、市关工委	何泽昊	葛洲坝实验小学502班学生
	社情民意先进工作者	市政协	刘中华	区政协农业和农村委员会主任
	新闻宣传先进工作者	市政协	谢凤琴	区政协办副主任
	优秀社员、参政议政先进工作者	九三学社宜昌市委会	谭　升	区政协办八级职员
	人民武装部建设优秀个人	宜昌军分区	王　伟	区人武部保障科长

◆二等功以上退役军人

黄海波，男，汉族，中共党员，1983年10月出生。2002年从宜昌市第二中学考入空军长春飞行学院（现空军航空大学）。现为94850部队上校飞行员。2022年，在年度工作中因工作表现突出，中国人民解放军94850部队政治工作部给予战备训练二等功奖励一次。2023年，被中国人民解放军94850部队政治工作部评为年度“四有”优秀军官。

◆百岁老人

【概况】2023年，西陵区新增龚光海、刘敬吉、李如炳3位百岁老人，另有6位百岁老人年内去世。至年末，全区健在百岁老人15人，年龄最大的106岁。

【徐巧云简历】徐巧云，女，1920年3月25日生，现年103岁，居住在桥南小区桥头路。1965年至1988年在中华鲟研究所从事临时工，后自购居民养老。丧偶，育有5个女儿，平时生活长期由二女儿照顾。身体状况良好，生活基本能自理，爱好种花、听歌、走太极步。

【郑必秀简历】郑必秀，女，1919年12月23日生，现年104岁，居住在沿江大道68号世纪欧洲城。育有1子3女，长期跟随大女儿居住。老人乐观开朗，心态极好，子女照顾也很尽心，生活很幸福。

【黄春华简历】黄春华，女，1921年12月20日生，现年102岁，居住在西陵区云集街道山庄路。老人腿脚不便，爱好养花，目前和女儿居住在一起，家庭和睦。

【张淑梅简历】张淑梅，女，1921年4月4日生，现年102岁，居住在城东大道16号。丧偶，育有6个子女，平时生活长期由四女儿照顾，喜爱养植花草、小鸟，身体状况良好，生活基本能自理。

【史廼英简历】史廼英，男，1919年5月6日生，现年104岁，居住在刘家大堰社区，退休前在部队工作，育有4个子女。为人正直谦和，宽以待人，生活勤俭，工作勤恳，乐于助人。2000年由小女儿从老家陕西省宝鸡市接来宜昌市一起生活，家庭和睦。

【张开秀简历】张开秀，女，1917年12月14日生，现年106岁，居住沙河村五组。老人性格开朗，为人和善，身体硬朗，生活能够自理，儿孙四代同堂，家庭和睦幸福。

【陈传翠简历】陈传翠，女，1922年11月13日生，现年101岁，居住在绿萝路，育有一子，现与儿子媳妇一同居住。老人除因白内障引起的失明外，精神状态良好，思路清晰，四代同堂，家庭和睦。

【刘义贞简历】刘义贞，女，1922年2月6日生，现年101岁，居住在东锦苑。育有4个子女，现与小儿子共同生活，老人卧床，行动不便。

【王德辉简历】王德辉，女，1922年11月11日生，现年101岁，居住于点军区湖景名苑。老人育有3子4女，现与三儿子一起居住。

【周翠莲简历】周翠莲，女，1922年11月7日生，现年101岁。1943年来到宜昌生活，于1964年进宜昌市面条厂工作。退休后每天坚持做三件事，收看电视《新闻联播》，关心国家大事；看天气预报，安排好一天的生活出行；邻里之间聊天问候，相处和睦。

【颜学淑简历】颜学淑，女，1922年2月8日生，现年101岁，居住于伍临路13号东郡。老人育有2子5女，建委单位退休人员，生活不能自理，耳背，视力不佳，现由小女儿照顾老人起居饮食。

【杨舜华简历】杨舜华，女，1922年1月17日生，现年101岁，居住在葛石子岭社区石子岭路。老人是葛洲坝集团三峡建设工程有限公司退休职工，现与小儿子共同居住生活。老人日常生活非常规律，早睡早起，饮食清淡，身体状况良好。

【龚光海简历】龚光海，男，1923年8月10日生，现年100岁，居住在常刘路社区体育场北路。宜昌市服装厂退休职工，平时由几个子女轮流照顾他的饮食起居，老人耳背，无基础疾病，日常生活比较规律，身体状况良好。

【李如炳简历】李如炳，男，1923年1月12日生，现年100岁，居住在白龙井路。原为619部队随军工人，长期与儿子一家共同生活，平时生活规律，身体状况良好。

【刘敬吉简历】刘敬吉，男，1923年10月1日生，现年100岁，居住在胜利三路。老人是710研究所退休干部，现由儿子照顾，老人性格开朗，身体状况良好。

◆先进集体

表37　　2023年西陵区获得市级及以上“先进集体”荣誉情况一览表

类别	获奖单位	荣誉称号	授奖部门
全国先进集体	西陵区	中华诗词之区	中华诗词学会
	机关事务服务中心	全国节约型机关	国家机关事务管理局、中央直属机关事务管理局、国家发改委、财政部
	宜昌达门船舶有限公司焊工组	全国工人先锋号	中华全国总工会
	西陵区纪委监委	报网宣传工作先进工作单位	中央纪委国家监委新闻传播中心
		学刊用刊工作先进单位	《中国纪检监察》杂志社
	西陵区教育局	教育新闻宣传示范单位	《中国教育报》编辑部
	平湖馨苑社区	全国示范性老年友好型社区	国家卫健委
	二马路社区	全国“城市社区博爱家园示范点”	中国红十字会
全省先进集体	西陵发布(微信公众号)	走好网上群众路线“百佳新媒体账号”	省委网信办
	西陵区国家保密局	全省“保密宣传教育下基层”优秀基层保密部门	省国家保密局
	西陵区人民检察院	2023年度全省检察机关信息工作表现突出集体	省人民检察院
	西陵区市场监督管理局	全省市场监管系统2022年度企业年报公示工作先进单位	省市场监督管理局
		全省市场监管领域“双随机、一公开”监管工作先进单位	省市场监督管理局
		全省网络市场监管工作先进单位	省市场监督管理局
		全省市场监管系统2023年度经营主体严重违法失信行为专项治理行动先进单位	省市场监督管理局
	西陵公安分局政保大队	2022年度全省反恐怖工作成绩突出集体	省反恐怖工作领导小组
	葛洲坝检察院第二检察部	2018-2022年度全省检察机关先进集体	省人民检察院
	葛洲坝派出所	2022年度全省平安医院创建活动表现突出集体	省公安厅、省卫健委
	西陵区消防救援大队	2023年度全省消防救援队伍“先进大队”	省消防救援总队
		2023年度全省消防救援队伍执勤训练工作“先进大队”	省消防救援总队
	西陵区“扫黄打非”工作小组办公室	全省“扫黄打非”工作先进集体	省“扫黄打非”工作小组、省人社厅
	西陵区社会治理综合服务中心	全省政法智能化建设先进单位	省委政法委
	常刘路小学	全省民族团结进步示范单位	省民宗委
	宜昌市城区方济各堂	湖北宗教界宗教中国化历史教育基地	省民宗委

续表

类别	获奖单位	荣誉称号	授奖部门
全省先进集体	学院街道办事处	湖北省生态环保街道	省生态环境保护委员会办公室
		全省防灾减灾示范街道	省减灾委员会、省应急管理厅
		中华诗词示范街道	省中华诗词学会
	西坝街道办事处	湖北省生态环保街道	省生态环境保护委员会
	学院街道商会	湖北省“四好商会”	省工商联
	桃花岭社区	全省统一战线“同心聚力·共同缔造”实践创新基地	省委统战部
	区税务局	中华诗词示范机关	省中华诗词学会
	墨池巷社区	中华诗词示范社区	省中华诗词学会
	桃花岭小学	中华诗教先进单位	省中华诗词学会
	绿萝路小学	中华诗教先进单位	省中华诗词学会
	丫口社区	2022—2023年度湖北省“侨胞之家”典型选树单位	省侨联
	平湖馨苑社区	2022—2023年度湖北省“侨胞之家”典型选树单位	省侨联
	茶庵社区	湖北省生态村	省生态环境保护委员会办公室
		清廉村居建设省级典型村	省农业农村厅
	唐家湾社区	省级垃圾分类示范社区	省垃圾分类领导小组办公室
	东山社区	湖北省大学生社区实践计划优秀工作单位	省团委学校部
	土城路社区星创工作室	2023年省级残疾人文体基地	省残联办公室
	锦绣社区	湖北省社区教育体验基地	省社区教育指导中心
	长樵溪社区	卫生先进单位	省爱卫会办公室
	沙河社区	全国民主法治示范村(社区)	省司法厅
	幸福路社区	湖北省2023年大学生社区实践计划优秀工作单位	团省委
	葛洲坝街道“锦绣汇”	全省新阶层人士统战工作实践创新基地	省委统战部
	西坝不夜城	2023年湖北省特色商业街	省商务厅
	铁路坝小吃一条街	2023年湖北省特色商业街	省商务厅
		2023年省级夜间消费集聚区	省发改委
	三峡创谷	2022年度省级小型微型企业创业创新示范基地	省经信厅
		湖北省大学生创业孵化示范基地	省人社厅

续表

类别	获奖单位	荣誉称号	授奖部门
全市先进集体	区委组织部	“强产兴城”先进集体	市委、市政府
	学院街道办事处	党建引领基层治理先进集体	市委
	西陵区消防救援大队	全市安全生产工作“先进单位”	市安全生产委员会
	西陵区工商联	全市工商联工作优胜单位、宣传工作突出单位	市工商联
	西陵区人武部军事科	机关服务基层先进科	宜昌军分区
	西陵区人民法院	2021—2022年度文明单位	市委、市政府
	西陵区税务局	2021—2022年度文明单位	市委、市政府
	西陵区财政局	2021—2022年度文明单位	市委、市政府
	西陵经济开发区管委会	2021—2022年度文明单位	市委、市政府
	区机关事务服务中心	2021—2022年度文明单位	市委、市政府
	西陵街道办事处	2021—2022年度文明街道	市委、市政府
	西坝街道办事处	2021—2022年度文明街道	市委、市政府
	窑湾街道办事处	2021—2022年度文明村	市委、市政府
	锦绣社区	宜昌市实施筑堡工程暨党建引领基层治理先进集体	市委、市政府
		2022年宜昌市优秀红十字志愿服务组织	市红十字会
	石板溪社区	2021—2022年度文明社区	市委、市政府
	土街头社区	2021—2022年度文明社区	市委、市政府
	营盘路社区	2021—2022年度文明社区	市委、市政府
	铁路坝社区	2021—2022年度文明社区	市委、市政府
	土城路社区	2021—2022年度文明社区	市委、市政府
	望州社区	2021—2022年度文明社区	市委、市政府
	幸福路社区	2021—2022年度文明社区	市委、市政府
	桥北路社区	2021—2022年度文明社区	市委、市政府
	清波路社区	2021—2022年度文明社区	市委、市政府
	东湖社区	2021—2022年度文明社区	市委、市政府
	茶庵社区	2021—2022年度文明村	市委、市政府
	东山社区	2021—2022年度文明村	市委、市政府
	石板社区	2021—2022年度文明村	市委、市政府
	沙河社区	2021—2022年度文明村	市委、市政府

附　录

◆组织机构及负责人名录

【中共西陵区委、区委各委部办局及负责人】

中共西陵区委员会

书　　记　任　蔚(女,2023年12月免)
副 书 记　梅卫民
　　　　　梅　军(2023年4月免)
　　　　　李发兵(2023年8月任)
常　　委　任　蔚(女,2023年12月免)
　　　　　梅卫民
　　　　　梅　军(2023年4月免)
　　　　　李发兵(2023年8月任)
　　　　　王　巍(2023年8月免)
　　　　　曹红国
　　　　　付　波
　　　　　黄　明
　　　　　罗春芳
　　　　　周成刚
　　　　　覃家彦
　　　　　胡　明
　　　　　覃　涛(2023年9月任)

中共西陵区纪律检查委员会

书　　记　付　波
副 书 记　胡静波
　　　　　江　奕(女)
常　　委　杨　伟
　　　　　吴林鹤
　　　　　殷瑞华
　　　　　阮永田

区监察委员会

主　　任　付　波
副 主 任　胡静波
　　　　　江　奕(女)
委　　员　殷瑞华
　　　　　阮永田
　　　　　李　琴(女)
　　　　　肖　清

区委办公室

主　　任　黄　明
常务副主任　郭从京(2023年6月任)
副 主 任　李湘玲(女,2023年7月免)
　　　　　马　军(2023年11月任)
　　　　　张海峰
　　　　　王　卅(2023年8月免)
　　　　　田曜维(2023年8月任)

区委组织部

部　　长　曹红国
常务副部长　郑玲玲(女)
副 部 长　刘贤成
　　　　　孙新星

区党员电化教育中心

主　　任　王娟娟(女)

区委宣传部

部　　长　覃家彦

常务副部长　黎　锦(女,2023年3月免)
副 部 长　颜志强
　　　　　骆薇琳(女,2023年4月任)

区委统战部

部　　长　曹红国
常务副部长　郭从京(2023年6月免)
　　　　　　熊仁举(2023年6月任)
副 部 长　宋　军
　　　　　尤艳华(女)
　　　　　王晓晴(女)

区台湾事务办公室

主　　任　郭从京(2023年6月免)
　　　　　熊仁举(2023年6月兼任)

区委政法委员会

书　　记　周成刚
常务副书记　李兵(2023年4月免)
副 书 记　陈　超
　　　　　黄正兵(2023年4月任,12月免)

区委政策研究室

主　　任　宋菊丽(女)
副 主 任　廖天启(2023年8月免)

区委保密委员会

专职副主任　马　军

区委机要和保密局(区国家保密局、区国家密码管理局、区专用通信局)

局　　长　李湘玲(女,2023年7月免)
　　　　　马　军(2023年11月任)

区委机构编制委员会办公室

主　　任　刘贤成
副 主 任　王金华(女)

区委直属机关工作委员会

书　　记　黄　明
常务副书记　张　苏
副 书 记　罗映红(女)

区委巡察工作领导小组办公室

主　　任　吴林鹤
副 主 任　马军威

区信访局

局　　长　张海峰
副 局 长　周　键(女)
　　　　　晁永峰

区群众来访接待服务中心

主　　任　李建军

区档案馆(区史志研究中心)

馆　　长　宋怀青
副 馆 长　文子明(2023年8月免)
　　　　　张红钢(2023年8月任)
　　　　　田曜维(2023年8月免)

区人才服务中心

主　　任　孙新星(2023年4月免)
　　　　　徐　苏(女,2023年5月任)
副 主 任　李发新(2023年8月免)
　　　　　陈彦霖(2023年8月任)

区融媒体中心

主　　任　颜志强
副 主 任　骆薇琳(女,2023年3月免)
　　　　　熊　炜
　　　　　李正超(2023年11月任)

【西陵区人民代表大会常务委员会及其各部门各专门委员会和负责人】

西陵区人民代表大会常务委员会

党组书记、主任　张祖铭
党组副书记、副主任　彭登华
党组成员、副主任　陈　取
　　　　　　　　　刘　燕(女)
　　　　　　　　　席群英(女)
　　　　　　　　　朱　敏(女)
　　　　　　　　　李红萍(女)

区人大常委会办公室(研究室)

主　　任　黄庭新
副 主 任　张雪君(女)

区人大常委会法制委员会

主任委员 郭德学

区人大常委会财政经济委员会

主任委员 曾 毅(女)

区人大常委会社会建设委员会

主任委员 万国海

区人大常委会代表选举联络人事任免工作委员会

主 任 宁文化

区人大常委会预算工作委员会

主 任 田 军

区人大常委会社会事务工作委员会

主 任 陈 伟

【西陵区人民政府及区直委办局和负责人】

西陵区人民政府

党组书记、区长 梅卫民
党组副书记、常务副区长 胡 明
党组成员、副区长 王 巍(2023年8月免)
覃 涛
李宏智(2023年11月免)
镇国庆(2023年11月任)
沈爱华(2023年7月免)
杨 明
周运春
王锦林(2023年11月任)
副 区 长 姜 媛(女)
党组成员 宋 恩(2023年8月任)
程江洲(2023年10月任)
张 正

区政府办公室

党组书记、办公室主任 张 正
党组成员、副主任 李 衡
李发新(2023年9月任)
许 波(2023年9月任)
田 柳(女,2023年9月挂职)
党组成员 肖 燕(女,2023年9月免)
吴 桐(2023年6月免)
别里曼(女,2023年6月免)

区城市运行管理中心

主 任 杨 明
副 主 任 张 正
李 衡
程 喆

区发展和改革局

党组书记、局长 林爱梅(女)
党组成员、副局长 李葛陵(女,2023年9月免)
桓秀东(2023年9月任)
副 局 长 包 琳(女)
党组成员 秦宇宙(2023年9月任)

区教育局

党组书记、局 长 田俊生
党组成员、副局长 郑 凯(2023年9月免)
覃江红(女)
张永红(女,2023年9月任)
何广袤

区科学技术局

党组书记 叶怀东
局 长 李宁致(女)
党组成员、副局长 郭敏尧

区经济和信息化局

党组书记 叶怀东(2023年4月免局长职务)
局 长 李宁致(女,2023年4月任)
党组成员、副局长 陈文俊(2023年9月免)
副 局 长 高 伟

区民族宗教事务局

局 长 宋 军
副 局 长 周 勇(2023年9月免)
柳 钢(2023年12月任)

区民政局

党组书记、局长 王 毅
党组成员、副局长 张莉莉(女)
覃海军

区社会救助服务中心

主 任 冯万静(女)

区司法局

党组书记、局长　宋金波(2023年4月免)
李　兵(2023年4月任)
党组成员、副局长　杨爱兰(女,2023年8月任)
李九利(女,2023年8月免)
李云华
党组成员、社区矫正管理局局长
范晓华(女2023年11月任)

区财政局

党组书记、局长　郭　静(女)
党组成员、副局长　李葛陵(女,2023年9月任)
姜声智
许　波(2023年9月免)
张泽涛
党组成员、总会计师　郭芙蓉(女,2023年8月免)
党组成员　牟　森(2023年8月任)

区财政监督中心

主　　任　熊星宇

区国库集中收付中心

主　　任　牟　森

区非税征收服务中心

主　　任　简茹鑫(女)

区人力资源和社会保障局

党组书记、局长　张　云
党组成员、副局长　陈　林(女)
徐　苏(女,2023年5月免)
刘　睿(女,2023年5月任)
苏展昭(2023年6月挂职)

区劳动人事争议仲裁院

院　　长　樊友华

区公共就业服务中心主任

主　　任　李卉姝(女)

区劳动监察大队

大 队 长　肖　炜

区住房和城乡建设局

党组书记、局长　陈迎东
党组成员、副局长　董丽婷(女)
李青伟

区房产物业综合服务中心

主　　任　宋志勇

区综合行政执法局

党组书记、局长　朱晟求
党组成员、副局长　赵亚婷(女,2023年6月任)
陈国义(2023年2月任)
路　涛(2023年2月免)
杨　帆(2023年2月任)
马　甲(2023年4月任)

区城市管理监察大队

大 队 长　杨　帆(2023年2月免)
陈国义(2023年9月任)
教 导 员　汪　波
副大队长　汪　鸣
刘华峰
李　伟

区园林绿化管护中心

主　　任　李　童
副 主 任　李　里
胡小舟
杨宗波
陈　博(2023年9月任)

区夷陵广场管护中心

主　　任　李　童(兼任)
副 主 任　高明书(女,2023年9月免)
胡　艳(女,2023年12月任)

区白龙公园管护中心

主　　任　李　童(兼任)
副 主 任　李　里

区环境卫生管护中心

主　　任　黄　鹏(2023年2月任)
副 主 任　项　瑜(女)

区市政设施管护中心

主　　任　杨　锟

区水利局

党组书记 周忠来
局 长 顾远顺
党组成员、副局长 李 晟
黎 平(2023年9月免)
汪 俊(2023年9月任)

区商务局

党组书记、局长 熊仁举(2023年6月免)
别里曼(女,2023年6月任)
党组成员、副局长 谭 玲(女)
副 局 长 姜 杰(2023年4月任)

区文化和旅游局

党组书记、局 长 刘明强
党组成员、副局长 张永红(2023年9月免)
罗 曼(2023年9月任)
苏 洲

区卫生健康局

区政协副主席、局长 夏 楠
党组书记 蔡奇志
党组成员 刘 平(2023年3月任)
党组成员、副局长 李艳丽(女)
卢雁鸣
副 局 长 张春芳(女)
邬宗庆

区疾病预防控制中心

主 任 邬宗庆
副 主 任 刘昌宜(2023年5月任)
姜 江(2023年5月任)

区退役军人事务局

党组书记、局 长 谭 宜
党组成员、副局长 陈长青
汪 俊(2023年9月免)
周 勇(2023年9月任)

区退役军人服务中心

主 任 吕扬帆(女)

区应急管理局

党委书记、局长 谭 端
党委委员、副局长 邹 振
路 涛
党委委员 张小林

区应急管理综合执法大队

大 队 长 张小林

区审计局

党组书记、局长 杨 林
党组成员、副局长 熊星宇
李茜茜(女)
党组成员、总审计师 王 萍(女)

区经济责任审计服务中心

主 任 王华珺(女)

区市场监督管理局

党组书记、局长 曾庆胜
党组成员、副局长 郑 凯(2023年9月任)
张红钢(2023年9月免)
向朝霞(女)
李 瑞(2023年1月任)
党组成员 彭 伟

区统计局

党组书记、局 长 宋 菊(女)
党组成员、副局长 姜 江(2023年9月任)
刘依玲(女)
党组成员 朱广南
陈文闻(女)
王洪莉(女,2023年9月免)

区医疗保障局

党组书记、局 长 李海华
党组成员、副局长 邹 勇

区地方金融工作局

党组书记、局 长 杜 辉
党组成员、副局长 刘爱红(女,2023年4月任)

区招商局

党组书记、局 长 向 姗(女,2023年6月免)
牵头负责人 王晓聪(女,2023年8月任)

党组成员、副局长　陈国飞
谈　婧(女)
副 局 长　熊　垚(女,兼任)

区政务服务和大数据管理局

党组书记、局　长　别里曼(女,2023年6月免)
吴　桐(男,2023年6月任)
党组成员、副局长　范晓华(女,2023年12月免)
副 局 长　陈　继(女,2023年12月任)
党组成员、大数据中心主任　姚　睿

区机关事务服务中心

党组书记、主　任　李　强(2023年7月免)
张　鹏(2023年9月任)
党组成员、副主任　陈明宇
卢秀芳(女)

区公共资源交易中心

党组书记、主　任　吴　桐(男,2023年6月任)
副 主 任　王剑峰
陈　继(女,2023年12月免)

区住房保障服务中心

党组书记、主　任　黄圣民(2023年9月免)
黄正兵(2023年12月任)
党组成员、副主任　李　宏
王　磊

区现代服务业发展中心

党组书记、主任　吴　桐(2023年6月免)
副 主 任　陈　涛

湖北西陵经济开发区

党工委书记、管委会主任　王锦林(2023年10月免)
党工委副书记　毛志远(兼任)
纪工委书记　杨　伟
党工委委员、管委会副主任　韩莉娟
范　亮
管委会副主任　肖　燕(女,兼任)
李　双(挂职)
办公室主任　姜　江(2023年8月免)
项目建设部部长　王　进
产业规划部部长　李羽洁(女)
投资促进部部长　易　波(2023年4月任)
创新发展部部长　向伟民
企业服务中心主任　付雪峰(2023年12月任)

区服务葛洲坝片区工作委员会

党组书记、主任　宋　恩(2023年8月任)
党组成员、副主任　王　红
党组成员、副主任　王晓宇(2023年9月任)
党组成员、副主任　胡　启(2023年9月免)
社会事务科(城市管理科)科长　万雄兵
综合协调科科长　鲁　蕊
产业发展科科长　吴江鹏(2023年12月任)

湖北西陵城市发展集团有限公司

党委书记、董事长　宋　恩(2023年8月免)
党委副书记、总经理　梁佑彬
党委副书记、副总经理　郭小华
党委委员、纪委书记　余金波
党委委员、副总经理　姜　明
副总经理　彭竹青(挂职)

【政协西陵区委员会及其工作部门和负责人】

政协西陵区委员会

党组书记、主　席　岳新梅(女)
党组副书记、副主席　朱文胜
党组成员、副主席　蔡道国
副 主 席　黄　华
毛中林
党组成员、秘书长　阚发权

区政协办公室

主　　任　阚发权
副 主 任　谢　旭(女)
谢凤琴(2023年12月任)

区政协委员工作委员会

主　　任　张昌满
副 主 任　陈　芳(女,兼)

区政协提案工作委员会

主　　任　田保华
副 主 任　彭　昱(兼)

区政协经济委员会

主　　任　杨　迪

副 主 任 韩莉娟(女,兼)

区政协人口资源环境城建委员会

主　　任 张燕雄
副 主 任 戴进才(兼)

区政协农业和农村委员会

主　　任 刘中华

区政协教科文卫体委员会

主　　任 李宁致(女,兼)
副 主 任 钟　娟(女,兼)

区政协文化文史和学习委员会

主　　任 潘　巍
副 主 任 宋兰英(女,兼)

区政协民族宗教社会法制委员会

主　　任 宋　军(兼)
副 主 任 邓华丽(兼)

区政协港澳台侨和外事委员会

主　　任 郭从京(兼,2023年12月免)
熊举仁(兼,2023年12月任)
副 主 任 杨　路(兼)

宜昌高新技术开发区联络组

主　　任 覃　旻(女,兼)
副 主 任 刘　飞(兼)

【群众团体及负责人】

区总工会

主　　席 覃家彦
常务副主席 王道庆
副 主 席 陈　颖(女)

共青团西陵区委员会

书　　记 黄　飞
专职副书记 罗　曼(女,2023年9月免)
兼职副书记 高静雯(女)
汪敦远
戴进才(2023年11月任)

区妇女联合会

主　　席 熊晓梅(女)
副 主 席 王晓宇(女,2023年8月免)
挂职副主席 周姝含(女)
兼职副主席 李　萍(女)
郝玉洁(女)
梅　亮(女)

区工商业联合会

主席(总商会会长) 姜　媛(女)
党组书记、常务副主席、总商会副会长
尤艳华(女)
党组成员、专职副主席、总商会副会长
江沛恩(2023年8月免)
邹　婧(女,2023年8月任)
党组成员 周文倩(女,2023年11月任)

区文学艺术联合会

主　　席 董　梅(女)
副 主 席 梁　潇(女)

区残疾人联合会

理 事 长 王　毅
副理事长 邹远峰

区归国华侨联合会

主　　席 王晓晴(女)
副 主 席 熊　垚(女)

区红十字会

会　　长 姜　媛(女)
党组书记 蔡奇志
党组副书记 刘　平
副 会 长 王岸蓉(女)

【西陵区各街道及负责人】

学院街道

党工委书记 黄　战
党工委副书记、办事处主任 李昌松(2023年1月免)
高小卒(2023年1月任)
人大工作委员会主任 刘　函(女)
党工委副书记兼政法委员 赵龙舟
党工委委员、纪工委书记、区监委派出监察室

主　　任　周　源（女）
党工委组织委员兼宣传委员、统战委员
钟　娟（女）
党工委委员、办事处副主任
鄢　鹏
胡　华
解放路步行街管委会副主任
姜　杰（2023年4月免）
朱　晓（2023年5月任）

云集街道

党工委书记　冯文姬（女）
党工委副书记、办事处主任　李晓春
人大工作委员会主任　王　军
党工委副书记　田民钦（2023年6月免）
党工委副书记兼政法委员　王　卅（2023年8月任）
党工委组织委员兼宣传委员、统战委员
陈　芳（女）
党工委委员、纪工委书记、区监委派出监察室主任
田宜溶
党工委委员、办事处副主任
邹　婧（女，2023年9月免）
杨　晨（女，2023年12月任）
党工委委员、办事处副主任、武装部长　辛　磊
党工委委员、云集派出所所长　冯　军
党工委委员、二马路社区党委书记　陈正庆
办事处副主任　唐敏锐（挂职，2023年7月免）
杨　勇（挂职，2023年7月任）

西陵街道

党工委书记　乔　林
党工委副书记、办事处主任　黎　明
人大工作委员会主任　魏荣健
党工委副书记兼政法委员　张　鹏（2023年8月免）
党工委委员、纪工委书记、区监委派出监察室主任
陈文俊（2023年8月任）
党工委组织委员兼宣传委员、统战委员
宋兰英（女）
党工委委员、办事处副主任　韩荥泰
刘　振
办事处副主任　邓志钢

西坝街道

党工委书记　高小卒（2023年1月免）
李昌松（2023年1月任）
党工委副书记、街道办事处主任
梁　徽（2023年1月任）
人大工作委员会主任　王　胜
党工委副书记兼政法委员　傅　磊（2023年9月任）
党工委委员、纪工委书记、区监委派出监察室主任
李玉琳（女）
党工委组织委员兼宣传委员、统战委员　彭　昱
党工委委员、办事处副主任　何　颖（女）

葛洲坝街道

党工委书记　韩　亮
党工委副书记、办事处主任　贾　璞（女）
人大工作委员会主任　屈　玲（女）
党工委副书记兼政法委员　杜　严
党工委组织委员兼宣传委员、统战委员　邓华丽
党工委委员、纪工委书记、区监委派出监察室主任
邹雨舟（2023年8月免）
陆丁一（女，2023年8月任）
党工委委员、办事处副主任、人武部部长
向长奚
党工委委员、办事处副主任　邹鑫雨
办事处副主任　王　蓉（挂职）

夜明珠街道

党工委书记　涂　超（女）
党工委副书记、办事处主任　卓　念
人大工作委员会主任　吴俊华（女）
党工委副书记兼政法委员　陈　宇
党工委组织委员兼宣传委员、统战委员　杨　路
党工委委员、纪工委书记、区监委派出监察室主任
韩苗苗（女）
党工委委员、办事处副主任　朱　涌
刘　洋（2023年8月免）
叶圣龙（2023年8月任）

窑湾街道

党工委书记　毛志远
党工委副书记、办事处主任　高　锐
人大工作委员会主任　蔡发云
党工委副书记兼政法委员　黄正兵（2023年4月免）
李　超（2023年8月任）
党工委委员、纪工委书记、区监委派出监察室主任
李　敏（女）
党工委组织委员兼宣传委员、统战委员　戴进才

党工委委员、办事处副主任　黎　平
王　莉（女）
熊　辉（女）
谢登彪
党工委委员、窑湾派出所所长　王文琦
办事处副主任　李正松

【垂直管理机构及负责人】

西陵区人民武装部

政治委员　罗春芳
部　　长　邹　勇（2023年10月免）
查永力（2023年10月任）
副 部 长　贺恩华（2023年10月免）
李　俊（2023年10月任）

市公安局西陵区分局

党委书记、局长　李宏智（2023年11月免）
镇国庆（2023年11月任）
党委委员、党委副书记、政委　何　伟
党委委员、副局长　鲜于运国
郑继兵
吴风勇
郑世荣
夏　昊
党委委员、政治安全保卫大队大队长　周向东
党委委员、政治教导大队大队长　胡　坤

西陵区人民法院

党组书记、院长　李广盛
党组副书记、副院长
李浩民（2023年3月免党组副书记、2023年4月免副院长）
黎　锦（女，2023年3月任党组副书记、2023年4月任副院长）
党组成员、副院长
唐　静（女，2023年3月免党组成员、2023年4月免副院长）
罗　斌（2023年8月任党组成员、2023年9月任副院长）
龚万青
党组成员、政治部主任兼综合办公室主任
许　斐（2023年12月兼任综合办公室主任）
党组成员、执行局局长　丁　戎
审判委员会专职委员　尹暹宾
黄正康

葛洲坝人民法院

分党组书记、院长　阮思军
分党组成员、副院长　林　波
严光俊（2023年8月免）

西陵区人民检察院

党组书记、检察长　谭国虎
党组副书记、副检察长　李　颖
党组成员、副检察长　王　兵
杜　静（女）
党组成员、政治部负责人　彭革文
检察委员会专职委员　刘　军
郑　凯

葛洲坝人民检察院

分党组书记、检察长　张　红（女）
分党组成员、副检察长　毛志华
彭仲华
分党组成员、政治部主任　罗渊渊

区税务局

党委书记、局长　黄　雄
党委委员、副局长　李　维（2023年8月免）
杜少华
吴小华（2023年8月任）
杜　旭
龙向荣
党委委员、纪检组组长　张开顺（2023年10月免）
王文普（2023年11月任）

市自然资源和规划局西陵区分局

局　　长　田　波
副 局 长　李守才
王范荣
杨建康

市生态环境局西陵区分局

党组书记、局　长　张政亮
党组成员、副局长　余　曼（女，2023年3月免）
党组成员　李　萌（2023年7月任）

区消防救援大队

教 导 员　杜全胜
大 队 长　李华杰
副大队长　吴　非

西陵交警大队

大 队 长　胡　钦
教 导 员　龙　健
副大队长　李传松
　　　　　鲜碧松

◆新任领导

李发兵简历

李发兵，男，汉族，1972年1月生，湖北宜昌人，1996年9月参加工作，1998年3月加入中国共产党，大学学历。1992年9月至1996年6月，湖北农学院果树专业学习；1996年6月至1996年9月，毕业待分配；1996年9月至1998年5月，宜昌县桥边镇团委书记、党政办主任；1998年5月至1999年11月，共青团宜昌县委办公室副主任、主任；1999年11月至2001年7月，宜昌县晓峰乡党委组织委员（1999年7月至2000年12月华中科技大学经济学专业研究生课程进修班学习）；2001年7月至2001年10月，宜昌市夷陵区晓峰乡党委组织委员、团委书记；2001年10月至2002年6月，宜昌市夷陵区委组织部副科级组织员；2002年6月至2006年2月，宜昌市夷陵区委组织部综干科科长；2006年2月至2008年5月，宜昌市夷陵区委组织部干部科科长；2008年5月至2010年8月，宜昌市夷陵区委组织部纪检员、干部科科长（正科级）；2010年8月至2011年9月，宜昌市夷陵区樟村坪镇党委副书记、常务副镇长；2011年9月至2014年6月，宜昌市夷陵区樟村坪镇党委副书记、镇长；2014年6月至2016年10月，宜昌市夷陵区分乡镇党委书记、人大主席；2016年10月至2016年10月，宜昌市夷陵区委办公室副主任；2016年10月至2019年9月，宜昌市夷陵区龙泉镇党委副书记、镇长（副县级）（2019年2月晋升三级调研员）；2019年9月至2021年9月，宜昌市夷陵区委常委，龙泉镇党委书记，三级调研员；2021年9月至2021年11月，宜昌市夷陵区委常委，区政府党组副书记，三级调研员；2021年11月至2023年8月，宜昌市夷陵区委常委，区政府副区长（协助区长负责政府日常工作）、党组副书记，三级调研员；2023年8月至今，宜昌市西陵区委副书记，三级调研员。

覃涛简历

覃涛，男，土家族，1978年5月出生，湖北长阳人，2001年11月参加工作，2007年6月加入中国共产党，大学学历。1997年9月至2001年7月，西南林学院园林专业大学学习；2001年7月至2001年11月，待业；2001年11月至2003年11月，长阳园林管理所职工；2003年11月至2007年12月，西陵区建设与环境保护局科员；2007年12月至2012年1月，湖北西陵经济开发区建设局局长（副科职）；2012年1月至2015年12月，湖北西陵经济开发区工委委员、副主任；2015年12月至2016年3月，宜昌市西陵区窑湾乡党委副书记；2016年3月至2016年10月，宜昌市西陵区窑湾乡党委副书记、乡长；2016年10月至2016年11月，宜昌市西陵区窑湾乡党委书记；2016年11月至2017年12月，宜昌市西陵区窑湾乡党委书记、人大主席；2017年12月至2018年2月，宜昌市西陵区窑湾街道党工委书记（2017年11月至2018年1月，省委党校2017年秋季第二期新任乡镇党委书记培训班学习）；2018年2月至2019年4月，宜昌市西陵区窑湾街道党工委书记，一级主任科员；2019年4月至2020年6月，宜昌市西陵区窑湾街道党工委书记，四级调研员；2020年6月至2020年9月，湖北西陵经济开发区党工委书记、管委会主任，西陵区窑湾街道党工委书记（其间：2020年6月至2020年7月在市委党校2020年全市领导干部综合能力提升专题培训班学习）；2020年9月至2021年8月，宜昌市西陵区政府党组成员，湖北西陵经济开发区党工委书记、管委会主任；2021年8月至2021年11月，宜昌市西陵区政府党组成员；2021年11月至2023年9月，宜昌市西陵区政府副区长、党组成员；2023年9月至今，宜昌市西陵区委常委，区政府副区长、党组成员。

普布玉珍简历

普布玉珍，女，藏族，西藏加查人，2006年7月参加工作，2008年6月加入中国共产党，大学学历。2002年9月至2006年7月，西藏民族学院外语系英语专业学习；2006年7月至2012年9月，西藏自治区山南地区乃东县政府办公室科员（其间:2006年7月至2007年4月西藏自治区乃东县泽当镇人民政府锻炼）；2012年9月至2015年10月，西藏自治区山南地区乃东县发展和改革委员会副主任（其间：2013年9月至2014年9月抽调至西藏自治区山南地区乃东县雅砻水库移民办公室工作）；2015年10月至2016年6月，西藏自治区山南地区乃东县政府办公室（政府法制办公室、信访局）副主任（副局长）；2016年6月至2016年10月，西藏自治区山南市乃东区政府办公室

（政府法制办公室、信访局）副主任（副局长）；2016年10月至2019年3月，西藏自治区山南市乃东区政府办公室（政府法制办公室、信访局）主任（局长）；2019年3月至2019年11月，西藏自治区山南市乃东区政府办公室（外事办公室）主任；2019年11月至2021年5月，西藏自治区山南市乃东区政府办公室（外事办公室）主任、一级主任科员；2021年5月至2022年7月，西藏自治区山南市扎囊县委常委、县委办公室主任；2022年7月至今，西藏自治区山南市扎囊县委常委、县委办公室主任兼任国家安全委员会办公室（维护国家安全工作指挥部）主任（2024年2月挂职任西陵区副区长）。

王锦林简历

王锦林，男，汉族，1977年12月出生，湖北黄冈人，2000年7月参加工作，1998年12月加入中国共产党，大学学历。1996年9月至2000年6月，湖北三峡学院汉语言文学教育专业大学学习；2000年6月至2000年7月，待业；2000年7月至2004年9月，枝江市马家店街道办事处党政办公室科员（其间：2000年9月至2000年12月枝江市委党校第十期中青年干部培训班培训学习）；2004年9月至2007年2月，枝江市委办公室秘书科科员；2007年2月至2007年9月，枝江市委办公室秘书科副科长；2007年9月至2008年10月，枝江市委办公室信息科科长（副科级）；2008年10月至2009年9月，西陵区人口和计划生育局副主任科员；2009年9月至2012年1月，西陵区政府办公室副主任科员、调研科科长；2012年1月至2016年3月，西陵区政府办公室副主任（其间：2015年5月至2015年6月宜昌市委党校2015年第二期科干班培训学习）；2016年3月至2018年2月，西陵区发展和改革（统计）局局长、党组书记；2018年2月至2018年3月，西陵区发展和改革（统计）局局长、党组书记，一级主任科员；2018年3月至2020年11月，西陵区西坝街道党工委书记，一级主任科员；2020年11月至2021年8月，西陵区西坝街道党工委书记，四级调研员（其间：2021年3月至2021年4月宜昌市委党校2021年中青年干部培训班培训学习）；2021年8月至2021年9月，湖北西陵经济开发区管委会主任、党工委书记、西坝街道党工委书记；2021年9月至2022年12月，宜昌市西陵区政府党组成员，湖北西陵经济开发区管委会主任、党工委书记，西坝街道党工委书记；2022年12月至2023年9月，宜昌市西陵区政府党组成员，湖北西陵经济开发区管委会主任、党工委书记；2023年9月至今，宜昌市西陵区政府党组成员、副区长（2023年11月当选）（2023年4月至今挂职任宜昌城市发展投资集团有限公司副总经理，挂职时间一年）。

夏楠简历

夏楠，男，1983年3月出生，汉族，湖北宜昌人，2006年7月参加工作，中国民建会员。2001年9月至2005年6月，三峡大学国际经济与贸易专业大学学习（其间：2003年10月至2005年7月，伦敦南岸大学商学院学习）；2005年6月至2006年7月，待业；2006年7月至2007年10月，宜昌市邮政局营业员；2007年10月至2008年11月，宜昌市邮政局支局长；2008年11月至2010年2月，西陵区经济商务局科员；2010年2月至2011年4月，西陵区商务和旅游局办公室科员；2011年4月至2013年3月，西陵区商务和旅游局办公室主任；2013年3月至2016年10月，西陵区解放路步行街管委会副主任（其间：2016年5月至2016年6月宜昌市委党校城区分校第二期科级干部培训班培训）；2016年10月至2017年12月，西陵区窑湾乡政府副乡长；2017年12月至2018年2月，西陵区窑湾街道办事处副主任；2018年2月至2019年3月，西陵区窑湾街道办事处副主任，三级主任科员；2019年3月至2021年9月，西陵区水利局局长（其间：2021年3月至2021年4月宜昌市委党校全市第9期党外干部培训班培训）；2021年9月至2022年12月，西陵区卫健局局长；2022年12月至2023年9月，西陵区卫健局局长，一级主任科员（其间：2023年2月至2023年4月宜昌市委党校2023年春季党外干部培训班培训）；2023年9月至2024年1月，宜昌市西陵区政协副主席人选；2024年1月至今，宜昌市西陵区政协副主席。

宋恩简历

宋恩，男，1980年8月出生，汉族，湖北宜都人，2005年7月参加工作，2002年12月加入中国共产党，大学学历。2000年9月至2003年6月，湖北财经高等专科学校注册会计师专业大专学习；2003年9月至2005年6月，武汉科技大学会计学专业大学学习；2005年7月至2007年9月，宜都市松木坪镇政府党政办秘书、副主任；2007年9月至2009年10月，宜昌市西陵区委组织部干部科、办公室工作；2009年10月至2011年5月，宜昌市西陵区政府外事侨务办公室副主任兼区政府办公室秘书科科长；2011年5月至2013年3月，宜昌市西陵区发展改革和统计局副局长；2013年3月至2016年4月，宜昌市西陵区政府办公室副主任；

2016年4月至2023年8月，西陵城发集团公司党委书记、董事长；2023年8月至今，西陵区政府党组成员、区服务葛洲坝片区工作委员会主任、党组书记、区城发集团党委书记。

程江洲简历

程江洲，男，1979年10月出生，湖北枝江人，2005年7月参加工作，2001年6月加入中国共产党，硕士研究生。1998年9月至2002年6月，江汉石油学院电子与信息工程系工业自动化专业大学；2002年9月至2005年7月，长江大学电子信息学院信号与信息处理专业硕士研究生；2005年7月至2011年12月，三峡大学电气与新能源学院电气工程系教师；2011年12月至2012年8月，三峡大学电气与新能源学院电力电子系副主任；2012年8月至2016年3月，三峡大学电气与新能源学院电力电子系主任；2016年3月至2018年12月，三峡大学电气与新能源学院党委委员、工会主席；2018年12月至2022年8月，三峡大学电气与新能源学院副院长；2022年8月至今，三峡大学电气与新能源学院党委副书记兼副院长（其间：2023年10月至今挂任西陵区政府党组成员）。

◆人大代表

【湖北省十四届人大一次会议】 2023年1月3日，西陵区出席湖北省十四届人大一次会议的代表7人（按姓名笔划为序）

马明华　李莉娥(女)　柳占新　聂道静
唐兆勇　覃江红(女)　鲁结根

【宜昌市第七届人大二次会议】 2023年1月4日，西陵区出席宜昌市第七届人大二次会议的代表59人（按姓名笔划为序）

万双全　上官福令　马明华　丰　帆
王晓林　王锦林　尤永石　文　媛(女)
邓玉华(女)　卢　斌　卢向玲(女)　乔　林
伍　欣　任　蔚(女)　向春雷　刘龙菊(女)
刘佑锟　刘启元　许子武　杜文涛
李　杰　李小国(土家族)　李明波　李俊明
李莉娥(女)　杨红梅(女)　吴天明　吴光明
何三华　何庭见　张　兴　张　伟
张祖铭　张晓东　郑卫力　郎　君
赵献勇　胡智军　柯新宇　柳　兵
柳占新　贺会清　聂道静　贾海涛
晓　晓(女)　唐兆勇　涂　超(女)　黄爱国
梅卫民　曹红国　龚国祥　韩庆阔
覃　照(土家族)　覃世斌　覃江红(女)　覃建庭(土家族)
鲁结根　谭新玉(女)　熊　垚(女)

【西陵区第九届人大三次会议】 2023年1月7日，出席西陵区第九届人大三次会议的代表215人（按姓名笔划为序）

丁代新　万国海　马云鹤　马蓓蓓(女)
王小萍(女)　王华君　王　军　王　波
王建勇(土家族)　王　胜(土家族)　王　洪(女)　王洪涛
王　艳(女)　王　莹(女)　王　莹(女)　王晓丽(女)
王　涛(女)　王　辉　王翔宇　王道庆
王锦林　韦　红(女)　毛志远　毛晓路
方亚平　方　海　甘魁元　叶　晖(女)
田小丽(女)　田　军　田明政　付　波
付盼盼(女)　代红新　冯文姬(女)　宁文化
朱立永　朱汉洪　朱海燕　朱　敏(女)
朱　斌　朱道鹏　乔　林　任丽萍(女)
任　蔚(女)　向宏海　刘又美　刘艾华
刘志强　刘　丽(女)　刘建峰　刘　函(女)
刘茜(女)　刘　晖　刘　超　刘德义
刘燕(女)　齐其芳(女)　衣升军　闫玲玲(女)
关文海　许　颖(女)　孙国斌　孙　艳(女)
孙道文　严明容(女)　严　曾　杜火青
杜　冰(女)　李广盛　李卫国　李文利(女)
李叶君　李仕群　李红萍(女)　李　兵
李宏智　李昌松　李郑云　李承华
李　艳(女)　李晓春　李梅华(女)　李　辉
杨　丹(女)　杨　舟　杨秀福　杨佑慧(女)
杨春菊(女)　杨　柳(女)　杨　傲　肖汉龙
吴小钢　吴天亮　吴友材　吴俊华(女)
吴益民(土家族)　别里曼(女)　邱　敏(女)　何三华
余华蓉(女)　邹　勇　汪次娥(女)(土家族)
汪国林　宋怀勇　宋　恩　张　军
张建华　张祖铭　张　鹏　张　静(女)
陈　凡(土家族)　陈正庆　陈　伟　陈志丽(女)
陈　取　陈　洪　陈晓君(女)　陈恩恩
陈　铭　武慧芳(女)　幸　庆　林　高
欧阳成勋　卓　念　昌　玉(女)　易　炜(女)
罗　宁　岳新梅(女)　周云华(女)　周华荣
周宏斌　周香菊(女)　周道青　周　蕾(女)

郑玲玲(女)(土家族)　屈　玲(女)　赵廷发　胡大军
胡　明　胡　波　胡　钦　胡绪仁
胡　毅　柏　松　战胜昌　姚香伊(女)
贺金莲(女)　贾　璞(女)　夏　璐(女)　柴　政
倪吉祥　倪　跃　徐　丹(女)(土家族)　徐凤阳
徐良国　徐　睿　高小卒　高　明
高　峰　高　锐　郭万春　郭德学
席群英(女)　唐兆庆　唐雁莉(女)(土家族)　涂　超(女)
陶文章　陶其阳　黄　飞　黄　伟
黄　华　黄华蓉(女)　黄兆云　黄　明
黄　战　黄庭新　梅卫民　梅　方
梅　军　梅妮娜(女)　曹红国　曹　政
章　乐　梁　徽　彭永清　彭登华
蒋葵林　韩　亮　韩　敏　韩　琛
覃江红(女)　覃宏雁(女)(土家族)　覃　波(土家族)　覃　轶
程　敏　舒凡娣(女)(土家族)　曾晓俊　曾　理(土家族)
曾　毅(女)　谢武法　谢秋华(女)　谢　俊(女)
雷　彤　雷富宏　鲍同强(土家族)　蔡发云
蔡志宇　廖海琼(女)　谭国虎　熊长英(女)
黎　明　潘爱国　薛　瑶(女)　魏荣健

◆政协委员

【区政协九届常委】

岳新梅(女)　毛中林　朱文胜　黄　华
蔡道国　阚发权　王　俊(女)　石春秋
卢文娟(女)　田保华　朱艺文　向响燕
刘　敏(女)　刘中华　刘明兴　李　敏
李宁致(女)　李辉辉　杨　迪　吴晓晖
宋　军　张昌满　张燕雄　陈荣富
周　军　周玲平(女)　郑　伟　桂玉萍(女)
夏　凡(女)　徐传芳(女)　郭从京　覃　旻(女)
覃光军　谢　超　谭宏强　谭晓卜(女)
潘　琪(女)　潘　巍

【区政协九届委员】

张昌满　陈　芳(女)　王晓玲(女)　左常进
石春秋　刘　涛　刘　敏(女)　李　燕(女)
张　科　陈　颖(女)　陈天军　陈学斌
罗　曼(女)　赵　军　胡云兰(女)　耿　璟(女)
郭　强　童成祥　蔡道国　谭　亮
谭晓卜(女)　田保华　彭　昱　丁湘云(女)
万　婉(女)　万晓峰　王　毅(民政)　王　俊(女)
王李东　王俊红(女)　卢文娟(女)　朱文胜
孙新星　肖　昕(女)　张　正　张　勇
张晓鸿(女)　周　敬(女)　胡莹莹(女)　胡静波
徐传芳(女)　殷春英(女)　赖庆萍(女)　蔡奇志
熊晓梅(女)　潘　琪(女)　杨　迪　韩莉娟(女)
邓知平(6月撤销委员资格)　左亚旭(女)　付宇东
向　姗(女)　刘久国　刘明兴　苏　丹(女)
李昌贵　李辉辉　吴世强(10月辞职)　何平平(女)
陈朝晖　欧阳莉(女)　岳新梅(女)　周代创
郑　军　彭小辉(10月辞职)　郑伟军　贺辉金
龚德龙　覃啸洪　阚发权　谭宏强
熊仁举　张燕雄　刘中华　戴进才
王　毅(残联)　王家新　田　波　朱云飞
向响燕　汤　蓉(女)　严　寒　李年邦
李建华　李玲玲(女)　吴晓晖　陈荣富
陈慧敏(女)　幸汐媛(女)　赵春旺
钟洪波(10月辞职)　顾远顺　高田军　黄永文
盛　斌　曾庆胜　李宁致(女)　钟　娟(女)
万双全　王　婷(女)　王锦华(女)　毛中林
田俊生　白　玲(女)　吕育财　朱时博(女)
邬宗庆　刘兰香(女)　李　敏　李晓鹏(女)
宋　祥　张小忠　张清理　陈荣涛
罗均玉(女)　周玲平(女)　赵　凡　夏　凡(女)
夏　楠　徐高俊　郭　巍　潘　巍
宋兰英(女)　王　养　邓祥英(女)　朱艺文
刘明强　李爱武　李　勇　杨永德
吴锦芳(女,10月辞职)　沈艳军　张　双
张　剑　张　惠(女)　陈世银　陈海燕(女)
周　军　郑梦岑(女)　桂玉萍(女)　陶芳园(女)
董　梅(女)　曹　俊(女)　彭子珈(女)　黎　锦(女)
颜　鲲　宋　军　邓华丽　丁　戎
王　兵　王梅芳(女)　邓大宏　申红军
向　芳(女)　刘建斌　孙　鹏　李　伟
李亮池　李喜元　张绍南　陈　蕾(女)
陈少华　陈建民　易锐勇　罗　茜(女)
郑　伟　秦春艳(女)　席生华　黄　华
曾　凡(女)　郭从京　杨　路　王　峻
王晓晴(女)　韦传娟　尤艳华(女)　付秋爽
朱远忠　向　东　闫丙章　牟潇猇
李　杰　肖成思(10月辞职)　吴　锐　张　涛
张向童(10月辞职)　张雄兵　陈　林　易善友
周红梅(女)　胡华春(女)　黄　杰　梁　莹(女)
梁宏伟　覃　旻(女)　刘　飞　邓成龙
卢凌轩　向　艳(女)　刘少勇　张　雳

陈　艳(女)　陈　静(女)　陈世东　郑伟蓉(女)
蒋正华　覃光军　谢　超　颜怀略

◆重要文件

中共宜昌市西陵区委常委会2023年工作要点

2023年区委常委会工作总体要求是：以习近平新时代中国特色社会主义思想为指导，以学习、宣传、贯彻党的二十大精神为主线，全面贯彻中央经济工作会议，省第十二次党代会、省委十二届三次全会暨省委经济工作会议和市第七次党代会、市委七届三次、四次全会精神，认真落实区第九次党代会、区委九届三次、四次全会安排部署，坚决扛起“主城引领、首善之区”的责任，坚持稳中求进工作总基调，完整、准确、全面贯彻新发展理念，加快构建新发展格局，着力推动高质量发展，全力提升主城功能，奋进全国百强城区，为湖北建设全国构建新发展格局先行区贡献西陵力量，争当宜昌建设长江大保护典范城市核心标杆。

一、学懂弄通做实习近平新时代中国特色社会主义思想

1.深学细悟笃行党的二十大精神。全面开展党的二十大精神学习宣传，深入贯彻落实党中央、省委和市委关于认真学习宣传贯彻党的二十大精神的决定。组织开展内容丰富、形式多样的宣传教育活动，通过“全覆盖”培训、“多层次”宣讲、“全方位”宣传，切实把思想和行动统一到党中央大政方针和决策部署上来，推动党的二十大精神在西陵落地生根。

2.坚持不懈用党的创新理论凝心聚魂。坚持“第一议题”学习制度，及时跟进学习习近平总书记最新重要讲话、重要文章、重要指示批示，领会精神实质，深刻把握“两个确立”，坚决做到“两个维护”。扎实开展学习贯彻习近平新时代中国特色社会主义思想主题教育，用党的创新理论武装头脑、指导实践、推动工作。抓好各级党委(党组)理论学习中心组学习。

二、以“三百行动”引领城市经济竞争力提升

3.聚力扩大有效投资。全力实施“百亿项目促投资”行动，积分亮牌制推进100个亿元以上重点项目，千方百计抓进度、强服务、促达产，确保完成投资170亿元以上。聚焦数字经济、文化旅游、生命健康、清洁能源、智能制造、建筑建材等重点产业，开展“补链、强链、延链”精准招商，对接重点项目200个以上，确保新签约项目50个以上。围绕专业园区存量空间持续挖潜，盘活新世纪广场等36万方闲置商贸资源。

4.做大做强生产性服务业。抢抓宜昌新能源、电池材料产业发展契机，实施“百名干部找市场”行动，带领辖区生产性服务业企业赴省内各地重点企业搭平台、扩业务，全年开展对接活动100场以上，帮助1000家重点企业寻合作。全面承接人力资源、检验检测、节能环保、设计咨询等领域企业入驻人力资源产业园等五大产业园区，加快智慧物流产业园等项目建设，确保宜昌供应链产业园一期主体完工。聚焦数字产业化和产业数字化，支持三峡高科、三峡星未来、航天宏图等企业，大力发展大数据、区块链、人工智能等新兴产业，推动三峡集团科技创新基地宜昌园区开工建设。

5.促进总部楼宇经济双轮驱动。借势借力新能源重头企业落户宜昌，大力招引综合型、区域型、功能型总部落户。加快启迪环境宜昌总部大楼建设，建成十六化建总部大楼、三峡企业总部基地南区一期。建立完善楼宇经济服务平台，推动老旧楼宇提档升级。力争重点商务楼宇达到26栋以上，入驻率达到90%，确保美岸长堤税收贡献突破2000万元，清江大厦、三峡企业总部基地、CBD数码城、恒基国际、九州大厦等楼宇过千万元。

6.培育现代都市工业产业园区集群。围绕包装新材料、精密制造、氢能储能等产业方向推进“工业上楼”，支持天美国际、特锐德电气等骨干企业扩产增量，力帝机床、西峡泵业等装备制造企业提档升级。推动联东U谷西陵智能制造港、唐家湾都市工业园、东湖高新宜昌科技园、和远清洁能源科技园和石板片区工业园等五大工业园区落地开工。加强优质中小企业梯度培育，引导朗德医疗、瑞磁科技等中小企业围绕产业链领军企业需求，提供配套产品和服务，培育一批国家级、省级专精特新“小巨人”企业，新增规模以上工业企业5家以上。支持建筑业企业做大做强，确保建筑业总产值突破1000亿元。实现净增规模以上服务业企业15家。

7.打造宜荆荆区域性消费中心。实施“百场新商业大讲堂”行动，通过讲座培训、外出学习、拉练比拼提升新商业策划能力，“一街一策”提档升级宜昌金融街、致祥路美食街、星火路数码街等20条特色街区，做大做强夷陵广场、CBD、步行街、华祥CAZ、吾悦广场、西坝不夜城六大商圈，推动宜昌古今·大南门、二马路历史文化街区国庆前后开门迎客。“一月一主题”组织美食节、汽车展等主题消费活动，推出电竞赛事、街头歌会、剧本杀、VR体验等活动，提升宜昌消费品质。

三、有序推进城市品质更新

8.一体推进片区开发。以宜昌大剧院、美术馆等重大公建项目集中开工为契机，全力推进"两岛一湾"开发建设。积极争取市级统筹力量，加强与三峡集团、葛洲坝集团、省联投、中交集团等头部企业深度对接，坚持招大引强、精品开发路线，加快三峡游轮中心二期建设，打造中心城区最具标识度的品质片区。有序推进望洲片区、桔颂路片区、石板片区规划建设，科学制定黄家湾地块开发时序。启动实施葛洲坝片区、十六化建五期、二马路延伸段等棚改征收项目，加快沙河地块、大树湾和黑虎山片区征迁速度，扫尾清零庙嘴棚改等结转项目，力争新增净地5600亩。

9.做精做优城市品质。全力推进城市优功能、壮筋骨、增能级攻坚行动，高标准推进长江溪大桥拆除重建、环城北路综合改造工程、解放路步行街等商业片区慢行系统工程、马兰路综合改造工程等基础设施建设，促进中心城区向品质化、高端化转型。进一步丰富城市功能配套和推进城市精管善治，新建口袋公园10个、停车位600余个，大力推进东山公园、儿童公园升级改造。推进55个老旧小区适老化改造。

四、全面深化改革创新

10.实施争创国家双创示范基地"双百工程"。实施高新技术企业"突破百家"工程，推进高企进规、规上进高，高新技术企业突破100家。推进孵化载体"突破百万"工程，落实园区、街区、社区双创载体培育机制，分级分类梯度培育，全区孵化载体突破100万方。加快三峡青年城、三峡创新港等项目建设，做优做强三峡创谷，支持宜化集团、力帝机床等企业与三峡大学、七一〇研究所深度合作，建设分析测试、孵化研发中心，为宜昌打造"环三峡大学创新生态圈"发挥核心支撑作用。聚力建设全国青年发展型城市试点建设核心区，深化校地合作"五个一"模式，推进"百博千硕万本"工程，探索实施人才"订单式"培养，确保招引人才1万人，推进产学研合作项目突破110个。

11.打造全省"党员下沉和增强社区服务功能"示范点。实施幸福家园共同缔造行动，推广"五民工作法"，完善"结对认亲"制度，打造"一站N组"平战结合队伍。创新"阵地+项目+服务"模式，以奖代补实施公益创投项目15个以上，建成红色驿站5个。扎实推进小区点状治理，试点打造完整社区。规范推动资源服务平台下沉，建成以街道党群服务中心为主体、社区党群服务中心为支撑、小区党群连心站为补充的"1+1+N"党群服务中心体系，打造"15分钟服务圈"。挖掘培育基层治理专业辅导人才不少于200名。深化社区减负赋能，培育"名书记工作室"10个，社工持证率不低于70%，落实黄牌警告、末位淘汰机制。

12.全力创建全省优化营商环境先行区。完成区、街道、社区三级"一窗通办"改革，提高"通岗"速度。推进基层政务服务"区内通办"，擦亮"首善帮办团"政务服务品牌，优化"首善帮办"队伍。探索运用电子营业执照、电子印章，提升审批服务便利化水平。充分发挥"首席服务官"平台作用，811名首席服务官每周联络、每月上门，从业务牵线、资源搭桥、融资助力、政策直达、业务帮办等方面细化提升服务内容。全面落实"智慧审批+无证明城市+精准监管"改革举措，全年净增市场主体1.1万户。优化营商环境评价指标排名进入全省"30强"。

五、高质量做好宣传思想文化工作

13.筑紧筑牢意识形态防线。严格落实意识形态工作责任制，执行好"五纳入三报告一督查"工作制度。抓好"每月一学"，区委中心组学习12场以上。持续开展党的二十大精神学习宣讲，开设《"陵"听二十大金句》专栏，完成学习宣讲覆盖100%。全面提升网络综合治理能力，加强和改进新时代"扫黄打非"工作。深化拓展新时代文明实践中心（所、站）建设，全力争创全国文明典范城市。

14.大力推广城市品牌。持续做大"西陵发布"等融媒矩阵，融媒产品播放量、点赞量和粉丝量上涨20%。聚焦建设长江大保护典范城市核心标杆、奋进全国百强城区等重点工作，打好系列重大主题新闻宣传战役。创新城市文化营销，开发更多有创意、有流量的文创产品，挖掘培育优质网红大V。做优"溪林原创""西陵味道"品牌，丰富开展街头歌会、音乐节、美食节等活动，凸显都市潮范和活力。确保新华书店屈原书城建成营业，打造沉浸体验式的文化地标。

六、坚持增进民生福祉

15.持续健全社会保障体系。强化就业优先导向，落实援企稳岗措施，新增城镇就业1万人以上。推进保障农民工工资支付"五项制度"全覆盖，构建和谐劳动关系。加强医保征收扩面，实现跨地域、跨险种医疗救助一站式结算。健全退役军人服务体系，打造全国示范型退役军人服务中心（站）。完善街道未成年人保护工作站。深化社会救助制度改革，建成分层分类、城乡统筹、兜底保障功能有效发挥的社会救助体系。

16.巩固提升优质均衡教育。创新"教联体"建设，建立师资交流带动与融入机制，率先建成全国义务教育优质均衡发展区。组建名师名校长工作室，提高教师队伍专业水平。创建全国中小学管理服务平台课后服务模块应用试点区，巩固提升“双减”成效。完成8所学校改造升级，打造群众满意的高品质校园。探索“托幼一体化”，建立托幼师资培养培训体系，满足居民群众幼有所育的美好期盼。

17.深化健康西陵建设。因时因势优化疫情防控措施，健全分级分类诊疗服务体系，加强社区首诊队伍建设。扎实开展社区居家养老服务体系建设三年行动，推动慢性病管理、中医药服务、养生讲堂等基本公共卫生服务全覆盖。推进新建社会福利院标准化、规范化运营。深入开展爱国卫生运动，助推全市蝉联国家卫生城市“五连冠”。高分通过国家健康区、国家食品安全示范城市复审。

18.厚植城市生态底色。高效推进长江经济带降碳减污扩绿增长十大行动、长江高水平保护十大攻坚提升行动，建设长江大保护典范城市核心标杆。完成白龙井社区省级近零碳社区试点示范项目。做实河库长制、林长制，巩固提升第二轮中央生态环境保护督察整改成效，全力配合新一轮省级环保督察。一体推进治山、理水、营城，启动实施大树湾、黑虎山片区生态修复，推动长江葛洲坝库区西陵片区生态修复工程、沙河综合整治二期工程完工。坚持以“增花添彩、增绿提质、串园连山”贯通城市生态脉络，建设石板片区森林步道，立体绿化胜利三路、体育场路等9条道路，打造西陵一路、夷陵大道等2条美丽花街。高质量举办第七个“生态市民日”活动。

七、着力营造和谐稳定社会环境

19.加快推进市域社会治理现代化。建强区、街城运中心及区、街、社区三级综治中心，发挥统筹调度和实战平台作用，实现力量全参与、资源全聚合、信息全集成。构建涉法涉诉信访工作协调配合运行机制，坚决防范各类群体性事件发生。完善构建社会心理服务体系，结合“结对认亲”“爱心家访多帮一”等活动，做好特殊群体的帮扶关爱和矛盾化解工作。完善公共法律服务体系，推动律师服务重心向街道社区下沉。高标准通过市域社会治理现代化验收。

20.提升平安法治西陵建设水平。坚持总体国家安全观，组织开展好第八个“4·15”全民国家安全教育日活动，打造市级国家安全教育基地。弘扬新时代“枫桥经验”，扎实推进“百万警进千万家”、矛盾纠纷大排查大化解专项行动，不断提升群众安全感和满意度。常态化开展扫黑除恶斗争，重拳打击各类违法犯罪。聚焦森林防火、城市消防、道路交通、建筑施工、燃气等重点领域和工业、商贸等重点行业，持续做好安全隐患排查整治工作，确保社会大局和谐稳定。

八、一刻不停推进全面从严治党

21.坚定不移强化党的政治建设。严格执行坚决维护以习近平同志为核心的党中央权威和集中统一领导的具体规定。完善习近平总书记重要讲话和指示批示精神落实机制，深入开展调查研究，抓好工作督办落实，确保党中央决策部署落地见效。严明政治纪律和政治规矩，认真落实民主集中制、重大事项请示报告等制度，健全和完善常委会议事决策机制。健全政治监督工作机制，全面推进政治生态分析研判工作。

22.大力发展社会主义民主政治。坚持发挥区委总揽全局、协调各方的作用，支持人大、政府、政协、司法机关和人民团体依照法律和各自章程独立负责、协调一致地开展工作。启动人大代表“策马扬鞭半月谈”监督工作，着力建设“全过程人民民主基层实践基地”。擦亮“协商在一线·家话西陵”工作品牌，持续加强和改进新时代政协工作。巩固和发展爱国统一战线，深化民族、宗教、侨务和港澳台海外工作，支持工青妇等群团组织深化改革。做好国防动员和国防后备力量建设，完善双拥工作机制，提高党管武装工作质效。

23.全域共同缔造织密基层治理“三张网”。坚持“共同缔造”理念，推进“下基层、察民情、解民忧、暖民心”实践活动走深走实。持续织密党建主导型业委会服务居民网、群团组织带动型社会组织服务社会网和区街联动型商（协）会组织服务市场主体网的基层治理“三张网”，完善党组织统一领导、各类组织积极协同、群众广泛参与的基层治理体系。深化城市基层党建综合体建设，持续建强城区优、街道强、社区实、小区精的动力主轴，建设“和谐社区、幸福家园”。

24.锻造新时代高素质干部队伍。继续深入开展“破冰六考”、局长论坛、青年干部“2+3”导师帮带活动，提升服务城市经济、城市治理的能力。落实干部能上能下规定，全覆盖实施机关事业单位人员竞岗双选，持续推进“能干成事”业绩档案、差异化分配、捆绑考核，形成能者上、优者奖、庸者下、劣者汰的用人导向和干事创业环境。实施年轻干部培养选拔3年行动，确保班子配备形成梯次、干部选择空间充足，激发各层次干部活力。

25.纵深推进清廉西陵建设。加强对贯彻落实党中央决策部署和习近平总书记重要指示批示精神的监督检查。完善全面从严治党责任体系，坚持以严的基调强化正风肃纪反腐，巩固发展风清气正的良好政治生态。不断加固中央八项规定精神堤坝，持续纠治“四风”，开展违规吃喝问题专项整治。深化“三不腐”同时发力、同向发力、综合发力，持续惩治群众身边的腐败问题和不正之风。完善各类监督贯通协调机制，更好发挥政治巡察利剑作用，增强对“一把手”和领导班子监督实效。规范开展容错纠错，精准开展追责问责，支持和激励党员干部担当作为、攻坚克难、干事创业。

26.加强区委常委会自身建设。充分发挥示范和表率作用，坚持用习近平新时代中国特色社会主义思想凝心铸魂，始终牢记“国之大者”。带头落实党中央决策部署和市委工作要求，压紧压实工作责任，全力以赴、争分夺秒推动各项任务落地落实。带头严明纪律规矩，当好良好政治生态和社会风气的引领者、营造者、维护者。开好区委常委会民主生活会。

附件:《区委常委会2023年工作要点》明确主要事项

附件

《区委常委会2023年工作要点》明确主要事项

一、需区委研究的重大问题(11个)

1.长江大保护典范城市核心标杆建设

牵头领导:任蔚

2.推动“两岛一湾”片区开发建设

牵头领导:梅卫民

3.以共同缔造理念推进全省增强基层服务功能示范区建设

牵头领导:梅军、曹红国

4.纵深推进“清廉西陵”建设

牵头领导:付波

5.组织开展学习宣传贯彻党的二十大精神等重大主题宣传活动

牵头领导:覃家彦

6.切实加强财源建设

牵头领导:胡明

7.打造“一社区一特色”品牌

牵头领导:黄明

8.推动军民融合发展

牵头领导:王巍、罗春芳

9.做好社会治安、平安建设及信访维稳形势分析

牵头领导:周成刚

10.高标准通过市域社会治理现代化验收

牵头领导:周成刚

11.推动20条特色街区提档升级打造宜荆荆区域性消费中心

牵头领导:王巍

二、拟出台的重要文件(6件)

1.促进产业发展奖励暂行办法

2关于支持辖区金融业发展奖励办法

3.巡察整改成效评估办法(试行)

4.实施“才聚西陵”行动加快人才集聚的若干意见

5.关于加强和改进新时代基层政协工作的实施意见

6.建设“全过程人民民主基层实践基地”实施方案

三、拟举办的重要会议和活动(16个)

1.区委全会

2.区委经济工作会

3.区九届人大三次会议

4.区政协九届三次会议

5.区纪委九届三次全会

6.2023年项目建设大会

7.2023年区委政法工作暨信访工作会议

8.区域经济高质量发展推进会议

9.区委党建(组织、宣传、统战)工作会议

10.第七个“生态市民日”主题活动

11.全区项目建设、招商引资、征收征迁、优化营商环境会议

12.百名干部找市场活动

13.重大项目集中开工活动

14.百场新商业大讲堂活动

15.区党风廉政宣传教育月动员会暨清廉建设推进会

16.主题教育活动动员大会和总结大会

——摘自宜西发〔2023〕2号(2023年2月20日印发)

中国共产党宜昌市西陵区委员会工作规则

(2023年3月27日中共宜昌市西陵区委常委会会议审议批准 2023年3月29日中共宜昌市西陵区委发布)

第一章 总 则

第一条 为了落实全面从严治党要求，加强和改进中国共产党宜昌市西陵区委员会(以下简称区委)工作，提高执政能力和领导水平，根据党章和《关于新形势下党内政治生活的若干准则》《中国共产党地方

委员会工作条例》等党内法规，结合实际，制定本规则。

第二条　高举中国特色社会主义伟大旗帜，坚持以习近平新时代中国特色社会主义思想为指导，完整、准确、全面贯彻习近平总书记关于湖北工作的重要讲话和指示批示精神，深刻领悟“两个确立”的决定性意义，增强“四个意识”、坚定“四个自信”、做到“两个维护”，弘扬伟大建党精神，不忘初心、牢记使命，始终自觉在思想上政治上行动上同以习近平同志为核心的党中央保持高度一致，自信自强、守正创新，踔厉奋发、勇毅前行，团结带领全区人民为争当长江大保护典范城市建设核心标杆，奋力谱写全面建设社会主义现代化国家的西陵篇章不懈奋斗。

第三条　区委工作必须遵循以下原则：

（一）坚持党对一切工作的领导，全面贯彻党的基本理论、基本路线、基本方略，坚决维护党中央权威和集中统一领导。

（二）坚持立党为公、执政为民，坚持人民至上，坚持以人民为中心的发展思想，认真践行党的宗旨和群众路线。

（三）坚持解放思想、实事求是、与时俱进、求真务实，结合西陵实际创造性开展工作。

（四）坚持民主集中制，充分发扬党内民主，实行正确有效集中，增强区委领导集体活力和党的团结统一。

（五）坚持从严管党治党，永葆党的先进性和纯洁性。

（六）坚持在宪法和法律范围内活动，依据党章和其他党内法规履职尽责。

第四条　区委领导全区工作，主要实行政治、思想和组织领导，把方向、管大局、作决策、保落实：

（一）确保习近平总书记重要指示批示精神和党中央决策部署在西陵得到贯彻落实。

（二）对全区重大问题作出决策。

（三）加强对全区宣传思想文化工作的领导，牢牢掌握意识形态工作领导权。

（四）按照干部管理权限任免和管理干部，向区级国家机关、政协组织、人民团体、国有企事业单位等推荐重要干部。

（五）支持和保证区人大常委会、区政府、区政协、区监委、区法院、区检察院、区级人民团体等依法依章程独立负责、协调一致地开展工作，充分发挥党在这些组织中的领导作用。

（六）加强对全区群团工作和统一战线工作的领导。

（七）加强对全区农村工作、法治建设、社会治理的领导。

（八）动员、组织全区各级党组织和广大党员，团结带领群众实现党的目标任务。

第二章　组织和成员

第五条　区委由区党代表大会选举产生，由区委委员、候补委员组成，每届任期5年。

区委常务委员会（以下简称常委会）由区委全体会议（以下简称全会）选举产生，由区委书记、区委副书记和常委会其他委员组成。

区委委员、候补委员配备应当具有代表性，符合党龄、年龄、性别、专业等方面要求。人选应当包括区委书记、区委副书记和常委会其他委员，一般还应当包括区政府领导班子成员，区人大常委会、区政协、区法院、区检察院主要负责人，区委和区政府有关部门主要负责人，区总工会、团区委、区妇联主要负责人，下一级党委和政府主要负责人，以及适当比例的基层党员。

区委任期内，区委委员出缺的由候补委员按照得票多少依次递补，递补后仍有空缺的可以召开区党代表大会或者区党代表会议补选。

因调离本区、辞去公职、退休等原因不适宜继续担任区委委员、候补委员的，应当辞去或者由区委按照程序免去其区委委员、候补委员职务。死亡、丧失国籍、被追究刑事责任、被停止党籍、受到留党察看以上党纪处分的，区委委员、候补委员职务自动终止。辞去、免去或者自动终止区委委员、候补委员职务的，应当报市委备案。市委任免区委委员、候补委员职务时，遵从市委决定。

第六条　常委会委员配备，遵从市委决定，常委会委员名额为11人。区委设书记1名、副书记2名。

区委换届时，区委书记、区委副书记和常委会其他委员由全会选举产生，并报市委审批。在区党代表大会闭会期间，区委书记、区委副书记和常委会其他委员的调动、任免，遵从省委、市委决定。

第三章　职　责

第七条　区委在区党代表大会闭会期间，贯彻执行党中央决策部署、省委工作要求、市委工作安排和区党代表大会的决议、决定，领导全区工作。

区委应当通过召开全会的方式履行以下职责：

（一）作出全面贯彻习近平总书记重要指示批示精神的重大部署。

（二）制定贯彻执行党中央决策部署、省委工作要求、市委工作安排以及区党代表大会决议、决定的重大措施。

（三）讨论和决定全区经济社会发展重大决策、重大改革事项、重大民生保障等经济社会发展重大问题。

（四）讨论和决定全区党的建设方面的重大问题，审议通过党内重要规范性文件。

（五）决定召开区党代表大会或者党代表会议，并对提议事项先行审议、提出意见。

（六）听取和审议常委会工作报告或者专项工作报告。

（七）选举区委书记、区委副书记和常委会其他委员；通过区纪律检查委员会全体会议选举产生区纪委书记、区纪委副书记和常委会其他委员。

（八）决定递补区委委员；批准辞去或者决定免去区委委员、候补委员；决定改组或者解散下一级党组织；决定或者追认给予区委委员、候补委员撤销党内职务以上党纪处分。

（九）研究讨论全区行政区划调整以及有关党政群机构设立、变更和撤销方案。

（十）对常委会提请决定的事项或者应当由全会决定的其他重要事项作出决策。

第八条　常委会在全会闭会期间行使区委职权，主持经常工作。其主要职责是：

（一）传达学习习近平总书记重要讲话和指示批示精神，以及党中央重大决策部署和重要会议、重要文件精神和省委、市委重要会议、文件精神，研究部署贯彻落实措施并抓好组织实施。

（二）召集全会，向全会报告工作并接受监督；对拟提交全会讨论和决定的事项先行审议、提出意见。

（三）组织实施党中央决策部署、省委工作要求、市委工作安排和全会决议、决定，检查贯彻落实情况。

（四）向市委请示报告工作，讨论和决定下级党组织请示报告的重要事项。

（五）对全区经济社会发展和宣传思想文化工作、组织工作、纪检监察工作、群众工作、统一战线工作、政法工作、农业农村等方面经常性工作中重要问题作出决定；加强对深化改革、法治建设、国家安全、民族宗教、教育、科技、网信、审计等工作领导。

（六）听取区人大常委会党组、区政府党组、区政协党组、区法院党组、区检察院党组等的工作汇报。

（七）按照有关规定推荐、提名、任免干部，必要时对重要干部的任免可以征求区委委员意见；教育、管理、监督干部；研究决定党员干部纪律处分有关事项。

（八）对应当由常委会决定的其他重要事项作出决定。

第九条　区委书记主持区委全面工作，组织常委会活动，协调常委会委员的工作，对区委工作负主要责任。

担任区长的区委副书记主持区政府全面工作，组织区政府党组活动。不担任区政府职务的区委副书记主要协助区委书记抓党的建设工作，同时可以根据需要协调和负责其他方面工作。

常委会其他委员根据分工负责有关工作，履行分管领域全面从严治党责任。

区委委员、候补委员依照党章党规履行职责，并在自己的岗位工作中发挥模范带头作用。

第十条　区委应当建立职责清单制度，明确常委会及其成员职责，并在一定范围内公开。

第十一条　区委必须认真履行全面从严治党主体责任，认真落实新时代党的建设总要求，深入推进新时代党的建设新的伟大工程，区委书记必须履行抓党建第一责任人职责，常委会其他委员应当履行一岗双责。常委会应当定期研究党建工作，每年至少向市委和全会专题报告1次抓党建工作情况。充分发挥区委党的建设工作领导小组职能作用，加强基层党组织建设和党员队伍建设，实行街道（开发区）党工委书记和区直单位党组（党委）书记抓基层党建工作述职评议考核制度，完善党建工作考核综合评价体系，确保党建各项部署落到实处。

区委应当认真履行党风廉政建设主体责任，领导和支持纪律检查机关履行监督责任，开展政治生态分析研判，组织下级党委（党组）“一把手”向常委会扩大会议述责述廉，坚持纪在法前、纪严于法，严格执行和维护党的纪律，坚持以严的基调强化正风肃纪，坚决打赢反腐败斗争攻坚战持久战。

第四章　组织原则

第十二条　区委必须始终在思想上政治上行动上同党中央保持高度一致，坚决贯彻执行习近平总书记重要指示批示精神和党中央决策部署，坚决维护习近平总书记党中央的核心、全党的核心地位，坚决维护党中央权威和集中统一领导。

区委应当每年向市委作全面工作情况报告，执行党中央决策部署和省委、市委重要决定的情况应当专题报告。遇有重大突发事件、重大问题等应当及时请示报告。

第十三条　区委应当支持和保证下级党组织依法依规正常履职。凡属下级党组织职责范围内的事项，如无特殊情况，应当由下级党组织处理。

区委作出同下级党组织有关的重要决定，一般应当事前征求下级党组织意见。需要区党代表大会代表、下级党组织和党员了解的重要情况和重大问题，应当及时通报。

第十四条　区委应当坚持民主集中制，实行集体领导和个人分工负责相结合的制度。凡属应当由全会或者常委会会议讨论和决定的事项，必须由集体研究决定，任何个人或者少数人无权擅自决定或者改变集体作出的决定。在集体讨论和决定问题时，个人应当充分发表意见。个人对集体作出的决定必须坚决执行，有不同意见的可以保留，也可以向市委报告，但不得公开发表与决定不同的意见，也不得在行动上违背决定要求。

常委会委员应当根据分工和集体决定，勇于担当、敢于负责，切实履行职责；对不属于自己分管的工作，也应当从全局出发关心支持，加强研究，积极提出意见和建议。

第十五条　区委书记应当带头执行民主集中制，充分发扬党内民主，善于集中正确意见，自觉接受常委会其他委员监督，不得凌驾于组织之上、班子之上，不得独断专行。

常委会其他委员应当支持区委书记开展工作，自觉接受区委书记对其工作的督促检查。

常委会委员应当在党性原则基础上维护团结，互相信任、互相谅解、互相支持、互相监督。

第十六条　常委会委员代表区委的讲话和报告，署名发表或者出版同工作有关的文章、著作、言论，应当事先经过常委会审定或者区委书记批准。

常委会委员在调查研究、检查指导工作或者参加其他公务活动时发表的个人意见，应当符合区委集体决定精神。

第十七条　常委会委员和其他区委委员、候补委员应当严守保密纪律，对应当保密的会议内容、讨论情况以及会议决议、决定等，必须严守秘密，不得泄露。

第五章　议事和决策

第十八条　区委及其常委会议事决策应当坚持集体领导、民主集中、个别酝酿、会议决定，实行科学决策、民主决策、依法决策。

第十九条　区委及其常委会应当健全决策咨询机制。重大决策一般应当在调查研究基础上提出方案，充分听取各方面意见，进行风险评估和合法合规性审查，经过全会或者常委会会议讨论和决定。

第二十条　全会每年至少召开2次，遇有重要情况可以随时召开。全会由常委会召集并主持，议题一般由常委会征询区委委员、候补委员意见后确定。

全会应当有三分之二以上区委委员到会方可召开。区委委员、候补委员因故不能参加会议的，应当在会前履行请假手续，其意见可以用书面形式表达。根据工作需要，常委会可以确定有关人员列席全会。

表决可以根据讨论和决定事项的不同，采用举手、无记名投票或者记名投票等方式进行，赞成票超过应到会区委委员半数为通过。未到会区委委员的意见不得计入票数。候补委员没有表决权。

对区委委员、候补委员作出撤销党内职务以上党纪处分决定，必须由全会三分之二以上多数决定。在特殊情况下，可以先由常委会作出处理决定，待召开全会时予以追认。对区委委员、候补委员的上述处分，必须经市委批准。

第二十一条　常委会会议一般每月召开2次，遇有重要情况可以随时召开。

常委会会议由区委书记召集并主持。区委书记不能参加会议的，可以委托区委副书记召集并主持。会议议题由区委书记提出，或者由常委会其他委员提出建议、区委书记综合考虑后确定。

常委会会议应当有半数以上常委会委员到会方可召开。讨论和决定干部任免事项必须有三分之二以上常委会委员到会。常委会委员因故不能参加会议的应当在会前履行请假手续，其意见可以用书面形式表达。区人大常委会、区政协党组书记列席常委会会议。根据工作需要，会议召集人可以确定有关人员列席会议。

表决可以根据讨论和决定事项的不同，采用口头、举手、无记名投票或者记名投票等方式进行，赞成票超过应到会常委会委员半数为通过。未到会常委会委员的意见不得计入票数。会议讨论和决定多个事项，应当逐项表决。

常委会会议讨论和决定问题时，如涉及需要回避情形的，常委会委员本人应当回避。

常委会会议由专门人员如实记录，决定事项应当编发会议纪要。经常委会会议讨论通过、以区委名义上报或者下发的文件，由区委书记签发。

遇重大突发事件、抢险救灾等紧急情况，不能及时召开常委会会议决策的，区委书记、区委副书记或者常委会其他委员可以临机处置，事后应当及时向常委会报告。

第二十二条　区委及其常委会可以根据工作需

要召开扩大会议，但不得代替全会、常委会会议作出决策。

第二十三条 需要提交常委会会议审议的重要事项，可以先召开书记专题会议进行酝酿。书记专题会议由区委书记主持，区委副书记和其他有关常委会委员等参加。书记专题会议不得代替常委会会议作出决策。

常委会委员可以根据工作需要，在其职责范围内主持召开议事协调会议，研究解决有关问题，但不得超越权限作出决策。

第二十四条 区委应当加强对区人大及其常委会、区政府、区政协等的领导，建立健全沟通协调机制，及时通报重要情况。注重通过国家机关、政协组织、民主党派、人民团体、基层单位等渠道，就经济社会发展重大问题和涉及群众切身利益实际问题，广泛协商、广集民智、增进共识、增强合力。

完善区委、区人大常委会、区政府、区政协办公室主任和常委会委员所在单位负责人联席会议统筹协同服务工作机制，加强沟通协调和整体联动。

第二十五条 区委通过全会作出的决策，由常委会负责组织实施；常委会作出的决策，由常委会委员分工负责组织实施。常委会委员带头抓好全会、常委会会议精神的传达贯彻落实。

决策执行过程中需作重大调整的，应当按照谁决策、谁调整的原则，通过召开全会或者常委会会议决定。

第六章 自身建设

第二十六条 区委及其成员必须以政治建设为统领全面加强自身建设，深刻领悟“两个确立”的决定性意义，带头做到“两个维护”，强化政治能力训练和政治实践历练，不断提高把握方向、把握大势、把握全局的能力，辨别政治是非、保持政治定力、驾驭政治局面、防范政治风险的能力。

第二十七条 坚持“思想引领、学习在先”，进一步完善区委理论学习中心组学习制度，以政治学习为根本，坚持不懈用习近平新时代中国特色社会主义思想凝心铸魂，坚持学思用贯通、知信行统一，始终做习近平新时代中国特色社会主义思想的坚定信仰者和忠实实践者。

区委理论学习中心组制定年度学习计划，集体学习研讨每季度不少于1次。

第二十八条 区委及其成员必须严格执行《关于新形势下党内政治生活的若干准则》，遵守党内政治生活制度，严守政治纪律和政治规矩，增强党内政治生活的政治性、时代性、原则性、战斗性。

坚持民主生活会制度，区委常委会民主生活会一般每年召开1次，会议主题和召开时间根据党中央规定、省委有关要求、市委有关安排确定。民主生活会的相关情况及时向市委报告。

常委会委员应当以普通党员身份参加所在党支部组织生活会，自觉过好双重组织生活，参加和指导下级党组织民主生活会，带头为基层党员干部讲党课。

第二十九条 区委及其成员必须模范遵守党章党规党纪，带头尊法学法守法用法，坚持组织原则和党性原则，严格按程序办事、按规则办事、按集体意志办事，增强运用法治思维和法治方式深化改革、推动发展、化解矛盾、维护稳定的能力。

区委及其成员必须坚持全心全意为人民服务的宗旨，坚持以人民为中心的发展思想，认真贯彻落实党的群众路线，切实加强作风建设，带头下基层察民情解民忧暖民心，加强调查研究，了解真实情况、实地指导工作，落实基层联系点、定期接待群众来访等制度规定。必须严格执行中央八项规定及其实施细则精神，坚决反对形式主义、官僚主义、享乐主义和奢靡之风，自觉同特权思想和特权现象作斗争，始终保持清正廉洁的政治本色。

第七章 监督和追责

第三十条 区委向区党代表大会负责并报告工作，自觉接受市委领导和监督，并接受省纪委监督、省委巡视监督、市纪委监督、市委巡察监督和区纪委监督，接受下级党组织和党员群众的监督，接受各民主党派和无党派人士的民主监督。

区委应当有计划地邀请区党代表大会代表列席全会或者常委会会议等重要会议，适当增加列席的人员数量和频次。定期组织区党代表大会代表进行专题调研，组织区党代表大会代表开展提案提议，充分听取意见建议。

全会作出的决议、决定，一般应当向区党代表大会代表、下级党组织和党员通报，根据需要可以适当方式向社会公开。常委会会议有关情况，根据需要可以适当方式在党内一定范围通报或者向社会公开。

第三十一条 区委坚决贯彻党内监督法规制度，加强党内监督，健全权力运行制约和监督体系，维护党的团结统一，维护党章和其他党内法规的权威性、严肃性，保证党的理论路线方针政策和国家法律法规的贯彻执行。

第三十二条 区委应当建立科学有效的督查、评估、反馈机制，确保党中央决策部署和省委工作要求、市委及区委工作安排落实。

各地各部门贯彻落实党中央决策部署和省委工作要求、市委及区委工作安排的情况，由区委督查工作机构组织督查，督查情况书面向区委书记和常委会报告，并在一定范围内通报。

区委应当定期对下一级党组织及其成员履职尽责情况进行考核评价，建立健全奖惩机制。

第三十三条　违反本规则有关规定的，按照相关党内法规和法律规定处理。

第八章　附　则

第三十四条　本规则由中共宜昌市西陵区委负责解释，具体解释工作由区委办公室商区委组织部承担。

第三十五条　本规则自2023年3月29日起施行。

——摘自宜西发〔2023〕3号2023年3月29日

中共宜昌市西陵区委常委会议事决策规则

（2019年3月8日中共宜昌市西陵区委常委会会议审议批准　2019年3月20日中共宜昌市西陵区委发布　2023年3月27日中共宜昌市西陵区委常委会会议修订　2023年3月29日中共宜昌市西陵区委发布）

第一章　总　则

第一条　为了坚持和加强党的全面领导，健全完善中共宜昌市西陵区委常委会（以下简称常委会）议事决策机制，提高议事决策的科学化、民主化、制度化水平，更好发挥总揽全局、协调各方领导作用，根据党章和《关于新形势下党内政治生活的若干准则》《中国共产党地方委员会工作条例》《中共湖北省委常委会议事决策规则》《中共宜昌市委常委会议事决策规则》等党内法规，结合西陵实际，制定本规则。

第二条　常委会在区委全会闭会期间行使中共宜昌市西陵区委职权，主持经常工作。

第二章　议事决策原则

第三条　高举中国特色社会主义伟大旗帜，坚持马克思列宁主义、毛泽东思想、邓小平理论、“三个代表”重要思想、科学发展观，全面贯彻习近平新时代中国特色社会主义思想，深刻领悟“两个确立”的决定性意义，增强“四个意识”、坚定“四个自信”、做到“两个维护”，深入贯彻党的基本理论、基本路线、基本方略，始终在思想上政治上行动上同以习近平同志为核心的党中央保持高度一致，不断提高政治判断力、政治领悟力、政治执行力。

第四条　坚持解放思想、实事求是、与时俱进、求真务实。完整、准确、全面贯彻习近平总书记关于湖北工作的重要讲话和指示批示精神，一丝不苟贯彻落实党中央决策部署和省委工作要求、市委工作安排，立足新发展阶段，贯彻新发展理念，着力推动高质量发展，全力提升主城功能，奋进全国百强城区，为湖北建设全国构建新发展格局先行区贡献西陵力量，争当长江大保护典范城市建设核心标杆。

第五条　坚持立党为公、执政为民。认真践行全心全意为人民服务的根本宗旨，牢固树立以人民为中心的发展思想，走好新时代党的群众路线，把人民对美好生活的向往作为奋斗目标，充分发动群众共建共治共享，使发展成果更多更公平地惠及全区人民。

第六条　坚持民主集中制。实行集体领导和个人分工负责相结合，按照集体领导、民主集中、个别酝酿、会议决定的原则，讨论决定重大事项，增强常委会领导集体活力，加强班子团结，维护党的团结统一。

第七条　坚持科学决策、民主决策、依法决策。在宪法和法律范围内活动，依据党章和其他党内法规履职尽责。坚持实事求是，尊重客观规律，重大决策部署应当深入开展调查研究，广泛听取意见建议，凝聚智慧和力量，切实提高议事决策的质量和水平。

第八条　坚持党要管党、从严治党。把严的主基调长期坚持下去，深入贯彻落实新时代党的建设总要求，以党的政治建设为统领，全面推进党的各方面建设，严肃党内政治生活，严明党的纪律规矩，强化党内监督，勇于自我革命，营造风清气正的良好政治生态。

第三章　议事决策范围

第九条　常委会围绕以下职责开展议事决策：

（一）及时传达学习贯彻习近平总书记重要讲话和指示批示精神，以及省委、市委领导同志的讲话和批示精神；学习贯彻党中央重大决策部署和重要会议、重要文件精神，以及省委、市委重要会议、文件精神，研究制定我区贯彻落实措施，并抓好组织实施。

（二）召集区委全会并确定全会议题；对拟提交区委全会讨论和决定的事项先行审议、提出意见；讨论提出召开区党代表大会、区党代表会议的方案；讨论区委书记代表区委或者常委会所作的工作报告稿、区纪委向区党代表大会的工作报告稿。组织实施区党代表大会、区委全会作出的决议决定和工作部署。

（三）审议上报市委的重要请示报告，讨论和决定下级党组织请示报告的重要事项。

（四）讨论决定全区经济建设、政治建设、文化建设、社会建设、生态文明建设的政策措施和工作部署。审议“三重一大”事项。

（五）研究全区党的建设中的重大问题，研究全区宣传工作、意识形态工作、组织工作、纪检监察工作、群众工作、统一战线工作、政法工作、安全稳定工作、党管武装、农业农村工作等方面工作中的重要事项。加强对深化改革、法治建设、国家安全、民族宗教、教育、科技、网信、审计等工作领导。讨论决定区委拟出台的重要规范性文件。每年至少向市委和区委全会专题报告1次抓党建工作情况。

（六）听取区人大常委会党组、区政府党组、区政协党组、区法院党组、区检察院党组等的工作汇报。审议年度人大监督计划、年度政协协商计划。

（七）按照有关规定推荐、提名、任免干部，必要时对重要干部的任免可以征求区委委员意见；教育、管理、监督干部；研究决定党员干部纪律处分有关事项；在特殊情况下，经区委批准，对区委委员、候补委员作出撤销党内职务以上党纪处分决定，待召开区委全会时予以追认。

（八）对应当由常委会决定的其他重要事项作出决定。

第十条 常委会委员按照分工可以决定的事项，下一级党组织能够决定的事项，不列入常委会议事决策内容。

第四章 决策前协商和酝酿

第十一条 常委会应当建立健全重大决策调查研究机制。讨论决定重要政策措施前，有关地方和单位应当深入调查研究，充分听取各方面意见，并将调查研究情况向常委会报告。

第十二条 常委会应当建立健全重大事项沟通协商机制。讨论决定经济社会发展和涉及群众切身利益的重大事项前，常委会应当加强与区人大、区政府、区政协等沟通协商。

第十三条 常委会应当建立健全重大事项决策咨询机制。对事关全区经济社会发展大局的重大课题研究、重大规划编制、重大项目论证、重大政策制定，以及其他专业性较强的重大事项，有关地方和单位应当在会前向有关行业领域的专家或者专业机构进行咨询，咨询情况应当向常委会报告。

第十四条 常委会应当建立健全重大事项审查评估机制。常委会讨论决定下列事项前，有关地方和单位应当充分征求意见，并进行审查评估，审查评估情况应当向常委会报告：

（一）讨论决定以区委（区委、区政府）或者区委办公室（区委办公室、区政府办公室）名义印发的党内规范性文件代拟稿，应当在会前交由区委法规工作机构、区政府法制工作机构进行合法合规性审核。

（二）讨论决定涉及市场主体的重要政策措施，应当在会前交由区政府法制工作机构、区市场监管部门进行公平竞争审查。

（三）讨论决定可能引起舆情影响的重要政策措施，应当在会前交由区委宣传（网信）部门进行舆情风险评估。

（四）讨论决定可能对社会稳定、公共安全等方面造成较大影响的重要政策措施，应当在会前交由有关部门进行社会稳定风险评估。

第十五条 提交常委会会议讨论事项需区政府事先讨论而未讨论同意的，不得提交常委会会议讨论。讨论下级党组织有关重要问题时，一般应当事前征求下级党组织的意见。

第十六条 需要提交常委会会议审议的重要事项，可以先召开书记专题会议进行酝酿。书记专题会议不得代替常委会会议作出决策。

常委会委员可以根据工作需要，在其职责范围内主持召开议事协调会议，研究解决有关问题，但不得超越权限作出决策。

第五章 议事决策程序

第十七条 常委会会议一般每月召开2次，遇有重要情况可以随时召开。具体召开时间由区委书记确定，或者由区委办公室提出建议，经区委常委、区委办公室主任审批并报区委书记同意后召开。

遇重大突发事件、抢险救灾等紧急情况，不能及时召开常委会会议决策的，区委书记、区委副书记或者常委会其他委员可以临机处置，事后应当及时向常委会报告。

常委会可以根据工作需要召开扩大会议，但不得代替常委会会议作出决策。

第十八条 常委会会议由区委书记召集并主持，区委书记不能参加会议的，可以委托区委副书记召集并主持。常委会会议的出席人员为区委常委会委员，区人大常委会、区政协党组书记列席常委会会议。根据工作需要，常委会会议召集人可以确定有关人员列席会议。

第十九条 常委会会议议题由区委书记提出，或者由常委会其他委员提出建议、区委书记综合考虑后确定。

区委办公室负责收集常委会会议议题，拟制会议方案，经区委常委、区委办公室主任审批后报区委书记审定。

区人大常委会党组、区政协党组提请常委会会议讨论的议题，经区委书记审批同意后，分别由区人大常委会办公室、区政协办公室报送区委办公室。

党群部门提请常委会会议讨论的议题，经常委会分管委员审批同意后，由提出议题的部门报送区委办公室。政府职能部门提请常委会会议讨论的议题，有常委会委员分管的应当经常委会分管委员审批同意后，由区政府办公室或者政府职能部门报送区委办公室；区政府其他领导分管的应当经区政府区长或者常务副区长审批同意后，由区政府办公室或者政府职能部门报送区委办公室。

涉及案件、人事方面的议题，分别经分管纪检监察和组织工作的常委会委员审批同意，按照规定程序送区委书记审定后，告知区委办公室列入议题。

第二十条　常委会会议应当有半数以上常委会委员到会方可召开。讨论和决定干部任免事项必须有三分之二以上常委会委员到会。常委会委员因故不能参加会议的，应当在会前履行请假手续，其意见可以用书面形式表达。

第二十一条　常委会会议的召开时间、议题，应当提前通知常委会委员和列席会议人员。

第二十二条　向常委会的汇报材料由议题承办单位负责起草，要求主题突出、意见清晰、表述准确、文字精练，篇幅一般不超过2000字。向区委办公室报送议题时，应当同时报送有关材料，主要包括议题申报单、汇报材料、需要常委会强调的意见等。与汇报内容相关的重要资料可以作为汇报材料附件。

会议材料经常委会委员审批同意后，由议题承办单位于会前3个工作日报送区委办公室，其中拟提请常委会会议审议的党内规范性文件代拟稿一般应当于会前7个工作日报送区委法规工作机构进行前置审核。议题材料按照统一格式印制，提前1日送达常委会委员。

人事、案件议题材料，常委会有关委员签报区委书记同意后，由议题承办单位直接印制，会上发放，会后收回。

议题承办单位不得自行在常委会会议上发放其他会议材料，确需发放的，须经区委常委、区委办公室主任同意。

第二十三条　常委会会议讨论和决定事项的一般程序为：议题承办单位作简要汇报，一般不超过5分钟；常委会委员就议题充分发表意见；会议召集人集中讨论情况，常委会集体决策；有表决事项的，按规定进行表决。会议召集人集中常委会委员讨论意见时，应当注意考虑和采纳列席人员的意见建议。

第二十四条　常委会会议讨论和决定问题时，常委会委员应当充分发表意见，表明个人态度。

第二十五条　对重要问题如果有不同意见，双方人数接近，除了在紧急情况下必须按照多数意见执行外，应当暂缓作出决定，进一步调查研究、交换意见，待条件成熟后，再提交常委会会议讨论和表决。

第二十六条　表决可以根据会议讨论和决定事项的不同，采用口头、举手、无记名投票或者记名投票等方式进行，以赞成票超过应到会常委会委员半数为通过。未到会常委会委员的意见不得计入票数。表决结果应当由会议召集人当场宣布。会议讨论和决定多个事项时，应当逐项表决。

凡属重大原则问题，每位常委会委员都要作出明确表态。推荐、提名干部和决定干部任免、奖惩等事项，常委会委员应当逐一发表同意、不同意或者缓议等明确意见，区委书记应当最后表态。

常委会会议讨论和决定问题时，如涉及需要回避情形的，常委会有关委员应当回避。

第二十七条　常委会会议讨论案件、干部任免事项时，有常委会委员缺席的，会后分别由区纪委、区委组织部将会议讨论和决定情况及时向其通报。

第二十八条　常委会会议由专门人员如实记录。常委会会议决定事项，应于会后3日内编发会议纪要。会议纪要由议题承办单位于会后1日内，拟定相关议题初稿，报送至区委办公室。由区委办公室整理汇总后，按照程序报批签发。

经常委会会议讨论通过、以区委名义上报或者下发的文件，由区委书记签发。

第六章　决策的执行

第二十九条　常委会作出的决策，由常委会委员分工负责组织实施。区委书记对组织实施工作负总责。常委会委员应当根据分工和集体决定，勇于担当、敢于负责，带头抓好常委会会议精神的贯彻落实。

常委会委员对常委会集体作出的决定必须坚决执行，有不同意见的可以保留，也可以向市委报告，但不得公开发表与决定不同的意见，也不得在行动上违背决定要求。

常委会委员对常委会决定的涉及各自职责范围内的有关事项，负有落实和督促检查的责任，应当加强督促检查。

第三十条　凡是属于应当由常委会会议讨论和决定的事项，必须由集体研究决定，任何个人或者少数人无权擅自决定或者改变集体作出的决定。坚决反对合意的执行、不合意的不执行。决策执行过程中需作重大调整的，通过召开常委会会议决定。

第三十一条　对涉及两名或者两名以上常委会委员分管部门的事项，一般由区委书记明确一名常委会委员负责协调；必须由多名常委会委员共同参与的事项，一般由区委书记、区委副书记协调。

第三十二条　各地各单位应当按照常委会会议纪要作出的决策抓好落实。区委督查室在区委常委会会议纪要正式印发后，对会议的议定事项进行登记立项，明确责任单位、责任人和完成时限，发相关地方和单位。相关地方和单位应当认真落实，并将落实情况及时报送区委督查室。对于重大决定事项，相关地方和单位应当及时向区委书面报告落实情况。

区委督查室每半年将常委会会议重大决定事项和重大工作部署的落实情况向区委作出书面报告。重要事项和紧急事项及时报告。

第三十三条　常委会会议有关情况，根据党务公开的有关规定以适当方式在党内一定范围通报或者向社会公开。

第三十四条　完善区委、区人大常委会、区政府、区政协办公室主任和常委会委员所在单位负责人联席会议协同服务机制，加强沟通协调和整体联动，推动常委会决策的贯彻执行。

第七章　监督和纪律

第三十五条　常委会应当自觉接受党中央和省委、市委领导、工作监督，并接受中央纪委和省纪委市纪委监督、中央和省委巡视、市委巡察监督、区纪委监督，定期向区委全会报告工作并接受监督，接受下级党组织和党员群众的监督，接受各民主党派和无党派人士的民主监督，认真对待、自觉接受社会监督。

常委会应当有计划地邀请区党代表大会代表列席常委会会议。

第三十六条　区委书记应当带头贯彻执行民主集中制，充分发扬党内民主，善于集中正确意见，带头落实加强对“一把手”和领导班子监督的意见等党内监督制度，自觉接受常委会其他委员监督。常委会其他委员应当支持区委书记开展工作，自觉接受区委书记对其工作的督促检查。

常委会委员应当在党性原则基础上维护团结，互相信任、互相谅解、互相支持、互相监督。

第三十七条　常委会会议出席人员和列席人员应当遵守保密纪律，不得将涉密会议材料带离会场，对应当保密的会议内容、讨论情况以及会议决议、决定等，必须严守秘密，不得泄露。除会场工作人员以及指定的新闻媒体外，其他单位和个人未经批准，不得在现场录制音视频和拍摄图像。

第八章　附则

第三十八条　本规则由中共宜昌市西陵区委负责解释，具体解释工作由区委办公室承担。

第三十九条　本规则自2023年3月29日起施行。

——摘自宜西发〔2023〕4号（2023年3月29日印发）

中共宜昌市西陵区委　宜昌市西陵区人民政府
关于贯彻落实市委七届五次全会精神提升城市功能
争当典范标杆打造世界级宜昌核心主城的实施意见

（2023年8月12日中共宜昌市西陵区第九届委员会第五次全体会议通过）

为全面贯彻省委十二届四次全会和市委七届五次全会精神，认真落实《中共宜昌市委、宜昌市人民政府关于推动城市和产业集中高质量发展，加快建设长江大保护典范城市、打造世界级宜昌的实施意见》，做强城市经济，做优城市功能，奋进全国百强城区，争当长江大保护典范城市核心标杆，打造世界级宜昌核心主城，提出如下意见。

一、准确把握打造世界级宜昌核心主城的总体要求

（一）指导思想。以习近平新时代中国特色社会主义思想为指导，完整、准确、全面贯彻新发展理念，主动服务和融入新发展格局，坚持统筹发展和安全，坚持系统观念，认真落实全省流域综合治理和统筹发展规划纲要，按照“产业提质、城市更新、生活精致、建设紧致”理念，着力强产业、优功能、聚人气，持续增强经济动力，激发城市活力，提升治理能力，建好世界级宜昌的城市客厅，全力奋进全国百强城区，争当长江大保护典范城市核心标杆，打造世界级宜昌核心主城。

（二）建设目标

到2025年，在长江生态保护、产业升级提质、城市功能优化等方面取得阶段性成效，打造长江大保护典范城市核心标杆取得重要进展，形成一批标志性成果。

到2035年，城市绿色低碳经济更加强大，城市功能更加完善，城市治理更加科学有效，在宜昌国家区域性中心城市建设中的首位度、贡献度不断提升。

到2050年，基本建成绿色低碳、宜居宜业、人与自然和谐共生、具有较强竞争力和影响力的长江大保护典范城市核心标杆，彰显宜昌城市客厅的绿色生态高颜值，成为世界级宜昌的形象窗口和开放舞台。

二、提升城市绿色生态品质，在建设国家生态文明建设示范区中展现作为

（一）扛牢生态环保政治责任。全面落实《湖北省流域综合治理和统筹发展规划纲要》及实施方案，推动水环境、水生态、水资源、水安全“四水共治”，坚决守牢水安全、水环境安全、粮食和能源资源安全、生态安全“四条底线”。把修复长江生态环境摆在重要位置，认真抓好中央环保督察反馈问题整改。严格实施长江“十年禁渔”。落实河湖长制，加强长江、黄柏河和东山运河西陵段等“一江两河”生态保护与修复综合治理。深化完善林长制，开展国土绿化行动，全面保护天然林资源。深化与长江生态环保集团合作，打造长江大保护环保产业园区。支持人大及其常委会加强对生态文明保护法律实施的监督，支持政协加大对生态文明建设的专题协商和民主监督力度。

（二）做优城市生态品质。抢抓“串园连山、增花添彩、水系连通”等工程建设机遇，营造山水相融、人城相宜的舒适城市生活空间。打造镇镜山公园、唐家湾公园等一批城市绿心，提档升级儿童公园、东山公园，建设一批社区公园、口袋公园。服务鸦宜铁路改造利用。推动城市亲水慢行廊道建设，打造江豚观景平台，让江豚逐浪的生动景象常驻西陵，提升“万里长江最美滨江”魅力。

（三）持续提升全社会生态文明素养。做强三峡蚁工、稻草圈圈等全国知名生态志愿服务品牌，扩大提升宜荆荆都市圈生态环保志愿服务组织联盟影响力。培育、引进一批专业化、枢纽型、智能型生态环保组织、生态环保企业，带动群众深度参与长江大保护火热实践。依托“生态市民日”《生态好市民》校本教材、生态市民教育体系，大力带动生态教育走进企业、学校、机关、社区、家庭，培育生态小公民、生态好市民，形成“人人争当生态市民、时时参与生态建设、处处彰显美丽生态”的良好氛围。

三、加快城市功能提档升级，推动人城景业融合共生

（一）“一环八片”构建主城融合发展空间。坚持以城市和产业集中高质量发展为目标，紧紧围绕市委对我区提出的“聚集商业中心、消费中心、旅游服务、科教文化等现代服务业核心功能”要求，完善城市功能布局，承载区域性中心城市核心职能。按照“十四五”规划确定的“彩虹状空间分布”发展环及八个片区融合发展格局，统筹推进夷陵广场、大南门、营盘山CAZ、西坝、平湖半岛、沙河、石板、黑虎山等片区融合发展。重点围绕“两岛一湾区”开发，以美术馆、大剧院建设为契机，打造具有国际范、山水韵、艺术感的长江西坝魅力不夜岛、平湖国际旅游岛。加快沙河、石板及大树湾黑虎山片区开发，建成产业特色鲜明、服务功能完备、生态环境优良的城市生态新区、智慧生态新城。

（二）抓住重大工程建设机遇推进片区更新提质。以营盘山、望洲岗、镇镜山、绵羊山7平方公里为重点，通过“拆、改、建、留、营”等多种方式，推进老旧小区、危旧房改造和低效地开发，全域推进业委会主导、群众主体、共同缔造的危旧改模式。以水电文化、工程文化贯穿片区风貌，实现央企生活区环境改天换地、人口结构焕新。引入绿色低碳等新兴产业，因地制宜发展旅游休闲产业，打造世界级葛洲坝水利枢纽工程观景平台。

（三）建管并重打造宜居宜旅城市环境。因地制宜、分步推进、发动群众、市场运作，推进老旧小区改造，以文化引领老城更新，展现千年宜昌城市文化底蕴和历史传承。推进未来社区建设。推进清违后闲置空间配套开发利用，释放停车场、充电桩、晾衣架等市民生活新空间。推进既有住宅加装电梯，同步提升小区物业服务品质。有机改造社区广场、背街小巷，增加适老化设施、儿童体验功能，在建设全国青年发展型城市、国家儿童友好城市、老年友好型社区中发挥核心作用。提升城市管理人本化、智能化、精细化水平，营造有温度、有智慧、有韧性的城市环境。

四、推动生产性服务业完备齐全，突破性发展城市经济

（一）以五大园区满仓运行打造生产性服务业核心载体。立足宜昌人力资源服务产业园、三峡检验检测产业园、三峡数智产业园、设计咨询产业园、档案产业园等五大专业园区，对接产业链重点企业精准招商，借力重大工程建设招引测绘、设计、运输、建筑类企业落户，大力推动人力资源、检验检测、金融服务、智算智能、研发设计、现代物流、软件信息、高端商务等知识密集型、智力密集型服务业发展，服务宜昌生产性服务业集群建设，提升服务业核心竞争力。

（二）以头部企业聚集发展构筑大数据及算力经济区域中心。以人工智能应用为引领，加快布局大数据及算力经济全产业链条，助力宜昌申报建设全国一体化算力网络枢纽节点。依托三峡高科等企业“前店后厂”构建人工智能产业链。携手三峡集团长江电力、航天宏图等建设智慧水电全国重点实验室、西陵人工智能产业园、长江大保护AI遥感测绘大模型。支持红棉小冰打造体育、教育、文旅等领域虚拟数字人应用龙头，七巧连云打造数字循环经济产业园、碳普惠生活服务数字化平台，瑞磁科技在“新能源+电动汽车+智能传感”行业做大做强。

（三）以总部经济楼宇经济扩容提质放大城市经济乘数效应。加快壮大总部经济，增强楼宇经济承载力，提升城市经济聚集度、贡献度。围绕宜昌现代化工新材料、生命健康、新能源及高端装备、大数据及算力经济、文化旅游“3+2”主导产业布局，大力引入企业研发总部、销售总部、创投总部。利用宁德时代、江苏盛虹、湖北楚能等新能源重点企业落户宜昌机遇，大力招引综合型、区域型、功能型总部、研发中心落户。以三峡企业总部基地、三江至禧、美岸长堤等沿江总部楼宇群、环夷陵广场CBD商务楼宇群、三峡双创中心等为重点，培育一批法律服务楼、电子商务楼、智慧信息楼、金融证券楼等特色楼宇。建立完善楼宇经济服务平台，完善停车场等配套设施，推动老旧楼宇提档升级。

五、推动生活性服务业高端精致，打造宜荆荆区域性消费中心活力中心

（一）以“6+20+N”特色商圈街区为核心加快消费中心建设。做大做强夷陵广场、CBD、解放路步行街、营盘山CAZ、吾悦广场、西坝不夜城六大商圈，推动“十全十美·宜昌老街”20条特色街区提标提质，建设N条特色街巷，让核心商圈、特色街区成为消费首选地、城市新地标。持续开展“三百行动”，帮助企业拓市场，引导各类商户提升营销策划水平。推动密室逃脱、剧本杀、酒吧、健身馆、影院以个性化店招、话题式营销增流量、聚人气。不断提升赛事经济、平台经济、直播经济等新经济规模能级，积极培育跨境电商、线上会展、服务外包等服务业新业态，优化拓展高净值人群和年轻群体喜爱的城市空间。

（二）以“一门三路”为重点提升城市文旅融合魅力。发挥千年宜昌文脉优势，持续提升大南门、二马路、红星路、解放路等街区历史文化特色风貌，招引大型主题乐园入驻“两岛一湾区”，打造城市文化旅游地标，填补中心城区文商旅融合发展空白。对标国际最高标准和最好水平，推进旅游服务标准化建设，发挥龙头带动作用，支持各类旅游企业做大做强。锁定“首店经济重点招商名单”“重点消费品牌目录”“五大国际酒店集团优质品牌酒店名录”等开展品牌招商。抢抓宜昌打造百道名菜、培育10家著名餐厅、打造10条美食街机遇，放大西陵美食魅力，以美食“出圈”为文旅“添味”，提升城市烟火气。

（三）以“节会潮玩”为亮点打造人气兴旺活力磁场。以中国长江三峡国际旅游节、长江钢琴音乐节等节庆赛事活动、国内外演艺演出展演为契机，帮助辖区市场主体增流量、拓消费。抓住全民打卡、网红经济、粉丝经济、盲盒经济热潮，持续开展城市营销，围绕“特种兵”旅游、穿越体验、街头文化等年轻人喜欢的生活方式，“一月一主题”持续谋划开展美食节、音乐节、街头歌会，推出电竞赛事、漫展等活动，服务宜昌抢占黄金客流、吸引消费聚集。

六、发挥科技创新资源优势，提升城市功能引人聚人

（一）积极发挥三峡集团、三峡大学等中省企业、高校资源优势。深化与三峡集团、三峡大学的“政企校”三方联动和抱团合作，充分利用校友资源、科研平台，全领域、全方位开展产业对接和重点项目合作。深入对接三峡集团，谋划推动数字经济产业园等一批数字经济、生态环保领域重大项目落户。全面深化与葛洲坝集团、十六化建等中省企业战略合作。支持三峡大学“双一流”建设和三峡职院、三峡电力职院“双高”建设，深化与高校“五个一”合作和“百博千硕万本”挂职实训计划，让青年学生提前融入西陵，扩大毕业生留宜比例。

（二）为创新创业提供广阔空间。扩大全省双创示范基地品牌影响力，发挥“环三峡大学创新生态圈”核心区作用，加快三峡青年城、三峡创新港等项目建设。发挥三峡创谷带动效应，完善“众创空间—孵化器—加速器—科技园”86万平方米全生命周期双创孵化体系，构建“园区—校区—街区—社区—小区”“五区”融合的双创空间格局，为初创企业、青年人才提供广阔的创业平台和就业空间。加快西陵经济开发区省级高新技术产业开发区创建步伐，增强辐射带动能力。

（三）以优质均衡的公共服务体系引人聚人。以全国一流的优质教育、健康、文化、养老等公共服务品牌留才聚才，营造近悦远来的人才发展生态。继续实施“才聚西陵”行动，扩大人才工作站、人力资源联盟覆盖面。丰富完善人才服务券、创新创业券、夜经济消费券、人才需求图、就业空间图、网红打卡图“三券三图”等青年专属“大礼包”，用好“1+6+X”人才政策，根据青年人才工作生活特点，丰富创新创业、婚恋交友、文化休闲等场景，扩大“爱在西陵”交友等活动品牌影响力，帮助青年人才在西陵交友安家，让“乐居、立业、活力、有为”成为城市标识。

七、持续深化党建引领基层治理，发动群众共同缔造美好城市美好生活

（一）织密“三张网”筑牢基层治理体系。持续织密“党建主导型业委会”服务居民网，探索“酬金制”“信托制”物业管理模式，选优配强业委会成员，常态化组织业委会开展“互学互促、提标提质”活动；持续织密“群团组织带动型社会组织”服务社会网，落实“五社联动”机制，引导居民依据“趣缘、志缘、利缘”成立各类“微组织”“自组织”，推动有序向社区社会组织转化；持续织密“区街联动型商（协）会”服务市场主体网，创新“红色合伙人”机制，推动社区和市场、商圈、园区建立商户联合体、产业发展联盟。

（二）完善“共建共治共享”的治理格局。坚持“五共”理念，畅通群众诉求表达渠道，坚持“宜接就办”和“未诉先办”双线运行，切实解决一批群众反映强烈的高频热点难点问题。持续开展院坝会、凉亭会、围楼夜话、“逢四说事”和“项目怎么建·请您来点单”“小区怎么管·大家商量办”“物业怎么样·居民来评判”等活动，推广“敲门嫂”“时间银行”等共同缔造群众工作法。推深做实“一线协商·共同缔造”“同心聚力·共同缔造”“共同缔造·我来监督”等活动，形成可推广的党建引领基层治理体制机制创新经验和品牌。构建党内监督主导、群众监督协同、监督治理共促、发展成果共享的基层监督体系，搭建群众议事决事监督平台。牢固树立安全发展理念，守好意识形态、安全生产、平安稳定等各领域安全底线，努力实现高质量发展和高水平安全良性互动。

（三）做优做强社区治理力量。坚持为社区减负赋能，确保社区工作者腾出时间和精力，进驻小区，敲门关怀，服务群众。把社区建成政府治理和群众自治的结合点，把小区建成网格化管理、精细化服务的承载点，把楼栋建成邻里守望、共建家园的连心点。以小区为单位优化调整网格，以商务楼宇、商圈市场、园区街区划定专属网格。扎实开展楼栋“微治理”，持续推动“党员责任、文明规约、协商议事、公共服务、邻里互助”五进楼栋。坚持执法力量、平台、服务下沉一线，推进片区、社区、小区管理模式创新。把群众满意度、参与度作为考核评价核心，整合更多资源服务群众办实事。支持社区做强集体经济，鼓励各社区盘活现有资产资源，创办社会企业，服务社区居民，提升社区“造血”功能。

八、强化组织保障

（一）强化工作落实。建立区委、区政府主要领导牵头抓总、分管领导分工负责、各部门各司其职的推进落实机制。区委办公室对《实施意见》提出的各项工作任务进行责任分解，推行清单化、项目化、节点化管理。强化“月调度、季通报、年终考核”，推动各项工作落实落细落到位。各部门要主动承担区委、区政府赋予的使命重任，立足职责制定年度工作计划和任务清单，形成上下联动、密切配合、齐推共促的强大合力。

（二）强化对上争取。全区各级各部门要增强紧迫感和敏锐性，认真研究国家和省、市的产业政策和扶持措施，紧跟政策动向，精准谋划项目，加大向上对接、争取、沟通力度，真正将政策机遇转化为发展机遇，推动上级重点工作部署、重点项目、资金在西陵落地见效。

（三）强化能干成事。坚持新时代好干部标准，树牢“能干成事”选人用人导向，推进能上能下，创新“一线锻炼”模式，打造勇担使命、视野开阔、善治敢为的首善干部队伍。把推进“四个重大”作为锻炼干部的主战场，继续推行“能干成事”干部业绩纪实档案，将个人工作实绩与选拔任用、职级晋升、差异化分配等挂钩，与评先表优、学习培训推荐挂钩，激励党员干部在打造世界级宜昌核心主城中树一流形象、创一流业绩。

——摘自宜西发〔2023〕6号 2023年8月14日

西陵区服务业产业扶持办法

第一章　鼓励企业做大做强

第一条　对年度新增入统的规模以上服务业企业、限额以上商贸企业一次性奖励5万元，或公路货运企业纳入交通运输部规上企业库一次性奖励5万元。对当年新进规（限）并纳入文化产业统计范围的文化企业，在进规、进限基础上另行一次性奖励企业负责人2万元。

第二条　对在外地注册、本地经营的大企业分公司改设为子公司（含新设立子公司）（简称“分改子”），营业收入达到2000万元并纳入统计的，一次性奖励20万元。“分改子”自实现企业所得税缴税之日起连续5个年度，前3年按其缴纳所得税地方实得财力部分的100%给予扶持，后2年按其缴纳所得税地方实得财力部分的50%给予扶持。

第三条　对制造业企业剥离研发设计、检验检测、营销贸易、商务咨询、人力资源、创意设计、文化会展、第三方物流、文化旅游等内设机构，成立独立法人资质的服务业企业并纳入统计的(简称“主辅分离”),一次性奖励20万元。

第四条 对年度营业收入全市排名前100名,且同比增速达到20%的规上其他营利性服务业企业,一次性奖励5万元;对年度营业收入全市排名前50名,且同比增速达到20%的规上文化企业,一次性奖励5万元;对批发、零售行业年度销售额全市分别排名前35名,住宿、餐饮行业年度营业额全市分别排名前15名,且同比增速达到20%的限上企业,各一次性奖励5万元;对年度营业收入同比增速达到20%的其他交通运输和仓储业(不含道路运输业、水上运输业)企业,一次性奖励5万元;对年度公路货物周转量同比增速达到20%的规上公路货运企业,一次性奖励5万元;自2023年起,当年6月30日前公路货运企业营运车辆总数较上年底每增加1辆,奖励2000元/辆。

第五条 交通运输和仓储业、信息传输、软件和信息技术服务业、水利、环境和公共设施管理、卫生类的企业,对年度营业收入全区排名前5名,且同比增速达到20%的企业,奖励企业负责人2万元;租赁和商务服务业、科学研究和技术服务业、教育业、物业管理、房地产中介服务类的企业,对年度营业收入全区排名前10名,且同比增速达到20%的企业,奖励企业负责人2万元;居民服务、修理和其他服务业、文化、体育和娱乐业类的企业,对年度营业收入全区排名前5名,且同比增速达到20%的企业,奖励企业负责人2万元。

第六条 对批发、零售行业年度销售额分别全区排名前10名,住宿、餐饮行业年度营业额分别全区排名前5名,且同比增速达到20%的限上企业,各奖励企业负责人2万元。

第七条 对2023—2024年新入库的餐饮企业和个体工商户,按其新增地方财政贡献的50%给予补贴,持续补贴3年。

第八条 对2023—2024年在库餐饮行业个体工商户转成法人企业,或库外餐饮行业个体工商户转成法人企业并入库的,每户一次性奖励1万元,并自完成“个转企”且入库纳统次月起,给予每月300元财务和人力成本补贴,持续补贴3年。

第九条 对已入库的餐饮企业,2023—2024年在宜昌市域外每设立1家分公司,分公司收入在总部纳统上报且年营业额达到200万元及以上的,给予一次性奖励5万元。

第十条 对已进规、进限并依法依规经营的服务业、商贸企业,按照企业年度上报数据质量进行考核,对考核合格的企业给予1000元财务和人力成本补贴,持续补贴3年。

第十一条 对年纳税100万元以上且年增幅20%以上的服务业、商贸业企业,奖励企业负责人1万至5万元。

第二章 鼓励企业做优品牌

第十二条 对获得国家、省级全域旅游示范区、旅游度假区、夜间文化和旅游消费集聚区、旅游休闲街区、文化产业(新闻出版、网络视听)示范园区、人力资源服务产业园、“两业融合”试点示范园区等示范区(园区)的,一次性分别奖励100万元、50万元。

第十三条 对获得国家、省级物流试点单位(荣誉称号)、多式联运示范企业、文化产业示范基地、数字出版示范基地(示范单位)、文化和科技融合示范基地、体育旅游示范基地、体育产业示范基地(单位、项目)、“两业融合”试点示范企业等示范单位的,一次性分别奖励50万元、30万元。对荣获省级家政服务产教融合企业、省级人力资源服务业领军企业的,一次性奖励20万元。

第十四条 对纳入全省服务业“五个一百工程”的服务业示范园区,一次性奖励50万元;对纳入全省服务业“五个一百工程”的重点项目、重点企业、领军人才所在企业和重点品牌所有人单位以及“湖北省人力资源服务业领军人才”所在企业,一次性奖励5万元。

第十五条 对成功创建五星、四星级酒店,属于国际品牌的分别奖励500万元、200万元,属于国内品牌的分别奖励400万元、100万元。

第十六条 对获评国家5A、4A级且纳入统计的景区,分别奖励500万元、100万元。

第十七条 对获评5A、4A级且纳入统计的旅行社,分别奖励20万元、10万元。

第十八条 对新认定省级文化企业十强、上市后备“金文种子”文化企业,一次性奖励20万元。对新认定省级文化产业品牌、“银文种子”“文瞪种子”的文化企业,一次性奖励10万元。对在国家、省级旅游商品及文化创意产品等各类评选中获得荣誉的企业,一次性奖励5万元。

第十九条 对评定为国家5A(星)、4A(星)、3A(星)、2A(星)级的物流(冷链)企业以及年交易额500亿元、200亿元、100亿元、50亿元的物流园区分别给予50万元、20万元、10万元、5万元奖励。

第二十条 对新获得“中国驰名商标”“中华老字号”“湖北老字号”“宜昌老字号”认定且纳入统计的企业,分别给予一次性奖励10万元、10万元、8万元、5万元。

第二十一条　鼓励特色商业街区市场管理方参与申报评选全市特色商业街。凡创建成功的，按每条街区5万元的标准对市场管理方给予资金支持。

第二十二条　经市级部门认可，对在本辖区开设宜昌首店的国际知名品牌（不含港澳台）店，且在本地销售收入达到500万元以上，对引进其首店的商业综合体按照每家3万元给予一次性补贴。经市级部门认可，对在本辖区开设宜昌首店的国内知名品牌（含港澳台）店，且在本地销售收入达到500万元以上，对引进其首店的商业综合体按照每家1万元给予一次性补贴。单个商业综合体补贴最高不超过10万元。

第三章　支持重点服务业发展

第二十三条　对年新增500万元以上信息化、冷链、清洁能源设备的物流企业，或整合车辆10万台以上、常态化运营1万台以上的网络货运平台企业，且纳入统计的，给予50万奖励。对年实缴增值税、企业所得税总额超过500万元的网络货运平台企业，自实现缴税目标之日起连续5个年度，前3年按其缴纳所得税地方实得财力部分的100%给予扶持，后2年按其缴纳所得税地方实得财力部分的50%给予扶持。

第二十四条　对年揽件量达到200万件、500万件、1000万件及以上的快递企业，分别给予奖励5万元、10万元、20万元。

第二十五条　对年度实物商品网上零售额首次突破5000万元且纳入统计的电子商务平台和企业，给予一次性奖励20万元，2023—2024年内突破1亿元的，另行奖励10万元。

第二十六条　对获批（保留）的省级电子商务示范基地的运营单位给予30万元一次性奖励。对获批（保留）的省级电子商务示范企业或数字商务企业，给予一次性奖励20万元。

第二十七条　对知名直播电商企业区域总部入驻或设立市级以上区域运营中心的，给予最高不超过50万元的一次性奖励。支持直播电商基地（园区）建设，对获得主流电商平台授牌的直播基地，按照实际投资额的20%，给予园区主办方最高不超过50万元一次性资金扶持。对电商企业或MCN机构直播带货，经市级相关部门认定为限上商贸企业，年产品销售额达到1000万元、3000万元、5000万元、1亿元以上的，分别给予一次性奖励5万元、10万元、20万元、30万元。

第二十八条　对年新增500万元以上智能化改造升级、智慧景区建设、新兴网络媒体传播、数字出版印刷、网络视听、媒体融合等设备的规上文化企业，给予50万元奖励。

第二十九条　对经营性文化事业单位全面完成转企改制，依法办理公司注册登记，年度营业收入达到500万元以上并纳入规上文化企业的，给予奖励20万元。

第三十条　对新引进从事文旅主题公园、影视动漫制作、文化创意设计、网络视听游戏、数字出版印刷、互联网信息服务等新兴文化业态的文化企业及研发基地，注册公司并纳入规上文化服务业企业的，一次性奖励20万元。

第三十一条　对获评甲级、乙级、丙级的且纳入统计的旅游民宿，分别奖励20万元、10万元、5万元。

第三十二条　对获评5C（星）、4C（星）级且纳入统计的自驾车旅居车房车营地，分别奖励50万元、30万元。

第三十三条　支持开展宣传推广西陵元素的各类文学艺术创作、文化创意、数字出版、动漫游戏等文化创新活动，对原创产品宣传推广西陵元素且入选国家、省、市文化精品工程的，分别奖励3万元、2万元、1万元。

第三十四条　对自主开发推广西陵元素特色文创产品，且在国家、省级旅游商品及文化创意产品等各类评选中获得荣誉的企业，在市级奖励基础上，对企业负责人分别给予一次性奖励2万元、1万元。

第三十五条　对省级以上行业商协会、学术机构、高校、行业主流媒体等机构、世界和国内500强企业在本辖区举办的会议和论坛，且在相当于三星级以上酒店住宿2晚及以上的，按照每100人给予一次性奖励3万元，最高不超过30万元。举办国际性会议的，按境外人员参会人数另行给予1000元/人的奖励。

第三十六条　对在本辖区举办的展览，标准展位达到150个、300个的，分别给予每个展位400元、600元奖励。对新注册法人公司的会展机构，落地一年内举办超过300个标准展位的展览一次、两次及以上的，分别再奖励30万元、50万元。

第三十七条　经市政府及省级行业主管部门批准，规上文化企业承办在本辖区内举办的市级及以上重大文化赛事和重大节庆活动的，按照承办活动总费用的50%、最高不超过20万元的标准给予补助；规上文化企业参加国际国内各类展会活动的，按照参展各类费用的50%、最高不超过5万元的标准给予补助；文化体育企业举办经区政府及行业主管部门认定，直接促进西陵区体育后备人才培养赛事活动的，按活动举办费用的50%，最高不超过3万元进行补贴。

第三十八条　对年度营业收入达到30亿元或年度税收达到6000万元的人力资源服务产业园，一次性给予100万元运营补贴，当年税收增速每增长5%，运营补贴增加10万元，每年最高补贴不超过150万元。

第三十九条　对入驻产业园的人力资源服务企业新购买的自用办公用房（不含配套用房和附属设施），按照每平方米500元的标准给予一次性购房补贴，最高不超过200万元。

第四十条　对入驻产业园的人力资源服务企业租用产业园办公用房的，第一至三年给予每平方米30元/月的租金补贴，第四至五年给予每平方米15元/月的租金补贴。

第四十一条　对入驻产业园的人力资源服务企业进行装修改造的，按照每平方米200元的标准给予一次性装修补贴，同一企业最高补贴不超过20万元。

第四十二条　对入驻产业园的人力资源服务企业，依据其对地方经济的贡献程度给予年度财政贡献奖励。入园企业当年财政贡献度在50万元以上的，第一至三年按市和区年度地方财政贡献值的100%给予奖励，第四至五年按市和区年度地方财政贡献值的50%给予奖励。

第四十三条　对获评湖北省及以上人力资源服务诚信示范机构的，给予首次入选的诚信示范机构一次性奖励1万元。

第四十四条　对在本辖区纳税的人力资源服务机构或中介组织为辖区企业新引进人才，签订1年以上劳动（聘用）合同，服务满6个月，且在本辖区依法缴纳社会保险，按照每新引进50人奖励人力资源服务机构或中介组织5000元，最高奖励不超过5万元。

第四十五条　支持人力资源服务机构与企业、行业协会、校友会等社会组织合作，建设面向新生代劳动力的招引平台。对在西陵区人社部门登记备案、年度内组织50名及以上新生代劳动力（不含劳务派遣、劳务外包人员）首次在辖区企业就业，并签订一年以上劳动合同且缴纳社会保险费一年以上的经营性人力资源服务机构，给予200元/人就业创业服务补助。

第四十六条　对本辖区人力资源服务机构、中介组织或个人引荐人才申报入选国家、省、市A-D类人才，与辖区内用人单位签订2年及以上劳动（聘用）合同，合同履行满6个月，且在本辖区依法参加社会保险，给予最高2万元引才奖励。

第四十七条　对新落户本辖区的世界500强企业中人力资源服务机构总部、地区总部、全国百强人力资源服务机构总部或其研发中心，分别奖励30万元、20万元、10万元。

第四十八条　鼓励和支持人力资源服务机构引入云计算、大数据、“互联网+”等应用，建立“一站式”人才服务信息化平台，为用人主体和人才提供政策查询、项目申报、猎聘求职、人才测评、远程面试等一体化便捷服务，给予最高5万元平台建设补助。

第四十九条　对在本辖区举办电竞顶级国际职业赛事、全国或次级国际职业赛事、次级全国职业赛事、其他各类国际或全国赛事、其他各类型区域性赛事的，视情况分别给予一次性不超过500万元、200万元、100万元、50万元、30万元补贴。

第五十条　对注册在本辖区的电子竞技职业公司（俱乐部），参加顶级国际职业赛事、顶级全国或次级国际职业赛事、次级全国职业赛事、其他各类型国际或全国赛事、其他各类型区域性赛事并获得冠军的代表队，视情况分别给予一次性不超过200万元、100万元、50万元、20万元、5万元奖励。

第四章　促进外向型经济发展

第五十一条　对外贸企业本年度内出口额增长50万美元以上的超基数部分进行奖励，按照市级扶持政策落实区级配套，最高奖励不超过100万元。

第五十二条　对在本辖区备案注册的外商投资企业（房地产项目除外），外方股东当年累计实际到资或增资达到10万美元及以上的，一次性奖励2万元；达到300万美元及以上按照市级扶持政策落实区级配套，单个企业每年不超过100万元。

第五十三条　企业以跨境电子商务贸易方式进出口货物的，按照市级扶持政策落实区级配套，单个企业扶持每年不超过100万元。

第五十四条　对认定及保留为省级服务外包示范园区、省级服务外包人才培养（训）基地的运营主体分别给予一次性奖励20万元。

第五章　激发企业发展动力

第五十五条　鼓励辖区优质企业参与评选全市十大服务业创新经济，支持新业态、新经济、新模式、新领域等新兴服务业发展，培育一批服务业雏鹰企业、瞪羚企业，对获评全市十大服务业创新经济的企业，一次性奖励8万元。

第六章　一事一议

第五十六条　对世界500强企业、中国500强企业、中国民营企业500强、央企、国企和主板上市公司及其他重点企业直接投资或所属一级全资子公司投资的服务业项目，可采取“一事一议”方式予以重点扶持。

第七章　附　则

第五十七条　本办法“以上”“以下”均包含本数。

第五十八条　享受上述政策的服务业企业，必须在西陵合法经营，实行独立核算，独立运作，依法纳税。企业上一年度发生以下情况的，取消当年奖励补助资格：列入严重失信名单的；发生较大及以上安全生产事故的；发生较大及以上突发环境事件的；发生重大偷漏税行为、恶意虚开增值税专用发票被税务机关稽查处罚，或移送司法机关处理的。

第五十九条　同一企业同一事项符合两项或两项以上扶持条款的，或已享受市区同类其他扶持政策的，就高执行，不重复享受。享受进规、进限、“分改子”“主辅分离”奖励的企业及新引进的文化企业（研发基地）3年内不得退库，公路货运企业增加的车辆3年内不得报废、过户、注销，否则全额收回奖励资金。

第六十条　本办法自正式颁布之日起施行，有效期3年。由西陵区发改局会同相关部门负责解释。施行期间上级有新规定的，从其新规定，与区内其他奖励政策相竞合的，按照“就高不重复”原则享受。

——摘自宜西府发〔2023〕6号2023年5月20日印发

西陵区流域综合治理和统筹发展三年行动方案（2023—2025年）

为贯彻落实《省委办公厅省政府办公厅关于印发〈宜昌市流域综合治理和统筹发展规划〉的通知》（鄂办文〔2023〕6号）精神和《宜昌市流域综合治理和统筹发展三年行动方案（2023—2025年）》，结合西陵实际，制定本行动方案。

一、总体要求

以习近平新时代中国特色社会主义思想为指导，全面贯彻党的二十大精神和省第十二次党代会决策部署，统筹发展和安全，统筹城乡区域和资源环境协调发展，统筹国内国际两个市场两种资源，以流域综合治理为基础推进“四化”同步发展，加快建设长江大保护典范城市，为全省建设“全国构建新发展格局先行区”作出西陵贡献。

二、主要任务

（一）坚决守牢流域综合治理安全底线

严格落实省控安全底线要求，在市控安全底线清单的基础上，通过点线面要素结合，空间与质量共约束的方式，明确区控水安全、水环境安全、粮食安全、生态安全四类安全底线内涵。结合全区流域特征和行政管理要求，在全市划定的12个三级流域管控单元和27个四级流域实施水体中（我区全域属于三级流域单元中的黄柏河下游单元，四级流域水体中黄柏河下游水体），分街道分类分级建立安全管控负面清单，加强管控，制定措施，确保生态功能不降低、面积不减少、性质不改变。

1. 守住水安全底线，确保江河安澜。健全防洪排涝保障体系，构建现代化防洪工程体系，实现中心城区内涝防治标准达到30年一遇。保障生活、生产、生态等用水需求，保障城区供水安全。积极争取将西坝河道整治纳入三峡后续项目争取资金。以国家海绵城市示范市建设为契机，在项目设计、施工、验收等各阶段落实海绵城市建设理念，逐步完善“源头减排、管网排放、蓄排并举、超标应急”的城市排涝体系建设。（牵头单位：区水利局，责任单位：区住建局、各街道办事处）

2. 守住水环境安全底线，提升河流水质。加强水生态保护修复及水环境安全保障。加强对葛洲坝库区流域沿线和西坝岛片区生态修复。全面规范和整治我区入河排污口，健全完善责任明晰的排污口长效监督管理机制，持续改善水生态环境质量。加强饮用水水源地保护，推进西坝水厂、石板水厂、东山运河备用水源地规范化建设，确保饮用水源地水质安全。确保长江干流西陵段水质保持在Ⅱ类，沙河流域水质达到Ⅳ类，消除劣Ⅴ类水体。（牵头单位：生态环境西陵分局，责任单位：区住建局、区水利局）

3. 守住粮食安全底线，提升应急储备能力。健全粮食应急保障体系和联动机制。加强与市发展改革委、市应急局等单位日常沟通衔接，增强粮食应急协同能力。加大应急网点体系建设，完善粮食应急保障信息。加强对现有应急网点动态管理，保持布局科学，数量真实，功能匹配，确保应急供应时粮食及时发放。（牵头单位：区发改局，责任单位：区市场监管局、区商务局）

4. 守住生态安全底线，提升生态服务能力。统筹推进区域生态保护与修复，扎实推进长江大保护，开展长江留白留绿控制和河湖缓冲带建设。严格实施长江禁渔（坝下中华鲟自然保护区核心区永久禁渔、坝上黄柏河十年禁渔）。加强对窑湾蜜橘种植园土壤环境质量现状的监测。积极开展生物多样性调查，及时清除外来物种“加拿大一枝黄花”“福寿螺”，守好国家濒危物种中华鲟自然保护区核心区生态空间安全。开展生态保护红线监管相关工作，强化“三线一单”生态环境分区管控落地应用。推进生态产品价值实现。有序实施自然资源确权登记,清晰界定自然资源产权主体,明确生态产品责权归属。开展生态产品信息普查,摸清各类生态产品数量、质量等底数,形成生态产品目录清单。(牵头单位:生态环境西陵分局、自然资源和规划西陵分局,责任单位:区园林绿化管护中心、窑湾街办)

(二)积极探索特色化“四化”同步发展路径

按照全市“西部生态、中部生活、东部生产”的功能布局,推动信息化和工业化深度融合、工业化和城镇化良性互动,统筹推进“四化”同步发展。

1.推进新型工业化。打造西陵特色都市工业体系,助力全市建设全国制造业高质量发展示范引领区和长江经济带产业转型升级先行区。(牵头单位:区经信局)

(1)筑牢产业基础,引导产业特色化发展。坚持巩固优势、锻造长板,着力发展智能制造、清洁能源、生态环保等主导产业。

引进天赐研究院等配套项目,助力宜昌发展动力电池产业集群。(责任单位:区经信局、区发改局)

(2)优化产业布局,实施分级分类管理。对全区工业分级分类实施管理。对西陵经济开发区内的产业进行功能整合,集中发展特色产业,形成产业关联、配套健全的都市工业园区。按照“三线一单”生态环境分区管控要求落实产业准入。(责任单位:区经信局、生态环境西陵分局、西陵经济开发区)

(3)推动制造业绿色低碳发展。支持企业开展绿色制造体系创建,在绿色工厂创建上实现突破。推进西陵经济园区循环化改造,加快绿色园区建设。加强重点行业环境影响评价,创新环境影响评价方式。(责任单位:生态环境西陵分局、西陵经济开发区)

2.推进信息化建设。加快推进产业数字化和数字产业化,以信息化整体推动生活方式、生产方式和治理方式变革。(牵头单位:区经信局)

(1)完善数字公共基础设施体系。推进各领域智能化升级改造,加强城市物联网系统和产业园区网络基础设施建设。聚焦重点项目和基础设施建设,构建云网融合的新型算力设施。支持流域治理信息技术的研发与创新,重点支持电子信息类工程技术研究中心、企校联合创新中心等创新平台建设,以及电子信息类科研项目的对上争取。(责任单位:区住建局、区经信局、区发改局、区政数局、区科技局)

(2)大力发展数字经济。推进三峡科创园宜昌园区项目落地建设,提升西陵区大数据产业研发科创力量。进一步推动相关企业接入二级节点,同时支持企业开展两化融合工作。协同相关部门争取第九个全国一体化算力网络国家枢纽节点落户西陵,打造零碳算力中心、灾备中心。(责任单位:区发改局、区经信局、区政数局、区科技局)

(3)构建数字孪生流域体系。依托市水利和湖泊局智慧水利系统,在辖区现有流域范围打造“预报、预演、预警、预案”功能的智慧水利体系。加强数字孪生流域算据、算法、算力建设。强化预报预警预演预案能力。(责任单位:区水利局、区政数局)

(4)加快智慧城市建设。围绕智慧医疗、智慧教育、智慧出行、养老社保等领域,提升城市公共服务智慧化水平。推进数字政府建设,推进经济运行监测、市场监管、社会治理、公共服务、生态保护等领域数字化应用。持续推进一网通办、跨域通办、跨省通办。推行高频事项“一件事一次办”。完善城市CIM平台,提高城市现代化治理水平。(责任单位:区政数局、区直相关部门)

(5)提升城市治理数字化水平。落实《宜昌市公共数据管理办法》,规范公共数据采集、治理、共享、开放等要素活力。推广首席数据官制度。开展城市数字公共基础设施试点建设。建设一批标准规范典型验证场景。加大安全投入,建强网络安全、数据安全、应用安全基础设施。(责任单位:区政数局、西陵公安分局)

3.完善主城功能。大力推进以人为核心的城市建设,不断完善城市功能,强化城市管理,为市民营造一个舒适、安全、卫生、文明的宜居城市环境。(牵头单位:区住建局)

(1)优化城区规划。配合编制滨江地区风貌管控规划,“北岸控密度、南岸控高度、滨江控宽度”的相关要求,提升城市规划水平。(责任单位:自然资源和规划西陵分局)

(2)实施城区更新行动。以城市有机更新为抓手,补齐设施短板,完善城市功能。统筹推进城镇老旧小区改造和加装电梯、完整社区建设、共同缔造场景建设等城市更新工作,完善公共基础设施,提升主城建设品质。(责任单位:区住建局、区城管局、各街道办事处)

(3)加强公共服务设施建设。不断优化公共服务供给,推动环南、西坝、解放路步行街、二马路等商业片区慢行系统工程,夷陵长江大桥延伸段快速化改造工程、环城北路综合改造工程等项目高标准、高品质建设,促进主城核心区向品质化、高端化转型。开展

森林景观质量提升示范项目建设，城市建成区新建绿地逐年增加。（责任单位：区住建局、区发改局）

4.推进农业现代化。聚焦"土特产"发展，持续扩宽农产品销售渠道，加快现代农业产业体系建设，建设宜居宜业和美乡村。

（1）做好"土特产"文章，持续提升窑湾蜜橘品质，推进窑湾蜜橘栽培系统申报中国重要农业文化遗产项目，引领片区综合开发和生态价值转换。（责任单位：区水利局、窑湾街办）

（2）强化市场主题服务，培育壮大辖区农业龙头企业3家以上，提升其农业产业化发展能力。（责任单位：区水利局）

（3）深化农村集体产权改革，在宜昌供应链产业园建设中探索"跨村联营、村企合作"的抱团发展模式，充分发挥移民资金"撬动"作用，壮大集体经济实力。（责任单位：区水利局、窑湾街办）

（4）高质量完成20条特色街区个性化、品牌化提档升级，常态化开展主题消费活动，提升"西陵味道"的品牌影响力和美誉度，提升农产品的市场知名度和认同度。（责任单位：区商务局、区水利局）

（5）建设区域性电商发展服务中心，培育壮大直播电商等新兴消费，积极引进头部电商企业入驻三峡数智产业园，借助电商渠道和新媒体平台优势，助力农产品销售。（责任单位：区商务局、区水利局）

（三）加快提升支撑体系能力和水平

以综合交通体系、现代物流体系、能源保障体系、教育科技人才体系支撑"四化"同步发展。

1.完善综合交通体系。做好属地服务工作，配合市直各部门，基本建成综合立体交通骨干网络，提升枢纽能级和服务水平。积极服务三峡航运服务中心建设，争取相关项目落户西陵。构建常态化市区联动、政企联动工作机制支持船舶运输业发展。（责任单位：区水利局、区发改局）

2.完善现代物流体系。壮大物流业发展规模，降低社会物流成本，提升物流组织效率。贯彻落实《宜昌市服务业发展奖励补贴办法》现代物流部分的奖励措施，扶持企业发展。摸排符合政策奖励标准的物流企业，积极争取省级3亿元供应链物流体系建设专项资金。积极争取资金加快推进西陵智慧物流产业园项目。提升专业物流服务水平，大力发展物流新业态。（责任单位：区发改局）

3.完善教育科技人才体系。夯实教育基础，强化人才支撑，加快建设长江中上游区域性科技创新中心。（牵头单位：区科技局）

（1）建设"两中心两示范"技术创新平台，推动创新链产业链资金链人才链深度融合。组织科技企业申报"宜昌市双创战略团队"以及参与"宜昌市优秀青年科技工作者"评选活动，从重大科技成果转化负责人、科技自主创业的专家中选育高层次创新创业人才，提升人才创新创业能力。（责任单位：区科技局、区发改局、区经信局、区市场监管局）

（2）实施国家高新技术企业倍增工程，强化企业创新主体地位。建立"科技型中小企业-高新技术企业-创新物种企业-行业龙头和领军科技企业"梯度培育机制，加大国家和省级工程研究中心、企业技术中心等研发平台建设，扶持一批"专精特新"企业，壮大一批产业链龙头企业。（责任单位：区科技局、区发改局、区经信局、区住建局）

（3）持续优化创新创业环境。深入实施"1+4"人才政策、扎实推进"才聚西陵"行动。扩大人才引进覆盖面，重点瞄准市外、省外人才集聚地，以产业优势助推提升人才引进吸引力，创新人才引进方式路径，构建人才发展雁阵格局。支持人力资源行业发展，打造辐射"宜荆荆"都市圈人才集聚新高地。（责任单位：区委人才办、区人社局、区科技局）

三、保障措施

（一）加强组织领导。成立由区委、区政府主要领导任组长的西陵区推进流域综合治理和统筹发展工作领导小组，统一指挥调度，加强工作统筹。

（二）压实各方责任。各部门按照任务分工制定工作举措，细化重点项目、重大事项和重点任务清单，推动各项举措落地落实。

（三）严格考核评估。建立科学评价考核体系，实行"月调度、季通报、年终考核"，加强跟踪问效和闭环管理。

——摘自宜西府办发〔2023〕9号2023年4月6日印发

附件：1.西陵区流域综合治理和统筹发展重点项目清单

2.西陵区流域综合治理和统筹发展重大事项清单

3.西陵区流域综合治理和统筹发展重点任务清单

附件1

表38 西陵区流域综合治理和统筹发展重点项目清单

序号	项目名称	建设内容及规模	建设地点（填到乡镇）	总投资（亿元）	（拟）开工年月	拟完工年份	2023年计划投资额（亿元）	项目类别	责任单位
一、安全底线类（10个）总计48个项目									
	1.1水安全(2个)								
1	保障性安居工程配套燃气及供水设施更新改造项目（一期）	主要建设内容包含燃气管网拆除与更换、供水管网拆除与更换、道路破除与恢复、燃气表具及调压设施更新、供水管网及二次加压设施改造。	葛洲坝街道	2.2388	2023年4月	2025年	1.00	续建	区住建局
2	宜昌市城区排水管网补短板攻坚	对主城区市政排水管网进行排查检测，重点对西陵区、伍家区等中心城区老旧小区管网提质增效，主城区市政污水管网补短板工程，主城区空白区域污水管网的建设。	西坝街道	20	2024年	2026年	/	新建	区发改局
	1.2水环境安全(2个)								
1	引水润城工程	总投资1.2亿元，包括引运河水入城，以及夷陵广场片区、中山路、解放路提升改造等。	学院街道	1.20	时间待定	2024年	/	新建	区住建局
2	宜昌主城区污水厂网、生态水网共建项目二期PPP工程	建设内容包括线状管网清淤和检测、污水厂网新建和改扩建、水环境治理和区域生态修复综合整治、长江岸坡生态治理、智慧水务建设和运营。	西坝街道	38.998	2020年12月	2025年	10.00	续建	区委统战部
	1.3生态安全(6个)								
1	宜昌建设长江大保护典范城市EOD项目(一期)	项目位于主城区，包括运河城区段生态环境综合治理及产业开发项目、运河夷陵段生态环境综合治理及配套设施建设项目、黄柏河入江湾区岸线治理及生态修复项目、宜昌磨基山屈原文化创意产业园建设项目、宜昌市低碳新能源充电设施建设项目5个子项目。	窑湾街道	49.20	2023年12月	2025年	14.25	/	区发改局
2	西握慢行碧道与岸线生态修复工程	全长约6.5公里，一期实施长度约1.7公里，纳入西坝片区开发。	西坝街道	1.9	市城发时间待定	/	0.5	新建	区水利局

续表

序号	项目名称	建设内容及规模	建设地点（填到乡镇）	总投资（亿元）	（拟）开工年月	拟完工年份	2023年计划投资额（亿元）	项目类别	责任单位
3	湖北宜昌西现段河道整治工程	项目主要建设内容为护岸整治2.9km。工程主要建设内容为：(1)对西坝段前期项目未实施的0.85km的边坡进行岸坡修复和加固；(2)对总长约2.9km的岸线进行生态环境建设。主要建设内容包括土方工程、土建工程、绿化工程、结构工程、给排水工程和亮化及配套工程七大部分。	西坝街道	0.3918	2023年	2024年	0.15	续建	区水利局
4	葛洲坝大江隔流堤钢板桩围堰除险加固工程	对原葛洲坝大江隔流堤钢板桩围堰进行除险加固。	西坝街道	1.1625	长江电力时间待定	/	0.5	新建	区人武部
5	长江葛洲坝库区西陵片区生态修复工程	项目主要建设内容分葛洲坝库区(沙河大桥至将军岩)流域沿线生态修复工程、西坝岛生态修复工程，主要工程建设内容具体如下，(一)葛洲坝库区(沙河大桥至将军岩)流域沿线生态修复工程葛洲坝库区(沙河大桥至将军岩)流域缓冲带修复工程内容：流城缓冲带修复工程总长1.31km，根据实际流域缓冲带宽度设置平均为13m宽的复合型护岸结构，缓冲带总治理面积16784.8m²。其中：缓冲带边坡护岸生态阶梯宽8m或9.2m，修复工程量9214.8m²；缓冲带水路交错区水生生态系统宽5m，修复工程量7570m²。(二)西坝岛生态修复工程西坝岛西侧沿长江缓冲带修复工程内容：沿江缓冲带修复工程总长2.60km，根据实际流域缓冲带宽度设置宽为15m至19m不等的复合型护岸结构，缓冲带总治理面积36320m²。其中：缓冲带边坡护岸生态阶梯宽10m至14m不等，修复工程量23320m²；缓冲带水路交错区水生生态系统宽5m，修复工程量13000m²。	夜明珠街道 西坝街道	0.59	2022年	2024年	0.2	续建	生态环境西陵分局
6	大黑片区生态修复	规划用地面积3663.75亩，拟将片区建设成以文化创意、生态居住、综合配套为核心的活力新城区。	西陵经济开发区 窑湾街道	25	市城发时间待定	/	/	新建	生态环境西陵分局

续表

序号	项目名称	建设内容及规模	建设地点（填到乡镇）	总投资（亿元）	（拟）开工年月	拟完工年份	2023年计划投资额（亿元）	项目类别	责任单位
二、四化同步类(23个)									
	2.1工业化(4个)								
1	民康制药产业园	占地99.1亩，总建筑面积5.4万平方米。本项目分两期建设，一期建筑面积4万平方米，建设综合制剂车间、针剂车间、质检办公楼、综合仓库、危化品库动力车间、食堂宿舍楼；二期建设两栋生产大楼。	西坝街道	6	2020年10月	2023年	1.2	续建	区人武部
2	联东U谷西陵智能制造港项目一期	一期占地100亩，建设内容为多层厂房、定制厂房、研发中试楼、生产企业总部、配套设施等。	西陵经济开发区窑湾街道	4.7171	2020年5月	2023年	3	续建	区退役军人事务局
3	西峡泵业扩建项目	占地面积37亩，拟建设水泵生产车间、水系维修车间、泵性能检测中心、设计研发中心等。	西陵经济开发区窑湾街道	1	2023年5月	2025年	0.5	新建	区工商联
4	宜昌船柴铸造中心项目	占地300亩，建设铸造中心及加工中心。	西陵街道	6	2023年12月	2025年	/	续建	区经信局
	2.2城镇化(19个)								
1	宜昌环城南路片区旧城改造3号地块	总建筑面积26万平方米，主要建设12栋高层住宅、底商及地下车库。	学院街道	23.57	2021年5月	2023年12月	12.00	续建	区委办
2	宜昌古今·大南门商业古街项目	总建筑面积10万平方米，商业面积约4.2万平方米。项目以恢复性保护宜昌历史古建、展现宜昌城市发展脉络为主，建成老城中心历史文化特色风貌街区。	学院街道	21	2023年5月	2023年10月	8	续建	区财政局
3	宜昌中心商务区(CBD)三期	占地73.5亩，总建筑面积30.4万平方米，其中含住宅面积7.7万平方米，办公面积4.6万平方米，商业面积6.9万平方米，还建社区居家养老用房、文体用房、社区居委会、物业管理用房等。	学院街道	20	2020年7月	2024年	5	续建	区金融局
4	西陵区2022年中书街等8个社区城市更新项目	8个社区党群服务中心改造升级面积约6262平方米、社区环境整治约6840平方米、改建社区医务室约695平方米、改造小区党群连心站约1743平方米、托儿所约1189平方米、公共厕所36平方米、口袋公园约7133平方米。	学院街道	1.0028	2022年10月	2023年12月	0.8	续建	区委政法委

续表

序号	项目名称	建设内容及规模	建设地点（填到乡镇）	总投资（亿元）	（拟）开工年月	拟完工年份	2023年计划投资额（亿元）	项目类别	责任单位
5	二马路历史文化街区	占地155亩，改造总建筑面积15万平方米，其中老旧小区建筑面积9.3万平方米，包括20个小区，44栋建筑，改造总户数1192户；文保建筑面积6004平方米；民宿、酒店、人才公寓、孵化办公建筑面积3658平方米；其余非老旧小区建筑面积4.8万平方米。	云集街道	2.5169	2022年4月	2023年12月	1.6	续建	区委宣传部
6	三峡游轮中心二期(P5、P6地块陆域部分建设)	建设10.4万平方米的写字楼、酒店、航站楼、地下室等，打造三峡国际游轮中心商业集群。	夜明珠街道	10	2023年	2025年	2	新建	区直机关工委
7	大学路及西陵变电站出线通道工程项目	大学路改线工程2109米，220kV变电站电缆通道工程3456米。	西陵街道	10.2905	2022年11月	2024年	3	续建	区政府办
8	儿童公园峡州饭店片区更新改造	拟对儿童公园及周边进行整体改造提升.	学院街道	10	2023年6月	2025年	1	新建	区教育局
9	环南、解放路步行街、二马路等商业片区慢行系统连通工程	起于大南门，止于二马路商圈，全长约700米，含环城南路天桥、解放路天桥、解放路步行街改造等内容，纳入二马路城市更新二期。	学院街道 云集街道	2	市城发时间待定	/	0.6	新建	区公共资源交易中心
10	宜昌美术馆	规划设计总建筑面积约1.5万平方米，包括展览用房、藏品库房等。	西坝街道	6	2022年12月	2024年	1	续建	区政府办
11	宜昌大剧院	规划总用地面积4万平方米，总建筑面积约7万平方米。主要建设内容包含大剧场(1600座)、综合剧场(400座)、小剧场(400座)、音乐厅(1200座)、管理用房以及辅助用房等，建筑高度69米。	夜明珠街道	20	2022年12月	2024年	2	续建	区文旅局
12	亚行贷款湖北宜昌市养老综合服务示范项目	项目建筑面积205381.18平方米、床位数2969张，建设社区老年服务中心、失智老人养护院、老年病医院和老年护理医院、智慧养老服务信息化平台、养老护理专业人才培训基地等。	云集街道	19.32	2020年1月	2025年	1	新建	区民政局

续表

序号	项目名称	建设内容及规模	建设地点（填到乡镇）	总投资（亿元）	（拟）开工年月	拟完工年份	2023年计划投资额（亿元）	项目类别	责任单位
13	宜昌市西陵区2022年城市燃气管道等老化更新改造工程项目	燃气改造和供水改造，涉及小区252个，居民61407户。	葛洲坝街道	2.0155	2022年8月	2025年	1	新建	区检察院
14	葛洲坝棚户区改造	占地54亩，总建筑面积14.9万平方米，建设安置房1150套(三峡花苑保二期)，改造老旧住房500户。	夜明珠街道	14.19	时间待定	/	3	续建	区葛工委
15	石板片区综合开发项目	对石板片区进行整体开发，拟引入总部办公、数字信息、科技创新研发、生态休闲旅游等产业，项目总占地面积约12000亩。	西陵经济开发区窑湾街道	100	市城发时间待定	/	/	续建	自然资源和规划西陵分局
16	西陵区2023年老旧小区A区综合改造工程	绿萝路20号等30个老旧小区进行硬件设施改造，涉及老旧建筑143栋，改造总户数3681户。	西陵街道	1.00	2023年5月	2023年	0.50	新建	区住建局
17	西陵区2023年老旧小区B区综合改造工程	劳动局小区等25个老旧小区进行硬件设施改造，涉及老旧建筑188栋，改造总户数7361户。	学院街道	1.45	2023年5月	2023年	1.45	新建	区住建局
18	三峡中央公园项目(西陵后山)	占地56平方公里，包括征地拆迁、生态修复、慢行系统及基础设施建设、景观建设、主题乐园、综合开发等。	西陵经济开发区窑湾街道	82.00	3月完成现场踏勘，6月完成资料收集，9月完成概念策划方案初稿，12月完成策划方案	2026年	/	新建	区住建局
19	葛洲坝片区综合改造项目	1. 葛洲坝片区老旧小区改造及完整社区建设：对葛洲坝片区21个社区、124个老旧小区，按照完整社区标准进行改造，共计41604户。2. 老旧房屋原址拆建：通过原址拆建的形式改造房屋196栋，涉及居民7504户，建筑面积28.06万平方米。3. 危旧房改造：朝阳路南侧及沙河北侧地块、现夜明珠钢材市场及沙河流域西侧地块、夜明珠黄河路大学路合围地块、葛洲坝宾馆+AD地块，共计四个地块范围内的危旧房改造及二、三级联动开发利用。征迁亩数762.89亩，建设住宅(含安置房)建筑面积536017平方米。	夜明珠街道	77.23	2023年	2025年	/	新建	区住建局

续表

序号	项目名称	建设内容及规模	建设地点（填到乡镇）	总投资（亿元）	（拟）开工年月	拟完工年份	2023年计划投资额（亿元）	项目类别	责任单位
三、支排体系类(15个)									
	3.1交通(5个)								
1	夷陵长江大桥延伸段快速化改造项目	起于胜利三路与沿江大道交叉口，沿胜利三路至城东大道顺接港窑路，止于橘乡大道。新建全长4.01公里，改造辅道长度5.5公里。	云集街道	29.30	2023年4月	2025年	7.40	续建	区发改局
2	葛洲坝船闸区域航道整治工程	航道建设标准为4.5米×150米×1000米(航深*航宽×弯曲半径)，提高单船限制通航流量，布置并批撤专用浮标、航道设标维护等，改善通航条件，保障船的通行安全，提高通过能力。	葛洲坝街道	2.9892	2022年5月	2025年	2	续建	区人大机关
3	黄柏河大桥拆除重建工程	黄柏河桥拆除重建，项目起点位于南津关宜昌欧阳修中学位置，终点位于港虹路与望江路交叉口，线路总长1060米，工程含改建黄柏河大桥一座及对应的接线配套工程，主桥总长270米，双向六车道。	窑湾街道	3	2022年5月	2025年	2	续建	区信访局
4	长江溪大桥改建及接线道路工程	全长1250米，其中新建桥梁490米，双向四车道。	夜明珠街道	7	2023年	2026年	2	新建	区统计局
5	葛洲坝航运扩能工程	规划拆除现有三号船闸，在三江航道内新建两线船闸，并挖深三江航道，工程施工后，可通过万吨级船舶。	葛洲坝街道 夜明珠街道	160	2025年	2031年	/	新建	区水利局
	3.2现代物流(3个)								
1	西陵智慧物流产业园	占地109亩，总建筑面积11.68万平方米。主要建设内容分为物流仓储产业区、智能制造产业区及配套道路。	西陵经济开发区 窑湾街道	5.4859	2023年4月	2025年	2	新建	区信访局
2	宜昌供应链产业园	占地43亩，总建筑面积7.4万平方米。主要建设内容包括场地平整、园区总部大楼、商业的主体工程及配套道路工程、绿化工程等配套基础设施。	西陵经济开发区 窑湾街道	3.8	2023年5月	2025年	2	续建	区机关事务服务中心
3	仓储物流冷链市场配送中心	占地26亩，总建筑面积5万平方米，拟建设集常温仓储、冷链仓储、分拨分拣、运输配送、场内展贸交易于一体的仓储物流冷链市场配送中心。	西陵经济开发区 窑湾街道	2.5	2024年	2026年	1.5	新建	区人大机关

续表

序号	项目名称	建设内容及规模	建设地点（填到乡镇）	总投资（亿元）	（拟）开工年月	拟完工年份	2023年计划投资额（亿元）	项目类别	责任单位
	3.3科技教育人才(5个)								
1	三峡科创园宜昌园区项目	项目选址营盘山119亩地块，三峡集团拟投资100亿元建设科技创新基地、运营和科研产业成果孵化平台，研究培育新业态、新模式，组织开展科学技术研究和关键核心技术攻关，提升三峡集团科技创新能力，打造清洁能源和生态环保创新技术基地。	夜明珠街道	100.00	2024年	2026年	10.00	新建	区经信局
2	三峡青年创业城	占地35亩，总建筑面积7.7万平方米，包括商业1.4万平方米、酒店1.9万平方米、办公2.4万平方米，地下建筑面积2.1万平方米。	西陵经济开发区窑湾街道	3	2022年9月	2025年	1.5	续建	团区委
3	宜昌·东湖高新科技园一期	占地140亩，建设高新科技园区．	西陵经济开发区窑湾街道	10	2023年8月	2025年	3	新建	自然资源和规划西陵分局
4	葛洲坝科技产业园	新建葛洲坝试验检测生产、检测园区，并引入正信检测、鼎诚检测等相关联企业联合发展。	西陵经济开发区窑湾街道	5	2023年	2025年	2	新建	区科技局
5	沃东建工总部及应急救援产业总部基地	占地面积约12亩，建筑面积20000平方米，用于自然灾害应急救援设施装备展示、自然灾害防灾减灾科普、自然灾害应急救援培训、自然灾害应急救援演练。	西陵经济开发区窑湾街道	1.2	2023年8月	2025年	0.8	新建	区应急管理局
	3.4能源保障(2个)								
1	清洁能源产业重大谋划项目	总投资4.5亿元.①华翔220千伏输变电工程：新建220千伏变电站1座，新增主变容量48万千伏安，同时优化核心城区110千伏网架结构。②智慧有源配电网示范项目：选取西陵区中心城区网格和东山网格示范建设智慧有源配电网。	西陵街道	4.50	2023年6月	2025年	1	新建	区经信局
2	葛洲坝水电站扩机及更新改造增容工程	葛洲坝电站扩建4台200MW水力发电机组，共800MW.葛洲坝电站19台125MW水力发电机组更新改造扩容至150MW，增加葛洲坝电站发电容量475MW。	西坝街道	42.80	2023年	2027年	/	新建	区发改局

附件2

表39

西陵区流域综合治理和统筹发展工作重大事项清单

序号	重大事项	牵头单位	责任单位
一、安全底线类(6个)总计24个			
(一)水安全(1个)			
1	积极推进湖北宜昌西坝段河道整治工程,争取三峡后续规划资金2318万元。	区水利局	生态环境西陵分局
(二)水环境安全(3个)			
1	加强水生态保护修复及水环境安全保障。加快葛洲坝库区西陵片区生态修复项目进展。	生态环境西陵分局	区住建局 区城管局 区水利局
2	加强饮用水水源地保护,推进西坝水厂、石板水厂、东山运河备用水源地规范化建设。	生态环境西陵分局	区住建局 区城管局 区水利局
3	编制实施《西陵区长江入河排污口验收销号办法》《西陵区加强入河排污口监督管理工作实施方案》,做好2条长江入河排污口整治及验收销号工作,完成全流域20个入河排污口排查及溯源工作。	生态环境西陵分局	区住建局 区城管局 区水利局
(三)生态安全(2个)			
1	组织实施《宜昌市深入打好污染防治攻坚战工作方案》《宜昌长江高水平保护十大攻坚提升行动方案》《宜昌市地下水污染防治试验区建设方案》,深入打好蓝天、碧水、净土保卫战。	生态环境西陵分局	区住建局 区城管局 区水利局
2	组织实施《宜昌市国土空间生态修复规划(2021—2035年)》,大力推动绿色矿山建设、废弃矿山生态修复、矿山整治专项行动和地灾防治五年行动。	自然资源和规划西陵分局	区发改局
二、四化发展类(12个)			
(四)新型工业化建设(2个)			
1	持续推动工业企业在智能制造、绿色发展、安全监管、产能提升、工业互联网应用、工业“五基”等领域实施技术改造。	区经信局	区科技局
2	推动西峡泵业高端工业泵智能制造基地项目落地建设、推动民康医药产业园项目投产运营,支持天美国际持续开展扩产升级。	区经信局	西陵经济开发区

续表

序号	重大事项	牵头单位	责任单位
(五)信息化建设(4个)			
1	与《湖北省数字经济高质量发展若干政策措施》做好衔接,落实《宜昌市支持数字经济发展的政策措施》,进行政策配套。	区经信局	区发改局
2	支持、协调通信运营商开展5G基站等网络基础设施建设,每年新建基站不低于100个。	区经信局	区发改局
3	支持规上工业企业开展两化融合试点示范,在现有10家两化融合试点示范企业基础上,每年新增企业不低于1家。	区经信局	西陵经济开发区管委会
4	推进数字门牌项目建设,为各职能部门的信息化建设提供技术支持,前期在葛洲坝街道及学院街道试点19880户。	区政数局	西陵公安分局 区科技局 区城运中心 各街办
(六)城镇化建设(4个)			
1	组织编制《西陵区城市建设三年提质五年攻坚行动实施方案(2021—2025年)》。	区住建局	自然资源和规划西陵分局 生态环境西陵分局 区城管局 区住保中心 西陵城发集团 各街办
2	编制实施《西陵区城镇老旧小区改造提升行动(2023—2025年)实施方案》,研究策划葛洲坝片区、西陵区其他片区城市更新工作。	区住建局	区城管局 西陵城发集团 各街办
3	做好统筹城市设计,推动拟订国土空间环境协调、卫生和安全防护、城市风貌管控政策措施实施。提升城市特色景观塑造和公共空间环境品质,严格建设项目选址、规划条件和建设工程的规划审批。	自然资源和规划西陵分局	区发改局
4	编制实施《西陵区一刻钟便民生活圈专项规划》《西陵区核心商圈规划》。	区商务局	自然资源和规划西陵分局 区住建局
(七)农业现代化(2个)			
1	高质量完成20条特色街区个性化、品牌化提档升级,常态化开展主题消费活动,提升“西陵味道”的品牌影响力和美誉度,提升农产品的市场知名度和认同度,	区商务局	区水利局
2	强化市场主体服务,培育壮大辖区农业龙头企业3家以上,提升农业产业化发展能力。	区水利局	各街办

续表

序号	重大事项	牵头单位	责任单位
三、支撑体系类(6个)			
(八)综合交通(1个)			
1	配合国家有关部门做好三峡水运新通道前期论证工作,做好新通道对城市规划建设影响的研究,调整相关规划。	区发改局	自然资源和规划西陵分局 区水利局
(九)现代物流(1个)			
1	配合市级组织实施《物流枢纽建设运营五年行动方案》,建成中部地区中等城市中转物流枢纽样板.	区发改局	区水利局
(十)能源保障(2个)			
1	配合市级组织实施《宜昌市碳达峰行动实施方案》《宜昌市“十四五”节能减排实施方案》,协同推进降碳减污扩绿增长十大行动。	区发改局	生态环境西陵分局
2	新建新能源汽车充电桩1000个以上。	区发改局	区住建局
(十一)教育科技人才(2个)			
1	编制实施《西陵区科技创新驱动长江大保护典范城市建设行动方案》,打造有全国影响力的创新集群。	区科技局	区发改局
2	组织科技企业申报“宜昌市双创战略团队”以及参与“宜昌市优秀青年科技工作者”评选活动,从重大科技成果转化负责人、科技自主创业的专家中选育高层次创新创业人才,提升人才创新创业能力。	区科技局	区发改局 区经信局

附件3

表40 西陵区流域综合治理和统筹发展工作重点任务清单

序号	重点任务	责任单位(第一个单位为牵头部门)
一、安全底线类(16个)总计44个		
(一)水安全(4个)		
1	积极推进湖北宜昌西坝段河道整治工程,争取三峡后续规划资金2318万元。	区水利局
2	用好河湖长制目标考核体系,夯实完善河长组织体系、制度体系、责任体系,强化部门联动,完善“河长+警长+检察长+法院院长四长治河”行政与刑事司法衔接机制,全面推进推动各级河长履职尽责,助推长江禁渔落实,常态化规范化开展河库“清四乱”工作。	区水利局
3	在区级建设职能市政道路工程中推进排水管网雨污分流,持续推进污水处理提质增效工作。	区住建局
4	在项目设计、施工、验收等各阶段落实海绵城市建设理念,全力配合宜昌市系统化全域推进海绵城市建设工作。	区住建局
(二)水环境安全(7个)		
1	加强饮用水水源地保护,推进西坝水厂、石板水厂、东山运河备用水源地规范化建设,确保饮用水水源地水质安全。	生态环境西陵分局 区水利局
2	全面规范和整治辖区入河排污口,健全完善责任明晰的排污口长效监督管理机制,持续推进长江入河排污口整治、验收销号任务,确保2023年底全面 销号。	生态环境西陵分局
3	确保国控水质监测点位优良率不低于92%,省控水质监测点位优良率不低于97%,稳定长江干流及重要支流Ⅱ类水体比例100%,市控水质监测点位优良 率不低于81%,保障1、2类河流水质稳定,提升4类河流水质。	生态环境西陵分局
4	着力提高辖区污水收集处理水平,推进“两网改造”项目建设,加快推进城区两网2期项目和管网补短板攻坚项目,补齐城市基础设施短板,力争辖区污水收集管网全覆盖。	区住建局 生态环境西陵分局 区城管局
5	2023年底全面完成黄柏河等入河排污口排查溯源工作,形成入河排污口清单。	生态环境西陵分局
6	启动2条主要河流生态补偿工作,实现主要河流生态补偿机制“全覆盖”。	生态环境西陵分局
7	以《中华人民共和国长江保护法》《中华人民共和国水污染防治法》为准绳,确保长江干流西陵段水质保持在Ⅱ类,沙河流域水质达到Ⅳ类,消除劣Ⅴ类水体。	生态环境西陵分局
(三)粮食安全(3个)		
1	完善粮食应急保障信息,每季度更新粮食应急网点粮油库存数据。	区发改局
2	强化依法监管,每年开展1—2次粮食应急网点、粮食流通企业联合检查。	
3	实行动态调整,按照“合理布点、全面覆盖”的原则,及时对18个应急网点进行补充。	

续表

序号	重点任务	责任单位(第一个单位为牵头部门)
(四)生态安全(2个)		
1	加强对窑湾蜜橘种植园土壤环境质量现状的监测;深入推进农产品施肥方式转变,加大施肥新技术、新品种集成力度,推进施肥用量精准化;积极开展生物多样性调查,及时清除外来物种“加拿大一枝黄花”“福寿螺”,守好国家濒危物种中华鲟自然保护区核心区生态空间安全。	区水利局
2	开展生态保护红线监管相关工作,强化“三线一单”生态环境分区管控落地应用。	生态环境西陵分局
二、四化发展类(21个)		
(五)新型工业化建设(4个)		
1	引进天赐研究院等配套项目,助力宜昌发展动力电池产业集群。	区经信局 西陵经济开发区
2	支持2家企业开展绿色制造体系创建,在绿色工厂创建上实现突破。	区经信局 西陵经济开发区
3	推动工业企业在绿色发展方向开展技术改造,实现制造业绿色低碳发展。每年实施技改500万元资金项目三个以上。	区经信局 西陵经济开发区
4	建立动态进规梯次培育库,健全部门协同机制,加强进规申报辅导,深化企业帮扶活动,提升帮扶质效,力争净增规上工业企业5家以上。	区经信局 西陵经济开发区
(六)信息化建设(9个)		
1	进一步推动相关企业接入二级节点,同时支持企业开展两化融合工作。	区经信局
2	推进三峡科创园宜昌园区项目落地建设,提升西陵区大数据产业研发科创力量。	区经信局 区政数局
3	构建数字孪生流域体系,针对我区现有流域范围打造“预报、预演、预警、预案”功能的智慧水利体系。	区水利局 区政数局
4	推进数字政府建设,优化政务服务供给,以数据共享为重点,注重协同服务能力,提升公共服务数字化、智能化水平;完善城市CIM平台,提高城市现代化治理水平。	区政数局 区直相关部门 各街办
5	推动更多依申请政务服务事项“一网通办”,2023年底依申请政务服务事项“一网通办”率达到75%。	区政数局 区直相关部门 各街办

续表

序号	重点任务	责任单位（第一个单位为牵头部门）
6	推动政府职能部门“一网统管”，2023年底政府职能部门“一网统管”覆盖率达到60%。	区政数局 区直相关部门 各街办
7	大力发展数字经济，协同相关部门争取第九个全国一体化算力网络国家枢纽节点落户西陵，打造零碳算力中心、灾备中心。	区发改局 区政数局 区科技局 区经信局
8	支持流域治理信息技术的研发与创新，重点支持电子信息类工程技术研究中心、企校联合创新中心等创新平台建设，以及电子信息类科研项目的对上争取20万元以上。	区政数局 区科技局 区经信局 区发改局
9	信息系统安全等级保护备案率不低于80%。	西陵公安分局
（七）城镇化建设（5个）		
1	加大扬尘管控力度，加强餐饮油烟治理力度，加强辖区内生活源和秸秆禁烧监管，确保优良天数达到2023年考核目标。	生态环境西陵分局
2	依据《城市居住区规划设计规范》和《宜昌市城乡规划管理技术规定》，合理配套城市公服设施，改善市政基础设施。	自然资源和规划西陵分局 区住建局
3	推进8个智慧社区、55个智能小区建设。	区住建局 各街办
4	统筹推进城镇老旧小区改造、完整社区建设、筑堡工程场景建设等城市更新工作，完善公共基础设施，鼓励群众共同建设一批幸福食堂、口袋公园、文化体育活动场所等共享设施，优化人居环境。	区住建局 区城管局 各街办
5	推进城市数字公共基础设施建设试点。	区住建局 各街办
（八）农业现代化建设（3个）		
1	持续提升窑湾蜜橘品质，推进窑湾蜜橘栽培系统申报中国重要农业文化遗产项目，引领片区综合开发和生态价值转换。	区水利局 窑湾街道
2	在宜昌供应链产业园建设中探索“跨村联营、村企合作”的抱团发展模式。	区水利局 窑湾街道
3	提升“西陵味道”的品牌影响力和美誉度，提升农产品的市场知名度和认同度。	区商务局 区水利局

续表

序号	重点任务	责任单位(第一个单位为牵头部门)
三、支撑体系类(7个)		
(九)综合交通(1个)		
1	积极服务三峡航运服务中心建设,争取2—3个项目落户西陵。	区水利局
(十)现代物流(2个)		
1	贯彻落实《宜昌市服务业发展奖励补贴办法》现代物流部分的奖励措施,扶持企业发展。摸排符合政策奖励标准的物流企业,积极争取省级3亿元供应链物流体系建设专项资金。	区发改局
2	积极争取资金加快推进西陵智慧物流产业园项目。	区发改局
(十一)能源保障(1个)		
1	组织实施《西陵区清洁能源产业发展与空间规划》。	区发改局
(十二)教育科技人才(3个)		
1	2023年新引进各类人才10000人以上。	区人社局 区委人才办 各相关部门
2	组织科技企业申报"宜昌市双创战略团队"以及参与"宜昌市优秀青年科技工作者"评选活动,从重大科技成果转化负责人、科技自主创业的专家中选育高层次创新创业人才,提升人才创新创业能力。	区科技局 区发改局 区经信局
3	围绕绿色产业发展,打造新型研发平台1个以上。	区科技局 区发改局 区经信局

西陵区推动科技创新服务高质量发展扶持办法

第一章 创新主体培育与增效扶持

第一条 进高奖励。对新迁入和首次获得认定的国家高新技术企业，规模以上企业给予10万元奖励，规模以下企业给予5万元奖励，重新申报并通过认定的高新技术企业给予5万元奖励。

第二条 进规奖励。对年度新增入统的规模以上工业企业，奖励10万元。对在外地注册、本地经营的软件信息大型企业分公司改设子公司后新入统且营收达2000万元以上，奖励8万元。

第三条 达产达效奖励。对年产值首次突破20亿元、10亿元的规模以上工业企业，分别一次性奖励企业20万元、10万元。

第四条 纳税奖励。鼓励对年纳税首次突破5000万元、3000万元、1000万元的制造业企业，分别一次性给予企业15万元、10万元、5万元的扶持资金。

第五条 质量奖励。对有重大创新成就并获评“中国质量奖”“长江质量奖”“三峡质量奖”的企业，分别奖励10万元、5万元、3万元。获提名奖的按同等次减半奖励。

第二章 研发及项目扶持

第六条 鼓励国家技术创新平台建设。对企业独立或牵头组建获批认定的国家技术创新中心、重点实验室、制造业创新中心、产业创新中心、企业技术中心、地方联合工程实验室(技术研究中心)，给予100万元奖励；作为主要成员单位参与组建的国家级创新平台和国家级技术研发机构在我区设立分中心或分支机构的，给予50万元奖励。

第七条 支持企业研发机构建设。新建市级以上新能源、新材料、大数据、人工智能、节能环保、高端装备制造等战略性新兴产业的新型研发机构(产业技术研究院、企校联合创新中心)、专业型研究所(公司)、重点实验室、工程实验室(技术中心、技术研究中心)、企业技术中心、院士专家工作站的，给予一次性10万元奖励。

第八条 加强科技研发项目扶持。鼓励龙头企业与国内外高校院所、院士专家、知名人才团队、国家级创新平台开展产学研合作，对在产学研合作金额超500万元且项目数量超5个、省级以上科技重大专项成功立项、牵头取得省级以上科技进步奖励的，分别给予企业5万元、10万元、15万元奖励。

第九条 鼓励企业加大研发投入。对研发投入持续增长且按要求填报研发活动统计表的企业，其研发投入在享受税前加计扣除政策的基础上，对当年研发费用占主营业务收入比例超过5%的规模以上企业，按研发费用超出部分的5%给予奖励，金额最高不超过20万元。

第三章 科技服务及运营扶持

第十条 支持科技孵化载体建设。对园区、楼宇等载体引入专业孵化运营并申报成为市级以上科技企业孵化器(众创空间)的，给予免租、面积补贴、运营补贴等优惠，具体标准实行“一事一议”。对新认定的市级科技企业孵化器(加速器)、众创空间(星创天地)分别给予孵化运营团队10万元、5万元的一次性奖励。

第十一条 提升孵化载体运营质效。鼓励社区(村)成立公司或与企业合作孵化运营，区级备案(不含市级以上)孵化载体每新入库1家科技型中小企业奖励运营团队5000元，成功孵化高企1家奖励1万元。对省级以上科技企业孵化器成功培育瞪羚、潜在独角兽、独角兽、驼鹿等省级科创“新物种”企业奖励5万至20万元。支持鼓励孵化载体每年承办双创大赛、项目路演、创客论坛等各类双创活动，根据活动规格、层级、成效，给予1万至5万元补贴。

第十二条 加强科技服务机构建设。为科技孵化服务的新设立或新迁入的科技服务企业(孵化器运营企业)，给予3万元奖励。每年开展科技服务业评价，对在科技成果转化、高企孵化培育、知识产权申报及保护等方面成效显著的科技服务机构，给予3万至5万元奖励，并优先向政府部门、科技企业等单位推荐合作。

第四章 科技金融扶持

第十三条 实施工业项目贷款补贴。支持规下工业企业进行固定资产投资，对符合智能制造、绿色发展、安全监管、产能提升、工业互联网应用、工业“五基”等支持方向且总投资额在500万元以上的工业项目，按建设有效期内(单个项目支持时限一般不超过2年)项目固定资产银行贷款实际支付利息的50%予以贴息，补贴额度最高不超过30万元。

第十四条 加大科技创新贷款扶持。对通过知识产权质押或信用类方式取得贷款并按时还本付息的科技型中小企业(未享受市级贴息补助)，按贷款市场报价利率的50%给予企业贴息，每家企业每年最高不超过10万元，补贴期不超过2年。

第十五条 给予科技项目股权投资。设立1亿元的“西陵科创育苗股权投资基金”，每年对在西陵落户的创新项目择优给予股权投资。

第十六条　推动企业上市挂牌。对选择在主板、创业板、科创板、北交所上市的企业，给予300万元奖励补助，分阶段兑现：

签订主办券商、完成股改分别奖补10万元，报辅奖补30万元，报审奖补50万元，成功上市奖补200万元。对选择在“新三板”市场挂牌的企业，给予150万元奖励补助，分阶段兑现：签订主办券商、完成股改、成功挂牌分别奖补10万元、10万元、30万元，挂牌当年实现股权融资奖补100万元。对选择在武汉股权托管交易中心挂牌的企业，给予10万元一次性奖励补助。对首次入选省级上市金种子、银种子企业，分别一次性奖励补助10万元、5万元。西陵辖区外迁入的上市公司或新三板企业，参照上述标准给予一次性奖补。

第五章　创新人才扶持

第十七条　评选科技创新人才。对成功获市级以上科技项目立项且对科技创新、企业发展、西陵高质量发展有突出贡献的企业负责人或研发人才，每年评选“西陵科创英才”，每人给予5000元奖励。鼓励科技服务及运营人才增产增效，每年在企业、高校中评选“西陵区优秀科技工作者”，每人给予3000元奖励。

第十八条　双创人才奖励。加强对青年领军人才的培育，对获评“宜昌市创新创业战略团队”A、B、C类的项目，按照市级无偿扶持金额的50%给予配套扶持。

第十九条　鼓励柔性引才。对在企业挂职的“科技顾问”“科技副总”，经考核优秀、良好的，分别给予3000元/年、2000元/年的奖励补贴。对企业新增PCT专利等高价值发明专利授权的，每件一次性奖励主要负责人或发明人1万元。

第六章　附　则

第二十条　本办法所称“以上”均包含本数。

第二十一条　享受上述政策的企业，必须在西陵区合法经营，实行独立核算，独立运作，依法纳税。企业出现较大及以上安全事故、环保问题、社会稳定问题、相关信息弄虚作假或其他严重违反国家法律法规的行为，取消当年奖励资格。

第二十二条　施行有效期内如遇法律、法规及政策调整，从其规定，与区内其他奖励政策相竞合的，按照“就高不重复”原则兑现。

第二十三条　本办法由西陵区科技局会同相关部门负责解释。施行期间上级有新规定的，从其规定。

——摘自宜西府发〔2023〕4号2023年4月23日印发

西陵区政务服务“区内通办”改革工作实施方案

为深入贯彻落实省市关于优化营商环境的系列决策部署，以控制成本为核心持续深化一流营商环境建设，结合三级政务服务场所“一窗通办”改革，助推我区“区内通办”改革，最大限度利企便民，营造高效便捷的政务服务环境，现结合我区实际，制定本实施方案。

一、指导思想

以习近平新时代中国特色社会主义思想为指导，全面贯彻党的二十大精神，进一步优化营商环境，加快推动政务服务从政府部门供给导向向企业和群众需求导向转变，探索建立“区内通办”，为企业及群众提供“上门办、集约办、就近办”服务，不断提升专业化服务水平，为建设人民满意的服务型政府提供有力保障。

二、工作目标

以街道政务服务事项清单为基础，以群众需求为导向，通过整合基层政务服务资源，打破地域和时间壁垒，探索高频事项“交叉受理、远程衔接、结果互认、智能导办”，实现街道与街道间“无差别受理”，企业群众随时可办、随地可办，为企业和群众提供更加便捷、高效、优质的政务服务。

三、重点工作

（一）梳理“区内通办”事项清单。按照“便民、合理、可行”的原则，在事项线上线下标准统一、数据协同共享基础上，梳理“区内通办”事项清单。相关区直部门指导街道进一步细化完善清单事项办事指南，提升指南标准化程度，消除模糊条款、兜底条款，特别是办理材料和业务申请表单，确保异地企业群众能够按标提交、街道便民服务中心窗口能够照单收件，推进同级别同一事项无差别受理、同标准办理。区直相关部门需指导街道做好事项更新调整及业务培训工作。

（二）建立“区内通办”工作平台。按照“受审分离”工作要求，明确街道综窗受理、后台审批、材料流转流程，建立钉钉沟通交流群，各街道综窗人员、相关部门及街道审核人员通过工作群，开展政策咨询解答、线上审核提醒、办件进度追踪、办理结果反馈等办件相关工作，提升窗口质效。

（三）探索多渠道服务模式。对于在自助终端、自助办理区办理的群众，所属地导办人员须第一时间提供导办服务，全程引导群众完成自助设备申办、结果查询、证书打印等工作。对于老弱等特殊群体，可提供上门帮办、代办服务。

四、通办流程

（一）申请。申请人到就近街道便民服务中心综窗提出申请，受理街道综窗人员为其提供网上帮办代办服务，并对申请人材料合规性、完整性进行初审。受理街道窗口一并告知申请人审核结果领取所属街道。

（二）审批。受理街道完成网上申办后，需第一时间通知审批权限所在街道审核人员，由其进行网上受理、审核，符合办理条件的，予以受理；对不符合办理条件的，写明不予受理的原因。

若受理事项终审权在区直相关部门的，街道审批人员审核后，应尽快通知区直部门审核人员完成终审。

（三）送达。由审核部门通知申请人前往领取办理结果，也可申请通过邮政快递直达到家。

（四）归档。原则上不收取申请人纸质材料，若特殊情况需要原件存档的，审核部门可从审批平台调取申请材料后存档或综窗人员定期向相关部门报送。

五、工作要求

（一）加强组织，落实责任。区政数局牵头统筹协调推动政务服务“区内通办”工作。区直相关部门要指导街道做好统一受理标准、审核无缝对接，积极推进抓好工作落实。各街道要落实主体责任，加强窗口队伍建设，打通业务壁垒，对申请人履行帮办代办及一次性告知义务。

（二）规范标准，提升支撑。区直相关部门要指导做好“区内通办”事项办理材料、办理形式、承诺办结时限、审批标准等关键要素相统一，审核确认“区内通办”事项清单，做好“区内通办”事项办事指南信息要素的编制、更新工作，确保信息的准确性、时效性和规范性。

（三）强化宣传，做好服务。区直部门、街道要做好宣传解读和服务推广工作，在宣传中要突出“区内通办”便捷、高效的办事优点，为群众精准推送相关服务，真正做到群众会用、想用、愿用，不断提升企业群众的满意度。

——摘自宜西府办发〔2023〕13号2023年6月19日印发

附件：《“区内通办”事项清单》

附件

表41 “区内通办”事项清单

序号	涉及部门	事项名称	办理项名称	备注
1	区市场监督管理局	个体工商户注册、变更、注销登记	注册	
2	区市场监督管理局	个体工商户注册、变更、注销登记	变更（备案）	
3	区市场监督管理局	个体工商户注册、变更、注销登记	注销	
4	区残疾人联合会	残疾人家庭无障碍改造服务(初审)	残疾人家庭无障碍改造服务（初审）	
5	区残疾人联合会	残疾人辅助器具适配服务(初审)	残疾人辅助器具适配服务（初审）	
6	区残疾人联合会	残疾人法律政策宣传咨询	残疾人法律政策宣传咨询	
7	区残疾人联合会	残疾人就业服务	残疾人就业服务	
8	区残疾人联合会	残疾人职业培训服务	残疾人职业培训服务	
9	区人力资源和社会保障局	创业担保贷款申请	创业担保贷款借款人资质审核（个人）	
10	区人力资源和社会保障局	创业担保贷款申请	创业担保贷款借款人资质审核（小微企业）	
11	区人力资源和社会保障局	就业困难人员社会保险补贴申领	就业困难人员社会保险补贴申领（企业招用）	
12	区人力资源和社会保障局	就业困难人员社会保险补贴申领	就业困难人员社会保险补贴申领（灵活就业）	
13	区人力资源和社会保障局	就业困难人员社会保险补贴申领	就业困难人员社会保险补贴申领（公益性岗位安置）	
14	区人力资源和社会保障局	就业政策法规咨询	就业政策法规咨询	
15	区人力资源和社会保障局	职业供求信息、市场工资指导价位信息和职业培训信息发布	信息变更	
16	区人力资源和社会保障局	职业供求信息、市场工资指导价位信息和职业培训信息发布	单位信息审核	
17	区人力资源和社会保障局	职业供求信息、市场工资指导价位信息和职业培训信息发布	岗位信息审核	
18	区人力资源和社会保障局	职业介绍	职业介绍	
19	区人力资源和社会保障局	职业指导	职业指导	
20	区人力资源和社会保障局	创业开业指导	创业开业指导	
21	区人力资源和社会保障局	就业登记（初审）	个人就业登记及发证	
22	区人力资源和社会保障局	就业登记（初审）	单位新录用人员就业登记及发证	
23	区人力资源和社会保障局	失业登记（初审）	失业登记（初审）	
24	区人力资源和社会保障局	《就业创业证》办理（初审）	《就业创业证》办理（初审）	
25	区人力资源和社会保障局	城乡居民养老保险待遇申领（初审）	城乡居民基本养老保险待遇申领	
26	区人力资源和社会保障局	城乡居民基本养老保险关系转移接续申请（初审）	城乡居民基本养老保险关系转移（本省内制度内转入申请）	
27	区人力资源和社会保障局	城乡居民基本养老保险关系转移接续申请（初审）	城乡居民基本养老保险关系转移（省外制度内转入申请）	
28	区人力资源和社会保障局	居民养老保险注销登记申请(初审)	城乡居民基本养老保险关系注销（死亡人员个人账户退费）	

续表

序号	涉及部门	事项名称	办理项名称	备注
29	区人力资源和社会保障局	居民养老保险注销登记申请(初审)	城乡居民基本养老保险关系注销（丧葬补助金发放）	
30	区人力资源和社会保障局	居民养老保险注销登记申请(初审)	城乡居民基本养老保险关系注销（出国〈境〉人员个人账户退费）	
31	区人力资源和社会保障局	职业资格证书查询	职业资格证书查询	
32	区人力资源和社会保障局	公共就业服务专项活动	公共就业服务专项活动	
33	区人力资源和社会保障局	城乡居民养老保险参保登记(初审)	城乡居民养老保险参保登记(初审)	
34	区人力资源和社会保障局	个人基本信息变更	个人基本信息变更	
35	区人力资源和社会保障局	个人权益记录查询打印	个人权益记录查询打印	
36	区人力资源和社会保障局	劳动争议调解	劳动争议调解	
37	区医疗保障局	基本医疗保险参保人员异地就医备案(异地就医直接结算)	异地安置退休人员备案	
38	区医疗保障局	基本医疗保险参保人员异地就医备案(异地就医直接结算)	异地长期居住人员备案	
39	区医疗保障局	基本医疗保险参保人员异地就医备案(异地就医直接结算)	常驻异地工作人员备案	
40	区医疗保障局	基本医疗保险参保人员异地就医备案(异地就医直接结算)	异地转诊人员备案	
41	区医疗保障局	基本医疗保险参保人员异地就医备案(异地就医直接结算)	其他临时外出就医人员备案	
42	区医疗保障局	基本医疗保险参保人员享受门诊慢特病病种待遇认定	基本医疗保险参保人员享受门诊慢特病病种待遇认定	
43	区医疗保障局	城乡居民参保登记	城乡居民参保登记	
44	区医疗保障局	城乡居民参保信息变更登记	城乡居民参保信息变更登记	
45	区卫生健康局	老年人福利补贴政策宣传咨询	老年人福利补贴政策宣传咨询	
46	区住房和城乡建设局	林业法律法规政策咨询	林业法律法规政策咨询	
47	区住房和城乡建设局	对退耕还林面积的核对	对退耕还林面积的核对	
48	区住房和城乡建设局	世界防治荒漠化与干旱日宣传	世界防治荒漠化与干旱日宣传	
49	区住房和城乡建设局	野生动植物保护宣传	野生动植物保护宣传	
50	区住房和城乡建设局	组织开展全民义务植树活动	组织开展全民义务植树活动	
51	区应急管理局	自然灾害救助资金给付	自然灾害救助资金给付	
52	区城市管理执法局	食品摊贩登记	食品摊贩登记	
53	区水利局	对移民安置区的移民生产生活协助及矛盾纠纷调解	对移民安置区的移民生产生活协助及矛盾纠纷调解	
54	区教育局	教育助学政策宣传	教育助学政策宣传	
55	区司法局	人民调解	人民调解	
56	区司法局	法律宣传教育	法律宣传教育	
57	区司法局	法律咨询援助服务	法律咨询援助服务	
58	区财政局	农民补贴存折登记	农民补贴存折登记	
59	区财政局	财政惠民政策宣传	财政惠民政策宣传	
60	区人民武装部	公民应征入伍政策宣传	公民应征入伍政策宣传	

◆文件目录

【中共西陵区委文件目录】

表42　　宜西发〔2023〕文件一览表

序号	发文字号	文件标题
1	宜西发〔2023〕1号	中共宜昌市西陵区委、宜昌市西陵区人民政府关于印发《西陵区深入打好污染防治攻坚战工作方案》的通知
2	宜西发〔2023〕2号	中共宜昌市西陵区委关于印发《中共宜昌市西陵区委常委会2023年工作要点》的通知
3	宜西发〔2023〕3号	中共宜昌市西陵区委关于印发《中国共产党宜昌市西陵区委员会工作规则》的通知
4	宜西发〔2023〕4号	中共宜昌市西陵区委关于印发《中共宜昌市西陵区委常委会议事决策规则》的通知
5	宜西发〔2023〕6号	中共宜昌市西陵区委、宜昌市西陵区人民政府关于贯彻落实市委七届五次全会精神提升城市功能争当典范标杆打造世界级宜昌核心主城的实施意见
6	宜西发〔2023〕7号	中共宜昌市西陵区委印发《关于在全区深入开展学习贯彻习近平新时代中国特色社会主义思想主题教育的实施方案》的通知

表43　　宜西文〔2023〕文件一览表

序号	发文字号	文件标题
1	宜西文〔2023〕1号	中共宜昌市西陵区委关于邀请市委领导参加宜昌·西陵庙会开幕式的请示
2	宜西文〔2023〕2号	中共宜昌市西陵区委关于西陵区市管干部2022年年度考核建议等次的请示
3	宜西文〔2023〕3号	中共宜昌市西陵区委、宜昌市西陵区人民政府关于对党的二十大信访维稳安保工作做出突出贡献的集体、个人给予及时奖励和表扬的决定
4	宜西文〔2023〕4号	中共宜昌市西陵区委、宜昌市西陵区人民政府关于2022年度全区目标管理综合考评结果的通报
5	宜西文〔2023〕5号	中共宜昌市西陵区委、宜昌市西陵区人民政府关于给张雪君等同志记功和给蔡奇志等同志嘉奖的决定
6	宜西文〔2023〕6号	中共宜昌市西陵区委关于召开2022年度区委常委会民主生活会的请示
7	宜西文〔2023〕7号	中共宜昌市西陵区委关于批转区人大常委会党组、区政协党组2023年工作要点的通知
8	宜西文〔2023〕8号	中共宜昌市西陵区委、宜昌市西陵区人民政府关于2022年法治政府建设情况的报告
9	宜西文〔2023〕9号	中共宜昌市西陵区委关于2名信访重点人进京上访情况的报告
10	宜西文〔2023〕10号	中共宜昌市西陵区委关于区委常委会2022年度民主生活会情况的报告
11	宜西文〔2023〕11号	中共宜昌市西陵区委关于2022年度全区统一战线工作情况的报告

续表

序号	发文字号	文件标题
12	宜西文〔2023〕12号	中共宜昌市西陵区委关于2022年度工作总结和2023年工作计划的报告
13	宜西文〔2023〕13号	中共宜昌市西陵区委关于落实全面从严治党主体责任情况的报告
14	宜西文〔2023〕14号	中共宜昌市西陵区委、宜昌市西陵区人民政府关于表扬2022年度区域经济高质量发展突出贡献单位的通报
15	宜西文〔2023〕15号	中共宜昌市西陵区委、宜昌市西陵区人民政府关于表彰西陵区2022年高质量发展争先进位先进集体和先进个人的决定
16	宜西文〔2023〕16号	中共宜昌市西陵区委关于推荐梅军同志为市直部门领导班子正职人选的请示
17	宜西文〔2023〕17号	中共宜昌市西陵区委关于同意宜昌市西陵区红十字会设立党组的批复
18	宜西文〔2023〕18号	中共宜昌市西陵区委关于朱文胜同志继续兼任西陵区慈善协会会长的请示
19	宜西文〔2023〕19号	中共宜昌市西陵区委关于表扬全区先进基层党组织、优秀共产党员及优秀党务工作者的通报
20	宜西文〔2023〕20号	中共宜昌市西陵区委关于表扬全区“十佳”小区党组织书记及“十佳”小区业委会的通报
21	宜西文〔2023〕21号	中共宜昌市西陵区委关于印发2023年落实全面从严治党主体责任有关清单的通知
22	宜西文〔2023〕22号	中共宜昌市西陵区委关于召开区委常委会省委巡视整改专题民主生活会的请示
23	宜西文〔2023〕23号	中共宜昌市西陵区委关于推荐宋恩同志为县市区副县职人选的请示
24	宜西文〔2023〕24号	中共宜昌市西陵区委关于省委第二巡视组对宜昌市西陵区巡视反馈意见整改工作方案的报告
25	宜西文〔2023〕25号	中共宜昌市西陵区委关于区委常委会省委巡视整改专题民主生活会情况的报告
26	宜西文〔2023〕26号	中共宜昌市西陵区委关于省委第二巡视组对宜昌市西陵区委意识形态工作责任制专项检查反馈意见整改工作方案的报告
27	宜西文〔2023〕27号	中共宜昌市西陵区委关于李发兵同志分工的报告
28	宜西文〔2023〕28号	中共宜昌市西陵区委关于贯彻落实市委七届五次全会暨市委经济工作会议精神阶段性工作情况的报告
29	宜西文〔2023〕29号	中共宜昌市西陵区委关于落实省委第二巡视组选人用人工作专项检查反馈问题整改方案的报告
30	宜西文〔2023〕30号	中共宜昌市西陵区委关于推荐覃涛同志为县(市、区)常委人选的请示
31	宜西文〔2023〕31号	中共宜昌市西陵区委、宜昌市西陵区人民政府关于设立“西陵区推动城市和产业集中高质量发展先进集体和先进个人”表彰项目的请示
32	宜西文〔2023〕32号	中共宜昌市西陵区委关于成立区委学习贯彻习近平新时代中国特色社会主义思想主题教育领导小组的通知
33	宜西文〔2023〕33号	中共宜昌市西陵区委关于推荐王锦林等同志为相关职务人选的通知
34	宜西文〔2023〕35号	中共宜昌市西陵区委关于区委常委分工调整的请示

续表

序号	发文字号	文件标题
35	宜西文〔2023〕36号	中共宜昌市西陵区委关于邀请市委主要领导接待荷兰达门造船集团董事会主席达门先生一行的请示
36	宜西文〔2023〕38号	中共宜昌市西陵区委关于十二届省委第三轮巡视反馈“落实新时代党的组织路线”问题整改落实情况的报告
37	宜西文〔2023〕40号	中共宜昌市西陵区委关于十二届省委第三轮巡视选人用人专项检查整改落实情况的报告
38	宜西文〔2023〕41号	中共宜昌市西陵区委关于2023年全区统一战线工作情况的报告
39	宜西文〔2023〕42号	中共宜昌市西陵区委关于2023年落实党风廉政建设责任制工作自查情况的报告
40	宜西文〔2023〕43号	中共宜昌市西陵区委、宜昌市西陵区人民政府关于2023年度推进乡村振兴战略情况的报告
41	宜西文〔2023〕44号	中共宜昌市西陵区委关于2023年度工作总结和2024年工作计划的报告
42	宜西文〔2023〕45号	中共宜昌市西陵区委关于落实全面从严治党主体责任情况的报告
43	宜西文〔2023〕46号	中共宜昌市西陵区委关于2023年度宣传思想文化工作的报告

【中共西陵区委办公室文件目录】

表44　　宜西办发〔2023〕文件一览表

序号	发文字号	文件标题
1	宜西办发〔2023〕1号	区委办公室、区政府办公室关于印发《西陵区2023年区级领导工作联系点》《西陵区各单位2023年重点工作、特色工作、创新工作、经济工作任务目标》的通知
2	宜西办发〔2023〕2号	中共宜昌市西陵区委办公室印发《关于加强和改进新时代基层政协工作的实施意见》的通知
3	宜西办发〔2023〕4号	区委办公室、区政府办公室关于印发《县级领导领衔“四上”企业招引培育工作方案》的通知
4	宜西办发〔2023〕6号	区委办公室、区政府办公室关于印发《关于落实全市“四个重大”工作实施方案》的通知
5	宜西办发〔2023〕7号	中共宜昌市西陵区委办公室印发《关于建立中小学校党组织领导的校长负责制实施方案(试行)》的通知
6	宜西办发〔2023〕8号	区委办公室、区政府办公室关于印发《西陵区工程建设领域突出问题专项治理工作方案》的通知
7	宜西办发〔2023〕9号	中共宜昌市西陵区委办公室印发《关于在全区大兴调查研究的实施方案》的通知
8	宜西办发〔2023〕10号	区委办公室、区政府办公室关于印发《西陵区落实〈宜昌市核心商圈规划(2023—2035)〉实施方案》的通知
9	宜西办发〔2023〕13号	中共宜昌市西陵区委办公室印发《关于把纪律教育融入党员干部全周期管理工作的实施方案》的通知

续表

序号	发文字号	文件标题
10	宜西办发〔2023〕14号	中共宜昌市西陵区委办公室印发《关于推动全面从严治党责任全链条落实的实施方案》的通知
11	宜西办发〔2023〕15号	区委办公室、区政府办公室印发《关于实施“才聚西陵”行动加快人才集聚的若干措施》的通知
12	宜西办发〔2023〕16号	区委办公室、区政府办公室关于印发《西陵区2023年目标考评指标体系》的通知

表45 宜西办文〔2023〕文件一览表

序号	发文字号	文件标题
1	宜西办文〔2023〕1号	区委办公室、区政府办公室印发《关于全区开展违规吃喝问题专项整治的工作方案》的通知
2	宜西办文〔2023〕2号	区委办公室、区政府办公室关于表扬西陵区2022年度“能力之星”的通报
3	宜西办文〔2023〕3号	区委办公室、区政府办公室关于2022年度全区平安建设(综治)工作考评结果的通报
4	宜西办文〔2023〕4号	区委办公室、区政府办公室关于成立西陵区葛洲坝片区综合改造工作领导小组的通知
5	宜西办文〔2023〕5号	关于更换中共宜昌市西陵区委办公室印章的通知
6	宜西办文〔2023〕6号	中共宜昌市西陵区委办公室关于陈艳霞同志到龄退休的请示
7	宜西办文〔2023〕7号	区委办公室、区政府办公室关于成立服务葛洲坝航运扩能工程领导小组的通知
8	宜西办文〔2023〕8号	区委办公室关于朱高峡等同志任职的请示
9	宜西办文〔2023〕9号	区委办公室关于杜雨轩同志任职的通知
10	宜西办文〔2023〕10号	中共宜昌市西陵区委办公室关于印发《贯彻落实省委主要领导在宜昌调研重要讲话精神任务分解清单》的通知
11	宜西办文〔2023〕11号	区委办公室、区政府办公室印发《西陵区贯彻落实〈中共湖北省委、湖北省人民政府关于加快建设全国构建新发展格局先行区的实施意见〉工作方案》的通知
12	宜西办文〔2023〕12号	中共宜昌市西陵区委办公室关于推荐四级调研员职级人选考察对象的请示
13	宜西办文〔2023〕13号	区委办公室、区政府办公室关于成立西陵区推动城市和产业集中高质量发展工作领导小组及指挥部的通知
14	宜西办文〔2023〕14号	区委办公室、区政府办公室关于成立西陵区防范化解地方债务风险工作领导小组的通知
15	宜西办文〔2023〕15号	区委办公室、区政府办公室关于信访人刘银凤反映信访问题调查核实情况的报告
16	宜西办文〔2023〕16号	区委办公室、区政府办公室关于印发《2023年度市对区目标管理综合考评实施项目责任清单》的通知
17	宜西办文〔2023〕17号	区委办公室、区政府办公室关于2023年贯彻落实中央八项规定精神及其实施细则、改进工作作风密切联系群众工作情况的报告

【西陵区政府文件目录】

表46　宜西府发〔2023〕文件一览表

序号	签发人	文　号	题　名	备注
1	梅卫民	宜西府发〔2023〕1号	关于给予汪桂兰同志通报批评的决定	
2	梅卫民	宜西府发〔2023〕2号	关于印发《西陵区突发事件总体应急预案》的通知	制度
3	梅卫民	宜西府发〔2023〕3号	关于印发《西陵区招商引资产业扶持办法》的通知	政策
4	梅卫民	宜西府发〔2023〕4号	关于印发《西陵区推动科技创新服务高质量发展扶持办法》的通知	政策
5	梅卫民	宜西府发〔2023〕5号	关于成立西陵区全域城市更新攻坚指挥部的通知	
6	梅卫民	宜西府发〔2023〕6号	关于印发《西陵区服务业产业扶持办法》的通知	政策
7	梅卫民	宜西府发〔2023〕7号	关于印发《西陵区建筑业产业扶持办法》的通知	政策
8	梅卫民	宜西府发〔2023〕8号	关于认真做好第五次全国经济普查工作的通知	

表47　宜西府文〔2023〕文件一览表

序号	签发人	文　号	题　名
1	梅卫民	宜西府文〔2023〕1号	关于邀请市政府领导参加宜昌·西陵庙会开幕式的请示
2	梅卫民	宜西府文〔2023〕2号	关于2022年度第13批次城市建设用地的请示
3	梅卫民	宜西府文〔2023〕3号	关于调度资金的紧急请示
4	梅卫民	宜西府文〔2023〕4号	关于申报2023年度省级生态乡镇生态村居验收的请示
5	覃　涛	宜西府文〔2023〕5号	关于宜昌市西陵区大黑片区2023年土地征收成片开发方案的请示
6	胡　明	宜西府文〔2023〕6号	关于拨付三峡果蔬交易中心三期项目产业扶持资金的请示
7	梅卫民	宜西府文〔2023〕7号	关于解决葛洲坝街道美好环境与幸福生活共同缔造活动经费的请示
8	覃　涛	宜西府文〔2023〕8号	关于2022年度第11批次城市建设用地的请示
9	梅卫民	宜西府文〔2023〕9号	关于邀请市领导出席景深安全技术有限公司合作项目活动的请示
10	梅卫民	宜西府文〔2023〕10号	关于拨付林长制及增花添彩行动专项工作经费的请示
11	覃　涛	宜西府文〔2023〕11号	关于支持葛洲坝通信技术有限公司申报建筑业资质的请示
12	梅卫民	宜西府文〔2023〕12号	关于邀请市领导接待荷兰达门造船集团代表团的请示
13	梅卫民	宜西府文〔2023〕13号	关于“云台茶旅”宜昌分公司涉嫌非法集资风险化解稳控处置工作情况的报告
14	梅卫民	宜西府文〔2023〕14号	关于邀请市领导出席第十一届中国电子信息博览会中国峰会暨考察AI智算科研单位的请示
15	覃　涛	宜西府文〔2023〕15号	关于2022年度第12批次城市建设用地的请示
16	覃　涛	宜西府文〔2023〕16号	关于2023年度第2批次城市建设用地的请示

续表

序号	签发人	文 号	题 名
17	覃 涛	宜西府文〔2023〕17号	关于宜昌市马兰路综合改造工程(窑湾片区后坪村安置房配套道路工程)项目建设用地的请示
18	梅卫民	宜西府文〔2023〕18号	关于支持网易(宜昌)数字经济联合创新中心项目落地的请示
19	梅卫民	宜西府文〔2023〕19号	关于邀请市政府领导参加第一届数据中心运维质量大会的请示
20	梅卫民	宜西府文〔2023〕20号	关于邀请市委、市政府主要领导会见上海均瑶集团董事长王均金一行的请示
21	覃 涛	宜西府文〔2023〕21号	关于提请市政府致函中石化湖北分公司支持华翔变电站项目征收的请示
22	覃 涛	宜西府文〔2023〕22号	关于2023年度第1批次建设用地农用地转用的请示
23	梅卫民	宜西府文〔2023〕23号	关于协调解决地质灾害隐患治理工作的请示
24	覃 涛	宜西府文〔2023〕24号	关于2023年度第5批次城市建设用地的请示
25	覃 涛	宜西府文〔2023〕25号	关于2023年度第3批次城市建设用地的请示
26	梅卫民	宜西府文〔2023〕26号	关于西陵区民悦家园小区架空高压线迁改入地的请示
27	梅卫民	宜西府文〔2023〕27号	关于东山公园盆景园搬迁清场的工作情况报告
28	周运春	宜西府文〔2023〕28号	关于支持国贸商圈外摆经济试点的请示
29	周运春	宜西府文〔2023〕29号	关于支持国贸大厦“爱心驿站”建设的请示
30	梅卫民	宜西府文〔2023〕30号	关于明确唐家湾路边坡隐患治理资金来源的请示
31	梅卫民	宜西府文〔2023〕31号	关于申请拨付农村水毁修复工程工作经费的请示
32	梅卫民	宜西府文〔2023〕32号	关于申请拨付农村抗旱工作经费的请示
33	覃 涛	宜西府文〔2023〕33号	关于协调高层居住建筑燃气隐患、既有挡土墙和边坡排查整治工作经费请示
34	梅卫民	宜西府文〔2023〕34号	关于市政府领导接待大洋晶典集团高层一行的请示
35	梅卫民	宜西府文〔2023〕35号	关于提请市政府与软通动力信息技术(集团)有限公司签约的请示
36	梅卫民	宜西府文〔2023〕36号	关于提请市政府主要领导接待软通动力信息技术(集团)有限公司高层一行的请示
37	梅卫民	宜西府文〔2023〕37号	关于协调省国资委支持葛洲坝片区发展的请示
38	梅卫民	宜西府文〔2023〕38号	关于恳请解决市级固定转移支付补助的请示
39	梅卫民	宜西府文〔2023〕39号	关于《西陵区2022年至2023年6月以控制成本为核心优化营商环境专项审计调查报告》(征求意见稿)反馈意见的报告
40	梅卫民	宜西府文〔2023〕40号	关于推动葛洲坝宾馆地块及周边区域整体开发的请示
41	梅卫民	宜西府文〔2023〕41号	关于将西陵二路88号办公用房划拨给我区使用的请示
42	梅卫民	宜西府文〔2023〕42号	关于邀请市政府主要领导接待西安曲江文化产业投资(集团)有限公司高层一行的请示
43	梅卫民	宜西府文〔2023〕43号	关于邀请市政府领导参加西陵区社会福利院暨国药西陵医养结合医院揭牌活动的请示

续表

序号	签发人	文　号	题　名
44	梅卫民	宜西府文〔2023〕44号	关于申请焰火晚会、火炬传递仪式等大型文旅活动承办经费补助的请示
45	梅卫民	宜西府文〔2023〕45号	关于注册“宜昌彩陶”地理标志证明商标的请示
46	梅卫民	宜西府文〔2023〕46号	关于2023年度第4批次建设用地(农用地专用)的请示
47	梅卫民	宜西府文〔2023〕47号	关于申请三峡数智产业园建设补助经费的请示
48	梅卫民	宜西府文〔2023〕48号	关于辖区6宗土地处置方案的请示
49	梅卫民	宜西府文〔2023〕49号	关于支持湖北西陵经济开发区扩区调区的请示
50	梅卫民	宜西府文〔2023〕50号	关于重新公布《西陵区集体土地附着物征迁补偿安置办法》的请示
51	梅卫民	宜西府文〔2023〕51号	关于提请市人民政府向中国能源建设集团有限公司、中国葛洲坝集团股份有限公司致感谢信的请示
52	梅卫民	宜西府文〔2023〕52号	关于申请拨付农业优势特色产业发展项目经费的请示
53	梅卫民	宜西府文〔2023〕53号	关于市住建局被征收房屋给予置换资产的请示
54	梅卫民	宜西府文〔2023〕54号	关于解决区级刚性支出缺口的请示
55	梅卫民	宜西府文〔2023〕55号	关于请求支持葛洲坝集团元旦长跑活动的请示
56	梅卫民	宜西府文〔2023〕56号	关于推进十六化建棚改项目B区实施的请示

表48　　宜西府任〔2023〕文件一览表

序号	签发人	文号	题　名
1	梅卫民	宜西府任〔2023〕1号	关于高小卒等同志任职的通知
2	梅卫民	宜西府任〔2023〕2号	关于陈涛等同志任职的通知
3	梅卫民	宜西府任〔2023〕3号	关于肖燕等同志任职的通知
4	梅卫民	宜西府任〔2023〕4号	关于林爱梅等同志职务任免的通知
5	覃　涛	宜西府任〔2023〕5号	关于刘睿等同志任职的通知
6	胡　明	宜西府任〔2023〕6号	关于刘爱红等同志任职的通知
7	梅卫民	宜西府任〔2023〕7号	关于苏展昭等同志职务任免的通知
8	覃　涛	宜西府任〔2023〕8号	关于汪小玲等同志职务任免的通知
9	梅卫民	宜西府任〔2023〕9号	关于朱双龙同志任职的通知
10	梅卫民	宜西府任〔2023〕10号	关于张鹏等同志职务任免的通知
11	覃　涛	宜西府任〔2023〕11号	关于李发新等同志职务任免的通知
12	梅卫民	宜西府任〔2023〕12号	关于黄正兵等同志职务任免的通知
13	梅卫民	宜西府任〔2023〕13号	关于柳钢等同志职务任免的通知

表49

常务会议纪要〔2023〕文件一览表

序号	签发人	文 号	题 名
1	梅卫民	〔2023〕1号	西陵区人民政府第18次常务会议纪要
2	梅卫民	〔2023〕2号	西陵区人民政府第19次常务会议纪要
3	梅卫民	〔2023〕3号	西陵区人民政府第20次常务会议纪要
4	梅卫民	〔2023〕4号	西陵区人民政府第21次常务会议纪要
5	梅卫民	〔2023〕5号	西陵区人民政府第22次常务会议纪要
6	梅卫民	〔2023〕6号	西陵区人民政府第23次常务会议纪要
7	梅卫民	〔2023〕7号	西陵区人民政府第24次常务会议纪要
8	梅卫民	〔2023〕8号	西陵区人民政府第25次常务会议纪要
9	梅卫民	〔2023〕9号	西陵区人民政府第26次常务会议纪要
10	梅卫民	〔2023〕10号	西陵区人民政府第27次常务会议纪要
11	梅卫民	〔2023〕11号	西陵区人民政府第28次常务会议纪要
12	梅卫民	〔2023〕12号	西陵区人民政府第29次常务会议纪要
13	梅卫民	〔2023〕13号	西陵区人民政府第30次常务会议纪要
14	梅卫民	〔2023〕14号	西陵区人民政府第31次常务会议纪要
15	梅卫民	〔2023〕15号	西陵区人民政府第32次常务会议纪要

表50

专题会议纪要〔2023〕文件一览表

序号	签发人	文 号	题 名
1	姜 媛	〔2023〕1号	关于解决营盘路小学高边坡项目红线外新增土石方开挖工程相关问题的会议纪要
2	梅卫民	〔2023〕2号	关于黄家湾地块的专题会议纪要
3	梅卫民	〔2023〕3号	关于研究三峡大学用地发展用地事宜的纪要
4	周成刚	〔2023〕4号	关于处非工作调度暨重点案件研判专题会议纪要
5	覃 涛	〔2023〕5号	关于研究西坝基督教堂拆除和迁建工作的专题纪要
6	梅卫民	〔2023〕6号	关于西陵城发集团专题办公的会议纪要
7	覃 涛	〔2023〕7号	关于研究解决西陵区商品房问题楼盘和村民安置房“办证难”问题的纪要
8	梅卫民	〔2023〕8号	关于湖南云茶旅行社有限公司宜昌分公司风险研判专题办公会会议纪要
9	覃 涛	〔2023〕9号	西陵区老旧小区改造审计问题整改专题会议纪要
10	杨 明	〔2023〕10号	关于加快推进中小微企业应急转贷纾困服务体系建设专题会议纪要
11	梅卫民	〔2023〕11号	关于研究讨论《西陵区金融业产业扶持办法》专题会议纪要
12	梅卫民	〔2023〕12号	关于研究村集体经济发展的专题会议纪要

续表

序号	签发人	文号	题名
13	覃　涛	〔2023〕13号	关于研究白龙井路19号临时建筑超期使用问题的会议纪要
14	梅卫民	〔2023〕14号	关于葛洲坝片区城市更新项目专题会议的纪要
15	周运春	〔2023〕15号	关于支持403菜市场稳定经营专题办公会议纪要
16	周运春	〔2023〕16号	关于支持403菜市场稳定经营专题办公会议纪要
17	梅卫民	〔2023〕17号	关于金融风险防范化解工作专题会议纪要
18	周运春	〔2023〕18号	关于创建全省法治政府建设示范街道的专题办公会议纪要
19	王　巍	〔2023〕19号	关于研究高端工业泵智能制造项目前期推进工作的专题会议纪要
20	梅卫民	〔2023〕20号	关于近期重点案件办理工作的会议纪要
21	梅卫民	〔2023〕21号	关于平湖半岛群体稳控化解工作的会议纪要
22	梅卫民	〔2023〕22号	关于长江葛洲坝库区西陵片区生态修复工程设计变更的专题办公会议纪要
23	周运春	〔2023〕23号	关于城市综合管理相关项目经费的专题办公会议纪要
24	覃　涛	〔2023〕24号	关于2023年度西陵区实施增华添彩相关项目的专题会议纪要
25	胡　明	〔2023〕25号	关于宜昌大韩橱柜有限公司、宜昌美光家私有限责任公司出租房屋重大火灾隐患整治的专题会议纪要
26	周运春	〔2023〕26号	西陵区(不含葛洲坝区域)临时性环卫合同续签专题会议纪要
27	梅卫民	〔2023〕27号	西陵区外资外贸工作专题会议纪要
28	胡　明	〔2023〕28号	研究铁路坝小吃街、解放路通惠坊特色街区提档升级工作专题会议纪要
29	覃　涛	〔2023〕29号	关于大学路改线工程项目相关问题专题会议纪要
30	胡　明	〔2023〕30号	关于研究“小进限”工作的专题会议纪要
31	梅卫民	〔2023〕31号	西陵区智慧医疗综合服务中心建设工作专题会议纪要
32	胡　明	〔2023〕32号	关于葛洲坝幼教教师岗位聘用专题会议纪要
33	周运春	〔2023〕33号	关于近期城市管理工作的专题办公会议纪要
34	周运春	〔2023〕34号	关于市二中片区铁路沿线部分生活污水临时应急整治工作的专题会议纪要
35	胡　明	〔2023〕35号	关于区政府与区总工会联系会议专题会议纪要
36	胡　明	〔2023〕36号	西陵区2024年部分城建工作专题会议纪要
37	梅卫民	〔2023〕37号	关于研究西陵区智慧医疗综合服务中心项目建设的专题会议纪要
38	胡　明	〔2023〕38号	关于研究西陵城发集团项目建设工作的纪要

【西陵区政府办公室文件目录】

表51 宜西府办发〔2023〕文件一览表

序号	签发人	文 号	题 名
1	胡 明	宜西府办发〔2023〕1号	关于分解区九届三次会议《政府工作报告》的通知
2	胡 明	宜西府办发〔2023〕2号	关于印发2022年西陵区人大代表建议和政协委员提案办理工作方案的通知
3	周运春	宜西府办发〔2023〕3号	关于印发西陵区增花添彩实施方案的通知
4	胡 明	宜西府办发〔2023〕4号	关于做好2022年西陵区人大代表建议和政协委员提案办理工作的通知
5	李宏智	宜西府办发〔2023〕5号	关于印发《西陵区贯彻〈宜昌市养犬管理条例〉实施方案》的通知
6	梅卫民	宜西府办发〔2023〕6号	关于印发《"云南茶旅"宜昌分公司涉嫌非法集资案件化解稳控工作方案》的通知
7	覃 涛	宜西府办发〔2023〕7号	关于成立"保交楼"工作专班的通知
8	覃 涛	宜西府办发〔2023〕8号	关于印发《2022年老旧小区改造质量及资金使用情况专项审计方案》的通知
9	胡 明	宜西府办发〔2023〕9号	关于印发《西陵区流域治理统筹发展三年行动方案》的通知
10	覃 涛	宜西府办发〔2023〕10号	关于成立西陵区耕地流出问题整改工作领导小组的通知
11	胡 明	宜西府办发〔2023〕11号	关于成立统计造假屡禁难绝专项治理领导小组的通知
12	覃 涛	宜西府办发〔2023〕12号	关于印发《西陵区物业管理联席会议制度》的通知
13	胡 明	宜西府办发〔2023〕13号	关于印发《西陵区政务服务区内通办改革工作实施方案》的通知
14	胡 明	宜西府办发〔2023〕14号	关于印发《西陵区自然灾害应急预案》的通知
15	胡 明	宜西府办发〔2023〕15号	关于印发《西陵区地震应急预案》的通知
16	王 巍	宜西府办发〔2023〕16号	关于印发《一刻钟便民生活圈建设实施方案》的通知
17	梅卫民	宜西府办发〔2023〕17号	关于分解区委九届五次全会暨区委经济工作会部署工作任务的通知
18	胡 明	宜西府办发〔2023〕18号	关于印发《西陵区突发地质灾害应急预案》的通知
19	周运春	宜西府办发〔2023〕19号	关于印发西陵区"十四五"时期"无废城市"建设实施方案的通知
20	姜 媛	宜西府办发〔2023〕20号	关于印发《西陵区建立精神障碍患者救治救助专项基金实施办法》的通知
21	姜 媛	宜西府办发〔2023〕21号	关于印发西陵区优化生育政策促进人口均衡发展实施方案的通知
22	周运春	宜西府办发〔2023〕22号	关于印发《宜昌市西陵区公共服务质量提升行动实施方案(2023-2025年)》的通知
23	周运春	宜西府办发〔2023〕23号	关于印发CBD商业街区环境综合治理推进方案的通知
24	姜 媛	宜西府办发〔2023〕24号	关于印发《西陵区创建全国基层中医药工作示范区实施方案》的通知

表 52 宜西府办文〔2023〕文件一览表

序号	签发人	文 号	题 名
1	姜 媛	宜西府办文〔2023〕1号	关于申报西陵区城市道路名称的报告
2	姜 媛	宜西府办文〔2023〕3号	关于印发西陵区开展安宁疗护工作实施方案的通知
3	梅卫民	宜西府办文〔2023〕4号	关于成立西陵区城市数字公共基础设施建设工作领导小组的通知

◆统计资料

表 53 2023年西陵区主要经济指标统计表(综合)

指标名称	单位	2023年	2022年	比同期±%
一、地区生产总值(现价,包含水力发电和东山园区)	亿元	882.73	831.67	3.8
地区生产总值(现价,不含水力发电和东山园区)	亿元	560.98	520.81	7.4
二、固定资产投资额增速	%	9.2	15.4	——
三、社会消费品零售总额(包含东山园区)	亿元	449.18	412.85	8.8
社会消费品零售总额(不包含东山园区)	亿元	346.03	317.60	9.0
四、规模以上工业增加值增速(现价,增速按可比价)	%	10.4	5.0	——
五、外贸进出口总额(包含东山园区)	亿元	27.34	22.71	20.4
外贸进出口总额(不包含东山园区)	亿元	20.94	16.67	25.7
六、财政总收入(包含东山园区)	亿元	53.67	49.83	7.7
财政总收入(不包含东山园区)	亿元	26.83	18.41	——
一般公共预算收入(包含东山园区)	亿元	31.32	29.49	6.2
一般公共预算收入(不包含东山园区)	亿元	14.65	10.56	——
一般公共预算支出	亿元	23.59	20.54	14.8
七、城镇居民人均可支配收入	元	51479	48337	6.5

表 54 2023年西陵区主要经济指标统计表(农村基本情况)

单位:万元

指标名称	2023年	2022年	比上年±%(可比增速)
农林牧渔业总产值	1922	1962	-2.1
其中:农业	1700	1569	2.2
林业	0	0	——
牧业	222	393	-11.4
渔业	0	0	——
专业及辅助性活动	0	0	——

表 55　　2023 年西陵区主要经济指标统计表（规模以上工业企业基本情况）

指标名称	计量单位	2023 年	2022 年
企业家数	个	23	20
中央属	个	3	3
其他	个	20	17
工业总产值	万元	315932	392163
中央属	万元	13441	21180
其他	万元	302491	370983
工业销售产值	万元	305017	346868
中央属	万元	13441	21180
其他	万元	291576	325688
工业出口交货值	万元	116197	101418
中央属	万元	0	0
其他	万元	116197	101418
工业产销率	%	96.5	88.4

表 56　　2023 年西陵区主要经济指标统计表（资质建筑企业基本情况）

指标名称	计量单位	2023 年	2022 年
资质建筑企业个数	个	57	54
建筑业总产值	万元	9332335	8969123
其中：建筑工程产值	万元	8056778	7876785
安装工程产值	万元	1265156	1082222
其他建筑业产值	万元	10401	10117
装饰工程产值	万元	72493	79095
竣工产值	万元	9929989	1101354

表 57　　2023 年西陵区主要经济指标统计表（房地产开发投资）

指标名称	计量单位	2023 年	2022 年
房屋施工面积	万平方米	70.5	71.1
商品房销售面积	万平方米	18.6	18.6
商品房销售额	亿元	12.13	18.78
商品住宅销售套数	套	1385	1018

表58 2023年西陵区主要经济指标统计表(社会消费品零售总额)

指标名称	单位	2023年	2022年
社会消费品零售总额(不包含东山园区)	万元	3460268	3175995
其中:限额以上批发业	万元	31472	25601
限额以上零售业	万元	826058	706082
限额以上住宿业	万元	25398	19373
限额以上餐饮业	万元	69104	44368

表59 2023年西陵区主要经济指标统计表(对外贸易)

指标名称	单位	2023年	2022年
外贸进出口(不包含东山园区)	亿元	20.94	16.67
工业品出口交货值	亿元	11.62	10.14

表60 2023年西陵区主要经济指标统计表(投资)

指标名称	2023年比上年同比±%	2022年比上年同比±%
固定资产投资完成	9.2	15.4
其中:城镇5000万元以下项目	-53.8	134.7
城镇5000万元以上项目	-45.3	16.0
房地产开发	-20.1	-9.1

表61 2023年西陵区主要经济指标统计表(财政支出)

指标名称	单位	2023年	2022年	同比±%
财政支出合计	万元	235854	205418	14.8
一般公共服务	万元	31528	25349	24.4
国防	万元	132	5	2540.0
公共安全	万元	3470	5297	-34.5
教育	万元	76100	76049	0.1
科技支出	万元	5600	4420	26.7
文化体育与传媒	万元	6580	6560	0.3
社会保障和就业	万元	37091	24972	48.5
卫生健康	万元	18498	14593	26.8
节能环保	万元	3554	2298	54.7
城乡社区管理事务	万元	18668	19777	-5.6
农林水事务	万元	2200	2150	2.3
资源勘探工业信息	万元	4887	1874	160.8

表 62　2023年西陵区主要经济指标统计表（劳动就业与社会保障）

指标名称	单位	2023年	2022年	同比±%
城镇新增就业人数	人	11500	10338	11.2
失业人员再就业人数	人	4889	4229	15.6
就业困难人员就业人数	人	1293	1571	-17.7
城镇失业登记率	%	5%以内	5%以内	——
高校毕业生实现就业创业人数	人	7048	6427	——
就业创业培训补贴人数	人	5027	6168	-18.5
居民医疗保险参保人数	人	135063	146242	-7.6

表 63　2023年西陵区主要经济指标在县市区排位情况统计表

	规模以上工业增加值		社会消费品零售总额（不包含东山园区）			
	同比±%	位次	数值（万元）	位次	同比±%	位次
宜　昌	7.8		20315415		8.8	
宜都市	6.8	11	1885423	6	9.2	2
枝江市	5.8	13	2326902	4	9.2	2
当阳市	6.4	12	2086339	5	8.2	14
远安县	11.0	5	766994	10	8.4	10
兴山县	11.2	4	540580	11	8.5	9
秭归县	10.4	8	976031	8	8.6	8
长阳县	10.9	6	883977	9	8.4	10
五峰县	0.1	14	468378	12	8.3	13
夷陵区	10.3	10	2358758	3	9.3	1
西陵区	10.4	8	3460268	1	9.0	4
伍家区	13.2	3	2597874	2	8.9	6
点军区	10.6	7	261321	13	8.8	7
猇亭区	13.9	2	228950	14	9.0	4
高新区	20.7	1	1473622	7	8.4	10

表 64　2023年西陵区主要经济指标在县市区排位情况统计表

	固定资产投资		一般公共预算收入（不包含东山园区）			
	同比±%	位次	数值（万元）	位次	同比±%	位次
宜　昌	10.0		2689866		23.3	
宜都市	9.9	8	300350	2	33.4	2
枝江市	9.9	8	270191	3	28.6	4
当阳市	8.1	13	170340	6	16.8	10
远安县	10.2	4	126898	8	25.7	5
兴山县	10.0	6	100798	9	29.7	3
秭归县	11.5	3	73296	11	19.9	9
长阳县	9.2	11	71787	12	16.2	12

续表

	固定资产投资		一般公共预算收入(不包含东山园区)			
	同比±%	位次	数值(万元)	位次	同比±%	位次
五峰县	14.8	2	42533	14	37.6	1
夷陵区	10.0	6	344281	1	21.9	6
西陵区	9.2	11	146514	7	12.5	13
伍家区	0.8	14	182404	5	10.1	14
点军区	9.3	10	46158	13	20.5	8
猇亭区	10.2	5	97421	10	21.3	7
高新区	31.0	1	219679	4	16.3	11

表65　2023年西陵区主要经济指标占宜昌市的比重

指标名称	单位	2023年			2022年		
		西陵区	宜昌市	占比%	西陵区	宜昌市	占比%
地区生产总值	亿元	560.98（不包含水力发电和东山园区）	5756.35	9.7	520.81（不包含水力发电和东山园区）	5502.69	9.5
全地域财政收入	亿元	26.83（不包含东山园区）	447.46	6.0	18.41（不包含东山园区）	363.59	5.1
地方一般预算收入	亿元	14.65（不包含东山园区）	268.99	5.4	10. 56（不包含东山园区）	218.21	4.8
社会消费品零售总额	亿元	346.03（不包含东山园区）	2031.54	17.0	317.60（不包含东山园区）	1866.64	17.0
外贸进出口总额	亿元	20.94（不包含东山园区）	445.7	4.7	16.67（不包含东山园区）	414.7	4.0

表66　2023年西陵区主要经济指标与全国、全省、全市对比

指标名称	全　国		湖北省		宜昌市		西陵区	
	2023年完成	增幅%	2023年完成	增幅%	2023年完成	增幅%	2023年完成	增幅%
地区生产总值(亿元)	1260582	5.2	55803.63	6.0	5756.35	7.1	560.98(不包含水力发电和东山园区)	7.4
一般公共预算收入(亿元)	216784	6.4	3692.26	12.5	268.99	23.3	14.65（不包含东山园区）	12.5
社会消费品零售总额(亿元)	471495	7.2	24041.89	8.5	2031.54	8.8	346.03(不包含东山园区）	9.0
固定资产投资(%)	—	3.0	—	5.0	—	10.0	—	9.2
规模以上工业增加值(%)	—	4.6	—	5.6	—	7.8	—	10.4
外贸进出口总额(亿元)	417568	0.2	6449.7	5.8	445.7	12.1	20.94(不包含东山园区）	25.7
城镇居民人均可支配收入(元)	51821	5.1	44990	5.5	46448	5.7	51479	6.5
居民消费价格指数(%)	100.2	—	100.1	—	100.1	—	—	—

◆2023年西陵区主要经济指标趋势图

西陵区2023年分季度GDP图

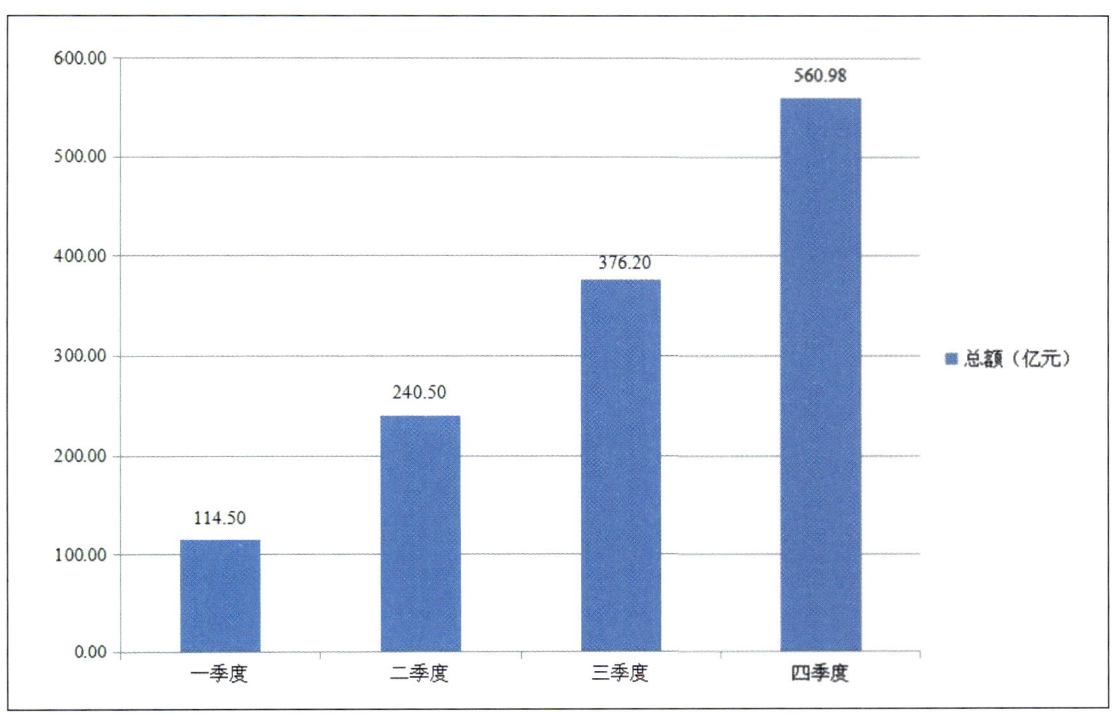

西陵区2023年社会消费品零售总额趋势图

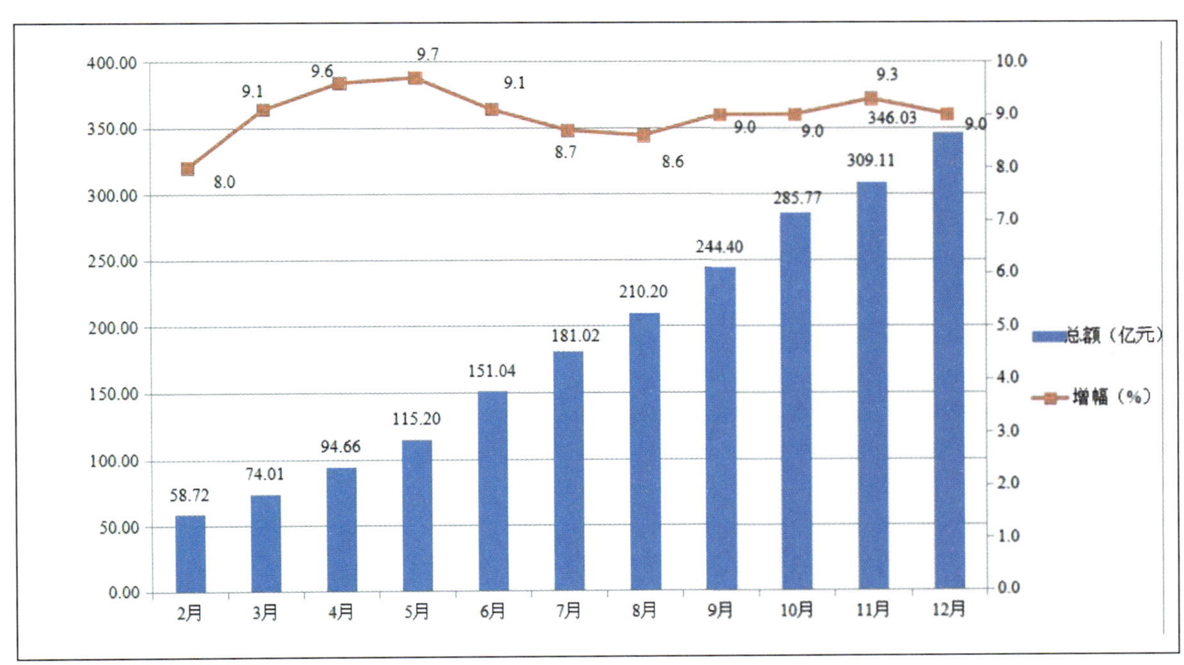

西陵区2023年固定资产投资趋势图

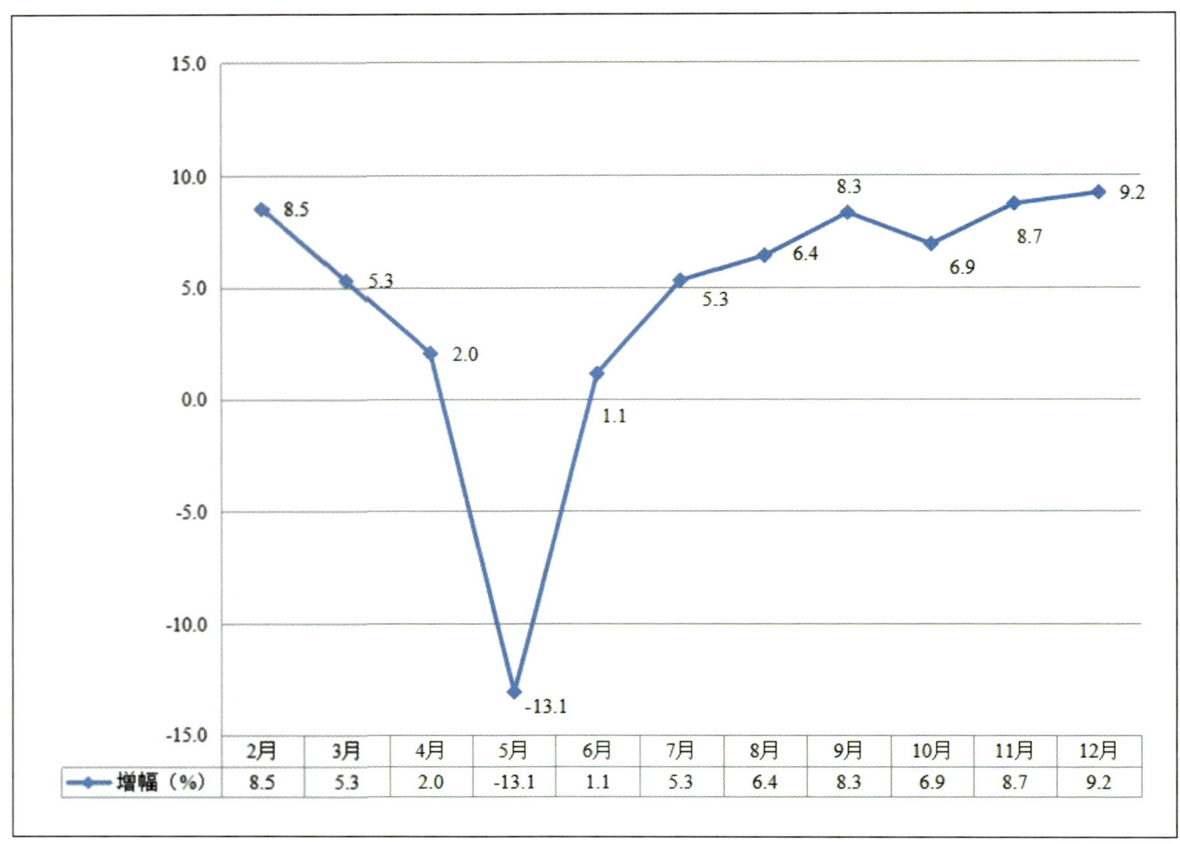

西陵区2023年规上工业增加值趋势图

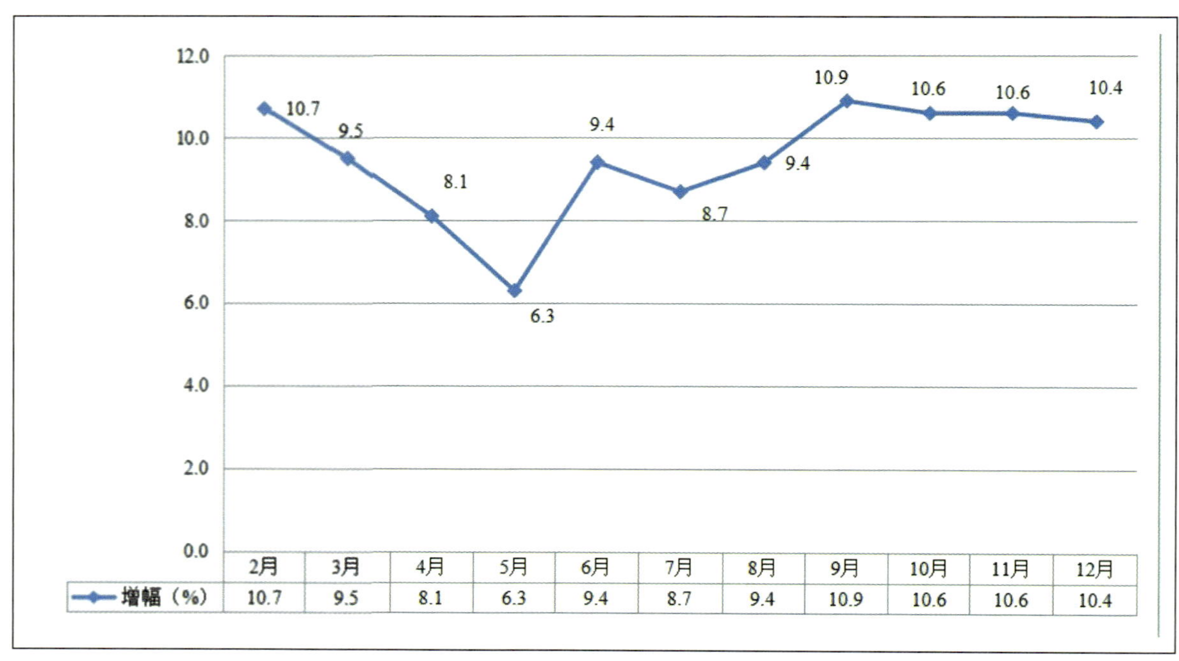

西陵区2023年一般公共预算收入趋势图

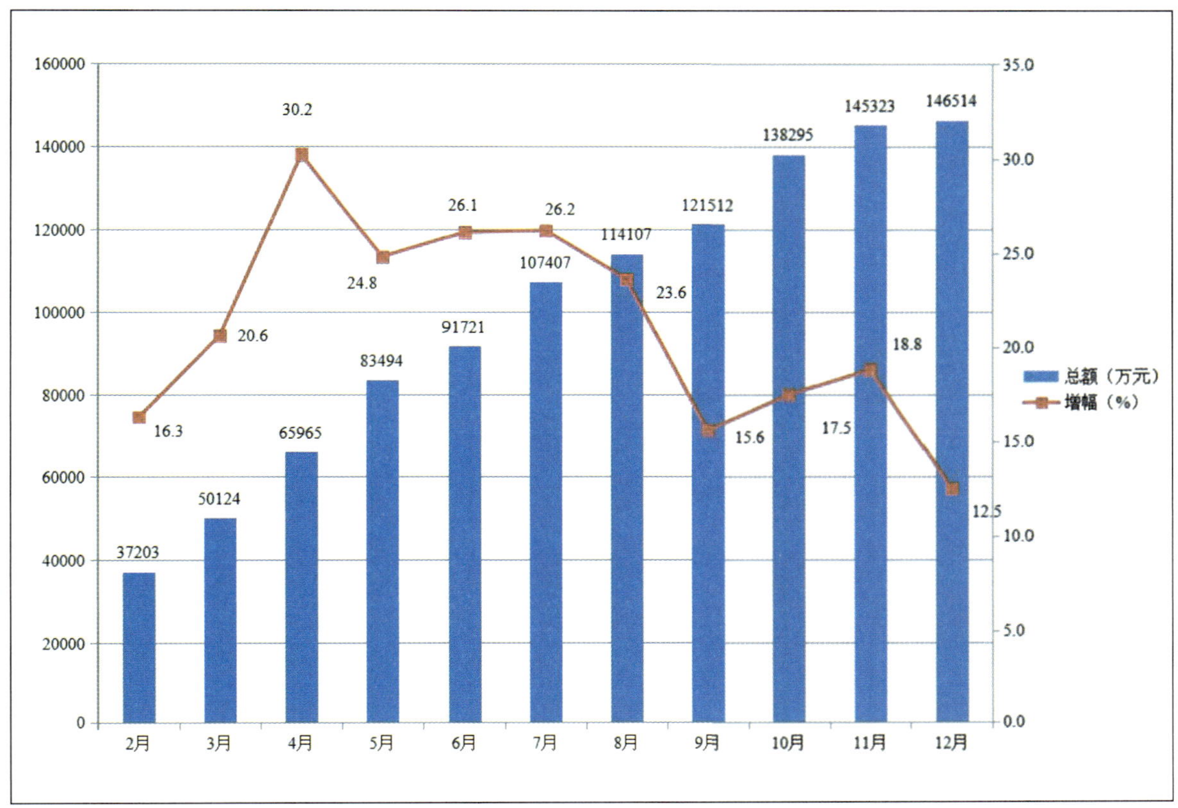

索 引

说 明

一、本索引采用主题分析索引法，按主题词汉语拼音字母顺序排列，主题词后的阿拉伯数字表示内容所在页码及参见页码。

二、特载、专文、专记、大事记、人物·荣誉、附录等类目标题列入索引，特载、专文、专记、大事记、人物·荣誉、附录等分目、条目未列入索引。

三、本索引主题词由类目、分目、条目名称和人名、地名、机构名称、活动名称、事件(事物)名称、表格名称、图片名称组成。

主题索引

A

B

C

D

J

K

L

M

N

P

Q

R

S

T

W

X

Y

Z

表格索引

图片索引

Q

S

T

W

X

Y